Les régions du guide :
(voir la carte à l'intérieur de la couverture ci-contre)

Vietnam

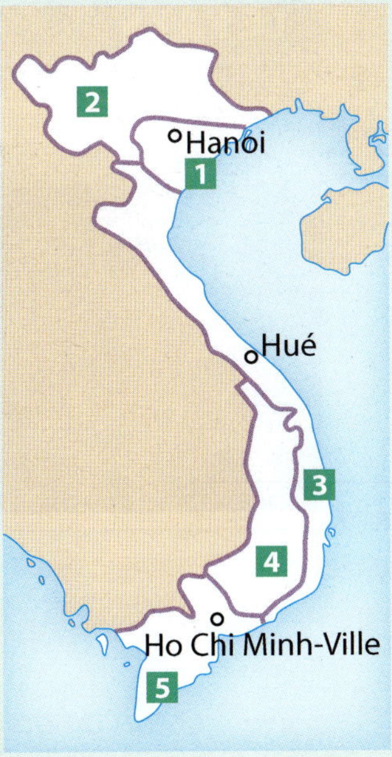

Le Guide Vert, mode d'emploi : un guide en 3 parties

Organiser son voyage :

- Avant de partir.
- À faire sur place de A à Z.
- Des activités pour tous.
- Un agenda des événements.

Comprendre la destination :

- La destination aujourd'hui.
- Histoire.
- Art et culture.
- Gastronomie.
- Nature...

Découvrir la destination :

- Notre sélection de sites.
- Des circuits conseillés.
- Des cartes.
- Notre sélection d'adresses pour tous les budgets.

En fin de guide : l'explication des symboles et la table des cartes et plans

Le Guide Vert :
découvrir la destination

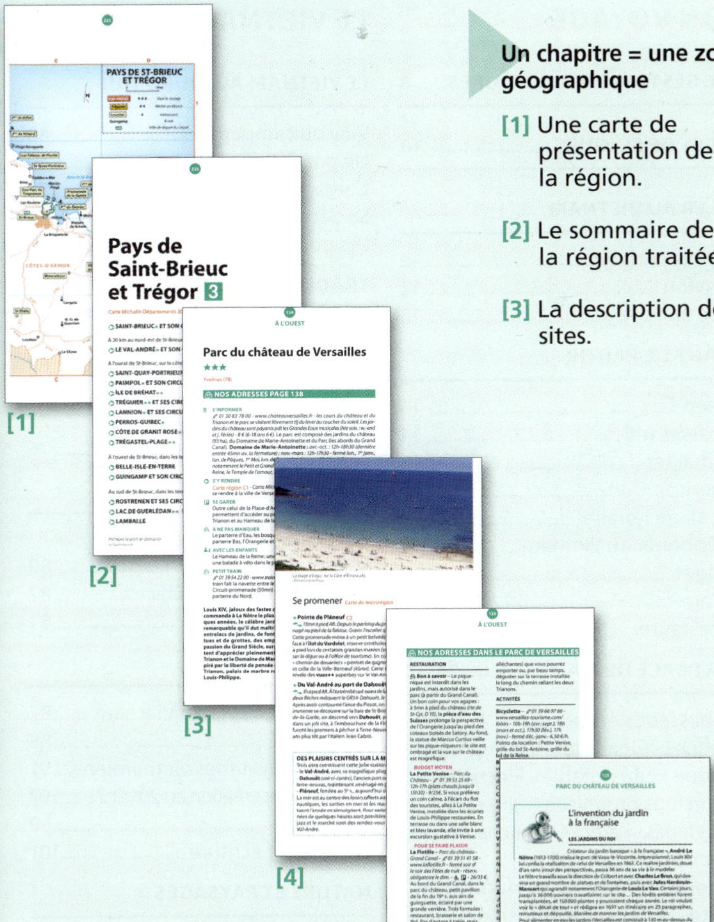

Un chapitre = une zone géographique

[1] Une carte de présentation de la région.

[2] Le sommaire de la région traitée.

[3] La description des sites.

Pour chaque chapitre

[4] La description des circuits conseillés.

[5] Nos adresses classées par catégories de prix.

[6] Des pages thématiques pour en savoir plus.

Retrouvez-nous sur : ***Voyage.ViaMichelin.fr***

Sommaire

3/ DÉCOUVRIR LE VIETNAM

1/ ORGANISER SON VOYAGE

M. Barraud/Ojo Images/Photononstop

Suggestions d'itinéraires

7 JOURS	HANOI ET LA BAIE DE HA LONG
Boucle de 300 km au départ de Hanoi	Visite de Hanoi (2 jours) (p. 136), excursion en bateau dans la baie de Ha Long (1 jour à Ha Long City, 1 jour sur l'île de Cat Ba, 1 jour sur le bateau) (p. 194-205), excursion à la montagne des Parfums (1 jour) (p. 173).
Transport	Liaison en bus de Hanoi à la baie (3h30). Des bateaux en bois de différentes tailles vous attendent ensuite. Prenez une excursion organisée ou louez une voiture avec chauffeur pour la montagne des Parfums.
Conseils	Pour la baie, évitez les tours organisés au départ de Hanoi.
8 JOURS	**HO CHI MINH-VILLE ET LE DELTA DU MÉKONG**
Boucle de 700 km au départ de HCM-V	Visite de Ho Chi Minh-Ville (2 jours) (p. 398). Découverte de My Tho et des îles du fleuve (p. 445), de Can Tho et ses marchés flottants (1 jour) (p. 462), de Cao Lanh et ses réserves naturelles et ornithologiques (2 jours) (p. 459) et de Chau Doc et les villages chams (1 jour) (p. 474). Retour à HCM-Ville.
Transport	Le plus simple et le plus rapide : louer une voiture avec chauffeur.
Conseils	Visitez si possible le delta en novembre ou en décembre lorsque la météo est la plus clémente.
12 JOURS	**DE HANOI À HO CHI MINH-VILLE PAR LA CÔTE**
Itinéraire de 1 800 km	Visite de Hanoi (2 jours) (p. 136), de la citadelle de Hué (1 jour) (p. 279), de la vieille ville de Hoi An (1 jour) (p. 317), des stations balnéaires de Nha Trang (1 jour) (p. 343) et de Mui Ne (2 jours) (p. 361). Puis terminez par la découverte de Ho Chi Minh-Ville (2 jours) (p. 398).
Transport	En avion de Hanoi à Hué (1h), en bus de Hué à Hoi An (2h), train pour Nha Trang (13h30), train et bus pour Mui Ne (7h), bus de Mui Ne à HCM-Ville (6h).
Conseils	Le climat n'est pas le même entre le Nord et le Sud. Pour traverser le pays, l'idéal est de partir pendant les mois de novembre à mars.

SUGGESTIONS D'ITINÉRAIRES

12 JOURS	LE NORD DU VIETNAM
Boucle de 1 200 km au départ de Hanoi	Hanoi (2 jours) (p. 136), villages aux alentours de Mai Chau (2 jours) (p. 212), paysages et villages ethniques sur la route de Son La à Sapa via Dien Bien Phu (3 jours) (p. 216), ville de Sapa (2 jours) (p. 231), Ha Long City via Hanoi, excursion en bateau dans la baie de Ha Long (3 jours) (p. 203). Retour à Hanoi.
Transport	Louez une moto ou une voiture avec chauffeur au départ de Hanoi. C'est la meilleure façon de circuler dans cette région.
Conseils	Prévoyez une petite laine pour explorer cette région car l'air est frais en altitude. Les rizières sont cultivées à partir du mois de mai et prennent des teintes dorées en septembre-octobre.
3 SEMAINES	**DU NORD AU SUD**
Parcours de 1 900 km (hors trajets en avion de Da Nang à Ho Chi Minh et AR de Ho Chi Minh-Ville à Phu Quoc)	Visitez Hanoi (3 jours) (p. 136), Tam Coc (1 jour) (p. 187) et la baie de Ha Long (3 jours) (p. 203). Vous rejoindrez ensuite Sapa au nord du Vietnam pour découvrir les rizières en terrasses (3 jours) (p. 231) puis retournerez à Hanoi pour prendre le train en direction de Hué (2 jours). Vous visiterez la citadelle de Hué et les tombeaux royaux (2 jours) (p. 279) et la belle cité de Hoi An (2 jours) (p. 317). Vous découvrirez ensuite Ho Chi Minh-Ville et son quartier colonial (2 jours) (p. 398). Vous vous envolerez alors vers Phu Quoc pour profiter de la mer et du sable fin pour la fin de votre voyage (3 jours) (p. 488).
Transport	En voiture avec chauffeur pour Tam Coc, en bus pour la baie de Ha Long. Train couchette pour Sapa et pour Hué. Bus de Hué à Hoi An. Bus jusquà Da Nang pour prendre l'avion pour Ho Chi Minh-Ville. Avion également pour Phu Quoc.
Conseils	N'hésitez pas à combiner bus, train ou avion pour gagner du temps sur les distances assez longues de ce circuit.
4 SEMAINES	**LA TRAVERSÉE DU VIETNAM**
Parcours de 2 100 km	Boucle du Nord du Vietnam (12 jours) (voir ci-dessus), Hué (1 jour) (p. 279), Hoi An (1 jour) (p. 317), Kon Tum (1 jour) (p. 389), Buon Ma Thuot (1 jour) (p. 379), Dalat (2 jours) (p. 366), Mui Ne (2 jours) (p. 361), boucle du delta du Mékong (8 jours) (voir page ci-contre).
Transport	Voiture avec chauffeur pour le Haut Tonkin, bus pour la baie de Ha Long, Hanoi-Hué en avion, bus pour Hoi An et les Hauts Plateaux, train et bus de Nha Trang à HCM-V via Mui Ne, voiture avec chauffeur dans le delta du Mékong.
Conseils	Ce circuit de 4 semaines vous permet de découvrir toutes les facettes de ce pays et d'allier mer, montagne et visites culturelles des villes.

Types de séjours

SÉJOUR INCONTOURNABLE	NOS REMARQUES ET CONSEILS
La baie de Ha Long (p. 203)	Le plus grand karst marin du monde. Le choix de l'agence et du prestataire est important pour le bon déroulement de votre excursion en bateau. Évitez les mois de février, mars et avril, très pluvieux et brumeux.
Le delta du Mékong (p. 444)	La vie quotidienne au rythme du fleuve. Usez du bateau aussi souvent que vous le pouvez. Préférez la saison sèche, de novembre à avril pour visiter la région.
SÉJOUR AU CŒUR DES ETHNIES	
Circuit à l'ouest du Haut Tonkin (p. 224)	Les plus beaux paysages et villages du Vietnam. Vous pourrez partir à la rencontre des ethnies Dao rouges ou des Hmongs noirs. Basez-vous à Sapa si vous disposez de peu de temps pour visiter le Haut Tonkin.
Circuit dans les Hauts Plateaux (p. 378)	Une des régions les moins touristiques du Vietnam. À parcourir en bus, en Jeep ou à dos d'éléphant.
SÉJOUR CULTUREL	
Hué (p. 279)	La cité impériale et les tombeaux royaux près de Hué. Louez une moto pour effectuer votre circuit aux alentours de Hué.
Hoi An (p. 317)	La plus belle ville du Vietnam. À éviter pendant la haute saison touristique (de novembre à avril) et les week-ends. Visitez les maisons chinoises et promenez-vous le long de la rivière vers le pont-pagode japonais.
Hanoi (p. 136)	La grande ville historique qui a gardé du charme.
Ho Chi MInh-Ville (p. 398)	Découverte de l'ancienne Saigon. Promenade dans le quartier colonial français et visite du musée d'Histoire du Vietnam.
La route des Chams (p. 332)	Sur les traces du royaume du Champa, à la découverte, notamment, des sites de My Son et de Po Nagar.
SÉJOUR BALNÉAIRE	
Mui Ne (p. 361)	Séjour en bord de mer au milieu des palmiers.
Nha Trang (p. 343)	La Côte d'Azur vietnamienne.
Île de Phu Quoc (p. 488)	Séjour paisible à la découverte des plages de sable fin et des fonds marins. Profitez-en avant le boom touristique des prochaines années.
SÉJOUR NATURE	
Randonnée dans le Haut Tonkin (p. 224)	Vous trouverez aisément à Sapa des guides francophones et expérimentés pour une randonnée de plusieurs jours, à l'assaut par exemple du Phan Si Pan (3 143 m). Vous pouvez aussi louer des motos pour explorer plus aisément les rizières en terrasses. D'autres villes moins accessibles sont d'excellents points de départ pour des randonneurs plus aventuriers.
Réserves naturelles du delta du Mékong (p. 444)	Attention aux inondations en septembre. Partez à la découverte de la faune dans les réserves ornithologiques par exemple.
Séjour sur une île	Les îles chames (Hoi An) (p. 331), l'île de Hon Ong (Nha Trang) (p. 353) pour s'imaginer en Robinson Crusoé, et Phu Quoc (p. 488) pour une balade dans la réserve forestière du nord de l'île.
Dalat (p. 366)	Une halte confortable et rafraîchissante en toute saison sur les Hauts Plateaux, dans la station prisée des Saigonnais pendant la période française.

Aller au Vietnam

Identité du pays

Nom officiel : République socialiste du Vietnam
Capitale : Hanoi
Superficie : 331 211 km^2
Population : env. 91 000 000 habitants
Monnaie : le dong (VND)
Taux de change : 1 € = 27 000 VND (juin 2013)
Langue officielle : vietnamien

En avion

De nombreuses compagnies aériennes desservent chaque jour le Vietnam au départ de l'Europe. La plupart d'entre elles proposent un billet permettant d'arriver à **Hanoi** et de repartir de **Ho Chi Minh-Ville**, ou le contraire, sans supplément de prix. Le vol direct entre Paris et l'une de ces deux villes dure environ douze heures. Le prix d'un billet aller-retour oscille entre 800 et 1 000 €, à condition de s'y prendre suffisamment à l'avance. Lors des pics touristiques, des billets pris au dernier moment peuvent dépasser les 1 500 €.

Bon à savoir – Par mesure de sécurité, le contenu des bagages à main en avion est réglementé. Renseignez-vous auprès de votre aéroport de départ et de votre compagnie.

LIGNES RÉGULIÈRES

Air France – ✆ 36 54 - www.airfrance.fr. 1 vol quotidien direct pour Hanoi ou pour Ho Chi Minh-Ville, au départ de Paris.
Vietnam Airlines – 49 av. des Champs-Élysées, 75008 Paris - ✆ 01 44 55 39 90 - www.vietnamairlines.fr. 1 vol direct quotidien pour Hanoi et Ho Chi Minh-Ville au départ de Paris.
D'autres compagnies proposent des vols avec escale dans leur pays :
Lufthansa – ✆ 0 892 231 690 - www.lufthansa.com. 1 dép./j. de Paris à destination de Ho Chi Minh-Ville *via* Munich et Singapour.
Malaysia Airlines – 1 r. Pépinière, 75008 Paris - ✆ 0892 350 810 - www.malaysiaairlines.com. Vols quotidiens pour Kuala Lumpur et connexions ensuite avec Ho Chi Minh-Ville ou Hanoi.
Thai Airways – Tour Opus 12 - 77 esplanade du Général-de-Gaulle 92914 La Défense - ✆ 01 55 68 80 00 - www.thaiairways.fr. Liaisons quotidiennes avec le Vietnam *via* Bangkok ou Hong Kong, d'où vous pouvez rejoindre Hanoi, Ho Chi Minh-Ville ou Da Nang. Inconvénient : l'attente à Bangkok peut être longue.

CENTRALES DE RÉSERVATION

Le site **www.voyagermoinscher.com** fonctionne comme un moteur de recherche, faisant jouer les différents prestataires. Parmi les nombreux autres comparateurs de vols sur Internet :
Expedia – ✆ 01 57 32 49 86 - www.expedia.fr.
Ebookers – ✆ 0 892 234 235 - www.ebookers.fr.
Lastminute.com – ✆ 0 892 686 100 - www.lastminute.fr.
Look Voyages – ✆ 0 892 399 339 - www.look-voyages.fr.

Opodo – ✆ 0 899 653 655 - www.opodo.fr.

CONFIRMATION DE VOL

La plupart des compagnies aériennes n'imposent plus la confirmation du vol retour 48h en avance. Renseignez-vous auprès de votre compagnie.

TAXE D'AÉROPORT

Les taxes d'aéroport au Vietnam sont incluses dans le tarif des billets d'avion. Vous n'avez donc plus à vous en acquitter dans les aéroports, qu'il s'agisse des vols intérieurs ou internationaux.

Avec un voyagiste

GÉNÉRALISTES

Leurs brochures sont disponibles dans la plupart des agences de voyages.

Fram – 4 r. Perrault, 75001 Paris - ✆ 0 826 463 727 - www.fram.fr.

Go Voyages – 118 r. Réaumur, 75002 Paris - ✆ 0 899 651 951 - www.govoyages.com.

Jet Tours – ✆ 0 820 830 880 - www.jettours.com.

Kuoni – ✆ 0820 223 223 - www.kuoni.fr.

Nouvelles Frontières – ✆ 0 825 000 747 - www.nouvelles-frontieres.fr (billets aux enchères le mardi).

SPÉCIALISTES DE L'ASIE

Asia – 1 r. Dante, 75005 Paris - ✆ 01 44 41 50 10 - www.asia.fr.

Ariane Tours – 5 square Dunois, 75013 Paris - ✆ 01 45 86 88 66 - www.ariane-tours.com.

Globe d'Or – 163 r. de Tolbiac, 75013 Paris - ✆ 01 45 88 67 87 - www.globedor.com.

La Maison de l'Indochine – 76 r. Bonaparte, 75006 Paris - ✆ 01 40 51 95 15 - www.maisondelindochine.com.

Orients – 60 r. de la Boétie, 75008 Paris - ✆ 01 70 64 16 18 - www.orients.com.

Les Routes de l'Asie – 7 r. d'Argenteuil, 75001 Paris - ✆ 01 42 60 46 46 - www.laroutedesindes.com.

Voyageurs du Monde – 55 r. Ste-Anne, 75002 Paris - ✆ 01 42 86 16 00 - www.voyageursdumonde.fr.

VOYAGES CULTURELS

Arts et Vie – 251 r. de Vaugirard, 75015 Paris - ✆ 01 40 43 20 21 - www.artsetvie.com.

Clio – 27 r. du Hameau, 75015 Paris - ✆ 01 53 68 82 82 - www.clio.fr.

VOYAGES AVENTURE

Allibert – 37 bd Beaumarchais, 75003 Paris - ✆ 01 44 59 35 35 - www.allibert-trekking.com.

Atalante – 36-37 quai Arloing, 69256 Lyon Cedex 09 - ✆ 04 72 53 24 80. Agence à Paris : 41 bd des Capucines, 75002 Paris - ✆ 01 55 42 81 00 - www.atalante.fr.

Explorator – 1 r. Gabriel-Laumain 75010 Paris - ✆ 01 53 45 85 85 - www.explo.com.

Horizons Nouveaux – 6 r. de Médran, case postale 196, 1936 Verbier, Suisse - ✆ (41) 277 71 71 71 - www.horizonsnouveaux.com.

Huwans Club Aventure – 18 r. Séguier, 75006 Paris - ✆ 0 826 882 080 - www.huwans-clubaventure.fr.

Nomade Aventure – 40 r. de la Montagne-Ste-Geneviève, 75005 Paris - ✆ 0 825 701 702 - www.nomade-aventure.com.

Terres d'Aventure – 30 r. St-Augustin, 75002 Paris - ✆ 0 825 700 825 - www.terdav.com.

Avant de partir

Météo

SAISONS

Le Vietnam bénéficie d'un **climat tropical**, qui se caractérise par un fort ensoleillement, des températures relativement élevées tout au long de l'année et d'importantes précipitations. De manière générale, le pays connaît deux saisons distinctes : une **saison sèche et froide** (de novembre à avril) et une **saison chaude et pluvieuse** (de mai à octobre). Mais le pays s'étirant sur plus de 1 600 km, on enregistre des différences notables entre les provinces du Nord et celles du Sud. Les changements de température sont ainsi plus sensibles dans les régions du Tonkin (nord), plus tempérées, tandis qu'ils sont à peine perceptibles à Ho Chi Minh-Ville et dans le delta du Mékong. Vous pouvez visiter le Vietnam en toute saison, mais devrez aménager votre itinéraire de manière à éviter un hiver plus marqué au Nord ou la période des moussons au Sud (entre septembre et octobre).

VÊTEMENTS À EMPORTER

Emportez des vêtements légers, en coton de préférence, mais un lainage est recommandé pour les endroits climatisés (bus longue distance, restaurants) et les régions montagneuses des Hauts Plateaux ou du Haut Tonkin, où l'amplitude thermique peut être importante entre le jour et la nuit. Un blouson ou un pull sont indispensables si vous voyagez en hiver (de septembre à avril). Prévoyez aussi un vêtement imperméable, car les pluies sont fréquentes, brèves mais souvent torrentielles, ainsi que des vêtements longs et des chaussettes pour vous protéger des moustiques. Veillez également à avoir une tenue décente pour la visite des lieux de culte et des chaussures confortables et faciles à retirer, car vous devrez vous déchausser à l'entrée de ces derniers. Enfin, des chaussures montantes fermées sont conseillées si vous faites du trekking.

Adresses utiles

OFFICES DE TOURISME

En l'absence d'offices de tourisme officiels en Europe, adressez-vous à l'ambassade du Vietnam de votre pays.
Bureau d'information Vietnam/ Actions-visas – 10-12 r. du Moulin-des-Prés, 75013 Paris - ✆ 0 892 707 710 ou 01 45 88 56 70 -

	TEMP. MOYENNE ANNUELLE	MOIS LE PLUS FROID	MOIS LE PLUS CHAUD	PRÉCIPIT. ANNUELLES MOYENNES	MOIS LE PLUS SEC	MOIS LE PLUS PLUVIEUX
HANOI	23,4 °C	Janvier 16,5 °C	Juin 28,8 °C	1 678 mm	Décembre 350 mm	Août 2 020 mm
HUÉ	25,1 °C	Janvier 19,7 °C	Juillet 29,4 °C	3 039 mm	Janvier 860 mm	Octobre 1 930 mm
HCM-V	26,9 °C	Janvier 25,8 °C	Avril 28,9 °C	1 952 mm	Février 340 mm	Juin 1 930 mm

www.cap-vietnam.com et www.action-visas.com - tlj sf dim. 9h30-12h, 13h30-18h30 (sam. 13h). Cette agence privée, qui travaille en collaboration avec l'Administration nationale du tourisme au Vietnam pour promouvoir les échanges France-Vietnam, fournit des informations sur le tourisme et l'économie. Elle facilite également l'obtention de visas de tourisme et d'affaires (délai de 1 à 7 j. selon l'urgence), sur place ou par correspondance. Livres, guides et cartes en vente à la librairie.

REPRÉSENTATIONS DIPLOMATIQUES DU VIETNAM

Ambassade en France – 62-66 r. Boileau, 75016 Paris - ✆ 01 44 14 64 00.

Ambassade en Belgique – 1 bd Général-Jacques, 1050 Bruxelles - ✆ (32 2) 379 27 37.

Consulat général en Suisse – Shlösslistrasse 26, CH 3008 Berne - ✆ (41 31) 388 78 78 - vietsuisse@bluewin.ch.

Ambassade au Canada – 470 r. Wilbrod, Ottawa, Ontario, Canada K1N6M8 - ✆ (1 613) 232 07 72 - vietem@istar.ca.

Voir aussi les représentations diplomatiques au Vietnam *(p. 24)*.

SITES INTERNET

Sites généralistes pour voyageurs

www.abm.fr – Aventure du bout du monde (ABM) est une association de voyageurs unique et conviviale, qui permet à ses adhérents d'échanger des informations.

www.uniterre.com – Uniterre fournit de nombreux liens vers d'autres sites pour l'organisation de votre séjour, ainsi que des informations pratiques et une sélection de carnets de voyage sur la destination qui vous intéresse.

Sites sur l'Asie et le Vietnam

Voir aussi les sites des centres culturels *(ci-dessous)*.

www.thingsasian.com – Un site en anglais sur la culture, l'art, l'histoire et les voyages dans le monde asiatique.

www.cap-vietnam.com – Le site du Bureau d'information Vietnam *(voir « Adresses utiles », p. 14)*, pratique et complet.

www.ambafrance-vn.org – Le site de l'ambassade de France au Vietnam.

Sites d'informations pratiques sur le Vietnam

www.livinginvietnam.com – Un site en anglais qui s'adresse davantage aux expatriés ou aux investisseurs.

www.accessvietnam.net – Une partie du site (en anglais) est dédiée aux hôtels et agences de voyages dans le pays.

www.dominiquelampe.com – Blog de voyageurs qui fournit des conseils, des exemples de circuits et diverses actualités sur le pays.

CENTRES CULTURELS, ASSOCIATIONS ET LIBRAIRIES SPÉCIALISÉES

Association française des amis de l'Orient (AFAO) – 19 av. d'Iéna, 75116 Paris - ✆ 01 47 23 64 85 - www.afao-asso.fr. Elle organise des journées d'études, des cycles de cours et de conférences, des visites guidées d'expositions et des voyages à thème.

Association d'amitié franco-vietnamienne (AAFV) – 44 r. Alexis-Lepère, 93100 Montreuil - ✆ 01 42 87 44 34 - www.aafv.org. Avec pour principale mission de favoriser les relations entre la France et le Vietnam, elle réalise des actions d'information, de coopération et de solidarité, et organise des voyages au Vietnam.

Bibliothèque interuniversitaire des langues orientales – 65 r. des Grands-Moulins, 75013 Paris - ☏ 01 81 70 10 00 - www.inalco.fr - lun. 14h-19h, mar.-vend. 9h-19h, sam. 10h-19h. Consultation des ouvrages sur place (pièce d'identité et photo nécessaires). Beaucoup d'ouvrages en langue originale. Plutôt destinée aux étudiants spécialisés et aux chercheurs.

La Maison de l'Indochine – 76 r. Bonaparte, 75006 Paris - ☏ 01 40 51 95 15 - www.maisondelindochine.com - tlj sf dim. 10h-19h. Ce tour-opérateur édite un calendrier trimestriel de conférences thématiques ou d'introduction au voyage.

Sudestasie Librairie – 17 r. du Cardinal-Lemoine, 75005 Paris - ☏ 01 43 25 18 04 - tlj sf dim. 10h-13h et 14h-18h30.

Association des Amis du Vieux Hué – *Voir encadré, p. 303.*

Formalités

Les informations ci-dessous sont données à titre indicatif. Assurez-vous auprès de la représentation diplomatique du Vietnam de votre pays *(voir « Adresses utiles », p. 15)* des conditions en vigueur au moment de votre voyage.

PIÈCES D'IDENTITÉ ET VISA

Vous devez être en possession d'un **passeport** valide encore au moins 6 mois après votre date de retour, ainsi que d'un **visa**, valable de 1 à 3 mois à partir de votre date d'entrée au Vietnam, selon le type de visa choisi. Vous pourrez obtenir ce dernier auprès de l'ambassade ou du consulat vietnamiens de votre pays *(voir « Adresses utiles », p. 15)*. Pour cela, munissez-vous de votre passeport, de deux photos et de 70 € (80 € pour une demande par correspondance). Vous aurez à remplir deux formulaires très détaillés dans lesquels vous devrez notamment mentionner vos dates d'arrivée et de départ, ainsi que votre adresse sur place (mentionnez le premier hôtel dans lequel vous dormirez). Achetez donc votre billet d'avion avant de faire vos démarches et renseignez-vous sur les adresses de quelques hôtels dans votre ville d'arrivée. Vous serez convoqué une semaine plus tard pour retirer le visa.

Pour les formalités concernant votre visa, vous pouvez également contacter le service **Action-visas** du Bureau d'information Vietnam *(voir « Adresses utiles », p. 14)* ou consulter leur site Internet : www.action-visas.com. Le visa d'1 mois vous coûtera alors 107 € (délai d'obtention : 1 semaine) ; le service prélève 1 € de sa marge sur chaque visa pour financer un projet humanitaire au Vietnam.

Formule moins onéreuse et plus rapide, vous pouvez obtenir votre **visa à l'arrivée** (VOA - Visa on arrival) à condition d'être muni d'une lettre d'invitation, que vous obtiendrez moyennant 10 à 15 $ auprès des agences de voyages travaillant avec les services de l'immigration vietnamienne (formulaire en ligne sur Internet). À votre arrivée à l'aéroport au Vietnam (à Hanoi et à Ho Chi Minh-Ville), présentez-vous au guichet « Landing visa » situé avant le contrôle des passeports, muni de cette lettre d'invitation et d'une photo format 4 x 6 cm, remplissez le formulaire et réglez 45 $ en liquide et exclusivement en dollars américains pour obtenir votre visa d'1 mois.

Conseil – Emportez toujours les photocopies de votre billet d'avion, de vos chèques de voyage et des six premières pages de votre passeport ainsi que de la page de visa et des photos d'identité. Vous pouvez aussi les scanner et vous les envoyer par mail. Elles faciliteront vos démarches en cas de perte ou de vol de vos documents originaux.

ASSURANCES

Pensez à souscrire une assurance avant votre départ afin d'être couvert en voyage. Si vous achetez votre billet d'avion ou votre voyage organisé auprès d'un tour-opérateur, on vous proposera en général une police d'assurance très complète couvrant le remboursement en cas d'annulation, les frais de soins et de rapatriement, ainsi qu'un remboursement forfaitaire en cas de vol ou de détérioration de vos bagages. Sinon, vous pouvez vous adresser à titre individuel aux grandes compagnies spécialisées dans ces prestations, mais renseignez-vous préalablement auprès de votre banque, car certaines cartes bancaires donnent droit à une couverture à l'étranger. Les grosses compagnies mutuelles disposent également de ce service.

Europ Assistance – 1 promenade de la Bonnette, 92230 Gennevilliers - ✆ 01 41 85 85 85 (renseignements, souscription) ou 01 41 85 93 65 (assistance) - www.europ-assistance.fr.

Mondial Assistance – 54 r. de Londres, 75008 Paris - ✆ 01 53 05 86 00 - www.mondial-assistance.fr.

DOUANES

La législation autorise l'**importation** de 200 cigarettes, de 2 litres d'alcool, de parfum et de bijoux pour un usage personnel, ainsi que de toutes devises étrangères n'excédant pas 7 000 $. En revanche, les lois sont très strictes pour toute littérature hostile au gouvernement et pour toute œuvre à caractère pornographique.

Attention, les **antiquités** sont interdites à l'**exportation**. Pour éviter tout problème à la sortie du pays, si vous achetez une « fausse antiquité », faites établir une facture ainsi qu'un document précisant qu'il s'agit bien... d'une copie.

VACCINATION

Bon à savoir – Le Vietnam ne pose pas de problèmes sanitaires ou de sécurité particuliers, mais il est conseillé de consulter avant de partir les fiches « Conseils aux voyageurs » sur le site du ministère des Affaires étrangères : www.diplomatie.gouv.fr.

Aucun vaccin n'est exigé, à l'exception de la fièvre jaune si vous arrivez d'un pays d'Afrique ou d'Amérique latine où elle est endémique. Il est toutefois vivement recommandé d'être à jour dans ses vaccinations contre la poliomyélite, la diphtérie, le tétanos, la typhoïde et les hépatites A et B, ainsi que les méningites A et C et l'encéphalite japonaise pour les longs séjours. Certaines zones du Vietnam sont impaludées ; la malaria et sa prophylaxie étant en constante évolution, demandez l'avis de votre médecin avant votre départ.

Centre de vaccination Air France – 148 r. de l'Université, 75007 Paris - ✆ 01 43 17 22 00 - http://centredevaccination-airfrance-paris.com - tlj sf dim. 9h-17h. Sans RDV.

Centre médical de l'Institut Pasteur – 209-211 r. de Vaugirard, 75015 Paris - ✆ 0 890 710 811 - www.pasteur.fr.

Hôpital de la Pitié-Salpêtrière – 47 bd de l'Hôpital, 75013 Paris - ✆ 01 42 16 00 00. Sur RDV - ✆ 01 42 16 01 03 ou AP Voyages - ✆ 01 45 85 90 21.

Comité d'informations médicales du ministère des Affaires étrangères (CIMED) – 27 r. de la Convention, 75015 Paris - ✆ 01 43 17 84 54 - www.cimed.org.

Centre de conseil aux voyageurs de l'hôpital Bichat-Claude-Bernard –

Calculez votre budget quotidien
Le prix à la journée a été calculé **pour une personne**, sur la base d'un séjour pour deux en haute saison.
Mini budget, avec une chambre double dans une pension modeste (de 5 à 10 €/pers.), des repas dans des échoppes de trottoir ou des restaurants de marché (autour de 2 €) et des déplacements en moto-taxi, bus ou train : env. **12 à 18 €**.
Petit budget, en utilisant des minibus privés climatisés, en dormant dans des hôtels milieu de gamme équipés d'air conditionné (de 12 à 15 €/pers.) et en prenant un repas par jour dans un restaurant traditionnel vietnamien (10 €) : env. **35 €**.
Budget moyen, avec hébergement dans des hôtels confortables (de 19 à 27 €/pers.), dîner dans de bons restaurants occidentaux ou vietnamiens (15 à 20 €) et en empruntant des taxis. Pour vos excursions, vous passerez par les petites agences de voyages : env. **50 à 60 €**.
Petite folie, avec hébergement dans des hôtels de luxe (à partir de 37 €/pers.), repas dans de grands restaurants (autour de 36 €) et transports en avion. Pour vos excursions, ce budget vous permettra de louer une voiture avec chauffeur dans des endroits reculés comme les Hauts Plateaux ou le delta du Mékong : à partir de **150 €**.

Pavillon des maladies infectieuses et tropicales - 46 r. Henri-Huchard, 75018 Paris - ✆ 01 40 25 80 80 - tlj sf dim. 9h-12h30, 14h-17h (sam. 12h). Sur RDV.
Voir aussi « Santé » *(p. 30)*.

PERMIS DE CONDUIRE

Les permis de conduire français et international ne sont pas reconnus au Vietnam, et il est de toute façon impossible de louer une voiture sans chauffeur. En revanche, la location de scooters et de motos est autorisée, pour laquelle on pourra tout de même vous demander votre permis de conduire.
Voir aussi p. 28 et 40.

Argent

Voir p. 24.

Décalage horaire

Il y a **6h** de décalage entre la France et le Vietnam en hiver et **5h** en été (GMT + 7).

Téléphoner au Vietnam

Pour téléphoner de l'étranger vers le Vietnam, composez le **00 + 84** + l'indicatif régional (sans le 0) + le numéro de votre correspondant.
Voir aussi « Téléphone » *(p. 36)*.

Budget

La vie n'est pas chère au Vietnam, mais les prix ne sont pas toujours affichés chez les commerçants, et, en particulier dans les endroits touristiques, on vous demandera parfois plus que le prix réel ; familiarisez-vous avec les tarifs en vigueur et n'hésitez pas à négocier le cas échéant.
Compte tenu de l'inflation au Vietnam et de la forte variation du cours du dong, les tarifs des hébergements sont indiqués en dollars américains ($). Sur place, vous pourrez payer votre hôtel indifféremment en dollars ou en dongs : voyez

ce qui est le plus avantageux pour vous en fonction des taux pratiqués par chaque établissement.

Se loger

Retrouvez notre sélection d'hébergements dans « Nos adresses à » de la partie « Découvrir le Vietnam ».

Bon à savoir – Guides improvisés, conducteurs de cyclo-pousse ou chauffeurs de taxi, tout le monde se mettra en quatre pour vous dénicher un hôtel dans l'espoir d'obtenir une commission (environ 10 % du prix de la première nuit), qui sera répercutée sur votre facture. Sachez que certains n'hésiteront pas à vous affirmer que l'hôtel dans lequel vous désirez séjourner a brûlé/est sale/n'existe plus, etc., parce qu'ils savent qu'ils n'y toucheront pas de commission.

NOTRE SÉLECTION

Les tarifs que nous indiquons dans la partie « Découvrir » correspondent au **prix d'une chambre double en haute saison** et sont en dollars. Dans la grande majorité des hôtels, vous pourrez payer votre chambre indifféremment en dollars ou en dongs.

Les hôtels sélectionnés sont classés par fourchettes de prix équivalents à quatre types de budget *(voir tableau ci-dessous)*.

LES DIFFÉRENTS TYPES D'HÉBERGEMENT

Le boom touristique des années 1990 a provoqué une croissance exponentielle du parc hôtelier vietnamien.

Hôtels d'État

Hôtel *(khach san)*, mini-hôtel, pension, guesthouse *(nha khach)* ou *room for rent*… la désignation d'un établissement reflète des réalités éminemment variables. Les hôtels d'État, ou semi-étatiques, sont généralement placés sous la responsabilité de l'office du tourisme provincial.

Mini-hôtels privés

Majoritaires, ce sont des établissements souvent confortables et correctement entretenus, facturant entre 15 et 30 $ (12 et 25 €) la chambre double, et présentant un bon rapport qualité-prix. Outre les chambres « Standard », ils proposent souvent une série de « Deluxe », « Suite » ou « VIP » plus chères (50 à 90 $ soit 38 à 68 €), plus confortables et plus spacieuses. Des dortoirs font leur apparition dans les pensions pour touristes, mais il n'existe pas d'auberges de jeunesse.

Hôtels de luxe et de charme

Qu'il s'agisse d'anciens palaces rénovés dans les villes historiques, d'hôtels de chaînes internationales ou de resorts en montagne et sur les plages, ils se multiplient dans les régions touristiques.

NOS CATÉGORIES DE PRIX		
	Hébergement	**Restauration**
Premier prix	moins de 25 $ (moins de 19 €)	moins de 80 000 VND (moins de 3 €)
Budget moyen	de 25 à 50 $ (de 19 à 38 €)	de 80 000 à 150 000 VND (de 3 à 8 €)
Pour se faire plaisir	de 50 à 100 $ (de 38 à 77 €)	de 150 000 à 500 000 VND (de 8 à 18 €)
Une folie	plus de 100 $ (plus de 77 €)	plus de 500 000 VND (plus de 18 €)

SERVICES OU ARTICLES	PRIX MOYEN	ÉQUIVALENT EN EUROS
Une chambre double dans un mini-hôtel (« minibudget »)	12 à 25 $	9 à 19 €
Une chambre double dans un hôtel confortable (« petit budget »)	30 à 40 $	23 à 30 €
Une chambre double dans un hôtel de catégorie supérieure (« budget moyen »)	50 à 70 $	38 à 54 €
Une chambre double dans un palace (« une petite folie »)	à partir de 100 $	à partir de 75 €
Une soupe pho dans une gargote (« minibudget »)	50 000 VND	1,8 €
Un repas dans un bon restaurant (« budget moyen »)	420 000 à 560 000 VND	15 à 20 €
Un repas dans un restaurant de palace (« une petite folie »)	1 000 000 VND	36 €
Une lessive dans une laverie de quartier (/kg)	25 000 VND	0,91 €
Un litre d'essence	24 580 VND	0,89 €
Un billet de train Ho Chi Minh-Ville-Hué en classe molle (1 071 km)	1 052 000 VND	38 €
Un billet de train Ho Chi Minh-Ville-Hanoi en classe molle (1 710 km)	1 857 000 VND	68 €
1 billet Ho Chi Minh-Ville-Hanoi en Open Bus	40 $	30 €
Trajet aéroport de Ho Chi Minh-Ville / centre-ville en taxi	env. 200 000 VND	9 €
1h en cyclo-pousse	20 000 VND	0,8 €
Location d'un vélo pour une demi-journée	20 000 VND	0,72 €
Service d'un guide pendant une journée	600 000 VND	22 €
Une bouteille d'eau minérale	11 000 VND	0,4 €
Un thé	15 000 VND	0,55 €
Une bière	20 000 VND	0,8 €
Un timbre	10 500 VND	0,38 €
Une carte postale	4 000 VND	0,15 €

LES PRIX

D'une manière générale, il est conseillé de négocier les prix, surtout en basse saison ou si vous restez plus de trois nuits. Une chambre double occupée par une seule personne est généralement moins chère. Dans les grands centres touristiques, les voyageurs à budget très serré trouveront à se loger pour un **minimum de 11 $** (env. 8 €), mais il existe de nombreux établissements d'un excellent rapport qualité-prix **entre 25 et 40 $** (entre 19 et 30 €) avec chaînes satellite, réfrigérateur et climatisation.

Hormis à Hanoi et à Ho Chi Minh-Ville, peu d'hôtels de petite ou moyenne gamme proposent un véritable **petit-déjeuner**. Vous pouvez aisément déjeuner « à la vietnamienne » dans la rue pour env. 2 €, ou dans des cafés ouvrant leurs portes en général entre 6h et 8h.

Conseil – N'hésitez pas à **visiter plusieurs chambres**, car, dans un même hôtel, le confort et le prix peuvent varier sensiblement en fonction de l'équipement, de l'étage et de l'ancienneté des installations.

Bon à savoir – Les taxes (environ 15 %) sont normalement incluses dans le prix affiché, sauf dans les établissements de luxe. Par ailleurs, la plupart des hôtels d'État pratiquent des prix moins élevés pour les nationaux.

Voir aussi « Budget » *(p. 18)* et le tableau « Nos catégories de prix » *(p. 19)*.

CONDITIONS

Il est d'usage de laisser son passeport à la réception de l'hôtel (certains se contentent d'une photocopie) mais vous pourrez généralement le récupérer dans l'heure si vous payez la chambre dès votre arrivée. Quant à la sécurité, comme partout ailleurs, ne laissez pas d'objets de valeur dans votre chambre : gardez-les sur vous ou déposez-les au coffre-fort de la réception.
Sachez par ailleurs que certains établissements privés n'ont pas le droit d'héberger des étrangers, officiellement pour des raisons de sécurité ou d'hygiène, en fait pour ne pas concurrencer les hôtels d'État.

RÉSERVER

Sauf pendant la période de la fête du Tet et certaines fêtes locales ou religieuses, vous n'aurez guère de problème pour vous loger et une réservation n'est pas indispensable.

Se restaurer

Le Vietnam possède une remarquable variété de restaurants *(nha hang)*, des plus modestes (*com pho*), qui ne servent que du riz et des nouilles, aux plus huppés, où vous pourrez déguster les spécialités locales, des plats français ou d'autres cuisines d'Asie.

Retrouvez notre sélection dans « Nos adresses à » de la partie « Découvrir » du guide.

NOTRE SÉLECTION

Les gammes de prix indiqués dans ce guide sont calculées sur la base d'**une entrée et d'un plat**, sans les boissons et sont en dongs (VND).
Les restaurants sélectionnés sont classés par fourchettes de prix équivalents à quatre types de budget *(voir tableau p. 19)*.

OÙ SE RESTAURER

Bon à savoir – Dans les sites non touristiques, il peut être difficile de dîner après 21h. En ville, les cantines de rue s'animent du lever au coucher du soleil, parfois au-delà ; on peut donc à toute heure satisfaire une petite faim ou sa gourmandise.

Dans la rue

Ce sont souvent dans les petites échoppes de rue ou de marché que l'on déguste la cuisine la plus savoureuse, pour un prix d'environ 60 000 VND (2 €). Il s'agit soit d'étals provisoires, soit d'établissements permanents avec une salle ouverte sur le trottoir, où sont préparés les plats. La plupart se spécialisent dans un type de nourriture et ferment quand ils ont épuisé leur stock de produits frais. Pour une soupe, un sandwich ou un beignet, vous pouvez aussi faire appel à un marchand ambulant.

Dans les restaurants

Si vous souhaitez un cadre calme et confortable, optez pour un restaurant, climatisé ou non. La carte est généralement plus variée et les prix sont plus élevés (attention, ils ne sont pas toujours mentionnés). Les taxes sont comprises (sauf mention contraire sur la carte) et tout ce que vous aurez consommé sur la table, des serviettes aux cacahuètes, vous sera facturé.
Un large choix s'offre à vous, des adresses simples aux plus guindées, fréquentées par la nouvelle bourgeoisie, en passant par celles qui attirent une clientèle occidentale et où l'on sert une cuisine un peu aseptisée. Il en est de même pour les restaurants de cuisine occidentale, nombreux dans les grandes villes. Des restaurants pour touristes aux tables de gourmets, les prix varient de 100 000 VND à plus d'1 million de VND (de 4 à 37 € et plus), mais il vous en coûtera le plus souvent autour de **150 000 à 250 000 VND** (de 5 à 9 €) **pour un repas**.
Dans les établissements les plus chic, les cartes de crédit sont généralement acceptées (parfois avec une commission) et une réservation peut s'avérer nécessaire.

Dans les hôtels

À part les palaces de Hanoi et de Ho Chi Minh-Ville, qui possèdent parfois de vrais restaurants de gourmets ou proposent de succulents buffets occidentaux ou asiatiques, les hôtels servent généralement une cuisine de qualité médiocre.

Sur place de A à Z

AMBASSADES ET CONSULATS

Ambassades à Hanoi

Ambassade de France – 57 Tran Hung Dao, Hanoi - ✆ (04) 3944 57 00 - www.ambafrance-vn.org.

Ambassade de Belgique – 49 Hai Ba Trung, Hanoi - ✆ (04) 3934 61 79 - countries.diplomatie.belgium.be/fr/vietnam/.

Consulat du Grand-Duché de Luxembourg – Pacific Place – Suite 1403, 83B Ly Thuong Kiet, Hanoi - ✆ (04) 3946 1416 - secretariat1.hanoi@mae.etat.lu.

Ambassade de Suisse – 44B Ly Thuong Kiet, Hanoi - ✆ (04) 3934 65 89 - www.eda.admin.ch/hanoi.

Ambassade du Canada – 31 Hung Vuong, Hanoi - ✆ (04) 3734 50 00 - www.canadainternational.gc.ca.

Ambassade du Cambodge – 71A Tran Hung Dao, Hanoi - ✆ (04) 3942 47 88 - www.embassyofcambodia.org.

Ambassade de Chine – 46 Hoang Dieu, Hanoi - ✆ (04) 3845 37 36.

Ambassade du Laos – 22 Tran Binh Trong, Hanoi - ✆ (04) 3942 45 76 - www.embalaohanoi.gov.la.

Consulats à Ho Chi Minh-Ville

Consulat de France – 27 Nguyen Thi Minh Khai, Ho Chi Minh-Ville, ✆ (08) 3520 68 00 - lun.-vend. 9h-11h30, après-midi sur RV seult.

Consulat de Belgique – 105 Duong Van An, Ward An Phu, Ho Chi Minh-Ville - ✆ (08) 6281 80 01 - lun.-mar., jeu.-vend. 9h-11h30.

Consulat de Suisse – 42 Giang Minh Street, An Phu Ward, District 2, Ho Chi Minh-Ville - ✆ (08) 3744 69 96.

Consulat du Canada – 235 Dong Khoi, Ho Chi Minh-Ville - ✆ (08) 3827 98 99.

Consulat du Cambodge – 41 Phung Khac Khoan, Ho Chi Minh-Ville - ✆ (08) 3829 27 51.

Consulat du Laos – 93 Pasteur, Ho Chi Minh-Ville - ✆ (08) 3829 76 67.

Voir aussi les représentations diplomatiques du Vietnam *(p. 15)*.

ARGENT

Monnaie

La monnaie locale est le **dong** (VND). Il existe des billets de 500, 1 000, 2 000, 5 000, 10 000, 20 000, 50 000, 100 000, 200 000 et 500 000 VND. Les pièces sont rarement utilisées. À l'heure où nous publions ce guide, **1 $ = env. 21 000 VND et 1 € = env. 27 000 VND**.

Les tableaux des prix *(voir p. 19 et 20)* ainsi que toutes les équivalences indiquées dans ce guide utilisent ce taux de change. Vérifiez toutefois le taux en vigueur au moment de votre voyage (sur www.xe.com par exemple).

Change

Il est vivement conseillé de partir avec des **dollars**. Les euros sont de plus en plus acceptés mais demeurent presque inutiles hors des grandes villes. Vous pourrez changer votre argent à la **Vietcombank** (les guichetiers sont en général très pointilleux sur l'état des coupures), dans les bureaux de change (moins regardants), ainsi que dans quelques bijouteries et hôtels.

Conseil – Soyez prévoyant lorsque vous quittez les grandes agglomérations et demandez des petites coupures, car faire de la monnaie peut se révéler difficile.

Chèques de voyage

Les chèques de voyage sont généralement acceptés dans les grandes banques, ainsi que dans certains hôtels de catégorie supérieure. Préférez ceux libellés en dollars.

Cartes de crédit

Vous trouverez presque partout des **distributeurs de billets** (ATM), en particulier dans les grandes villes. Vous pourrez également retirer de l'argent avec votre carte de crédit (Visa, Mastercard, American Express) dans les banques. Attention, le plafond de retrait autorisé est de 2 000 000 VND (env. 75 €) par opération, chacune assujettie à une forte commission ; mieux vaut donc emporter du liquide. Peu d'hôtels ou de restaurants, à l'exception des établissements de luxe, acceptent le paiement par carte (commission de 3 %).

BANQUES

Nombreuses dans les moyennes et grandes villes, souvent dotées de distributeurs ATM, les banques ouvrent généralement du lundi au vendredi de 7h30 à 12h30 et de 13h30 à 19h30. Dans les principales agglomérations, certaines sont ouvertes le midi, voire le samedi matin.

CIGARETTES

Les Vietnamiens sont de gros consommateurs de cigarettes et les lieux non-fumeurs restent minoritaires. Vous trouverez sur place la plupart des grandes marques américaines, à des prix beaucoup moins élevés qu'en Europe. Attention aux imitations, dont le goût peut être particulièrement désagréable.

CYCLO-POUSSE

Le **xich lo** est le moyen de transport urbain le plus pittoresque du Vietnam. Négociez le prix de la course à l'avance et en dongs (ayez toujours de la petite monnaie), tout en gardant à l'esprit qu'il s'agit d'un travail particulièrement dur.

La plupart du temps, les conducteurs perçoivent une commission sur les clients qu'ils déposent devant les hôtels et les boutiques (même s'ils ne sont pour rien dans votre choix), commission qui sera répercutée sur le prix de votre chambre ou de votre achat. Les conducteurs de cyclo-pousse sont souvent des jeunes issus de la campagne, qui louent le triporteur à la journée et dorment parfois dedans.

DROGUE

Si vous ne souhaitez pas que vos vacances virent au cauchemar, refusez systématiquement la drogue que l'on vous proposera dans la rue. Les lois au Vietnam sont particulièrement strictes.

Tout détenteur de drogue, dure ou douce, encourt plusieurs années de prison.

EAU POTABLE

L'eau du robinet n'est pas potable, mais vous trouverez facilement de l'eau minérale en bouteille. Les Vietnamiens font bouillir l'eau qu'ils boivent pour la rendre propre à la consommation et vous pourrez accepter sans crainte un verre. En revanche, des pastilles de chlore peuvent se révéler utiles dans les endroits reculés.

ÉLECTRICITÉ

En général, le courant est de 220 volts et vous n'aurez pas besoin d'adaptateur pour brancher vos appareils électriques sur les prises vietnamiennes.

EXCURSIONS ORGANISÉES

Les agences de voyages proposent des circuits clefs en main. Pour effectuer un voyage à la carte, vous pourrez louer une voiture avec chauffeur et guide *(voir « Voiture », p. 39)*.

Conseil – En règle générale, choisissez une agence proche du lieu que vous souhaitez visiter. Vous éviterez ainsi de perdre du temps en transports payés au prix fort pour rejoindre le site.

INTERNET

Vous trouverez sans difficulté des cybercafés à Hanoi, à Ho Chi Minh-Ville et dans les grands centres touristiques (comptez entre 10 000 et 15 000 VND/h – de 0,36 à 0,55 € – selon la vitesse de connexion et le type d'établissement). Les villes de moindre importance disposent également de cafés Internet et la plupart des hôtels offrent le Wifi à leurs clients.

JOURS FÉRIÉS

Jours fériés fixes

1er janvier : Nouvel an.

3 février : Fondation du parti communiste vietnamien en 1930.

30 avril : Libération du Sud-Vietnam en 1975.

1er mai : Journée internationale du travail.

19 mai : Naissance de Ho Chi Minh en 1890.

2 septembre : Fête nationale, commémorant la fondation de la République démocratique du Vietnam par Ho Chi Minh en 1945 à Hanoi.

25 décembre : Noël.

Jours fériés mobiles

Fête du Tet : Du 1er au 3e jour du 1er mois lunaire (mi-janvier-début février). Nombre d'hôtels affichent alors complet, les trains et les avions sont réservés plusieurs mois à l'avance et la plupart des boutiques ferment.

Anniversaire de Bouddha : Le 8e jour du 4e mois lunaire (mai).

KARAOKÉ

Que ce soit à la campagne ou dans les villes, le karaoké est un loisir très apprécié des Vietnamiens. Il existe deux façons de le pratiquer : dans une grande salle de bar-restaurant où un micro passe entre les rangs ; dans un hôtel-karaoké, pour les plus timides, composé de petits salons privés d'une douzaine de personnes que les clients louent à l'heure.

MARCHANDAGE

Il s'impose lors de nombreuses transactions, en particulier dans les zones les plus touristiques. La première difficulté est de savoir quelle équation appliquer pour parvenir au prix « correct », bien que cette notion présente des contours assez flous. En effet, payer une petite boîte laquée 6 $ (environ 4,5 €) n'a rien de dramatique, mais il est toujours agaçant de constater qu'elle vaut trois fois moins dans la boutique voisine ! La règle d'or consiste donc à faire d'abord un tour des magasins pour **comparer les prix**. Cela est particulièrement vrai pour les marchands de rue qui proposent d'emblée des tarifs parfois deux à trois fois plus élevés que ceux des boutiques. Dans tous les cas, n'espérez cependant pas payer le même prix qu'un Vietnamien, car l'usage de faire payer plus cher les étrangers, supposés plus riches (c'est le cas la plupart du temps), officialisé durant des décennies par une double tarification sur les transports et les hôtels, reste fortement ancré dans les mentalités. Ne prenez pas cette habitude pour une insulte personnelle et, d'une manière générale, veillez toujours à donner à la négociation un caractère bon enfant. Si votre interlocuteur ne vous inspire aucune confiance ou si la négociation est trop âpre à votre goût, rien ne vous oblige à lui acheter quoi que ce soit…

MARCHÉ

Présent dans tous les bourgs et villes, le marché est le lieu d'échanges et de rencontres favori des Vietnamiens. Profitez-en pour y croiser la population locale, faire des achats et vous initier à l'art de marchander.
Horaires – Certains fonctionnent 24h/24, mais la plupart ouvrent très tôt le matin pour fermer en fin d'après-midi.

MÉDIAS

Journaux

Supplément du mensuel *Vietnam Economic Times*, **The Guide** regorge d'adresses et d'articles sur la vie touristique et culturelle. **Time Out**, le supplément gratuit de l'hebdomadaire *Vietnam Investment Review*, contient aussi une sélection d'adresses, tandis que le **Courrier du Vietnam** (http://lecourrier.vnagency.com.vn) propose un programme culturel. Les quotidiens francophones **Vietnam Plus** (http://fr.vietnamplus.vn) et anglophone **Vietnam News** (http://vietnamnews.vn) traitent de l'actualité nationale et internationale. Par ailleurs, vous trouverez aisément à Ho Chi Minh-Ville et à Hanoi les grands titres de la presse française et anglo-saxonne, vieux de quelques jours seulement.

Radio et télévision

Les médias audiovisuels sont contrôlés par le gouvernement. La **Voix du Vietnam** émet en FM et programme notamment de la musique et des informations en anglais et en français. Créée en 1970, la télévision nationale comprend une petite dizaine de chaînes dont certaines diffusent également des journaux en anglais et en français, ainsi que des séries *made in Hongkong*. Dans la plupart des hôtels, vous capterez les chaînes internationales, notamment les programmes de TV5 Asie (en français), CNN, MTV et des chaînes de cinéma.

MOTO

Location

Un **permis de conduire international** est parfois demandé (bien qu'il ne soit pas reconnu au Vietnam) pour louer une moto dont la cylindrée dépasse 50 cm^3. Le tarif oscille entre 5 et 10 $/j (3,8 et 7,6 €) selon la région, la marque et la cylindrée du véhicule. Sachez qu'en cas de dommages, vous serez considéré comme responsable et tenu de verser une franchise, dont vous avez intérêt à vous faire préciser le montant à l'avance. Certaines agences proposent une formule permettant de louer une moto dans une ville et de la déposer dans une autre. Renseignez-vous notamment auprès de The Sinh Tourist, qui possède plusieurs bureaux dans le pays, notamment à Hanoi, Hoi An *(voir p. 326)*, Nha Trang ou Ho Chi Minh-Ville *(voir p. 416)*. *www.thesinhtourist.vn*. Généralement, les voyageurs utilisent les deux-roues pour circuler autour de villes-étapes. Cependant, pour le Haut Tonkin *(voir p. 213)* notamment, les plus courageux apprécieront la possibilité d'effectuer en toute liberté une grande boucle à travers la région au guidon d'une Minsk. Dans ce cas, nous vous recommandons vivement de contacter votre assurance avant de partir. Il est par ailleurs possible de louer une **moto avec chauffeur** dans les endroits les plus reculés, comme les Hauts Plateaux (en particulier pour la route Kon Tum-Da Nang ou Plei Ku-Qui Nhon, *voir p. 392*) et le Haut Tonkin *(voir p. 213)*. Vous en apprécierez sans doute les avantages en cas de souci technique. D'une manière générale, évitez de sillonner ces routes seul, car elles sont très peu fréquentées et vous ne pourrez guère escompter d'aide en cas de problème.

Conduite

Si vous circulez en deux-roues, sachez que la conduite diffère sensiblement de celle de nos contrées. Ainsi, lorsque le feu est rouge à un carrefour, il est d'usage de passer si vous tournez à droite. En règle générale, observez le comportement des autres motocyclistes et motards, et laissez-vous porter par le flot des véhicules… même si vous manquez votre rue.
Une autre règle essentielle consiste à faire un usage immodéré du **klaxon**, bien plus utilisé que le rétroviseur ! Il y a peu de chance que cela induise une quelconque modification du comportement des autres conducteurs, mais ils ne pourront ignorer votre présence. Hors agglomération, préparez soigneusement votre itinéraire car il n'y a quasiment aucune signalisation routière en anglais. Rappelons enfin que le port du casque est obligatoire et que la prudence recommande de porter des vêtements couvrants et de bonnes chaussures.
Voir aussi les rubriques « Essence » et « En cas d'accident » *(p. 40)*.

MOTO-TAXI

Fort répandus dans tout le pays, les **xe om** ou *honda om* sont des véhicules privés transportant des passagers moyennant un tarif négocié. Vous n'aurez aucun mal à en trouver près des marchés, des gares routières ou des grands carrefours. Le montant de la course est souvent supérieur à celui d'un taxi.

MUSÉES, MONUMENTS ET SITES

Tarifs

Les droits d'entrée aux principaux musées et monuments varient entre 15 000 et 50 000 VND (de 0,55 à 1,8 €). Quand aucun prix n'est affiché, une donation équivalente peut être bienvenue, en particulier dans les édifices religieux. Il faut parfois acquitter un droit supplémentaire pour prendre des photos ou filmer. Certains sites archéologiques pratiquent des tarifs plus élevés, comme My Son, Hoi An ou les tombeaux de Hué (80 000 à 120 000 VND soit 3 à 4 €).

Sites soumis à autorisation

Dans les régions du Haut Tonkin (notamment au nord de Ha Giang) et des Hauts Plateaux (autour de Buon Ma Thuot et de Plei Ku), certains villages ne peuvent se visiter que si vous êtes muni d'un permis délivré par l'office du tourisme local (comptez environ 10 $, soit 8 €).

Guides

L'utilité d'un guide est affaire d'appréciation personnelle. Vous n'aurez pas toujours le choix, comme dans certains villages des Hauts Plateaux, mais consolez-vous en vous disant que leur apport durant la visite justifie la dépense. Une telle aide peut également se révéler indispensable pour les randonnées en forêt. La plupart des agences proposent des guides parlant anglais ou français.

Horaires

Musées – Le jour de fermeture est généralement le lundi, parfois le week-end dans les petites villes, mais certains musées ouvrent tous les jours. L'horaire habituel est de 7h ou 8h à 16h ou 17h, avec une pause déjeuner entre 11h30 et 13h30.

Sites religieux – En règle générale, pagodes et temples accueillent les visiteurs tous les jours de la semaine sans interruption (sauf parfois à l'heure du déjeuner), tandis que les églises n'ouvrent qu'à l'heure de la messe.

OFFICES DE TOURISME

Les offices du tourisme vietnamiens dépendent des administrations provinciales. Ils fonctionnent plus comme des agences de voyages que comme des centres d'information, proposant des prestations payantes, ainsi qu'une documentation sommaire qui n'est pas toujours gratuite. Dans certaines provinces, comme à My Tho ou à Plei Ku, ils exercent un monopole sur les excursions ou imposent un permis, voire un guide local, même si le visiteur est déjà accompagné. Ces pratiques n'ont pas cours dans les grands centres touristiques, où ils s'associent parfois avec des agences privées.

Les deux agences les plus importantes du pays sont:

Saigon Tourist – 49 Le Thanh Ton, Ho Chi Minh-Ville - ✆ (08) 3822 26 50 - www.saigontourist.net. À Da Nang: 357 Phan Chu Trinh - ✆ (511) 389 72 29.

Vietnam Tourism – 30A Ly Thuong Kiet, Hanoi - ✆ (04) 3825 99 42 - www.vn-tourism.com.

Les agences privées, nombreuses dans les zones touristiques et plus orientées vers les voyageurs individuels, répondront généralement mieux à vos attentes.

PHOTOGRAPHIE

Matériel

Dans les régions touristiques comme à Hanoi, Nha Trang ou Ho Chi Minh-Ville, vous n'aurez aucune difficulté à trouver des laboratoires pour effectuer vos tirages numériques. Vous pourrez aussi décharger vos cartes mémoire et graver des CD dans la plupart des cafés Internet.

Les boutiques des centres commerciaux vendent les derniers modèles d'appareils photo numériques, mais les prix ne sont pas plus avantageux que ceux pratiqués en Europe.

Usages

Dans l'ensemble, les Vietnamiens se laissent photographier sans déplaisir, mais la politesse la plus élémentaire exige de leur demander la permission. Tout est affaire de perception, et échanger quelques mots au préalable plutôt que de dégainer votre appareil vous permettra le plus souvent d'obtenir une réponse positive. Dans certaines régions, les femmes opposent systématiquement un refus, la plupart du temps par coquetterie, parce qu'elles s'estiment mal habillées! Ailleurs, comme à Sapa, les enfants sont habitués dès leur plus jeune âge à réclamer de l'argent en compensation… Dans tous les cas, si vous avez un appareil numérique, n'hésitez pas à montrer le résultat. Enfin, respectez les lieux saints et les moments d'intimité comme le bain.

PLAGES

Le Vietnam possède de superbes plages, mais qui restent peu nombreuses relativement à la longueur de ses côtes (3 451 km). À l'exception de celles de Phu Quoc *(voir p. 488)* et de la presqu'île de Hon Chong *(voir p. 483)*, dans le golfe de Thaïlande, les plus belles s'étirent le long de la mer de Chine méridionale (Da Nang, *voir p. 306*; Nha Trang, *voir p. 343*; Mui Ne, *voir p. 361*; Vung Tau, *voir p. 436*). Quant aux sports nautiques (scooter de mer, plongée de surface ou avec bouteille, surf, planche à voile), vous ne trouverez guère d'équipement en dehors de ces quelques grandes stations balnéaires.

POSTE

Horaires

La plupart des bureaux de poste ouvrent tous les jours entre 6h et 8h et ferment à 21h ou 22h.

Courrier

Le Vietnam dispose d'un excellent réseau de postes *(buu dien)* proposant envoi et réception de fax, téléphone, voire Internet. La durée d'acheminement dépend de l'endroit où vous postez votre courrier : comptez un délai d'environ 2 à 3 semaines. Si besoin, un service d'envoi express (EMS) est disponible dans la plupart des bureaux de poste.

Un timbre coûte 10 500 VND (0,38 €) pour une carte postale, et un peu plus pour une lettre.

Pour la **poste restante**, indiquez le nom du destinataire en majuscules et souligné, puis la mention « Poste restante » suivie de l'adresse du bureau de poste.

Si vous demandez un transfert d'argent depuis l'Europe, adressez-vous aux bureaux de **Western Union** (www.westernunion.com.vn/en).

Envois de colis

La poste transporte les colis jusqu'à 20 kg à l'international. Au-delà, il faut faire appel à une entreprise privée, dont les tarifs sont en général élevés. Pour les envois volumineux, tels que les meubles, adressez-vous à d'autres compagnies :

JVK International Movers – 6 To Ngoc Van - Quang An Ward, Tay Ho District, Hanoi - ✆ (04) 3826 03 34 - www.jvkmovers.com.

Saigon Van – 214 Nguyen Van Huong - Thao Dien Ward - District 2, Ho Chi Minh-Ville - ✆ (08) 3744 71 01 - www.saigonvan.com.

POURBOIRE

Dans les hôtels et restaurants de luxe, le service est généralement inclus (de 10 à 15 %), mais ailleurs il est laissé à votre libre appréciation et n'est pas systématique. Il est de tradition en revanche de remercier ainsi le guide (environ 30 000 VND/j/pers.) et le chauffeur (un peu moins) si vous êtes satisfait de leur prestation. Enfin, il est d'usage de faire une donation dans les musées gratuits et les sanctuaires religieux (20 000 VND ou plus).

RESTAURATION

Horaires

La plupart des restaurants sont ouverts tous les jours. Les petites gargotes de rue servent à toute heure, mais certaines n'ouvrent qu'à l'heure du déjeuner et ferment quand elles sont à court d'aliments. La plupart des établissements vietnamiens de catégorie supérieure ne servent qu'aux heures des repas (10h30-14h et 17h-20h, ou 21h dans le Sud). S'il s'agit d'une adresse plus chic, dans une grande ville ou un centre touristique, vous pouvez passer commande jusqu'à 22h. Après cette heure-là, vous vous rabattrez sur les restaurants pour touristes, qui servent jusqu'à 23h.

SANTÉ

Consultez le site du ministère des Affaires étrangères : www.diplomatie.gouv.fr, rubrique « Conseils aux voyageurs » et le site de l'ambassade de France au Vietnam : www.ambafrance-vn.org, rubrique « Situation sanitaire ». Voir aussi « Vaccination » *(p. 17)*.

Recommandations

Veillez à vous protéger du soleil et de la chaleur de manière à prévenir tout risque d'**insolation** et de **déshydratation**. Exposez-vous progressivement et pensez toujours à porter chapeau, lunettes de soleil et protection solaire, même par temps couvert. Il est également important de boire abondamment et fréquemment.

Ne buvez jamais l'eau du robinet qui ne serait pas préalablement bouillie ou purifiée avec des pastilles, lavez-vous les mains avant et après chaque repas, pelez fruits et légumes crus avant de les consommer, et ne mangez viandes ou poissons que s'ils sont suffisamment cuits.

Trousse à pharmacie

Si vous suivez un traitement particulier, emportez vos médicaments en quantité suffisante, avec l'ordonnance du médecin.

Vous trouverez sur place, dans toutes les pharmacies, les médicaments d'usage courant.

Si vous préférez vous constituer une trousse de base avant le départ, demandez conseil à votre médecin ou votre pharmacien ou adressez-vous au **Service médical international voyage et santé** – ✆ 01 49 85 14 85 - www.smi-voyage-sante.com.

Pensez aussi aux produits d'usage courant tels que boules Quiès en mousse, rasoir, crème à raser, tampons et serviettes périodiques, contraceptifs, préservatifs, liquide pour nettoyer les verres de contact et une paire de lentilles de rechange. Mais pas d'inquiétude là non plus en cas d'oubli : tout cela se trouve sans difficulté sur place.

Maladies

Tourista – Le changement de climat et d'alimentation peut causer des **troubles intestinaux**, plus gênants qu'alarmants. Dans la plupart des cas, vous y remédierez en mangeant du riz blanc et du bouillon de légumes, en buvant beaucoup (si possible salé) et en prenant un antidiarrhéique et un antiseptique intestinal.

Paludisme – Quasiment aucun risque dans les zones urbaines, en altitude (au-dessus de 800 m), dans le delta du Fleuve rouge (nord) ni dans les plaines côtières du centre. Ailleurs, en particulier à proximité des forêts du Nord et des Hauts Plateaux ainsi que dans certains endroits du delta du Mékong, la vigilance est de mise, surtout si vous faites de la randonnée. La maladie se transmet par les piqûres de certains moustiques sévissant entre le coucher et le lever du soleil. La prophylaxie commence par une bonne protection contre les moustiques : usez et abusez des répulsifs, portez pantalon, manches longues et chaussures fermées le soir venu, et vérifiez l'état de vos moustiquaires ou faites brûler des spirales. Évitez de porter des couleurs foncées et du parfum. Pour tout traitement préventif ou curatif antipaludéen, consultez l'Institut Pasteur ou le Service médical international voyage et santé avant votre départ *(voir p. 17)*.

Dengue – Elle est également transmise par les moustiques, mais diurnes ceux-là. Les symptômes apparaissent brutalement : fièvre élevée, maux de tête, douleurs musculaires et éruptions cutanées. Il n'y a pas de traitement, ni préventif, ni curatif : la meilleure façon de l'éviter est de se protéger des piqûres de moustiques *(voir ci-dessus)*.

Encéphalite japonaise – Cette maladie transmissible par les moustiques, dans les mêmes conditions que le paludisme, peut se révéler très dangereuse. Elle se manifeste par des fièvres hémorragiques, avec de sérieux risques de déshydratation. Les mêmes conseils prévalent en matière de prophylaxie, mais, en l'absence de traitement médicamenteux préventif ou curatif, seul le vaccin (en trois prises étalées sur un mois) constitue une défense efficace. Celui-ci n'est malheureusement pas toujours bien supporté.

Choléra – Plusieurs cas de choléra ont été recensés depuis 2010. Quelques principes de précaution à respecter: veillez à la bonne cuisson des aliments, à bien peler et laver vos fruits et légumes, à vous laver régulièrement les mains et à ne boire que de l'eau en bouteille.

Grippe aviaire – La grippe aviaire, infection virale qui peut toucher presque toutes les espèces d'oiseaux, sauvages ou domestiques, est particulièrement contagieuse chez les poulets et les dindes. La transmission à l'homme s'effectue lors de contacts fréquents et intensifs avec des sécrétions respiratoires ou des déjections d'animaux infectés. En cas de crainte, évitez les marchés aux oiseaux et aux volailles, lavez-vous régulièrement les mains et évitez de consommer des produits alimentaires crus ou peu cuits. Les symptômes sont proches de ceux de la grippe (maux de gorge, douleurs musculaires et troubles respiratoires).

Sida – Le Vietnam n'échappe pas au virus du sida, aussi pensez à vous protéger.

Pour vous renseigner sur la situation sanitaire du pays, consultez le site de l'**Organisation mondiale de la santé** (OMS), www.who.int/fr, ou les fiches Santé/Conseils aux voyageurs de celui de l'ambassade *(voir « Adresses utiles », p. 15)*.

Services médicaux

La qualité des soins médicaux dépend beaucoup de l'endroit où vous vous trouvez. En cas de besoin, adressez-vous d'abord à l'ambassade ou au consulat les plus proches, ou bien à un grand hôtel. Ils disposent généralement d'un service médical où l'on pourra au moins vous dispenser les premiers soins, avant de vous orienter vers un médecin ou un hôpital.

Hôpitaux

En dehors des grandes villes qui possèdent de bons hôpitaux et des médecins internationaux, vous ne trouverez pas toujours de personnel parlant anglais ou français. En cas de problème sérieux, il vous faudra prendre le premier avion pour Singapour ou Bangkok, qui disposent des meilleures infrastructures médicales de la région.

Pharmacies

Vous trouverez dans toutes les villes des pharmacies *(cua hang thuoc)* proposant un vaste choix de médicaments, souvent produits par des laboratoires internationaux. Vérifiez la date de péremption.

Urgences

Police – ✆ 113.
Pompiers – ✆ 114.
Ambulance – ✆ 115.

Le personnel des services d'urgence ne parle pas nécessairement l'anglais: adressez-vous à la réception d'un hôtel qui vous aidera à vous faire comprendre.

SAVOIR-VIVRE

Ce qu'il faut éviter

Les Vietnamiens sont assez accueillants vis-à-vis des touristes. Cependant, les croyances liées à l'honneur et au bonheur sont nombreuses, et mieux vaut les connaître pour faciliter vos contacts et éviter de choquer ou de mettre votre interlocuteur mal à l'aise.

Croyances et interdits – Si vous êtes invité le premier jour du Tet, faites préciser l'heure pour éviter

LE GUIDE VERT
toujours plus de destinations
à travers le monde...
MICHELIN
INDONÉSIE
MICHELIN
FLORIDE
MICHELIN
ISLANDE
MICHELIN
MARTINIQUE
MICHELIN
GUADELOUPE
LE GUIDE VERT
MICHELIN
MAURICE
Rodrigues
LE GUIDE VERT
MICHELIN
Une meilleure façon d'avancer

d'être le premier : de vous dépendra bonheur ou malheur pour le reste de l'année, et votre hôte préférera une personne réputée pour sa moralité et sa position sociale. Ne portez pas de blanc, couleur de deuil, et ne parlez ni de mort ni d'accident ce jour-là. En accueillant les enfants qui vous présentent leurs vœux, il ne faut jamais leur caresser la tête : elle représente l'esprit, donc son honneur et la mémoire de ses ancêtres.

Vêtements – Respectez la pudeur des habitants : dévoiler ses jambes en short peut être choquant, surtout pour une femme. À la campagne, mieux vaut porter un pantalon. N'oubliez pas non plus de vous couvrir les bras pour pénétrer dans un lieu de prière (église ou pagode).

À table – Si vous prenez un repas avec un Vietnamien, abstenez-vous de planter vos baguettes à la verticale dans votre bol de riz : elles évoquent les bâtons d'encens que l'on brûle pour les défunts et sont donc un symbole de mort.

Ce qu'il faut faire

Salutations – On salue une personne en inclinant légèrement la tête. À la campagne, les gens joignent parfois les deux mains devant eux, à hauteur de poitrine. Face à quelqu'un du même âge ou du même rang, un sourire amical permet de rompre plus rapidement la glace. Cependant, en ville, les citadins, et surtout les hommes, ont pris l'habitude de se serrer la main à l'occidentale.

Sociabilité – Graduez votre familiarité. Les Vietnamiens ont l'habitude de jauger leur interlocuteur par des questions en apparence anodines pour tester leur niveau d'éducation. Répondez naturellement et avec humour. Utilisez des dictons pour contourner les confrontations directes qui pourraient blesser.

Chaussures – Pensez à vous déchausser avant d'entrer dans une maison et à l'intérieur de certains temples bouddhiques. En position assise, croisez vos jambes en lotus de manière à ne pas présenter vos plantes de pieds aux autels familiaux ou aux bouddhas, ni à vos interlocuteurs.

Repas – Habituellement, tous les convives partagent les plats posés sur la table : chacun se sert avec ses propres baguettes ou ses couverts, dépose la nourriture dans son bol et déguste.

Cadeaux – Si vous êtes invité, n'oubliez pas d'offrir un petit cadeau à vos hôtes, mais n'attendez pas qu'ils l'ouvrent devant vous et se confondent en remerciements. Ils le mettront de côté et ne l'ouvriront qu'après votre départ.

SÉCURITÉ

Hormis les conseils aux voyageurs prenant le bus et le train *(voir « Transports en commun », p. 37)*, la question de la sécurité des touristes au Vietnam n'appelle pas de commentaires particuliers. Ici comme ailleurs les pickpockets et les voleurs à la tire sévissent ; comme partout, le bon sens vous dictera la conduite à adopter : ne pas faire trop étalage de ses biens et surveiller ses affaires dans les lieux publics. Conservez une partie de votre argent ou de vos objets de valeur dans le coffre de l'hôtel, munissez-vous de chèques de voyage et gardez dans un endroit à part une photocopie de vos papiers.

SOUVENIRS

Voir aussi « Marchandage » *(p. 26)*, « Marché » *(p. 27)* et « Poste » *(p. 30)*.

Céramique (assiettes, bols, statues, vases), **peinture sur soie**, théières en bronze, **broderies** : l'artisanat vietnamien fait preuve d'une grande vitalité. Les boutiques de Hanoi et de Ho Chi Minh-Ville proposent aussi des reproductions de poupées des spectacles de marionnettes sur l'eau, qui constituent un excellent souvenir.

Bon à savoir – Les étals des **marchés** sont incontestablement le meilleur endroit pour dénicher les produits les plus inattendus, qu'il s'agisse d'artisanat, de jouets pour enfants, de bouddhas lumineux ou de tout autre objet improbable.

Laques

Présente d'un bout à l'autre du pays, la laque est d'origine très ancienne *(voir « Artisanat », p. 72)*. Vous trouverez toutes sortes d'objets laqués (boîtes, plateaux) à des prix modiques. Aux côtés des traditionnelles évocations naturalistes, des motifs plus modernes ont fait leur apparition, tels les représentations de la guerre, les compositions abstraites ou les portraits de Tintin !

Artisanat ethnique

Les minorités du Vietnam manifestent un savoir-faire exceptionnel dans la réalisation de **vanneries**, paniers, vans, hottes, nasses, chapeaux et nattes. Le prix de la pièce dépend de la complexité de la forme, de la densité du maillage, du raffinement des motifs éventuels, ainsi que de la patine (pas toujours naturelle). Vous en trouverez dans les villages ainsi que dans les boutiques de Hanoi et de Ho Chi Minh-Ville. Les marchés de Sapa *(voir p. 231)* et de Bac Ha *(voir p. 245)* constituent d'excellents endroits pour dénicher des **tissus ethniques**, en général très colorés. Parfois inspirée du style traditionnel, la création contemporaine explore aussi les voies du design épuré, en particulier pour les objets de décoration intérieure.

Antiquités

Les « fabriques d'antiquités » (bronzes, statues en pierre, pipes à opium, etc.) ne se comptent plus et, à moins d'être un spécialiste, il est parfois difficile de distinguer le vrai du faux. Mieux vaut donc vous abstenir, d'autant qu'il est interdit de sortir des pièces anciennes du pays et que vous courez le risque (au mieux) de vous les faire confisquer en quittant le pays. Préférez une honnête copie qui ne vous vaudra pas de déboires à la frontière (conservez la facture).

Vestiges de la guerre

Zippo gravés, tenues militaires, jumelles, montres, horloges, timbres, monnaies, tout ce que vous pouvez imaginer, et même plus, vous sera proposé dans la rue, les boutiques ou les marchés. Les copies pullulent, mieux vaut donc négocier le prix sur la base de celui d'une imitation.

Textiles et vêtements

Les T-shirts imprimés à l'effigie de Ho Chi Minh ou aux couleurs du pays constituent des souvenirs faciles à dénicher et bon marché. D'une manière générale, le prêt-à-porter défie toute concurrence en matière de prix, mais la qualité n'est pas toujours au rendez-vous pour les articles les moins chers. Si vous souhaitez vous faire confectionner des vêtements **sur mesure**, il est conseillé d'apporter un modèle ou un patron pour éviter des déconvenues. Enfin, un « sac à viande » en soie acheté à Hanoi ou à Ho Chi Minh-Ville peut se révéler utile si vous dormez dans un train ou un hôtel à la propreté douteuse.

Bon à savoir – Fort logiquement, le prix des pièces augmente à mesure que vous vous éloignez de la région de production. Par ailleurs, les boutiques de Hanoi *(voir p. 170)* proposent un choix beaucoup plus vaste et à un prix moins élevé que celles de Ho Chi Minh-Ville *(voir p. 428)*, en particulier pour l'artisanat ethnique.

STOP

Le stop est peu répandu au Vietnam, et le conducteur vous demandera une participation, souvent élevée, qu'il conviendra de négocier. Il est en revanche tout à fait habituel d'être pris en stop par des bus (demandez où les cars ont l'habitude de s'arrêter pour prendre les passagers de dernière minute). Sachez toutefois qu'un billet acheté à bord risque de vous coûter plus cher que si vous l'aviez pris à la gare routière.

TAXI

De nombreuses compagnies sillonnent les rues des grandes villes et des centres touristiques. Les voitures sont la plupart du temps de fringantes japonaises équipées d'un compteur. La prise en charge varie suivant les compagnies (env. 11 000 à 16 000 VND) et la tarification est ensuite comprise **entre 15 000 et 18 000 VND/km**. Le prix affiché au compteur est à multiplier par 1 000.

Conseil – Les chauffeurs de taxi, souvent originaires de la campagne, connaissent parfois mal les villes. Gardez sur vous les cartes de visite des lieux où vous vous rendez : le chauffeur pourra ainsi appeler pour se faire guider par téléphone. Plus rares, certains tenteront de vous « balader » pour faire grimper le prix de la course. Gardez un œil attentif sur votre plan : cela devrait suffire à les décourager.

TÉLÉPHONE

Appels locaux

Les numéros de téléphone fixe comportent 7 chiffres, précédés d'un indicatif régional à 3 chiffres, sauf à Hanoi et à Ho chi Minh-Ville où ils comptent 8 chiffres, avec un indicatif régional à 2 chiffres.

Indicatif régional – Chaque province est dotée d'un indicatif régional (noté entre parenthèses dans ce guide) qu'il faut préalablement composer si vous êtes situé dans une autre province ou si vous appelez avec un téléphone portable. Pour un appel interne à la province, inutile de composer cet indicatif.

Appels internationaux

Voir aussi « Téléphoner au Vietnam » *(p. 18).*

Indicatif – Pour téléphoner du Vietnam vers l'étranger, composez le 00 + le code du pays + l'indicatif régional (sans le 0) + le numéro de votre correspondant. Les indicatifs nationaux sont le 33 pour la France, le 32 pour la Belgique, le 41 pour la Suisse et le 1 pour le Canada.

Pour appeler la **France en PCV**, composez le 120 33 333, suivi du numéro (depuis le bureau de poste d'une grande ville uniquement).

Tarif – En utilisant les services téléphoniques de la poste, comptez env. 500 VND/mn pour un appel local, 1 000 VND/mn pour un appel interrégional, 1 500 VND/mn pour appeler sur un portable, et 5 000 VND/mn pour joindre l'Europe.

Évitez d'effectuer vos appels internationaux des hôtels, qui pratiquent souvent des tarifs exorbitants. La poste propose des prix inférieurs. Vous pouvez faire préciser à l'avance le montant maximal de la communication que vous souhaitez passer, mais les employés oublient parfois de prévenir en cas de dépassement. Les Internet-phone affichent parfois des tarifs bien plus avantageux pour les communications internationales, et vous pourrez souvent y utiliser Skype.

Téléphone portable

Les numéros de téléphones portables vietnamiens commencent par 09 ou 01. Comme en Europe, la tarification est plus élevée que pour les lignes fixes.

Bon à savoir – Les portables utilisés en Europe fonctionnent au Vietnam s'ils ne sont pas verrouillés par un code du fabricant. Il vous suffit alors d'acheter sur place une **carte sim** pour utiliser votre appareil avec un numéro vietnamien.

TOURISME SEXUEL

Au-delà même des considérations morales que l'on peut porter sur cette pratique, sachez que la France poursuit ses ressortissants reconnus coupables de pédophilie dans un pays étranger. Notez aussi que la prostitution est interdite par la loi.

TRANSPORTS EN COMMUN

Voir aussi les rubriques « Excursions organisées » *(p. 26)*, « Moto » *(p. 27)*, « Moto-taxi » *(p. 28)*, « Stop » *(p. 36)*, « Taxi » *(p. 36)* « Vélo » *(p. 39)*, « Voiture » *(p. 39)*.

Le transport fait partie du dépaysement au Vietnam, mais il faut disposer de temps pour en goûter l'exotisme. Pour un bref aperçu du nord, du centre et du sud du pays en utilisant uniquement la voiture, le bus et le train, un mois se révèle nécessaire. En revanche, trois semaines peuvent suffire si vous vous déplacez en avion.

Train

Bon à savoir – Pour les trains-couchettes, il est conseillé d'acheter votre billet quelques jours à l'avance.

Si vous voyagez assis, ce qui est déconseillé pour les longs trajets, vous avez le choix entre des sièges mous ou durs (équivalent à nos 1re et 2de classes), en compartiment climatisé ou non. Pour les **couchettes**, l'option existe également entre dures ou molles, avec ventilateur ou climatisation dans les deux cas. Les couchettes surélevées sont moins chères, mais y accéder relève presque de l'exploit, car les cabines sont dépourvues d'échelle et il faut faire attention à ne pas se prendre les cheveux dans le ventilateur… Celles du bas sont toutefois envahies par les passagers réveillés du compartiment dès potron-minet.

Conservez votre **billet** jusqu'à votre sortie définitive de la gare : il arrive que des passagers n'ayant pas leur titre de transport soient contraints d'en racheter un.

Concernant vos **bagages**, sachez que des vols peuvent se produire, comme partout. Le bon sens vous invitera à fermer vos valises avec un cadenas et à ne pas les laisser sans surveillance au moment du départ. Il est par ailleurs souvent possible de faire enregistrer des colis encombrants ou un vélo en bagages « surveillés ». En ce qui concerne la **restauration**, les billets longue distance incluent un repas que vous pourrez compléter avec les produits proposés par les marchands ambulants à chaque arrêt.

L'**Express de la Réunification** relie Hanoi à Ho Chi Minh-Ville. Réservez 2 ou 3 j. à l'avance si vous désirez une couchette molle, et évitez la période de la fête du Tet. Le **SE1 express**, dont toutes les couchettes sont climatisées, part de Hanoi à 19h et dessert Vinh, Dong Hoi, Hué, Da Nang, Dieu Tri, Nha Trang et Ho Chi Minh-Ville après 33h et 1 726 km de trajet. Dans l'autre sens, le **SE2** part aussi à 19h de Ho Chi Minh-Ville. Pour le trajet complet, il en coûte 1,2 million de dongs (44 €) pour une couchette dure intermédiaire et 1,8 million (66 €) pour une couchette molle dans un compartiment de 4 pers. avec air conditionné.

Légèrement plus rapides, les trains **SE3** et **SE5** relient Hanoi et Ho Chi Minh-Ville en 29h30 et 31h30 de trajet respectivement, en effectuant moins d'arrêts. Départs à 23h et 15h45 de Hanoi. Dans l'autre sens, les trains **SE4** et **SE6** partent aux mêmes horaires avec la même fréquence.

Pour les lignes ferroviaires du nord du pays, reportez-vous aux chapitres concernés.

Enfin sachez qu'il existe 2 trains/j. moins empruntés, car plus lents et moins confortables que les précédents. Les **SE7** et **TN1** partent de Hanoi à 6h15 et 10h05 (pour respectivement 35h et 41h de trajet). Aux mêmes heures, les **SE8** et **TN2** démarrent de Ho Chi Minh-Ville.

Bus

Un réseau routier dans un état aléatoire, des véhicules d'un confort variable : voyager en bus peut se révéler éprouvant, voire fort en émotion, surtout si vous circulez de nuit. Ce mode de transport très pratique permet cependant de couvrir tout le pays à moindres frais. Il laisse en outre une large place aux imprévus qui font le piment du voyage.

Les **bus de ligne**, modernes et confortables, présentent l'inconvénient d'être équipés de sono et de karaoké ! Gardez un pull avec vous : la climatisation fonctionne parfois trop bien...

Dans les bus assurant les **liaisons locales**, en revanche, le confort est rudimentaire et vous serez probablement serré sur d'étroites banquettes non rembourrées… si vous ne voyagez pas debout.

Ces bus partent quand ils sont pleins et s'arrêtent fréquemment sur la route pour embarquer des passagers. Évitez de monter dans un bus presque vide, car vous risquez d'attendre longtemps le départ.

Les **bus express**, un peu plus chers, parfois climatisés, sont censés ne pas s'arrêter en route pour prendre d'autres passagers. Dans tous les cas, vous dépasserez rarement les 50 km/h de moyenne.

Les **gares routières** se situent généralement à la périphérie des villes et les départs ont lieu très tôt le matin. À moins de réserver par l'intermédiaire d'une agence de voyage (pour les grandes lignes uniquement), il faut vous rendre sur place et monter dans le bus. Pour connaître le tarif exact, l'idéal est d'observer combien paient les autres passagers (en gardant à l'esprit qu'ils ne font peut-être pas le même trajet que vous). Quoi qu'il en soit, les tarifs sont modiques. Les règles de prudence élémentaires ont également cours pour vos bagages, fermés et placés si possible dans votre champ de vision. Si c'est impossible, gardez sur vous, dans un petit sac, vos objets de valeur.

Minibus

Les **minibus ordinaires** appartiennent à des compagnies privées et stationnent près des gares ferroviaires, des gares routières et des embarcadères. Pratiques pour les liaisons moyennes très fréquentées (Hanoi-Haiphong, Ho Chi Minh-Ville-Vung Tau), ils partent quand ils ont un nombre suffisant de passagers, mais s'arrêtent souvent pour charger d'autres clients, ce qui peut rendre le trajet particulièrement long. Le tarif se négocie au départ.

Certaines agences affrètent des **minibus climatisés**, confortables, qui viennent parfois vous chercher à votre hôtel et ne prennent pas de passagers en route. Le voyage perd en exotisme ce qu'il gagne en confort.

Bus ou minibus Open Tour

Des véhicules confortables, généralement climatisés, dotés de places assises et de couchettes, font la liaison entre Hanoi et Ho Chi Minh-Ville en desservant les principaux sites touristiques : Hué, Hoi An, Dalat, Nha Trang et Mui Ne. Le billet, valable un mois, vous donne la possibilité de vous arrêter dans n'importe quelle ville-étape et d'y séjourner le temps que vous désirez avant de reprendre un autre

DISTANCES EN KM	Hanoi	Sapa	Ha Long City	Hué	Plei Ku	Nha Trang	Dalat	HCM-V	Can Tho
Hanoi		338	155	658	1 100	1 303	1 505	1 710	1 879
Sapa	338		519	996	1 438	1 641	1 843	2 048	2 217
Ha Long City	155	519		730	1 175	1 378	1 580	1 785	2 292
Hué	658	996	730		458	626	841	1 071	1 240
Plei Ku	1 100	1 438	1 175	458		380	595	550	994
Nha Trang	1 303	1 641	1 378	626	380		215	445	614
Dalat	1 505	1 843	1 580	841	595	215		299	468
HCM-V	1 710	2 048	1 785	1 071	550	445	299		169
Can Tho	1 879	2 217	2 292	1 240	994	614	468	169	

minibus Open Tour (reconfirmer 24 à 48h à l'avance dans une agence de voyages). Pratique, souple, abordable (env. 40 $ pour l'ensemble du trajet, possibilité de ne prendre que certains tronçons), et populaire auprès des touristes occidentaux, cette formule vous fera en revanche voyager sans contact avec la population locale. Rens. et réserv. dans les agences de voyages.

Avion

Conseil – Pour les vols intérieurs, il est conseillé d'acheter votre billet quelques jours à l'avance.

Le pays étant très étendu du nord au sud, l'avion vous fera économiser temps et énergie pour les grandes distances. Les tarifs de **Vietnam Airlines**, la compagnie d'État, sont un peu plus élevés que ceux des compagnies low-cost **Jetstar Pacific Airlines et Vietjet Air**, mais ses vols couvrent une plus grande partie du territoire.

Les mesures de restriction en ce qui concerne les bagages en cabine (limités à 7 kg) sont les mêmes que pour les vols internationaux : pensez-y avant l'enregistrement de vos valises en soute.

Bateau

En tant que mode de transport, son usage est limité au delta du Mékong et aux liaisons avec certaines îles comme Phu Quoc. Des croisières sont également organisées en baie de Ha Long *(voir p. 202)*, dans le delta du Mékong *(voir p. 416 et 446)* et vers les îles au large de Nha Trang *(voir p. 355)*.

VÉLO

Il est possible de louer un vélo dans la plupart des villes. Ce moyen de locomotion très populaire vous fera découvrir le pays au rythme des Vietnamiens, sans stress. Si vous souhaitez parcourir le pays à vélo, il va sans dire que l'absence de dénivelés dans le delta du Mékong présente certains attraits par rapport aux Hauts Plateaux ou aux montagnes du Nord.

VOITURE

Location

Louer une voiture à plusieurs constitue la meilleure manière de visiter le pays, car elle offre le maximum de souplesse.

La **location avec chauffeur** est de règle au Vietnam. Demandez autant que possible un chauffeur parlant anglais ou français, et faites préciser noir sur blanc si ses repas et son hébergement sont compris, ce qui est normalement le cas. Prenez en compte les horaires de travail habituels, entre 8h et 17h avec une pause-déjeuner vers 12h. Les chauffeurs n'hésiteront pas à vous faire payer les heures supplémentaires dont il faut convenir le montant avec eux. De nombreux hôtels procurent aux chauffeurs une chambre à bon prix, voire gratuite dans certains cas. Il est difficile d'indiquer un tarif journalier, car celui-ci comprend l'essence et dépend donc de la distance parcourue. Le prix se fixe après négociation, en indiquant aussi précisément que possible l'itinéraire suivi. À titre informatif, comptez selon le type de véhicule 100 à 150 $/j (81 €) pour un circuit dans le delta du Mékong, 70 à 90 $ (56,5 €) dans les Hauts Plateaux au départ de Ho Chi Minh-Ville et la même chose dans le Nord du Vietnam. Une Jeep ou un 4x4 seront évidemment plus chers.

Réseau routier

Si les nationales, en particulier la RN 1 (dite « route Mandarine ») qui relie Hanoi à Ho Chi Minh-Ville, sont en excellent état, la qualité du réseau routier secondaire reste très inégale. Soyez toujours vigilant: après les fortes précipitations de la saison des pluies, le passage des véhicules lourds peut détruire en un rien de temps le revêtement.
Sur les Hauts Plateaux et dans le Haut Tonkin, la plupart des routes sont goudronnées, mais les précipitations provoquent de fréquents glissements de terrain.

Conduite

La loi de la jungle règne sur les routes vietnamiennes, que ce soit en ville ou sur les nationales. À la règle du passage en force adoptée par les camions et les bus, les piétons et les deux-roues semblent avoir trouvé pour toute réponse l'indifférence ou le mépris. Ainsi, ne vous étonnez pas de voir parfois une moto, où toute une famille a pris place, refuser de changer de file pour laisser passer un énorme bus filant à vive allure et klaxonnant à tout rompre. La règle de base est de laisser la priorité au véhicule le plus imposant. Dans ce pays où le parc automobile est encore réduit, le principe s'applique avant tout au face-à-face entre les véhicules de transport collectif et les deux-roues, voire les carrioles.
Les excès de **vitesse** (limitée à 80 km/h sur nationale, 50 voire 40 km/h en agglomération, 20 km/h par endroits) sont punis d'amendes importantes, pour les voitures comme pour les motos.

Essence

Le réseau de stations-service est satisfaisant sur les grands axes, mais beaucoup plus épars sur les routes secondaires des Hauts Plateaux ou dans les montagnes du Nord. Les stations se trouvent généralement à la périphérie des zones urbaines. En cas de besoin, vous pouvez aussi acheter de l'essence au marché noir auprès des vendeurs installés sur les trottoirs, mais le mélange contient souvent du kérosène, nocif pour le moteur. Comptez env. 25 000 VND (0,91 €) le litre d'essence.

En cas d'accident

En cas d'accident, votre qualité d'étranger vous placera en position de faiblesse, car le litige se règle habituellement en négociant et l'on considère d'emblée qu'un Occidental étant plus riche, il lui incombe de rembourser les dommages. Si les revendications sont outrancières ou si la situation s'envenime, n'hésitez pas à invoquer l'arbitrage de la police, qui confisquera probablement les deux véhicules.

Mémo

Agenda

Voir aussi « Fêtes et festivals » *(p. 64).*

JANVIER-FÉVRIER

Fête du Tet – Le Nouvel An lunaire, de loin l'événement le plus fêté au Vietnam, se déroule du 1er au 3e jour du 1er mois lunaire.

Fête des Pétards – Le 4e jour, à l'occasion du Nouvel An, elle donne lieu à un concours de fusées et d'explosifs ornés de l'animal symbolique de l'année à Dong Ky (banlieue de Hanoi).

Fête de Ha Loi – Le 6e jour, elle commémore la lutte des sœurs Trung contre l'occupant chinois au 1er s., avec offrande de galettes de riz gluant au temple de Ha Loi à Me Linh (banlieue de Hanoi) et procession de palanquins portés par des femmes.

AVRIL-MAI

Festival du Thanh Minh – Le 5e jour du 3e mois lunaire, il honore les morts, dont les tombes sont balayées et qui reçoivent des offrandes d'argent, de nourriture et de fleurs.

Fête des rois Hung – Le 10e jour du 3e mois lunaire, elle rend hommage aux fondateurs de la nation vietnamienne, avec cortège d'éléphants, offrandes de gâteaux dans les temples de Hy Cuong (nord de Hanoi) et course de pirogues sur le lac.

JUIN-JUILLET

Tet Doan Ngo – Le 5e jour du 5e mois lunaire, elle annonce le solstice d'été et évoque l'inévitable déclin vers l'hiver. On l'associe aussi au déclin de la santé et à l'arrivée des malheurs. Pour s'en protéger, on brûle des personnages en papier, on fait des offrandes aux esprits et au dieu de la Mort dans les temples.

AOÛT-SEPTEMBRE

Trung Nguyen – Le 15e jour du 7e mois lunaire, elle est destinée à la vénération des morts et âmes errantes. Pour éviter que ces derniers, libérés de l'enfer, viennent tourmenter les vivants, les familles visitent les tombes et leur font des offrandes d'aliments dans les pagodes. Les bouddhistes, quant à eux, récitent soutras et prières pour la rémission de leurs fautes.

SEPTEMBRE-OCTOBRE

Fête de la Mi-automne – Le 15e jour du 8e mois lunaire, la fête de la Mi-automne *(Tet Trung Thu)* célèbre la pleine lune. Les enfants partent en procession dans les rues, portant des lanternes en papier qui évoquent astres et animaux. En famille, on goûte des « gâteaux de lune » fourrés d'une pâte de haricots. À la fin de la nuit, on brûle des lanternes votives en hommage à la Lune pour s'assurer sa protection.

NOVEMBRE-DÉCEMBRE

Fête Ok Om Bok – Les 14e et 15e jours du 10e mois lunaire, la fête des Eaux est l'occasion pour les Khmers du delta du Mékong de célébrer la récolte du riz gluant. Ils offrent du riz au génie de la Lune, déposent sur les cours d'eau des radeaux de bananiers illuminés de bougies pour chasser l'obscurité et organisent des régates de pirogues.

ANNÉE FRANCE-VIETNAM 2013-2014

L'année 2013 marque la célébration du 40e anniversaire de l'établissement des **relations diplomatiques entre la France et le Vietnam** (accords de Paris de 1973).

Afin de célébrer l'amitié franco-vietnamienne et de favoriser les échanges bilatéraux, une série d'événements économiques, culturels et scientifiques se dérouleront **d'avril 2013 à juillet 2014**, dans les deux pays.

Les manifestations de la France au Vietnam (avril-décembre 2013) puis celles du Vietnam en France (janvier-juillet 2014) s'attacheront à mieux faire connaître les histoires, les savoir-faire, les entreprises des deux pays, en insistant sur les aspects les plus contemporains et les plus créatifs de chacun.

Les voyageurs qui séjournent au Vietnam en 2013 pourront assister aux différentes célébrations, concentrées essentiellement à Hanoi et à Ho Chi Minh-Ville, ainsi qu'à Hué.

Pour obtenir de plus amples informations sur le programme des manifestations à venir, qui se tiendront dans plusieurs grandes villes du Vietnam et de France : **www.anneefrancevietnam.com**

Bibliographie

HISTOIRE ET SOCIÉTÉ

BROCHEUX P., **Ho Chi Minh, du révolutionnaire à l'icône**, Payot, 2003.

CESARI L., **L'Indochine en guerres, 1945-1993**, Belin, 1995.

DE TREGLODÉ B. et GOSCHA Ch., **Naissance d'un État-parti**, Indes Savantes, 2004.

FRÉDÉRIC L., **La Vie quotidienne dans la péninsule indochinoise à l'époque d'Angkor**, Hachette, 1981.

HÉDUY Ph., **Histoire de l'Indochine**, Albin Michel, 1999.

HÉMERY D., **Ho Chi Minh, de l'Indochine au Vietnam**, collection Découvertes, Gallimard, 1990.

HO CHI MINH, **Prison Diary**, The Gioi, Hanoi, 1998.

HUU Ngoc, **Dictionnaire de la culture vietnamienne**, The Gioi, Hanoi, 1997.

LE Thanh Khoi, **Histoire du Viet Nam des origines à 1858**, Sudestasie, 1987.

PAPIN Ph., **Histoire de Hanoi**, Fayard, 2001.

POMONTI J-C., **Un Vietnamien bien tranquille**, Équateurs, 2006.

ACTUALITÉ

BROCHEUX P., **Histoire du Vietnam contemporain**, Fayard, 2011.

BROCHEUX P., **Une histoire économique du Viet Nam**, Indes Savantes, 2009.

DELALANDE Ph., **Vietnam, dragon en puissance**, L'Harmattan, 2007.

PAPIN Ph. et PASSICOUSSET L., **Vivre avec les Vietnamiens**, L'Archipel, 2010.

RELIGIONS ET TRADITIONS

BOUDAREL G., **Cultes populaires et sociétés asiatiques**, L'Harmattan, 1991.

LE Huu Khoa, **Anthropologie du Vietnam**, Indes Savantes, 2009.

LE PICHON J., **L'Évangélisation du Vietnam**, éd. du Jubilé, 2005.

NGUYEN Huy Hong, **Les Marionnettes sur eau traditionnelles du Vietnam**, The Gioi, Hanoi, 1992.

TUNG Nguyen, **Les Vietnamiens et le monde surnaturel**, *in L'Asie - Mythes et traditions*, Brepols, 1991.

ETHNOLOGIE

CONDOMINAS G., **Proto-Indochinois et Proto-Malais**,

in L'Asie - Mythes et traditions, Brepols, 1991.
DANG Nghiem Van, CHU Thai Son, LUU Hung, **Les Ethnies minoritaires du Vietnam**, The Gioi, Hanoi, 1993.
DOLING T., **North West Vietnam – Mountain and Ethnic Minorities**, The Gioi, Hanoi, 1999.
NGUYEN Van Huy, **Mosaïque culturelle des ethnies du Vietnam**, Éditions de l'Éducation, Hanoi, 1999.

CHAMPA

BAPTISTE P., **La Sculpture du Champa : Trésors d'art du Vietnam 5e-15e siècles**, RMN, 2005.
Collectif, **Le Champa et le monde malais**, Publications du Centre d'histoire et civilisations de la péninsule indochinoise, 1991.
HUBERT J.-F., **L'Art du champa**, Parkstone Press Ltd, 2005.
MASPERO G., **Le Royaume de Champa**, Publications de l'EFEO, 1988.
SHARMA J.-C., **Temples of Champa in Vietnam**, Hanoi, 1992.
SCHWEYER A.-V., **Le Viet Nam ancien, Les Viet et le Champa**, Belles Lettres, 2005.
TRAN Ky Phuong, **My Son in the History of Cham Art**, Da Nang, 1988.

PATRIMOINE

L'Artisanat créateur au Vietnam, Agence de coopération culturelle et technique, Dessain et Tolra, 1983.
DECOSTER F. et KLOUCHE D., **Hanoi, portrait de ville**, IFA, 1997.
FANCHETTE S. et STEDMAN N., **À la découverte des villages de métier au Vietnam**, IRD, The Gioi, 2009.
GIRARD-GESLAN M., **L'Art vietnamien**, *in L'Art de l'Asie du Sud-Est*, Citadelles & Mazenod, 1994.
LE BRUSQ A. et DE SELVA L., **Viêtnam : À travers l'architecture coloniale**, éd. de l'Amateur, 2011.
NGUYEN Dac Xuan, **Le Guide de la citadelle de Hué**, Maison d'édition Thuan Hoa, Hué, 1997.
NGUYEN Van Xuan, **Hoi An**, Maison d'édition de Da Nang, 1999.
NGUYEN Vinh Phuc, **Historical & Cultural Sites around Hanoi**, The Gioi, Hanoi, 2000.

LITTÉRATURE

Romans

Collectif, **Au rez-de-chaussée du paradis**, Philippe Picquier, 2007. Recueil de nouvelles.
Collectif, **Le Goût du Vietnam**, Mercure de France, 2007. Anthologie de textes sur le Vietnam.
BAO Ninh, **Le Chagrin de la guerre**, Philippe Picquier, 1994.
BERGOT E., **Sud Lointain**, Omnibus, 2004.
DUONG Thu Huong, **Sanctuaire du cœur**, Sabine Wespieser, 2011.
DUONG Thu Huong, **Au Zénith**, Sabine Wespieser, 2009.
DUONG Thu Huong, **Itinéraire d'enfance**, Sabine Wespieser, 2007.
DUONG Thu Huong, **Terre des oublis**, LGF, 2007.
FERAY Y., **Dix mille printemps**, Julliard, 1989.
GREENE G., **Un Américain bien tranquille**, 10/18, 2003.
MOÏ A., **Riz noir**, Folio, 2006.
MINH Tran Huy, **Le Lac né en une nuit et autres légendes du Viêtnam**, Actes Sud, 2008.
NAM Cao, **Chi Pheo, paria casse-cou**, Éditions de l'Aube, 1997.
NAM Cao, **L'Écho du gong**, Éditions de l'Aube, 2006.
NGUYEN Huy Thiep, **Un général à la retraite**, Éditions de l'Aube, 2000.
NGUYEN Huy Thiep, **Conte d'amour un soir de pluie**, Éditions de l'Aube, 2000.

NGUYEN Viet Ha, **Une opportunité pour Dieu**, Riveneuves éd., 2013.
PHAM Thi Hoai, **La Messagère de cristal**, Des Femmes, 1991.
THUY K., **Ru**, Liana Levi, 2010.

Récits de voyage

GORRIDGE G., **Rivière des Parfums**, Carnets du Vietnam, 2009.
GUILLEBAUD J.-C., DEPARDON R., **La Colline des Anges**, Seuil, 1993.
LEWIS N., **La Nuit du Dragon – Voyages en Indochine**, Olizane, Genève, 1993.
NGUYEN-ROUAULT F., **Une famille de Saigon**, Éditions de l'Aube, 1999.
POTVIN C., **Chroniques vietnamiennes**, Éditions Culture et Information, Hanoi, 1999.

BANDES DESSINÉES

EISNER W., **Mon dernier jour au Vietnam**, Delcourt, 2004.
GORRIDGE G., **Les Fantômes de Hanoï**, Casterman, 2006.

BEAUX LIVRES

KEMP H., **Vietnam: Livraison express**, Hoëbeke, 2012.
CORNET N., **Vietnam**, Le Chêne, 2007.
FRÉBOURG O. et CORNET N., **Vietnam**, Le Chêne, 2004.

GASTRONOMIE

Paris Hanoi, recettes du Vietnam, Marabout, 2012.
Le Vrai goût du Monde: Viêtnam, La Martinière, 2013.

LANGUE

Collectif, **Parler le vietnamien en voyage,** Harrap's, 2010.
HEYDER Monika, **Kit de conversation vietnamien**, Assimil, 2011.

CARTES

Vietnam, 1/1 000 000, International Travel Maps, n° 499.
Vietnam-Laos-Cambodge, 1/1 500 000, Nelles Maps.

CD-ROMS

PAPIN Ph. et LE FAILLER Ph., **Bulletin des Amis du Vieux Hué**, EFEO.
Mandarins, Marsouins, Missionnaires et Colons (5 000 images sur l'Indochine française), AAVH éd.
Ces deux CD-Roms sont disponibles auprès de l'AAVH *(jean.cousso@aavh.org - 06 61 43 60 83 - voir encadré p. 303).*

Filmographie

FICTIONS

ANNAUD J.-J., **L'Amant**, 1991.
BUI T., **Trois saisons**, 1999.
COPPOLA F.-F., **Apocalypse Now**, 1979.
KOTCHEFF T., **Rambo**, 1982.
KUBRICK S., **Full Metal Jacket**, 1987.
LEVINSON B., **Good Morning Vietnam**, 1987.
NGHIEM Minh Nguyen Vo, **Gardien de buffles**, 2003.
NOYCE Ph., **Un Américain bien tranquille**, 2002.
PANH R., **Un barrage contre le Pacifique**, 2008.
SCHOENDOERFFER P., **Dien Bien Phu**, 1991.
STONE O., **Platoon**, 1987; **Né un 4 juillet**, 1990; **Entre ciel et terre**, 1994.
TRAN Anh Hung, **L'Odeur de la papaye verte**, 1993; **Cyclo**, 1995; **À la verticale de l'été**, 2000.
WARGNIER R., **Indochine**, 1992.

DOCUMENTAIRES

ALBERT F., **Le Silence des rizières**, 2004.
LOJKINE B., **Les Âmes errantes**, 2005.

2/ COMPRENDRE LE VIETNAM

Le défilé des scooters dans une rue de Hanoi.
B. Rieger / hemis.fr

Le Vietnam aujourd'hui

Ce paysan menant son buffle dans le vert tendre de rizières intemporelles, qu'il semble bien loin des tours futuristes rivalisant de hauteur au cœur des grandes cités du pays ; et l'autel des ancêtres, baigné de silence et de vapeur d'encens, à mille lieues de ces scooters vrombissants, traversant la ville à vive allure pour conduire jeunes gens et jeunes filles, smartphone à la main, vers le dernier karaoké en vogue. Deux mondes qui s'opposent ? Facettes d'une même âme, plutôt, qui coexistent et se répondent. Car si le Vietnam s'inscrit avec fierté au rang des pays émergents, partageant un même dynamisme et un même enthousiasme, il n'en renie par pour autant ses racines et reste profondément attaché à ses valeurs traditionnelles. Portrait d'un pays en pleine mutation.

Ville ou campagne ?

Peuplé de 91 millions d'habitants (contre 19 millions en 1936 et 31,6 en 1960), le Vietnam a connu après la guerre une forte expansion démographique, due notamment au recul de la mortalité. Un véritable défi pour l'économie : comment absorber chaque année ce surcroît de main-d'œuvre ? À la suite de la politique anti-nataliste du gouvernement, le phénomène s'est atténué et, au début du 21e s., la croissance démographique a enregistré une **baisse** notable, passant en quelques années de 2 % à 1 %.

DISPARITÉS RÉGIONALES

Si le pays reste le plus peuplé d'Asie du Sud-Est, la très **forte densité** moyenne (265 hab./km²) masque des disparités considérables. Le delta du fleuve Rouge et celui du Mékong concentrent à eux seuls 40 % de la population sur 16 % du territoire, avec des densités supérieures à 1 100 hab./km². Par contraste, le chiffre est beaucoup plus faible dans les piémonts du Nord (80 hab./km²) ou les Hauts Plateaux du Centre (50 hab./km²).

EXODE RURAL ET RELOCALISATION

Le Vietnam connaît un **exode rural** important, même si la population urbaine ne représente que 30 %. Avant 1975, en raison des bombardements et d'une volonté politique, les Sud-Vietnamiens ont massivement migré vers les villes, où se concentraient 43 % de la population (26 % en 1964). Dans le Nord, où le phénomène fut inverse, car les cités étaient trop vulnérables aux bombardements, le taux d'urbanisation atteignait à peine 12 % en 1975.

Entre 1975 et 1977, 3 millions de Sud-Vietnamiens urbanisés de fraîche date ont cependant été rapatriés dans leur campagne

Les hôtels de luxe dans le quartier en pleine expansion de Cau Giay à Hanoi.
B. Rieger / hemis.fr

d'origine. À la même époque, on assiste à l'exil d'un million de *boat people* *(voir « Histoire », p. 125)*. Parallèlement, 500 000 Nord-Vietnamiens se sont installés à Ho Chi Minh-Ville entre 1975 et 1979. Afin de rééquilibrer l'occupation de l'espace, des migrations ont également été organisées des plaines surpeuplées vers les zones montagneuses du Centre et du Sud. La population des Hauts Plateaux, où les Viets sont désormais majoritaires, a ainsi doublé entre 1979 et 1989. Certains analystes, comme l'historien Philippe Papin, voient dans ces phénomènes de grande ampleur l'épilogue de la longue Marche vers le sud des Vietnamiens du Nord *(voir p. 112)*.

Outre Hanoi (agglomération de 6,5 millions d'habitants) et Ho Chi Minh-Ville (7,5 millions), les principales villes du pays sont Haiphong, Da Nang et Hué. Aujourd'hui, leur densité de population atteint des records – plus de 3 500 habitants au km². Et pourtant on continue de s'entasser au mieux, au plus près des centres-villes. Comme il n'y a plus de place au sol, les immeubles poussent en hauteur. Dans certains quartiers de Hanoi, des « maisons-tubes », dont la façade n'excède pas 4 mètres de large, s'élèvent sur… 8 étages et plus ! La spéculation immobilière touche l'ensemble du littoral. Les stations balnéaires elles-mêmes ne sont pas épargnées : on ne compte plus le nombre d'hôtels qui ont ouvert à Nha Trang ces dix dernières années.

Un pays émergent

Plus de 30 ans après la mise en place du **doi moi** (1986), le « Renouveau » économique qui autorise le développement d'activités capitalistes, le Vietnam est un pays en pleine effervescence. Les lois du marché ont succédé au dogme planification-centralisation-collectivisation. Produits et services se développent tous azimuts et semblent ne jamais rattraper la demande. L'expansion irrigue tous les secteurs d'activité ou presque.

LA DIASPORA : LES « VIETNAMIENS D'OUTRE-MER »

Près de 4 millions de *Viet Kieu* vivent à l'étranger. Beaucoup, partis faire leurs études en France entre les deux guerres mondiales, y sont restés en raison de la guerre d'Indochine. L'exode le plus massif eut lieu en 1975 lors de la prise de Saigon par le Nord-Vietnam. Aux Sud-Vietnamiens fuyant le nouveau régime communiste se sont ajoutés des milliers de *boat people*, puis d'autres qui ont rejoint en 1979-1980 leurs familles installées à l'étranger. La communauté la plus importante est installée aux États-Unis (plus d'1,5 million), tandis qu'en France elle compte 300 000 membres. L'accélération de la politique d'ouverture du Vietnam donne toute son importance à l'enjeu économique représenté par la diaspora. Quelque 250 000 familles de Ho Chi Minh-Ville ont des parents à l'étranger et vivent grâce à leurs virements bancaires. Depuis les années 1990, le retour au Vietnam de certains réfugiés, qui ont pris la nationalité du pays d'accueil, permet le montage de **joint-ventures** auxquels les membres de la famille restés sur place servent de prête-noms. Malgré les encouragements – exemption de visa pour les *Viet Kieu* en 2007 et pour leurs enfants en 2010 –, nombreux sont ceux qui hésitent encore à rentrer au pays, en raison, notamment, des difficultés de l'accès à la propriété d'un logement. Depuis 2008, des mesures ont été prises par le gouvernement afin de faciliter la demande. Une loi foncière a été votée, mais son application se fait attendre.

Si la croissance s'est ralentie en 2009 en raison de la crise financière, l'économie continue néanmoins d'afficher de bons résultats. Deuxième exportateur mondial de café après le Brésil, le pays se taille également une belle part sur les marchés internationaux avec le caoutchouc, le poivre et la noix de cajou, mais aussi, de plus en plus, avec des produits manufacturés, que ce soit dans le prêt-à-porter ou dans l'électronique. Il est parvenu à réduire son déficit commercial qui a été ramené en 2011 à 9 milliards de dollars, le chiffre le plus bas depuis dix ans.

UN SECTEUR TERTIAIRE EN HAUSSE

Si le **secteur agricole** occupe encore plus des deux tiers de la population, il ne concourt qu'à 22 % de la richesse nationale. Outre le **riz**, les principales cultures sont le café, le caoutchouc, le maïs, le soja, le thé, la patate douce et la banane, auxquels s'ajoutent la pêche et l'élevage de porc et de volaille.

L'**industrie**, dont la part dans le PIB ne représentait que 1,5 % lors du départ des Français, en 1954, s'élève aujourd'hui à 41 %.

Mais c'est la progression du **secteur tertiaire** qui s'est avérée la plus spectaculaire, en atteignant aujourd'hui 38 % de la richesse nationale. Ce secteur inclut notamment le **tourisme**, sur lequel les autorités ont misé pour attirer les devises. Le nombre de visiteurs est passé de 60 000 en 1989 à 6 millions en 2011, une manne pour l'emploi (3,7 %). Le Vietnam souhaite aujourd'hui rattraper son voisin thaïlandais qui accueille chaque année 12 à 15 millions de touristes étrangers.

LES SIGNES ET LES REVERS DE LA CROISSANCE

Le Vietnam subit une forte pression internationale pour accélérer l'adaptation de son économie aux lois du marché et régler sa dette extérieure. Un gros effort a été déployé pour attirer les **investissements étrangers**, qui sont passés de 1,45 milliard de dollars en 2003 à plus de 10,5 milliards de dollars en 2012, principalement en provenance du Japon (près de 90 %), dans des secteurs aussi divers que l'informatique, l'immobilier ou l'agro-alimentaire. Le secteur privé continue de se développer, pesant désormais davantage que le secteur public.

Le Vietnam tente de relancer sa croissance, mise en berne par la **crise internationale de 2009**. Le PIB est passé de 6,8 % en 2001 à 5 % en 2012, résultat encourageant dans ce contexte de crise mondiale. Pour compenser un volume d'exportations en forte baisse, le gouvernement a mis d'abord en place un double **plan de relance** destiné aux PME et a instauré des allégements fiscaux. Il a également procédé à une série de **dévaluations du dong** (9 % en 2011, pour la 4e dévaluation en 15 mois) dans l'espoir de limiter le déficit commercial du pays.

Revers du boom économique, l'**inflation**, que le pays n'est pas encore parvenu à freiner (6 % en 2012), reste l'une des préoccupations majeures des investisseurs étrangers, qui la perçoivent comme un risque de déstabilisation politique, et des Vietnamiens, qui se ruent vers le dollar et l'or pour épargner. Tous gardent en mémoire la flambée des prix de l'année 2008 : jusqu'à 29 % d'augmentation certains mois. La difficulté d'accéder aux données économiques en temps réel représente un autre frein pour les investisseurs. Par ailleurs, le poids de l'économie informelle reste important dans l'ensemble du pays.

Renouer avec une croissance à 8 % – argument décisif pour attirer les projets d'investissements étrangers – tout en augmentant les salaires pour continuer à enrichir sa population : le défi que s'est fixé Hanoi pourra-t-il être relevé ?

UN ESSOR ÉCONOMIQUE INÉGALEMENT PARTAGÉ

Acteurs à part entière de cette croissance économique, de nombreux Vietnamiens sont devenus **chefs d'entreprise**. Pas une famille qui ne compte un entrepreneur en bâtiment, un chauffeur de taxi ou un guide-interprète. Les vocations suivent étroitement les sinuosités du marché : sans transition, le rez-de-chaussée de la demeure familiale se transforme en restaurant, en salon de coiffure ou en magasin de pneumatiques. Toute la famille est mise à contribution, chacun selon ses moyens et ses capacités.

Revers de la médaille, ces bouleversements tendent à

LES PETITS MÉTIERS DE LA RUE

Tôt le matin, les trottoirs sont envahis par les voiturettes des commerces ambulants. Pour le petit-déjeuner, les marchandes de soupe y installent tables et tabourets, tandis que les vendeuses de sandwichs réchauffent leurs pains et découpent le *cha lua* (salami local). Vers 8h, elles cèdent leur place à la marchande de jus de coco, à la spécialiste de crêpes et de raviolis, et à la vendeuse de fruits et légumes frais qui apportent leurs produits dans leurs palanches. Elles retrouvent là le vendeur de billets de loterie et le cireur de chaussures avec qui elles partagent un bout de trottoir. D'autres accostent les badauds pour leur proposer cigarettes, friandises, journaux, cartes postales ou mouchoirs en papier. Le dimanche, sur les lieux de promenade les plus fréquentés, les marchands de ballons et de glaces rencontrent toujours autant de succès.

renforcer les **inégalités sociales** entre une minorité détentrice à la fois du savoir intellectuel, du pouvoir financier et des contacts internationaux, et une majorité réduite à des fonctions productives. Si le travail en usine est certes physiquement moins pénible que la culture des rizières et socialement plus valorisé, il reste chichement payé et ne suffit pas à satisfaire les besoins de la famille moyenne. Surtout, la richesse se concentre à la fois dans quelques villes côtières et dans quelques mains, alors que les grandes masses paysannes en sont exclues, à commencer par les minorités ethniques des régions montagneuses du Nord et du Centre.

Malgré son développement fulgurant, le Vietnam figure en effet toujours au rang des pays pauvres de la planète, avec un revenu moyen annuel par habitant estimé à 3 300 $ en 2011. Cette **pauvreté** d'une partie de la population, surtout en milieu rural, reste l'une des préoccupations majeures du gouvernement.

Si les conditions de vie se sont globalement améliorées, l'accès aux services sociaux s'est dégradé et les inégalités se sont accentuées. Le chômage endémique et les bas salaires poussent une majorité de la population à pratiquer plusieurs métiers ou à cultiver un potager. Pourtant, la main-d'œuvre vietnamienne, nombreuse, constitue indéniablement l'un des principaux atouts du pays.

L'organisation politique

Conçu par Ho Chi Minh entre 1946 et 1969, le régime de la République socialiste du Vietnam fut étendu à tout le pays lors de la réunification, en 1976, moyennant quelques aménagements. Au fil du temps, ce système complexe, à la fois rigide et traversé de conflits, a démontré une étonnante faculté de survie et d'adaptation.

UN SYSTÈME POLITIQUE BICÉPHALE

Depuis la mort de Ho Chi Minh en 1969, une **direction collégiale**, censée représenter les grands équilibres géographiques et politiques, gouverne le pays. Le président de la République ne dispose pas de pouvoir réel. Celui-ci est partagé entre le **secrétaire général du parti communiste** et le **Premier ministre**.

En 2006, le Xe congrès du parti communiste vietnamien a reconduit la politique de libéralisation de l'économie et renouvelle progressivement les membres du gouvernement au profit d'une classe politique plus jeune. Le XIe congrès, en 2011, a fait un pas de plus dans le sens de la libéralisation en autorisant la privatisation des moyens de production. Il a été suivi de remaniements à la tête du pays : en juillet 2011, **Truong Tan Sang** a succédé à Nguyen Minh Triet à la présidence de la République tandis que **Nguyen Tan Dung** a été reconduit à la tête du gouvernement (il occupe le poste de Premier ministre depuis 2006). Ancien président de l'Assemblée nationale (2006-2011), **Nguyen Phu Trong** a été élu secrétaire général du parti communiste en janvier 2011.

Placée au cœur du système, l'**Assemblée nationale** exerce un contrôle théorique sur l'État (présidence, gouvernement, parquet et Cour populaire suprême). La plupart de ses membres sont des hauts fonctionnaires, mais la présence accrue des acteurs économiques depuis la promulgation de la **Constitution de 1992** dénote un souci d'ouverture à la société

Marché flottant de Cai Rang, à Can Tho, dans le delta du Mékong.
Morandi Bruno / Sime / Photononstop

civile. Dans la réalité cependant, c'est le gouvernement qui détient le pouvoir exécutif et l'exerce par décrets. À tous les échelons administratifs (provinces, districts et communes), l'Assemblée est représentée par des **conseils populaires** (organes législatifs), qui élisent des **comités populaires** jouant le rôle d'exécutif local. La rivalité entre ces deux institutions entrave, de façon récurrente, les prises de décision.

En 2013, le gouvernement a lancé une consultation publique en vue d'un possible remaniement de la Constitution de 1992. Les droits de l'homme et les devoirs du citoyen, le rôle prééminent de l'État dans l'économie, les libertés de religion et d'expression, le multipartisme pourraient fournir le sujet à de nouveaux amendements.

LE RÔLE DU PARTI

Le Vietnam vit sous un régime de parti unique, même si un quart seulement des membres de l'Assemblée font partie de celui-ci. Omnipotent, le parti est à l'origine de toutes les initiatives législatives. Tous les organes de l'État possèdent une section et participent donc de ce fait à l'élection de sa direction. Un Congrès de 1 000 membres désigne pour cinq ans le Comité central, qui nomme les 19 membres du **Bureau politique**, véritable gouvernement du parti communiste et du pays.

Après une longue phase unitaire, la séparation entre le parti et l'État, au début des années 1990, s'est muée en rivalité. L'un incarne le savoir et la doctrine, l'autre le pouvoir et la pratique administrative. Cette dualité se retrouve à tous les échelons, d'un bout à l'autre du pays, générant des microconflits entre comités populaires et sections ou congrès locaux du Parti.

Société

S'il fallait illustrer l'identité vietnamienne par une pratique, la prière sur l'autel familial serait sans doute l'exemple le plus parlant. Le culte des ancêtres est, en effet, profondément ancré et ritualisé. Cette alliance avec le passé, mais aussi avec la terre et l'eau, cette recherche de l'intimité avec soi au-delà des soucis quotidiens, sont le creuset de l'imaginaire individuel et collectif qui transcende toutes les couches de la société et fait le peuple vietnamien.

Voir aussi « Traditions et art de vivre », p. 64.

L'ORGANISATION FAMILIALE

Le respect des aînés

Profondément influencée par le mode de pensée confucéen, la société vietnamienne, de type patriarcal, est très hiérarchisée. La loyauté et la solidarité mutuelles qui soudent tous les membres d'un village ou d'une communauté se reflètent dans la cellule familiale. Si les parents assurent protection et conseil à leurs enfants, ceux-ci leur doivent **respect** et **obéissance** ; les mêmes règles régissent les rapports entre aînés et cadets. La langue traduit ces relations par des termes honorifiques : ainsi, pour s'adresser à l'aîné, le cadet utilisera le pronom personnel *anh* (« grand frère ») ou *chi* (« grande sœur »), en se désignant lui-même par *em* (« petit frère » ou « petite sœur »). L'aîné de sexe masculin tient un rôle primordial dans le **culte des ancêtres**, qui exprime la piété filiale du confucianisme *(voir « Religions », p. 81)*. Ce rite est fondé sur la croyance à l'immortalité de l'âme, ainsi qu'à la protection accordée par le défunt à ses descendants. Dans les familles nucléaires, l'aîné (ou à défaut la fille aînée avec son mari) est responsable de l'entretien de l'autel, qui trône dans la salle de séjour avec les tablettes en bois où sont inscrits les noms des ancêtres jusqu'à la cinquième génération ou, cas plus fréquent aujourd'hui, les photos des défunts. Dans les familles élargies, c'est au membre le plus âgé (homme ou femme) de la branche aînée du clan que revient cet honneur.

Outre les offrandes quotidiennes qui leur sont faites au lever du jour, les ancêtres sont particulièrement vénérés le jour de l'an et pour l'anniversaire de leur décès. Le clan familial prépare des repas somptueux, auxquels il convie les morts en déposant boissons et mets sur l'autel, tout en brûlant de l'encens et de la fausse monnaie pour demander leur bénédiction.

LA MÉDECINE TRADITIONNELLE

Les Vietnamiens adhèrent d'autant plus à l'efficacité des plantes que les médicaments occidentaux ont longtemps manqué. Le spécialiste prend le pouls du patient et examine sa langue, avant de prescrire les herbes correspondantes : la réglisse pour la toux et la fièvre, le cannelier sauvage pour les maux d'estomac, etc. Contre les malaises courants, tels que maux de tête et rhume, on frictionne les parties atteintes avec un onguent mentholé, proche du Baume du tigre, en utilisant la tranche d'une pièce de monnaie. Certaines affections comme l'arthrite sont soignées de façon spectaculaire avec des moxas, petites boules de plante similaires à du coton, que l'on brûle à fleur de peau afin de créer le maximum de chaleur. Cependant, certaines maladies graves, comme le cancer, sont souvent dépistées trop tard, le temps pour les patients de tester plusieurs méthodes « douces » sans résultat. Très pratiquée, l'acupuncture est une méthode de stimulation des énergies à l'aide d'aiguilles, destinée à rendre aux organes malades leur fonctionnement normal : chaque point d'application – 150 sont couramment utilisés – est relié à un organe, une glande ou une articulation par un canal d'énergie.

Le rôle de la femme

Si les citadines accouchent à l'hôpital ou à la clinique, les paysannes, qui ont pendant longtemps accouché chez elles, se rendent aujourd'hui la plupart du temps dans des centres médicaux. La venue d'un garçon, qui perpétuera le nom de la lignée, est toujours accueillie avec fierté, surtout si c'est l'aîné, responsable du culte des ancêtres. Avec les progrès médicaux, la préférence pour les nouveau-nés masculins entraîne un inquiétant déséquilibre des naissances : l'avortement sélectif (ciblant les filles), bien qu'illégal, se développe dans les centres urbains. En 2012, pour 100 naissances de filles, on comptait 112 naissances de garçons ; un déficit féminin qui ne va pas sans poser de graves problèmes quand arrive l'heure du mariage.

Même si la tradition confucéenne veut que la femme soit soumise à son mari et se contente de cultiver quatre vertus – savoir tenir sa maison, être belle, vertueuse et douce en parole –, une relative égalité règne entre les conjoints. Sans avoir l'air d'imposer son autorité, la femme est *de facto* le « ministre de l'intérieur » *(noi tuong)*, responsable de la **gestion du foyer**, du budget familial (surtout pour les dépenses quotidiennes) et de l'éducation des enfants. L'emprise de la mère sur ces derniers est importante, parce qu'elle s'occupe presque exclusivement des plus jeunes et que les hommes, longtemps absents pendant la guerre du Vietnam, n'ont plus retrouvé leur place de chef de famille. Ainsi, lors du mariage des enfants, c'est elle qui donnera son accord final.

En ville comme à la campagne, elle est la première levée, souvent avant l'aube, pour préparer le petit-déjeuner, ainsi que le déjeuner que chacun emporte avec soi. Elle est parfois contrainte de compléter les revenus de son mari au bureau, à l'usine ou au marché, où le petit commerce de détail a toujours été son monopole. À la campagne, les travaux des champs exigeant une main-d'œuvre abondante, la femme est mise à contribution pour les tâches pénibles comme le repiquage du riz, auxquels s'ajoutent les soins du potager et de la basse-cour, et la vente de ces produits domestiques qui procure la moitié des revenus familiaux. De retour chez elle, d'autres tâches l'attendent : la préparation du dîner et la toilette des enfants. À elle d'assurer le quotidien !

ÉDUCATION

Le Vietnam est un pays jeune : les moins de 15 ans représentent un quart de la population. C'est dire l'importance que revêt le système éducatif, puisqu'il concerne quelque 25 millions d'enfants et d'adolescents... et les inévitables difficultés qu'il rencontre.

Les grands concours mandarinaux permettaient jadis à l'État de sélectionner les meilleurs éléments de la société rurale, et tout lettré confucéen qui les réussissait apportait richesse et prestige à sa famille, quel que soit son milieu d'origine. Cela explique l'importance accordée, depuis toujours, par les parents à l'éducation de leurs enfants. Aujourd'hui, rien n'est venu remplacer ces concours et l'éducation demande de réels sacrifices : si l'école primaire (6-10 ans), obligatoire, est gratuite, les frais de scolarité représentent un investissement important pour les cycles secondaires (11-17 ans) et universitaire, payants. La grande majorité des enfants sont scolarisés, malgré des problèmes de place (manque de salles disponibles) limitant les cours à la demi-journée ;

en revanche, même en l'absence de chiffres précis, on constate que le pourcentage se réduit dans le secondaire et plus encore dans l'enseignement supérieur, auquel peu de jeunes gens accèdent, les populations rurales plus difficilement encore que les citadins.
Des initiatives privées voient le jour. C'est ainsi qu'en ville, les familles organisent elles-mêmes la maternelle : dans chaque quartier, elles louent une salle de classe et embauchent une maîtresse d'école. Mais les frais restent élevés et seul un enfant sur trois y a accès.
Dans le domaine de l'enseignement secondaire et universitaire, les établissements privés se multiplient également. La demande des entreprises implantées localement représente un défi tant sur le contenu des programmes que sur les manières d'enseigner.

HABITAT VIETNAMIEN

Avant la construction, le propriétaire fait appel au **géomancien** qui détermine l'emplacement de la porte d'entrée, l'orientation de la demeure et l'organisation des pièces, afin de mieux capter les énergies cosmiques positives.

Dans les campagnes

On voit encore, dans les campagnes, ces villages ronds où sont regroupées des maisons rectangulaires entourées d'une haie de bambous. Formées de murs en pisé ou en bambou tressé et coiffées d'un toit en paille ou en feuilles de latanier, les habitations traditionnelles se nichent au fond d'une cour, autour de laquelle sont aménagées les dépendances servant de cuisine, de porcherie et de moulin à riz. Dans le jardin, un potager coexiste parfois avec une mare que l'on utilisait comme réserve d'eau ou comme lavoir. Si les propriétaires en ont les moyens, les murs seront bâtis en brique et masqués par un enduit chaulé, et les toits recouverts de tuiles.
Avec la modernisation de la société, des maisons-tubes similaires à celles que l'on trouve en ville s'alignent, de plus en plus nombreuses, le long des routes, tout en conservant la partie arrière de la cour.
La croissance économique fulgurante du pays ces dernières décennies s'est accompagnée d'améliorations considérables en milieu rural : au niveau national, plus des trois quarts des foyers ont désormais accès à l'eau courante (contre 12 % en 2002), et quasiment tous ont l'électricité, alors que dans les campagnes, un quart seulement en bénéficiait au début des années 1990. En parallèle, l'amélioration du réseau routier, en désenclavant les villages, accélère leur développement.

L'habitat urbain

Coquettes avec leur toit de tuiles et leurs murs de brique, les maisons citadines sont souvent précédées d'une petite véranda, protégée par une grille coulissante, où sont rangés les deux-roues. On accède d'abord à la salle de séjour par la porte d'entrée qui fait face à l'autel familial. Puis viennent la cuisine-salle à manger ainsi que les chambres à coucher et les salles de douche avec lavabo et toilettes. Certaines habitations disposent parfois d'un étage, où se trouvent alors chambres et salle d'eau.
Le surpeuplement des villes, lié aux contraintes des activités de commerce et d'artisanat, et les prix élevés du terrain expliquent l'apparition d'un modèle architectural unique : la **maison-tube** ou « en tuyau de bambou ». Derrière des façades qui n'excèdent pas 4 m, ces bâtiments sur plusieurs niveaux ont poussé perpendiculairement aux artères,

Les « maisons-tubes », très fréquentes à Hanoi, ne dépassent pas 4 m de large.
Guenter Fischer / imagebroker / age fotostock

alternant pièces closes et cours à ciel ouvert sur des profondeurs pouvant atteindre jusqu'à 60 m et plus. Au rez-de-chaussée, la pièce en façade qui ouvre sur la rue sert de salon ou de boutique, et de garage pour les scooters et les motos de la famille. À Hanoi, de récentes initiatives visent à réhabiliter et à préserver quelques-unes des plus vieilles maisons pour les transformer en musées.

Les grandes villes, prises d'une véritable frénésie de construction, voient surgir de terre des immeubles à l'architecture ultracontemporaine destinés à accueillir bureaux et hôtels internationaux... au détriment, parfois, de quartiers entiers d'architecture traditionnelle ou coloniale.

Les peuples du Vietnam

54 ethnies ! 5 familles de langues ! Telles sont la diversité ethnique et la polyphonie linguistique de ce petit pays d'Asie. À titre d'échelle, 56 minorités se partagent le territoire du géant chinois et l'on parle, des rives occidentales du golfe du Bengale aux côtes orientales de l'Atlantique, les langues d'une seule et même famille, l'indo-européen. On retrouve la même disparité dans les peuplements. Quand le groupe majoritaire (**87 %**), les **Viets** ou *Kinh*, comprend 72 millions de personnes, le plus minoritaire, les O Dus, en compte moins de 400. Les quelque 15 % de non-Viets occupent deux tiers de la superficie du pays, surtout les régions « difficiles » par la rigueur de leur climat ou les contraintes de leur relief.

POUR DÉMÊLER L'ÉCHEVEAU ETHNIQUE

Ce que conte la légende
À l'aube de l'humanité le **dragon Lac Long Quan** épousa l'**immortelle Au Co**. De leur union naquirent cent œufs, tous identiques. Mais les origines différentes d'Au Co et de Lac Long

Quan les poussèrent à se séparer. L'immortelle, d'ascendance céleste, s'en fut gagner les hauteurs des montagnes avec cinquante de leurs enfants. Le dragon, fils de l'eau, descendit vers les basses terres, les rivières et les mers, avec le reste de leur progéniture. Sa descendance forma la **lignée des rois Hung**, les premiers souverains du pays *(voir « Histoire », p. 109)*. Ce mythe d'origine forme un grossier tableau du peuplement du Vietnam qui s'est toujours partagé entre les hautes terres et les deltas.

Ce que montre la carte

Le foyer des **Viets** s'est étendu au cours de l'histoire du Tonkin à la Moyenne Région, aux plaines littorales de l'Annam et au delta du Mékong. Ils partagent cette région méridionale avec d'autres riziculteurs, héritiers de royaumes engloutis par l'histoire : les **Chams** et les **Khmers**. Dans les villes côtières s'y mêlent les communautés des **Hoas** qui ne sont autres que les Chinois, descendants d'une longue diaspora commerçante. C'est avec les plateaux, les collines et les montagnes – les terres d'Au Co encore – que paraît la grande diversité ethnique du Vietnam, petits groupements humains parfois essaimés par-delà les frontières des États voisins – Cambodge, Laos et Chine.

Ce que dit l'histoire

Cette répartition dans l'espace est finalement le reflet d'un « ordre d'arrivée » dans le mouvement de Marche vers le sud, qui n'anima pas seulement le Vietnam, mais l'ensemble de l'Asie du Sud-Est. Les Viets et les Muongs comptent sans doute parmi ceux que les annales chinoises nomment les **Cent Yues** (« Viet » est la prononciation vietnamienne de « Yue »), qui peuplaient la Chine au sud du fleuve Yangzi bien avant notre ère. D'autres très anciens acteurs du Vietnam sont les **Austronésiens** – on désigne ainsi une famille de langues parlées des Philippines aux Mascareignes, en passant par l'Indonésie. Parmi eux, les Chams

COMPOSITION ETHNIQUE DU VIETNAM

Austroasiatiques (94 %)

4 groupes viets-muongs – Viet, Muong, Tho, Chut.

21 groupes mons-khmers – Khmer, Ba Na, Xo Dang (Sedang), Hre, Co Ho, Mnong, Xtieng, Kho Mu, Bru, Co Tu, Gie Treng, Ta Oi, Ma, Co, Cho Ro, Xinh Mun, Khang, Mang, Ro Mam, Brau, O Du.

Tais-Kadais (4,7 %)

8 groupes tais – Tay, Thaï, Nung, San Chay, Giay, Lao, Lu, Bo Y.

4 groupes kadais – La Chi, Co Lao, La Ha, Pu Peo.

Hmongs-Yaos (1,8 %)

1 groupe hmong – Hmong.

2 groupes yaos – Dao, Pa Then.

Austronésiens (0,8 %)

5 groupes malayo-polynésiens – Gia Rai (Jarai), E De (Rhade), Cham, Ra Glai, Chu Ru.

Sino-Tibétains (0,4 %)

3 groupes chinois – Hoa, San Diu, Ngai.

6 groupes tibéto-birmans – Ha Nhi, Phu La, La Hu, Lolo, Cong, Si La.

CRÉDIT À LA CHINOISE

Les Hoas ont un système de crédit ancestral, foncièrement original, qui leur a toujours permis de résister aux tentatives d'infiltration des banques occidentales. Les **tontines** sont des regroupements informels d'épargnants privés qui se réunissent chez l'un des membres ou dans une arrière-boutique. Après le versement d'une cotisation égale, chacun inscrit sur un papier l'intérêt maximal qu'il est prêt à verser pour emprunter. Le gagnant est celui qui propose le taux le plus élevé. Ce type rudimentaire de marché financier, autour d'un repas bien arrosé ponctué de tractations, ne suscite aucune trace écrite. Tout est affaire de confiance. Certains riches épargnants participent à plusieurs tontines qui s'enchevêtrent jusqu'à former un réseau de ramifications d'une infinie complexité. Les intérêts atteignent parfois des montants astronomiques, et de temps à autre, l'insolvabilité d'un emprunteur provoque un krach financier...

mirent en valeur les plaines côtières du littoral annamite et y fondèrent leur première organisation politique, le Champa, à la fin du 2e s. apr. J.-C. À peu près à la même époque, les **ancêtres des Khmers** asséchaient les terres marécageuses du delta du Mékong. Les uns, puis les autres furent absorbés dans l'expansion des Viets vers le sud.

Dans les régions montagneuses du Haut Tonkin, on retrouve des phénomènes similaires. Autour de l'an 1000, des **peuples de langue thaï** établirent des zones de riziculture irriguées aux confins de la Chine et de l'Asie du Sud-Est continentale, le long d'un arc qui s'étend de Cao Bang à la Birmanie, en passant par le nord de l'actuelle Thaïlande. Ils fondèrent les royaumes de Siam et du Laos, laissant au Tonkin des grappes de seigneuries vassales, tantôt du Vietnam, tantôt de l'empire du Milieu. Des **essaims de langue yao** sont probablement installés là aussi depuis les 13e-14e s., au terminus de leur progression dans la Chine voisine.

Au 18e s., les ondes de choc des rébellions ethniques qui agitèrent l'Empire chinois jusqu'à la fin du 19e s. se répercutèrent dans les montagnes du Nord-Vietnam. Des **familles hmongs**, fuyant la mainmise de l'administration chinoise sur leurs terres, se réfugièrent dans le nord-ouest du pays. Quelques **groupes tibéto-birmans** leur emboîtèrent le pas. Parmi eux, les Ha Nhis descendirent du Yunnan, empruntant la vallée du fleuve Rouge. Tous ces peuples étaient donc en scène quand surgirent les germes du conflit entre les Vietnamiens et les Français d'Indochine. La majorité épousa la cause de la nation d'asile, mais certains chefs locaux tentèrent de jouer la carte française.

L'histoire contemporaine continue de dessiner la carte du peuplement, ne serait-ce qu'avec la politique de **colonisation des hautes terres** amorcée à la fin des années 1970. Les deltas du Nord et du Sud ainsi que le littoral du Centre sont toujours le domaine des Viets, mais ceux-ci sont aussi établis en nombre dans certaines zones de la Haute Région du Nord, où n'habitaient autrefois que des Tais, Hmongs-Yaos et Tibéto-Birmans, ainsi que sur les Hauts Plateaux du Centre, jadis presque uniquement peuplés d'Austronésiens et de Mons-Khmers.

LES CINQ FAMILLES VIETNAMIENNES

En vous éloignant des villes ou de la côte, vous croiserez sans doute un ou plusieurs des peuples vietnamiens, dont certains cultivent leur identité à l'âge de la mondialisation, tandis que d'autres l'ont métissée dans l'histoire, et que d'autres encore l'abandonnent en se vietnamisant ou en s'occidentalisant.

Les Austroasiatiques

Avec 94 %, la famille des « Asiatiques orientaux » représente une majorité écrasante, parlant deux groupes de langues, le viet-muong et le mon-khmer, et cachant d'énormes disparités.

Les Viets-Muongs

Ces deux peuples furent des pionniers dans le Nord du pays. Les **Viets** (87 % de la population actuelle) se cantonnèrent longtemps au delta du fleuve Rouge, qu'ils avaient mis en valeur au néolithique, avant d'entreprendre leur Marche vers le sud *(voir « Histoire », p. 112)*. Dominés un millénaire durant par la Chine, ils en héritèrent une culture qui leur fit abandonner quelques-unes de leurs coutumes. Ainsi, s'ils bâtirent sur pilotis à une époque lointaine, comme en témoigne l'architecture de la maison communale de Dinh Bang, près de Hanoi *(voir p. 178)*, ils construisent désormais à la mode chinoise, en élevant les murs de leur demeure à même le sol. Même influence dans le costume qui vit les femmes troquer la jupe contre le pantalon.

Les **Muongs** (1,5 %), leurs plus proches cousins, sont quant à eux demeurés dans le pays d'Au Co et vivent de nos jours dans la région de Hoa Binh, premier escarpement des hautes terres. Ils entretiennent des traditions lointaines qui ne doivent rien au voisin chinois. Leurs maisons se dressent sur des pilotis bas, installées à proximité de cuvettes cultivées en rizières inondées. Ils improvisent d'ingénieux systèmes hydrauliques grâce au bambou qu'ils canalisent pour utiliser l'énergie de l'eau. À la palanche des gens de la plaine, ils préfèrent la hotte, à bretelles ou à bandeau frontal, des montagnards. Les femmes portent encore la jupe fourreau, tissent leurs cotonnades à rayures de couleur sur des métiers à pédales et tressent les vanneries les plus fines du pays.

Les Mons-Khmers

Avec 21 ethnies différentes, ils constituent une nébuleuse d'autant plus étonnante qu'elle ne représente qu'un peu plus de 2 % de la population du pays ! Les **Khmers** se détachent nettement et pas seulement numériquement. Implantés dans le delta du Mékong, ils sont les héritiers de l'empire d'Angkor (9e-15e s.), qui bâtit sa puissance sur une riziculture intensive. Ils perpétuent ce savoir en cultivant 150 espèces de riz, à côté d'un artisanat habile dans les domaines du tissage, de la poterie et de la vannerie. Rompus à la pratique des multiples bras du Mékong, ils y manient le sampan, ou la « queue

LA VERSION THAÏ DES ORIGINES

L'acte de naissance de la société thaï se situe après le déluge, dont seuls réchappèrent trois génies appelés *khun*. Ils possédaient un buffle en commun qui, à sa mort, laissa échapper de ses naseaux des pousses, où mûrirent trois énormes courges. Comme un bruit semblait provenir de l'intérieur, les *khun* y ménagèrent des trous à l'aide d'un foret chauffé au rouge. Les montagnards au teint sombre, voisins des Thaïs des hautes terres, sortirent un à un en se frayant un passage à travers les orifices calcinés. Comme les courges semblaient toujours habitées, les génies y firent d'autres trous, avec un ciseau à bois cette fois, d'où s'échappèrent les ancêtres des Thaïs.

Habits traditionnels de l'ethnie des Hmongs bariolés.
Ph. Body / hemis.fr

de crevette » motorisée. À l'instar de leurs cousins du Cambodge, ils pratiquent un bouddhisme différent de celui des Vietnamiens, le Theravada, dont les moines à la robe safran se retirent et étudient dans les pagodes, édifiées par les villageois.

Les **autres groupes mons-khmers** semblent vivre à des siècles de distance. Disséminés du nord au sud des Hauts Plateaux, ce sont des essarteurs qui cultivent le riz en ray, parfois avec un outillage rudimentaire (machette, bâton à fouir). Au nord-ouest, Mons-Khmers et groupes tais voisins se sont mutuellement influencés. L'essentiel de leur artisanat s'exprime dans le tressage des hottes qui leur servent de magasin ou de moyen de transport. Leur habitat traduit leur fort sentiment communautaire, que ce soit la maison longue (jusqu'à une centaine de mètres), où vivent plusieurs couples avec leurs enfants, ou la maison commune où s'effectuent les rites de passage des adolescents du village. Elle est le fleuron de leur architecture sur pilotis et s'élève plus grande, plus haute et plus belle que toutes les autres. Le groupe le plus nombreux, les **Ba Nas** de la région de Buon Ma Thuot, partage avec ses voisins austronésiens des Hauts Plateaux, les Gia Rais, des sépultures élaborées, véritables monuments végétaux.

Les Tais-Kadais

Les Tais

Le rameau tai de cette famille est le plus représenté au Vietnam. Au même titre que les Viets, il descend des Cent Yues que répertoriaient les annalistes chinois *(voir « Ce que dit l'histoire », p. 58)*, et ses locuteurs suivirent un chemin de migration des côtes sud-est de la Chine vers l'ouest. Les **Tays** (1,9 %) et les **Nungs** (1,1 %), implantés autour de Cao Bang et de Lang Son, aux frontières de la Chine, sont sans doute les premiers arrivés. Des contacts répétés avec les Chinois et les Vietnamiens ont profondément marqué leur culture et leurs sociétés, organisées autrefois en seigneuries héréditaires. Ces influences se traduisent dans leurs demeures, plutôt construites en pisé ou en briques crues, à la mode de la Chine. De même, leur religion est empreinte du taoïsme et du bouddhisme chinois. Tous les peuples tais excellent dans le domaine artisanal : tresser une natte ou un panier, sculpter une pièce de bois font partie du savoir-faire familial.

Les **Thaïs** (1,7 %) ont développé leur riziculture savante, fondée sur l'assolement et l'irrigation, dans les vallées au sol fertile du Nord-Ouest. L'adduction de l'eau y fait l'objet de toutes sortes de techniques (canaux, barrages et rigoles), dont l'instrument emblématique est la roue à godets. La maîtrise de l'eau leur a permis aussi la culture d'arbres fruitiers et de théiers dans la Moyenne Région. Les Thaïs pratiquent encore leurs cultes traditionnels, adressés aux génies ou aux ancêtres, et le recours aux médiums. Les maisons, toujours élevées sur pilotis, diffèrent légèrement au sein des deux principaux groupes. Les Thaïs blancs ménagent une véranda à l'avant, tandis que les Thaïs noirs dressent un toit arrondi comme une carapace de tortue, reconnaissable à ses faîtages en forme de X.

Les Kadais

Ils ne sont présents qu'à travers de tout petits groupes, dont les **Co Laos** sont les plus nombreux. Ils cultivent sur brûlis et pratiquent le fumage.

Les Hmongs-Yaos

Les Hmongs et les Yaos (1,8 %) – que les Vietnamiens appellent Daos, prononcé « Zao » – constituent de toutes petites fractions de ces groupes qui, en Chine, comptent respectivement 9 et 2,6 millions de personnes. De la Chine du Sud-Ouest aux confins du Laos et de la Thaïlande, ils sont présents sur un immense territoire, mais d'une manière très discontinue, car ce sont des montagnards dispersés dans de minuscules hameaux. Ils ne fondèrent jamais plus que des embryons d'organisations politiques, chez les Hmongs notamment, autour de « rois ». Cette situation s'explique par leur mode de vie. Hmongs et Yaos sont des paysans de tradition nomade, utilisant les ressources de la montagne qui les entoure.

Les Hmongs

Ils cultivent les plus hautes terres, établis en villages de quelques dizaines de foyers. Leurs maisons sans étage, posées sur la terre battue, sont souvent de simples chaumières aux murs en planches ou en bambou tressé. Ils pratiquent une culture itinérante ou permanente sur brûlis, produisant du maïs, de l'orge et parfois du riz, ainsi que du lin et des arbres fruitiers. Ils se distinguent aussi comme éleveurs de chevaux, leur principal moyen de transport. Leur dispersion et la quasi-autarcie rendue nécessaire par leur enclavement leur ont permis de maintenir un artisanat dans des domaines variés. Forgerons, ils confectionnent leurs outils agricoles, mais aussi leurs fusils de chasse à long canon. Ils savent aussi tresser le bambou, façonner des bijoux en argent, fabriquer le papier, les meubles ou les harnais et les selles de leurs chevaux. Chez ce peuple dispersé, le lignage et le culte des ancêtres ont conservé toute leur importance. Pour les mêmes raisons, les foires jouent un rôle essentiel non seulement pour l'échange, mais aussi pour les rencontres entre jeunes gens.

Les Daos

Encore plus dispersés que les Hmongs, ils parlent des langues très variées qui trouvent écho dans la diversité de leurs vêtements ; mais cette variété apparente masque une profonde unité culturelle, ne serait-ce que par la revendication d'être les descendants d'un ancêtre commun, **Pan Hu**, un chien fabuleux marié à une princesse chinoise. Les Daos habitent des hameaux de moins de dix maisons, construites avec ou sans pilotis. Dans les régions élevées, ils cultivent le maïs en essartage, mais pratiquent aussi la riziculture inondée, la culture d'arbres fruitiers et de plantes médicinales. Ils élèvent basses-cours et animaux de trait. Leur religion est fortement marquée par les pratiques chinoises, et le panthéon taoïste a une place essentielle dans leurs cérémonies exorcistes.

Les Sino-Tibétains

Les Chinois

Les locuteurs du chinois, les **Hoas** (1,1 %) – les Chinois proprement dits –, les **San Dius** et les **Ngais** forment l'écrasante proportion de la famille linguistique sino-tibétaine. Les Chinois descendent surtout des familles de marchands de Chine méridionale, venus au début du 17e s. faire du négoce dans les ports du Vietnam.

Les Tibéto-Birmans

Les Tibéto-Birmans sont d'habiles artisans, notamment dans le domaine de la vannerie. En témoigne toute la panoplie de hottes (à bandeau frontal ou à bretelles) qu'ils utilisent pour le transport. Ils vivent, selon les ethnies, dans des maisons sur pilotis ou des maisons en terre de plain-pied. Les **Ha Nhis** du haut Song Da sont les plus nombreux. Sculpteurs de montagnes, ils tracent leurs champs en terrasses, qu'ils irriguent par un réseau de conduites d'eau. Les femmes jouent un rôle majeur dans les sociétés tibéto-birmanes qui pratiquent par ailleurs un culte des ancêtres et des esprits.

Les Austronésiens

Les **Chams** (0,2 %) ont légué à l'histoire abondance d'inscriptions en sanscrit, puis dans leur propre langue, ainsi qu'un patrimoine architectural de tours-sanctuaires en brique, les *kalan*, qui jalonnent la côte, du col des Nuages à Phan Thiet. Elles balisent l'extension de leur royaume, le Champa, absorbé par les Vietnamiens. Au 15e s., les Chams adoptèrent l'islam au contact des Malais, dont la langue est cousine de la leur. Ils sont toujours musulmans et pratiquent, dans leurs villages, la riziculture et des tissages de soie élaborés.
Les autres groupes austronésiens furent longtemps confondus, sous le terme péjoratif de *Moi* (« sauvages »), avec les Austroasiatiques des Hauts Plateaux, dont ils partagent la culture, en rizières sèches ou inondées. Sans doute était-ce parce qu'ils avaient en commun la construction de maisons longues. Les plus spectaculaires sont celles d'un peuple de dresseurs d'éléphants, les **E Des** (ou Rhade) de Buon Ma Thuot (0,4 %) *(voir p. 380)*. Construites en forme de bateau renversé, elles évoquent l'architecture des Torajas des Célèbes (Sulawesi), dans l'archipel indonésien. Chez les **Gia Rais** de Plei Ku (0,4 %) *(voir p. 386)*, on trouve aussi un écho de ces lointains cousins d'Indonésie dans l'apparat des sépultures. Celles des chefs sont accompagnées d'une galerie de sculptures en bois, de facture fruste parfois, représentant hommes, femmes et oiseaux.

Traditions et art de vivre

Préparer le banh chung en famille à l'approche de la fête du Tet, honorer un ancêtre lors d'un rite funéraire, revêtir l'uniforme (ao dai blanc) des étudiantes ou petit-déjeuner d'un pho, la fameuse soupe de nouilles et de viande, dans une gargote sur le trottoir: les Vietnamiens restent profondément attachés à leurs traditions. Et si les influences du monde extérieur sont chaque jour plus visibles, ils les adaptent à leur art de vivre. Sous les casques des motos, les femmes des ethnies montagnardes gardent coiffes colorées ou turbans. À Hanoi, les chaînes de fast-food les plus populaires proposent tout simplement la recette millénaire du pho... Ou comment conjuguer tradition et modernité.

Fêtes et festivals

La vie quotidienne vietnamienne est rythmée par de nombreuses fêtes traditionnelles et cérémonies locales, à l'occasion desquelles chaque village rend hommage à son génie tutélaire, son héros mythique ou historique. Liées pour la plupart au calendrier luni-solaire, elles reflètent le syncrétisme religieux du pays. Les différentes communautés religieuses célèbrent par ailleurs leurs propres fêtes, tandis que l'État impose des fêtes nationales à la gloire des victoires communistes.

Les festivités prennent place suivant le **calendrier luni-solaire**. Il est découpé en cycle de douze ans, chaque année correspondant à l'un des douze signes du zodiaque chinois (Rat, Buffle, Tigre, Chat, Dragon, Serpent, Cheval, Chèvre, Singe, Coq, Chien, Porc) et se divisant elle-même en douze mois de 29 ou 30 jours. Les Vietnamiens ajoutent donc tous les quatre ans un mois supplémentaire pour faire coïncider leur calendrier avec le calendrier grégorien. Toutes ces fêtes sont ainsi mobiles. À côté du nouvel an (fête du Tet), du *Tet Doan Ngo*, du *Trung Nguyen* et de la fête de la Mi-Automne qui sont célébrés par toute la population, les fêtes locales se limitent aux villages où elles ont lieu.

LA FÊTE DU TET

De toutes les fêtes qui jalonnent le calendrier, le **nouvel an** est de loin la plus importante. Appelée aussi **Tet Nguyen Dan** (« fête de la première année » ou du « premier jour »), elle est célébrée le premier mois lunaire (fin janvier et début février). Elle annonce l'arrivée du printemps et le renouveau de la nature, marqué par la floraison des pêchers et des mandariniers nains (kumquats). Ces arbres fruitiers sont vendus la dernière semaine de l'année dans les marchés aux fleurs, qui prennent la forme de

Fête du Tet, parc Dam Sen à Ho Chi Minh-Ville.
Ch. Boisvieux / hemis.fr

magnifiques floralies à Hanoi et à Ho Chi Minh-Ville, et servent à la décoration des maisons. Bien que la fête dure une semaine, seuls les trois premiers jours sont officiellement chômés. On la célèbre en famille, voire dans son village d'origine, et de grandes migrations ont lieu entre villes et campagnes. Un véritable rituel prend place pour commencer l'année sous les meilleurs auspices : on doit régler toutes ses dettes, faire des travaux dans sa maison, nettoyer les tombes des ancêtres, préparer des plats spéciaux et s'acheter des vêtements neufs.

Les préparatifs

Une semaine avant le Tet, chaque maison renvoie les **génies du Foyer**, symbolisés souvent par un seul personnage, dans le monde céleste afin qu'ils présentent les vœux du peuple à l'Empereur de Jade, Ngoc Hoang *(voir « Religions », p. 81)*, et lui dressent un bilan sur la manière dont s'est comportée la maisonnée au cours de l'année. Afin d'amadouer le dieu, on dresse à son attention, sur l'autel réservé aux génies domestiques, de la nourriture, de l'eau fraîche et de la noix d'arec, avant de lâcher des carpes vivantes dans les rivières et lacs pour son transport. Dans certaines campagnes, les habitants se protègent alors contre les démons qui, profitant de l'absence des génies protecteurs, envahissent le monde des vivants. Pour les empêcher de pénétrer dans la maison, ils plantent dans la cour un **mât en bambou**, au sommet duquel sont accrochés une amulette en papier rouge et divers instruments en bois ou en métal, dont les bruits effrayants sont censés éloigner les esprits malfaisants. La maison est nettoyée de fond en comble et soigneusement décorée : outre les branches de pêcher (dans le Nord) et les branches de forsythia ou de kumquat (dans le Sud) qui ornent la salle de séjour, on accroche au mur des sentences parallèles calligraphiées en caractères chinois sur du papier vermillon, symbole de joie, où sont présentés souhaits et dictons de sagesse. L'autel des ancêtres est surchargé de fruits odorants et de fleurs parfumées.

Des mets spéciaux

Leur préparation requiert tous les soins. À côté des fruits confits (courges, graines de lotus, noix de coco), deux gâteaux, que les citadins préfèrent acheter tant la cuisson est longue, figurent impérativement au menu : composé de riz gluant et de pois verts cuits à la vapeur, le **banh day** est rond comme le Ciel ; fourré de tranches de lard, qui symbolisent les 10 000 êtres de la création, et de pâte de haricot, le **banh chung** est carré comme la Terre, selon la vision vietnamienne.

Les trois jours de fête

La veille du jour de l'an, on guette avec impatience minuit. Si jadis tambours et pétards annonçaient le retour des génies du Foyer, tout en chassant les mauvais esprits qui auraient rôdé, aujourd'hui on se contente d'un enregistrement sonore. Devant l'autel familial, chargé de nourriture et de boissons, le maître de maison allume des bâtonnets d'encens, se prosterne et récite des prières pour la nouvelle année.

À l'aube du premier jour, on se lève tôt pour préparer les offrandes aux ancêtres, avant d'aller à la pagode. Vêtus de neuf, les enfants présentent des vœux de bonheur, de longévité et de prospérité à leurs grands-parents, puis à leurs parents. En échange, ils reçoivent des billets neufs, qui leur sont remis dans une enveloppe rouge en signe de chance. Le premier visiteur est attendu avec impatience, car de lui dépend le bonheur ou le malheur de la maison pour l'année à venir, et l'on préférera une personne réputée pour sa moralité et sa position sociale. Ce jour-là, on consulte aussi un livre d'astrologie pour établir les dates propices aux diverses activités. Le deuxième jour est consacré à la visite des proches et des amis, et le troisième aux tombes des ancêtres.

La danse de la licorne

Joyeuse, bruyante et colorée, la danse de la licorne fait partie des festivités dans le Sud, surtout dans le quartier chinois de Cholon, dont les habitants fêtent le même jour le nouvel an. Animal imaginaire et mythique, symbole de **prospérité**, la licorne est matérialisée par une tête géante en papier mâché évoquant un chien pékinois, et par une traîne de tissu qui simule le corps d'un serpent recouvert d'écailles de poisson. Manipulée par des pratiquants d'arts martiaux au rythme effréné des tambours, des cymbales et des gongs, la licorne parcourt les rues et s'arrête devant chaque maison ou boutique pour obtenir une obole. La somme d'argent est souvent accrochée, avec une laitue, au sommet d'une perche de bambou ou au balcon du premier étage : soulevé par une pyramide humaine, le meneur pourra alors déguster le légume, en signe de bonne intention, avant de saisir les billets. La licorne est accompagnée par le **génie de la Terre**, représenté par un homme bedonnant portant un masque souriant.

LE SACRÉ ET LE PROFANE

Les fêtes bouddhistes

Le 15e jour du 2e mois lunaire (pleine lune de mars-avril), la **fête de la Pagode des Parfums**, dans la province de Ha Son Binh (au sud de Hanoi), attire les pèlerins du delta du fleuve Rouge et des montagnes avoisinantes. S'ils viennent pour prier Bouddha, ils le font aussi pour les magnifiques grottes-pagodes et temples qui jalonnent la rivière Yen *(voir p. 174)*, qu'ils parcourent en barque.

Le 15e jour du 5e mois lunaire (mai-juin), la **pleine lune** est la plus importante des fêtes bouddhistes. Elle commémore la naissance, l'illumination et la mort de Bouddha survenues ce jour. Les fidèles se rendent en famille dans les pagodes pour assister aux prières, écouter les sermons des moines et faire des offrandes.

Les fêtes catholiques

Les catholiques adoptent le calendrier grégorien et fêtent massivement **Noël** qui est pour eux un jour férié. Des grand-messes sont célébrées les 24 et 25 décembre, particulièrement dans le Sud et à Ho Chi Minh-Ville, dont la cathédrale Notre-Dame illuminée est alors pleine à craquer. Dans les rues, des marchands proposent jouets et coiffes du Père Noël. Les fêtes de **Pâques** sont elles aussi bien suivies.

Et que la fête continue…

Certaines fêtes païennes ou nationales donnent lieu à des manifestations populaires. Parmi celles-ci, le 1er janvier, le **jour de l'an** occidental, est férié. Le 31 décembre, les citadins le fêtent joyeusement – à Ho Chi Minh-Ville surtout – en allant au restaurant et en discothèque, et les cargos du port actionnent leurs sirènes à minuit.

Le 30 avril, l'**anniversaire de la prise de Saigon** en 1975 donne lieu à des défilés populaires et militaires à Hanoi et à Ho Chi Minh-Ville. Des manifestations culturelles sont aussi organisées dans les villes du Sud tombées avant Saigon.

Le 2 septembre, la **fête nationale** commémore la fondation de la République démocratique du Vietnam en 1945 et la proclamation de l'indépendance du pays. Un rassemblement populaire, avec feu d'artifice et courses de bateaux, est organisé à Hanoi.

Les rites familiaux

Au sein de la cellule familiale, les grandes étapes de la vie donnent lieu à des rites et à des fêtes qui rassemblent tous les membres et qui ponctuent le quotidien.

La naissance

Bien que la coutume tende à disparaître en ville, la tradition veut que la grand-mère paternelle récupère le placenta de la jeune mère et le mette dans une urne pour l'enterrer dans le jardin de la maison ou, à défaut, dans un pot rempli de terre. Ce geste marque l'**attachement** futur du nouveau-né à sa terre, c'est-à-dire au lieu où vivent son clan et sa famille, et à son pays.

Encore fragile, le bébé est, pense-t-on, l'objet de la convoitise des démons, d'autant plus s'il est beau et bien portant. Les premières personnes qui le voient ne devront donc pas s'extasier sur l'enfant, mais plutôt se lamenter pour écarter les mauvais esprits ! Les parents relèvent soigneusement l'heure et le lieu de naissance du bébé, afin que le devin puisse déterminer son **signe astral**. Ils lui choisissent un prénom, tout en l'appelant par un surnom afin d'égarer les démons sur une fausse piste. Sept à neuf jours après l'accouchement, on célèbre les **relevailles** par des offrandes de bétel, de gâteaux et de fruits de mer aux sages-femmes célestes, en signe de remerciement. Cette cérémonie se renouvelle un mois après la naissance, afin de demander leur protection pour l'enfant, auquel on attribue désormais son vrai nom.

L'attribution des noms

Le nom se compose auparavant de trois termes, plus récemment de quatre. Le premier désigne le nom patronymique ou le nom de clan transmis par le père, le deuxième est un mot intercalaire, et le troisième équivaut au prénom. Bien qu'il existe quelque 300 noms patronymiques, les plus communs sont les Nguyen – près de 40 % des Vietnamiens portent ce nom, emprunté à la dernière dynastie impériale –, les Tran, les Le, les Pham, les Ngo, les Vu, les Do, les Dao, les Duong, les Dang, les Dinh et les Hoang. Le mot intercalaire le plus souvent utilisé est Thi pour les femmes, et Van pour les hommes. Toutes les fantaisies sont permises pour le prénom, dans la mesure où il a une signification : on donne aux femmes des noms poétiques (fleur, oiseau, beauté, parfum), alors que les hommes sont plutôt identifiés à des notions abstraites comme le courage, l'intelligence ou la force. Lorsqu'on s'adresse à une personne, le mot *bà* (« madame ») ou *ông* (« monsieur ») est suivi du prénom. On désignera ainsi un homme nommé Nguyen Van Tuan par M. Tuan. Souvent, en famille, on appelle les enfants par leur ordre de naissance : *ba* (« troisième »), *sau* (« sixième »), suivi parfois du prénom, et toujours précédé d'un pronom personnel marquant la hiérarchie.

Le mariage

Obéissant au concept confucéen de la piété filiale, qui veut que l'individu perpétue son lignage pour assurer le culte des ancêtres, le mariage est un événement social majeur et les familles n'hésitent pas à dépenser une fortune, voire à s'endetter, à cette occasion. Le **prestige social** qu'elles en retirent est à ce prix.

Chez les traditionalistes, surtout à la campagne, il est arrangé par les familles des futurs époux, qui font appel aux oncles, tantes ou amis proches pour établir des contacts préliminaires. On échange les thèmes astraux des jeunes gens et, s'ils sont favorables, la famille du jeune homme se rend à la demeure de la jeune fille pour la demande en mariage. Des **fiançailles** officialisent ces « négociations », qui fixent les modalités et la date des noces, après consultation du devin. Le jour J, en compagnie de ses parents et amis, le fiancé, en tunique bleue ou en costume occidental, vient chercher la mariée chez elle en voiture de location. La jeune fille est vêtue d'une tunique rouge, symbole de joie, et coiffée d'un turban jaune, ou d'une robe blanche à l'occidentale, avec diadème et voile. Les futurs beaux-parents déposent sur l'autel des ancêtres des boîtes contenant du bétel et des noix d'arec, symboles de l'amour éternel, et donc de l'engagement de leur fils. Le jeune couple se prosterne également devant l'autel, puis devant les parents de la mariée. Celle-ci quitte alors sa maison d'enfance en versant quelques larmes pour marquer son attachement à sa mère. Dans la résidence de la belle-famille, les mêmes rites de **respect** sont répétés devant l'autel des ancêtres, puis devant les parents. La journée se poursuit avec l'échange de fils rouges porte-bonheur en l'honneur du génie du Mariage, et la consommation de la chique de bétel par les époux. Un banquet somptueux réunira enfin les deux familles et amis.

Les rites funéraires

La responsabilité des funérailles incombe au fils aîné. Lors de l'agonie de son père ou de sa mère, il dispose sur la poitrine du mourant une pièce de soie destinée à recevoir son dernier souffle. Ensevelie avec le défunt, cette « âme en soie » est remplacée sur l'autel familial par une **tablette funéraire**. Il faut aussi s'assurer que l'âme quitte le corps sans s'éloigner de la maison, en l'incitant à se remémorer tous les recoins du domicile, car elle reviendra partager

Régime de bananes sur un marché du delta du Mékong.
S. Lemaire / hemis.fr

le banquet familial au moment des fêtes, notamment au nouvel an. Des rubans blancs sont attachés aux portes et fenêtres de la maison en signe de deuil, tandis que les membres de la famille portent des coiffes et de longues tuniques blanches.
On fait alors appel au **géomancien** pour déterminer le jour, l'heure, le lieu de l'inhumation et la disposition de la tombe. Le cercueil reste exposé trois jours, afin que cousins, voisins et amis puissent faire leurs adieux, les bras chargés de fleurs et de fruits, au son d'un orchestre traditionnel. Le jour des funérailles, dans les familles bouddhistes, des bonzes sont convoqués pour réciter des prières. Un corbillard transporte le cercueil jusqu'au cimetière, escorté par les intimes et amis qui vont à pied derrière lui : le cortège est conduit par l'aîné, appuyé sur un bâton le désignant comme le guide de la famille. Il est suivi par la veuve, si le mort est un homme marié, puis le petit-fils aîné, qui porte la photo du défunt, et le reste de l'assistance. Un orchestre censé éloigner les esprits maléfiques ferme la marche en faisant le plus de bruit possible. Une **stèle** portant le nom du défunt et la date de son décès marque l'emplacement de la sépulture.
Sept semaines après l'enterrement, le chef de famille convie toute l'assistance à un banquet pour la **cérémonie du 49e jour**, afin de libérer l'âme du défunt qui quitte la famille pour se réincarner. Trois ans après le décès, qui est aussi la durée de deuil officielle, on exhume les ossements lors de la **cérémonie d'abandon des tombes** pour les transférer dans un petit cercueil définitif, inhumé dans un site familial. Tous ces rituels sont destinés à regrouper la famille et à réaffirmer par là sa cohésion.

Gastronomie

Une marmite où mijote une soupe odorante, quelques tabourets, des bols, des cuillères, des baguettes, voilà une gargote de trottoir et une aubaine pour s'initier aux saveurs vietnamiennes. Ici, on grignote en

UN PETIT RESTAURANT POPULAIRE

Le sol est jonché de serviettes en papier, d'os de poulet ou d'arêtes de poisson, reliquats des clients précédents… Ne vous fiez toutefois pas aux apparences, car il est normal, ici, de tout jeter par terre ; un grand coup de balai et tout disparaît ! Vous n'avez plus qu'à suivre le patron jusqu'au réfrigérateur pour faire votre choix : poulet, canard, bœuf, porc ou… chien. Dix minutes plus tard arrive le plat que vous avez commandé, accompagné d'une soupe, de légumes verts, de riz ou d'une omelette aux herbes, qui font, comme le pain chez nous, partie du menu. Arrosez le tout d'une bière (*bia hoi*) ou d'un peu d'alcool de riz (appelé ici vodka), et à vos baguettes.

effet plus qu'on ne mange. Les vrais repas sont ceux des fêtes et des réunions familiales.

LES SAVEURS VIETNAMIENNES

Dans tous les cas, la journée démarre sur des notes plutôt salées sous la forme de soupe de nouilles *(pho)* ou de préparation à base de riz et de viande étuvés. Mais rien n'empêche de s'approvisionner en pain frais auprès des colporteurs de *banh mi*.

L'usage des baguettes et les nombreuses recettes de pâtes alimentaires ne confèrent à la cuisine vietnamienne qu'un lointain cousinage avec sa voisine chinoise. Ici, on ne s'encombre pas de sauce et l'huile n'est utilisée qu'avec parcimonie. Pas de succession entrée, plat, dessert ; le repas est plutôt une combinaison de **saveurs** et de **textures** servies en même temps, où chacun pioche à sa guise, accommodant à sa convenance. Un bouquet d'**herbes aromatiques** fraîches apporte toute une gamme de parfums : coriandre, menthe ordinaire et menthe violette *(tia to)*, basilic, aneth et pérille *(la lot)* aux saveurs complexes d'anis, de citron et de cumin. De fines tranches de concombre ou de navet croquent sous la dent tout en rafraîchissant. Au ballet des consistances, le croustillant est un incontournable que servent friture d'échalotes *(hanh kho phi)*, riz grillé et pilé et cacahuètes concassées. Le nuoc-mam, le piment, le jus de citron ou encore le sel… chacun joue son rôle de saveur et de goût dans la cuisine gastronomique ou quotidienne du pays.

LES ALIMENTS DE BASE

Riz, liserons d'eau, germes de soja et nuoc-mam composent le menu de base du Vietnam et sont le reflet de ses campagnes, pays de rizières et de rivières, étirées le long du littoral. Rond, long, concassé, parfumé ou glutineux, le **riz** comprend des dizaines de variétés. Cuit à la vapeur *(com)* ou sauté *(com rang)*, il est de tous les repas et entre dans la confection de certains plats. Le *xoi* se compose de riz gluant, de haricots, de cacahuètes fraîches et de poitrine de porc, emballés dans une feuille de bananier et étuvés. Le *chao* est un gruau de riz, cuit doucement avec des morceaux de viande et servi brûlant, parsemé de coriandre et de ciboules hachées. Le plus souvent, **viandes**, **poissons** et crevettes ne sont présents que par petites touches.

Les recettes sont plats de fête et esquissent la géographie culinaire du pays. Au Nord, on préfère les **produits d'eau douce** – escargots, grenouilles et anguilles –, tandis qu'au Sud on accommode toutes les chairs, à la mode chinoise. Là on préfère les **soupes**, ici on cuit de toutes les manières, mais avec plus d'**épices**, du **lait de coco** (*ga cari*, curry de poulet au lait de coco) et un goût marqué pour le **sucre** (*chao tom*, brochettes de pâte de crevettes cuites sur des cannes à sucre ; *heo kho*, porc au caramel) ou la note acidulée du tamarin (*canh chua*, soupe acidulée au poisson ou aux crevettes). La table vietnamienne marie avec audace les produits de la terre et de la mer, comme dans la fondue variée *(thap cam nhung dam)* qui mêle viandes, poissons et crustacés. Le *cha lua*, un pâté de porc pilé au nuoc-mam et cuit à la vapeur, sert d'accompagnement.

LES PRÉPARATIONS

Les pâtes alimentaires à base de farine de riz sont affaire de spécialistes. Lunes de pâte translucides séchées sur des claies en bambou, appelées *banh da* au Nord et *banh trang* au Sud, les **crêpes de riz** prêtent aux aliments leur consistance tendre ou croquante. Roulées autour d'une farce de viande blanche, de vermicelles, de germes de soja, de champignons noirs et de crevettes, puis dorées à l'huile, elles forment le croustillant pâté impérial (*nem* au Nord, *cha gio* au Sud). Le *cha bap* du Centre est farci de porc et de maïs, tandis que le *cha gio chay* en est une version végétarienne. Le rouleau de printemps *(goi cuon)* est un rafraîchissant et croquant mélange de vermicelles, de soja, de crevettes et de menthe. Le *banh cuon*, ou ravioli vietnamien, est une crêpe enveloppant un hachis de porc, de crevettes et de champignons, puis cuite à la vapeur. On se sert volontiers des *banh da*, ou d'une feuille de laitue, pour en faire des bouchées combinant les saveurs. Dans le *cha ca nuong*, des morceaux de poisson grillé sont emballés avec des légumes et des fruits dans une crêpe de riz. Le *bo lui* consiste à marier brochettes de bœuf, cacahuètes et herbes parfumées dans une feuille de salade.

Il existe trois types de **nouilles de riz** : les pâtes longues et plates (*banh pho* au Nord, *hu tieu* au Sud), les cheveux d'ange (*banh hoi)* et le vermicelle (*bun*). Les premières donnent leur nom à la fameuse soupe hanoienne. Le *pho bo* est un bol de nouilles, assorties d'un carpaccio de bœuf et arrosées d'un bouillon subtilement parfumé à la badiane. Il en existe une version « sèche », le *pho xao*, qui mêle nouilles et bœuf sautés. Les vermicelles sont servis dans le *bo bun*, en salade ou en accompagnement. Le *bun cha* les combine avec des herbes parfumées et des boulettes de porc délicatement grillées, le tout assaisonné de sauce nuoc-mam. Riche en protéines, le **soja** est une véritable « viande végétale » et fait l'objet de toutes les transformations. Ses pousses fournissent un légume ; ses grains salés *(tuong hot)* ou la sauce qui en est tirée, un condiment ; ses graines *(dau xanh)* réduites en purée, la farce sucrée des gâteaux ; et son extrait caillé donne un fromage que l'on mange salé ou sucré.

DOUCEURS FRUITÉES

Si les desserts ne figurent pas au menu vietnamien, les amateurs de douceurs trouveront des **préparations sucrées**, vendues sur les stands de rue, des friandises servies pour pallier l'âcreté du thé vert, sans compter les **fruits** à la variété innombrable. Spécialité de Hué, le *che* est une crème de manioc servie tiède que l'on peut marier de multiples manières. Le *che chuoi* y mélange banane et lait de coco, le *che sen*, des graines de lotus. Le *tau hu* est du tofu agrémenté de gingembre et de sirop de canne à sucre. Le *banh gan* est un délicieux flan au lait de coco, et les *banh it* sont des boulettes de tapioca, farcies d'une purée de soja au lait de coco.

LES BOISSONS

Le **thé** est une institution au Vietnam. À la version fermentée (thé noir), on préfère l'infusion à base de feuilles torréfiées juste après la cueillette (thé vert). Marque d'hospitalité, le service du thé fait l'objet d'un ballet de vaisselle. La théière est bourrée de feuilles copieusement arrosées d'eau bouillante, vidée de cette première infusion trop amère et de nouveau remplie pour alimenter des tasses de la taille d'un dé à coudre. Il existe aussi des thés parfumés à l'artichaut ou aux fleurs.

La **bière pression** *(bia hoi)* est un breuvage très populaire, servi en chopes d'un demi-litre dans des établissements spécialisés, livrés chaque matin de la boisson brassée la nuit. Ils servent aussi parfois quelques plats, et toujours les satellites prisés des amateurs: cacahuètes *(dau phong)*, nems, grillades d'ailes de poulet *(canh ga chiên)* ou de seiches *(muc kho)*, fines tranches de viande de chien froide *(thit cho)*.

La fermentation du riz glutineux donne le **ruou**, un vin trouble dont la saveur rappelle le saké japonais. Les amateurs prétendent qu'un verre d'**alcool de riz** à jeun est le moyen le plus sain de commencer la journée.

Artisanat

Papier, laque, céramique, estampe sont autant de techniques adoptées au temps où le Vietnam appartenait à l'empire de Chine. Animées par le double courant qui a façonné la personnalité vietnamienne, elles ont été perpétuées et interprétées en combinaisons inédites. D'un côté, la cour et ses mandarins furent les mécènes d'une culture sophistiquée, fortement empreinte d'influences chinoises; de l'autre, le peuple des villages s'exprima dans un artisanat au service de la communauté. Tantôt parallèles, tantôt fusionnées, ces traditions se sont maintenues. La première a bâti une réputation internationale aux produits de l'artisanat vietnamien; la seconde trouve dans son environnement quotidien et dans les possibilités du recyclage d'inépuisables réponses à ses besoins, qui transforment le moindre marché en une fascinante exposition d'objets aussi esthétiques qu'ingénieux.

LE « NÓN », UN CHAPEAU RÉTRÉCI

La permanence de son usage et son association avec le costume national *ao dai (voir p. 77)* ont fait du *nón*, le chapeau conique, un symbole du Vietnam. Particulièrement adapté au climat, il protège non seulement de la pluie, mais aussi des ardeurs du soleil, durant le dur repiquage dans les rizières. Nul ne sait quand il est apparu, mais sa version actuelle est une forme raccourcie du couvre-chef du Tonkin, le *nón ba tam* ou « chapeau de trois fois huit pouces », un grand sombrero végétal confectionné en feuilles de latanier, et qu'attestent les autochromes de la mission Albert-Kahn. La région de Hué et la province de Quang Binh sont passées maîtresses dans la confection de ce chapeau, également fabriqué au village de Chuong, près de Hanoi. Les feuilles de palme sont blanchies, puis assouplies par martelage, avant d'être cousues, une à une, sur une forme en bambou. Une opération simple, mais un ouvrage de patience qui exige cinq ou six heures de travail.

Fabrication du chapeau traditionnel, Hué.
Rene Mattes / Mauritius / Photononstop

ARTISANAT POPULAIRE ET ARTISANAT D'ART

Tous les peuples du Vietnam entretiennent un savoir-faire qui élève au rang d'objet d'art les instruments du quotidien, tels que vanneries et tissages. Des besoins plus spécifiques ont cependant entraîné l'apparition de productions spécialisées. Ainsi, les exigences des rituels, en particulier du culte des ancêtres, ont-elles favorisé l'ébénisterie et le laquage (autels et palanquins porte-tablettes), la fonte du bronze (chandeliers et brûle-parfums) et la papeterie (assemblages de papiers colorés des cultes funéraires).

Une civilisation du bambou

Des baguettes aux chapeaux, le bambou est omniprésent dans l'environnement des Vietnamiens. Dans le pays du delta du fleuve Rouge, des haies vives de ces graminées géantes forment des jalousies naturelles autour des villages, qu'elles signalent tout en les protégeant des regards. « L'autorité du roi s'arrête à la haie de bambou du village », disait-on autrefois.

À l'intérieur des habitations, le bambou se retrouve du sol au plafond : tringles pour suspendre, claies pour entreposer, cloisons de lattes et nattes déroulées sur le sol. Sa fibre fournit les liens de fixation, son bois souple et résistant, les assemblages d'échafaudage. Creux et étanche, il sert à fabriquer des ustensiles tels gobelets et pipes à eau. Séchées, ses feuilles et ses racines brûlent comme combustible de cuisson et de chauffage. Cette plante généreuse prodigue jusqu'à la nourriture des animaux et des hommes qui prisent ses pousses tendres, consommées fraîches ou marinées.

Des foyers spécialisés

La survivance du quartier des Guildes à Hanoi témoigne de la place d'un artisanat qualifié, jadis exclusivement attaché à la cour. Toujours en quête de mobilier façonné dans des matières rares et précieuses, les demeures seigneuriales et mandarinales ont entretenu des ateliers, habiles au

travail des bois durs, de la laque, de la nacre, du jade, de la céramique et des brocarts de soie.
Après la réunification, la région de Ho Chi Minh-Ville plaça la plupart des centres de production artisanale sous l'égide de l'État, tandis que dans le Nord perdurait sous la forme de coopératives une très ancienne tradition de **villages spécialisés**. Ils forment toujours une véritable couronne sur un rayon de 20 à 30 km autour de Hanoi, et il n'est pas rare d'y croiser un temple dédié au créateur ou à l'instigateur de la technique dans laquelle la localité s'est illustrée. Dans ce cadre, l'atelier est d'abord familial, et l'outillage des plus simples. L'activité artisanale s'effectue entre les semailles et les récoltes. Dans le cas où des villages entiers se dédient à la fabrication d'un même produit, on assiste à une division des tâches, de la collecte de la matière première à la vente, et au développement de microcircuits économiques : tel village fournit l'argile à tel autre qui la façonne en pots, et achète son combustible auprès d'une autre agglomération ; tel autre livre les feuilles de latanier indispensables à la fabrication des chapeaux.

LES CÉRAMIQUES

Les céramiques sont surtout un artisanat du nord du Vietnam grâce à l'argile de qualité extraite dans le delta du fleuve Rouge et aux contacts avec la Chine, experte en ce domaine. Dès le 11e s. parurent des **grès** à la délicate couleur ivoire, ou céladon, dénotant une science de la sélection des terres et de la maîtrise des cuissons. Plusieurs centres ont vu le jour au fil des siècles, chacun étant spécialisé dans des productions différentes. Les fours de Nghe et de Cao produisent des **poteries non émaillées**, cuites à basse température. À Phu Lang, à Huong Canh et à Tho Ha, on cuit des **grès à haute température**. Enfin, les villages de Bat Trang *(voir p. 179)* et Bien Hoa se sont spécialisés dans la céramique décorée. Celle-ci connut son essor aux 14e-15e s. à travers des **bleu et blanc**, ornés au bleu de cobalt dans une inspiration encore marquée par l'influence chinoise dont elle s'émancipa très vite. Aux 17e-18e s., elle s'afficha franchement rococo, en particulier dans la **céramique architecturale**, qui use des couleurs fluides et contrastées des glaçures. Le répertoire, notamment celui des « bleu et blanc », emprunte bon nombre de motifs à la Chine (rinceaux de fleurs, phénix, dragons), mais les interprète dans une version plus spontanée, appuyée par la vivacité du trait.

LES LAQUES

Cette technique fut importée de Chine il y a très longtemps, puisque les plus anciens objets laqués, retrouvés dans la région de Haiphong, datent du 4e s. av. J.-C. Avant d'être un artisanat d'art, le laquage est une technique permettant de rendre étanches des objets poreux ou, dans le cas du bois, de le protéger de l'humidité et des insectes. Certains peuples du Vietnam ont par ailleurs conservé la coutume de se laquer les dents, à la mode de jadis.
La laque est une **résine** provenant de l'arbre à laque *(cay son)* qui, décantée plusieurs jours, fournit à l'issue de sa fermentation des matériaux de qualité différente. Elle est appliquée sur un support de bambou ou de bois, en **plusieurs couches**, séchées et polies tour à tour. La gamme traditionnelle est réduite à **trois couleurs** : le brun et le noir sont des teintes naturelles de la résine, et le rouge est obtenu avec de l'hématite.
L'art de la laque connut son apogée aux 17e-18e s. avec les commandes

Un sculpteur sur bois à Hoi An.
Morandi Bruno / Sime / Photononstop

de grands ensembles de statues bouddhiques, dont la polychromie était ainsi réalisée. On recourut même à la laque pour recouvrir le corps momifié de patriarches bouddhistes, statufiant ainsi les saints hommes pour l'éternité. Le laquage s'enrichit également de nouvelles techniques décoratives, telle l'incrustation de nacre pratiquée dans l'ébénisterie *(voir p. 76)*.

PAPIERS ET ESTAMPES

Le papier sert à mille usages. Les colporteurs de jouets et **marionnettes en papier**, confectionnées pour les enfants à l'occasion de la fête de la Mi-Automne, se font rares de nos jours, mais, sur tous les marchés du pays, on continue à vendre les **objets d'offrande**, destinés à être brûlés pour accompagner le défunt lors de ses funérailles. Pièces de monnaie et billets de banque (les reproductions de billets verts sont bien plus prisées que celles des dongs), vêtements d'aujourd'hui ou d'autrefois, moyens de locomotion et même articles d'électroménager, tout est reproduit dans le papier.
Le **papier traditionnel** *(do)* est fabriqué à partir de l'écorce d'une plante grimpante de la Moyenne Région. Après avoir mariné dans un bain de chaux, celle-ci est cuite plusieurs jours dans de grandes cuves en fonte. Retrempée à l'eau de chaux, la pulpe obtenue est pilonnée et mélangée à de la colle végétale. Le séchage est effectué sur des tamis en bambou. Les feuilles obtenues sont très souples et hydrophiles.
Au service de l'écrit, le papier est son principal support et servit tôt à sa reproduction. Ainsi l'**estampage** permet-il de reproduire le texte d'une stèle, par application d'une feuille de papier humide. Encrée sur toute la surface, elle fournit une copie négative du support : creux en clair, reliefs en sombre.
Certaines pagodes conservent encore dans leurs bibliothèques les planches en bois sculpté qui servaient à reproduire les ouvrages par **xylographie**. De cette technique, ancêtre de l'imprimerie,

découle celle de l'**estampe** dont le village de Dong Ho s'est fait une spécialité. Chaque image est réalisée avec un jeu de planches à imprimer, chacune étant taillée pour l'application d'une couleur, toujours d'origine naturelle : le jaune est tiré du sophora, le bleu de l'indigo, le vert du cuivre, le rouge du bois de sapan, et le noir des cendres de feuilles de bambou. Couleur par couleur, l'estampe prend forme jusqu'à l'impression du dernier bloc où sont taillés les cernes du dessin. À Dong Ho, on utilise un papier spécial, dont la surface est enduite d'un mélange de colle et de poudre de coquillage, appelé *diep*, qui lui confère un aspect nacré.

ÉBÉNISTERIE ET TRAVAIL DU BOIS

Autrefois, les **bois durs** (bois de fer) et **précieux** (palissandre) abondaient dans les forêts de l'intérieur. La cour, les temples, mais aussi les **arts de la scène** (instruments de musique de l'opéra et marionnettes sur l'eau) furent les grands commanditaires de meubles, de statues et d'objets taillés dans ces bois. L'ébénisterie est sans nul doute le domaine où se sont le mieux illustrés les artisans vietnamiens, bénéficiant de la longue tradition des assemblages complexes de la charpenterie et de la construction navale.

De nos jours, les **intérieurs de temples** permettent d'admirer des morceaux choisis d'un savoir-faire qui s'est maintenu : sentences parallèles encadrant l'autel, panneaux décoratifs travaillés en bas-reliefs ou ajourés, trônes et autels, loges de tablettes, etc.

Le **mobilier de cour** n'est plus visible que dans les musées, mais les ébénistes d'aujourd'hui s'en inspirent pour la commande contemporaine : lits-cages, armoires à thé, sièges, coffres, écrans, plateaux et coffrets.

Laque et **marqueterie de nacre** sont les principales techniques décoratives. De deux qualités – *trai*, nacre tirée d'une variété de moule, et *xa cu*, nacre irisée provenant de Nha Trang et de Hoi An –, la nacre est tout d'abord taillée et polie en plaques, dans lesquelles les motifs d'incrustation (fleurs, oiseaux, personnages et motifs porte-bonheur) sont découpés à l'aide d'une scie très fine. La préparation des surfaces à incruster dans le bois exige la même minutie d'orfèvre, pour que la pièce nacrée, fixée à la colle, s'adapte parfaitement.

Les costumes traditionnels

Tonkinoises sanglées de noir et de brun sur les routes de pèlerinage, processions de soies éclatantes à travers les rizières, parvis pavoisés de jeunes filles en tunique pastel, foule indigo assemblée à la foire dans les hautes terres, les peuples du Vietnam s'affichent en costumes de fête, en habits du dimanche, ou en vêtements quotidiens. Soie aux savants tissages, ou chanvre, jute et coton teints à l'indigo, le costume reste le signe le plus visible des cultures que brasse le pays, même si les populations les plus exposées aux influences occidentales l'ont, surtout dans les villes, troqué contre tee-shirts et pantalons, chemises et jupes. D'une région à l'autre, il invente mille variations à partir de la tunique boutonnée ou enfilée, de la jupe fourreau drapée autour des hanches, de la jupe plissée portée sur des bandes molletières et un pantalon. Parfois déployées sur un simple accessoire, formes, couleurs et techniques déclinent les identités propres à chaque groupe ethnique.

Étudiantes en *ao dai* (uniforme traditionnel), à Hué.
Rene Mattes / Mauritius / Photononstop

AO DAI, LE PLUS ÉLÉGANT DES UNIFORMES

Du Nord au Sud, les jeunes filles s'envolent à la sortie des écoles, vêtues du plus seyant des uniformes, l'élégante **ao dai**. Prononcé « ao zai » au Nord, « ao yai » au Sud, il apparaît comme **costume national**, sur ordre d'un seigneur Nguyen, au milieu du 18e s. Hommes et femmes durent revêtir un ensemble composé d'une longue tunique, boutonnée sur le devant et portée sur un pantalon. Les couturiers des années 1930, puis 1950, métamorphosèrent ce costume en la version irrésistiblement séduisante et exclusivement féminine qu'on lui connaît aujourd'hui. Élargi et allongé jusqu'à dissimuler les pieds, le pantalon confère une grâce ondulante à la démarche. La boutonnière glisse sur le côté de la tunique qui galbe la poitrine et s'ouvre, à partir de la taille, en deux longs pans flottants.

LES MAÎTRES DU TISSAGE

Les Khmers, les Chams et les peuples tais sont les tisserands les plus accomplis, mais n'exhibent plus qu'à l'occasion des mariages leurs précieux **sarongs en brocart de soie**, exécutés sur des métiers complexes recourant à plusieurs dizaines de lisses d'appoint.

Les Thaïs

Motifs et couleurs signent l'identité d'un groupe. Ainsi distinguait-on autrefois les **Thaïs noirs** des **Thaïs blancs**, les premiers pour la couleur de leur jupe fourreau, les seconds pour celle de leur tunique. La distinction s'est progressivement effacée aujourd'hui, mais les Thaïs noirs portent encore une tenue très typée, notamment à Son La. Les femmes endossent une veste boutonnée sur le devant, rehaussée de disques d'argent, et drapent leur tête d'une **longue écharpe indigo** sombre, qu'elles replient en disposant une des extrémités brodées en triangle sur le front. Parfois, elles découvrent leurs longs cheveux, enroulés en chignon au sommet du crâne et piqués d'une unique épingle d'argent.

Les Nungs et les Tays

Établis le long de la frontière chinoise, ils font figure de parents pauvres avec leur tunique en coton bleu clair ou foncé, fermée sur le devant ou sur le côté, et portée sur un pantalon noir à la mode sino-vietnamienne. Les femmes nungs drapent leurs cheveux dans un **turban indigo**, auquel les femmes tays préfèrent le **chapeau conique**, dont l'usage est répandu de part et d'autre de la frontière. Parfois, les jours de foire, les jeunes filles nungs arborent les **bijoux** façonnés par ce groupe d'habiles artisans : torques, chaînes et bandeaux à perles d'argent.

PARTITIONS TEXTILES DANS LE NORD

Les Hmongs

Les Hmongs puisent dans le riche répertoire technique du **batik**, de la **broderie** et des **appliqués** pour signer le costume féminin traditionnel, d'une variété telle qu'il dessine des dizaines de sous-groupes aux qualificatifs éloquents. Toutes les femmes hmongs revêtent une jupe, à l'exception des **Hmongs blancs** (*Hmong Trang*) de Muong Lay qui l'ont troquée contre le pantalon. La chevelure, toujours nouée en chignon, peut être cachée sous un fichu coloré ou doublée, voire triplée, d'un postiche pour former un volumineux turban, fait de laine écarlate chez les **Hmongs rouges** (*Hmong Do*) de Sin Ho. Ces dernières, reconnaissables à leur jupe plissée en batik blanc sur fond indigo, l'associent à une tunique rehaussée de pièces brodées cousues au col et sur les manches et la complètent avec un petit sac d'épaule en appliqué.

Les **Hmongs bariolés** (*Hmong Hoa*) ornent de vives couleurs emmanchures, bords et cols de veste et portent des jupes somptueusement travaillées, qu'elles soient plissées et mi-longues, taillées dans une étoffe « batikée » et rehaussée de quelques motifs (à Muong Lay), ou amples, tombant aux chevilles et entièrement couvertes de galons appliqués (à Can Cau).

Les **Hmongs noirs** (*Hmong Den*) de Sapa jouent quant à elles la carte de l'indigo foncé, sans autre ornement que l'éclat de leurs parures d'argent. Leur costume sombre met en valeur le travail du métal où excellent les orfèvres de cette ethnie. Pas un groupe qui ne possède colliers, torques (que portent parfois les hommes), anneaux d'oreilles, broches et boutons façonnés dans l'argent.

Les Daos

Les Daos sont des brodeuses prolifiques. Elles utilisent quasi exclusivement le **point de croix**, travaillé sur l'envers, pour couvrir toutes les grandes surfaces qu'offre leur costume. Elles portent plus volontiers le **pantalon** que la jupe, avec une **tunique à pans**, longue et fermant sur le devant. Comme les Hmongs, elles brodent de mémoire, sans modèle, puisant dans un répertoire transmis de mère en fille depuis des générations.

La diversité des modes et des thèmes ornementaux divise les Daos en **Daos rouges** (*Dao Do*), qui portent en sautoir le long pompon écarlate qui leur vaut leur épithète, **Daos noirs** (*Dao Den*), Daos « à pantalon blanc » (*Dao Quan Trang*), Daos « à veste bleue » (*Dao Thanh Y*), Daos « à tunique » (*Dao Lan Ten*), ou Daos « aux sapèques » (*Dao Tien*). Ces dernières arborent une longue veste à pans indigo sur une jupe en batik. Leur cou est serré dans un collier de petites perles colorées qui s'échappent en sautoirs sur la poitrine et dans le dos. Elles drapent

autour de leur front épilé une coiffe blanche dont elles laissent le pan brodé retomber sur la nuque.
Les Daos noirs de Sin Ho sont surnommées *Khau*, « couturières ». Leur pantalon large et noir est entièrement brodé de frises multicolores. La tunique, mi-longue, rehaussée de galons brodés sur le devant, est fermée par plusieurs rangs de ceintures d'étoffe, et parfois associée à un long tablier indigo. Les cheveux sont serrés dans un volumineux turban indigo qui dégage le front et la nuque. Au cou, elles portent un énorme torque en argent, qui se termine dans le dos par de longues pendeloques où balancent d'anciennes piastres, et au bras, un bracelet en argent émaillé en forme de dragon bicéphale.
Si parfois le costume traditionnel est abandonné, un détail trahit l'origine. Ce peut être une longue ceinture brodée, enroulée sur un chemisier à fleurs en Nylon, des boucles d'oreilles en argent, la coutume de s'épiler les sourcils et le front, ou de laquer ses dents de noir.

SOBRIÉTÉ SUR LES HAUTS PLATEAUX

Hormis le **tissage sur métier à dossière**, dit « indonésien », les peuples des Hauts Plateaux sont vanneurs avant d'être tisserands, achetant ou troquant les étoffes auprès d'autres ethnies. Certains groupes ont pratiqué pourtant la technique aujourd'hui révolue du **tapa**, ou « tissu d'écorce », obtenu par martelage de la fibre végétale.
Seuls hommes et femmes âgés portent encore parfois la tenue traditionnelle, commune aux Austroasiatiques et aux Austronésiens montagnards. Pour les hommes, elle se résume à une bande d'étoffe enroulée autour des hanches, passée entre les jambes et nouée de manière à former un pan cache-sexe. Pour les femmes, c'est une jupe fourreau, tombant à mi-mollets. Les jours de fête, une tunique fendue, enfilée par la tête, supplante parfois le tee-shirt, adopté par toutes les générations des deux sexes. Les parures sont discrètes. Quelques vieilles femmes portent encore les « fiches-bobines », ou **tubes d'oreilles**, taillées dans divers matériaux, parfois du bambou. Colliers et bracelets de verroterie, longues épingles de chignon en argent ou en aluminium, peignes de bois, incrustés de métal ou ornés de plumes, composent les bijoux portés sur les Hauts Plateaux.

Religions

La flèche d'une église pointant au-dessus d'une rangée de cocotiers, une mosquée surgissant au détour d'un canal dans la mangrove du delta, la façade colorée d'un temple hindou jouxtant une pagode confucéenne : ce méli-mélo religieux, qui n'est pas le moindre des charmes du pays, émaille les paysages des villes aussi bien que des campagnes. La majorité des Vietnamiens se déclare bouddhiste (75 %). Cependant, soumis à un millénaire d'occupation chinoise (du 2e s. av. J.-C. au 10e s. apr. J.-C.), ils ont aussi assimilé le taoïsme et le confucianisme, et ont toujours pratiqué la Triple Religion ou « Tam Giao ». Au 17e s., l'arrivée du christianisme, religion monothéiste, provoqua une véritable révolution, et le Vietnam est aujourd'hui le deuxième pays catholique en Asie après les Philippines (7 % de la population). De petites communautés adhèrent également à l'islam et à l'hindouisme (moins de 0,5 %), importés depuis fort longtemps, ainsi qu'au caodaïsme (2 %) et au bouddhisme Hoa Hao (2 %), deux mouvements religieux d'inspiration bouddhique apparus au 20e s. dans le delta du Mékong.

Animisme, taoïsme et confucianisme

L'ANIMISME

Les différents cultes religieux se sont toujours greffés sur d'anciennes croyances autochtones, selon lesquelles les univers céleste, terrestre et humain sont régis par des forces visibles et invisibles, dont il vaut mieux se concilier les bonnes grâces par des offrandes. Le règne céleste est gouverné par le seigneur du Ciel, assisté des esprits du Soleil, de la Lune, du Vent, de la Pluie et des Étoiles, tandis que le monde terrestre est régi par la divinité du Sol et du Foyer, secondée par les génies du Sol, des Fleuves et des Montagnes. Ainsi, tous les Vietnamiens entretiennent-ils chez eux un **autel** regroupant la triade domestique, composée des génies du Foyer et du Sol et de la déesse de la Terre. Certains animaux, assimilés à des divinités, sont aussi vénérés pour leurs pouvoirs surnaturels. Parmi eux, le dragon symbolise le principe masculin (yang), la vertu et la prospérité, le phénix représente le principe féminin (yin), la grâce et l'immortalité, tandis que la tortue est signe de longévité, et la licorne, de bonheur.

LE TAOÏSME

Conçue en Chine au 6e s. av. J.-C. par **Laozi** (Lao-tseu), sage mystique contemporain et adversaire de Confucius, cette philosophie a pénétré au Vietnam durant la domination chinoise au début de notre ère. Prenant le contre-pied de la doctrine confucéenne qui implique l'homme dans la vie politique et sociale, le taoïsme prône le détachement vis-à-vis du monde et la recherche d'une liberté personnelle qui permet de retrouver le **Dao** (ou le *Tao*), la

Dans un temple de Cholon à Ho Chi Minh-Ville.
Pascal Deloche / Godong / Photononstop

« voie », le « principe de l'univers ». Le *Tao* est en quelque sorte l'ordre harmonieux du monde : il se traduit par une force cosmique, à la fois mâle (le yang actif) et femelle (le yin passif), qui régit la nature, et par une loi ou morale qui, sans parler ni agir, guide les hommes. Seule l'intuition mystique, et non les sens et l'intelligence, permettra à l'individu d'atteindre son but : vivre en osmose avec son environnement et réaliser ainsi sa fusion avec le cosmos.
Une telle conception de l'existence, qui accorde beaucoup d'importance à la vie contemplative et au bonheur intérieur, n'est accessible qu'aux lettrés détachés de la course aux honneurs. Le peuple, lui, s'est emparé du panthéon taoïste et s'est contenté de vénérer les dieux, dont les statues trônent le plus souvent dans les pagodes bouddhistes ou dans des sanctuaires plus petits, les *den*. Il rend ainsi honneur à **Thien Hau Thanh Mau**, la déesse de la Mer, protectrice des marins, des pêcheurs et des voyageurs en mer, et surtout à **Ngoc Hoang** (l'Empereur de Jade), qui règne dans les cieux entouré de ses trois ministres : **Nam Tao** (l'Étoile du Sud) enregistre les naissances, **Bac Dau** (l'Étoile polaire) les décès, et **Tao Quan** (le génie du Foyer) leur fait un rapport sur les familles à chaque nouvel an.

LE CONFUCIANISME

Introduit au 3e s. par les Chinois, le confucianisme s'est imposé définitivement comme **philosophie d'État** au 15e s., évinçant ainsi le bouddhisme qui tenait ce rôle auparavant. Cela se fit à la faveur de la victoire de Le Loi, un propriétaire foncier qui libéra son pays du joug chinois grâce aux conseils avisés de son maître à penser, un lettré confucéen doué d'un sens aigu de la stratégie. Échappant à l'influence du clergé bouddhique, le Vietnam fut alors laïcisé. N'espérant plus dans un au-delà meilleur, l'homme confucéen s'attelle à des tâches humaines : il étudie, se perfectionne et assume ses obligations sociales.

LA VIE DE BOUDDHA

Siddharta Gautama vit le jour au 6e s. av. J.-C., au sein d'une famille princière des confins de l'Inde et du Népal. L'enfant fut élevé comme son rang l'imposait et connut une existence dorée qui le préservait des peines de ce monde. À 29 ans, il décida pourtant d'abandonner son palais, son épouse et son jeune fils, et entreprit, dans le plus grand dépouillement, de longues années de **quête spirituelle**. Toutes ses tentatives le menèrent à des impasses ou à des déceptions sur la question qu'il se posait quant à l'origine de la souffrance humaine et au moyen de s'en affranchir. C'est finalement seul, abandonné de la poignée de fidèles qui avaient persisté à le suivre, qu'il trouva sa voie, assis sous un banian, au terme d'une nuit de méditation, et qu'il devint ainsi Bouddha, « l'Éveillé ».

La définition de l'honnête homme

L'enseignement de **Confucius**, humaniste chinois du 6e s. av. J.-C., prônait une morale sociale et politique applicable au niveau familial comme national. L'honnête homme doit ainsi, à la base de toute action, obéir aux deux principes de **bonté** et de **justice**, et entretenir **six qualités morales** : la piété filiale (qui se traduit par le culte des ancêtres), le courage, la loyauté, la fidélité à la parole donnée, le respect des rites et le respect des règles de préséance. Enfin, pour maintenir l'harmonie et la cohésion sociales, la doctrine confucéenne définit **cinq relations naturelles** : obéissance des sujets à leur roi, du fils à son père, de la femme à son mari, du cadet à son aîné, et respect entre les amis. L'individu est d'abord un être social, qui fait abstraction de sa liberté individuelle pour remplir ses devoirs envers la communauté.

Seule l'**éducation**, accessible à tous, pouvant lui permettre d'acquérir ces valeurs morales, il est important que l'honnête homme soit un homme instruit. L'élève doit ainsi étudier et commenter les textes classiques puisés dans l'histoire chinoise, dans lesquels le comportement des héros lui indique l'attitude juste à adopter. Aujourd'hui, ce sont les parents qui inculquent aux enfants la bonne conduite, notamment à travers le culte des ancêtres et la solidarité familiale.

Le bouddhisme

Quelle est la racine de la souffrance humaine et quel est le moyen de s'en affranchir ? Telle est la grande question à laquelle le prince **Siddharta Gautama** essaya de répondre. Après avoir accédé à la connaissance suprême par l'ascèse et la méditation, il devint **Bouddha** – « l'Éveillé » ou « l'Illuminé » – et passa son existence à enseigner sa doctrine qui ouvre la voie de la délivrance menant à la félicité suprême (nirvana). Il part du constat de l'existence universelle de la **douleur**, née du **désir**. L'homme est attaché à son existence douloureuse par le désir et demeure enchaîné à des passions, par nature illusoires, qui le font renaître dans le monde terrestre. Pour que cesse la souffrance, il faut donc supprimer le désir et mettre fin à ce cycle des réincarnations *(samsara)*, soumis à la loi du karma. Cela est possible pour quiconque renonce à toute forme d'attachement et s'applique à pratiquer **huit vertus** : perfection de l'opinion et de l'intention, de la parole et de l'acte, des moyens de subsistance et de l'effort, de l'attention et de la concentration.

LE BOUDDHISME AU VIETNAM

Vers la fin du 2e s., c'est l'école du bouddhisme **Mahayana**, ou la voie du Grand Véhicule, qui se répandit d'abord largement dans le Nord du Vietnam, puis progressivement vers le Sud, en suivant les routes commerciales terrestres et maritimes depuis l'Inde et la Chine. Le bouddhisme a atteint son apogée au 11e s., sous la dynastie des Ly, qui fit appel à des bonzes comme conseillers et ministres. Cela permit aux monastères de s'enrichir en échange des services rendus. De nos jours, ces derniers vivent de l'exploitation des terres qui leur sont allouées par l'État et de la charité des fidèles.

LE PANTHÉON BOUDDHIQUE

Voir illustration *(p. 94)*.
S'écartant des règles austères de l'école du Petit Véhicule (Hinayana) qui reste fidèle à l'enseignement originel de Bouddha, les adeptes du Mahayana adoptent les trois vertus de la bienveillance, de la compassion et du don, qui leur assurent des mérites. Ils vénèrent les **trois bouddhas** du Passé (Amitabha ou A Di Da), du Présent (Sakyamuni ou Thich Ca) et du Futur (Maitreya ou Di Lac), ainsi que les bodhisattvas, ces « êtres éveillés » qui, renonçant à atteindre le nirvana, préfèrent guider leurs prochains vers le salut. Le plus populaire d'entre eux est **Quan Am**, ou Avalokiteshvara, la déesse de la Compassion, représentée sous les traits d'une femme en tunique blanche, qui trône à l'entrée des pagodes et au cœur du sanctuaire. Deux autres bodhisattvas très vénérés sont **Van Thu**, ou Manjushri, la divinité de la Sagesse et de l'Intelligence, et **Dia Tang**, ou Kshitigarbha, patron des voyageurs et sauveur des âmes damnées.

LE QUOTIDIEN DES MOINES

Les moines sont recrutés par l'Église bouddhique du Vietnam, organisme d'État qui regroupe deux mouvements : l'école du **Dhyana** (zen ou *thien*), la voie de la méditation, repose sur l'ascèse et demeure la plus répandue au Vietnam ; l'école de la **Terre pure** *(Tinh Do)*, fondée sur les prières faites à Amitabha, le bouddha du Passé, n'est pratiquée que dans le Sud. Les monastères accueillent aussi bien les moines que les nonnes, qui vivent dans leurs bâtiments respectifs. Ils sont administrés

QUELQUES MOTS-CLÉS DU BOUDDHISME

Bodhisattva – Être d'Éveil, saint personnage, masculin ou féminin, du panthéon bouddhique du Mahayana.
Hinayana ou Theravada – Appellation donnée au bouddhisme originel. On le désigne parfois sous le terme de Petit Véhicule.
Karma – Ensemble des actes, bons ou mauvais, dont la somme, accumulée lors des vies successives, détermine les conditions de la renaissance.
Mahayana – Large voie de délivrance proposée à tous les êtres, à travers l'exemple vertueux des bodhisattvas. Forme de bouddhisme apparue au début de notre ère, appelée aussi Grand Véhicule.
Nirvana – L'« extinction », la cessation de la douleur et du désir, qui permet à ceux qui l'ont atteint de vivre dans un état de complète sérénité.
Parinirvana – La « grande extinction » ou « nirvana total », la fin du cycle des renaissances marquée par la mort physique de Bouddha.
Samsara – Cycle des renaissances, ou réincarnations, qui ne s'achève que par l'obtention de la délivrance.

par un **conseil des vénérables**, composé de moines supérieurs désignés par les plus âgés. Ces derniers ont au moins quarante ans de vie monastique et jouent le rôle de maîtres spirituels. Les novices sont admis à l'âge de 10 ans. Ils peuvent être ordonnés moines ou nonnes dès 13 ans, mais ne prononcent leurs vœux que vers 20 ans. L'**ordination** n'est toutefois pas définitive et il est possible de revenir à la vie laïque après avoir demandé l'autorisation au conseil des vénérables.

La vie quotidienne obéit à un rite immuable : de 5h à 23h, les habitants du monastère prient et méditent, étudient ou enseignent les textes sacrés, font du jardinage et des travaux agricoles. Moines et nonnes se retrouvent au déjeuner et au dîner dans la salle à manger commune, mais mangent séparément et en silence. Le 1er jour (celui de la nouvelle lune) et le 15e jour (celui de la pleine lune) du mois lunaire, la communauté *(sangha)* se réunit sous la houlette du conseil des vénérables pour examiner les manquements à la discipline. Pendant les trois mois du carême bouddhique, qui a lieu à la saison des pluies (de juillet à septembre), la communauté entre en **retraite**, durant laquelle prières et études se font en commun. Deux à trois fois par an, elle part en **pèlerinage** sur les hauts lieux bouddhiques en Chine et en Inde.

Les autres religions

LE CAODAÏSME

Fondé par **Ngo Van Chieu**, un fonctionnaire vietnamien qui aurait reçu des « révélations » de l'au-delà, cette religion tente de faire un syncrétisme entre les diverses doctrines orientales et occidentales. Élève studieux, taoïste et végétarien, Chieu était un passionné des croyances humaines et des sciences occultes. En 1925, au cours d'une séance de spiritisme, un esprit se manifesta et lui révéla être l'Empereur de Jade, également surnommé **Cao Dai** (« Palais ou Être suprême »), venu enseigner la Voie ; il se présenta ultérieurement sous la forme d'un œil, symbole de la Vision du Tout.

Fondé sur le bouddhisme, le caodaïsme se désigne lui-même comme la « troisième manifestation de Dieu pour le salut de l'humanité », après l'apparition de prophètes tels que Laozi, Confucius, Bouddha, Mahomet et Jésus. Le **panthéon caodaïste** inclut aussi des personnalités choisies pour leurs valeurs morales et humanistes, telles que Jeanne d'Arc, Winston Churchill et le poète Nguyen Du. Tandis que les dogmes et les rites s'inspirent du bouddhisme (volonté de soustraire l'homme aux réincarnations) et du taoïsme (utilisation des médiums pour communiquer avec l'au-delà), le clergé adopte la hiérarchisation de l'Église catholique. Au Saint-Siège, à Tay Ninh *(voir p. 432)*, un **souverain pontife** règne ainsi sur un corps sacerdotal complexe, composé de dignitaires, de législateurs, de censeurs, de fonctionnaires et de médiums, qui défilent en grande pompe au cours des quatre cérémonies quotidiennes. Les prêtres, hommes et femmes, font vœu de chasteté, de pauvreté, et pratiquent le végétarisme.

Bien que non violents, les caodaïstes se sont engagés par patriotisme dans l'action politique avec des milices armées. Alors que les Français, puis les Américains, les utilisèrent contre les communistes, leurs terres furent confisquées et leurs églises fermées au moment de la réunification du pays en 1975. Depuis 1990, la réouverture des temples a permis aux 1,5 million de fidèles de pratiquer à nouveau leur culte.

Temple Cao Dai à Tay Ninh.
Eurasia Press / Photononstop

LE BOUDDHISME HOA HAO

La secte Hoa Hao fut fondée en 1939 par **Huynh Phu So**, un bonze de 20 ans. Guéri d'une maladie incurable lors d'un séjour au mont Sam, il eut la révélation d'un bouddhisme rénové, opérant un retour à la foi et à la conscience individuelles. Il se mit alors à prêcher pour une voie d'ascèse et de renoncement, le **Phat Giao Hoa Hao** (« paix et bonté dans la voie de Bouddha »), prônant la prière à domicile plutôt que dans les pagodes, considérées comme des intermédiaires inutiles, ainsi que l'abandon des superstitions et des rites occultes.
Crédité de guérisons miraculeuses, le moine attira de nombreux disciples, mais son nationalisme lui valut d'être interné par les Français. Durant la première guerre d'Indochine, sa milice, armée par les Japonais, prit le contrôle d'une grande partie du delta du Mékong, puis entra en lutte contre le Viet-minh, qui fit exécuter Huynh Phu So en 1947. Dans les années 1960, une partie de ses disciples, en opposition avec le président catholique Diem, rejoignit le Vietcong, ce qui n'empêcha pas les communistes d'interdire la secte en 1975. Celle-ci a survécu et compte aujourd'hui 1,5 million de fidèles.

L'HINDOUISME

Apporté par les marchands indiens au début de notre ère, l'hindouisme s'est développé pendant plus d'un millénaire le long des côtes du Centre, qui bordent l'ancien royaume du Champa. Aujourd'hui, quelques milliers de Chams, devenus minoritaires après la disparition de leur État au 15e s., honorent encore Shiva.

LE CHRISTIANISME

Si, à l'occasion des explorations maritimes du 16e s., les premiers missionnaires portugais ont fait de brefs séjours au Nord du Vietnam, ce n'est qu'à partir de 1615 que l'évangélisation du pays a vraiment commencé. Envoyés par le pape, dominicains portugais et jésuites

français fondèrent des missions auprès des deux seigneuries rivales qui se partageaient le royaume du Dai Viet: les Trinh au Nord et les Nguyen au Centre et au Sud. Très actifs, ils inventèrent le **quoc-ngu** *(voir p. 102)*, qui consiste en une romanisation de l'écriture vietnamienne. Imprimés dans cette langue, livres de doctrine et de prières furent vite maîtrisés par les catéchistes autochtones, et contribuèrent au succès de la christianisation. On comptait 800 000 catholiques en 1685.
Cette réussite inquiéta les lettrés et mandarins confucéens, car les convertis ne pouvaient plus pratiquer certains cultes, notamment celui des ancêtres, considérés comme de la superstition. Les Trinh, farouches défenseurs de l'identité nationale, expulsèrent la mission du Nord dès 1630. Au cours des deux siècles suivants, les relations entre souverains vietnamiens et missionnaires catholiques furent plus ou moins houleuses et des chrétiens furent même persécutés. Cela servit de prétexte aux Français pour conquérir le pays au 19ᵉ s. Après les accords de Genève (1954), qui mirent fin à la présence française et consacrèrent la division du Vietnam en deux États, 600 000 chrétiens du Nord durent partir vers le Sud. En 1975, quand le pays fut réunifié, les institutions chrétiennes, telles que les écoles, furent nationalisées.
Le **choix des prêtres** et des évêques reste un sujet de controverse avec les autorités communistes, mais les relations diplomatiques avec le Vatican se rétablissent peu à peu depuis 2005. Ainsi, un cardinal du Vatican a-t-il pu assister à l'ordination de 57 prêtres en la cathédrale de Hanoi. Le nombre de candidats admis à se présenter au concours d'entrée au séminaire, organisé tous les deux ans, est soumis à un quota (entre trois et douze par diocèse), puis l'ordination des séminaristes, après six ans d'études, nécessite une autorisation spéciale du comité populaire provincial.
Les **protestants** forment une minorité (0,75 %). Convertis en 1911 par des congrégations qui se baptisèrent Églises de la Bonne Nouvelle, les 600 000 croyants sont surtout des montagnards des Hauts Plateaux du centre du pays.

L'ISLAM

Sans doute introduit par des marchands arabes, indiens, javanais ou malais dès le 10ᵉ s., **l'islam** se développa vers le 15ᵉ s., à la fin du royaume du Champa. La religion du Prophète a recruté ses adeptes chez les **Chams** du Sud ainsi que chez les **Khmers** qui vivent dans le delta du Mékong. Sa faible emprise sur le reste de la population s'explique par la concurrence des Européens, qui monopolisaient à la fois le commerce maritime et la propagation de la foi chrétienne.
Actuellement, les quelque 80 000 musulmans vietnamiens pratiquent un culte assez éloigné des canons orthodoxes, d'autant que les imams parlent et lisent mal l'arabe et possèdent peu de copies du Coran. Ils font une prière hebdomadaire, le vendredi, au lieu des cinq quotidiennes, n'observent que trois jours de jeûne durant le ramadan, ne font pas le pèlerinage à La Mecque et ne mettent pas de tabou sur l'alcool. Autre spécificité propre à l'islam en terre vietnamienne, ses fidèles continuent de vénérer les lingas, symboles phalliques du dieu Shiva conservés dans les temples hindous, ainsi que, en particulier au mont Sam, les génies tutélaires du Sol et des Montagnes qui protègent la Terre ou le monde inférieur.

Arts et culture

Trois grandes civilisations artistiques se sont épanouies successivement sur le sol vietnamien. La première, la civilisation du Dong Son (7e-2e s. av. J.-C.), fut celle du bronze et s'inscrivit dans une formidable aire géographique, de la Chine méridionale à l'Indonésie ; la deuxième façonna la brique et sculpta le grès en l'honneur des dieux et des rois du Champa, entre le 7e et le 15e s. ; la troisième, sous l'égide des royaumes vietnamiens, à partir du 11e s., tailla le bois pour en faire ses palais, ses temples. Mais les guerres de l'histoire, et plus encore celles de notre monde contemporain, ont réduit de nombreux vestiges au silence. Le dommage est d'autant plus grave que peu d'études avaient été consacrées aux arts du Vietnam jusqu'au milieu du 20e s. Ils sont pourtant plus vivants que jamais, que ce soit dans la tradition artisanale des différents groupes ethniques, la création de ses artistes contemporains ou l'émergence de nouveaux courants littéraires, comme si l'indéfectible vitalité de ce peuple à reconstruire son pays ranimait sans arrêt la flamme d'une immense sensibilité artistique.

Les arts premiers du Vietnam

Durant la fin de l'âge du bronze et le début de l'âge du fer, la métallurgie atteint une technicité remarquable dans le contexte de la culture du **Dong Son** *(voir « Histoire », p. 109)*. Près de ce village du Thanh Hoa, une nécropole de 200 sépultures a livré plusieurs centaines d'objets en bronze, combinant la fonte à la cire perdue avec le martelage, le rivetage et la soudure.

LA VOIX DES TAMBOURS

Des outils (haches, couteaux), des armes (épées, javelots), quelques statuettes humaines ou animales composent ce mobilier funéraire, aux côtés de deux objets emblématiques, les **tambours** et les **situles** (du latin *situla* « seau »), qui renfermaient parfois grains, monnaies chinoises ou coquillages. De dimensions imposantes, pouvant aller jusqu'à 60 cm de haut pour un diamètre de 80 cm, ce sont des instruments de prestige, dont le décor fait l'objet de plus de conjectures que de certitudes. Réalisées en ronde bosse sur le couvercle des situles, en faible relief sur le corps des tambours, des scènes entières campent l'univers de cette protohistoire, alternant les activités de personnages à la coiffure emplumée et campés de profil (chasse, culture, guerre) et les évolutions des animaux (cervidés, échassiers, crocodiles). Sur les tambours, elles sont organisées en frises concentriques à partir d'un motif central en étoile, qui représente peut-être le soleil ou le plan de frappe du maillet. Les **bandes dessinées** du Dong Son se sont progressivement simplifiées pour n'être plus que motifs géométriques, accompagnés de statuettes de grenouilles, allusions à une civilisation de pays d'eau. L'assimilation chinoise aux environs de notre ère l'a réduite au silence, mais a révélé une des dimensions symboliques de ces tambours. Envoyé pour réduire les insurrections dans le Sud, le général Ma Yuan fit fondre ces emblèmes du pouvoir des chefs dongsoniens, à mesure qu'il s'en emparait.

LE LEGS DU DONG SON

Malgré une tentative de christianisation très poussée, les **peuples des Hauts Plateaux** établissent de nos jours un lien avec la civilisation ancienne du Vietnam. Les Austronésiens en particulier s'inscrivent par leurs langues dans une aire culturelle qui fut celle de la diffusion des tambours du Dong Son, dont on a trouvé des exemples aux Philippines et en Indonésie. De part et d'autre de la mer de Chine méridionale, une longue tradition architecturale reproduit le **modèle de maison** qui figure dans le décor des tambours. Toujours élevée sur pilotis, elle frappe par son **ample toiture**, que ce soit la maison en forme de trapèze des E Des, la maison longue des Gia Rais ou la maison commune *(rong)* des Ba Nas, au double toit effilé. L'ethnographie s'interroge encore sur l'écho des rituels du Dong Son dans ceux des peuples des Hauts Plateaux, dont la maison commune renferme les objets sacrés de la communauté : jarres, gongs et tambours. Plusieurs groupes transmettent le mythe d'un tambour-bateau qui sauva l'humanité du déluge. **Tambours** et **gongs** appellent toujours la communauté à s'assembler lors des sacrifices de buffles qui accompagnent des cérémonies funéraires complexes, au cours desquelles le défunt quitte les vivants pour entrer dans le monde des esprits. Chez les Gia Rais, les E Des et les Ba Nas, le départ définitif des morts est marqué par la construction d'une **maison funéraire** dont la statuaire célèbre la nature et la fertilité.

L'art cham

Voir illustration (p. 92).

Le royaume du Champa a cultivé l'héritage de l'Inde, dont les premières influences avaient atteint les bouches du Mékong aux environs de notre ère. À l'instar des Khmers voisins, les souverains chams rendaient culte aux dieux du panthéon indien en deux pôles sacrés : My Son *(voir p. 332)*, la « Bonne Montagne », était dédié à Shiva ; Po Nagar *(voir p. 347)*, le « rocher face à la mer », était consacré à la déesse Bhagavati. À partir du 7e s., les butins de guerre servirent à élever des tours-sanctuaires en brique, au modèle quasi immuable, et à tailler dans le grès des images d'une grande diversité dans le temps. Atavisme des civilisations artistiques développées au Vietnam ? L'art du Champa présente une solution de continuité à partir du 15e s. qui rend son analyse d'autant plus difficile qu'elle fut défavorisée par rapport aux études khmères. Quelques tours jalonnant la route Mandarine, les statues conservées au Vietnam et au musée Guimet à Paris, de vieilles photos des ensembles détruits lors de la guerre du Vietnam et des inscriptions sont les pièces du puzzle de cette civilisation disparue.

UNE ARCHITECTURE CONSERVATRICE

Les vestiges de l'architecture chame sont exclusivement religieux et fondés sur l'interprétation d'un modèle, repris à partir du 7e s. par tous les grands royaumes indianisés, de la péninsule indochinoise à l'archipel indonésien : le *sikhara*, ou tour-sanctuaire, appelé **kalan** en langue

Temple cham de Po Klong Garai.
Eurasia Press / Photononstop

chame. Demeure du dieu, son espace intérieur est conçu pour le culte, non pour l'assemblée. Exigu, il abrite l'image divine, tantôt sous la forme d'une statue, tantôt sous l'aspect d'un linga dans le cadre du culte de Shiva. Elle est posée sur un piédestal, la *yoni*, parfois muni d'un dispositif d'écoulement pour recueillir les liquides de libation utilisés lors des cérémonies. L'architecture extérieure met en scène le caractère sacré de l'édifice, généralement orienté à l'est. L'élévation s'étage en trois niveaux, reflet de la conception du monde selon la mythologie indienne, du soubassement, peu élevé dans la version chame, qui représente le monde d'ici-bas *(bhurloka)*, à la toiture pyramidale évoquant les sphères célestes *(svarloka)*. L'élancement est accentué par la présence de réductions d'édifice en amortissements d'angle, qui répètent immuablement la silhouette du *kalan*. Les sanctuaires de Hoa Lai (fin 8e-début 9e s.) *(voir p. 358)* en sont les plus anciens exemples.

Au 10e s., sur le site de My Son *(voir p. 332)*, apparaît un dispositif plus complexe, regroupant à l'intérieur d'une enceinte d'autres édifices plus ou moins dérivés du *kalan*, tels le **gopura** (tour-porche) qui matérialisait l'entrée dans l'espace sacré, le **mandapa** (pavillon à quatre portes) où se préparaient peut-être les offrandes, ainsi que des constructions de plan barlong, comme le **koshagraha** (bibliothèque), couvert d'une voûte en berceau, où étaient conservés les objets de culte, et les salles longues, protégées d'une charpente. Contrairement aux Khmers, les Chams n'ont pas cherché à organiser ces bâtiments sur de grands plans d'ensemble. Seule exception à cette règle, le complexe bouddhique de Dong Duong (fin 9e s.) a été entièrement détruit pendant la guerre du Vietnam.
Les **matériaux** utilisés dans la construction des édifices chams demeurèrent inchangés au cours des siècles. Il y eut peut-être des prototypes en bois, mais à partir du 8e s. les édifices sont bâtis en

briques, vraisemblablement liaisonnées à l'aide d'une résine. À l'inverse des Khmers, les Chams limitent l'usage du **grès** à quelques blocs jouant un rôle dans la construction (linteaux et encadrements de porte) ou dans le décor architectural (tympans, frises des soubassements, etc.). La brique est sculptée pour souligner les articulations de l'édifice : pilastres et rampants encadrant le porche d'accès (avant-corps), niches et fausses fenêtres rythmant les côtés, moulures des corniches formant la base du toit. Si la forme des édifices n'a que très peu varié au cours des siècles, ce décor architectural présente une nette évolution stylistique.

UNE STATUAIRE INÉDITE

Des œuvres isolées, des groupes de statues provenant d'ensembles disparus, ou d'autres restées *in situ* composent le tableau d'une des statuaires les plus originales de la péninsule indochinoise. Les Chams étaient passés maîtres dans l'art de travailler la brique et certains édifices conservent encore de superbes sculptures figuratives ou ornementales, taillées à même la maçonnerie (orants sous arcatures scandant les parois du *koshagraha* du groupe B de My Son, statues ornant les trois façades de la salle annexe du temple de Po Nagar). Par son **iconographie**, principalement shivaïte, hormis l'épisode bouddhiste de Dong Duong (fin 9e-début 10e s.) et quelques rares représentations du dieu Vishnu, l'art du Champa est incontestablement d'influence indienne, mais il a développé avec le temps un langage plastique propre, enrichi d'influences khmères, indonésiennes ou chinoises.
Sobriété et élégance caractérisent les premières œuvres connues provenant de la tour E1 de My Son (milieu du 7e s.). Elles se déploient sur une base d'autel, élément architectonique caractéristique de l'art cham. Rares sont les rondes-bosses de divinités, mais elles combinent savamment le hiératisme qui sied aux dieux et le sens de la vie.
À la fin du 9e s., le **style de Dong Duong** est en totale rupture, et pas seulement pour avoir adopté le bouddhisme du Grand Véhicule. Les lourds fleurons et les motifs vermiculés qui tapissent la moindre surface témoignent d'une horreur du vide, et les dieux gardiens *(dvarapala)* sont dépeints avec une attitude et une physionomie outrancières, que soulignent leurs sourcils arqués, leurs yeux exorbités et leur bouche lippue.
Après une phase de transition, on assiste au retour du **classicisme de My Son**, avec les statues de l'ensemble disparu de Tra Kieu (10e s.), dont le piédestal aux apsaras ou l'autel aux danseuses donnent toute la mesure *(voir le musée d'Art cham à Da Nang, p. 307)*. La ligne s'épure, la forme s'assouplit, en même temps que les Chams développent un bestiaire naturaliste, où l'éléphant tient une large part.
Au milieu du 12e s., le **style de Thap Mam** est illustré par un ensemble complet d'idoles, de mobilier cultuel et de décors architecturaux qui renouent avec l'exubérance de Dong Duong. Un nouveau motif, dit « en seins de femmes », cercle en frises socles et autels. Dieux, gardiens et animaux sont couverts de parures traitées avec une minutie d'orfèvre. Avec ses hommes-oiseaux *(Garuda)*, ses lions faisant le poirier, ses dragons couchés donnant la patte, ou ses lions-éléphants, le style de Thap Mam a légué l'un des plus fantastiques bestiaires de l'Asie. Au-delà, l'art cham se répète, puis

s'essouffle, et entre dans un long déclin, reflet de son absorption lors de la Marche vers le sud des Vietnamiens *(voir « Histoire », p. 112)*.

L'art des royaumes vietnamiens

Plus encore que le Champa, l'art des royaumes vietnamiens a souffert d'un manque d'intérêt pour avoir longtemps été considéré comme un art chinois « périphérique ». L'épithète se justifie jusqu'aux 10e-11e s. Le Vietnam n'est alors qu'une lointaine province de l'empire du Milieu, et si de nombreuses fondations religieuses remontent à cette époque, il n'en reste rien de visible. La moisson archéologique est maigre et n'a mis au jour que divers objets provenant de sépultures, conçues à la mode chinoise comme des demeures pour l'au-delà et dotées en conséquence de vaisselle et d'édifices miniatures en poterie. L'histoire de l'art vietnamien débute avec celle de l'indépendance du royaume. Dans tous les domaines, elle démontre l'étonnante capacité de cette culture à assimiler des modèles – chinois surtout – pour s'en émanciper ensuite.

DES CONSTRUCTIONS ÉPHÉMÈRES

Pour des raisons liées à l'histoire et à la Marche vers le sud, les vestiges les plus anciens se trouvaient dans le nord du pays, malmené par les guerres du 20e s. Les destructions perpétrées par les hommes ne sont toutefois pas les seules raisons de la rareté des ensembles édifiés par les royaumes vietnamiens (quelques édifices remontent aux 14e-15e s., mais la majorité date des 17e-19e s.). Civile ou religieuse, l'architecture vietnamienne ne fut en effet jamais conçue pour être pérenne. Par-delà l'indépendance, le Vietnam est resté dans la sphère chinoise, bien différente de la tradition indienne cultivée par le Champa.

De bois et d'argile

Les matériaux mis en œuvre sont toujours périssables. On bâtit en **bois**, non en brique, et ce sont des **colonnes**, non des murs, qui soutiennent la **charpente**. Celle-ci ne ressemble que superficiellement à sa cousine chinoise. Ampleur et courbure de son toit retroussé sont sans doute à chercher du côté des constructions dongsoniennes. D'un système primitif de ferme à poteau central, elle évolua vers une multiplication des supports, offrant autant de surfaces au ciseau du sculpteur. Le toit est couvert soit de **tuiles** plates, disposées en écailles de poisson, soit de tuiles semi-circulaires, dites « canal », à la mode chinoise. La **poterie** joue par ailleurs un rôle essentiel dans le décor architectural : plaques de revêtement, dalles de sol ou éléments de faîtage. La **pierre** est réservée aux soubassements en terrasse, aux bases de colonnes, aux balustrades, ponts et escaliers. Lorsqu'il y a maçonnerie de brique ou mur de torchis, ce sont de simples enveloppes, pas plus porteuses que ne le sont les cloisons intérieures en bois ou en bambou.

Des édifices démontables

Les cloisons ne sont pas les seuls éléments amovibles de cette architecture dépourvue de toute fondation. La charpente est un assemblage démontable et les colonnes porteuses sont posées sans tenon ni mortaise, à même les socles de pierre. Tout monument est ainsi conçu pour pouvoir être démonté et remonté ailleurs en cas de guerre, de catastrophe naturelle ou de changement de siège du pouvoir. De tels déménagements eurent lieu dans l'enceinte même de la Cité impériale de Hué. En 1833, Minh Mang fit en effet déplacer

L'ARCHITECTURE DU CHAMPA

LE PIÉDESTAL DE MY SON

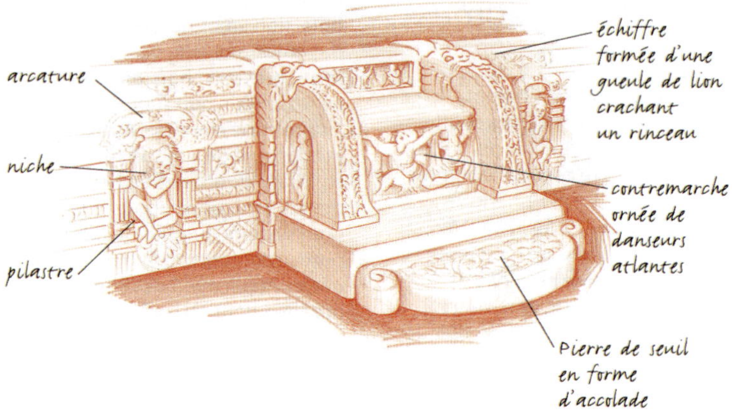

LA TOUR-SANCTUAIRE (KALAN)

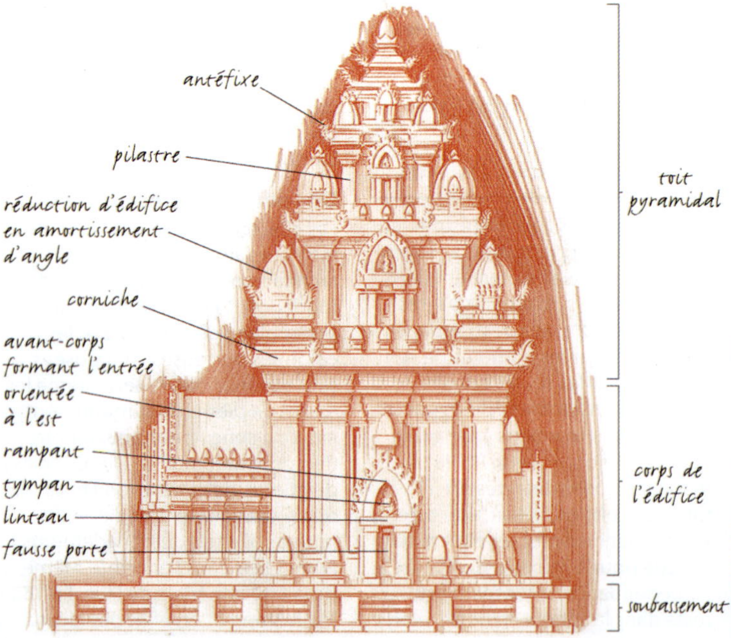

H. Choimet/Michelin

L'ARCHITECTURE RELIGIEUSE VIETNAMIENNE

ÉLÉVATION D'UNE PAGODE

LE PLAN DE LA PAGODE

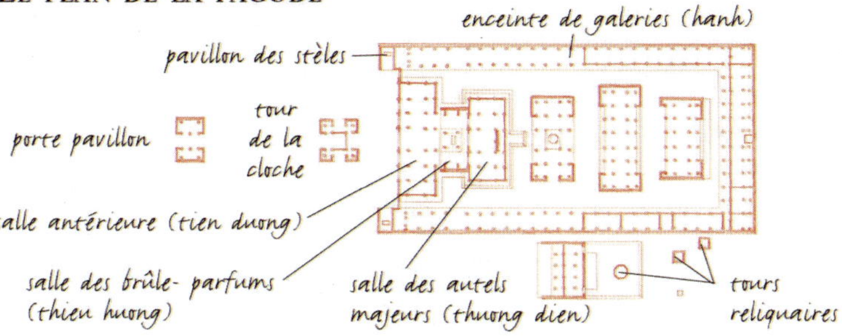

LE PORCHE DU TEMPLE

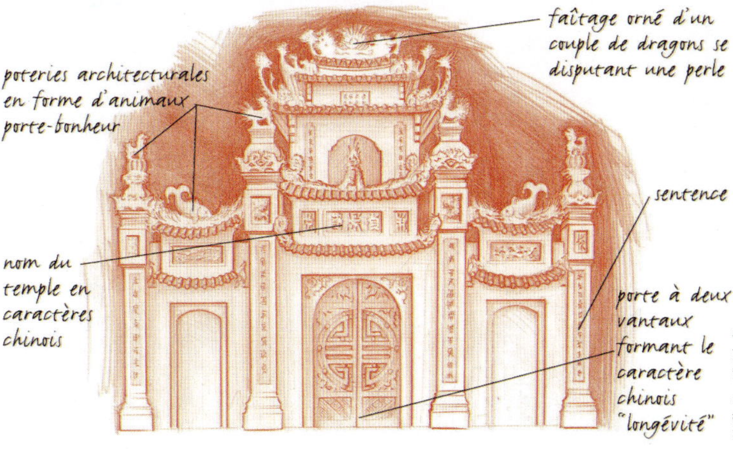

H. Choimet/Michelin

Le panthéon bouddhique vietnamien

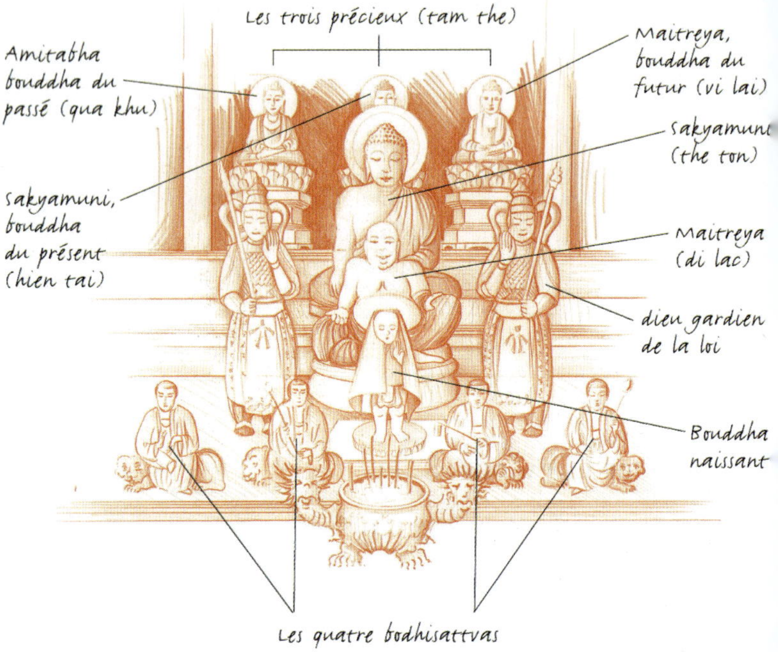

LE COUPLE DES DIEUX GARDIENS DE PORTE (HO PHAP)

QUAN AM, SOUS LA FORME DE LA FEMME BOUDDHA DONNEUSE D'ENFANTS

la salle du trône vers le sud pour construire à son emplacement la Grande Porte dorée, elle-même édifiée avec les matériaux d'un ancien palais de Gia Long.
La fantaisie des monarques ne pouvait seule motiver de tels déplacements, qui obéissaient souvent à des **raisons géomantiques**. Cette science héritée de la Chine examine la conjonction des phénomènes et la configuration des lieux pour déterminer ce qui peut être faste ou néfaste à une construction. C'est elle qui commande l'**orientation face au sud**, dos au nord, de tous les ensembles.

L'ART OFFICIEL

Des capitales fantômes

Ces généralités sur l'architecture expliquent pourquoi les vestiges des capitales anciennes tiennent en quelques vitrines de musée: il n'en subsiste que pavements estampés, ornements de toiture et tuiles. Hoa Lu *(voir p. 182)*, première capitale du royaume indépendant, fut déménagée à Hanoi; Hanoi, après huit siècles d'exercice du pouvoir, à Hué. Exception notable à cette règle du déménagement des instances du pouvoir, le **temple de la Littérature** *(voir p. 152)*, fondé au 11e s. à Hanoi pour le culte de Confucius et agrandi au cours des dynasties successives, demeura dans la cité.

Pouvoir et protocole

Ultime capitale impériale, Hué fut aménagée sur le modèle emprunté à la Chine qui avait prévalu dans les cités précédentes. Trois enceintes concentriques carrées dessinent les trois espaces emboîtés de la citadelle et ordonnent le protocole de la cour des Nguyen. La **Cité capitale** *(Kinh Thanh)*, ou citadelle *(voir p. 279)*, matérialise la séparation entre la ville et la zone où logeaient mandarins civils et militaires attachés au service de l'empereur. La monumentale porte du Sud franchit le rempart de la **Cité impériale** *(Hoang Thanh)*, secteur des cérémonies impériales, où s'élèvent la salle du trône et les temples consacrés au culte des ancêtres de la dynastie. Une troisième porte pénètre dans la très fermée Cité pourpre interdite *(Tu Cam Thanh)*, domaine privé de la famille impériale. Les dragons serpentant sur les faîtes pour attraper une perle, les fleurs en céramique, incrustées çà et là, adoucissent la sévérité de ce protocole.

Des palais pour l'éternité

Jusqu'à la dynastie des Le postérieurs au 15e s., les souverains vietnamiens se faisaient inhumer sous de **simples tertres**, signalés par une stèle. Ils empruntèrent ensuite la coutume des empereurs chinois de se faire aménager sur de vastes superficies, au sein d'enceintes concentriques copiées sur celles de leurs citadelles, des palais pour l'éternité, seule entorse au caractère mobile et éphémère de l'architecture au Vietnam. Les **sépultures** des empereurs de Hué sont le paroxysme de cet art funéraire *(voir p. 289)*. Aménagées du vivant du monarque, elles plient la règle de l'organisation du tombeau à la personnalité de son futur occupant: charme et poésie de la tombe de Tu Duc, austérité et rigueur de celle de Minh Mang, grandiloquence de celle de Khai Dinh.

L'ART RELIGIEUX

Voir illustration (p. 93).

La pagode bouddhiste

Introduit entre le 3e et le 6e s., mais prospère du 11e au 14e s. sous le patronage royal des Ly puis des Tran, le bouddhisme a légué quelques-uns de ses chefs-d'œuvre au Vietnam. Dans le domaine architectural, les grandes lignes du plan de la pagode se mettent en place au 11e s., maintenues lors des travaux de réfection et d'embellissement au cours des âges.

La pagode *(chua)* est un complexe de bâtiments dont le nombre varie selon l'importance du site et la topographie. Leur agencement souligne le sens du rythme et de l'espace, propre à cette architecture modulaire qui alterne cours et bâtiments. Il révèle un souci constant d'harmonie avec le paysage environnant, comme pour la pagode Thay, entre montagne et eau *(voir p. 176)*, les pagodes Keo *(voir p. 185)* ou But Thap *(voir p. 178)* dans le plat pays du delta, ou encore la pagode Tay Phuong coiffant un piton *(voir p. 176)*.

Le cœur de la pagode est le **sanctuaire**. Il est entouré d'une enceinte de galeries *(hanh)*, qui le clôt sur trois côtés, et précédé d'une grande cour, desservie par le portique d'accès. La galerie postérieure renferme les autels consacrés aux patriarches qui vécurent en ces lieux. Les galeries latérales servent d'abri aux pèlerins, et parfois de logement aux moines. Parmi les bâtiments annexes, on relève la présence d'une tour contenant la cloche, ou le tambour, qui sonne les heures de prière, et de **tours-reliquaires** en maçonnerie, les « pagodes » proprement dites, abritant les cendres de moines ou de donateurs civils, comme dans les pagodes de Dau *(voir p. 179)*, Pho Minh *(voir p. 185)* et But Thap *(voir p. 178)*.

Le sanctuaire est composé de trois zones successives, parfois regroupées sous une même charpente : les fidèles se tiennent dans la **salle antérieure** *(tien duong)*, que protègent des divinités gardiennes *(ho phap)* ; la lecture des prières par les moines se déroule dans la **salle des Brûle-Parfums** *(thieu huong)* ; la **salle des Autels majeurs** *(thuong dien)* accueille les divinités du panthéon, alignées sur des gradins de bois ou de maçonnerie, au pied de la Trinité des bouddhas du Présent, du Passé et du Futur.

Rarissimes sont les sculptures en pierre. Les artistes leur ont préféré le **bois sculpté**, peint, laqué, ou laissé brut, pour réaliser des œuvres d'une grande puissance d'expression, à l'image de celles des pagodes But Thap (milieu du 17e s.) *(voir p. 178)* et Tay Phuong (fin du 18e s.) *(voir p. 176)*.

Le panorama de l'art bouddhique vietnamien serait incomplet sans l'une de ses expressions les plus originales, à mi-chemin entre l'œuvre de la nature et celle des hommes. Là où la première a foré des cavernes aux formes étranges, les seconds sont venus investir le labyrinthe rocheux de **pagodes rupestres**, où filtre un jour bleuté à travers des fenêtres naturelles. Parmi les plus célèbres, les montagnes de Marbre à Da Nang *(voir p. 314)*, les grottes de Lang Son *(voir p. 266)* et celles de la montagne des Parfums *(voir p. 173)*, non loin de Hanoi, sont d'importants lieux de pèlerinage.

Des temples pleins d'esprits

Autrefois, chaque village du Nord avait sa **maison commune**, ou **dinh**, où les notables tenaient séance, sous l'égide des génies tutélaires de la communauté – fondateur, héros ou animal totem. Une grande cour-parvis accueillait la population villageoise lors des fêtes locales. De plan barlong, la construction abritait des autels disposés à chacune de ses extrémités, l'accès étant ménagé sur l'un des côtés longs de la façade. À partir du 17e s., le *dinh* supplanta la pagode en taille et en richesse ornementale. Poutres, solives, linteaux, frontons furent

L'opéra de Hanoi, exemple de l'architecture coloniale française.
Eurasia Press / Photononstop

taillés à foison des thèmes les plus divers : animaux de fables, fleurs des saisons, scènes du quotidien et contes. De nos jours, les maisons communes rescapées des guerres ont repris du service, tels le *dinh* Dong Khang de Dinh Bang *(voir p. 178)* ou le *dinh* Hang Kenh de Haiphong *(voir p. 190)*, et leurs intérieurs flamboient à nouveau du rouge et de l'or de leurs autels. D'autres sont relevées, parfois en béton simplement.

De plan très variable, le **den** est un **temple national** ou régional, élevé à la mémoire d'un roi *(voir les* den *de Hoa Lu, p. 182)*, d'un génie *(voir le* den *Quan Thanh de Hanoi, p. 153)* ou d'un personnage célèbre. Développés à partir des Trinh (1533-1789), ces cultes ont contribué à l'élaboration d'une architecture d'inspiration « nationale » qui abandonne les thèmes sinisants du décor au profit d'une verve vietnamienne. Une des particularités du *den* est de ne pas toujours renfermer une statue, mais une **tablette** inscrite du nom du dédicataire, ou les insignes de son pouvoir (couronne, bonnet mandarinal), sur le modèle de l'autel des ancêtres. Lorsqu'il contient une effigie, elle est déposée au fond du sanctuaire, cachée par un claustra de bois sculpté.

Métissage et création au 20e et 21e s.

De 1860 à 1945, le pays recueillit un nouvel ensemble de formes, véhiculées par la France coloniale. Après la Seconde Guerre mondiale, on passa presque sans transition à une esthétique réaliste socialiste, dont on s'émancipe peu à peu.

GREFFONS ET HYBRIDES DU STYLE COLONIAL

Prenant d'abord corps à travers les copies des styles en vigueur sous la IIIe République, l'influence française suscita peu à peu des associations inédites. Cet épisode fut préparé au début du 19e s. par l'intervention des ingénieurs français dans la construction des **citadelles** de Gia Long à Hué *(voir p. 279)*, à Hanoi et

à Haiphong (aujourd'hui détruites), inspirées des ouvrages militaires de Vauban.
Première terre conquise, la Cochinchine fut le premier terrain d'expérimentation d'une architecture occidentale avec le bâtiment des Messageries maritimes, édifié à Saigon en 1862 *(voir p. 410)*. La création de la colonie accéléra le processus, sous la direction d'**Auguste-Henri Vildieu**, chef du service des Bâtiments civils d'Indochine. La France transposa alors à Saigon et à Hanoi ses rouages administratifs (hôtel de ville, palais de justice, résidence du gouverneur), économiques (postes, douanes), culturels (théâtres) et religieux (cathédrales), tous logés dans des édifices au néoclassicisme éclectique.
Édifiée à la fin du 19e s., la cathédrale de Phat Diem *(voir p. 186)*, qui puise dans la construction et le décor des temples vietnamiens, annonce la naissance du style hybride des années 1920, synthèse du nouveau courant international et d'emprunts à l'architecture locale. Ce **style « indochinois »** est mis en œuvre pour des institutions à valeur culturelle, tels le musée Louis-Finot (1925) et l'Université indochinoise (1926) à Hanoi, ou le musée Blanchard-de-La Brosse (1929) à Saigon. Faute de moyens, l'administration coloniale ne réalisa jamais les projets d'urbanisme à grande échelle d'Ernest Hébrard, qui dirigeait alors le Service central d'architecture et d'urbanisme.
Décrié dans un légitime sursaut nationaliste et longtemps négligé des historiens, le legs colonial est désormais remis au goût du jour comme patrimoine à part entière de la marche artistique du Vietnam.

DU RÉALISME SOCIALISTE À LA CRÉATION CONTEMPORAINE

L'art contemporain vietnamien, émancipé du mécénat religieux et de la tutelle royale, prit ses racines dans la fondation de l'**École des beaux-arts d'Indochine**, créée à Hanoi en 1925. Formée aux grands courants de l'art occidental, une génération de peintres et de sculpteurs, tous nés au début du 20e s., acquit pour la première fois le **statut d'artiste** et découvrit la **liberté** d'une création débarrassée de toutes les entraves de la commande.
À partir de 1945, l'expression artistique fut subordonnée au quotidien, dont elle devait être un reflet fidèle selon les théories de Ho Chi Minh. L'entrée du Vietnam dans l'orbite soviétique en 1975 annihila la création individuelle au profit de la grandiloquence du réalisme socialiste et de la glorification des penseurs marxistes-léninistes.
Fermé au reste du monde, le Vietnam trouva en lui-même les ferments d'un art original, exposé dans les galeries qui ouvrirent à Ho Chi Minh-Ville, à Hanoi et à Da Nang dans le cadre du *doi moi*. La pénurie était telle que les artistes durent recourir à des expédients : sacs de riz et cartons remplaçaient parfois la toile. Un nouveau langage fut forgé en puisant dans l'**héritage**, à la suite d'une importante campagne de relevés, par photographies et moulages, menée sur les sites historiques du pays à la fin des années 1960, ainsi que dans la **tradition** des arts villageois, dont le peintre **Nguyen Tu Nghiem** fut le chef de file. L'intérêt pour l'artisanat traditionnel mit à l'honneur des matériaux inédits comme la **laque**.
À partir de la fin du 20e s., un relatif assouplissement de la censure permet une **expression contemporaine** libre, sans être accusée de décadence, de puiser dans toutes les audaces de l'art plastique, pour dévoiler des fragments de la si secrète et si subtile sensibilité vietnamienne.

Littérature

Au Vietnam, si l'art est placé sous le signe de l'éphémère, ce fut en revanche un devoir que de toujours préserver l'écrit *(voir « Papiers et estampes » p. 75)*. Écrire est l'expression par excellence de la sensibilité vietnamienne, que ce soit vis-à-vis de l'occupant chinois ou français, de l'exercice absolu du pouvoir ou, plus tard, de la censure. La littérature vietnamienne ne se résume toutefois pas au patriotisme militant. S'il lui donne du relief, il n'oblitère pas la saveur d'œuvres éprises de leurs racines et n'altère pas la subtilité d'émotions aussi personnelles qu'unanimement vietnamiennes.

LE PATRIMOINE LITTÉRAIRE

À de rares exceptions près, la littérature ancienne du Vietnam fut écrite en langue chinoise. Elle se compose d'ouvrages politiques – proclamations, archives, édits (le plus ancien connu est celui du transfert de la capitale à Thang Long au 11e s.) –, de pamphlets et de réflexions politiques ou morales sur l'exercice du pouvoir, et de poésies, notamment à partir du 14e s.

Nguyen Trai (1380-1442) est l'une des premières grandes figures de la scène littéraire. Archétype du lettré pétri de culture confucéenne (il fut reçu docteur en 1400), il en cultiva toutes les vertus humanistes en s'engageant au côté de Le Loi dans la reconquête du pays occupé par les Chinois *(voir « Histoire », p. 112)*. À côté d'une œuvre importante en chinois classique, il fut l'un des premiers à s'exprimer en *nôm* et donc en vietnamien dans son *Recueil de poèmes en langue nationale (Quoc Am Thi Tap)*. Il y transparaît une droiture, un éloge de la vie simple qui lui attirèrent jalousie et disgrâce puisqu'il périt torturé avec toute sa famille en 1442. N'avait-il pas écrit, en conclusion d'un poème : « Seul le cœur humain reste insondable » ?

Nguyen Binh Khiem (1491-1585), grand poète qui vécut les troubles de l'usurpation des Mac, fit l'éloge d'une vie retirée dans ses poèmes en chinois et en vietnamien : « Jamais les plaisirs rustiques de la solitude ne me lassent. » Même regard critique chez son disciple **Nguyen Du** (16e s.) qui, dans son *Vaste recueil de merveilleuses légendes (Truyen Ky Man Luc)*, raconte des histoires qui sont autant d'apologues sur les travers de ses contemporains.

Doan Thi Diem (1705-1748), surnommée « la femme de lettres du fleuve Rouge », ouvrit la page d'une expression féminine et traduisit en *noôm* le long poème *Plaintes d'une femme dont le mari est parti pour la guerre (Chinh Phu Ngam)* qui trouva des échos douloureux jusque dans le Vietnam contemporain. Autre femme de lettres, **Ho Xuan Huong** écrivait dans un registre très différent, maniant avec malice images et sonorités pour composer des poésies à l'érotisme à peine voilé.

Pas un Vietnamien qui n'ait connaissance du poème-fleuve *Kim Van Kieu* de **Nguyen Du** (1765-1820). Dans ce roman de 3 254 vers transparaissent des thèmes restés chers aux romanciers contemporains. L'inflexibilité du destin et la lucidité des personnages lui confèrent un tour tragique sans aucune afféterie. La belle Kieu est éprise du lettré Kim, mais doit se vendre comme courtisane pour aider son père. Kim épouse alors Van, sœur de Kieu, et les trois destinées traversent un flot d'épreuves, prétexte à véhiculer un foisonnement de pensées sur le sens de la vie, de la guerre et de l'amour.

LES VOIX CONTEMPORAINES

Les lettrés jouèrent un rôle important dans la résistance

antifrançaise, mais le gouvernement colonial leur porta un coup décisif en imposant la romanisation du vietnamien et l'abandon du chinois *(voir « Langues et écriture », p. 101)*. Rapidement adopté, le *quoc-ngu* provoqua une explosion littéraire entre 1925 et 1945, où s'illustrèrent tous les grands courants de la littérature occidentale, dominés par le réalisme qui dénonçait l'exploitation coloniale et l'archaïsme de la société traditionnelle. Les œuvres satiriques de **Nguyen Cong Hoan** (1903-1977), l'ironie mordante de **Nam Cao** (1917-1951), auteur de *Chi Pheo paria casse-cou*, font la chronique impitoyable d'une société dont elles désirent la chute. Il se trouva même une littérature vietnamienne en français avec **Pham Quynh**, qui publia des textes de réflexion sur le difficile dialogue des cultures entre l'Occident et l'Orient, et **Pham Duy Khiem**, auteur des *Légendes des terres sereines*. De nombreux écrivains épousèrent la cause révolutionnaire et prirent le maquis au côté de Ho Chi Minh.

Au milieu des années 1950, la propagande remplaça l'idéal révolutionnaire et la langue de bois devint la seule expression possible, provoquant le sursaut contestataire du **Nhan Van-Giai Pham** (« Culture humaniste-Belles œuvres »). Le mouvement fut réprimé, et l'ensemble de la création artistique muselé. Le silence fut total jusqu'à la fin des années 1980. En 1989, dans la foulée du *doi moi*, le IVe congrès de l'Union des écrivains refuse les directives du Parti, marquant le retour à une expression individuelle dont le chef de file est **Nguyen Huy Thiep**. Dans *Un général part à la retraite*, publié dès 1987, il ouvre un débat kafkaïen sur le caractère grotesque de la destinée dans un monde désormais privé de sens.

À son écriture cruelle et feutrée, la romancière **Duong Thu Huong** oppose un style sensuel et passionné qui dénonce sans ambages l'absurdité de l'univers contemporain *(Au-delà des illusions)*. Emprisonnée dans les années 1990 pour avoir réclamé la démocratie dans son pays, elle s'est réfugiée en France en 2006, où, avec une plume acerbe envers le régime vietnamien, elle continue d'écrire (*Terre des oublis*, 2005 ; *Au Zénith*, 2009 ; *Sanctuaire du cœur*, 2011). La voix retrouvée de la littérature au Vietnam a aussi rencontré un écho dans l'écriture douloureuse de l'exil, incarnée par de jeunes écrivains issus de la génération des *boat people*, tels **Nguyen Khanh Truong**, qui vit aux États-Unis (*Est-ce que tu m'aimes ?*, 1997), **Tran Vu**, réfugié en

LE LETTRÉ, UN HOMME DE CARACTÈRES

Jusqu'à la suppression des concours mandarinaux par les Français, le lettré était un pivot de la société vietnamienne. On désignait ainsi non pas simplement l'homme de lettres, mais celui qui s'était formé à la pensée confucéenne à travers la langue et l'écriture chinoises. Ce cursus permettait de gravir les échelons de la bureaucratie mandarinale en se présentant à des examens de recrutement des fonctionnaires qui, avant de reposer sur des connaissances administratives ou juridiques, contrôlaient la maîtrise des grands principes de la doctrine confucéenne. Nombreux étaient les candidats, peu étaient les lauréats, en particulier au niveau de l'échelon ultime : le grand concours impérial qui avait lieu au Collège national de la capitale. De retour dans leur village natal, les lettrés recalés faisaient office d'instituteurs, formant à leur tour de futures générations de candidats rompus à l'exercice du chinois.

France depuis 1980 (*Sous une pluie d'épines*, 1998), ou la Québécoise **Kim Thuy** (*Ru*, 2010).
Enfin, de nouvelles plumes, grandies après la guerre et souvent originaires du sud du Vietnam, délaissent les combats politiques et idéologiques de leurs aînées pour explorer les questionnements et les doutes de l'individu. Ces auteurs défrichent de nouveaux styles, comme les poètes du mouvement *Mo mieng* (**Ly Doi**, **Bui Chat**), ou écrivent leur propre expérience à la première personne du singulier. **Nguyen Viet Ha** s'est fait connaître avec *Une opportunité pour Dieu* (1999), qui aborde les désillusions de la jeunesse citadine de Hanoi, et a publié depuis une dizaine de romans et recueils de nouvelles qui sont autant d'instantanés d'un Vietnam en profonde mutation. Nombre de ces écrivains sont rassemblés dans le recueil de nouvelles *Au rez-de-chaussée du paradis* (éd. Ph. Picquier, 2007). Parmi les étoiles montantes de la littérature vietnamienne, **Thuân** (*L'Ascenseur de Saigon*, 2013) et **Do Kh.** sont désormais traduits en français.

Langues et écriture

Langue nationale du pays, le vietnamien est le pur produit d'une histoire placée sous le signe du métissage, de l'assimilation de contacts et d'apports successifs. Les linguistes s'entendent à le rattacher au groupe austroasiatique, mais à cette base se sont mêlés de nombreux emprunts, notamment au thaï et plus encore au chinois. Il partage avec ces voisins la particularité d'être une langue tonale, dont la plus petite unité vocalique est une syllabe associée à un ton, et isolante, chaque concept pouvant se limiter à cette seule unité (comme un mot peut se limiter à un caractère en chinois). Mais ce sont là les seuls points communs de ces langues de familles différentes et de syntaxes distinctes.
L'autre caractéristique du vietnamien est de ne s'être doté que tardivement d'une écriture propre et romanisée, fait notable dans la péninsule sud-est asiatique où, exception faite de la Malaisie, cohabitent des systèmes dérivés d'alphabets d'origine indienne. D'ailleurs, sa **polyphonie linguistique** *(voir le lexique sur le rabat de couverture)* n'est guère illustrée par une diversité des écritures. Si les langues du Vietnam se parlent, elles ne s'écrivent pas toujours. Khmers, Chams et Thaïs utilisent parfois encore leur alphabet dérivé de modèles indiens, mais Tays, Nungs et Daos recourent aux idéogrammes chinois, en particulier dans leurs rituels, domaine que les Muongs et les Pa Thens expriment en pictogrammes archaïques.

PARLER EN VIETNAMIEN, ÉCRIRE EN CHINOIS

Jusqu'au début du 20e s., la littérature, l'administration ou la justice n'employaient que le chinois écrit, prononcé à la vietnamienne. Au même titre que la Corée et le Japon, le Vietnam fut pendant des siècles dans l'orbite du monde sinisé et, comme ces deux pays, puisa dans le répertoire des milliers de caractères chinois pour écrire. Peut-être y eut-il un système d'écriture embryonnaire aux temps proto-historiques, toujours est-il que les caractères chinois furent introduits avant même la première colonisation par l'Empire. Par-delà l'émancipation au 10e s., le chinois demeura la langue de la diplomatie et de l'administration, mais aussi de la littérature et de la religion. Ainsi véhiculait-il la culture classique, tandis que se développait une langue vietnamienne de tradition orale. Cela n'est pas le moindre aspect de la richesse culturelle vietnamienne, car ces deux langues diffèrent profondément par leur prononciation et la pensée qui les articule. Le legs de cette culture sino-vietnamienne est considérable, puisqu'on s'accorde à compter 50 % de mots d'origine chinoise cohabitant dans le vocabulaire d'aujourd'hui avec des mots vietnamiens de même sens mais de prononciation différente.

LE « NÔM », UNE ÉCRITURE DÉMOTIQUE PEU USITÉE

Il y eut une brève exception à l'usage du chinois dans l'administration impériale, celle du règne des Tay Son qui, à la fin du 18e s., imposèrent l'emploi du vietnamien, écrit avec un système particulier adapté des caractères, appelé le **chu nôm**. Progressivement édifié à partir du 10e s., c'est une savante composition de caractères porteurs de sens (idéogrammes et pictogrammes), et d'autres porteurs de leur prononciation dans la langue vietnamienne (*quoc am*, « les sons du pays »). Il requérait donc une parfaite maîtrise du chinois classique et de la langue vietnamienne. Écriture démotique, c'est-à-dire de la langue populaire, le *nôm*, malgré la difficulté de son exercice, fut toujours considéré comme une expression vulgaire par les milieux lettrés. Peu d'entre eux se sont prêtés à son usage, à l'exception notable du grand lettré patriote Nguyen Trai *(voir « Littérature », p. 99)*.

LE QUOC-NGU, UNE ÉCRITURE SUR MESURE

Au début du 20e s., le courant nationaliste et patriotique, représenté par l'École hanoienne de la juste cause animée par Luong Van Can (1847-1927), rejeta l'écriture chinoise pour s'appuyer sur le **quoc-ngu**, une romanisation du vietnamien mise au point par les missionnaires au 17e s. Son acte de naissance est lié à la publication d'un dictionnaire trilingue, vietnamien-latin-portugais, par le **père Alexandre de Rhodes** en 1651. L'alphabet décompose le vietnamien en un jeu de 12 voyelles et 17 consonnes, sur les bases de la phonétique portugaise, auxquelles s'ajoutent diphtongues, consonnes doubles, dont la prononciation varie en fonction de la voyelle qui la suit. La décomposition en syllabes ne pouvant satisfaire la richesse vocalique de la langue, le *quoc-ngu* se double d'**accents** pour traduire les registres haut (accent aigu) et bas (accent grave) de ses six tons, indiqués par un jeu de **signes diacritiques** placés tantôt sur, tantôt sous les voyelles pour indiquer celles qui sont longues ou brèves, ouvertes ou fermées.
Forgé pour le prosélytisme, le *quoc-ngu* resta pendant trois siècles une exclusivité des milieux catholiques. Avant même qu'il ne devienne un instrument du nationalisme, il fut d'ailleurs remis au goût du jour par deux Vietnamiens de cette confession, Paulus Cua et Truong Vinh Ky, dans la seconde moitié du 19e s. Il servit à la traduction d'œuvres littéraires et philosophiques occidentales, avant que son usage ne soit déclaré obligatoire par le gouvernement général d'Indochine en 1910. Le *quoc-ngu* facilite l'assimilation de termes étrangers sur des bases purement phonétiques. De la même manière qu'on forgeait *ca phê* (« café »), *banh mi* (« pain de mie ») ou *xi mang* (« ciment ») à l'époque de l'occupation française, on enfile aujourd'hui des *quan jeans* (« jeans »).

Nature et paysages

Situé au carrefour de l'Asie du Sud et de l'Est, sur les routes commerçantes reliant l'Europe à l'Extrême-Orient, le Vietnam se déroule tel un immense serpent le long de la mer de Chine méridionale. Il s'étire ainsi sur 1 650 km à vol d'oiseau du nord au sud, sa largeur variant entre 540 km dans le delta du fleuve Rouge et 50 km à hauteur de Da Nang. Avec une superficie de 331 211 km², équivalente à celle de la Malaisie, le Vietnam fait figure de poids moyen par rapport aux grandes nations de la région, la Thaïlande, la Birmanie, l'Indonésie, et surtout la Chine, son imposante voisine, avec laquelle il partage 1 281 km de frontière. Seuls ses deux voisins occidentaux, le Laos (2 130 km de frontière) et le Cambodge (1 228 km de frontière), ont une superficie plus réduite. Meurtri par l'histoire récente et soumis à une forte pression démographique, le pays doit faire face à un nouveau défi : une gestion harmonieuse de son espace et de ses richesses naturelles.

Une unité géographique récente

La formation du territoire vietnamien est le produit d'un long processus historique, commencé lorsque les Viets du delta du fleuve Rouge s'affranchirent de la tutelle chinoise *(voir « Histoire », p. 109)*. À partir du 11e s., ils entamèrent une lente **Marche vers le sud** *(Nam Tien)*, au détriment des Chams, dont le royaume s'étendait au centre du pays, puis des Khmers, qui contrôlaient le delta du Mékong. Les limites actuelles du pays datent pratiquement du 18e s., même si certains territoires restent contestés. C'est le cas de la frontière cambodgienne, où les escarmouches avec le régime de Pol Pot, à la fin des années 1970, avaient notamment pour motifs des contentieux frontaliers. Si la question de la possession de l'île de Phu Quoc et de ses eaux territoriales a été réglée avec le traité signé entre les deux pays en 2005, celle du statut des îles Paracels et Spratleys suscite toujours des tensions récurrentes avec la Chine *(voir encadré p. 106)*.

Une géologie originale

Du point de vue géologique, les **formations karstiques** que l'on rencontre d'un bout à l'autre du pays constituent l'une des particularités du Vietnam. Il s'agit de massifs calcaires érodés dans lesquels l'écoulement des eaux a créé au fil du temps un réseau de conduits et de grottes parcouru de rivières souterraines. La plus célèbre de ces formations est sans conteste celle de la baie de Ha Long *(voir p. 203)*, un ancien plateau envahi par les eaux de la mer de Chine méridionale, où émergent de petits îlots aux formes irréelles.

Un peu plus au nord, la baie de Bai Tu Long présente les mêmes caractéristiques, tandis que la « baie de Ha Long terrestre », à Tam Coc *(voir p. 187)*, est restée émergée. On trouve d'autres exemples de formations karstiques dans le delta du Mékong, près de Ha Tien *(voir p. 479)*, Chau Doc *(voir p. 474)* et Tay Ninh *(voir p. 435)*, ainsi qu'à Da Nang, où s'élèvent les fameuses montagnes de Marbre *(voir p. 314)*. Néanmoins, la plupart des reliefs que vous apercevrez en longeant la côte, notamment le col des Nuages *(voir p. 304)*, sont de type **granitique**. Dans les Hauts Plateaux (à proximité de Buon Ma Thuot et de Plei Ku, *voir p. 386*) et au nord de Ho Chi Minh-Ville (près de Dinh Quan), de petits **volcans** éteints ponctuent le paysage pour le plus grand bonheur des paysans qui tirent profit de leur terre particulièrement fertile. Dans son ensemble, le pays reste cependant à l'abri des éruptions volcaniques, même s'il subit parfois des secousses.

Par monts et par eaux

Le pays se compose de trois zones géographiques distinctes, le **Bac Bo** (Nord), le **Trung Bo** (Centre) et le **Nam Bo** (Sud), qui correspondent à peu près au découpage administratif mis en place par les Français à l'époque coloniale (Tonkin, Annam et Cochinchine) et dévoilent une étonnante variété de paysages.

SUR LES RIVES DE LA MER DE CHINE MÉRIDIONALE

Longue de 3 260 km, la façade maritime du Vietnam, qui possède également un débouché sur le **golfe de Thaïlande**, s'étire essentiellement le long de la **mer de Chine méridionale**. En dépit de ce littoral étendu, le pays compte peu d'îles importantes, hormis Phu Quoc *(voir p. 488)*, l'archipel de Con Dao, Hon Tre près de Nha Trang et Cat Ba *(voir p. 194)*, Van Don et Ban Sen, dans les environs de la baie de Ha Long.

LES DELTAS

Deux grands bassins fertiles concentrent l'essentiel de la population et de la richesse du pays. Au nord, le **delta du fleuve Rouge** (15 000 km^2), qui a vu naître la civilisation vietnamienne, gagne chaque année sur la mer de Chine méridionale en raison des alluvions déversées par les eaux. Le phénomène se répète à l'identique au sud, dans le **delta du Mékong** (40 000 km^2), qui croît de près de 80 m par an en

La majestueuse baie de Ha Long.
Mauritius / Photononstop

certains endroits. Ces alluvions ont également élevé le niveau des deux fleuves, qui coulent au-dessus des plaines avoisinantes. Le fleuve Rouge a ainsi dû être canalisé par des milliers de kilomètres de digues, qui furent la cible des bombardements américains pendant la guerre. Durant la saison des moussons, les pluies diluviennes font régulièrement sortir les cours d'eau de leur lit, provoquant de terribles catastrophes ; de dramatiques **inondations** endeuillent chaque année le delta du Mékong. La montée des eaux que fait craindre le réchauffement climatique menace ces zones tropicales très peuplées et de faible altitude.

MONTAGNES ET RIVIÈRES

Le Vietnam est recouvert aux deux tiers de **montagnes** et de collines, même si son point culminant, le **Phan Si Pan** *(voir p. 235)*, près de Sapa, ne s'élève qu'à 3 143 m. Il fait partie des **monts Hoang Lien Son**, qui courent presque tout le long de la frontière chinoise. L'autre grande zone montagneuse est la **cordillère Truong Son** (l'ancienne cordillère Annamitique), qui s'étire sur 1 200 km du Laos, au nord, jusqu'au centre du Vietnam, dans les Hauts Plateaux. Il s'agit d'une chaîne de moyenne altitude, issue des contreforts du Tibet et culminant au **mont Ngoc Linh** (2 598 m). Le territoire se trouve ainsi

LE MÉKONG, « MÈRE DES EAUX »

Long de 4 200 km, le fleuve Mékong fut exploré pour la première fois par le Français **Francis Garnier** (1866-1868), qui cherchait en vain une voie de pénétration en Chine. En 1995, une expédition anglo-française déclara avoir découvert sa source au col de Rup-Sa, sur le plateau du Tibet. Trait d'union entre la Chine, la Birmanie, le Laos, la Thaïlande, le Cambodge et le Vietnam, il a longtemps cristallisé les tensions au lieu d'être un axe de développement. Facteur essentiel de l'équilibre écologique et économique régional, au cœur d'un vaste bassin hydrographique, le fleuve ne peut être remonté que jusqu'aux chutes de Khone. Pour irriguer les terres, prévenir les crues et produire de l'électricité, la commission Mékong, qui réunit les quatre États indochinois, a lancé plusieurs projets de barrages sur le cours inférieur, dont celui de Xayaburi (Laos) en 2012 ; 6 autres sont à l'étude sur le territoire cambodgien. Mais leur impact sur l'environnement, leur rôle dans les perturbations climatiques et les menaces pesant sur la sécurité alimentaire des pays en aval suscitent de vives inquiétudes.

cloisonné vis-à-vis de ses voisins, et compartimenté en de multiples petites vallées parcourues de **rivières**. Au Nord, le **Song Da** et le **Song Bach Dang**, qui alimentent le fleuve Rouge, ouvrent des voies de passage vers la Chine, tandis que plus au sud, le **Song Ma** prend sa source au Laos. Le Centre compte plusieurs percées : celle du **Song Ca**, qui débouche à Vinh, celle du **Song Xe Pon**, qui pénètre au Laos à proximité du col de Lao Bao, et celle du **Da Rang**, qui descend des environs de Plei Ku vers Tuy Hoa. Au Sud, enfin, le **Dong Nai** prend sa source près de Dalat avant de se fondre dans la rivière **Saigon**.

Un ciel généreux et capricieux

Si la nature a doté le Vietnam de terres alluvionnaires particulièrement riches et d'un réseau hydrographique dense, elle lui fait payer le prix de sa générosité en le soumettant régulièrement à des tempêtes et à des inondations catastrophiques.
Le Vietnam s'inscrit dans une région au **climat tropical** et **subtropical**, exposée aux moussons de l'Est asiatique, avec des précipitations et un ensoleillement importants. Situé entre 8° et 23° de latitude nord, le pays bénéficie cependant d'une grande variété de climats, accentuée par son relief. Rien de commun entre les journées glaciales que connaissent en hiver les villages des montagnes du Nord et la chaleur dont bénéficie le delta du Mékong tout au long de l'année. Hanoi jouit d'une température annuelle moyenne de 23 °C avec des écarts pouvant atteindre 12 °C, au contraire de Ho Chi Minh-Ville, où le thermomètre ne s'éloigne jamais des 26 °C.
Deux saisons distinctes se succèdent au **nord** de Da Nang. De novembre à avril, la mousson du nord-est apporte un hiver doux (16 °C en moyenne), voire frais en altitude, avec un crachin quotidien. Des éclaircies rompent la monotonie de la grisaille en février et mars. Après une période transitoire survient l'été, de juillet à novembre, marqué par des pluies diluviennes. La moyenne des températures s'élève alors à plus de 30 °C de juin à août. À la fin de l'été, de violents typhons secouent parfois la région.
Le **Centre** du pays connaît un

LES ARCHIPELS DE LA DISCORDE

Les **Paracels** et les **Spratleys** comptent parmi les rares territoires dont la souveraineté n'a pas encore été attribuée et reconnue internationalement. Situés en mer de Chine méridionale, à 400 km de Da Nang et à 300 km de l'île chinoise de Hainan, les 130 îlots des Paracels sont revendiqués par la Chine et le Vietnam avec force arguments juridiques et archéologiques. Les deux flottes s'y sont déjà affrontées en 1974 et depuis, seule Pékin y maintient une présence militaire. La situation des 33 îles de l'archipel inhabité des Spratleys (180 000 km^2) apparaît encore plus inextricable : elles s'égrènent à 450 km du Vietnam, 500 km de Brunei, des Philippines et de la Malaisie, 1 100 km de la Chine et 1 700 km de Taiwan, et tous en revendiquent la souveraineté ! Dans l'attente d'un règlement définitif, chaque pays s'efforce d'y créer un État de fait en maintenant une présence. L'intérêt de ces îles réside dans leur situation sur les routes commerçantes, leurs ressources halieutiques et surtout dans les réserves en hydrocarbure de la zone maritime. Des regains de tension, comme en 2012, ramènent régulièrement le sujet sur le devant de la scène.

Rizières en terrasses dans la région du Haut Tonkin.
Stu Smucker / Photononstop

climat intermédiaire, avec des précipitations fréquentes tout au long de l'année, notamment à Hué, où l'on enregistre des records nationaux, même durant la courte saison sèche, de février à avril.
Au **Sud**, les saisons sont marquées par les variations de précipitations plus que par celles des températures. D'avril-mai à octobre, la mousson du sud-ouest apporte des vents chargés de pluies, avec des maximales de précipitations mensuelles supérieures à 400 mm de juillet à septembre. La période la plus sèche court de décembre à avril. Les températures oscillent entre 27 °C et 31 °C, avec des maximales de 35 °C de mars à mai. Des typhons balayent parfois le littoral de la mer de Chine méridionale au mois de novembre. En comparaison, les **Hauts Plateaux** bénéficient d'un climat doux avec des températures excédant rarement 26 °C, voire frais durant l'hiver (d'octobre à mars) où elles passent parfois sous les 4 °C.

Une nature riche mais meurtrie

En dépit des ravages de la guerre et d'une déforestation galopante, le Vietnam conserve de remarquables forêts primaires, refuges d'une faune exceptionnelle.

UNE FORÊT PRIMAIRE RÉDUITE

Le Vietnam était à l'origine presque entièrement couvert de forêts, des montagnes tempérées du Nord aux plaines subtropicales du Sud. Aussi vieille que l'occupation humaine, la **déforestation** est passée à la vitesse supérieure à l'époque coloniale et s'est poursuivie après 1945, pour connaître une accélération après 1975. La forte **pression démographique** conduit en effet le gouvernement central à favoriser les migrations des régions très peuplées vers les zones à faible densité des Hauts Plateaux, où les plantations de thé, de café et de cacao grignotent chaque année les forêts. La culture sur brûlis et l'abattage du bois utilisé comme combustible concourent à aggraver le phénomène. Par ailleurs, dans les deltas, la multiplication des fermes de crevettes menace les mangroves. Plusieurs initiatives locales de reboisement ont cependant vu le jour ces quinze dernières années et, depuis 2000, ce sont ainsi quelque 3 millions d'hectares qui ont retrouvé leur manteau forestier ou leur couvert de mangrove. L'avenir dira si ce mouvement, dont les bénéfices ne sont plus à démontrer (stabilisation des sols, prévention des inondations, entre autres) arrive à prendre de vitesse celui de la déforestation.

UNE FAUNE MENACÉE

Le Vietnam est un sanctuaire remarquable, riche d'un nombre considérable de familles d'oiseaux (770), de mammifères (280), de reptiles (130), d'amphibiens (80) et de poissons (2 500) ! Phénomène très rare dans le monde, les scientifiques ont encore découvert en 1994, dans la région frontalière du Laos, des mammifères inconnus : le **saola** (ou buffle de Vu Quang), le **muntjac géant** (un cervidé d'Asie du Sud-Est), ainsi que des variétés d'oiseaux. Réagissant à ces découvertes, le gouvernement a décidé d'élargir la zone protégée. Dans l'ensemble cependant, le constat se révèle plutôt inquiétant, car de nombreuses espèces sont menacées d'extinction par le braconnage qui alimente la pharmacopée traditionnelle, et surtout par le recul de l'habitat naturel. Entre 1992 et 2012, pas moins d'une dizaine d'espèces de mammifères ont disparu du territoire. Après le tapir et le kouprey, c'est le dernier rhinocéros de Java présent au Vietnam qui s'est éteint en 2010.

Le Vietnam a signé en 1994 une convention internationale bannissant le commerce des espèces en danger, parmi lesquelles figurent l'éléphant d'Asie, le tigre, le saola, le léopard, l'ours noir, l'ours à miel, le cerf, le *serow*, le macaque rhésus, l'entelle douc, le gibbon concolore, le buffle banteng, le **cobra royal**, le python réticulé, ainsi que des tortues et des crocodiles. Une bonne volonté malheureusement insuffisante pour protéger l'extraordinaire biodiversité du pays.

Les oiseaux ont moins souffert que les mammifères de la guerre et de la déforestation, à l'exception de la **grue du Mékong**, qui fut réintroduite après avoir disparu, ainsi que de diverses espèces de paons et de faisans. En outre, 87 **réserves naturelles**, couvrant 3,3 % du territoire, ont été créées, en particulier le long de la frontière du Laos.

L'ÉCOCIDE DE LA GUERRE

Popularisé durant la **guerre du Vietnam**, le terme « écocide » rend compte de l'impact des bombardements américains sur l'environnement. Outre les bombes incendiaires au napalm, divers défoliants furent largués, parmi lesquels l'**agent Orange** fut promu à une sinistre célébrité. De 40 à 100 millions de litres de ce puissant poison contenant de la dioxine, qui reste actif 8 à 10 ans, furent épandus de 1962 à 1970. Près du quart des forêts et la moitié des mangroves furent détruites, provoquant des dommages irréparables sur la faune. Dans le Sud, le déluge de feu a durablement appauvri les sols, dont la productivité reste faible. D'énormes efforts ont été accomplis pour replanter les forêts, mais il faudra attendre encore des années sans doute pour éradiquer les traces visibles de la guerre.

Histoire

À la croisée des mondes chinois, malais et indien, l'identité vietnamienne s'est forgée au cours d'une difficile entreprise : s'émanciper de la Chine tout en cultivant son héritage. La grande particularité de l'histoire du Vietnam est sa dynamique dans l'espace. Commencée au nord, dans le delta du fleuve Rouge, berceau des Viets, elle aboutit en 1802, sous les Nguyen de Hué, à une morphologie qui sera celle du Vietnam réunifié de 1975. Pareils aux vers à soie grignotant sans relâche les feuilles de mûrier – pour reprendre l'expression d'un mandarin du 19e s. – les Vietnamiens se sont peu à peu approprié leur espace, glissant le long de l'échine montagneuse de la cordillère Annamitique, engloutissant au 15e s. les terres rizicoles du Centre, puis le delta du Mékong au 17e s., dans leur longue Marche vers le sud.

Un monde aux marches de la Chine

UNE HISTOIRE TISSÉE DE LÉGENDES

Chaque année, le 10e jour du 3e mois lunaire, les Vietnamiens vont en pèlerinage au mont Hung, à Co Tich (à 80 km au nord de Hanoi) pour y renouer les fils de leur longue histoire. Car ce mont, voici 4 000 ans, fut le siège de la capitale de leurs tout premiers souverains, les **dix-huit rois Hung**, descendants de l'union d'un dragon et d'une immortelle *(voir « Les peuples du Vietnam », p. 57)*. Le pays s'appelait alors **Van Lang**. Sur le plan historique et archéologique, ce mythe correspond à un âge du bronze qui débute à la fin du 2e millénaire av. J.-C. Il se prolonge, au-delà du 7e s., dans la **civilisation de Dong Son** (province de Thanh Hoa), qui voit, en même temps que le développement de la technologie du fer, l'apparition du tambour de bronze, un objet répandu jusque dans la première moitié du 20e s., de la Chine du Sud à l'Indonésie orientale. Les scènes ciselées sur les instruments déroulent le quotidien de ces riziculteurs, marins à leurs heures, qui vivent dans des maisons sur pilotis.

En 257 av. J.-C., un royaume rival, **Au Lac**, s'empare du Van Lang. Selon la légende encore, sa capitale, Co Loa, fut bâtie sur les conseils d'un génie, la Tortue d'Or, qui remit au souverain l'une de ses griffes pour qu'elle soit montée en gâchette d'arbalète. Or il est vrai que, cinquante ans plus tard, le Nam Viet, royaume de la Chine méridionale, ne put envahir Au Lac qu'au prix de nombreux soldats morts sous le tir infaillible de ses archers, et que l'archéologie, en fouillant le site de Co Loa, a mis au jour des milliers de pointes de flèche.

Au tournant de notre ère, la Chine, formidable puissance émergée à la fin du 3e s. av. J.-C., ne fait qu'une bouchée de ces petits États. En 111 av. J.-C., la région est annexée jusqu'au col des Nuages et sera pendant mille ans, sous différents noms, **préfecture de l'empire du Milieu (Chine)**.

TERRE LOINTAINE DE L'EMPIRE DE CHINE

La présence chinoise reste discrète jusqu'au 1er s. de notre ère, mais les choses se gâtent lorsque l'Empire applique l'inflexible politique qui succède à ses conquêtes. Des Chinois sont déportés par milliers pour cultiver ces nouvelles terres. Les descendants des rois Hung ne l'entendent pas de cette oreille. Une vague de rébellion secoue le sud de l'Empire, de Canton au Vietnam, bientôt menée par deux sœurs, **Trung Trac** et **Trung Nhi**. La Chine dépêche son « général dompteur des flots », Ma Yuan, qui écrase la rébellion en 43. Dès lors, dans la lointaine préfecture du Sud, la **sinisation** va son cours. L'Empire impose non seulement son ordre politique, mais aussi ses rites, sa hiérarchie sociale, sa langue et son écriture.

OÙ LA CHINE CÔTOIE L'INDE

Tandis que le nord du pays entre dans l'orbite de la Chine pour un millénaire, une autre page d'histoire s'écrit au sud du col des Nuages. À la fin du 4e s., des **principautés khmère et chame** émergent du delta du Mékong à la porte d'Annam. Leur chronique est rythmée par les dates des ambassades qu'elles envoient à la cour de Chine et les inscriptions qui font l'apologie de leurs rois, de leurs campagnes militaires et de leurs fondations religieuses. Elles sont rédigées en **sanscrit**, l'une des langues de l'Inde ancienne, et la religion royale s'organise autour du **culte du dieu Shiva**, protecteur du royaume. À l'exception de la période qui s'étend du milieu du 7e s. au milieu du 8e s. et les voit glisser plus au sud, autour du temple de Po Nagar *(voir p. 347)*, les Chams demeurent jusqu'au 10e s. centrés sur le pays d'Amaravati et de My Son *(voir p. 332)*, le plus sacré de leurs sanctuaires.

Le face-à-face des grands royaumes

UN ÉTAT EST NÉ

Au milieu du 10e s., le nord du pays, alors nommé préfecture d'Annam, parvient à secouer la tutelle de la Chine, affaiblie par le morcellement de son empire. Celle-ci reste suzeraine, mais cesse d'administrer directement le royaume, baptisé **Dai Viet**. Du coup, ce vide met face à face cette contrée, dont elle a façonné la culture, et le **Champa**, l'État indianisé des Chams. Les deux mondes engagent une lutte qui va durer 900 ans et placer les Chams en tenaille entre leur front nord, où se stabilise le Dai Viet, et leur flanc ouest, où monte la puissance khmère de l'empire d'Angkor.
Les premiers pas du Dai Viet sont difficiles *(voir encadré, p. 182)*. Trois dynasties, les **Ngo**, les **Dinh** et les **Le antérieurs**, se succèdent en moins de cent ans du fait des rivalités entre seigneurs, mais l'indépendance est acquise et la **dynastie des Ly** la valide en la personne de **Ly Thai To** (1009-1028). La capitale est fixée à Thang Long, la future Hanoi. L'État est organisé sur le modèle légué par mille ans d'occupation chinoise. Si le pouvoir absolu est aux mains du souverain, dans les domaines civil et militaire ce sont les fonctionnaires recrutés sur concours qui l'assurent. La société demeure à 80 % rurale. Les 20 % restants regroupent les corporations de commerçants et d'artisans, l'élite intellectuelle des mandarins et des lettrés, la famille royale et ses dignitaires. Jusqu'à la colonisation française,

Tombeau impérial de Khai Dinh, Hué.
Tibor Bognar / Photononstop

l'organisation traditionnelle du Vietnam repose sur la superposition de deux structures : l'**État bureaucratique**, construit sur le modèle confucéen autour de la fonction impériale, et le **réseau des communautés villageoises**, fortement attachées à leurs génies fonciers, leurs lignées d'ancêtres et leurs héros tutélaires. C'est en ces dernières que le Vietnam puisa toujours sa volonté d'indépendance lorsque les dynasties chancelaient.

L'ÂGE DES GUERRES

Consolidé par les Ly, le Dai Viet menace et pille le Champa, qui cède ses provinces septentrionales en 1069, en dépit du soutien de la Chine. Au 12e s., alors que la maison royale des Ly s'épuise en intrigues, c'est l'**empire khmer d'Angkor**, la nouvelle puissance de l'Asie du Sud-Est, qui harcèle les Chams. Une guerre de cent ans (1145-1220) s'engage entre les deux royaumes. Le Vietnam fut le seul pays d'Asie capable de contrer la **poussée des Mongols** de Chine au 13e s., mais celle-ci a bouleversé les équilibres politiques. Elle marque le crépuscule des royaumes indianisés (mon, cham et khmer) et l'aube de nouveaux pouvoirs (Laos, Siam et Vietnam). La victoire vietnamienne est remportée par les **Tran**, un clan aristocratique qui s'est imposé sur le trône de Hanoi.
En 1360, lors de l'avènement de **Che Bong Nga**, le Champa tente un ultime sursaut pour reconquérir ses terres. Fort de sa reconnaissance par l'empire de Chine, le roi cham entre dans le delta du fleuve Rouge et pille Hanoi en 1371. Il enchaîne les expéditions de harcèlement jusqu'à son assassinat en 1390.
La pression est telle que les Tran sont contraints d'augmenter l'impôt et d'enrôler les moines comme soldats. De telles mesures renforcent l'impopularité du gouvernement autoritaire.

DES VERS À SOIE GRIGNOTEURS DE TERRES

En 1400, le général Le Qui Ly, grand rival de Che Bong Nga, contraint les Tran à abdiquer et se proclame empereur sous le titre de **Ho Qui**

LE JUGEMENT DU FILS DU CIEL

En 203 av. J.-C., un général chinois fonda un royaume indépendant au sud de la Chine, qu'il nomma Nam Viet (le Viet du Sud). Il fixa sa capitale à Canton et empiéta sur le Tonkin, mais ses territoires furent absorbés par l'Empire chinois en 111 av. J.-C. En 1802, **Gia Long** envoya une délégation à Pékin pour obtenir l'approbation du Fils du Ciel sur le nom de son empire, le Nam Viet. Prétextant qu'il avait accompli ce que ni les Tran ni les Le n'avaient pu réaliser, la **réunification** du vieux pays d'Annam et des nouvelles terres du Viet Thuong, il demandait la permission de changer l'ancien nom d'Annam en Nam Viet (contraction d'Annam et de Viet Thuong). Mais, pour la Chine, ce nom avait des résonances historiques fâcheuses. Il évoquait trop l'antique royaume sécessionniste. Le Fils du Ciel trancha: il fallait intervertir les deux termes. Ainsi naquit le **Vietnam**.

Ly. Craignant pour son trône, le roi cham Jaya Simhavarman V cède au souverain le territoire qui avait été le foyer religieux du Champa depuis sa naissance, l'**Amaravati**. Le sacrifice est énorme, car l'Amaravati n'est pas seulement le cœur mystique du Champa, c'est la terre la plus riche en rizières. Les Chams émigrent alors en masse vers la région montagneuse et pauvre qui s'étend au sud du Quang Ngai. Les Vietnamiens engagent leur **Marche vers le sud** *(Nam Tien)* et appliquent la même politique que celle de la Chine dans le nord du pays au début de notre ère: des colons sont envoyés exploiter le nouveau grenier à riz. Jaya Simhavarman tente de récupérer ce qu'il a cédé en se tournant vers les Chinois, qui ont chassé les Mongols et fondé la dynastie des Ming. Il stigmatise l'usurpation de Ho Qui Ly, tant et si bien que les Impériaux franchissent les frontières, annexent l'État vietnamien et y exercent une domination tyrannique (1413-1428). Contre l'oppression chinoise, le Vietnam aiguise une arme qui a déjà fait ses preuves contre les Mongols: l'astuce des pièges, plus que la stratégie de bataille, la guérilla de harcèlement contre le rouleau compresseur de l'armée impériale. La résistance est animée par deux figures: **Le Loi**, propriétaire terrien du Thanh Hoa, en est le bras armé; **Nguyen Trai**, lettré pétri de culture chinoise, en est la tête pensante. Leur alliance forme une redoutable machine de guerre, soutenue par l'adhésion sans faille du peuple. Lancée en 1418, la guérilla parvient en 1426 à libérer le delta du fleuve Rouge et Le Loi devient empereur en 1428, sous le nom de **Le Thai To**.

« L'UNIVERS DÉRÉGLÉ RETROUVE SON HARMONIE »

Ce vers est tiré de *La Grande Proclamation de la pacification des Ngo*, un long poème écrit par Nguyen Trai pour marquer l'avènement de la dynastie et la paix revenue. Le Thai To négocie avec les Ming une paix durable, engageant son pays dans un lien de vassalité avec l'Empire chinois qui ne fut rompu que par l'intervention française à la fin du 19e s. De son côté, la Chine déplace son centre de gravité loin vers le nord, à Pékin, capitale de l'Empire jusqu'à sa chute en 1911, et située à six semaines de poste montée du Tonkin. Le Thai To parvient également à établir des relations pacifiques avec le Champa, réduit à une peau de chagrin. Il ne reste plus au royaume que les terres arides au sud du cap Varella, soit 1/5 de sa superficie au temps de Che Bong Nga. L'avènement des **Le postérieurs** ouvre **un siècle de**

paix. L'État est reconstruit sur les bases jetées au 11e s. par la dynastie des Ly.

Du morcellement à l'unité

NORDISTES CONTRE SUDISTES

À partir de 1527, l'autorité des Le vacille. Partout s'allument des foyers de rébellion et le seigneur **Mac Dang Dung** usurpe le pouvoir. Chassé de Hanoi par les partisans des Le en 1592, il se maintient à Cao Bang, sous la protection de la Chine, jusqu'en 1677. Les Le ne sont plus que des instruments aux mains de deux familles, les **Trinh** et les **Nguyen**, qui ne les « restaurent » que pour mieux s'affronter. Les premiers accaparent la réalité du pouvoir à Hanoi et règnent de fait, forts du contrôle de l'armée, sur l'ensemble du Tonkin. Les seconds s'appuient sur les provinces gagnées sur les Chams, dont ils sont gouverneurs. Ils bénéficient aussi des canons et de la flotte des **Portugais**, qui essaiment entre leurs comptoirs de Goa et de Macao.
Dès 1558, les Nguyen constituent une **seigneurie indépendante** qui, malgré la suite de guerres contre les Trinh (1627-1672), s'érige une capitale à Hué en 1687 *(voir p. 285)* et poursuit pour son compte la Marche vers le sud en absorbant définitivement le Champa (son dernier roi est tué en 1692). Au milieu du 18e s., ils se rendent maîtres du **delta du Mékong** et exercent leur souveraineté sur les royaumes voisins du Cambodge et du Laos.

L'OUVERTURE AU MONDE

La fondation du **port de Hoi An** *(voir p. 320)* sur l'estuaire du petit fleuve Thu Bon dans la première moitié du 16e s. fait entrer la seigneurie des Nguyen dans les échanges internationaux. Bien plus que Hanoi et les bouches du fleuve Rouge, repliées à l'intérieur du golfe du Tonkin, Hué et son port bénéficient du vieux réseau maritime entre les mondes chinois et malais. Des corporations de marchands de Chine méridionale viennent s'y établir au début du 17e s., suivies par des Japonais de Nagasaki. L'arrivée des Portugais ouvre la voie aux premiers missionnaires dominicains, puis franciscains et jésuites, dont la présence se renforce après l'expulsion des étrangers du Japon en 1638. L'un d'eux, le **père Alexandre de Rhodes**, lègue au Vietnam un précieux outil pour le futur: la romanisation de sa langue *(quoc-ngu)*. Des factoreries hollandaises tentent de s'installer, mais doivent se replier dès 1641 pour avoir pris le parti des Trinh contre les Nguyen. En 1698, ces derniers dressent une forteresse sur un site qui avait déjà retenu l'attention des commerçants chinois dans les années 1630-1640: **Cholon** *(voir p. 412)*, le « Grand Marché », un comptoir établi sur l'un des bras de la rivière Saigon.

LA RÉVOLTE DES GUEUX

Le Vietnam du 18e s. est un monde divisé et ni la maison royale des Le, ni les Trinh, ni les puissants seigneurs Nguyen ne parviennent à constituer l'unité autour d'eux. Plus encore, les tensions s'accroissent entre les communautés en présence – Tonkinois au Nord, Annamites métissés de Chinois et de Chams au Centre et Cochinchinois descendants de Khmers et de colons chinois dans le delta du Mékong. Les mutations sociales dans les nouveaux territoires du Sud provoquent une révolte paysanne à **Tay Son**. Dirigée par trois frères, Nguyen Hue, Nguyen Nhac et Nguyen Lu, elle remporte des victoires aussi foudroyantes qu'inattendues en 1785, contre les Siamois appelés à la rescousse par le seigneur Nguyen Anh, puis contre les troupes impériales chinoises qui s'étaient portées au secours des Le en 1788. **Nguyen Hue** se proclame roi à Hanoi en 1788, sous le nom de Quang Trung, mais meurt quatre ans plus tard, ne laissant qu'un héritier âgé de 10 ans.

LE DERNIER EMPIRE

Défait par l'armée des gueux, **Nguyen Anh** trouve refuge à Bangkok auprès des missionnaires français. L'un d'eux, l'archevêque **Pigneau de Béhaine**, se rend en France solliciter le soutien militaire de Louis XVI et l'obtient. Fort de la supériorité de son artillerie et de sa marine, Nguyen Anh entreprend un retour offensif, reprend le delta, Hué, puis le Tonkin (1801) et, pour la première fois, **unifie tous les territoires du Nord, du Centre et du Sud**. En 1802, il devient **Gia Long**, empereur du Vietnam.
Gia Long bâtit son empire sous le signe du dialogue avec l'Occident, mais dès l'avènement de son successeur, **Minh Mang**, les Nguyen s'enferment dans la vieille symbolique impériale et autocratique chinoise pour asseoir l'unité. D'un côté, ils démocratisent l'accession aux plus hautes charges de la bureaucratie en ouvrant à tous les concours mandarinaux; de l'autre, ils se replient sur les valeurs les plus orthodoxes du confucianisme, privilégiant le lettré pétri de textes classiques à l'économiste pragmatique, et rejetant la diplomatie moderne pour la dialectique du monde sinisé face aux Barbares. En choisissant de régner à **Hué**, ils réveillent les tendances centrifuges du Nord et du Sud qui avaient préludé à la révolte de Tay Son. En 1833, l'**insurrection de Saigon** est durement matée par Minh Mang.

Quand l'univers se dérègle à nouveau

DERNIÈRES TERRES CONQUISES, PREMIÈRES TERRES PERDUES

En se rangeant aux côtés de la Chine en prônant le non-dialogue avec l'Occident, les Nguyen ont choisi le mauvais camp. Tandis que la cour de Hué se drape dans l'isolationnisme, l'empire du Milieu chancelle sous les coups de boutoir de l'expansion coloniale européenne. Dès le début du 19e s., la France et l'Angleterre sont lancées dans la conquête du marché chinois et obtiennent traités diplomatiques et commerciaux à l'issue des **guerres de l'Opium** (1839-1842 et 1856-1860). Les manœuvres d'intimidation dans la rade de Da Nang en 1858 et la **prise de Saigon** par un corps de débarquement français en 1859 s'inscrivent dans la foulée de cette politique de la canonnière. Elles sont une riposte aux persécutions contre les catholiques et à la politique franchement anti-occidentale de l'empereur **Tu Duc**. Acculé, celui-ci est contraint d'ouvrir ses ports au commerce international. L'ensemble du delta du Mékong est soumis d'autant plus facilement que les Sudistes gardent la dent dure contre le régime des Nguyen, qui avait réprimé férocement l'insurrection de Saigon. En 1862, la **colonie de Cochinchine** est créée et le **Cambodge** passe sous protectorat français. Pour la France, prendre pied en Asie du Sud-Est, c'est faire un pas vers la Chine, en contrôlant les bassins de deux fleuves qui ont leur source dans l'empire du Milieu, le fleuve Rouge et le Mékong. Mais l'exploration des sources de ce dernier, conduite par Francis Garnier et Doudart de Lagrée, révèle que cette voie est impraticable. Pour se rapprocher de la Chine, il faut s'emparer du **Tonkin**. C'est la IIIe République qui va, en occupant le Nord, ouvrir l'ère d'une politique ouvertement impérialiste. **Hanoi est prise en 1882**. À l'issue d'une courte guerre en 1885, les Français obtiennent de la Chine la reconnaissance de la frontière entre les deux pays et le renoncement à sa suzeraineté sur le Vietnam.

LA RÉVOLTE DES LETTRÉS

Le premier sursaut vietnamien est légitimiste. Animé par les lettrés mobilisés autour de l'empereur Ham Nghi, le **Can Vuong**, l'« Aide au roi » (1885-1895), cherche à rétablir l'autorité royale bafouée par les traités. C'est à peine s'il ébranle la France qui, à partir de 1887, construit l'**Union indochinoise**, puzzle administratif d'une unique colonie, la Cochinchine, et de quatre protectorats (Cambodge, Laos, Annam et Tonkin). En abolissant l'écriture chinoise au profit de la romanisation et, surtout, en supprimant les concours mandarinaux entre 1919 et 1925, la France dépouille peu à peu les lettrés de leur prérogative du savoir. Les empereurs ne sont plus que des souverains d'opérette et le nouveau mandarinat est au service des coloniaux.

LES ÉCOLES DU NATIONALISME

À l'orée du 20e s., le Japon du Meiji est le seul pays d'Asie qui semble en mesure de concilier la construction d'un État moderne indépendant et le maintien du système impérial. C'est vers ce nouveau modèle que se tournent les premiers nationalismes asiatiques. Au Vietnam, le lettré patriote **Phan Boi Chau** orchestre le **Dong Du**, l'« Exode vers l'est » de recrues qui vont bénéficier d'une instruction politique et militaire à Tokyo.
L'autre voix qui se fait entendre est celle de **Phan Chu Trinh**, qui revendique la solution plus radicale d'une démocratie, nécessairement soutenue par la diffusion massive du savoir.
En 1911, l'année où s'effondre l'Empire chinois, un jeune homme imprégné des idées de Trinh s'embarque pour Marseille. Il se nomme **Nguyen Tat Thanh**. Son père est un mandarin déchu qui préféra l'errance à la compromission. En Occident, Thanh fait tous les métiers. Il observe. Il étudie à Paris, à New York et à Londres, à Moscou enfin à partir de 1923. En 1942, fort des années d'apprentissage et mûr pour la reconquête de l'indépendance, il prend son ultime nom de guerre : « Ho à la Volonté éclairée », **Ho Chi Minh**.

LE PATRIOTE APATRIDE

Au lendemain de la Première Guerre mondiale, c'est sous le pseudonyme de Nguyen Ai Quoc, « Nguyen le Patriote », que le futur Ho Chi Minh choisit la voie du **bolchevisme** contre les impérialismes occidental et japonais. Après dix-huit mois passés à Moscou, au cœur même du Komintern, il est à Canton puis à Hongkong, où il met en place les rouages de son programme de libération nationale. Il crée d'abord l'Association de la jeunesse révolutionnaire vietnamienne, pépinière des futurs cadres de la nation, dont les idées sont diffusées clandestinement au Vietnam de 1925 à 1930, par le biais d'un journal, **Thanh Nien** (« *La Jeunesse* »). Elles sont accueillies par une nouvelle élite intellectuelle, formée aux idées modernes de nation dans les lycées Albert-Sarraut de Hanoi, ou Chasseloup-

Laubat de Saigon. Elles progressent rapidement dans le monde des travailleurs, dont les conditions de vie sont aussi pénibles que la colonie est prospère.
En 1930, année de la fondation du parti communiste vietnamien, rebaptisé **parti communiste indochinois** quelques mois plus tard, les premières grèves éclatent dans les usines et les plantations, et des manifestations paysannes s'élèvent contre les impôts de la Régie. Ce soulèvement social est la principale force d'action depuis l'échec du parti nationaliste, fondé en 1927 et réprimé trois ans plus tard, à l'issue du soulèvement de la garnison de Yen Bai. Aucun espoir non plus du côté du trône impérial, toujours occupé, après la tentative avortée de l'empereur Bao Dai d'établir une monarchie constitutionnelle.
La contre-offensive du pouvoir colonial contre les mouvements des rouges est impitoyable. Nguyen Ai Quoc lui-même est arrêté en Chine en 1931 et placé sous haute surveillance. Après avoir assisté au VIIe congrès de l'Internationale communiste à Moscou en 1935, il traverse l'Asie centrale pour se rendre à Yan'an, en Chine, quartier général de Mao Zedong et de ses troupes. En 1940, alors que le Vietnam vit sous le compromis de la **Fédération indochinoise**, conclu entre le Japon et la France de Vichy, Nguyen Ai Quoc est à ses portes, prêt à réorganiser la résistance clandestine avec le soutien des communistes chinois.

Le cycle des guerres

En 1939, si les sirènes du nationalisme et les visées impérialistes du Japon apparaissent comme les signes annonciateurs de bouleversements, le pays est loin d'imaginer qu'il a devant lui un demi-siècle de guerres, qui vont l'opposer à presque toutes les grandes puissances militaires de la planète : le Japon, la France, les États-Unis et la Chine. Au sortir de cette période, certains historiens ont pu écrire que le Vietnam avait réussi sa libération mais avait échoué dans sa révolution.

LA SECONDE GUERRE MONDIALE

1940-1945

L'intermède nippon

Depuis la conquête de la Chine par le Japon, à la fin des années 1930, la puissance coloniale vit dans la crainte d'une invasion. Anticipant le danger, le gouverneur général Catroux reconnaît en juin 1940 le rôle primordial des Japonais en Extrême-Orient et leur octroie diverses facilités militaires, en échange de la reconnaissance de la souveraineté française sur le Vietnam. À l'exception d'une brève incursion nippone en septembre 1940, l'Indochine sera, jusqu'en 1945, la seule région d'Asie orientale à échapper à l'autorité directe de Tokyo. Revenu au Vietnam en 1941, Ho Chi Minh crée l'Alliance pour l'indépendance du Vietnam, le **Viet-minh**, et installe un maquis dans la province de Cao Bang. Dès le printemps 1943, il noue des contacts avec les Américains.

La fin du compromis

Le 9 mars 1945, les Japonais, en réaction à un raid américain sur les côtes d'Indochine, décident de se débarrasser des Français. Les garnisons sont désarmées, le gouverneur général Decoux arrêté, le général Lemonnier et le résident général Auphelle décapités, et les colons envoyés dans des camps d'internement. Un coup irrémédiable vient d'être porté au prestige de la puissance coloniale. Le 11 mars, l'empereur **Bao Dai** proclame l'indépendance, mais

celle-ci n'est que de façade, car les Japonais réquisitionnent le riz à leur profit et contrôlent directement la Cochinchine. La famine fait plus de 1,5 million de morts au Tonkin.
Après l'annonce de la capitulation du Japon, le 10 août, les événements s'accélèrent. Les communistes s'affirment comme les porte-parole incontestés de l'indépendance, à laquelle adhère la majorité de la population. Ho Chi Minh s'empare de Hanoi, pousse l'empereur à abdiquer et, le 2 septembre, proclame la **République démocratique du Vietnam (RDV)**. Au Sud, où il doit composer avec la puissance des sectes et des mouvements nationalistes, le Viet-minh parvient à prendre le contrôle de Saigon le 25 août.
Son pouvoir se révèle pourtant fragile, car bientôt les troupes chinoises prennent le contrôle du nord du Vietnam, tandis que les Anglais occupent le sud du 16e parallèle. Armés par les Britanniques, les soldats français fraîchement libérés des camps japonais reprennent le pouvoir en Cochinchine où un climat de violence s'instaure.

LA GUERRE D'INDOCHINE

1946-1954

Une occasion manquée

Le 5 octobre 1945, l'entrée du **général Leclerc** dans Saigon, à la tête d'un puissant corps blindé, marque le rétablissement du pouvoir colonial en Cochinchine. Le général et Jean Sainteny, commissaire de la République au Tonkin, engagent néanmoins la France dans la voie du compromis. Le 6 mars 1946, au moment où les troupes françaises prennent la relève des Chinois dans le nord du Vietnam, un accord est signé avec Ho Chi Minh, qui reconnaît la RDV comme un État libre en échange de son adhésion à l'Union française. Quant à la Cochinchine, un référendum d'autodétermination doit en régler le sort.
Mais le gouvernement Bidault et **Thierry d'Argenlieu**, haut-commissaire en Indochine, ne cautionnent pas cette politique. Animé par la nostalgie de l'empire colonial et des convictions anticommunistes, d'Argenlieu entend rétablir l'autorité française dans son intégralité. Il suscite la création d'un gouvernement provisoire de la Cochinchine, bientôt la proie de violents combats. Le **sommet de Fontainebleau**, en juillet, achoppe sur cette question, et dès novembre les combats se propagent au Nord, où le **bombardement de Haiphong** par le corps expéditionnaire français d'Extrême-Orient (CEFEO) fait près de 6000 morts. La réplique survient le 19 décembre, avec le soulèvement de Hanoi. La guerre a vraiment commencé.

Un enjeu de la guerre froide

Dans la lutte qui s'engage, le combat semble par trop inégal entre les Français, bien équipés, et le Viet-minh, doté d'un armement rudimentaire, qui opte pour une stratégie de guérilla. Émile Bollaert, qui a remplacé d'Argenlieu en février 1947, décide alors d'ouvrir des négociations avec Bao Dai, exilé à Hongkong. En décembre, un premier accord octroie une indépendance de façade au Vietnam sous l'égide du nationaliste **Nguyen Van Xuan**. Paris s'attache les sectes caodaïste et Hoa Hao pour combattre le Viet-minh, et s'allie la Thaïlande, inquiète d'une « contagion communiste » en Indochine. Poussée par les États-Unis, la France signe avec Bao Dai un nouvel accord (8 mars 1949) qui donne une indépendance restreinte aux

trois États associés : Vietnam, Cambodge et Laos.
L'irruption de la guerre froide en Asie bouleverse la donne et remet en selle le Viet-minh. En janvier 1950, les communistes qui viennent de prendre le pouvoir en **Chine** reconnaissent la RDV, bientôt suivis par l'URSS. Désormais, la résistance va bénéficier d'appuis dans les instances internationales et d'une aide militaire importante. De leur côté, l'Angleterre et les États-Unis reconnaissent les États associés. Le début de la **guerre de Corée** (juin 1950) convainc en outre les Américains de soutenir Paris. Le revirement est complet par rapport à la conférence de Téhéran (1943), où ils étaient convenus avec les Russes de mettre fin à la présence française. Désormais, Washington est persuadé de l'importance stratégique du Vietnam, où une victoire des communistes entraînerait la chute des régimes alliés de la région. C'est la fameuse **théorie des dominos**, qui va dominer sa politique extérieure pendant des décennies. Commencée en 1950, l'aide américaine représentera les trois quarts des dépenses militaires du pays à la fin de la guerre.
Malgré ce soutien et la présence d'un corps expéditionnaire de 150 000 hommes, les Français n'emportent pas de victoire décisive. Au contraire, lors de la **bataille des Frontières** (octobre 1950), le CEFEO perd 7 000 soldats ainsi que le contrôle de la frontière avec la Chine, par où arrivent les armes pour le Viet-minh. En décembre, la France nomme son plus prestigieux officier, **de Lattre de Tassigny**, commandant en chef et haut-commissaire. Il repousse l'assaut du général **Giap** contre les villes du Tonkin en utilisant pour la première fois les bombardements au napalm, mais il ne réussit pas à mettre un terme aux infiltrations du Viet-minh dans le delta. En outre, le parti communiste vietnamien, reformé sous le nom de **Lao Dong**, parvient à placer sous sa coupe les partis frères du Laos et du Cambodge. Salan, qui a remplacé de Lattre, mort en 1952, doit abandonner la ville de Hoa Binh (février 1952), mais en octobre il repousse l'assaut de l'**armée populaire du Vietnam (APV)** dans le nord-ouest du Tonkin, aux portes du Laos. En mars, les troupes de Giap effectuent une première incursion au Laos.
La crise politique et économique de l'Union française, l'absence de perspective de victoire et le coût du conflit poussent finalement à décharger le CEFEO des opérations de pacification au profit de l'**armée**

DIEN BIEN PHU

Au mois de décembre 1953, alors qu'il devient clair que le Viet-minh masse ses troupes autour de Dien Bien Phu, **Navarre**, convaincu de l'efficacité de son système de défense et sous-estimant la logistique de son adversaire, se refuse à évacuer le camp. À partir du 27 décembre, le piège se referme. L'attaque est lancée le **13 mars 1954**. **Giap** dispose de 40 000 combattants et de 55 000 réservistes à opposer aux 15 000 Français. Surtout, le commandant viet-minh a fait placer ses canons dans des tunnels creusés dans la montagne, ce qui lui permet d'éviter le contre-feu français. En deux jours, il s'empare de deux avant-postes et neutralise l'aérodrome qui permettait l'approvisionnement du camp. Lors de l'ultime assaut, lancé le 1er mai, ses hommes utilisent des tranchées pour se rapprocher à couvert du camp, qui tombe le 7 mai. Les combats ont fait entre 20 000 et 30 000 victimes côté vietnamien, et près de 3 000 côté français (10 000 prisonniers).

nationale vietnamienne (ANV) de Bao Dai. Priorité est désormais donnée à la recherche d'une sortie honorable, à charge pour le **général Navarre**, successeur de Salan, de remporter des victoires qui placeront la France dans une meilleure position en vue des pourparlers. En octobre 1953, Paris consent enfin à octroyer une véritable indépendance aux États associés.

Le tournant de la guerre

Pour couper à Giap l'accès au Laos et l'empêcher d'effectuer la liaison avec l'Annam et la Cochinchine, Navarre décide d'établir une base militaire dans le nord-ouest du Tonkin, près de la frontière laotienne. Du point de vue militaire, le choix de **Dien Bien Phu** apparaît judicieux, car la largeur de la cuvette (6 km sur 12) obligera l'ennemi à placer ses batteries sur les pentes des montagnes – à portée des canons français –, s'il veut bombarder la base. À partir de novembre 1953, les troupes d'élite de l'armée française établissent le camp, tandis que le Viet-minh, poussé par les Chinois, décide d'engager toutes ses forces dans la bataille afin de remporter une victoire psychologique décisive. De fait, la défaite française devait connaître un retentissement énorme et accélérer le règlement d'un conflit vieux de neuf ans.

Le jour de la chute de Dien Bien Phu, le 7 mai 1954, les acteurs du conflit se réunissent dans le cadre de la **conférence de Genève sur la Corée et l'Indochine**. À l'exception de Bao Dai et des États-Unis, tous semblent se résigner à la partition. De leur côté, les Russes et les Chinois veulent profiter de l'arrivée au pouvoir de Pierre Mendès France, qui promet de régler le conflit en un mois, pour amener le Viet-minh à un compromis. Pékin voit en effet d'un bon œil une limitation de la puissance de son remuant voisin. Le traité du 20 juillet, non ratifié par Washington, prévoit la neutralisation du Laos et du Cambodge et la partition du Vietnam à la hauteur du 17ᵉ parallèle. La réunification aura lieu après des élections prévues au plus tard en juillet 1956 sous l'égide de la Commission internationale de contrôle de l'armistice. Le Nord, où les troupes françaises se désengagent, passe sous l'autorité de la RDV, tandis que 900 000 Vietnamiens anticommunistes affluent dans le Sud, où les Américains imposent à Bao Dai le catholique **Ngo Dinh Diem** à la tête du gouvernement.

LA « GUERRE DU VIETNAM »

Le 26 octobre 1955, Diem proclame la **République du Vietnam (RV)** qu'il déclare ne pas être liée par les accords de Genève. Tout est en place pour une nouvelle guerre.

L'échec de la réunification

1954-1960

Les Américains, qui entendent faire du Sud-Vietnam leur principale base en Asie du Sud-Est, accordent un soutien politique et financier inconditionnel à Diem et prennent en charge la formation de l'**armée de la République du Vietnam (ARV)**. Une frontière hermétique est hérissée entre les deux États, tandis que les Français sont totalement évincés. L'année 1956 s'écoule finalement sans que soient tenues les élections et, le 21 mai, Diem fait prononcer la déchéance de Bao Dai. D'emblée impopulaire, le régime népotique de Diem fait régner la terreur grâce au Can Lao, la police secrète de son frère Ngo Dinh Nhu. Dans les campagnes, il oblige les paysans à payer des arriérés dus aux grands propriétaires. Enfin, il mène une politique de répression féroce contre les sectes qui contrôlent

alors de larges portions du delta du Mékong.
Au Nord, Ho Chi Minh met en place un régime autoritaire avec parti unique et décide une industrialisation à marche forcée, ainsi qu'une réforme agraire qui donne lieu à des révoltes violemment réprimées (15 000 exécutions). En contradiction avec les accords de Genève, les communistes du Sud entretiennent une petite armée qui organise des actions de propagande et des attentats contre les fonctionnaires du régime.
À partir de 1959-1960, la lutte armée reprend, bientôt soutenue par des combattants envoyés par Hanoi. Le 19 décembre 1960, les rebelles sud-vietnamiens fondent le **Front national de libération (FNL)** qui prône une réunification pacifique et une réforme agraire modérée pour ne pas s'aliéner la paysannerie. Dominé par les communistes, il va acquérir la célébrité sous le nom de **Viet-cong**.

L'engagement américain

1961-1964

Début 1961, les différentes organisations du FNL sont regroupées au sein d'une **armée populaire de libération (APL)**, forte de 15 000 hommes, pour préparer une insurrection avec l'aide des communistes du Nord.
En outre, la RDV obtient le soutien des deux grands frères désormais rivaux du monde communiste, l'URSS et la Chine. Dans un contexte de guerre froide exacerbée par les crises de Berlin et de Cuba, le nouveau président Kennedy décide, en décembre 1961, d'envoyer des conseillers militaires, en violation de l'armistice de 1954. Leur nombre passe à 9 000 à la fin de 1962.
Sa tactique consiste à organiser la défense passive des campagnes, en regroupant les paysans dans des **hameaux stratégiques** implantés en zones sûres. Menée par Ngo Dinh Nhu avec une extrême brutalité, cette politique se révèle très impopulaire. De plus, elle ne parvient pas à couper la paysannerie de la guérilla, et dès 1963 les hameaux sont infiltrés.
En réaction, l'ARV bombarde les forêts au défoliant et répand des herbicides dans les campagnes, mais le FNL construit un réseau d'abris souterrains efficace et poursuit ses escarmouches.
L'absence de résultats sur le terrain et les négociations entreprises par Nhu avec Hanoi minent les relations entre Diem et les Américains. La crise culmine avec la violente répression menée contre les bouddhistes, lorsqu'en réaction à l'immolation d'un bonze, en juin 1963, la femme de Nhu ironise sur ce « barbecue ».
Le 1er novembre, Diem et son frère sont exécutés lors d'un **coup d'État** que les Américains ont laissé perpétrer. Trois semaines plus tard, Kennedy est assassiné et son successeur, Johnson, décide d'élargir le théâtre des opérations au Laos, par où passe la piste Ho Chi Minh. En 1964, le Cambodge accepte le libre passage sur son territoire des armes chinoises à destination du FNL, ce qui entraîne la rupture des relations diplomatiques avec Washington. À Saigon, la junte dirigée par **Duong Van Minh** tente de former un gouvernement de réconciliation en vue d'ouvrir des tractations avec Hanoi, mais elle est renversée par le **général Nguyen Khanh** en janvier 1964. Toute solution politique est désormais écartée.

Le début de la guerre américaine

Sur le terrain, le Viet-cong conserve son emprise sur une grande partie du Sud-Vietnam et de sa

Avions militaires, musée de Ho Chi Minh-Ville.
Panayiotou Paul / Sime / Photononstop

population. À partir de 1964, l'essentiel du FNL reste composé d'hommes du Sud, mais la RDV, désormais impliquée directement, est en mesure de convoyer des unités complètes à travers les zones contrôlées par les communistes laotiens. En face, l'ARV équipée par les Américains est rongée par l'absentéisme et la démotivation des soldats, coupés d'une hiérarchie dominée par des officiers corrompus. Face à l'instabilité politique et à la progression du Viet-cong, Washington décide d'accroître son aide financière, matérielle et humaine. L'agression du navire espion américain, le *Maddox* (4 août), par la marine nord-vietnamienne fournit à Johnson et à son secrétaire à la Défense **McNamara** le prétexte attendu pour obtenir du Congrès carte blanche au Vietnam. Une enquête établira que le destroyer se trouvait dans les eaux territoriales de la RDV lors de la première attaque, et que la seconde n'eut jamais lieu. Le 7 février 1965, le président fait bombarder le Nord-Vietnam et envoie les premières unités combattantes au Sud-Vietnam pour protéger la base aérienne de Da Nang.

L'engrenage

Le commandant américain **Westmorland**, convaincu que la guerre sera courte, obtient un engagement plus important. Passé à 184 000 en 1965, le contingent américain atteindra 536 000 soldats en 1968. La tactique *Search and Destroy*, qui permet de limiter les pertes des GI's, a en effet pour inconvénient de nécessiter une très importante logistique. Des bombardements sont effectués sur Hanoi et Haiphong en 1966 afin de détruire les réserves en pétrole et d'empêcher le ravitaillement de l'APL. Malgré d'importantes pertes humaines (35 000 personnes par an), leur impact est limité, car la RDV a pris soin de camoufler ses usines et ses entrepôts, et continue d'être ravitaillée par la Chine et l'URSS. Début 1967, le régime de Hanoi décide de revenir à des opérations de guérilla pour disperser les forces ennemies. Il est convaincu de disposer d'un avantage numérique décisif et mise sur l'impopularité du président **Nguyen Van Thieu**, contraint de laisser se développer la corruption au sein de l'armée et de l'administration pour éviter un coup d'État. En outre, les bombardements américains et les opérations armées font de nombreuses victimes au Sud-Vietnam et provoquent d'immenses déplacements de population (jusqu'à 4 millions de personnes en 1968). À terme, Hanoi espère que Washington préférera abandonner la partie plutôt que de réduire ses effectifs dans le reste du monde. De fait, le recours à la conscription suscite le mécontentement des Américains à partir de 1967, tandis que le coût de l'engagement oblige à augmenter les impôts et à abandonner les programmes sociaux.

Le tournant du Tet

Alors que les forces semblent se neutraliser sur le terrain, Giap décide de lancer une opération de grande envergure. L'APV mène une offensive dans la région du 17e parallèle afin d'éloigner les troupes américaines des villes, où l'APL lance un assaut destiné à provoquer un soulèvement. Pour contrer l'APV, Westmorland envoie en effet de très importants renforts à la base de **Khe Sanh**, au nord, et confie la défense de Saigon aux Vietnamiens. Le 31 janvier 1968, pendant la trêve de la fête du Tet, 80 000 rebelles attaquent 105 localités du Sud-Vietnam. Mais le soulèvement populaire n'a pas lieu et la plupart de ces forces sont repoussées sans difficulté par les Américains. L'APL est néanmoins parvenue à mener deux actions spectaculaires, hautement symboliques. À Saigon, elle a investi pendant quelques heures les jardins de l'ambassade américaine devant les caméras du monde entier. Plus au nord, Hué, l'ancienne capitale impériale, est occupée pendant 25 jours et près de 2 500 fonctionnaires accusés de collaboration sont massacrés. Mais la facture est terrible pour l'APL, sacrifiée par Hanoi, qui a perdu 32 000 hommes et la plupart de ses cadres, bientôt remplacés par des Nord-Vietnamiens. Pourtant, cette défaite va se transformer en victoire politique, car elle a mis en lumière la faiblesse de l'ARV. Surtout, les pertes civiles considérables (143 000 morts) créent un choc dans l'opinion qui commence à trouver le coût de la guerre exorbitant.
Le 31 mars, Johnson propose dans un discours télévisé l'ouverture de négociations et la limitation des bombardements, et renonce à briguer un second mandat.

La « vietnamisation » du conflit

Les négociations qui s'ouvrent à Paris le 13 mai 1968 réunissent les États-Unis, la RDV, la RV, ainsi qu'un **gouvernement révolutionnaire**

LEXIQUE : VIET-MINH ET VIET-CONG

Viet-minh : fondée en 1941 par Ho Chi Minh et des membres du parti communiste indochinois, cette organisation lutte pour l'**indépendance du Vietnam** – alors sous le contrôle des Français – jusqu'en 1954, date de la conférence de Genève et de la fin de la guerre d'Indochine.

Viet-cong : créé en 1960, ce front national de libération du sud du Vietnam comprend de nombreux membres du Viet-minh et se bat pour la **réunification du Vietnam** alors divisé, depuis les accords de Genève en 1954, entre le Sud-Vietnam, sous la domination des Américains, et le Nord gouverné par le parti communiste vietnamien. Ce front vise à la disparition du Sud-Vietnam et au retrait des troupes américaines.

LA PISTE HO CHI MINH
Mythique et mystérieuse, la piste Ho Chi Minh fut l'instrument décisif de la victoire du Nord, car elle permit de relier entre eux les foyers de résistance au sud et surtout de les approvisionner. Mais certains rameaux traversant le Laos et le Cambodge valurent à ces pays d'être entraînés dans la guerre. Tracée dans la jungle à partir de 1959 au prix de terribles efforts, elle était constituée d'un réseau complexe s'étirant du nord au sud en une multitude de ramifications couvrant quelque 15 000 km et équipé d'hôpitaux, d'entrepôts et de stocks d'essence. À partir de 1961, des bicyclettes capables de supporter 200 kg de charge y circulèrent, bientôt suivies par des convois nocturnes de camions. Jamais les bombardements et les capteurs électroniques mis en place par les Américains ne purent l'anéantir, et les Viet-congs se payèrent même le luxe de la doubler d'un pipeline long de 2 000 km ! C'est par cette piste que les troupes de Hanoi entreprirent l'assaut qui les mena à Saigon en 1975.

provisoire (GRP) qui représente le FNL. Mais les positions apparaissent inconciliables et aucun camp ne dispose d'un avantage suffisant pour imposer sa volonté. En outre, les pourparlers achoppent sur le veto des Sud-Vietnamiens à la présence du GRP. En octobre, Johnson consent cependant à arrêter les bombardements en RDV. Sur le terrain, Washington rappelle Westmorland et confie l'essentiel des opérations de « pacification » à l'ARV, équipée par ses soins. Parallèlement, la CIA organise l'**opération Phœnix**, qui permet d'éliminer près de 20 000 cadres du FNL. Parvenu au pouvoir en 1969, l'année même où disparaît Ho Chi Minh, **Nixon** accroît la présence américaine tout en cherchant une issue honorable au conflit. Avec l'aide de son conseiller, **Kissinger**, il amorce une « détente » avec la Chine et l'URSS afin qu'elles fassent pression sur le Vietnam. Cette politique porte ses fruits, car, en échange de sa reconnaissance diplomatique par les Américains, la Chine pousse pour la première fois son allié à parvenir à un compromis (1971) et accueille Nixon à Pékin en 1972. Cette visite et celle du président américain à Moscou la même année sont vécues comme une trahison par Hanoi. Sur le plan intérieur, pour faire taire les pacifistes, Nixon commence à rapatrier les GI's en 1969 et remplace la conscription par un système de loterie. Mais l'effet sur le moral des jeunes recrues qui n'ont pas eu la chance d'éviter le service se révèle désastreux. Néanmoins, les États-Unis semblent enfin se désengager du bourbier vietnamien, tandis que la lenteur des négociations, le massacre de My Lai et l'invasion du Cambodge (pays neutre) en avril 1970 continuent de choquer l'opinion publique américaine. La RDV n'ayant pas cédé, Nixon doit renoncer à l'escalade militaire sous la pression du Sénat.

Hanoi, pour sa part, s'emploie à renforcer sa puissance militaire affaiblie depuis l'offensive du Tet. Le 30 mars 1972, Giap lance 30 000 hommes en direction de Hué, tandis que l'APL doit préparer l'insurrection dans les villes du Sud. En réplique, Nixon reprend les bombardements sur la RDV pour la première fois depuis 1968 et fait miner les ports de la RDV. Même si elle a révélé la faiblesse de l'ARV, l'**offensive de Pâques** a été un échec et se solde par 100 000 morts viet-congs. Tenu pour responsable, Giap perd de son influence au profit du général **Van Tien Dung**,

LES DERNIÈRES HEURES DE SAIGON

Le 29 avril 1975, un vent de panique souffle sur Saigon, menacée par 12 divisions nord-vietnamiennes alors qu'elle n'est défendue que par une seule. Depuis quelques semaines, les Américains évacuent leurs ressortissants, ainsi que les premiers d'une liste de 200 000 Vietnamiens « menacés », et détruisent des tonnes de documents. Washington décide alors d'activer l'opération « Vent fréquent » : diffusée sur les ondes, la chanson « White Christmas » indique aux 1 250 Américains restants qu'ils doivent rejoindre leur point d'évacuation. Pendant 18 heures, 70 hélicoptères font la navette entre les navires de la VIIe flotte et les toits de 13 immeubles. Près de 6 000 Vietnamiens sont embarqués dans un chaos indescriptible, mais des milliers d'autres sont abandonnés à leur sort, lâchés par leur allié. Les images de ces heures tragiques, qui font le tour du monde, resteront comme le symbole de la débâcle américaine. « L'un des jours les plus tristes de ma vie », déclarera le président Gerald Ford.

et Hanoi décide de relancer les négociations entre Kissinger et Le Duc Tho en août.

L'accord semble sur le point d'aboutir, malgré l'opposition de Thieu (qui n'a pas été consulté), lorsque Nixon décide le bombardement du Nord-Vietnam afin de l'obliger à d'ultimes concessions. Cette décision n'est pas comprise et le Congrès décide de couper les fonds aux opérations en Indochine. Finalement, un **accord de cessez-le-feu** est signé le 27 janvier 1973. Il prévoit le retrait total de l'armée américaine, le maintien de l'APL dans les zones qu'elle contrôle et des élections libres au Sud-Vietnam. En échange, Hanoi se retire du Cambodge et du Laos et renonce à infiltrer la RV. Pour faire accepter le traité à Thieu, Nixon garantit son soutien militaire en cas de non-respect de l'accord par la RDV. Par ailleurs, dans une lettre secrète au Premier ministre **Pham Van Dong**, il s'est engagé à verser des réparations à la RDV.

L'effondrement du Sud-Vietnam

Au Laos, les combats cessent rapidement, mais le Cambodge, où les troupes de l'APV se maintiennent, reçoit en six mois plus de bombes que le Japon durant la Seconde Guerre mondiale. En réaction, le Congrès interdit toute participation américaine aux opérations militaires, privant ainsi Nixon de la possibilité d'honorer la promesse faite à Thieu. Plus grave, le scandale du **Watergate** ôte toute marge de manœuvre au président, tandis que la crise du pétrole (octobre 1973) oblige les États-Unis à restreindre leur aide. Coupé de tout soutien populaire, affaibli par la crise économique, le régime de Saigon ne peut plus compter sur une armée démoralisée où les désertions se multiplient, alors que les négociations avec Hanoi pour l'organisation des élections s'enlisent.

Encouragé par la démission de Nixon et sa position renforcée dans le delta du Mékong, le Lao Dong décide, en janvier 1975, de lancer une première grande offensive au nord de Saigon afin de tester la résistance de son adversaire. Le succès remporté le convainc de lancer ses chars sur les Hauts Plateaux en mars. Contre toute attente, l'ARV abandonne Buon Ma Thuot sans presque combattre. Désormais, Saigon est directement menacée. Le long de la côte, la retraite de l'ARV tourne à la bérézina et près de 15 000 soldats et 100 000 civils meurent sous les bombardements nord-vietnamiens. La prise du port de Da Nang, le 29 mars, constitue une victoire décisive pour l'APV qui récupère l'armement abandonné par l'ARV en déroute et lance l'assaut final. La **chute de Saigon**, le 30 avril 1975, après seulement 55 jours d'offensive, provoque la reddition de Duong Van Minh, président depuis deux jours. Les Américains abandonnent leur ambassade le jour même, après avoir évacué 150 000 Sud-Vietnamiens. Pour les États-Unis, qui n'ont pas tenté de sauver leur allié, l'humiliation est totale.

DES LENDEMAINS QUI DÉCHANTENT

La fin de la guerre du Vietnam, loin d'apporter la paix dans la péninsule, voit resurgir les vieilles rivalités régionales. L'Indochine reste un enjeu de politique internationale au sein du monde communiste.

Une difficile réunification

Officiellement réunifié le 2 juillet 1976, le pays prend le nom de **République socialiste du Vietnam (RSV)**, avec Hanoi pour capitale et **Le Duan** comme secrétaire général du parti communiste. Saigon se voit quant à elle rebaptisée Ho Chi Minh-Ville. Les institutions sont calquées sur celles de la RDV, avec l'instauration d'un parti unique. Mais pendant plus de vingt ans, le Nord et le Sud ont connu des régimes radicalement différents. La découverte par les populations du Nord, qui ont vécu dans une économie de guerre, des marchés de Saigon croulant sous les biens de consommation américains provoque un choc. Le fossé est profond, d'autant que la guerre n'a pas été vécue du même côté et que les soupçons pèsent. Durant la période 1975-1979, 500 000 cadres venus du Nord s'installent dans l'ancienne capitale du Sud. Près de 15 000 « collaborateurs » sont envoyés en camp de rééducation, où les conditions de vie sont particulièrement pénibles, tandis que des centaines de milliers de Saigonnais sont expulsés pour peupler les régions frontalières du Cambodge et « vietnamiser » les Hauts Plateaux proches du Laos. Le passage à une économie socialiste provoque la réaction des paysans et des commerçants, qui refusent d'écouler leurs produits. Cette politique provoque des fuites massives en bateau, c'est la tragédie des **« boat people »** *(voir encadré ci-dessous).*

LA TRAGÉDIE DES « BOAT PEOPLE »

À partir du 30 avril 1975 – date de la chute de Saigon –, la **fuite massive de Vietnamiens** bravant les gardes-côtes et les tempêtes suscita l'émotion de la communauté internationale. Près d'un tiers d'entre eux périrent, tandis qu'un million de survivants furent accueillis dans des camps disséminés en Asie du Sud-Est entre 1975 et 1989. 700 000 environ obtinrent le droit d'émigrer en Occident sous les auspices de l'ONU. À la fin des années 1980, la seconde vague de *boat people*, originaires du Nord et fuyant la misère, provoqua moins de compassion. Après des années dans les camps, certains acceptèrent de revenir au Vietnam avec une aide financière et la promesse de ne pas être maltraités. Sous la pression de la Chine qui souhaitait résoudre le problème des 55 000 réfugiés de Hong Kong avant la réunification, la colonie britannique procéda à des rapatriements forcés qui provoquèrent des émeutes faisant 200 morts en 1995. En février 2000, les derniers d'entre eux furent autorisés à s'établir dans l'île.

Le pays sort ruiné par trente ans de guerre, aussi bien au Nord, où le tissu industriel et le réseau routier ont été détruits par les bombardements américains, qu'au Sud, où la campagne est ravagée ou laissée à l'abandon. En outre, Washington, loin de verser les réparations promises par Nixon, exige le rapatriement des 2 300 soldats américains portés disparus au combat et vote un embargo économique. Dès lors, le Vietnam recherche l'aide soviétique, formalisée par un traité en juin 1978.

La troisième guerre d'Indochine

Dès le lendemain de la réunification, la péninsule devient le terrain d'affrontements diplomatique et idéologique entre l'URSS et Pékin, qui ne souhaite pas d'un Vietnam allié des Soviétiques et hégémonique en Indochine. Avec la formation des axes Hanoi-Moscou et Phnom Penh-Pékin, tout se met en place pour le premier conflit entre des pays communistes. Sur le plan régional, cette opposition se double d'une rivalité entre les pays de l'Asean (Association des nations de l'Asie du Sud-Est), en particulier la Thaïlande, et la péninsule dominée par le Vietnam.

Entre Pékin et Hanoi, les sujets de tension sont nombreux. Outre le contentieux sur les frontières maritimes et la souveraineté sur les îles Spratleys et Paracels *(voir encadré, p. 106)*, le sort de l'importante **minorité chinoise** vivant dans le Sud, qui contrôle une grande partie du commerce de Cholon, inquiète Pékin. Sommés d'opter pour la nationalité vietnamienne sous peine de perdre leur emploi et de subir des restrictions alimentaires, 70 000 d'entre eux quittent le pays en 1977.

Alors que le Laos accepte de signer un traité d'amitié avec le Vietnam, le Cambodge, livré à la folie sanguinaire des Khmers rouges, refuse de passer dans l'orbite de Hanoi. Les relations s'enveniment entre les deux pays pour des motifs idéologiques et à propos d'un contentieux territorial dans le delta du Mékong. En outre, **Pol Pot** tient Hanoi responsable d'un complot déjoué en 1976. Il n'hésite pas à provoquer son puissant voisin en lançant des incursions sur son territoire, qui font plusieurs centaines de morts. Décidé à renverser le régime khmer rouge, Hanoi s'en prend en 1978 à la communauté de Cholon, par crainte que celle-ci ne serve de « cinquième colonne » à la Chine, alliée au Cambodge. Près de 250 000 Chinois fuient le Vietnam.

Le 25 décembre 1978, Le Duc Tho envahit le Cambodge et installe à Phnom Penh d'anciens Khmers rouges réfugiés au Vietnam. En cinq semaines, le pays est occupé et les fidèles de Pol Pot sont repoussés à la frontière thaïlandaise. Mais, dès le 17 février 1979, la Chine réplique en lançant 120 000 hommes à l'assaut du Tonkin. L'occupation, qui cesse le 16 mars, a fait plus de 20 000 morts dans chaque camp, mais n'a pas provoqué d'embrasement.

Les difficultés économiques s'accumulent toutefois pour le Vietnam, condamné à supporter l'énorme coût d'une invasion qui s'installe dans la durée. Les Khmers rouges poursuivent en effet la guérilla grâce à l'approvisionnement en armes chinoises *via* la Thaïlande. D'abord populaire pour avoir mis un terme à la dictature de Pol Pot, l'ARV est bientôt détestée comme toutes les armées d'occupation et parce qu'elle a permis l'installation de 500 000 colons vietnamiens. Le renforcement de la frontière du

Nord, où les escarmouches se multiplient avec la Chine, accroît encore les dépenses militaires. Hanoi concède la base de Cam Ranh aux Soviétiques afin de rompre son isolement diplomatique et d'obtenir leur aide économique.

L'ouverture

En 1986, le VIe congrès du parti communiste marque un tournant avec l'adoption d'une réforme de l'économie baptisée **doi moi** *(voir p. 49)* et le départ d'une partie de la vieille garde au pouvoir (Le Duc Tho et Pham Van Dong). La Constitution de 1992 favorise l'ouverture sur la société civile (commerçants, chefs d'entreprise, employés du service privé) qui a émergé après 1986. Dès lors, la troïka au pouvoir à Hanoi apparaît comme le produit d'un triple équilibre entre les réformateurs et les conservateurs, le parti et l'armée, et les trois grandes régions du pays. Mais les réformes démocratiques apparaissent bien timides.
L'année même de l'adoption du *doi moi*, le dégel des relations sino-soviétiques conduit Gorbatchev à faire pression sur le Vietnam pour qu'il apaise ses différends avec Pékin. Au début de 1988, l'APV entame le retrait des troupes stationnées au Cambodge, parachevé en septembre 1989. Ce geste est entendu par la Chine, qui relâche sa pression sur Hanoi et réduit son aide à la résistance khmère rouge. Désormais, le règlement de la question cambodgienne est pris en charge par l'ONU, et Hanoi peut entrevoir la fin de son isolement diplomatique. Le nouveau contexte permet tout d'abord un rapprochement avec la Chine, puis avec l'Asean, au sein de laquelle le Vietnam est admis en 1995. De son côté, la normalisation par étape des relations avec les États-Unis, avec la levée de l'embargo américain (1994) et le rétablissement des relations diplomatiques (1995), a connu sa conclusion avec la visite hautement symbolique de Bill Clinton en l'an 2000.

Les défis économiques

Dans la foulée de l'ouverture politique, Hanoi tente de s'accrocher au wagon des « dragons asiatiques », dont les économies marquent néanmoins un coup d'arrêt lors de la crise de 1997. Mais, au-delà, il s'agit pour le Vietnam de résoudre la contradiction entre les principes du socialisme, auxquels il continue de se référer, et ses ambitions économiques, affichées depuis 1986 par l'adoption du *doi moi* (« le Renouveau »), une politique d'ouverture au capitalisme.
Depuis, le Vietnam continue les réformes, emmené dans le sillage de son voisin, le géant économique chinois, en attirant des investissements étrangers toujours plus nombreux : le parti et le gouvernement s'efforcent d'améliorer le milieu d'affaires en assurant un environnement socio-politique stable pour susciter la confiance.
L'adhésion du Vietnam à l'Organisation mondiale du commerce (OMC) en 2007, le lancement du premier satellite vietnamien en avril 2008, la construction de nouveaux ponts en 2011 pour désenclaver le delta du Mékong confirment la volonté de croissance du pays. Même si la crise financière mondiale a entraîné un ralentissement économique, le mouvement est donné et se poursuit : dans tout le pays, des microentreprises familiales se créent chaque jour, tandis que les chantiers de construction (ponts, ports, nouveaux quartiers) rivalisent d'ampleur.
Pour plus d'informations sur l'histoire contemporaine, voir p. 49.

Chronologie

AVANT LE DAI VIET

2000 av. J.-C.-939 apr. J.-C.

10e s.-2e s. av. J.-C. – Âge du bronze et civilisation du Dong Son.

111 av. J.-C. – Annexé par la Chine jusqu'au col des Nuages, le Vietnam appartient à l'Empire chinois jusqu'en 938, sous différents noms.

2e s. av. J.-C. – 1re mention dans les sources chinoises d'un royaume indianisé, le Lin Yi, futur Champa.

43 apr. J.-C. – Le général chinois Ma Yuan écrase la révolte des sœurs Trung.

3e-6e s. – Introduction et diffusion du bouddhisme.

380-413 – Règne de Bhadravarman Ier, constructeur du premier temple cham.

Vers 875-975 – Intermède bouddhiste au royaume du Champa.

939 – Libération du pays viet par Ngo Quyen.

DE HOA LU À HUÉ

939-1858

939-1009 – 1res dynasties nationales des Ngo, Dinh et Le antérieurs.

982 – Les Chams déplacent leur capitale d'Indrapura à Vijaya *(Binh Dinh)*.

1009-1225 – Devenu le Dai Viet, le pays construit son unité autour de la dynastie des Ly. La capitale est fixée à Thang Long (Hanoi) en 1010.

1069 – Le Champa perd ses terres du Nord au profit des Ly.

1123-1128 – Guerres entre les Chams et l'empire d'Angkor, puis entre les Khmers et le Dai Viet.

1371-1390 – Campagnes victorieuses du roi cham Che Bong Nga dans le delta du fleuve Rouge.

1413-1428 – Domination chinoise sur le Dai Viet.

1418-1428 – La guérilla de Le Loi aboutit au rétablissement de l'indépendance.

1428-1527 – Apogée du Vietnam.

1471 – Après la prise de leur capitale, les Chams perdent l'Amaravati.

1558 – La seigneurie indépendante des Nguyen domine le Sud du pays.

1687 – Phu Xuan (Hué) devient capitale des seigneurs Nguyen.

1771-1792 – Révolte puis règne des frères Tay Son.

1802 – Avènement de Gia Long qui fonde la dynastie des Nguyen et l'empire du Vietnam.

DE L'INDOCHINE AU VIETNAM

1858 à nos jours

1858 – Début de la tutelle française : les Français s'emparent de Da Nang, puis de Saigon (1859).

1862-1869 – La Cochinchine devient colonie française, suivie des protectorats du Tonkin et de l'Annam (1883).

1887 – Création de l'Union indochinoise.

1940-1945 – Régime de la Fédération indochinoise sous l'occupation japonaise.

1941 – Ho Chi Minh fonde l'Alliance pour l'indépendance du Vietnam (Viet-minh) et base son maquis dans la province de Cao Bang.

1945 – Ho Chi Minh proclame la Rép. démocratique du Vietnam.

1946-1954 – Guerre d'Indochine.

1954 – Chute de Dien Bien Phu, conférence de Genève et division des Vietnam-Nord (RDV) et Sud (RV) de part et d'autre du 17e parallèle.

1959 – Mise en place de la piste Ho Chi Minh.

1959-1975 – La guerre du Vietnam oppose les partisans de l'empereur Bao Dai (cap. Saigon) à ceux de Ho Chi Minh (cap. Hanoi).

1960 – Fondation du Front national de libération (Viet-cong) au Sud.

1961 – 1ers conseillers militaires envoyés par le président Kennedy.

1965 – Le président Johnson fait bombarder le Nord-Vietnam.

1968 – Giap lance l'offensive du Tet.

Statue de Ho Chi Minh, devant le siège du comité populaire de Ho Chi Minh-Ville.
Bildagentur RM / Tips / Photononstop

1969 – Décès de Ho Chi Minh.
1972 – Offensive de Pâques et négociations entre Kissinger et Le Duc Tho.
1975 – Chute de Saigon le 30 avril. Le pays réunifié prend le nom de République socialiste du Vietnam. Début de l'exode des *boat people*.
1978 – Les troupes vietnamiennes envahissent le Cambodge.
1979 – Les troupes chinoises occupent le nord du Vietnam.
1986 – Lancement du programme de réforme économique, le *doi moi*. L'économie de marché se substitue à l'économie socialiste.
1987 – Le pays s'ouvre au tourisme.
1994 – Levée de l'embargo américain, et rétablissement des relations diplomatiques avec Washington (1995).
1995 – Entrée du Vietnam dans l'Asean.
1997 – Organisation du Sommet de la francophonie à Hanoi.
2000 – Visite officielle du président Clinton et entrée en vigueur de la loi d'encouragement d'investissement et de la loi des entreprises.
2002 – Ouverture du pays aux *Viet Kieu*, les Vietnamiens d'outre-mer exilés en 1975.
2003 – Les 1ers cas de grippe aviaire sont recensés au Vietnam. Crise du SRAS. Organisation des SEA Games, les jeux d'Asie du Sud-Est.
2004 – Visite du président Chirac.
2006 – Visite du président George W. Bush.
2007 – Adhésion du Vietnam à l'Organisation mondiale du commerce (OMC).
2008 – Lancement du premier satellite vietnamien.
2010 – Le Vietnam préside l'Asean. Hanoi fête son 1000e anniversaire.
2011 – Inondations catastrophiques dans le delta du Mékong (85 morts). Truong Tan Sang est élu président de la République, et Nguyen Phu Trong, secrétaire général du parti communiste vietnamien.
2012 – Année de l'amitié Vietnam-Laos.
2013 – Année de la France au Vietnam.
2014 – Année du Vietnam en France.

3/ DÉCOUVRIR LE VIETNAM

Dans le delta du Mékong, vers Can Tho.
B. Gardel / hemis.fr

Le delta du fleuve Rouge 1

Jonque dans la baie de Ha Long, classée au patrimoine mondial de l'Unesco.

Ph. Body / hemis.fr

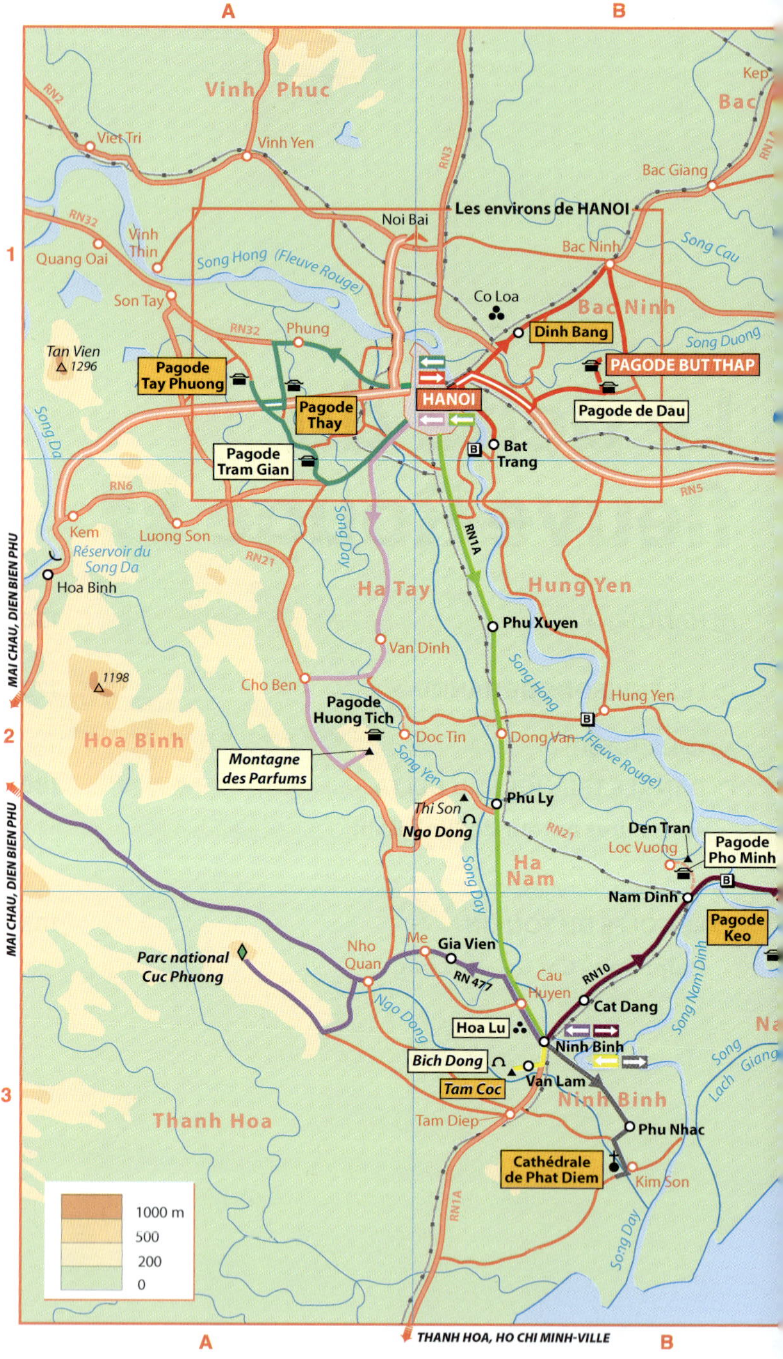
Vinh Phuc
Viet Tri
Vinh Yen
Bac
Kep
Bac Giang
Les environs de HANOI
Noi Bai
Quang Oai
Vinh Thin
Son Tay
Song Hong (Fleuve Rouge)
Bac Ninh
Song Cau
Co Loa
Bac Ninh
Phung
Dinh Bang
Song Duong
Tan Vien
1296
Pagode Tay Phuong
Pagode Thay
HANOI
PAGODE BUT THAP
Pagode de Dau
Pagode Tram Gian
Bat Trang
Song Da
RN6
RN5
RN1A
Kem
Luong Son
Réservoir du Song Da
Song Day
RN21
Hoa Binh
Ha Tay
Hung Yen
Phu Xuyen
MAI CHAU, DIEN BIEN PHU
Van Dinh
1198
Cho Ben
Song Hong
Hung Yen
Pagode Huong Tich
Doc Tin
Dong Van
(Fleuve Rouge)
Hoa Binh
Montagne des Parfums
Song Yen
Phu Ly
Thi Son
Ngo Dong
Den Tran
Loc Vuong
Pagode Pho Minh
Ha Nam
Song Day
Nam Dinh
Pagode Keo
Parc national Cuc Phuong
Nho Quan
Me
Gia Vien
RN 477
Cau Huyen
RN10
Cat Dang
Song Nam Dinh
Hoa Lu
Ngo Dong
Ninh Binh
Bich Dong
Van Lam
Tam Coc
Song Lach Giang
Thanh Hoa
Tam Diep
Ninh Binh
Phu Nhac
Cathédrale de Phat Diem
Kim Son
1000 m
500
200
0
Song Day
THANH HOA, HO CHI MINH-VILLE
A
B
1
2
3

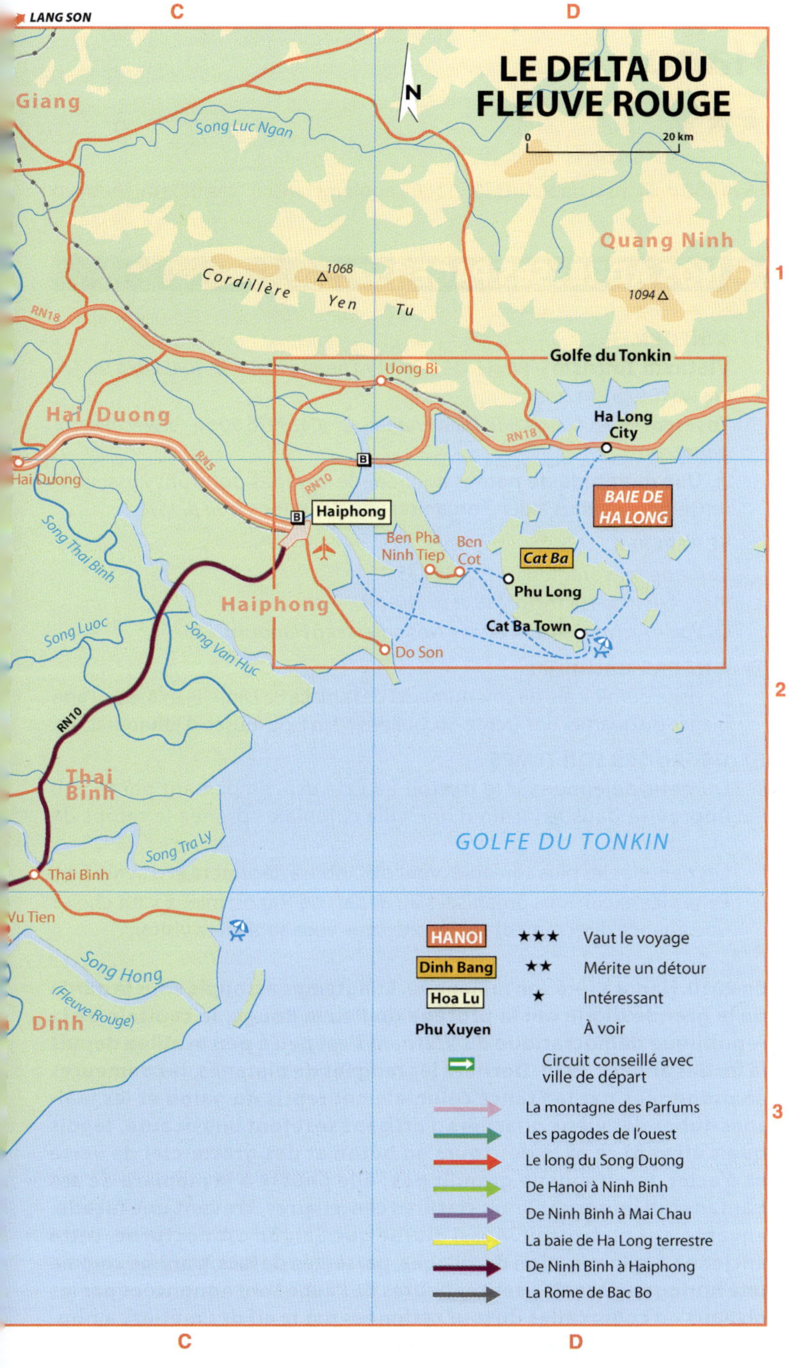
LE DELTA DU FLEUVE ROUGE
LANG SON
C
D
N
0
20 km
Giang
Song Luc Ngan
Quang Ninh
1068
Cordillère Yen Tu
1094
1
RN18
Golfe du Tonkin
Uong Bi
Hai Duong
Ha Long City
RN5
RN18
B
RN10
Hai Duong
BAIE DE HA LONG
Haiphong
Song Thai Binh
Ben Pha Ninh Tiep
Ben Cot
Cat Ba
Phu Long
Haiphong
Cat Ba Town
Song Luoc
Song Van Huc
Do Son
2
RN10
Thai Binh
GOLFE DU TONKIN
Song Tra Ly
Thai Binh
Vu Tien
Song Hong
(Fleuve Rouge)
Dinh
HANOI ★★★ Vaut le voyage
Dinh Bang ★★ Mérite un détour
Hoa Lu ★ Intéressant
Phu Xuyen À voir
Circuit conseillé avec ville de départ
La montagne des Parfums
Les pagodes de l'ouest
Le long du Song Duong
De Hanoi à Ninh Binh
De Ninh Binh à Mai Chau
La baie de Ha Long terrestre
De Ninh Binh à Haiphong
La Rome de Bac Bo
3
C
D

Hanoi

★★★

1 524 862 millions d'habitants (6 562 000 agglomération) - capitale du Vietnam

NOS ADRESSES PAGE 157

S'INFORMER

Vietnam Tourism – Plan I, B3 - *30A Ly Thuong Kiet - ℘ (04) 3825 99 42 - www.vn-tourism.com.*

Toserco – Plan II, C4 - *8 To Hien Thanh - ℘ (04) 3976 00 66 - www.toserco-hanoi.com.*

Une multitude de petites agences de voyages pourront aussi vous renseigner et vous aider à organiser vos excursions *(voir p. 157).*

SE REPÉRER

Carte de microrégion B1 *(p. 134-135).*

Plans I et II de Hanoi *(p. 138 et p. 140-141).*

Voir « Arriver / Partir » dans « Nos adresses à Hanoi » p. 158.

À NE PAS MANQUER

La visite dominicale des monuments de la place Ba Dinh (Plan II, B3) ; l'ambiance du quartier des Trente-Six Guildes (Plan I) ; le musée d'Ethnographie.

ORGANISER SON TEMPS

Du petit-déjeuner sur le trottoir au café *den*, en passant par le pub improvisé dans le jardin d'une villa coloniale : prenez le temps de vivre Hanoi.

Les périodes les plus agréables vont d'octobre à décembre et d'avril à juin. Évitez les excursions organisées au départ de Hanoi : mieux vaut choisir une agence directement sur les sites que vous souhaitez visiter.

En 2010, Hanoi a fêté son millénaire. Longtemps assoupie sous la garde de la grande digue qui la protège du fleuve Rouge, la capitale de la république démocratique du Vietnam s'est peu à peu éveillée depuis la fin des années 1980. Derrière les rangées de platanes, les demeures abandonnées par la France coloniale ont repris du galon et les maisons-tubes des vieux quartiers d'artisans se refont une beauté, tandis que s'élèvent çà et là des tours en béton et des gratte-ciel de verre et d'acier. Car Hanoi ne grandit pas ; elle pousse à la manière de ses banians qui imposent leurs statures centenaires, crevant une façade, envahissant un trottoir. Aussi diurne que Saigon est nocturne, cette ancienne agglomération de villages, parsemée de lacs, s'anime comme une horloge suisse : les petites heures de l'aube sont annoncées par les oiseaux en cage, celles du jour rythmées par le cri des métiers ambulants, celles du soir par l'armée des balayeuses, coiffées du chapeau conique et la bouche masquée, qui, méthodiquement, font disparaître toute trace laissée par les hommes.

Sur le rond-point au nord du lac Hoan Kiem.
B. Rieger / hemis.fr

Se promener

Bon à savoir – Le visiteur pressé pourra emprunter moto *(xe om)* ou taxi pour rallier les principaux centres d'intérêt, mais le flâneur curieux sillonnera la ville à pied, où musées et pagodes ne sont que prétextes pour découvrir des tranches de vie hanoienne.

★★ LE QUARTIER DES TRENTE-SIX GUILDES Plan I, p. 138

Prévoyez une demi-journée.

Bon à savoir – La vieille ville de Hanoi est un labyrinthe où il fait bon se perdre. Pas un trottoir qui n'ait ses commerces de poche, improvisés autour d'un brasero, d'une bassine d'huile fumante, de quelques pains dans un panier en plastique fluo ou de cigarettes vendues à l'unité.

HANOI INCONTOURNABLE	
Jour 1	Le matin, flânerie dans le quatier des Trente-Six Guildes (ci-dessus), promenade le long du lac de l'Ouest (p. 153) et visite du temple Quan Thanh (p. 153) et de la pagode du Lotus d'or (p. 154). L'après-midi, visite du musée d'Ethnographie (p. 155) (attention, le musée est fermé le lundi).
Jour 2	Promenez-vous le matin dans l'ancienne concession française, sur l'avenue de l'Opéra et dans le Petit Paris (p. 143), et profitez-en pour visiter le musée d'Histoire (p. 146). L'après-midi, découvrez, à l'ouest du centre-ville, le temple de la Littérature (p. 152) puis les monuments de la place Ba Dinh (mausolée de Ho Chi Minh, palais présidentiel...) (p. 149). Terminez votre journée par un spectacle traditionnel de marionnettes (p. 171).
Jour 3	Excursion à Tam Coc, la baie de Ha Long terrestre, située au sud de Hanoi (p. 187).

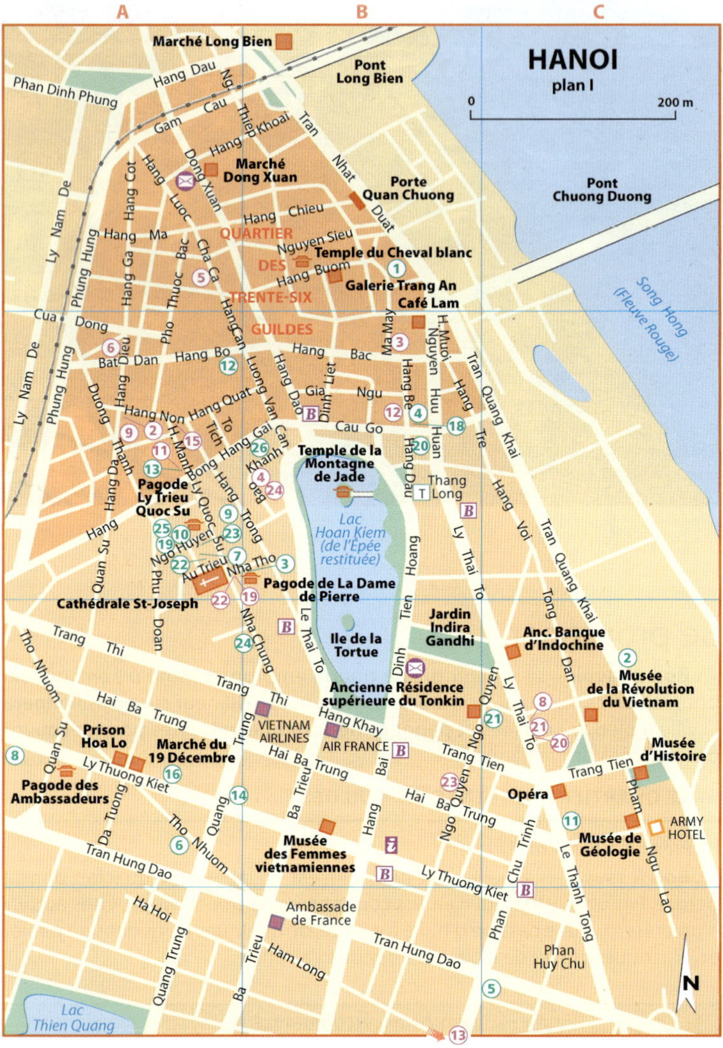

SE LOGER

Camellia 4 Hotel.......... 2	Hanoi Lucky Hotel....... 19	Royal View Hotel.......... 20
Church Hotel................ 3	Hanoi Orchid Hotel..... 18	Sofitel Metropole......... 21
Cinnamon..................... 22	Hanoi Style Hotel........ 1	Thien Trang Mini Hotel 24
Classic Street Hotel...... 4	Hilton Hanoi Opera..... 11	Trung Nam Hai Hotel... 25
De Syloia Hotel............ 5	Hoa Linh Hotel............. 12	Viet Fun 3 Hotel........... 23
Eden Hanoi Hotel......... 6	Hong Ngoc Hotel......... 13	Win Hotel..................... 26
Especen 1..................... 7	Lotus Guesthouse........ 14	
Hang Trong Hotel........ 9	Melia Hanoi................. 16	
Hanoi Backpackers' Hostel...................... 10	Mövenpick................... 8	

SE RESTAURER

Bun Bo	2	Dong Thinh	9	Salsa (La)	22
Café des Arts	4	Garden	11	Serenade	23
Cha Ca La Vong	5	Green Tangerine	12	Stop Café	24
Cha Ca 66	6	Hanoi Gourmet	13	69	3
Dac Kim	15	Paris Deli	19		
Diva Café	8	Press Club	20		
		Restaurant Club Opera	21		

★ Le lac Hoan Kiem (Le lac de l'Épée restituée) B2-3

Ancien bras du fleuve Rouge devenu lac résiduel, il forme la limite sud de l'ancienne ville commerçante. Ses berges furent aménagées en promenade publique dès le début des années 1930. Elles sont aujourd'hui fréquentées à toute heure, mais avec une préférence marquée pour les petites heures de l'aube, lorsqu'elles deviennent le terrain de prédilection des Hanoiens de tout âge qui y pratiquent leur sport de plein air favori: jogging, badminton ou taï-chi-chuan.

Un joli pont de bois dessert le **temple de la Montagne de Jade★★** *(Den Ngoc Son) (7h30-18h30 - 3 000 VND)*, édifié au 19e s. sur un îlot du lac, à l'emplacement d'un ancien palais des seigneurs Trinh. Il est dédié au dieu de la Littérature Van Xuong, au général Tran Hung Dao, vainqueur des Mongols au 13e s., et au génie de la Médecine La To. Dans une salle latérale gît une tortue géante naturalisée, découverte dans les eaux du lac en 1968. C'est peut-être ici que l'histoire croise la légende… Au milieu du lac, l'**île de la Tortue**, avec sa tour qui mériterait un rafraîchissement, commémore cet épisode merveilleux, ainsi, bien sûr, que le nom de baptême du petit lac.

1

★★ Temples et maisons-tubes B1-2

Au nord du lac court la très passante **Hang Dao** (« rue des Fleurs de Pêcher ») avec ses maisons début 20e s. aux façades occidentalisées. Elle était la « rue de la Soie » des Français d'Indochine et son nom vietnamien fait allusion à la couleur rose, alors à la mode pour teindre les articles en soie. Ce rôle est dévolu aujourd'hui à sa voisine, **Hang Gai** (« rue du Chanvre »), où se trouvent plusieurs magasins de soieries réputés.

Parallèlement à Hang Dao, **Dinh Liet**, la rue des *com pho*, est coupée par Gia Ngu où se déploient un marché de vêtements *(à l'ouest)* et des stands de spécialités culinaires *(à l'est)*. Dinh Liet délimite désormais, avec **Hang Bac** (« rue des Orfèvres ») et **Hang Be** (« rue des Canots »), le quartier d'une corporation d'un genre nouveau: les mini-hôtels pour budgets serrés qui ont poussé comme des champignons dans les années 1990.

Dans **Hang Bac**, qui est la plus vieille artère urbaine de Hanoi (13e s.), le commerce des orfèvres s'est éteint avec le transfert de la capitale à Hué au 19e s.,

LA LÉGENDE DE L'ÉPÉE RESTITUÉE

En 1427, Le Loi organisa sur l'actuel **lac Hoan Kiem** une parade nautique pour célébrer la défaite des troupes chinoises envoyées par les Ming *(voir « Histoire », p. 115)*. Une partie de sa victoire était due à une épée magique, entrée en sa possession dans des circonstances extraordinaires. Quand parut le souverain, appuyé sur son glaive à la proue de son navire, une immense tortue émergea des flots, qui saisit l'arme dans sa gueule et l'engloutit à jamais: l'épée magique avait rempli sa mission, le Vietnam était libéré du joug chinois.

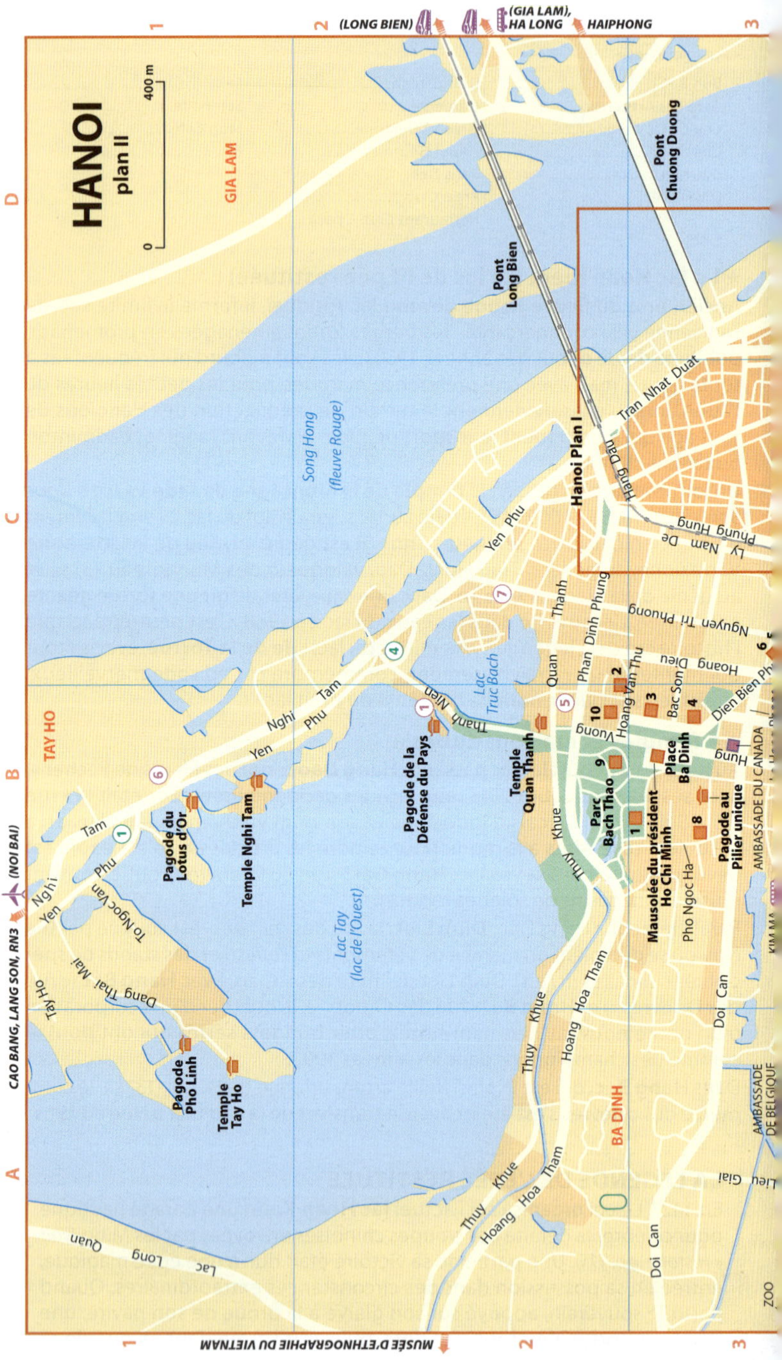
HANOI
plan II
0
400 m
GIA LAM
TAY HO
BA DINH
Song Hong
(fleuve Rouge)
Lac Tay
(lac de l'Ouest)
Lac
Truc Bach
Pont
Long Bien
Pont
Chuong Duong
Hanoi Plan I
(LONG BIEN)
(GIA LAM),
HA LONG
HAIPHONG
CAO BANG, LANG SON, RN3
(NOI BAI)
MUSÉE D'ETHNOGRAPHIE DU VIETNAM
Pagode
Pho Linh
Temple
Tay Ho
Pagode du
Lotus d'Or
Temple Nghi Tam
Pagode de la
Défense du Pays
Temple
Quan Thanh
Parc
Bach Thao
Mausolée du président
Ho Chi Minh
Place
Ba Dinh
Pagode au
Pilier unique
AMBASSADE DU CANADA
AMBASSADE
DE BELGIQUE
ZOO
Yen Phu
Nghi Tam
Thanh Nien
Quan Thanh
Phan Dinh Phung
Hoang Van Thu
Bac Son
Dien Bien Phu
Hung Vuong
Thuy Khue
Hoang Hoa Tham
Doi Can
Pho Ngoc Ha
Lieu Giai
Lac Long Quan
To Ngoc Van
Dang Thai Mai
Tay Ho
Tran Nhat Duat
Hang Dau
Phung Hung
Ly Nam De
Nguyen Tri Phuong
Hoang Dieu
1
2
3
D
C
B
A

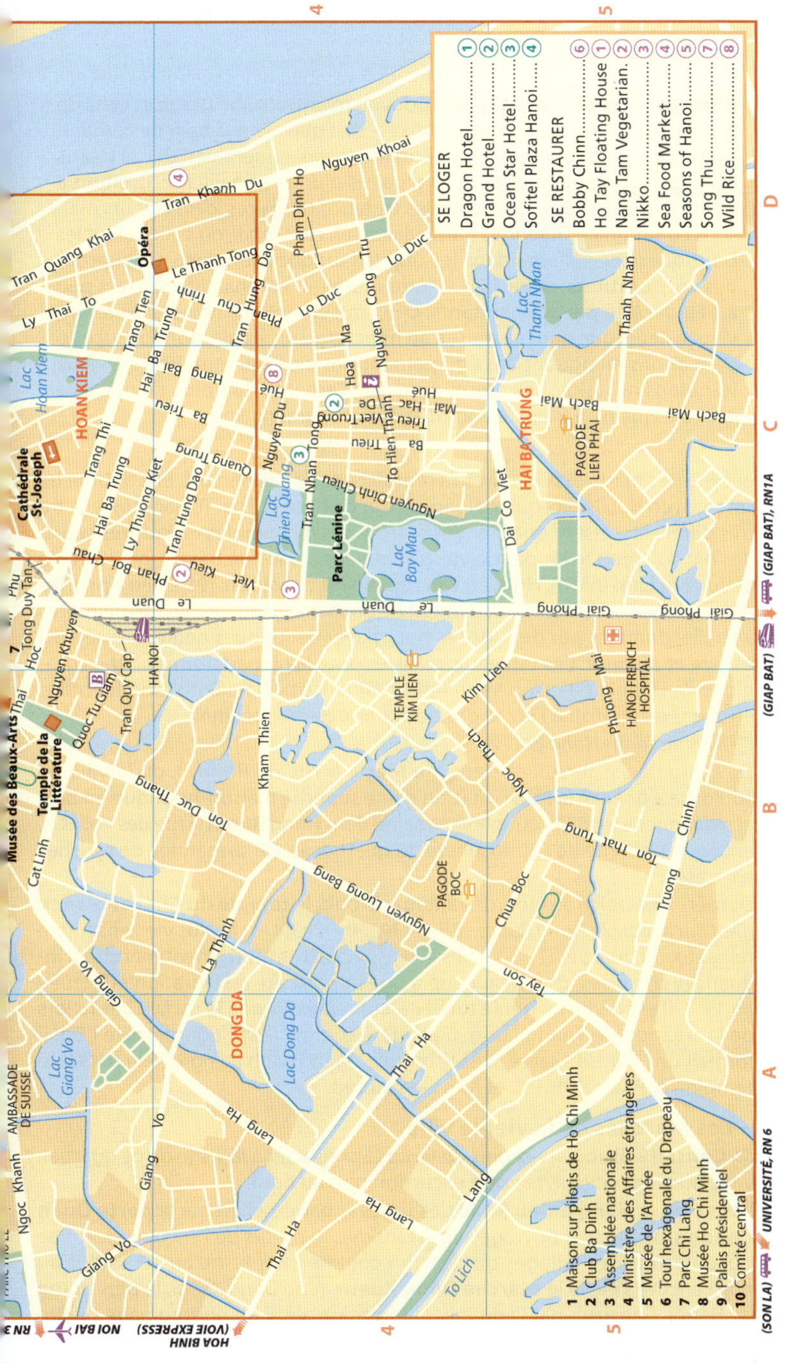
SE LOGER
Dragon Hotel 1
Grand Hotel 2
Ocean Star Hotel 3
Sofitel Plaza Hanoi 4
SE RESTAURER
Bobby Chinn 6
Ho Tay Floating House 1
Nang Tam Vegetarian. 2
Nikko 3
Sea Food Market 4
Seasons of Hanoi 5
Song Thu 7
Wild Rice 8
1 Maison sur pilotis de Ho Chi Minh
2 Club Ba Dinh
3 Assemblée nationale
4 Ministère des Affaires étrangères
5 Musée de l'Armée
6 Tour hexagonale du Drapeau
7 Parc Chi Lang
8 Musée Ho Chi Minh
9 Palais présidentiel
10 Comité central
HOAN KIEM
HAI BA TRUNG
DONG DA
Lac Hoan Kiem
Lac Thien Quang
Lac Bay Mau
Lac Thanh Nhan
Lac Dong Da
Lac Giang Vo
Parc Lénine
Opéra
Cathédrale St-Joseph
Temple de la Littérature
Musée des Beaux-Arts
TEMPLE KIM LIEN
PAGODE LIEN PHAI
PAGODE BOC
HANOI FRENCH HOSPITAL
AMBASSADE DE SUISSE
HA NOI
To Lich
(GIAP BAT), RN1A
(GIAP BAT)
(SON LA) UNIVERSITÉ, RN 6
HOA BINH (VOIE EXPRESS)
NOI BAI
RN 3
A
B
C
D
4
5

LES 36 GUILDES

Ce quartier prit forme sous les Ly, lorsque s'établirent les premières guildes d'artisans, réquisitionnées par le pouvoir royal pour son usage et celui de la cour. Au 15e s., leur nombre fut fixé à 36. Équivalent urbain de l'organisation rurale, chaque quartier de guilde *(hang)* rassemblait des **artisans** exerçant un même métier et originaires d'un même village, greffant à Hanoi leurs pagodes, leurs temples de héros tutélaires *(den)* et leurs maisons communales *(dinh)*. Ils s'articulaient en rues *(pho)*, où s'alignaient les boutiques spécialisées dans les objets fabriqués sur place. Le quartier des **corporations**, aujourd'hui entre mutation et réhabilitation, est peu à peu déserté par ses habitants. Ceux qui en ont les moyens préfèrent vivre ailleurs que dans ce musée architectural surpeuplé, dont beaucoup de maisons manquent des équipements les plus élémentaires. De vieux Hanoiens nostalgiques murmurent que l'argent a fait plus de mal à ce quartier que n'en firent les bombardements américains.

et celui des marbres funéraires l'a remplacé sur la portion est. Elle débouche sur Nguyen Huu Huan, qui prolonge la très chic rue Ly Thai To dans un registre très différent : c'est le quartier des marchands de meubles en contreplaqué, des *bia hoi* fréquentés par de vieux Hanoiens coiffés de bérets (nos 20 et 67) et du **café Lam** (no 91). Nguyen Van Lam ouvrit ce café en 1956. Peu à peu, les murs de l'établissement se couvrirent de gouaches, d'aquarelles, de peintures à l'huile, données par des artistes pour payer les longues heures passées ici à boire et discuter. Ces tableaux, réalistes pour la plupart, forment une chronique de Hanoi et d'un art vietnamien influencé par la peinture occidentale, enseignée autrefois à l'École des beaux-arts de l'Indochine.

▶ *Revenez dans Hang Bac.*

De Hang Bac, poursuivez dans **Ma May★** (« rue du Rotin »), où la ville de Toulouse a financé la réhabilitation d'une superbe maison-boutique en bois et maçonnerie (no 87). Vous parvenez ainsi dans **Hang Buom** (« rue des Voiles »), encore empreinte de l'atmosphère du quartier au 19e s., mâtinée de touches chinoises.

Derrière une porte aux lourds vantaux de bois, le **temple du Cheval blanc★** *(Den Bach Ma) (76 Hang Buom - 8h-11h30, 14h-17h30)* est le plus vieil ensemble religieux du quartier (11e s.), mais son aspect actuel, fortement marqué d'influences chinoises, doit beaucoup à une importante restauration effectuée au 19e s. Il est dédié au génie tutélaire **Long Do** qui aida le roi Ly Thai To lors de la création de Thang Long. Considéré comme l'esprit gardien de l'Est, il formait un dispositif sacré avec le temple Quan Thanh au nord *(voir p. 153)*, le temple Voi Phuc à l'ouest, et Kim Lien au sud.

★ Les marchés de la vieille ville AB1

Conseil – Si vous avez plus de temps à consacrer à la visite de ce quartier, vous pouvez poursuivre votre excursion plus au nord.

Vous croisez **Hang Chieu** (« rue des Joncs »), barrée à l'est par la **porte Quan Chuong** (1749), seul ouvrage subsistant des 16 portes de l'enceinte fortifiée qui enfermait les villages du quartier commerçant jusqu'au 19e s. Plus au nord encore s'élève le **marché Dong Xuan★** *(Cho Dong Xuan)*, le plus grand de Hanoi. Construit par l'administration coloniale, il fut endommagé par un incendie en 1994 et ne conserve plus que la façade de la halle originale. Dans cette version hanoienne de La Samaritaine, on trouve tout sur trois étages. Une excellente adresse si vous recherchez des objets traditionnels et bon marché.

Porte Quan Chuong.
Sime / Photononstop

1

De là rejoignez Gam Cau, encore plus au nord, et prenez la direction du fleuve Rouge.
Construit entre 1897 et 1902, le **pont Long Bien** (ex-pont Paul-Doumer) étire sa carcasse de métal entre les rives du fleuve et fut longtemps son seul point de franchissement. Désormais doublé par le **pont Chuong Duong**, à 650 m en aval, qui relie Hanoi à Gia Lam, il ne sert plus qu'au passage des trains, des vélos et des piétons. Sous le pont Long Bien s'étend le **marché★** *(Cho Long Bien)* le plus fascinant de la ville. Il fonctionne 24h/24, avec deux temps forts, entre 2h et 5h30, puis 15h et 18h, quand des camions venus de tout le pays y déchargent leurs cargaisons de fruits, de poissons et de crevettes séchées.

★ L'ANCIENNE CONCESSION FRANÇAISE Plan I, p. 138

Comptez une demi-journée, voire une journée si vous visitez les musées.
Bon à savoir – Attention, la plupart des musées sont fermés le lundi.
Le premier quartier investi par les Français s'étendait au sud-est de la vieille ville. On repère aisément le tracé de ses avenues au cordeau sur le plan de la ville aujourd'hui. Ici, on croise d'intéressantes architectures coloniales, dans une atmosphère bien plus animée que celle des sévères ambassades de Ba Dinh.

★ Le « petit Paris » et l'avenue de l'Opéra (Trang Tien) BC3

Les instances municipales ont investi les bâtiments abandonnés par l'administration coloniale, dans le périmètre situé entre Dinh Tien Hoang et les cafés chic de Ly Thai To, au nord de Trang Tien. Repeintes de frais, ces constructions forment un ensemble très Belle Époque, au voisinage de l'hôtel Métropole et du **jardin Indira Gandhi** *(Chi Linh)* (B3). L'ex-square Paul-Bert, créé lors de l'aménagement des rives du lac en 1886, a gardé son kiosque à musique de style indochinois. Côté lac, la poste occupe toujours le **bureau des Postes et Télégraphes** (B3) conçu par Vildieu, mais un bâtiment plus soviétique a été construit à l'emplacement de la mairie IIIe République, désormais siège

Hanoi, berceau historique du Vietnam

UNE CITÉ SOUS INFLUENCE

En 1010, le jeune État vietnamien déplaça le siège du pouvoir de Hoa Lu à Hanoi. Cette ville s'avérait un meilleur poste de contrôle du nord du pays, car, située à la tête du delta du fleuve Rouge, elle bénéficiait de son réseau de communications fluviales. À ce choix stratégique s'alliaient des considérations géomantiques qu'illustre la légende de sa fondation. Abordant ces rives, le roi **Ly Thai To** vit un dragon s'élever dans les airs. En Extrême-Orient, les manifestations de cette bête bénéfique consacrent le pouvoir d'un souverain. Ainsi baptisa-t-on la cité **Thang Long**, « Envol du Dragon ».
Les Ly (1009-1225) aménagèrent leur capitale sur le **modèle chinois**. La **Cité impériale** s'étendait au centre, doublée des lieux des cultes d'État: l'**Esplanade** pour le sacrifice au Ciel et à la Terre (détruite en 1937) et le **temple de la Littérature** affecté au culte de Confucius, saint patron des lettrés qui régissaient le royaume. À l'est s'étendaient les quartiers commerçants et artisans, qui s'appuyaient sur les quais de transbordement de la rivière To Lich et du fleuve Rouge. L'ensemble fut protégé des crues par une digue, élevée en 1108. Hanoi demeura capitale des dynasties vietnamiennes jusqu'au 19e s., période du transfert des instances du pouvoir à Phu Xuan (Hué). Durant cette longue séquence, la cité ne connut aucun changement notable, hormis son nom. L'un d'eux, **Dong Kinh**, « capitale de l'Est » (1427), demeura longtemps attaché à la région du Nord en devenant le Tonkin des Français d'Indochine.

DE DONG KINH AU TONKIN

Le 19e s. sonna, pour un temps, le glas de Hanoi. En 1802, **Gia Long** contrôlait tout le pays. Anticipant l'insoumission des gens du Nord, il fixa sa capitale à **Hué**, base traditionnelle des seigneurs Nguyen, et ordonna en 1805 de réduire l'ancienne citadelle pour la ramener à des normes plus modestes que celles de ses palais d'Annam. En 1831, lorsque Minh Mang créa les divisions administratives de l'empire, la cité devint la résidence du gouverneur de la province de Hanoi. Sous le règne de **Tu Duc**, les derniers palais furent démolis, et toutes les richesses transférées à Hué.
En 1873, dans la foulée des guerres de l'Opium menées en Chine, les **Français** arrachèrent une concession de 2,5 ha, au sud de la cité. Puis ils élargirent leur emprise avec la mise en place du protectorat de l'Annam-Tonkin en 1883, puis de l'Union d'Indochine en 1887, dont Hanoi, entièrement concédée aux Français, fut la capitale. La ville devint un greffon des institutions républicaines, tout juste rétablies en France, et la citadelle de Gia Long, jugée anachronique, fut rasée en 1896-1897.

CAPITALE DE L'INDOCHINE

De 1888 à 1945, les Français d'Indochine réglèrent le sort de leurs colonies asiatiques (Vietnam, Laos et Cambodge) depuis la résidence du gouverneur général à Hanoi. Les aménagements effectués dans la capitale coloniale au tournant du 19e s., inspirés de l'éclectisme architectural en vigueur sous la IIIe République, modifièrent durablement la physionomie de la ville. Des villas de style néorégionaliste ou néo-Renaissance apparurent sur l'ancien

territoire de la concession et à l'emplacement de la citadelle démolie. **Auguste-Henri Vildieu**, chef du service des Bâtiments civils d'Indochine, logea les instances administratives dans des édifices néoclassiques, dont témoignent toujours la résidence du gouverneur, le bureau des Postes et Télégraphes ou l'Opéra. Le centre-ville fut peu à peu électrifié, et la première ligne de tramway inaugurée en 1917. Les soirs d'été et le dimanche, la société élégante sortait en rickshaw, un moyen de transport importé du Japon et que rendaient silencieux ses roues équipées de pneumatiques, fabriqués avec le caoutchouc des plantations coloniales.
Pourtant, la capitale indochinoise ne connut pas le destin brillant de Shanghai, de Hongkong ou de Singapour, autres nouvelles métropoles asiatiques alors en plein essor. Hanoi n'était pas un port et celui de Haiphong, auquel elle était reliée par un service de vapeurs, demeurait à l'écart des grandes routes du trafic maritime.

GUERRES ET PAIX

Hanoi fut au centre du processus d'indépendance engagé par **Ho Chi Minh** lors de la révolution d'août 1945, au sortir de l'occupation japonaise. Le 2 septembre de la même année, il choisit la place Ba Dinh, site de l'ancienne citadelle et quartier général de l'administration coloniale, pour proclamer la naissance de la **République démocratique du Vietnam**. Après neuf ans de guerre d'Indochine, le **9 octobre 1954,** les forces françaises quittèrent Hanoi, mais celle-ci n'était plus capitale que jusqu'au 17e parallèle.
Le nouveau pouvoir ne connut que dix années de répit pour industrialiser la région et remodeler la ville, recourant à une politique collectiviste de grands travaux basée sur le volontariat. En février 1965, les B52 américains envahirent le ciel du delta et la survie s'organisa au gré des sirènes et des longues nuits passées dans les abris anti-aériens. Hanoi se replia dans le réseau restreint des échanges avec Cuba et l'Albanie, sous la houlette du « grand frère » soviétique.

LA CAPITALE DU VIETNAM RÉUNIFIÉ

La vieille capitale royale, pôle culturel et berceau historique des Vietnamiens, devint celle du pays unifié en 1976. Sur la place Ba Dinh, les nouvelles institutions nationales occupèrent les anciens bâtiments publics français, ou les côtoyèrent dans des édifices construits avec le partenariat soviétique. Une grande partie des années 1980 fut employée à doter Hanoi et sa région de nouvelles infrastructures, les anciennes ayant été anéanties par les années de guerre. La plus notable fut la construction du pont Thang Long qui désenclave la ville au nord et la relie à l'aéroport de Noi Bai. Les quartiers de Thanh Xuan et de Gia Lam reçurent les principaux équipements industriels. Le **doi moi**, la « politique d'ouverture et de changement » qui accompagna l'arrêt de l'aide financière soviétique en 1986 *(voir p. 49)*, fit entrer la cité dans sa physionomie actuelle.
Ces dernières années, Hanoi s'est considérablement développée. Dans le quartier de Cau Giay, situé à l'ouest de la ville, les immeubles de luxe sortent de terre, comme le Keangnam Hanoi Landmark Tower : édifié en 2011, le plus haut gratte-ciel du pays (336 m) abrite des bureaux répartis sur 70 étages. De nouvelles routes et boulevards voient le jour et la première ligne de métro, en construction actuellement, devrait être mise en service en 2016. Hanoi est en perpétuelle expansion.

du Comité populaire de Hanoi. À l'autre bout du square, la Vietcombank a déménagé en 2000 d'un des édifices les plus étonnants du style colonial international : la **Banque d'Indochine★** (C3), construite en 1930 par Georges-André Trouvé, qui mêle motifs Art déco et citations indochinoises. À l'entrée de Ngo Quyen (ex-boulevard Henri-Rivière), le gouvernement a réquisitionné l'imposant édifice néoclassique de la **Résidence supérieure du Tonkin** (B3) pour y installer sa maison d'hôtes. Juste en face, au n° 15, le plus vieux palace de Hanoi (1901), le **Métropole** (C3), est peut-être l'un des lieux les plus chargés de l'histoire contemporaine de la ville, car de nombreuses personnalités se sont croisées ici.

Avenue de l'Opéra *(Trang Tien)* – C3. L'axe principal de l'ancienne concession française est situé entre le fleuve Rouge et la citadelle. Au début du 20e s., elle accueillait Les Magasins réunis, le Crédit foncier, la Banque franco-chinoise, l'Imprimerie d'Extrême-Orient et le Club des vétérans. Avec ses galeries d'art, ses librairies et ses arcades ombragées débouchant sur la place de l'Opéra restauré, l'ancienne rue Paul-Bert a fière allure. Son nom vietnamien actuel, Trang Tien, rappelle l'existence de l'ancienne « sapèquerie » où l'on frappait la monnaie du royaume.

Inspiré du palais Garnier de Paris, l'**Opéra** *(Nha Hat Lon)* (C3) ferme la perspective. Construit entre 1901 et 1911, il était l'unique opéra de style européen à l'est du Caire. Sa programmation (spectacles de magie et orchestres militaires) ne fut pas toujours à la hauteur, et « aller au concert » était surtout l'occasion de se montrer habillé à la dernière mode d'Europe. En août 1945, le comité d'insurrection organisa le premier rassemblement pour l'indépendance du haut de ses balcons. Aujourd'hui, de nombreux concerts et spectacles y sont donnés.

Musée d'Histoire★ *(Bao Tang Lich Su)* – C3 - *À l'est de l'Opéra - 1 Pham Ngu Lao - tlj sf lun. 8h-11h, 13h30-17h - 10 000 VND - comptez 1h.* Dessiné par Ernest Hébrard, l'édifice puise dans le répertoire architectural tonkinois, comme ces bras de console agencés pour former la grande coupole. N'espérez toutefois pas trop ressortir avec une vision synthétique de l'histoire du Vietnam. Seules les étiquettes sont trilingues (avec une traduction parfois curieuse), les panneaux d'explication et les cartes étant en vietnamien uniquement. Vous en apprendrez davantage au musée des Beaux-Arts *(voir p. 151)*.

L'intérêt de l'institution réside surtout dans sa remarquable sélection de **statuaire chame★★**, exposée à l'étage de la rotonde : 50 sculptures à observer en tournant dans le sens des aiguilles d'une montre. De la première époque (7e-10e s.) aux audacieuses combinaisons de formes de la fin du 11e s., en passant par les bouddhas assis du Dong Duong (10e s.), tout le meilleur de la plastique du royaume indianisé est représenté.

Il faut une solide imagination pour restituer ce que pouvaient être les citadelles et capitales du 15e au 18e s. à travers les pièces exposées : briques, dalles de pavement aux motifs d'inspiration chinoise et menus objets de métal. L'**art céramique** en revanche est bien illustré. On assiste à l'essor de la céramique des 14e-15e s., avec des pièces de Bat Trang et de Chu Dau ornées à la mode des « bleu et blanc » de Chine, jusqu'aux expériences des 17e-18e s.

La courte dynastie des Tay Son (1778-1802) est bien représentée avec un bel ensemble de **statuaire bouddhique** en bois laqué. La cour des Nguyen (1802-1883) à Hué offre la collection la plus diversifiée (meubles et objets d'apparat : sièges, coffres et autels en bois sculpté laqué rouge et or, écrans, plateaux et boîtes en bois sombre incrusté de nacre). Parmi les documents, vous remarquerez une photographie de la citadelle de Hué en 1932, avec son alignement de toitures à la mode de la Cité impériale de Pékin, et une série

SE REPÉRER

Hanoi est une agglomération de sept arrondissements (Hoan Kiem, Ba Dinh, Dong Da, Hai Ba Trung, Tay Ho, Cau Giay et Thanh Xuan) couvrant une superficie de 2 146 km². Le périmètre du promeneur est beaucoup plus réduit.

Le **lac Hoan Kiem** (Plan I, B2-3) constitue le cœur du centre-ville. Il est bordé au nord par le **quartier des Trente-Six Guildes** (Plan I, AB1-2), le damier des corporations de l'artisanat et du commerce, grandi entre les quais du fleuve Rouge, à hauteur du pont Long Bien, et le flanc est de la citadelle. C'est lui qui confère à Hanoi sa personnalité si chaleureuse et y sont installés nombre des hôtels bon marché. Au sud du lac, l'**ancienne concession française** (Plan I, BC3), marquée de constructions de la Belle Époque, correspond au tracé orthogonal qui s'étend entre l'Opéra et la cathédrale. Plus au sud encore, à la limite des arrondissements de Hai Ba Trung et de Dong Da, le quartier étudiant autour du **parc Lénine** (Plan II, C4) offre peu de lieux à visiter, mais une atmosphère particulière. L'arrondissement nord-est englobe quant à lui le secteur de la citadelle. Symbole national, la **place Ba Dinh** (Plan II, B3) voit se côtoyer les édifices commémoratifs de l'indépendance du Vietnam et les villas édifiées par les Français autour du palais du gouverneur général d'Indochine, actuel palais présidentiel. Au nord de la place, autour du **lac de l'Ouest** (Plan II, AB1-2), vous dénicherez quelques-uns des plus beaux temples de Hanoi.

d'**aquarelles**★ représentant la cour. Les dernières vitrines content le destin du pays sous l'administration coloniale, puis la révolution.

Dans le voisinage, les curieux pourront visiter d'autres collections : Le **musée de Géologie** *(Bao Tang Dia Chat) –* C3 *- 6 Pham Ngu Lao - tlj sf dim. 8h-12h, 13h30-16h30,* permet d'en apprendre davantage sur les reliefs karstiques du Bac Bo. Quant au **musée de la Révolution du Vietnam** *(Bao Tang Cach Mang Viet Nam) (*C3 *- 25 Tong Dan - tlj sf lun. 8h-11h30, 13h30-16h - 10 000 VND),* il occupe le premier édifice public français implanté en 1875 : la Direction des douanes et des mines de l'Indochine. Des documents y retracent la lutte pour l'indépendance et l'histoire du parti communiste vietnamien.

★ Le long de l'avenue Ly Thuong Kiet AB3

Les avenues Hai Ba Trung (ex-boulevard Rollandes) et Ly Thuong Kiet (ex-boulevard Carreau) furent tracées en 1897 et quelques villas remontent à cette époque. Certaines hébergent de luxueuses résidences ou des bureaux d'ambassades, mais d'autres sont occupées par des familles, de petits restaurants ou autres commerces improvisés.

En remontant l'avenue Ly Thuong Kiet vers l'ouest, vous trouvez à hauteur du carrefour avec Ba Trieu le **musée des Femmes vietnamiennes**★ *(Bao Tang Phu Nu Viet Nam) (*B3 *- 36 Ly Thuong Kiet - 8h30-17h - 30 000 VND).* Derrière un discours (très) idéologique, se cachent des expositions émouvantes sur des sujets aussi variés que le culte des déesses-mères ou le rôle des femmes pendant la guerre du Vietnam et dans le quotidien du pays.

Au pied des gratte-ciel ultramodernes de Melia et de Hanoi Tower Center, engouffrez-vous au n° 43 dans le **marché du 19 Décembre**★ *(Cho 19.12)* (A3), ainsi baptisé pour commémorer une victoire sur la France. Ses étals de légumes, de viandes et de condiments sont un modèle de propreté, les poissons séchés sont vendus sous plastique, et les épices sont joliment présentées dans leurs

emballages de kraft. Les âmes sensibles oublieront les cuissots de chien exposés à l'entrée, sur Ly Thuong Kiet.
Au détour de la rue, un porche est surmonté de l'inscription sans équivoque « Maison centrale ».
Prison Hoa Lo *(Nha Tu Hoa Lo)* – A3 - *1 Hoa Lo, au carrefour Tho Nhuom-Ly Thuong Kiet - tlj sf lun. 8h-11h, 13h30-16h30 - 10 000 VND.* Elle servit de geôle à l'administration coloniale avant d'accueillir les pilotes américains capturés par les Vietnamiens. Transformée en musée, elle retrace les mauvais traitements infligés aux prisonniers politiques par les Français et le séjour, présenté sous un jour presque idyllique, des captifs américains qui avaient baptisé la prison « Hanoi Hilton ».
Pagode des Ambassadeurs *(Chua Quan Su)* – A3 - *73 Quan Su, entre Ly Thuong Kiet et Tran Hung Dao - 6h-17h.* Édifiée au 15e s. dans un quartier affecté au logement des ambassades en visite à Thang Long, elle se repère à ses longs murs jaunes à claire-voie. En 1822, le temple fut restauré à l'usage des soldats d'une garnison voisine, puis accueillit en 1934 le siège de l'Association bouddhiste du Tonkin. Il fut alors reconstruit sous l'aspect qu'on lui voit aujourd'hui. Les salles ont été dotées de belles pièces de bois sculpté et laqué, telle cette énorme suspension de dragons enroulés portant Bouddha enfant. Très fréquentée par une population féminine, la pagode héberge l'Institut d'études bouddhiques du pays.

★ Le quartier de la cathédrale AB2

Remontez vers l'avenue Trang Thi pour emprunter la rue Phu Doan, puis la ruelle Au Trieu qui longe le chevet de la **cathédrale St-Joseph** *(Nha Tho Lon) (5h-7h, 17h-19h).* Sa façade à deux tours carrées, édifiée entre 1883 et 1891 dans un style gothique d'inspiration Viollet-le-Duc, domine le parvis qui sert de cour de récréation au collège voisin. La statue de la Vierge à l'Enfant a conservé son inscription « *Regina Pacis* », et la cloche sonne toujours les heures dès 6h du matin. Le dimanche, jour de grand-messe, la place voit un envol de dames et de demoiselles en *ao dai*.
La rue Nha Tho est aujourd'hui le quartier des expats branchés qui ont converti ses belles demeures en boutiques et cafés chic. Au n° 3, un porche ouvre sur la cour de la **pagode de la Dame de Pierre** *(Chua Ba Da) (7h-11h30, 13h30-18h30).* Reconstruite au 18e s., elle fut fondée au 15e s. pour abriter un bloc de pierre, découvert lors de travaux de terrassement dans la citadelle, dans lequel les ouvriers avaient vu l'apparence d'un bouddha féminin. Ne cherchez pas l'image, remplacée depuis par une statue en bois.
Beaucoup plus ancienne, fondée en 1131, mais restaurée en 1855 et 1954, la **pagode Ly Trieu Quoc Su★** *(50 Ly Quoc Su - 6h-17h)* possède le cachet indéfinissable des pagodes hanoiennes, avec son triple porche chantourné, ses caractères chinois et son débordement de banians sur la rue.

AUTOUR DU PARC LÉNINE Plan II C4, p. 140-141

Comptez 2h.
Tout près de l'ambassade de France, dans un quartier résidentiel calme composé de quelques villas huppées, vous pouvez vous échapper vers le sud en suivant la ruelle Ha Hoi. Vous parvenez ainsi au petit **lac Thien Quang**, bien tranquille avec ses pêcheurs à la

NUMÉROS
Les bâtiments sont numérotés à partir du fleuve pour les artères orientées est-ouest, et la numérotation est croissante vers le sud pour les rues perpendiculaires.

ligne et ses salons de coiffure improvisés autour d'un miroir, ses cafés-karaokés et ses pédalos en forme de cygne, de phénix ou de dragon... Il jouxte le **parc Lénine**, le plus grand de la ville *(5h-22h30 - entrée payante)*, dont le cirque perpétue les grands numéros de la tradition soviétique : acrobaties et ours roulant à vélo *(voir « En soirée », p. 172)*. Le jardin a été créé à la fin des années 1950 dans le cadre des journées de travail socialistes, en assainissant ce qui n'était alors qu'une décharge sur un terrain marécageux. À l'est, autour de Nguyen Du et Mai Hac De, c'est le quartier étudiant, avec ses cafés et restaurants populaires.

À voir aussi Plan II, p. 140-141

★ BA DINH B2-3

Comptez une journée.

Bon à savoir – La place Ba Dinh est située au nord-est du lac Hoan Kiem. Vous pouvez vous y rendre en taxi ou en *xe om*. Attention, de nombreux monuments sont fermés les lundi et vendredi, et le mausolée de Ho Chi Minh ne se visite que le matin.

Du 11e s. à nos jours, Ba Dinh fut le théâtre du pouvoir. Ce quartier très officiel n'a guère d'atmosphère, mais offre une étonnante anthologie d'édifices, où cohabitent temples classiques du 11e s., architectures de la IIIe République française et imposants monuments nationaux construits dans le style soviétique. Un cocktail détonant auquel il faut ajouter le vieux temple de la Littérature, qui bordait l'ancienne cité royale au sud. Le dimanche, l'austère Ba Dinh s'anime du débordement chaleureux des Vietnamiens venus visiter leurs monuments nationaux.

Conseil – Arrêtez-vous déjeuner dans un *bun cha* de Tong Duy Tan.

Les monuments de la place Ba Dinh B2-3

Le site où Ho Chi Minh proclama l'indépendance du Vietnam fut entièrement réaménagé à partir des années 1970 en une vaste esplanade rectangulaire, plantée de 168 carrés d'herbe pour évoquer le damier des rizières du delta. Autour s'élèvent les façades des organes politiques et diplomatiques du pays.

Au nord, le **palais présidentiel** (B2) est installé derrière la façade dessinée par Auguste-Henri Vildieu (1901-1906) pour le gouverneur général, et l'ancien lycée Albert-Sarraut (1919), que fréquentaient les jeunes Français et l'élite vietnamienne, héberge le siège du **Comité central**. À l'angle de Hoang Van Thu, les volumes 1930 de l'ex- Cercle sportif abritent le **club Ba Dinh** (BC2), destiné aux membres retraités du Parti. Il voisine avec l'**Assemblée nationale** (B3), construite en 1970 dans le style néoclassique soviétique. En face, sur le côté ouest, s'élèvent différents monuments élevés à la mémoire du « Père de la nation ».

Le palais présidentiel ne se visite pas, mais on peut pénétrer dans le **parc Bach Thao** (B2-3), un ancien jardin botanique de 20 ha, établi en 1890 pour servir d'arboretum à différentes essences recueillies dans les colonies d'Indochine *(accès par la rue Hoang Hoa Tham ou la rue Ngoc Ha - 8h-17h - entrée payante)*. Une allée de manguiers conduit à la **maison sur pilotis de Ho Chi Minh★** (B3) *(Nha San Bac Ho) (accès par Hung Vuong - 5 000 VND)*, dans laquelle il vécut et travailla de 1958 à 1968. Sa sobriété contraste avec les fioritures stuquées du palais voisin. Au rez-de-chaussée, derrière des fenêtres simplement fermées de stores, Ho Chi Minh tenait ses conseils de guerre autour de la grande table de conférences. Sa chambre et son bureau se trouvaient à l'étage.

1

Au sud du palais présidentiel, surplombant la place Ba Dinh, s'élève la lourde silhouette de marbre gris du **mausolée du président Ho Chi Minh** *(Chu Tich Ho Chi Minh) (*B3 *- tlj sf lun. et vend. 7h30-10h30 en été et 8h-11h en hiver, fermé oct.-nov. - gratuit - la consigne au 8 Hung Vuong - ☏ (04) 3845 51 28 ou 3845 55 20 -est obligatoire, car appareils photo, sacs, chapeaux et casquettes sont interdits; il est défendu de garder ses mains dans les poches et de parler ou de circuler en voiture et à moto devant le mausolée).* Chaque dimanche, la file des visiteurs venus saluer l'Oncle Ho s'étire sur plusieurs centaines de mètres. Leur attente est récompensée par l'autorisation de traverser, en une minute à peine, la salle baignée d'une lumière sépulcrale, où repose la dépouille embaumée du leader. Au même titre que ceux de Lénine et de Mao, le mausolée (1973-1978) est une curiosité léguée par une idéologie qui déposait les dieux pour encenser ses idoles politiques.

Pagode au Pilier unique★ *(Chua Mot Cot)* – B3 *- Ong Ich Kiem - 7h-11h30, 13h30-17h.* À quelques mètres au sud du mausolée, cette pagode est un rare souvenir de la Thang Long du 11e s. Le pavillon en bois, à la toiture élégamment relevée, est posé sur un unique pilotis au milieu d'un bassin. Cette pagode d'un modèle sans lendemain fut élevée en 1050 par Ly Thai To, à l'issue d'un rêve où il eut la vision du palais du Lotus de Quan Am. C'est ce que dit la légende. Pour les ethnologues, elle trahirait plutôt une analogie avec les niches cultuelles que les paysans édifiaient sur des poteaux, en des temps reculés, pour les esprits des rizières et des forêts. L'édifice fut reconstruit à l'identique en 1249, sous la dynastie des Tran. Le pavillon actuel fut relevé sur un pilier de béton en 1955, après sa destruction lors des dynamitages qui accompagnèrent l'évacuation de Hanoi par les Français.

Musée Ho Chi Minh★ *(Bao Tang Ho Chi Minh)* – B3 *- 3 Ngoc La - tlj sf lun. et vend. 8h-11h, 13h30-16h - 5 000 VND; laissez sacs et caméras au vestiaire.* Il fut construit avec l'aide de l'URSS entre 1985 et 1990. Sa muséographie peut vous laisser perplexe si vous ne connaissez pas un minimum d'histoire du Vietnam et de la biographie de Ho Chi Minh, mais vous pouvez néanmoins y consulter de nombreux documents d'archives et photographies. Mémorial d'une conception audacieuse, il combine réalisme socialiste et mythologie traditionnelle vietnamienne : une **statue** colossale de Ho Chi Minh accueille le visiteur en levant la main dans un geste d'enseignement, sur un fond de soleil émergeant des nuages. Le parcours suit les étapes de la vie du leader, de son enfance à ses voyages en Europe et en Chine, à travers des mises en scène très fortes (espace noir et blanc autour des figures de Guernica pour dénoncer le fascisme, fleur aux pétales métalliques symbolisant l'unité du parti communiste, arc-en-ciel annonçant la réunification). Un **autel funéraire**, élevé devant le rideau de pluie de l'automne 1969, évoque la mort du leader.

Le quartier des ambassades BC3

Installé dans le bâtiment de la Direction des finances, construit en 1931 par Hébrard dans le style indochinois, le ministère des Affaires étrangères ferme la place Ba Dinh au sud, là où commence l'avenue Dien Bien Phu. Celle-ci est bordée d'une suite continue de villas françaises, aujourd'hui sièges d'ambassades. Cette promenade architecturale est d'autant plus agréable que les trottoirs sont larges et ombragés.

Musée de l'Armée★ *(Vien Bao Tang Quan Doi)* – C3 *- 28-30 Dien Bien Phu - tlj sf lun. et vend. 8h30-11h30, 13h30-16h30 - 10 000 VND; comptez 30mn.* Le musée s'étend au pied de la **tour hexagonale du Drapeau** *(Cot Co)* qui fut élevée en 1812, sous le règne des empereurs Nguyen *(accès possible aux heures d'ouverture du musée).* Dans la cour, un enchevêtrement de ferraille, avions abattus et

Mausolée du président Ho Chi Minh.
Gavin Hellier / Robert Harding Picture Library / age fotostock

prises de guerre, annonce la couleur : le musée est tout entier dédié aux longs conflits que vécut le pays. Un pavillon est consacré à la bataille de Dien Bien Phu avec une maquette, des images filmées à l'époque, et la fameuse bicyclette viet-minh qui servit au transport de l'artillerie. D'autres salles exposent cartes de campagnes, reliques, armes et photos très émouvantes, notamment de la guerre contre les Américains.

Un peu plus bas, le **parc Chi Lang** (C3) est un clin d'œil au grand frère russe. Il fut aménagé en 1985-1987 pour célébrer le 70e anniversaire de la révolution soviétique et accueillir une **statue de Lénine** spécialement importée d'URSS.

Pour gagner le musée des Beaux-Arts, empruntez la rue Tran Phu, le long de laquelle des grilles protègent du regard les villas cossues.

Musée des Beaux-Arts★★ *(Vien Bao Tang My Thuat)* – B3 - *66 Nguyen Thai Hoc, au coin de Cao Ba Quat - tlj sf lun. 8h-11h30, 13h30-16h30 - 10 000 VND - comptez 1h.* Derrière la façade couleur vanille et café d'un ancien lycée de jeunes filles, le musée explore sur trois étages le patrimoine artistique du pays. Les salles du rez-de-chaussée débutent avec l'**art du Dong Son**, rare occasion d'admirer la virtuosité des bronziers de ces âges (1er millénaire av. J.-C.). Les objets d'apparat déploient figures humaines ou animales, traitées avec beaucoup de verve. Rares sont les **sculptures chames**, mais de belle qualité : une jolie danseuse de Tra Kieu (9e-10e s.), un buste féminin d'un grand classicisme, un joueur de flûte à l'air mélancolique et un danseur cambré comme un esclave de Michel-Ange.

On peut se faire une idée complète de la sculpture vietnamienne du 10e au 18e s., mais attention, certaines sont des copies non signalées. La délicatesse de l'**art des Ly** (1009-1225) transparaît dans sa sculpture architecturale : piédestal où deux lions s'enroulent pour jouer avec une perle, base de colonne ciselée d'une farandole de danseurs et musiciens. Au contraire, l'**art des Tran** (1225-1413) joue sur la vigueur de formes amples, à l'exception des claustras de porte ou de fenêtre sculptés de figurines. La renaissance artistique sous les **Le** et les **Mac** (15e-16e s.) éclate dans une Quan Am aux 40 bras, assise sur

un lotus porté par un géant émergeant des flots, ou un bouddha de l'Ouest au visage penché et empreint d'une beauté androgyne (copie d'une sculpture de la pagode Phat Tich de Bac Ninh). L'**art des Le postérieurs** (1428-1789) est de facture plus fruste, mais pleine de saveur quand il s'agit de camper des scènes quotidiennes pour orner les maisons communales. Une dernière salle présente des peintures anciennes, tels ce couple du roi Ly Nam et de sa reine exécuté en laque sur bois au 17e s., le portrait, d'une précision photographique, de Nguyen Chu Ai en costume de mandarin (début 19e s.), ou un rouleau vertical peint à l'encre sur soie représentant le retour des mandarins avec tous les honneurs.

Au 1er étage, il est question d'**art populaire** avec les estampes de Dong Ho, la broderie de Hanoi, les tableaux rituels sur bois des Tays et des Nungs, et les sculptures funéraires des Gia Lais. Les salles suivantes amorcent les collections du dernier étage qui déroulent la grande séquence de la **peinture réaliste** avec des peintures à l'huile ou à la laque des élèves des Beaux-Arts. Le temple de la Littérature s'étend face au musée, mais il faut longer son mur d'enceinte pour en trouver l'entrée qui, selon les normes de la géomancie extrême-orientale, ouvre au sud.

Temple de la Littérature★★ *(Van Mieu)* – B3 - *Quoc Tu Giam, 7h30-18h en été et 8h-17h en hiver - 20 000 VND, spectacles de danse et de musique classique sur demande.* Bizarrement surnommé la « pagode des Corbeaux » par les Français d'Indochine, ce havre semble d'un autre âge, avec ses bassins où se reflètent pavillons et vieux arbres. Il fut fondé en 1070 et sa construction suivit de soixante ans l'établissement de la capitale à Hanoi et l'adoption d'une bureaucratie sur le modèle chinois, placée sous l'égide de Confucius et de sa pensée. En 1076, on lui adjoignit le **Quoc Tu Giam**, ou Collège national, destiné à l'élite lettrée qui fournissait les cadres de l'empire. Durant la période des examens de recrutement, les candidats étaient cantonnés dans le **camp des Lettrés** *(Trang Thi)*, à l'est du temple, qui n'est plus aujourd'hui que le nom d'une avenue. Restauré et agrandi maintes fois, l'ensemble demeura l'institution la plus prestigieuse de la bureaucratie impériale, y compris après le transfert du pouvoir à Hué. Très endommagé durant la bataille de Hanoi en 1947, il a fait l'objet d'une campagne de restauration.

L'agencement du temple suit strictement le protocole des temples chinois, soit une succession de cours rythmées de portiques. Dans la deuxième cour s'élève le pavillon dédié à Khue Van Cac, divinité stellaire de la Littérature. C'est un kiosque de bois ajouré de fenêtres en forme de lune (1805). Un jardin de stèles posées sur le dos de tortues de pierre borde la cour suivante.

Une des pagodes du temple de la Littérature.
Frank Waldecker / Look / Photononstop

Au nombre de 82, elles répertorient les dates des examens et les noms des lettrés reçus docteurs de 1484 à 1779. Au centre, un grand bassin carré, le « puits à l'Éclat céleste », s'étend entre deux pavillons : c'est là que, à chaque cérémonie anniversaire de Confucius, on brûlait de l'encens en l'honneur des lauréats de jadis. Le temple proprement dit ferme la dernière cour, flanqué de deux salles où l'on rendait culte aux 72 disciples de Confucius, et qui font le bonheur de boutiques de souvenirs aujourd'hui. À l'intérieur, la mémoire du philosophe chinois, de ses quatre grands disciples et des dix penseurs qui s'inscrivent dans sa tradition est honorée sous la forme de tablettes, fixées sur des trônes portant leurs noms.

1

★ LES BERGES DU LAC DE L'OUEST (HO TAY) AB1-2

Comptez une demi-journée.

Conseil – Faites des sauts de puce à *xe om*, car les distances sont importantes, et la circulation sur les digues se révèle décourageante.

L'ancien lieu de villégiature des empereurs a connu une métamorphose radicale dans la seconde moitié des années 1990. Une intense spéculation immobilière a transformé ce qui n'était encore que villages, spécialisés dans la culture des fleurs et la fabrication du papier, en une agglomération affolante de résidences pour les nouveaux riches et la nomenklatura. Éclectiques et tape-à-l'œil, les demeures d'aujourd'hui découpent les berges en rangs serrés de « maisons de Blanche-Neige », coiffées de clochetons couverts de tuiles roses, et de villas hollywoodiennes, avec balcons à balustres et *bow-windows* de verre fumé. C'est pourtant dans ce drôle de capharnaüm que l'on déniche quelques-uns des plus beaux temples de Hanoi.

★ Le lac de l'Ouest et le lac Truc Bach ABC1-2

Ils forment le plus grand plan d'eau résiduel que les caprices du fleuve Rouge aient légué à Hanoi. Le nom du second évoque la mélancolie des concubines royales délaissées, qui passaient là leurs journées, cloîtrées dans les palais, à filer et à tisser la soie. Le lac lui-même, progressivement grignoté par des constructions illégales, risque bien de n'être plus qu'un souvenir. Sur sa rive sud, le **temple Quan Thanh★★** *(Den Quan Thanh) (Thanh Nien - 8h-16h - 5 000 VND)* fut fondé en 1010, sous les Le antérieurs, en l'honneur de Tran Vu, le Guerrier Noir gardien du Nord, vainqueur d'un renard à neuf queues qui terrorisait la région. L'édifice actuel remonte aux 17e-18e s. et le travail du bois y est superbe : battants de porte ornés de natures mortes à la chinoise, encadrements en bois sculpté, consoles en forme de dragon. Tous les supports de charpente sont travaillés et des motifs auspicieux en bois découpé courent le long des poutres. Dans la première travée, un superbe **autel** sculpté à la mode cantonaise est encadré d'armes cérémonielles, d'enseignes et grues perchées sur des tortues. Au fond, Tran Vu s'appuie sur son glaive, où s'enroule le serpent et qui repose sur une tortue, les deux compagnons de ce génie du Nord. Fondue en 1677, avec 4 000 kg de bronze noir, sa terrible effigie domine tout l'espace de ses 3,72 m.

La **route de la Jeunesse** *(Duong Thanh Nien)* sépare les deux lacs. C'est une ancienne digue, élargie dans le cadre des journées du travail des années 1960, et dont les bords furent aménagés en promenade plantée vingt ans plus tard.

De la **pagode de la Défense du Pays★★** *(Chua Tran Quoc) (Thanh Nien - 7h30-11h30, 13h30-18h30 - gratuit)*, on découvre d'abord le **cimetière monastique**, petite forêt de « pagodons » en briques gravés de caractères en *nom*, au pied de grêles aréquiers. Une diguette mène à l'îlot Ca Vang (« Poisson d'Or »), traverse des cours, des travées abritant des portraits de vénérables et des autels consacrés aux immortelles jusqu'à la salle principale qui, malgré une réfection en 1815, préserve l'harmonie rustique d'une architecture du 17e s. Fondée au 6e s., cette pagode est l'une des plus anciennes du pays. Elle occupait alors les berges du fleuve Rouge. En 1615, elle fut démontée à la suite d'un glissement de terrain pour être dressée à son emplacement actuel.

★ Le long de Nghi Tam AB1

Plus au nord, cette digue sépare les eaux du lac de l'Ouest de celles du fleuve Rouge.

La ravissante **pagode du Lotus d'Or★★** *(Chua Kim Lien) (B1 - Ngo 1, Au Co)* semble échouée au pied de la tour hideuse du Sheraton, laissée à l'abandon. Mais à peine franchit-on le portique d'entrée qu'opère le charme du lieu, posé comme un îlot d'encens parfumé. La statuaire est récente, mais placée sous une charpente aussi belle que celle du porche, avec ses entraits sculptés de dragons et ses bras de consoles. Les colonnes en bois sont posées sur des dalles sculptées en forme de lotus épanouis. À l'arrière, les plantes dans des pots de céramique bleu et blanc égaient un cloître moderne. La pagode fut fondée au 12e s. par une fille du roi Ly Thanh Tong, la princesse Tu Hoa. Celle-ci enseigna aux villageoises qui vivaient sur ces berges l'art d'élever les vers à soie et l'une d'elles entra dans le panthéon des divinités féminines, au titre de Quynh Hoa, la « princesse des Vers à soie ». C'est elle que l'on vénère dans la salle principale de la pagode, en compagnie d'une effigie de Tu Hoa.

À proximité, une enclave de quelques pépiniéristes et horticulteurs est tout ce qui subsiste de ce qui avait été, jusqu'à une date récente, le paysage de l'ancien **village de Nghi Tam**. En suivant jusqu'au bout la ruelle qui la borde, vous parviendrez derrière l'hôtel Thang Loi à un petit **den** moderne dédié aux esprits du lac de l'Ouest.

Situé à l'extrémité d'un promontoire, le **temple Tay Ho★** *(Phu Tay Ho) (A1 - 6h-18h)* est planté au beau milieu d'un quartier résidentiel poussé en quatre ans. On y accède par une digue bordée de guinguettes *(accès interdit aux véhicules)*. Réhabilités dans les moindres détails, les lieux sont empreints d'une atmosphère de vénération, surtout les jours d'affluence *(le dim., ainsi que le 1er et le 15 du mois lunaire)*. Seuls les arbres de la cour attestent l'ancienneté de ce lieu de culte : un vieil arbre rampe sur le sol en direction des eaux du lac et un banian crée déjà une petite forêt. 100 % moderne, le temple est surchargé d'or, de rouge, d'ombrelles et de lampions. La **chapelle principale** est dédiée à une Sainte Mère, dont la statue est dissimulée derrière un claustra, sous la bonne garde de fonctionnaires coiffés du bonnet à ailettes. On mesure ses

Temple Quan Thanh.
Frank Waldecker / Look / Photononstop

pouvoirs aux piles de Tiger Beer dont on lui fait offrande. En annexe, une **chapelle bouddhique** est dominée par la figure de Quan Am aux mille bras environnée d'un panthéon, logé dans une véritable crèche de Noël réalisée avec des morceaux de calcaire, ornés de fleurs et de raisins en plastique.
Une diguette bordée de palmiers dessert la petite **pagode Pho Linh**, installée au milieu des cabanes de pêcheurs et bourrée de charme avec son fouillis de plantes en pot et son jardin de nonne.
Conseil – Concluez la balade dans l'une des gargotes de Phu Tay Ho où l'on se régale de spécialités du lac *(voir « Restauration », p. 168)*.

★★★ LE MUSÉE D'ETHNOGRAPHIE DU VIETNAM (BAO TANG DAN TOC HOC VIET NAM) A2 en direction

1 Nguyen Hai Nien, Nghia Do, au nord-ouest de la ville, dans un quartier excentré au bout d'une longue avenue en impasse, près de l'Institut tropical russo-vietnamien - ✆ (04) 3756 21 93. Prenez le bus n° 14, un taxi ou un xe om *pour vous y rendre. Attention, au retour il vous faut remonter jusqu'à l'avenue Nghia Do, plus passante, pour héler un véhicule - tlj sf lun. 8h-12h30, 13h30-17h30 - 25 000 VND. Droits photo et vidéo. Explications en vietnamien, anglais et français, et possibilité de visite guidée en français.*
C'est un passionnant musée où l'on prend toute la dimension de la diversité ethnique du Vietnam. La qualité des pièces et de la présentation donne le choix de se laisser mener par la poésie d'objets inusités chez nous, comme les épouvantails des Ba Nas ou les pièges à écureuils des Muongs, ou de découvrir la fabuleuse richesse ethnographique du pays dans un parcours pédagogique qui suit le découpage en cinq familles linguistiques, utilisé pour introduire aux 54 ethnies du pays *(voir « Les peuples du Vietnam », p. 57)*.
Majorité oblige, les **Viets**, ou **Kinhs**, inaugurent l'exposition à travers les cultes qui continuent de souder les communautés rurales du delta du fleuve Rouge. Sur un somptueux autel rouge et or trône **la Trinité des Saintes Mères**,

régentes de la Montagne, de la Terre et de l'Eau. C'est dans ce cadre religieux que se développèrent les représentations de marionnettes sur l'eau, manipulées pour le divertissement des dieux et des hommes. La plupart des jouets d'enfants, confectionnés et offerts en cadeau au fil des fêtes du calendrier lunaire, ont disparu de nos jours (cerfs-volants de l'automne, cages à grillons pour les combats de ces insectes au printemps). Large place est faite aux techniques artisanales dans lesquelles les Viets sont passés maîtres : laques, sculptures sur bois, céramiques de Bat Trang et estampes populaires de Dong Ho. Le chapitre des Viets se clôt sur la reconstitution d'un **autel domestique** avec ses tablettes ancestrales, ses généalogies et ses portraits.
On découvre ensuite les « montagnards » de parler muong-viet, essarteurs du Than Hoa, de l'ouest du Nghe An et du Quang Binh (filets de chasse, éperviers, arbalète et vaisselle d'écorce). La société des **Muongs** de Hoa Binh est évoquée à travers les vivants et les morts, autour d'un foyer reconstitué et des bandes de tissu aux couleurs contrastées, tendues comme des bannières pour la veillée funèbre.
À l'étage, la visite se poursuit avec la grande famille des **Tais-Kadais** et permet de se familiariser avec les habitats de ces ethnies installées dans les vallées au sol fertile, le long des frontières chinoise et laotienne : maison sur pilotis des Tays, Thaïs noirs et Thaïs blancs, ou maison au sol, parfois fortifiée, des Nungs. Des trésors d'art textile sont dépliés dans une maison thaï noir reconstituée : brocarts de soie et de coton de Lao Cai, tunique des Tays Pa Di rehaussée de perles en argent, veste à boutons d'argent et jupe plissée des Nungs, sarong à motifs de losanges des Thaïs blancs. Les plus élaborés des tissages sont l'œuvre des Co Laos et des Lus, établis à la frontière du Laos.
Les **Hmongs** et les **Daos** s'imposent par la variété de leurs costumes. Ainsi, la tunique à disques d'argent et la coiffe ornée de pièces des Daos « aux sapèques » de Tuyen Quang, ou le costume écarlate des Pa Thens de Ha Giang.
La section des **Mons-Khmers** vous fera pénétrer dans un univers radicalement différent, d'architectures imposantes et de vanneries habiles. Les **Ba Nas** confectionnent des épouvantails sonores en bambou natté, ou en forme de cerfs-volants, munis d'une tête animale. Ils s'illustrent, de même que les **Sedangs**, dans une statuaire funéraire qui puise dans la sexualité et l'environnement contemporain. Ces statues sont le prélude à une architecture funéraire encore plus élaborée, celle des **Gia Rais**, dont on voit un modèle réduit de tombe ainsi que quelques statues.
La longue séquence des ethnies se clôt avec les **Chams**, les **Hoas** et les **Khmers**, évoqués chacun par des objets emblématiques de leur culture : charrette pour le transport des jarres, dragon du nouvel an et soie ikatée.

NOS ADRESSES À HANOI

Plans de la ville : plan I, p. 138 et plan II, p. 140-141.

INFORMATIONS UTILES

Banque / Change

Distributeurs – Vous trouverez sans difficulté des distributeurs ATM autour des quartiers touristiques.
La **Vietcombank** et ses succursales vous garantissent les meilleurs taux, à condition de connaître les règles suivantes : taux optimal sur les coupures de 50 et 100 $, commission de 1 % sur les achats de chèques de voyage en devises étrangères et de 3 % sur la transaction avec une carte bancaire (Visa et Mastercard). Vous pouvez également convertir des devises en toute sécurité dans les bijouteries arborant l'enseigne Vietcombank sur fond jaune.

Poste / Téléphone

Buu Dien Trung Uong – Plan I, B3 - *75 Dinh Tien Hoang* - *✆ (04) 3825 44 03.* Vente de timbres de 8h à 17h30 ; télégrammes 24h/24 ; poste restante fermée de 12h à 13h10 et le sam. **Bureau de télécommunications internationales :** *À l'angle de Dinh Tien Hoang et de Dinh Le - 7h30-21h30.* **Renseignements :** *✆ 10 80.*

Internet

De nombreux mini-hôtels et agences de la vieille ville disposent d'accès Internet, mais il existe aussi des cybercafés pour la plupart équipés du haut débit.
Emotion Cybernet Cafe – Plan I, A3 - *52 Ly Thuong Kiet (près de la pagode des Ambassadeurs) - ✆ (04) 3934 10 66.*
Up Cafe – Plan I, B2 - *70 Hang Bac.*
AZ Queen Cafe – Plan I, B2 - *50 Hang Be - ✆ (04) 3826 73 56.*

Urgences / Santé

Hanoi French Hospital – Plan II, C5 - *1 Phuong Mai (près de l'hôpital Bach Mai) - ✆ (04) 3577 11 00 - www.hfh.com.vn.* Le mieux équipé avec un service d'urgences 24h/24 - *✆ (04) 3574 11 11.*
Médecin de l'ambassade de France – Plan I, B4 - *57 Tran Hung Dao - ✆ (04) 3825 27 19 - consultations lun.-merc. 14h30-17h30 - jeu.-vend. 8h30-12h.*
SOS International – Plan I, B3 - *31 Hai Ba Trung - ✆ (04) 3934 05 55.* Service d'urgences : *✆ (04) 3934 06 66.*
Hanoi Family Dental Practice – Plan II, A3 - *101-102 Van Phuc - ✆ (04) 3846 28 64.* Soins dentaires.
Pharmacie Nguyen Luan – Plan I, B3 - *2 Trang Thi - ✆ (04) 3826 86 44 - tlj sf dim. apr.-midi 8h-12h, 14h-18h.*

Consulat / Ambassade

Voir p. 24.

Centre culturel

Institut français de Hanoi - L'Espace – Plan I, C3 - *24 Trang Tien - ✆ (04) 3936 21 64 - www.ifhanoi-lespace.com.*

Visa

Adressez-vous aux agences de voyages et mini-hôtels. Comptez de 20 à 30 $ selon le temps de prolongation.
Pour obtenir des visas pour les pays voisins, voir « Sur place de A à Z » *(p. 24).*
Direction centrale de l'immigration – Plan I, B3 - *40A r. Hang Bai - tlj sf dim. 8h-11h, 14h-16h (sam. 11h).*

Agences de voyages

De nombreux mini-hôtels représentent des voyagistes et proposent les mêmes services.

1

Conseil – La concurrence étant féroce sur les *packages tours*, comparez les prix et demandez la catégorie d'hôtels utilisés.

Amica Travel – Plan II, C2 - *Building Nikko, 3e étage - 27 Nguyen Truong To - ✆ (04) 6273 44 55 - www.amica-travel.com*. Des prix raisonnables, des excursions hors des sentiers battus et la possibilité de circuits sur mesure. Spécialisé dans l'accueil francophone.

Buffalo Tours – Plan I, B2 - *94 Ma May - ✆ (04) 3828 07 02 - www.buffalotours.com*. Haut de gamme, spécialisé dans l'écotourisme.

Compagnie Bourlingue – Plan I, B1 - *2A Ta Hien - ✆ (04) 3926 27 43 - www.freewheelin-tours.com*. Le spécialiste incontesté du Vietnam en moto. Près de vingt ans de repérages sur le terrain pour des étapes loin des sentiers battus (tourisme équitable).

Especen – Plan I, B3 - *1 Nha Chung - ✆ (04) 3826 68 56*. Petits budgets.

Exotissimo – Plan I, B1 - *26 Tran Nhat Duat - ✆ (04) 3828 21 50 - www.exotissimo.com*. La meilleure agence haut de gamme.

Dragon Travel – Plan II, B3 - *49 Ngo Tat To - ✆ (04) 3928 53 66 - www.optiontours.com*. Moyenne gamme, accueil anglophone et francophone.

Happy Luan – Plan II, D2 en direction - *3 Ngo 465 Ngoc Thuy (dans le quartier Long Bien) - ✆ (04) 3871 61 90 - luan@happyluan.com*. Une mini-agence dirigée par une Vietnamienne francophone qui se plie en quatre pour ses clients. Propose notamment des excursions à bord de bateaux privés sur la baie de Ha Long.

Red River Tours – Plan I, A2 - *73 Hang Bo - ✆ (04) 3826 84 27*. Petits budgets.

Sinh Café – Plan I, A1 - *66 Hang Than (perpendiculaire à la rue Hang Dau) - ✆ (04) 3836 42 12 - www.sinhcafe.com*. Petits budgets.

Handspan Adventure Travel – Plan I, B2 - *78 Ma May - ✆ (04) 3926 28 28 - http://handspan.com*. La plus sérieuse des agences pour petits budgets.

Viet Attitude – Plan I, B1 - *197 Hong Ha Hoan Kiem - ✆ (04) 3932 36 80 - www.vietattitude.com*. Dirigée par un Français, une des rares agences à proposer des excursions de qualité en baie de Ha Long. Les circuits s'organisent loin des routes maritimes embouteillées, et le bateau est une superbe jonque fabriquée dans le respect des traditions.

Boulangerie

Le Croissant – Plan II, C2 - *21 Ha Hoi - ✆ (04) 3943 67 07 - 7h-21h*. Boulangerie de l'école Hoa Sua *(voir Song Thu dans « Restauration », p. 168)*.

ARRIVER/PARTIR

En avion

Aéroport international de Noi Bai – Plan II, B1 ou A3 en direction - *À 40 km du centre - ✆ (04) 3884 33 89*. Comptez de 35mn à 1h de trajet.

Pour rejoindre le centre-ville – Le plus rapide est de prendre un **taxi** *(15 $, péage compris)*. Autre possibilité : les **navettes de la Vietnam Airlines** *(30 000 VND)* vous déposent à leur bureau au 1A Quang Trung, à l'intersection des rues Quang Trung et Trang Thi. Enfin, un **minibus** part toutes les 20mn pour le Deawoo Hotel *(360 Kim Ma)*, puis l'Opéra *(2 500 VND)*. Dans les deux premiers cas, acquittez la course auprès des guichets situés à la sortie de l'aéroport qui vous remettront un badge autocollant.

La ligne d'**autobus n° 7** relie l'aéroport au centre de Hanoi ; comptez environ 5 000 VND et une heure de trajet jusqu'au terminus à la gare routière de Kim Ma près du temple de la Littérature (Plan II, B3). L'arrêt de bus se situe à droite en sortant de l'aéroport.

Bon à savoir – Un guichet de la Vietcombank et des distributeurs de billets sont à votre disposition dans l'aéroport. Des dollars en petites coupures font l'affaire pour gagner Hanoi.

Pour le retour – Vous pouvez réserver un véhicule auprès d'**Airport Taxi** (*2 Quang Trung - ✆ (04) 3886 56 15*) qui vous prendra à votre hôtel à l'heure convenue, ou utiliser la ligne d'autobus n° 7 (*voir ci-dessus*) ou les navettes de la Vietnam Airlines (*30 000 VND, départ toutes les 30mn du 1A Quang Trung*).

Compagnies aériennes – **Air France** – Plan I, B3 - *1 Ba Trieu - ✆ (04) 3825 34 84*. **Cathay Pacific** – Plan I, B3 - *49 Hai Ba Trung - ✆ (04) 3826 72 98*. Également un bureau à l'aéroport : *✆ (04) 3886 52 41*. **China Airlines** – Plan II, C4 - *18 Tran Hung Dao - ✆ (04) 3824 26 88*. **Malaysia Airlines** – Hôtel Sofitel Metropole *(voir « Hébergement », p. 164) - ✆ (04) 3826 88 19*. **Jetstar Pacific Airlines** – Plan I, C2 - *204 Tran Quang Khai - (04) 3855 05 50 - www.jetstar.com*. **Singapore Airlines** – Plan I, B3 - *17 Ngo Quyen - ✆ (04) 3826 88 88*. **Thai Airways** – Plan I, A3 - *44B Ly Thuong Kiet - ✆ (04) 3826 79 21*. **Vietnam Airlines** – Plan I, B3 - *1 Quang Trung - ✆ (04) 3825 08 88*

En train

Il existe trois gares à Hanoi.

Ga Ha Noi (Plan II, C3), la gare principale, est double. Le train de la Réunification, qui dessert Hué et Ho Chi MInh-Ville (*pour les horaires, voir p. 37*), part de **Ga Hang Co (A Station)**, dont l'entrée se trouve sur *120 Le Duan (au carrefour avec Tran Hung Dao) - Informations - ✆ (04) 3747 03 08 ; réservations - ✆ (04) 3825 39 49. Guichets ouverts tous les jours et pour toutes les destinations - 7h30-11h30, 13h30-15h30 (guichet spécial pour les étrangers)*. **Ga Tran Quy Cap (B Station)** est située plus au nord, accessible en remontant vers Nguyen Khuyen, puis en tournant dans Tran Quy Cap, dessert l'Est.

Ga Gia Lam et **Ga Long Bien** – Plan II, D2 en direction - *Sur la rive est du fleuve Rouge - ✆ (04) 3826 82 80* - desservent Haiphong et certaines localités du Nord, telles que Viet Tri, Yen Bai, Lao Cai et Lang Son.

Ga Giap Bat (Plan II, C5 en direction) dessert certaines localités du Sud.

Trains internationaux – Un train chaque jour à 21h30 entre Hanoi (Ga Hang Co) et Kunming en Chine (762 km, 31h30 de trajet), *via* Lao Cai (8h30). Départs de Hanoi (Ga Gia Lam) les mar. et vend. à 17h pour Ningming (*234 km*) et Nanning (*610 km, 26h*). Une fois effectuées les formalités de sortie du territoire (*1h30*), vous devrez changer de train, l'écartement des voies n'étant pas le même des deux côtés de la frontière.

En bus

Ils sont assez chaotiques et désastreux. Possibilité d'acheter son ticket au guichet avant de monter. La distribution des destinations par gare demeure assez énigmatique.

Ben Xe Gia Lam – Plan II, D2 en direction - *463 Nguyen Van Cu À 2 km au nord-est du centre, au bout de Nguyen Van Cu - ✆ (04) 3827 15 29*. Dessert le Nord-Est (baie de Ha Long, Haiphong, Lang Son), mais beaucoup de bus sont en liaison avec Kim Ma. Nombreux minibus entre 5h et 18h pour Haiphong.

Ben Xe Kim Ma – Plan II, B3 - *116 Nguyen Thai Hoc - à l'angle de Giang Vo - ✆ (04) 3845 28 46 / (04) 3864 1154.* C'est la gare la plus centrale. Elle dessert le Nord-Ouest (Pho Lu, Son La, Dien Bien) et fait office de terminus des minibus express de Ha Long. Liaisons avec les autres gares.

Ben Xe Son La – Plan II, A5 en direction - *km 8 Nguyen Trai, près de l'université de Hanoi.* Dessert aussi le Nord-Ouest (Hoa Binh, Mai Chau, Son La, Tuan Giao, Muong Lay, Dien Bien).

Ben Xe Giap Bat – Plan II, C5 en direction - *Giai Phong - ✆ (04) 3864 14 67.* Dessert le Sud, y compris Ho Chi Minh-Ville. Quelques bus pour Dien Bien Phu.

En Open Tour – *www.vietnamopentour.com.* L'agence principale du Sinh Café à Hanoi se trouve au 66 Hang Than (Plan I, A1) - *✆ (04) 3836 42 12.* La formule Open Tour de Toserco - Sinh Café, proposée par la plupart des mini-hôtels de Hanoi, reste le meilleur rapport qualité-prix pour gagner le Sud par étapes. Départs quotidiens à 18h30 pour Hué (*680 km, 16h de trajet*) via Ninh Binh (*90 km, 2h*), et Quang Binh (*500 km, 11h30*).

Bon à savoir – Sachez que la première ligne de métro de Hanoi est prévue pour 2016.

TRANSPORTS

En bus

Les Hanoiens dédaignent ce moyen de transport, peu utile pour se déplacer dans le centre. L'essentiel du trafic concerne la banlieue. Les lignes utiles aux touristes sont les lignes **n° 7** Dien-Hang Gai-Bo Ho (lac Hoan Kiem, Hang Gai, Hang Bong, Nguyen Thai Hoc, Kim Ma, Cau Giay) et **n° 14** (lac Hoan Kiem, marché Dong Xuan, Quan Thanh, Thuy Khe et musée d'Ethnologie).

En taxi

Il est très facile d'obtenir un taxi à Hanoi, ne serait-ce qu'en téléphonant à l'une des compagnies de la ville.

Mai Linh Taxi – *✆ (04) 3861 61 61.*

Taxi Hanoi – *✆ (04) 3853 53 53.*

Airport Taxi – *✆ (04) 3886 56 15.*

L'appel est gratuit et le délai d'attente de 10mn maximum. Ils se font plus rares la nuit, mais vous pouvez vous adresser à la réception des grands hôtels. Tous sont équipés d'un compteur. Le prix de départ est de **12 000 VND**, soit 1 km, ensuite, le compteur tourne à 10 000 ou 15 000 VND/km. Méfiez-vous, parfois les compteurs s'emballent jusqu'à trois fois le tarif normal. À titre indicatif, un trajet du lac Hoan Kiem à la pagode du Lotus d'Or (lac de l'Ouest) coûte environ 80 000 VND.

À moto-taxi

C'est aujourd'hui le mode de transport le plus **pratique** et un excellent moyen de se familiariser avec le code motard de Hanoi.

En cyclo-pousse

Pour les courtes distances ou une balade de charme. Inutile de les chercher, ils viennent à vous, avec un talent inimitable pour attirer votre attention. La course dans le centre, à négocier avant de monter, coûte 7 $. Les conducteurs de cyclo-pousse connaissent la ville comme leur poche et peuvent se montrer des guides précieux, malgré l'obstacle de la langue.

Conseil – Évitez les heures de pointe pour découvrir Hanoi en cyclo-pousse, au risque de payer pour faire du surplace.

Location de vélo et de moto

On peut louer un vélo ou une moto dans de nombreux endroits à Hanoi. Le mieux est de vous adresser directement à votre hôtel ou dans une des très nombreuses agences de la rue Bao Khanh (Plan I, B2). Il vous en coûtera de 5 à 8 $/j. selon les modèles ou 70 $/mois. Garez toujours votre scooter ou moto dans les emplacements prévus à cet effet et constamment surveillés.

Bon à savoir – Pour arpenter Hanoi, que vous soyez motocycliste ou piéton, vous devez connaître quelques règles pour vous mettre au diapason de la circulation. Soyez prudent au détour d'une rue, car vous risquez de tomber nez à nez avec un véhicule qui aurait pris son virage à la corde. Si vous roulez, essayez de freiner le moins possible et d'adopter la fluidité d'un mouvement qui n'est jamais trop rapide. Si vous marchez, faites confiance à la capacité d'anticipation : ne ralentissez surtout jamais au milieu de la route et ne vous arrêtez pas avant d'avoir atteint le trottoir opposé. Il existe des feux et quelques passages protégés, mais, si les voitures s'arrêtent, la circulation des deux-roues continue de s'écouler.

Location de voiture

La location de voiture avec chauffeur est proposée par les agences de Hanoi *(voir « Informations utiles », p. 157)*. Il existe des forfaits pour les itinéraires classiques, mais on peut aussi louer une voiture à la journée. Pour un itinéraire sur plusieurs jours, prévoyez de 60 à 100 $ par jour selon le véhicule.

HÉBERGEMENT

Bon à savoir – Finie l'ère du monopole des hôtels d'État : Hanoi regorge de mini-hôtels bon marché. Sachez que la climatisation n'est pas un luxe, car elle permet de combattre l'humidité, particulièrement en hiver. Le choix est également vaste parmi les hôtels de moyenne et haute catégories, et la quantité pléthorique d'établissements de luxe permet d'y obtenir des tarifs très intéressants.

Dans le quartier des Trente-Six Guildes et de la cathédrale Plan I, p. 138

PREMIER PRIX

Hanoi Backpackers' Hostel – A2 - *48 Ngo Huyen - ✆ (04) 3828 53 72 - www.vietnambackpackerhostels.com - ▤ - 42 lits ☕, dortoirs : 7,5 $, 2 ch. : 30 $.* Des dortoirs bien entretenus et non dénués de charme. En tout, quatre chambrées (dont une réservée aux filles) disposant d'une salle de bains chacune, ainsi que plusieurs douches très propres au 4e étage. Chaque lit a sa lampe articulée et cache un coffre fermant à clé. Le patron est australien, et les employés parlent anglais ou français. Une annexe, située à deux pas, dispose de deux chambres familiales et de deux dortoirs pour huit personnes.

Thien Trang Mini Hotel – AB3 - *24 Nha Chung - ✆ (04) 3826 98 23 - thientranghotel24@hotmail.com - ▤ - 9 ch. 15/25 $.* La réceptionniste parlant très bien le français, l'établissement est devenu un mini QG pour les routards francophones. Chambres carrelées et bien entretenues. Une adresse sans charme, mais propre et peu onéreuse. Voyages organisés avec Toserco et accès Internet.

Especen 1 – A2 - *28 Tho Xuong,* et **Especen 2** – *41 Ngo Huyen (à 50 m)* - *(04) 3824 44 01 - www.especen.vn* - - *8 ch. et 5 ch. 20 $*. Géré par une famille parlant le français. Belles chambres spacieuses et claires donnant sur les vieilles ruelles de Hanoi.

Hanoi Orchid Hotel – B2 - *49 Hang Be* - *(04) 3926 23 29 - www.hanoiorchidhotel.com* - - *16 ch. 20/25 $*. Les chambres sont basiques mais propres, et l'hôtel bénéficie d'une situation centrale, dans une rue réputée pour sa vie nocturne.

Viet Fun 3 Hotel – A2 - *1 Ngo Huyen* - *(04) 3926 35 54* - - *16 ch. 25 $*. Cet hôtel dispose de chambres simples mais confortables et lumineuses. Très petites salles de bains. Un bon rapport qualité-prix pour une situation très centrale. Accès Internet gratuit et coffre-fort dans chaque chambre. Service attentionné.

Hanoi Lucky Hotel – A2 - *11 Ngo Huyen* - *(04) 3928 79 89 - www.hanoiluckyhotel.com* - - *11 ch. 25 $*. Cet hôtel, bien tenu et calme, accueille aussi bien une clientèle étrangère que vietnamienne. Ordinateur à disposition dans chaque chambre avec accès Internet gratuit. Service très attentionné. Deux autres établissements gérés par le même propriétaire au n° 11 et au n° 47 de la même rue.

Hang Trong Hotel – A2 - *56 Hang Trong* - *(04) 3825 13 46 - thiencotravelvn@yahoo.com* - - *10 ch.* - *2 $ - Internet*. Dans une cour, derrière l'agence Sinh, grandes chambres au confort sommaire, celles du 1er étage sont beaucoup plus claires.

BUDGET MOYEN

Hoa Linh Hotel – A2 - *35 Hang Bo* - *(04) 3824 38 87 - hoalinhhotel@hn.vnn.vn* - - *17 ch. 22/35 $*. Accueil très sympathique. Les chambres au décor un peu vieillot sont propres. Les plus chères sont aménagées pour des familles. Le patron vous proposera différents services : Internet *(30mn gratuites/j.)*, location de voiture, excursions.

Trung Nam Hai Hotel – A2 - *27 Phu Doan* - *(04) 3928 82 28 - www.trungnamhaihotel.com* - - *20 ch. 30 $* *- Internet*. Immeuble sur huit étages avec ascenseur. Les chambres n'ont pas de cachet particulier mais sont parfaitement tenues, et le personnel est très accueillant.

Classic Street Hotel (Khach San Pho Co) – B2 - *41 Hang Be* - *(04) 3825 24 21 - www.classicstreet-phocohotel.com* - - *16 ch. 30/35 $*. Initiative rare, voici une maison aménagée avec charme et souci du confort. Vous serez accueilli avec beaucoup de gentillesse. Les chambres, un peu kitsch, sont installées en retrait, à l'arrière d'une courette agrémentée de plantes : des pièces toujours impeccables, avec rideaux et gravures au mur, dotées de salles de bains bien équipées.

Royal View Hotel – B2 - *7 Hang Dau* - *(04) 39 35 18 37 - www.hanoiroyalviewhotel.com* - - *20 ch. 40 $*. Cet hôtel possède des chambres très agréables dotées de parquet et de mobilier en bois. Insistez pour avoir celles avec vue.

Hanoi Style Hotel – B1 - *35 Ma May* - *(04) 3926 36 35 - www.hanoistylehotel.com* - - *40 ch. 45 $*. Au cœur de la vieille ville, des chambres de style oriental, spacieuses et impeccables. Carrelage ou parquet au sol. En revanche, les salles de bains sont un peu étroites. Ordinateur à disposition dans chaque chambre avec accès Internet gratuit.

Win Hotel – B2 - *34 Hang Hanh (une ruelle entre Bao Khanh et Luong Van Can) - (04) 3828 73 71 - http://win-hotel-hanoi.com - winhotel@yahoo.com - - 10 ch. 25/50 $*. Des chambres tout confort dans le quartier nocturne le plus animé. Vous avez le choix entre balcon sur rue ou grande fenêtre au calme. Pièces carrelées et mobilier chinois. Salles de bains parfaites avec baignoire. Attention, certaines chambres sont aveugles (leur prix peut être négociable).

POUR SE FAIRE PLAISIR

Cinnamon Hotel – A2 - *26 Au Trieu - (04) 3938 04 30 - www.cinnamonhotel.net - - 6 ch. 60/70 $*. Situé au pied de la cathédrale St-Joseph, cet établissement propose des chambres coquettes. Des efforts ont été apportés à la décoration : parquet, murs blancs, mobilier en bois noir, petites céramiques, etc. L'ensemble crée une atmosphère à la fois zen et chaleureuse.

Hong Ngoc Hotel – A2 - *30-34 Hanh Manh - (04) 3828 50 53 - http://hongngochotel.com - - 52 ch. 60/90 $*. Très central sans être bruyant. Les chambres sont dotées d'un mobilier en bois sombre sculpté. L'ensemble est un peu vieillot mais très propre. Cinq hôtels sur Hanoi.

Church Hotel – B2 - *9 Nha Tho - (04) 3928 81 18 - http://nhatho.churchhotel.com.vn - - 20 ch. 76 $ - Internet dans les chambres, ascenseur.* Ce charmant hôtel propose des chambres de standing au cœur de la ville, dans une rue où se côtoient restaurants, bars et boutiques chic. La petite terrasse au 7e, dont tout le monde peut profiter, offre une vue sur le quartier et l'église.

Dans le quartier de l'ancienne concession française Plan I, p. 138

PREMIER PRIX

Lotus Guesthouse – A3 - *42V Ly Thuong Kiet - (04) 3826 86 42 - lotus-travel@hn.vnn.vn - - 10 ch. 18/25 $*. Une adresse sympathique pour routards. L'ambiance est familiale et l'accueil chaleureux. L'entrée se fait par un bar à jus de fruits. Puis, un escalier très raide dessert des chambres meublées de bric et de broc au confort inégal. Préférez la n° 314 et son agréable terrasse. Salles de bains correctes.

BUDGET MOYEN

Camellia 4 Hotel – C3 - *44 Hang Giay - (04) 3824 36 67 ou 3938 43 676 - www.camellia-hotels.com - - 30 ch. 30 $*. Cette petite chaîne hôtelière qui possède en tout cinq établissements à Hanoi propose régulièrement de très intéressantes promotions sur son site Internet. Les chambres offrent un bon rapport qualité-prix compte tenu de la localisation.

POUR SE FAIRE PLAISIR

Eden Hanoi Hotel – A3 - *78 Tho Nhuom - (04) 3942 32 73 - www.edenhanoihotel.vn - - 36 ch. 50/80 $*. Derrière une façade bleu lavande, la cour à colonnes romaines dessert des chambres un peu vieillottes et héberge un restaurant franco-italien.

UNE FOLIE

De Syloia Hotel – C4 - *17A Tran Hung Dao - (04) 3824 53 46 - www.desyloia.com - - 33 ch. 100/150 $*. Une ancienne maison coloniale sert d'accès à l'hôtel proprement dit, installé dans une tour de dix étages avec ascenseur. L'établissement joue la carte de la sobriété élégante, y compris dans les parties communes. Service attentionné et accueil excellent. Il est nécessaire de réserver. Très bon restaurant au pied de l'hôtel.

Mövenpick – A3 - *83A Ly Thuong Kiet - (04) 3822 28 00 - www.moevenpick-hotels.com - 154 ch. 185 $.* Luxe feutré et cosy dans une architecture néocoloniale. Chambres à l'élégance classique et grandes salles de bains. Petit centre fitness équipé dernier cri et gratuit pour les hôtes. Clientèle d'hommes d'affaires. Buffet international au déjeuner. Bar très intime ouvert de 16h à 0h. Restaurant extérieur attenant avec barbecue tous les soirs.

Hilton Hanoi Opera – C3 - *1 Le Thanh Tong - (04) 3933 05 00 - 269 ch.* Des chambres dont le décor joue sur le cosy, mâtiné de touches vietnamiennes. Salles de bains dallées de marbre de Da Nang et sanitaires en céramique de Bat Trang. Tout confort, avec minibar et télévision satellite. Un bon point pour son restaurant chinois et son buffet de *dim sum*, son café-pâtisserie donnant sur l'Opéra et son bar à l'ambiance feutrée avec orchestre tous les soirs, à partir de 18h30.

Melia Hanoi – A3 - *44B Ly Thuong Kiet - (04) 3934 33 43 - www.meliahanoi.com - 306 ch.* Le plus de cet hôtel de standing international somme toute assez banal : sa piscine en plein air au 3e étage.

Sofitel Metropole – C3 - *15 Ngo Quyen - (04) 3826 69 19 - www.sofitel.com - 364 ch.* Le plus vieil hôtel de Hanoi (1901) a gardé tout son charme, malgré l'ajout en 1996 d'une nouvelle aile plus fonctionnelle sur Ly Thai To. Aux deux premiers étages de l'ancien bâtiment : couloirs sombres et feutrés, donnant sur des chambres aux murs crème dont les parquets ont été foulés par des générations de voyageurs. Tout cela avec toutes les facilités d'un cinq-étoiles. Autre atout : ses restaurants *(voir Le Beaulieu et Spices Garden dans « Restauration », p. 167)*. Bars très agréables ouverts jusqu'à 1h du matin. À la boutique, quotidiens et magazines français et bon choix d'ouvrages sur le Vietnam.

Dans le quartier du parc Lénine Plan II, p. 140-141

PREMIER PRIX

Grand Hotel – C4 - *71 Trieu Viet Vuong - (04) 3822 77 64 - 9 ch. 30 $.* Des chambres impeccables, notamment les plus grandes, avec parquet, mobilier en rotin et superbes salles de bains.

UNE FOLIE

Ocean Star Hotel – C4 - *48 Tran Nhan Tong - (04) 3944 59 59 - 40 ch. 160/260 $.* Derrière sa façade menthe à l'eau, cet hôtel (anciennement Green Park Hotel) propose un confort absolu et un service charmant, à la hauteur du prix des chambres. Au 7e étage, le restaurant donne sur le parc Lénine.

Dans le quartier du lac de l'Ouest Plan II, p. 140-141

BUDGET MOYEN

Dragon Hotel – B1 - *48 Xuan Dieu - (04) 3829 29 54 - www.hoteldragon.vn- - 30 ch. 47 $ - accès Internet wifi.* Évitez son voisin, le Tropicana, aux prix exorbitants et à l'entretien douteux, franchissez la haie de bambous et vous trouverez des chambres aux grands volumes, avec vue sur le lac de l'Ouest ou le petit lac Dinh Lien. Un très bon point pour son restaurant en terrasse, sur le lac, cerné de bambous où sont accrochées des cages d'oiseaux chanteurs et creusé d'un bassin où s'ébattent des carpes. Partout, une avalanche d'architecture, de sculptures et de décoration de l'ancien Orient. On regrette seulement la route entre l'hôtel et le lac.

UNE FOLIE

Sofitel Plaza Hanoi – C2 - *1 Thanh Nien - ✆ (04) 3823 88 88 - www. sofitel.com - 317 ch. - fitness Club, massages, salon de beauté.* Magnifiquement situé : toutes ses chambres bénéficient d'une vue sur les lacs du nord et le fleuve Rouge. Trois bars, dont un au bord de la piscine couverte et un autre au 20e étage pour embrasser la vue de Hanoi. Ses trois restaurants (brasserie, chinois et italien) proposent des buffets thématiques.

RESTAURATION

Bon à savoir – De la cuisine de trottoir au restaurant luxueux, on peut tout connaître de la cuisine vietnamienne ou méditerranéenne, très en vogue à Hanoi. Les établissements de fruits de mer demeurent toutefois chers. N'oubliez pas les buffets des grands hôtels *(de 15 à 25 $)*. Sachez enfin que cuisines de rue et restaurants traditionnels ferment vers 22h.

Dans le quartier des Trente-Six Guildes et de la cathédrale Plan I, p. 138

PREMIER PRIX

Au n° 83 de la rue **Hang Dieu** (Plan I, A2), une excellente adresse de trottoir (à partir de 18h) pour goûter le *hu tieu* à la mode de Hué : les nouilles de riz, saupoudrées de cacahuètes et de viande hachée, sont servies « sèches », accompagnées d'un bouillon parfumé aux tiges de ciboule. Goûtez aussi les *banh cuon* avec une sauce à base de *tofu*, de piments et de coriandre. Pour le dessert, traversez la rue : grande parade de *che*.

Tong Duy Tan (Plan II, C3) est une petite rue à l'extrémité de Hang Bong où l'on trouve de nombreux restaurants ouverts tard le soir : bons *bun cha* et poulet aux herbes médicinales.

Dac Kim – A2 - *1 Hang Manh - ✆ (04) 3828 50 22.* C'est l'un des spécialistes du *bun cha*, tandis que le **Bun Bo** – A2 - *67 Hang Dieu* - se distingue pour le plat du même nom.

Stop Café – B2 - *11B Ngo Bao Khanh - ✆ (04) 3928 94 33 - 7h-0h.* Idéal pour les petits-déj. comme pour les petites faims nocturnes, ce café propose dans une ambiance paisible un bon choix de snacks et boissons.

Dong Thinh – A2 - *87 Hang Dieu - ✆ (04) 3826 79 43.* Spécialiste de l'anguille en soupe aux œufs et aux champignons *(sup luon)*, en salade avec des nouilles de manioc *(mien tron luon)* et du pâté de crabe *(cha cua)*.

BUDGET MOYEN

Cha Ca La Vong – A1 - *14 Cha Ca - ✆ (04) 3825 39 29.* Une institution familiale qui, depuis plus de cent ans, se transmet la recette du meilleur *cha ca* de Hanoi : une cassolette de poisson, mijoté dans un mélange d'épices et servi avec des nouilles de riz et des herbes aromatiques. Si c'est complet, tentez votre chance auprès des *cha ca* du voisinage, par exemple au **Cha Ca 66** – A2 - *66 Hang Ga - ✆ (04) 3826 78 81.*

69 – B2 - *69 Ma May - ✆ (04) 3926 17 20 - bon choix de menus à partir de 80 000 VND.* Cette belle maison traditionnelle, au cœur de la vieille ville, abrite deux superbes salles à manger habillées de boiseries, de briques et de poutres. On y sert une bonne cuisine vietnamienne et occidentale.

Garden – A2 - *36 Hang Manh - ✆ (04) 3824 34 02 - 10h-22h.* Un rafraîchissant mur d'eau et une cour tranquille… près de l'un des carrefours les plus bruyants de Hanoi. Cuisine française et plats vietnamiens à prix doux.

Paris Deli – AB2 - *13 Nha Tho - ✆ (04) 3928 66 97.* Salon de thé et pâtisseries à l'entrée, plusieurs salles de restaurant sur différents niveaux au-delà proposant une cuisine internationale et vietnamienne. C'est un peu cher mais le restaurant est fréquenté aussi bien par des touristes que par des Vietnamiens aisés. Idéal pour déguster une pâtisserie.

POUR SE FAIRE PLAISIR

Café des Arts – B2 - *11B Ngo (ruelle) Bao Khanh - ✆ (04) 3828 72 07 - www.cafe-des-arts.com.* On peut boire un verre sur son toit-terrasse perché au-dessus du « Quartier latin » de Hanoi, mais la carte mérite que vous y veniez déjeuner ou dîner. Programme semaine par semaine des plats du jour sur le site Internet. Au menu : tournedos Rossini, gigot d'agneau, purée de pommes de terre, crêpes Suzette, etc. Ambiance jazz et expositions d'artistes locaux.

La Salsa – A2 - *25 Nha Tho - ✆ (04) 3828 90 52 - lasalsa@fpt.vn - lasalsa-hanoi.com.* Des tapas comme là-bas, avec huile d'olive, jambon serrano et de renversantes pommes de terre à l'ail, à faire descendre avec un pichet de sangria. En dessert : les glaces de chez Fanny *(voir « Petite pause », p. 169).*

UNE FOLIE

Green Tangerine – B2 - *48 Hang Be - ✆ (04) 3825 12 86 - www.greentangerinehanoi.com - 520 000 VND.* Dans cette maison magnifiquement restaurée, les tables sont réparties dans une cour pavée et deux salles dont une est non-fumeur. Le chef, un Français en permanence à la recherche d'une cuisine novatrice et raffinée, travaille à base de produits locaux ou importés et change la carte tous les trimestres. On apprécie particulièrement les desserts et les vins. Réservation recommandée le soir et le w.-end.

Dans le quartier de l'ancienne concession française Plan I, p. 138

PREMIER PRIX

Nang Tam Vegetarian Restaurant – Plan II, C4 - *79A Tran Hung Dao - ✆ (04) 3942 41 40 - www.nangtam.com.vn - tlj sf dim.* La cuisine vietnamienne revue à la mode bouddhiste, où tofu et champignons remplacent la viande. Essayez les boulettes *tuyet hoa*, le chou farci *bap cai nhoi* ou les nems végétariens, un régal. De plus, la maison n'est pas sectaire et propose quelques plats à base de poulet et de porc.

BUDGET MOYEN

Hanoi Gourmet – B4 - *1B Ham Long - ✆ (04) 3943 10 09 - www.hanoigourmet.com - hanoigourmet@vnn.vn.* Ambiance de bar à vin pour un choix de quiches, de sandwichs et autres viennoiseries, à conclure avec une tarte ou un yaourt.

POUR SE FAIRE PLAISIR

Carré Vert – A3 - *Eden Hanoi Hotel (voir « Hébergement », p. 163) - ✆ (04) 3942 48 12.* Une cuisine internationale à tendance italienne : *scallopine al limone*, pizza Margherita, variantes locales telles que pizza au poulet thaï mariné à l'aigre-doux, pâtes à la carbonara et tiramisu.

Serenade – B3 - *18D Ngo Quyen - ✆ (04) 3824 22 56 - serenade_bar@yahoo.com*. Café, bar et fast-food. Il dispose de salles sur plusieurs niveaux, d'une véranda à l'étage et d'une table très romantique dans sa cave, au frais. Plats européens et thaïlandais.

Cay Cau – C4 - *De Syloia Hotel (voir « Hébergement », p. 163) - ✆ (04) 3933 10 10 - 6h-10h, 11h30-14h30, 17h30-22h30, 23h-5h*. Le restaurant de l'hôtel De Syloia est logé dans une très chic demeure coloniale. Sa carte offre une anthologie de la cuisine vietnamienne, avec une petite préférence pour les traditions de Hué et du Sud, présentées de manière extrêmement raffinée.

Diva Café – C3 - *57 Ly Thai To - ✆ (04) 3934 40 88*. Il s'agit, malgré son nom, d'un restaurant plutôt que d'un café. Cuisines méditerranéenne et vietnamienne (la première est meilleure), dans un décor très soigné. Un lieu chic et branché, très agréable quand vient le soir et que sont invités des orchestres de jazz. Bonne carte de vins français et australiens.

Restaurant Club Opera – C3 - *59A Ly Thai To - ✆ (04) 3824 69 50 - clubopera@fpt.vn*. Le Club Opera dispose d'un bon choix de plats vietnamiens (notamment des spécialités de Hué). On aime l'ambiance feutrée des petites salles voûtées où sont réparties les tables.

Le Beaulieu – C3 - *Sofitel Metropole (voir « Hébergement », p. 164)*. Le brunch du dimanche au Beaulieu est un must: on profite d'un buffet inventif et original, concocté avec les produits les plus frais. Réservation indispensable.

Sea Food Market – Plan II, D4 - *77 Doc Bac Co (à hauteur du musée d'Histoire, près de la berge du fleuve) - ✆ (04) 3825 07 80*. Un cadre surréaliste, ours en cage et petite sirène de Copenhague se côtoyant dans un immense hangar. Partout, des aquariums où s'ébattent toutes les créatures de la mer garantissent la fraîcheur des produits de la maison. On paie au kilo.

UNE FOLIE

Press Club – C3 - *59A Ly Thai To - ✆ (04) 3934 08 88 - www.hanoi-pressclub.com*. Déjeuner et dîner très chic, à l'intérieur dans une atmosphère 1930 ou sur la terrasse dominant le « petit Paris », avec orchestre chaque soir. On y vient pour l'excellente cuisine et pour la carte des vins. Ceux-ci sont conservés, présentés et servis dans les grandes règles de l'œnologie.

Spices Garden – C3 - *Sofitel Metropole (voir « Hébergement », p. 164)*. Un des deux excellents restaurants de l'hôtel Sofitel Metropole. Les spécialités hanoiennes préparées par un chef français vous enchanteront.

Dans le quartier du parc Lénine Plan II, p. 140-141

PREMIER PRIX

En plein quartier étudiant, la **rue Mai Hac De** (C4) déroule une succession de stands à plat unique ouverts jusqu'à minuit. Le n° 47 annonce la couleur avec une tête de vache qui ne rit pas: c'est le spécialiste du *pho bo*.

POUR SE FAIRE PLAISIR

Brasserie du Nikko – Plan II, C4 - *84 Tran Nhan Tong - ✆ (04) 3822 35 35*. On apprécie son plantureux buffet, une valeur sûre.

UNE FOLIE

Wild Rice – C4 - *6 Ngo Thi Nham - ✆ (04) 3943 88 96 - www.wildrice.com.vn*. Situé dans une villa coloniale, ce restaurant propose une cuisine vietnamienne

1

contemporaine qui régale autant les papilles que les yeux. Un délicieux parfum de riz à la vapeur vous accueille dès l'entrée. Laissez-vous ensuite tenter par un canard aux cinq parfums, un croustillant de gambas au tamarin ou une cassolette de poissons aux piments et petits légumes. La carte est riche et variée, mais le choix de desserts est restreint. Salles à manger organisées sur plusieurs niveaux dans un cadre sobre et élégant. Une très bonne table à prix raisonnable.

Dans le quartier du lac de l'Ouest Plan II, p. 140-141

PREMIER PRIX

Vous trouverez d'excellentes guinguettes *oc tom ca* (escargots, crevettes et poissons) dans la **rue Phu Tay Ho** (B1). Plutôt que les *banh tom* (beignets de crevettes), fades et décevants, essayez le *ca qua nuong*, le poisson grillé à la mode du Sud, à déguster roulé dans une crêpe de riz avec de la banane verte, de l'ananas, du concombre, des herbes aromatiques et des vermicelles. Goûtez aussi aux *oc hap la gung*, les escargots à la mode de Hanoi, farcis de citronnelle.

POUR SE FAIRE PLAISIR

Song Thu – C2 - *34 Chau Long - ✆ (04) 3942 44 48 - www.hoasuaschool.com.* L'école hôtelière Hoa Sua a été créée en 1995 pour offrir aux enfants de la rue une formation dans la restauration et la pâtisserie, doublée d'un apprentissage du français ou de l'anglais. Son restaurant du même nom est installé dans une charmante maison coloniale. On dégustera des plats français et vietnamiens délicieux à l'ombre d'un parasol dans la cour, ou dans les salles à manger.

Seasons of Hanoi – B2 - *95B Quan Thanh - ✆ (04) 3843 54 44 - www.seasonsofhanoi.com.vn.* Une sélection de spécialités vietnamiennes de Hanoi, Hué et Saigon, servies dans une ancienne villa française, meublée d'antiquités coloniales. Quelques tables en terrasse. Le tout dans un cadre très raffiné.

Ho Tay Floating House – B2 - *28 Doc Thanh Nien - ✆ (04) 3829 04 36.* Un restaurant flottant sur le lac de l'Ouest, avec une carte fournie en poissons et fruits de mer. La clientèle vient essentiellement en groupe ou en famille. Il est également possible de louer un des bateaux de l'établissement pour un tour sur le lac le temps d'un déjeuner ou d'un dîner.

UNE FOLIE

Bobby Chinn – B1 - *77 Xuan Dieu - ✆ (04) 3719 24 60 - www.bobbychinn.com.* Une des meilleures tables de Hanoi. Bobby Chinn a rapporté de ses nombreux voyages ses inspirations culinaires. La cuisine, cosmopolite et raffinée, associe des saveurs originales à des produits de préférence bio et de saison. Cadre oriental douillet : lumière tamisée et drapés de soie.

PETITE PAUSE

Bon à savoir – Héritage français oblige, le café est une institution, du *ca phe den* au café chic. Les cafés hanoiens traditionnels sont ouverts de 6h à 22h, tandis que les cafés chic ouvrent plus tard.

Dans le quartier des Trente-Six Guildes et de la cathédrale Plan I, p. 138

Café Lam – B2 - *91 Nguyen Huu Huan - 6h-22h.* Malgré la disparition de son créateur *(voir p. 142)*, ce café typiquement hanoien a conservé son atmosphère. L'esprit du lieu est entretenu par la famille de M. Lam, ainsi que la qualité exceptionnelle de son café. On peut aussi consommer bière et citron pressé.

Kem Fanny – B3 - *48 Le Thai To - ✆ (04) 3828 56 56*. Une bonne adresse en bordure du lac Hoan Kiem, pour découvrir sous forme de crèmes glacées tous les fruits du Vietnam. Agréable le soir pour prendre un verre en écoutant du jazz. Décor simple : mur de briques et plafond de bambou.

Café Kinh Do – A2 - *252 Hang Bong - ✆ (04) 3825 02 16 - 6h-20h*. Pour un petit-déj. à la française, avec des croissants et un accueil chaleureux. Petite restauration franco-italo-vietnamienne.

Moca Cafe – A2 - *14-16 Nha Tho - ✆ (04) 3825 63 34*. Le coin le plus chic du Hanoi expat branché. Le café coûte trois fois plus cher qu'ailleurs, mais il est toujours servi avec un petit biscuit. La cuisine n'est pas fameuse, mais que ne ferait-on pas pour être vu, d'autant que le lieu, ouvert sur la rue, a du cachet avec ses murs de brique. Cuisines vietnamienne, indienne et internationale.

Thuy Ta Café – B2 - *1 Ly Thai To - ✆ (04) 3828 81 48*. Établissement chic, en terrasse sur le lac. Café à la mode vietnamienne, expresso ou cappuccino, pâtisseries et glaces.

Le Malraux – A2 - *2 Hang Bong - ✆ (04) 3928 62 03*. Le cadre est sobre, dominé par un portrait géant du grand écrivain français, et fait de ce bar un endroit calme et idéal pour voir passer la foule sur Hang Gai. Musique jazz d'ambiance sauf lors des soirées sportives autour du grand écran. Cuisine française et vietnamienne, belle carte des vins.

Dans le quartier de l'ancienne concession française Plan I, p. 138

Au Lac – C3 - *57 Ly Thai To - ✆ (04) 3825 78 07*. Une jolie villa du « petit Paris » pour boire thé ou expresso en terrasse.

Café Zig Zag – B3 - *46 Trang Tien - ✆ (04) 3936 41 41*. Une terrasse au 1er étage avec parasols et plantes vertes, point d'observation idéal de la ville nouvelle. Fait aussi fast-food.

Ciao Café – B3 - *2 Hang Bai - ✆ (04) 3934 14 94 - 7h-23h*. On peut grignoter des pâtisseries ou des plats à prix modiques dans ce café au style italien très en vogue à Hanoi, avec murs verts, suspensions en tulle fuchsia et chaises en bois peint argent.

Dans le quartier du parc Lénine Plan II, p. 140-141

Cheer – C4 - *69 Mai Hac De - ✆ (04) 3978 25 16*. Un joli café avec courette, toit-terrasse et mobilier en fer forgé, dans un quartier jeune et pas du tout touristique.

Maison Vanille – D4 - *49 Phan Chu Trinh - ✆ (04) 3933 23 55 - fermé le dimanche*. Très agréable salon de thé pour déguster tranquillement une pâtisserie ou une viennoiserie.

BOIRE UN VERRE

Bars

Bon à savoir – La gamme est vaste dans cette catégorie. Elle commence avec les *bia hoi*, où l'on sert la bière fraîchement brassée la veille (*20 000 VND le demi*), et s'achève avec les bars très sélects des grands hôtels, en passant par les bars nocturnes de Bao Khanh (Plan I, p. 138), rendez-vous d'une jeunesse cosmopolite.

GC Bar – B2 - *5a Bao Khanh - ✆ (04) 3825 04 99*. Grand rendez-vous des expats de Hanoi mais également fréquenté par de nombreux Vietnamiens, ce pub offre une excellente ambiance. Billard gratuit.

Polite Pub – B2 - *5 Bao Khanh - ✆ (04) 3825 09 59*. Si le GC Bar est complet, essayez son jumeau situé juste à côté. Clientèle et ambiance sont à peu de chose près les mêmes.

ACHATS Plan I, p. 138

☺ **Bon à savoir** – Les boutiques ouvrent de 9h à 18h ou de 10h à 19h mais quelques magasins à touristes de Hang Gai ferment plus tard. Toutes les adresses indiquées ci-dessous se trouvent dans les quartiers des Trente-Six Guildes et de l'ancienne concession française (Plan I, p. 138).

Marchés

Bon choix au marché **Dong Xuan**, au nord de la ville (A1), ainsi qu'au **marché du 19 Décembre** (A3).

Brûlerie

Mai's Shop – Plan II, C4 - *52 Nguyen Du - ✆ (04) 3822 77 13 - 7h-19h*. Choix de cafés du Vietnam, mélangés et torréfiés sur place. Un souvenir idéal pour ceux qui auront apprécié le café vietnamien.

Antiquités

Do Nguyen Khoi – A2 - *45B Ly Quoc Su - ✆ (04) 3828 55 71*. Plus on monte les étages, plus on découvre de merveilles, rares et chères.

Artisanat et décoration

☺ **Bon à savoir** – Vous trouverez plusieurs boutiques de bambou et rotin très bon marché à l'angle de Tran Nhan Tong et de Quang Trung, en face du parc Lénine (Plan II, C4).

Vietnamese Ethnic Minorities Cultural Products – B2 - *40 Hang Be - ✆ (04) 3825 19 47*. Artisanat et costumes traditionnels des minorités.

Mosaïque – A2 - *22 Nha Tho - ✆ (04) 3928 61 81 - 9h-20h*. Très beaux objets manufacturés, des lampes aux meubles en passant par de petits souvenirs originaux. Les matériaux viennent de la région, mais le design est un subtil mélange entre Orient et Occident, comme le veut la mode au Vietnam.

Marena Hanoi – A2 - *28 Nha Chung - ✆ (04) 3828 55 42 - 9h-19h*. Artisanat traditionnel de bonne facture. Vous trouverez beaucoup de bois laqué, mais aussi quelques céramiques et autres objets de décoration d'intérieur.

Soie, broderies et vêtements

Duc Loi Silk Queen – AB2 - *76 Hang Gai - ✆ (04) 3826 87 58*. Nappes, mouchoirs brodés et sacs de couchage en soie.

Hoa Sua – A3 - *63A Trang Thi - ✆ (04) 3934 27 92*. Broderies d'excellente qualité sur organdi, soie ou drap de coton.

Khai Silk – AB2 - *96 Hang Gai - ✆ (04) 3825 42 37*. Le plus chic des magasins de vêtements en soie. Quelques articles en lin et en coton. Autre boutique au *121 Nguyen Thai Hoc* (Plan II, C3).

Marie Linh – B2 - *11 Nha Tho - ✆ (04) 3928 87 73 - www.marie-linh.com - 9h-19h*. Confection de vêtements sur mesure, principalement en soie.

Mai – B2 - *7 Nha Tho - ✆ (04) 3828 96 50 - mayshop@fpt.vn*. Une jolie ligne de vêtements en lin ou en coton, et de linge de maison délicatement brodé.

Nha May – B2 - *30 Bao Khanh - ✆ (04) 3928 74 05*. Petite adresse familiale de tailleurs depuis plusieurs générations, où vous pourrez vous faire confectionner n'importe quel vêtement sur mesure.

Tan My – AB2 - *66 Hang Gai* - *(04) 3825 15 79*. Excellente adresse pour les nappes et les coussins brodés.

Galeries

Bon à savoir – Vous trouverez des petites gouaches, xylographies ou aquarelles pour une poignée de dollars, mais aussi des créations contemporaines à 1 000 $ et plus.

Apricot Gallery – A2 - *40B Hang Bong (voisine de Co Do, près du carrefour avec la ruelle Tam Thuong)* - *(04) 3828 89 65* - *8h-20h*. Très bel espace sur deux niveaux où une cinquantaine d'artistes locaux sont présentés. Exposition très éclectique, à tous les prix.

Co Do Gallery – A2 - *46 Hang Bong* - *(04) 3825 85 73* - *http://codogallery.com* - *8h-20h*. Peintres abstraits et artistes du laqué présentés dans une maison-tube aux cours recréées par des artistes contemporains.

Fine Art Association Exhibition House - Huong Xuyen gallery – B3 - *16 Ngo Quyen* - *(04) 3934 27 21*. Galerie officielle.

Mai Gallery – A2 - *113 Hang Bong* - *(04) 3938 05 68* - *www.maigallery-vietnam.com* - *9h30-20h*. Peintres contemporains vietnamiens sur quatre niveaux.

Photographie

Dien Dam Gallery – B2 - *4B Dinh Liet* - *(04) 3825 98 81* - *www.diendam-gallery.com* - *9h-19h*. Lai Dien Dam a photographié le Vietnam pendant plus de trois décennies. Exposition et vente.

Librairies

Bon à savoir – Les livres photocopiés sont une grande tradition hanoienne qui permet d'acheter quantité d'ouvrages à bon marché. Vérifiez quand même la qualité. On peut en trouver dans l'enceinte du Van Mieu, au kiosque situé près de la pagode au Pilier unique, et dans la ruelle des bouquinistes qui ouvre à hauteur du *47 Trang Tien*, près du carrefour avec Hang Bai (B3).

Trang Tien Bookstore – C3 - *44 Trang Tien* - *(04) 3826 29 34*. Au 1er étage, un grand choix de livres étrangers dont une belle part faite aux ouvrages français : littérature, poésie, méthodes de langue, etc.

Thang Long Bookshop – B3 - *55 Trang Tien* - *(04) 3825 70 43*. La plus grande et la meilleure librairie de Hanoi.

Hanoi Bookstore – C2 - *34 Trang Tien* - *(04) 3824 16 14*. Magazines étrangers.

Librairie vietnamienne francophone (Hieu Sach Viet Phap) – B3 - *64 Trang Tien (près du carrefour avec Hang Bai)* - *(04) 3825 73 76*. Quotidiens et magazines en français. Nombreux ouvrages sur le Vietnam en plusieurs langues.

EN SOIRÉE

Marionnettes sur l'eau

La traditionnelle représentation de temple est devenue un spectacle à part entière et la troupe de Hanoi a effectué plusieurs tournées mondiales. Les manipulateurs, cachés derrière la scène, actionnent les marionnettes sur l'eau grâce à des perches en bambou, le tout accompagné par un orchestre. Féerique !

Thang Long Theatre – Plan I, B2 - *57B Dinh Tien Hoang* - *(04) 3825 54 50*. Représentations tous les jours. Se renseigner pour les horaires.

Central Puppet Theatre – Plan II, A5 - *361 Truong Chinh* - *(04) 3853 45 45* - *séances mar., jeu. et w.-end à 19h45*.

1

Cirque

Central Circus (Rap Xiec Trung Uong) – Plan II, C4 - *27 Tran Nhan Tong (à l'entrée nord du parc Lénine) - ✆ (04) 3822 02 77.*

Karaokés

Allez jouer les crooners dans la **rue Ngo Huyen** (près de la cathédrale) (Plan I, A2) où l'on ne trouve pas moins de six karaokés.

Concerts

Hanoi Opera House – Plan I, C3 *-1 Trang Tien - ✆ (04) 3933 01 31 - prix des places de 120 000 à 200 000 VND.*

Hanoi National Opera – Plan II, C4 - *15 Nguyen Dinh Chieu - ✆ (04) 3826 73 61.* Concerts de musique traditionnelle les lun., merc. et vend. à 20h.

Cinémas

Fansland – Plan I, A3 - *84 Ly Thuong Kiet - ✆ (04) 3942 44 84.* Films vietnamiens et étrangers en V.O., doublés d'une voix off en vietnamien.

Thang Tam – Plan I, B3 - *45 Hang Bai - ✆ (04) 3825 39 11.* Programme des films à succès en anglais.

Institut français de Hanoi - L'Espace – Plan I, C3 - *24 Trang Tien - ✆ (04) 3936 21 64 - www.ifhanoi-lespace.com.* Projection hebdomadaire de films français.

Discothèques

New Century Club – Plan I, B3 - *10 Trang Thi - ✆ (04) 3928 52 85.* Musique techno plein volume et jeunesse dorée de Hanoi sont au rendez-vous. Un des seuls établissements de la ville ouverts après 0h.

Cafés

Café Nhan – Plan I, B2 - *23 Hang Manh - ✆ (04) 3826 98 61.* Il ne désemplit pas le soir venu, la clientèle vietnamienne se retrouvant sur le trottoir, et les étrangers à l'étage.

Club de jazz

Live Jazz by Quyen Van Minh – Plan I, B2 - *31 Luong Van Can - ✆ (04) 3828 78 90.* Pour les amateurs de jazz, concert live tous les soirs. Il est possible de s'y restaurer (cuisine internationale). Ouvert jusqu'à 23h30.

Z Café – Plan I, C3 - *17 Tong Dan - ✆ (04) 3934 28 98.* Grand billard et ambiance club de jazz chic. Concerts live certains soirs.

ACTIVITÉS

Piscine

Army Hotel – Plan I, C3 - *33A Pham Ngu Lao - ✆ (04) 3826 55 40 - 4 $.*

Thang Loi – Plan II, B1-2 - *Yen Phu Tay Ho - ✆ (04) 3829 42 11 - 20 000 VND.*

Daewoo – Plan II, A3 - *360 Kim Ma - ✆ (04) 3831 50 00 - 15 $.*

Meritus Westlake – Plan II, C2 - *1 Thanh Nien - ✆ (04) 3823 88 88 - 30 $ comprenant l'accès au Fitness - club ouvert de 6h30 à 22h30.*

Les environs de Hanoi

★★

Provinces de Ha Tay, Bac Ninh, Hung Yen et Vinh Phuc

S'INFORMER

Toserco – Plan II p. 140-141, C4 - *8 To Hien Thanh - Hanoi - (04) 3978 00 04 - www.tosercohanoi.com.*

Vietnam Tourism – Plan I p. 138, B3 - *30A Ly Thuong Kiet - Hanoi - (04) 3826 40 89 - www.vn-tourism.com.*

Voir aussi p. 157 les agences de voyages à Hanoi qui organisent ce genre d'excursions.

SE REPÉRER

Carte de microrégion AB1 *(p. 134-135)* - carte p. 177.

À NE PAS MANQUER

La pagode de l'Empreinte parfumée à la saison des pèlerinages ; les pagodes Tay Phuong et Tram Gian, en harmonie avec le paysage ; les statues de la pagode But Thap.

ORGANISER SON TEMPS

Ces excursions se font en une journée au départ de Hanoi. Il n'y a pas de bus, aussi louez une voiture avec chauffeur ou recourez aux excursions organisées par les agences de Hanoi.

Avis aux photographes : à la mi-mai et la mi-novembre, les rizières sont moissonnées et la plaine du Bac Bo devient une friche de terre brune.

Route n° 1, route n° 2, route n° 6... les nationales qui quittent Hanoi en étoile traversent sur des dizaines de kilomètres le même décor de vilains bourgs, dont les maisons arborent des façades très étroites. Pour trouver les vieilles pagodes enluminées de pourpre et d'or, il faut s'en aller par les chemins de traverse. Alors se déroule le panorama de la campagne du Bac Bo, la région Nord. On roule sur les digues, au-dessus d'une mer de riz où s'échouent des tombeaux blêmes que les pluies marbrent de gris. Parfois, le porche d'un temple crève le ciel bas comme un devant de scène, avec ses tigres aux airs de matous, ses éléphants à la peau plissée et au sourire débonnaire et, tout là-haut sur le faîte, un passage de dragons filiformes qui se disputent une perle. Sur les rives des fleuves, les briqueteries composent des agglomérations de nefs pareilles à des églises en ruine.

Circuits conseillés Carte de microrégion et carte p. 177

★ LA MONTAGNE DES PARFUMS (HUONG SON)

À 59 km au sud-ouest de Hanoi. Comptez une journée AR.
Quittez Hanoi par la route de Ha Dong (6 km), puis prenez à gauche en direction de Van Dinh (25 km). À la sortie de Van Dinh, tournez à droite vers Cho Dau (13 km). 2 km plus loin, un panneau indique « Chua Huong 10 km » par une petite route sur la gauche. À la sortie du village de Doc Tin, vous devez acquitter un droit d'entrée de 33 000 VND, incluant le bateau (mais pas le pourboire des rameuses, qui vous sera réclamé avec véhémence). L'embarcadère et le parking sont à 1 km.

1

Bon à savoir – Pour vous rendre à la montagne des Parfums, vous devez parcourir 5 km dans de petites barques menées par des rameuses.

La légende rapporte que Dieu Tien, une princesse bouddhiste, choisit le mont des Parfums pour retraite, afin d'expier les égarements d'un père cruel. À l'issue d'une vie pieuse et charitable, elle connut l'Illumination et se réincarna sous la forme de Quan Am, le bodhisattva compatissant. Ce massif aux contours escarpés devint le **pèlerinage** le plus célèbre du delta, lorsqu'en 1686, sous la dynastie des Le, le moine Huyen Quang orchestra restaurations et agrandissements. Depuis, le voyage saint à la montagne des Parfums est perpétué chaque année pendant les deux premières lunes *(en fév.-mars ou mars-avr.)*. Au fil des siècles, ses pentes et les berges de la rivière Yen ont vu naître temples, pagodes et chapelles qui sont autant d'étapes pour les fidèles sur le chemin de la **pagode de l'Empreinte parfumée**, une immense grotte où stalactites et stalagmites forment candélabres et autels naturels. Mystère et mysticisme imprègnent ces lieux, où résonne l'écho mélancolique du cri des gibbons.

Au fil du Song Yen

Un sampan mené à la rame vous conduit en 1h au pied de la montagne située à 5 km de l'embarcadère, mais, selon les règles du pèlerinage, il convient de faire une escale au **temple des Présentations** *(Den Trinh)* pour demander au génie-gardien des lieux la permission de poursuivre le voyage. De vieilles femmes, vêtues à l'ancienne mode impériale version Nylon, font répéter les paroles des prières et règlent le protocole du rituel : il faut se présenter successivement devant les trois autels, en brandissant des deux mains au-dessus de la tête un plateau de gâteaux, de fruits et de monnaie votive. Le dieu est invisible, dissimulé par un écran. Une fois cette formalité accomplie, on remonte en barque pour la plus jolie partie du parcours, quand la rivière sinue au pied des **pitons karstiques** qui découpent l'horizon. Durant les deux mois de pèlerinage, le train des embarcations est continu. Elles sont chargées d'une population essentiellement féminine, silhouettes vêtues de brun et de noir, les cheveux serrés dans un bandeau, chantant des hymnes à Quan Am, blotties à vingt ou trente dans un bateau où dix Occidentaux tiennent à peine. Arrivées au pied de la montagne, elles se déploient à l'assaut du chemin escarpé qui conduit à la grotte.

L'ascension de la montagne des Parfums

Comptez 2h pour gravir les 2,5 km du chemin qui mène à la grotte.

Le sentier est bordé, durant la saison de pèlerinage uniquement, de stands où l'on peut boire, manger ou acheter des objets de piété. Durant ces deux heures, vous gravirez le chemin au milieu d'une foule compacte. Surveillez votre porte-monnaie, car la sainteté des lieux ne trouble pas les pickpockets.

Conseil – Évitez les jours ou lendemains d'averse, le chemin se transformant alors en un cloaque dangereusement glissant. Vous pouvez néanmoins vous équiper à la mode locale en achetant une canne à sucre : elle fera office de canne de marche avant de vous rafraîchir de son suc.

Bon à savoir – Pour l'ascension de la montagne des Parfums, vous pouvez aussi utiliser les téléphériques qui vous mènent tout près de la pagode de l'empreinte parfumée.

La **pagode de l'Antichambre du Ciel** *(Chua Thien Tru)* constitue une première halte. Détruite en 1947, elle fut reconstruite pour abriter une **statue** en pierre de Quan Am de près de 3 m. À l'entrée, un tripode géant en bronze reçoit les offrandes d'encens, tandis que dans un jardin attenant s'élèvent quelques pagodes funéraires.

La montagne des Parfums.
Ch. Boisvieux / hemis.fr

De temps à autre, des sentiers s'écartent du chemin pour conduire tantôt à des grottes célèbres pour leurs concrétions calcaires, tantôt à des oratoires, tels la **pagode Tien Son**, où Quan Am trône en compagnie de ses sœurs, la **pagode Giai Oan** et le **temple Cua Vong**, où l'on rend culte à la déesse de la Montagne.

La pagode de l'Empreinte parfumée (Chua Huong Tich)

Parvenu au sommet, vous franchissez tout d'abord un **portique** arborant le titre de « première grotte sous le ciel méridional » que lui conféra un seigneur Trinh en 1770. Cent vingt marches vous conduisent ensuite vers l'antre obscur. Dans ce sanctuaire pétrifié, la fantaisie des concrétions compose des tableaux étranges. L'un d'eux, baptisé mont Thieu Nhi, semble héberger dans ses replis des effigies d'enfants, que caressent les femmes désireuses d'être enceintes. Partout, des statues et des autels occupent les anfractuosités. L'intérieur est baigné d'une lumière bleutée que rend presque palpable la fumée des bâtons d'encens.

Prévoyez 1h pour redescendre, et une autre pour gagner en bateau le point de départ. Si vous disposez d'un véhicule, vous pouvez gagner Ninh Binh via *Phu Ly* *(voir p. 181)*.

★★ LES PAGODES DE L'OUEST

Circuit de 95 km au départ de Hanoi. Prévoyez une grosse demi-journée. Quittez Hanoi par la route de Son Tay (n° 32). Passé le village de Phung, vous remarquerez, sur la droite, un barrage de régulation, construit à l'époque coloniale sur le Song Day, important défluent du fleuve Rouge. À 36 km de Hanoi, tournez à gauche au niveau de la borne indiquant « Son Tay 15 km ». Une piste tracée sur une digue vous conduit à la première pagode située à 7 km de là, dans le village de Sai Son.

Bon à savoir – Vous pouvez également visiter les pagodes Thay et Tay Phuong en faisant le circuit de Hanoi à Moc Chau *(voir p. 211)*, en empruntant la nouvelle voie rapide tracée entre la RN 32 et la RN 6. La première est indiquée à droite, à 25 km de Hanoi, la seconde, également à droite, à 27 km de Hanoi.

★★ La pagode Thay (La pagode du Maître)

8h-17h - entrée payante.

Une colline karstique reflétée dans une pièce d'eau, plusieurs fondations religieuses et une grotte-sanctuaire font de cet ensemble une montagne des Parfums miniature, à la seule différence qu'il se visite à pied et non en bateau. Les lieux sont tout entiers dédiés à la mémoire du bonze magicien Tu Dao Hanh, moine célèbre sous le règne de Ly Nhan Tong (1072-1128). Né dans les environs de Hanoi, il prit la robe sur cette colline. Devenu moine, il passa sous la protection d'un prince de la famille royale qui désespérait d'avoir un fils. Le patriarche lui en promit un, et lui assura de plus que cet enfant serait sa « réincarnation ». La prédiction se réalisa : l'enfant régna de 1128 à 1138 sous le titre de Ly Than Tong.

La **pagode de la Félicité céleste** *(Chua Thien Phuc)*, plus communément appelée la pagode du Maître, s'étend au pied de la colline. Fondée au 11e s. et restaurée au 15e s., elle se compose de trois longues salles parallèles, bâties en bois sur une haute terrasse en schiste bleuté et entourées de galeries où les pèlerins peuvent se reposer. Leurs courettes, agrémentées de plantes en pot, sont balayées chaque jour par des nonnes en habit brun. Vous pénétrez d'abord dans la salle dédiée au culte de Tu Dao Hanh et de sa réincarnation. Devant l'autel central, où siège le Bouddha Amitabha encadré de deux bodhisattvas, est assise une statue du Maître, enveloppé dans la robe jaune monastique et coiffé de la tiare en forme de lotus des vénérables. Le piédestal en pierre sur lequel il est posé est délicatement sculpté d'un lion portant un lotus. À sa droite, un second autel est consacré à la tablette de sa réincarnation, le roi Ly Than Tong. Vous accédez ensuite aux salles consacrées aux offrandes et au culte du Bouddha.

Le temple est bordé par l'**étang du Dragon**, qu'enjambent deux petits ponts couverts où s'abritent les marchandes d'encens. Le pavillon au centre du bassin était utilisé autrefois pour les représentations de marionnettes sur l'eau. Un rude sentier grimpe sur la colline *(attention les dalles sont très glissantes lorsqu'il pleut)*. Il débouche au sommet, 100 m au-dessus de la plaine, sur une petite cour rocheuse naturelle offrant un magnifique panorama sur le Song Day. Un pavillon protégeant une statue moderne de Quan Am marque l'emplacement du **temple Cao**, où Tu Dao Hanh prit la robe. Le sentier se poursuit à travers la colline pour descendre vers la **grotte Cac Co**, un antre sombre et profond, lieu de rencontre des amoureux durant la fête du site, le 7 du 3e mois lunaire. Un chemin bordé de vieux arbres monte enfin vers le **Temple supérieur** et la **grotte du Vent**, un corridor rocheux où s'engouffrent les courants d'air. Du Temple supérieur, vous pouvez redescendre sur le versant ouest vers la **pagode au Toit unique** *(Chua Mot Mai)*, ainsi nommée car, contrairement à l'usage, sa toiture n'a qu'une pente, l'arrière du temple s'adossant à la colline.

Quittez le village de Sai Son vers le sud, jusqu'au carrefour avec la nouvelle route rapide de Hoa Binh (à 3 km). Là, tournez à droite, puis, au bout de 2 km, encore à droite, en direction de Son Tay. L'accès à la pagode Tay Phuong, invisible de la route, est à 4 km.

★★ La pagode Tay Phuong

Entrée payante.

Il faut gravir 235 marches en latérite pour atteindre cette pagode de la fin du 18e s. à l'architecture des plus étonnantes. Trois salles massives aux murs de

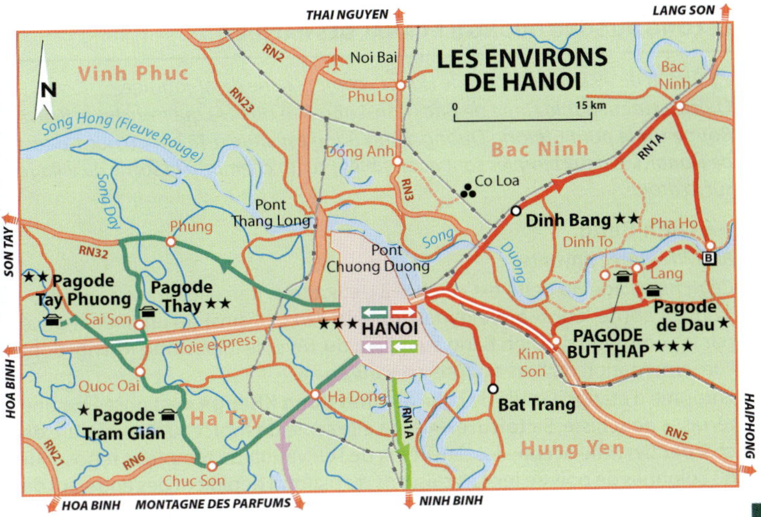

briques percés d'*oculi* portent chacune une toiture hardiment recourbée surmontée de dragons. Mais si les charpentes témoignent de la virtuosité de la sculpture décorative vietnamienne, la pagode est réputée pour les **statues en bois laqué★★★** qui occupent ses autels, toutes exécutées dans un style réaliste et expressif. Vous pénétrez dans la première salle où un détachement de guerriers-gardiens brandissent leur arme de manière suggestive. Au centre, Quan Am déploie ses mille bras, encadrée de suivantes aux mains graciles. Dans la deuxième salle, **un bouddha ascète★★★** est campé comme un homme entre deux âges, au corps noueux, au milieu de disciples en robe brune et de fonctionnaires serrant leur tablette. La troisième salle est dominée par une trinité bouddhique, précédée des **Huit Juges des Enfers**. Tout autour, **Seize Patriarches★★★** se dressent, se grattent, rient et agitent leurs mains, poursuivant une conversation sans fin. Vous pouvez redescendre par un autre chemin, qui dessert d'autres pagodes récemment relevées et traverse le village de Yen, puis revenir à votre point de départ en contournant le pied de la colline.

Revenez sur la route de Hoa Binh et suivez-la sur 6 km avant de prendre à gauche en direction de Chuc Son et de Ha Dong. 2 km plus loin, une très mauvaise piste traverse le village de Tien Phuong. La pagode s'élève sur une colline à 3 km.

★ La pagode Tram Gian (La pagode aux Cent Entrecolonnements)

Entrée payante.

Des volées de marches serpentent sur une colline basse plantée de vieux arbres, où s'échelonnent, en harmonie avec le paysage, tour de la Cloche, pavillon de la Stèle et temple proprement dit. Les salles sobres, aux volumes amples, ont été repeuplées d'un panthéon moderne qui luit à peine dans la pénombre, sous les lourdes toitures. Tout ici respire les vertus bouddhiques d'austérité et de renoncement. Fondé au début du 13e s., l'ensemble fut remanié à maintes reprises et date, dans son état actuel, de la fin du 18e s.

Retraversez Tien Phuong et rentrez à Hanoi par la RN 6 via *Chuc Son et Ha Dong.*

LE LONG DU SONG DUONG (LE CANAL DES RAPIDES)

Circuit de 99 km au départ de Hanoi - comptez une demi-journée.
Quittez Hanoi par la route de Bac Ninh-Lang Son (RN 1A) qui franchit le fleuve Rouge sur le pont Chuong Duong. Dinh Bang est situé à 18 km au nord-ouest de Hanoi. Les deux temples sont accessibles par un chemin, à la sortie du village sur la droite.

★★ Dinh Bang

8h-17h - entrée payante.

Ce riche village du delta est célèbre à deux titres. Berceau des rois Ly (1009-1225), il abrite leur temple dynastique, le *den* Do, ainsi qu'un *dinh* financé par la commune de Dinh Bang au milieu du 18e s., le *dinh* Dong Khang, dont l'ornementation de bois sculpté est sans égale.

Entourée d'étangs, la salle de culte du **dinh Dong Khang**★★ est posée sur une terrasse de schiste. Sa **toiture**★★ est à elle seule un morceau de bravoure de charpentier : elle occupe les deux tiers de l'élévation du temple et repose sur 60 colonnes de bois de fer. Les caissons du plafond déploient des entrelacs de fleurs, de dragons et autres chimères tirées du bestiaire chinois, taillés dans des bois précieux. Les autels des deux extrémités, dédiés aux divinités tutélaires de Dinh Bang (les génies de la Terre, de l'Agriculture et de l'Eau), sont surélevés sur des pilotis, à la différence des autres *dinh* du delta, tous construits sur terrasse et colonnes à la mode chinoise. Ce dispositif trahit l'inspiration ancienne de cet édifice du 18e s. Lors de la retraite de 1954, des Français tentèrent de détruire le temple en tirant les pilotis avec des chaînes, mais l'orgueil de Dinh Bang tint bon. La fête du *dinh*, accompagnée de représentations d'opéra traditionnel, a lieu chaque année le 12e jour du 2e mois lunaire.

À 500 m de là, le **den Do** n'a pas, quant à lui, résisté aux ravages de la guerre d'Indochine. Détruit en 1950, il a été relevé en 1990 pour perpétuer le culte de la quatrième dynastie nationale. La fête célébrée chaque année en son honneur, le 15e jour du 3e mois lunaire, est un spectacle inouï. Venus de tout le delta, les Vietnamiens représentent toute la société du temps des cours royales, dans une grande procession à travers les rizières.

Poursuivez jusqu'à Bac Ninh (27 km de Hanoi) et prenez à droite, au premier carrefour, en direction de Pha Ho (14 km) où vous traversez en bac le canal des Rapides (Song Duong). Parvenu sur l'autre rive, suivez la direction de Dinh To par une piste tracée sur la digue et traversez le village de Lang.

★★★ La pagode But Thap (La pagode de la Pointe du pinceau)

8h-17h - entrée payante.

On pénètre dans cet ensemble du 17e s., construit sur une levée de terre au milieu des rizières, en traversant le pavillon de la Cloche sous la garde de guerriers de terre émaillée.

Les **statues en bois laqué**★★★ disposées sur les autels de la salle principale sont de purs chefs-d'œuvre de l'art vietnamien. À droite d'une trinité bouddhique, **Quan Am aux mille bras** émerge de l'eau, assise sur un lotus que porte un dragon. Cette pièce majeure fut exécutée en 1656 par un dénommé Truong. À gauche, un **bouddha ascète** médite, son visage posé sur son genou relevé. À l'arrière, un petit pont de pierre conduit à un pavillon à étages, construit autour d'une **tour** en bois sculpté qui pivote sur un axe. Les panneaux qui la composent déroulent la vie de Bouddha en scènes de sermons et d'assemblées de saints personnages.

Dans une cour latérale s'élève l'édifice qui a donné son appellation populaire à la pagode : une **pagode funéraire**, construite en 1646 par une reine de la dynastie des Trinh en l'honneur du vénérable Chuyet Chuyet. Sa base en pierre est ornée de **bas-reliefs animaliers★★** traités avec beaucoup de saveur : des singes s'amusent à déloger un nid d'oiseaux, un couple de lions joue avec une balle, tandis que crabes et carpes s'ébattent parmi les vagues.
Retraversez le village de Lang pour trouver à droite la direction « Chua Dau ». La pagode de Dau est située dans le village de Thanh Khuong, à 54 km de Hanoi.

★ La pagode de Dau

La région de Dau est l'une des plus anciennes terres bouddhistes du Vietnam. Cette pagode, de son vrai nom Phap Van (« Nuage du Dharma »), aurait été fondée au début de l'ère chrétienne et aurait reçu la visite de missionnaires indiens. À la fin du 6e s., un moine venu de Chine y établit la secte du Dhyana. L'édifice fut entièrement reconstruit au 14e s. et conserve dans la salle principale des sculptures sur bois du temps des Tran et des Le. Dans la cour s'élève une puissante **tour** en briques où sont suspendus le gong et la cloche en bronze, sous la garde des quatre statues des dieux des Orients. L'autel principal est dédié à Dame Nuage du Dharma, précédée de deux autres déesses : Dame Pluie du Dharma et Dame Lumière du Dharma. Ces trois statues laquées de rouge datent du 18e s. Des jeunes filles vêtues de la tunique à longs pans et du turban traditionnel assistent ces divinités féminines du bouddhisme.
Retournez vers Hanoi, via Kim Son (7 km) où vous récupérez la RN 5. Juste avant le pont Chuong Duong, prenez une route sur la gauche. Bat Trang est situé à environ 8 km du centre de Hanoi.

Bat Trang

Depuis des générations, ce village est spécialisé dans la **céramique**, en particulier les « bleu et blanc » *(voir « Artisanat », p. 74)*. Vous pouvez découvrir les techniques de fabrication dans les ateliers et acheter les produits finis dans de nombreux magasins sur place.

Dans le triangle du delta

Itinéraires autour de Ninh Binh

Provinces de Ha Tay, Ha Nam, Nam Dinh, Ninh Binh et Thai Binh

NOS ADRESSES PAGES 183 ET 185

SE REPÉRER

Carte de microrégion ABC2-3 *(p. 134-135).*

Voir « Arriver / Partir » dans « Nos adresses à Ninh Binh » p. 183.

À NE PAS MANQUER

Les temples dynastiques de Hoa Lu ; la cathédrale de Phat Diem ; la pagode Keo ; les petits temples de la campagne de Tam Coc.

ORGANISER SON TEMPS

Ninh Binh est une étape rêvée pour ceux qui voyagent en solo. Attention, en juillet et en août les températures sont supérieures à 40 °C.

AVEC LES ENFANTS

Une promenade en barque à Tam Coc, dans la baie de Ha Long terrestre.

Les bras du delta du fleuve Rouge, le Song Thai Binh et le Song Day, ont accueilli la naissance du premier État indépendant du joug chinois, le Dai Co Viet. Sa capitale, Hoa Lu, s'inscrivait dans le cadre étonnant de collines et de pitons karstiques, où apparaît et disparaît une rivière, bien loin du bel ordonnancement des futures villes royales de Hanoi ou de Hué. Il y eut là des palais lambrissés d'or et couverts de tuiles d'argent. Il n'en reste rien. Tout fut déménagé en grande pompe à Thang Long, la future Hanoi, à la tête du delta. Mais pour qui est sensible à l'histoire, à la quête obstinée d'indépendance des Viet et à la fantaisie de ces paysages, cette région, rebaptisée « baie de Ha Long terrestre », conserve un charme indiscutable. Autour de Ninh Binh, son épicentre aujourd'hui, vous pouvez faire des escapades dans le berceau des grandes dynasties nationales près de Nam Dinh, dans la Rome vietnamienne sur la route de Phat Diem, ou à la découverte des sites de Tam Coc et de Cuc Phuong.

Rizière près de Hoa Lu.
Pascal Deloche / Godong / Photononstop

Circuits conseillés Carte de microrégion

DE HANOI À NINH BINH B1-2-3

1

Itinéraire de 95 km - comptez 2h30 sans les arrêts.
Bus et trains de Hanoi à Ninh Binh, voir p. 183 « Arriver / Partir ». Sinon, quittez Hanoi par la RN 1.
À une quinzaine de kilomètres de Hanoi apparaissent les premières enseignes de *banh day*, spécialité de Quan Ganh.
Aux devantures, ces gâteaux de riz et de pâte de haricot étuvés forment des piles de paquets verts, emballés de feuilles végétales. Bientôt se manifestent les premiers signes de l'évangélisation de la région avec les cimetières chrétiens, dont les tombes se serrent parfois autour de la coque vide d'une église, abandonnée au milieu des rizières.

Phu Xuyen B2

À 36 km de Hanoi.
Phu Xuyen annonce la proximité des bouches du delta, pays quadrillé par les eaux du fleuve Rouge et de ses affluents, ainsi que celles des canaux, où partout l'on pratique la pêche. L'entrée de l'agglomération est d'ailleurs balisée par des échoppes vendant des éperviers et autres matériels du même acabit.
5 km après le village de Dong Van (45 km de Hanoi), un panneau signale les grottes de Ngo Dong sur la droite. Ces dernières sont situées 5 km plus loin.

Ngo Dong B2

Une kyrielle de cavernes et d'avens ponctuent cette région karstique. Ces « Cinq Grottes » forment un tunnel de 100 m de long qui fore le Thi Son, un récif calcaire appartenant au système de la montagne des Parfums *(voir p. 173)*. Celle-ci ne s'élève qu'à 7 km de là à vol d'oiseau.
Revenez sur la RN 1 et poursuivez votre route en direction de Ninh Binh.
À 56 km de Hanoi, **Phu Ly**, la capitale de l'ancienne province de Ha Nam, fut rayée de la carte par les bombardements américains, mais les années du *doi moi* l'ont relevée en immeubles neufs.
On y traverse le Song Day, tandis qu'à l'ouest, au loin, se profilent les reliefs du Truong Son. Bientôt les silhouettes karstiques se rapprochent, enserrant la RN 1.
Parvenu à Cau Huyen, à 89 km de Hanoi, prenez à droite vers Trung Yen. 5 km plus loin, un panneau indique « Co Do Hoa Lu 1 700 m ».

LES PREMIERS PAS D'UN NOUVEL ÉTAT

Le royaume indépendant constitué par Ngo Quyen à l'issue de sa victoire contre les Chinois en 938 *(voir encadré, p. 190)* s'effondra rapidement suite aux révoltes suscitées par les seigneurs du delta et de la Moyenne Région. L'un d'eux choisit pour lui succéder un jeune homme valeureux du nom de Bo Linh. Tel un lion, ce dernier soumit un à un les seigneurs rebelles, se proclama **Dinh Tien Hoang De**, « Premier Auguste Empereur des Dinh », et établit la capitale de son empire, le **Dai Co Viet**, dans sa ville natale, Hoa Lu, en 968. En reconnaissant la souveraineté chinoise, il rétablit la paix aux frontières mais, fatalité des artisans du premier État vietnamien, il mourut assassiné en 979, alors que son successeur n'avait que six ans. Ce fut son épouse, **Duong Van Nga**, qui assuma la régence, assistée par le généralissime **Le Hoan**. La fragilité du jeune État était extrême. Il fallait de nouveau mettre au pas les feudataires, s'affirmer vis-à-vis de l'Empire chinois et contenir les Chams au sud. L'urgence poussa Duong Van Nga à transmettre en 980 la couronne à Le Hoan qui, sous le titre de **Le Dai Hanh**, triompha de tous les fronts. Une nouvelle dynastie, les **Le antérieurs**, était née. Elle fut tout aussi éphémère que celle des Dinh. À la mort de Le Dai Hanh en 1005, ses fils s'entre-déchirèrent pour le pouvoir. L'arbitrage des dignitaires y mit fin en portant sur le trône l'un des leurs, le mandarin Ly Cong Van. Devenu le roi **Ly Thai To** (1009-1028), il ouvrit enfin une ère de stabilité pour près de quatre cents ans.

★ Hoa Lu B3

Comptez 1h.

8h-17h - entrée et parking payants - vente de souvenirs et de boissons.

De la citadelle de Hoa Lu, qui ne servit de siège au pouvoir que quarante-deux ans, ne subsistent que quelques ruines. Mais la mémoire des premiers pas du Dai Co Viet sommeille toujours dans la pénombre des beaux **temples dynastiques**, élevés en souvenir de ses rois. Construits après le déménagement de la capitale à Hanoi et restaurés sous les Nguyen, ces *den* troublent de par leur sobriété.

Le premier temple desservi par le chemin qui part du parking est le **den Dinh★★**, dédié à l'empereur Dinh Tien Hoang. Le temple, un bâtiment à la lourde toiture, ferme la troisième et dernière cour. Les colonnes en bois sont posées sur des bases en pierre octogonales sculptées en bas-relief de fleurs et d'oiseaux. Des dragons jouant parmi les nuages ornent l'encadrement des portes qu'il faut enjamber d'un pas de géant. À l'intérieur, l'autel du Bonnet royal luit dans une ambiance de pourpre fanée et de vieux ors, encadré des armes et enseignes processionnelles. Colonnes et poutres gardent des vestiges de leur décor laqué. Un claustra, déploiement virtuose d'oiseaux et de dragons évoluant dans les nuages, fait écran avec la salle arrière où siègent des statues laquées. Dinh Tien Hoang, coiffé de la couronne à double écran de perles, est entouré de ses fils en vêtements de cour. Les visiteurs vietnamiens sont pèlerins avant d'être touristes et renouvellent toujours les offrandes d'encens, de biscuits et d'argent à leurs premiers souverains. Dans les pavillons latéraux, quelques photos et objets proviennent des fouilles du site.

Des marches grimpent au sommet du **mont Ma Yen** d'où l'on embrasse le site. Là-haut repose **Dinh Tien Hoang** dans la sépulture royale la plus ancienne conservée au Vietnam. Bien différente du protocole funéraire chinois adopté dans les tombeaux impériaux de Hué, il s'agit d'un simple tertre adossé à un autel.

À 50 m au nord du *den* Dinh, le **den Le★**, dédié à l'empereur **Le Dai Hanh**, est disposé selon un plan moins rigoureux. Ses recoins et ses contre-allées font office de potagers, agrémentés de buissons de rosiers remontants et d'hibiscus. Sur un côté, un passage conduit à un hideux hangar construit au-dessus des maigres vestiges du **palais** de Dinh Tien Hoang, mis au jour en 1998 : un pavement, un pan de mur et quelques poteries ornementales. Le temple dynastique obéit au même agencement que celui des Dinh, à la différence que dans la salle des statues trône Duong Van Nga au côté de Le Danh Hanh.
Le village voisin de Hoa Lu, à 100 m au nord du temple de Le Dai Hanh, est entouré d'un ru où barbotent les canards (et quelques sacs en plastique…) et que franchit un pont en dos d'âne. Sa petite **pagode Nha Tro** conserve un joli mur-écran, protégeant aujourd'hui un jardin d'enfants.
Vous pouvez par ailleurs rêver sur les joutes nautiques organisées par les souverains du Dai Co Viet en faisant une promenade en bateau sur la **rivière Sao Khe**, qui borde le site à l'est, ponctuée de quelques curiosités : la grotte Xuyen Thuy, le mont Hom Sach et la grotte Lien Hoa *(adressez-vous au guichet touristique du parking)*.
Revenez sur la RN 1 pour rejoindre enfin Ninh Binh.

Ninh Binh B3

Bon à savoir – La ville n'a d'intérêt que pour ses facilités d'hébergement et l'imagination des propriétaires de mini-hôtels qui vous aideront à organiser vos nombreuses excursions dans la région.
Le grand **marché** de Ninh Binh s'anime chaque jour sur les berges de la rivière, et une petite **pagode**, nichée sous le rocher de Ninh Binh, à la sortie de la ville, sur la route de Thai Binh, ne manque pas de charme. Cette fantaisie karstique est d'ailleurs fameuse pour les acteurs de la guerre d'Indochine, puisque c'est là que le fils du « roi Jean », le maréchal de Lattre, trouva la mort en 1951, lors de l'offensive du Song Day.

1

NOS ADRESSES À NINH BINH

INFORMATIONS UTILES

Poste / Téléphone
Buu Dien Ninh Binh – *Au sud de la ville.*

Internet
Star Hotel – *Face au Thuy Anh.*

ARRIVER / PARTIR

En train
Gare de Ninh Binh – *Sur la rive est* - ✆ *(030) 367 36 19.* Les trains circulant entre Hanoi *(3h de trajet)* et Hué *(15h)* y font étape.

En bus
Gare routière – *Au sud de Ninh Binh, près du carrefour des routes de Thanh Hoa et de Kim Son.* Liaisons fréquentes avec Hanoi-Giap Bat *(2h de trajet)* et un bus tous les matins, à 5h50, pour Haiphong *(4h)*. Pour ceux qui ont adopté la formule Open Tour, les bus Toserco font escale dans les hôtels Hoa Lu et Thuy Anh.

HÉBERGEMENT

PREMIER PRIX
Thanh Thuy Guesthouse – *128 Le Hong Phong (dans le quartier*

ouest) - ✆ (030) 387 18 11 - http://hotelthanhthuy.com - ▤ ✕ - *23 ch. 6/35 $*. C'est un peu bruyant dans la journée et certaines salles de bains sont minuscules, mais les propriétaires méritent la palme de l'hospitalité et se mettent en quatre pour vous faciliter la vie.

Queen Mini Hotel – *21 Hoang Hoa Tham (dans la rue de la gare) - ✆ (030) 387 18 74* - ▤ - *15 ch.* Un petit hôtel tout simple, dont les chambres sont propres et bien tenues. Le gérant est professeur d'anglais et vous aidera à organiser vos excursions dans la région. Vous pourrez aussi glaner des informations utiles dans le livre d'or.

Hoa Lu Hotel – *Tran Hung Dao, à l'entrée nord de Ninh Binh, sur la RN 1 - ✆ (030) 388 03 03* - ▤ ✕ - *85 ch. 22 $*. Un hôtel d'État aux chambres très convenables, mais aux parties communes parfaitement sinistres. Dans l'aile moderne, vous pouvez bénéficier de tout le confort à bon prix (baignoire et TV satellite), car seule la qualité du mobilier fait varier les tarifs.

BUDGET MOYEN

Thuy Anh – *55A Truong Han Sieu - ✆ (030) 387 16 02 - www.thuyanhhotel.com* - ▤ ✕ - *37 ch. 20/40 $*. Tout est absolument impeccable dans cet établissement qui possède des chambres pour tous les budgets. Les meilleures sont parfaites. Si certaines sont aveugles, leurs sanitaires communs sont très bien entretenus. Rien à redire sur le confort et le rapport qualité-prix, mais quel dommage que la délicieuse cuisine soit servie dans un restaurant enfumé !

RESTAURATION

PREMIER PRIX

Hoa Lu Hotel – *À l'entrée nord de Ninh Binh, sur la RN 1*. La cuisine est honorable, mais la salle de restaurant est sinistre.

Thanh Thuy – *128 Le Hong Phong*. Carte variée et quelques spécialités, tels la viande de chèvre ou les escargots.

ACHATS

Artisanat – Le village de **Kim Son** est un centre réputé de vannerie en bambou et roseau, vendue dans les échoppes voisines de la cathédrale de Phat Diem.

DE NINH BINH À MAI CHAU B3-A2

▶ *Itinéraire de 149 km - comptez une demi-journée sans les arrêts.*
Prenez la RN 1 direction Hanoi. À 12 km au nord de Ninh Binh, suivez à gauche la RN 477 qui permet de rejoindre le parc de Cuc Phuong (23 km). 10 km après cet embranchement, vous parvenez à Gia Vien.

Gia Vien B3

Gia Vien est une nouvelle base d'excursions organisées par les agences de Ninh Binh pour désengorger Tam Coc. On embarque près de Me dans de petits bateaux couverts pour un tour de 3h dans une autre « baie de Ha Long terrestre ». Les karsts y sont plus épars que sur le site de Tam Coc, mais la vie des paysans y est beaucoup plus lacustre comme au village de Ken Ga.

Parc national Cuc Phuong A3

Accès au parc par Nho Quan - 5 $ - randonnées accompagnées à organiser avec les autorités à l'entrée du parc.

Bon à savoir – La meilleure période pour visiter le parc s'étend d'octobre à janvier.
Créé en 1962, ce parc national est la dernière forêt tropicale primaire et abrite quelque 2000 variétés de plantes et 250 espèces d'animaux, mammifères, oiseaux et reptiles, notamment plusieurs espèces que l'on croyait disparues, tels les renards. Le plaisir de la randonnée sous le couvert de la forêt se double de celui de la visite des villages muong établis dans le parc.
Reprenez la RN 477 jusqu'à Mai Chau (voir p. 212).

NOS ADRESSES DANS LE PARC CUC PHUONG

HÉBERGEMENT

Le parc Cuc Phuong dispose d'un hébergement rustique situé à l'entrée *(5 $ - sanitaires communs)*, ou d'un hébergement plus confortable, dans des chalets, à l'intérieur *(25 $)*. Contact sur place : *(030) 384 80 06*, ou réservation à Hanoi : *1/13 Tan A*. Les agences de Hanoi et de Ninh Binh organisent aussi un hébergement.

DE NINH BINH À HAIPHONG B3-C2

Itinéraire de 150 km. Comptez une demi-journée.
Quittez Ninh Binh par la RN 10, au nord-est, qui franchit la rivière sur un pont à circulation alternée.
À 3 km de Ninh Binh, vous traversez **Cat Dang**, le premier d'une série de villages où l'on travaille le bois pour en faire du mobilier de temple. Des camions y livrent d'énormes grumes du Nghe Anh ou du Thanh Hoa.

Nam Dinh B3

À la sortie nord de Nam Dinh (31 km de Ninh Binh), laissez à droite la direction de Thai Binh et suivez l'indication « Den Tran 6 km », jusqu'au village de Loc Vuong.
La région de Nam Dinh fut le berceau de la famille royale des Tran (1226-1400) qui y fit édifier plusieurs palais… depuis longtemps partis en fumée. Le **den Tran** est posé au milieu des rizières. Ce temple dynastique a été refait avec beaucoup d'allure et abrite un petit **musée** consacré aux victoires de Tran Hung Dao contre les Mongols au 13e s. *(voir encadré, p. 190)*.
La **pagode Pho Minh★**, à 300 m à l'ouest du *den*, s'élevait dans l'enceinte d'un palais des Tran. Plusieurs de ses briques sont estampillées de l'année 1305, sans doute celle de sa construction. Posée sur un terrassement orné de fleurs de lotus et précédée de deux bassins en forme de lune, elle répète sur 13 étages la même structure d'un pavillon percé de quatre portes et coiffé d'un auvent. À l'arrière, les salles du temple bouddhique ont été repeintes de rouge et d'or et repeuplées de statues. Remarquez les effigies de trois patriarches bouddhistes influents à la cour des Tran.
Retournez à Nam Dinh pour emprunter la RN 10 vers Thai Binh. À 5 km, vous traversez le Song Hong sur le bac de Tan De. 8 km plus loin, prenez à droite vers la pagode Keo (Chua Keo), très bien balisée. Elle se trouve à 12 km, après le village de Vu Tien. De Nam Dinh, vous pouvez aussi gagner Hanoi via *Phu Ly (87 km).*

★★ La pagode Keo (Chua Keo) B3

Simple, ample et rustique, cette pagode posée au milieu de la campagne a des allures de temple japonais. Il faut, pour y entrer, contourner un immense bassin où s'ébattent des poissons et qui sert de lavoir aux femmes du village.

L'ensemble fut édifié au 17e s. grâce aux subsides octroyés par une dame de la cour. La salle principale épouse un plan en forme de T et sa lourde charpente repose sur des consoles où s'enroulent des dragons. Tout l'arrière forme un cloître accueillant des salles de repos. Là aussi se dresse la **tour de la Cloche**, un impressionnant ouvrage en bois. Vous pouvez monter sonner ses trois cloches en bronze, suspendues sur trois niveaux, et admirer la mer de tuiles grises des toits de la pagode.
Revenez sur la RN 10 pour rejoindre Thai Binh (à 16 km de Nam Dinh et 107 km de Hanoi). Après avoir traversé les rivières Tra Ly, Thai Binh et Van Huc, vous parvenez enfin à Haiphong (à 83 km de Nam Dinh).

LA ROME DU BAC BO B3

Excursion de 30 km au départ de Ninh Binh - comptez 3h AR.
Quittez Ninh Binh en suivant la direction de Kim Son, au sud-est de l'agglomération.
Le long de la route, pas un village qui n'ait sa basilique néogothique ou son église de style colonial peinte en rouge et blanc. Mais cette région, si près de l'estuaire et de la côte, est aussi une campagne des eaux, au maillage dense de canaux qu'enjambent de petits ponts en dos d'âne. Il y règne un trafic incessant de barques, dont les bateliers manient les rames avec les pieds, ou de barges équipées d'un levier en bambou pour la pêche au carrelet.
À 15 km de Ninh Binh, **Phu Nhac** était le siège d'un petit séminaire. C'est un site curieux où s'élèvent aujourd'hui trois grandes **basiliques**. Signe d'œcuménisme conciliant, le vieux *dinh* à la sortie du village a repris du service.

★★ La cathédrale de Phat Diem (Nha Tho Phat Diem) B3

À 28 km de Ninh Binh, à la sortie du village de Kim Son. Offices à 5h et 17h.
La célèbre cathédrale du Tonkin fut construite de 1875 à 1899 par le père Tran Luoc (« Père Six ») qui puisa dans le répertoire de l'architecture des pagodes et des *dinh* tonkinois. Au-delà du symbole chrétien, c'est un exemple magistral de l'architecture vietnamienne de l'époque de Hué. Demeuré intact, cet imposant ouvrage se révèle plus impressionnant que les vestiges de la capitale de l'Annam, rescapés de l'offensive du Tet. Son pavillon d'entrée, où l'on sonne les heures au gong, évoque d'ailleurs l'architecture impériale.
Le **portail** de l'église est sculpté d'un étonnant mélange de symboles vietnamiens de bon augure, d'anges, de saints et de scènes de la vie du Christ. Sur le porche principal, des chérubins mutins évoluent dans un rinceau de fleurs.
La **nef**, dont la charpente est portée par des colonnes en bois de fer *(lim)*, s'étire sur 80 m de long. La sculpture en bois y est extraordinaire, tels ces dragons s'enroulant sur les poutres sculptées, ou le grand retable laqué rouge et or autour d'une Vierge à l'Enfant. Les cloisons en bois des bas-côtés ont la particularité d'être amovibles, pour offrir plus d'espace en cas d'affluence. Sur le côté nord de la basilique, la **chapelle du Sacré-Cœur**, qui permit au Père Six d'expérimenter son projet, n'a rien à envier en matière d'ornementation de bois sculpté.
Enfin, la **grotte de Lourdes** a été reconstituée au chevet de la cathédrale. À l'heure de la messe, les femmes viennent par paires, mères et filles, revêtues de leur plus bel *ao dai*, pour prier.

★★ LA BAIE DE HA LONG TERRESTRE B3

Comptez une demi-journée pour cette excursion au départ de Ninh Binh ou une journée au départ de Hanoi.
Quittez Ninh Binh par la RN 1 vers le sud. À 3 km, prenez à droite vers Bich Dong, puis continuez sur 5 km jusqu'à l'embarcadère de Van Lam.

Tam Coc, la baie de Ha Long terrestre.
Anders Blomqvist / Photononstop

1

Bon à savoir – Cette excursion est proposée, sur une journée, au départ de Hanoi par la plupart des agences de voyages.

★★ Tam Coc B3

Bon à savoir – Comme la fameuse baie de Ha Long *(voir p. 203)*, c'est en bateau que l'on visite Tam Coc. La promenade s'organise à l'embarcadère de Van Lam. Comptez 3h de navigation AR.

Curieusement baptisé d'un nom chinois, le site de Tam Coc (« Trois Grottes ») marie pitons, cavernes et caprices d'une rivière. La **rivière Ngo Dong** y déroule ses méandres sur 3 km, autour des pains de sucre et au fil des avens.

On peut également jouir en toute quiétude de ce paysage étrange et fantastique en randonnant à travers la campagne. Quelques temples y ont été bâtis, beaux prétextes à la promenade. Le **dinh Cac★**, la maison communale du village de **Van Lam**, près de l'embarcadère, donne le ton avec son imposante charpente sculptée de dragons. Les chemins de Tam Coc, qui empruntent les levées de terre entre les rizières, sont un enchantement avec leurs maisonnettes chaulées, enfouies parfois sous une anfractuosité, et les chèvres gambadant sur les abrupts calcaires.

À environ 700 m, par l'unique chemin qui file vers le nord-ouest de Van Lam, on parvient au **den Tran Vi★** dont la porte est gardée par deux chevaux en pierre. Partiellement reconstruit, il dresse sa **tour de la Cloche** en bois dans le cadre splendide d'un cirque de karsts. À l'intérieur, deux grues, perchées sur des tortues, veillent la **tablette de Tran Vi**, ancêtre du roi Tran Thai Ton, dont la statue siège, en compagnie de celles de son fils et de son épouse, dans la petite salle à l'arrière.

À 3 km à l'est de Van Lam, **Bich Dong★** *(entrée payante)*, la « Grotte de Jade », est un temple mi-construit, mi-creusé, dédié à une grande triade bouddhique. En poursuivant vers le sud, vous parvenez à Thanh Hoa *(à 57 km de Ninh Binh)*, qui s'étend dans la dernière grande plaine du Bac Bo. Passé Vinh *(à 138 km)*, la carte du Vietnam s'étrangle tandis que le massif du Hoanh Son rencontre la mer.

Le golfe du Tonkin

★★★

Haiphong - Cat Ba - Ha Long

Provinces de Haiphong et Quang Ninh

NOS ADRESSES PAGES 191, 196 ET 199

S'INFORMER

Pour Cat Ba : Le site *www.catba.com.vn* dispense quelques informations.
Pour la baie de Ha Long : Embarcadère touristique de Bai Chay – *À l'ouest de Bai Chay, à 2,5 km de la poste - (033) 384 74 81 ou 384 65 92 (pour la réservation de billets) - 5h30-18h30 en été ou 6h-18h en hiver.* Très bien organisé, il fait office de bureau d'informations touristiques, avec des renseignements détaillés sur les modalités des croisières.

SE REPÉRER

Carte de microrégion CD2 *(p. 134-135)* - plan de Haiphong p. 189 - carte p. 194.
Voir « Arriver / Partir » dans « Nos adresses à Haiphong » p. 191, dans « Nos adresses à Cat Ba » p. 196 et dans « Nos adresses à Ha Long City » p. 199.

À NE PAS MANQUER

Une nuit en mer dans la baie de Ha Long ; une randonnée dans le parc national de Cat Ba.

ORGANISER SON TEMPS

Évitez les mois de février à avril, frais (10-15 °C), pluvieux et brumeux, ainsi que les périodes d'affluence, en juillet dans la baie, et le week-end à Cat Ba.

AVEC LES ENFANTS

Une excursion en bateau dans la baie de Ha Long.

La baie de Ha Long : un rêve pour le voyageur, un eldorado touristique pour le Vietnam. L'un et l'autre restent vrais, à condition d'oublier un littoral transformé en ersatz de Costa Brava. Il n'y a pas si longtemps, rejoindre la fameuse baie était un voyage en soi, à travers le pays amphibie du bassin du fleuve Rouge, de ponts Eiffel à circulation alternée en bacs. Désormais, une voie rapide filant à travers les rizières permet d'accéder en 3h à l'embarcadère de Ha Long City. Mais il existe une alternative pour gagner l'archipel des pics engloutis. Il suffit de se ménager des étapes sur la route de la baie, le temps d'une pause dans le port de Haiphong, d'une randonnée sur l'île de Cat Ba... un peu de suspense en somme, et la baie déroulera les panoramas de sa flotte pétrifiée et sans âge.

Se promener

★ HAIPHONG Plan de la ville p. 189

Comptez 2h.

Principal port et premier centre industriel du Vietnam, Haiphong est une création du colonialisme français (1874). Son port établi sur le Cua Cam servait, et

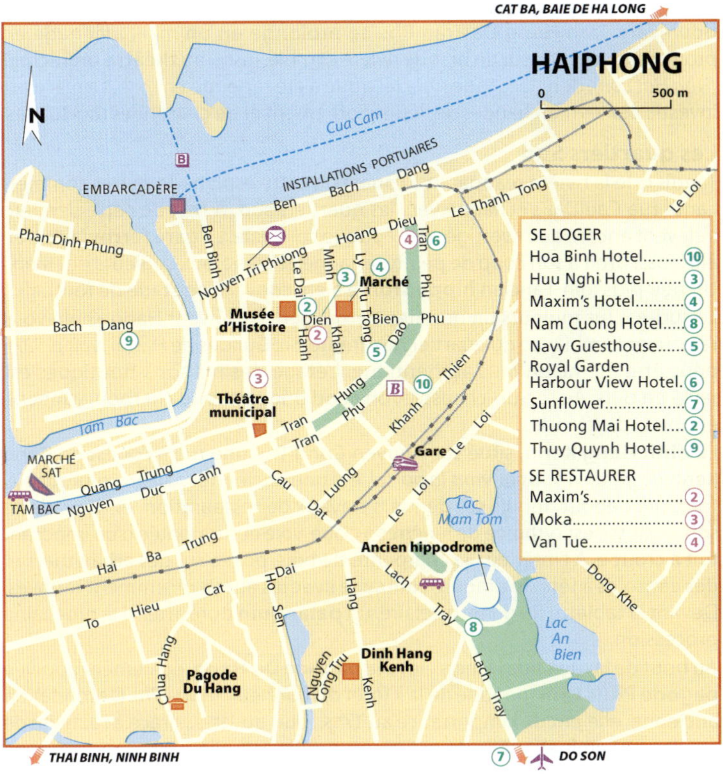

sert toujours, aux charbonnages de la province de Quang Ninh. Défigurée par les bombardements américains de 1965 à 1972, Haiphong n'était plus que le souvenir d'une ville, triste et noire, au début des années 1990. Mais, à l'instar de Hanoi, elle s'est refait une beauté. Même si sa réhabilitation vise plus à séduire les investisseurs que les touristes, Haiphong a du chic et l'étape permet de croiser l'ambiance d'une grande ville du Bac Bo, autre que la métropole.

Le centre-ville

L'agglomération s'étend sur des kilomètres carrés de vilains faubourgs industriels et de HLM, mais le centre-ville offre une meilleure mine. Une ville coloniale s'était développée en rues tracées au cordeau de part et d'autre de l'avenue Dien Bien Phu, le long de laquelle se dressent toujours quelques vieux hôtels, réhabilités depuis avec plus ou moins de bonheur. Les collections du **musée d'Histoire** *(Bao Tang Lich Su) (66 Dien Bien Phu, tlj sf lun. 8h-11h30, 13h30-16h30 - 2 000 VND - comptez 30mn)* balaient l'histoire régionale de la préhistoire à nos jours.

À l'angle de Dien Bien Phu et de Minh Khai, qui conserve plusieurs constructions de caractère, une ancienne halle abrite un **marché couvert**. Non loin de là, le double

HAIPHONG : FICHE D'IDENTITÉ

Capitale de la province de Haiphong.

Se repérer : À 106 km à l'est de Hanoi.

Population : 658 572 habitants (agglo. 1,9 million).

boulevard Tran Hung Da-Tran Phu se prolonge en un mail, aménagé en promenade plantée sur un bras de rivière comblé, jusqu'au **théâtre municipal** *(Nha Hat Lon)*, dont la façade néoclassique a été repeinte en rose. La place est investie par les marchandes de fleurs d'ornement et de couronnes mortuaires.

Les quartiers Sud

Tandis que la rivière réapparaît à l'ouest de cette esplanade, la très commerçante rue Cau Dat s'échappe vers les quartiers sud. À l'est de cette dernière s'élèvent encore deux vestiges de l'époque coloniale. La **gare ferroviaire** a eu elle aussi droit à son coup de peinture, jaune et blanc, aux couleurs de Hanoi. Un peu plus loin, l'ancien **hippodrome** a été converti en stade de football.

Le sud-est fut toujours un quartier vietnamien. En suivant Hang Kenh, vous retrouvez l'ambiance du quartier des Trente-Six Guildes de Hanoi *(voir p. 137)*, peut-être même en plus authentique. L'étage des maisons-boutiques est resté en bois. Au rez-de-chaussée, on vend briquettes de charbon, vannerie et objets d'offrandes.

Le **dinh Hang Kenh**, situé sur Nguyen Cong Tru, une rue à l'ouest de Hang Kenh *(le gardien vous ouvrira la porte)*, est une ancienne maison communale, toujours debout depuis ses derniers travaux de restauration, en 1767. Cette sobre bâtisse est rythmée de fenêtres à claire-voie et surmontée d'un imposant toit à croupe. À l'intérieur, la charpente de bois, posée sur des arbalétriers et des consoles à tête de dragon, contraste avec les autels récemment rénovés. Devant la tablette du génie tutélaire, un **palanquin** doré attend la prochaine procession.

Au bout de la rue Chua Hang s'élève la **pagode Du Hang**, également appelée **pagode Phuc Lam** (pagode de la « forêt du Bonheur ») *(6h-17h)*. De fondation ancienne, elle prit de l'importance au 17e s., puis au 19e s., grâce à l'activité de patriarches éminents. Elle doit sa physionomie actuelle à des campagnes de restauration entreprises en 1905 et en 1917. L'intérieur est d'un kitsch étourdissant, mais l'autel principal, dédié à une trinité bouddhique, est richement orné de bois sculptés dans le style cantonais.

Vous découvrirez les **installations portuaires** de l'embouchure du Cua Cam si vous quittez Haiphong en bateau. La plupart des équipements sont destinés au stockage du pétrole et le va-et-vient des barges transportant le charbon du Quang Ninh est incessant.

DÉFAITES CHINOISES SUR LA RIVIÈRE BLANCHE

Haiphong signifie « défense maritime » et la région fut de tout temps la tête de pont de la résistance antichinoise. Le **Song Bach Dang**, l'un des bras du fleuve Rouge, était la voie traditionnelle de communication entre les terres du delta et le golfe du Tonkin. Pour l'empire de Chine, il était aussi un moyen commode de venir rétablir l'ordre en envoyant ses jonques, quand le voisin vietnamien se montrait trop turbulent. En 939, **Ngo Quyen**, à la tête d'un soulèvement contre l'administration chinoise, tendit un formidable traquenard à la flotte du Fils du Ciel. Ayant envoyé des sampans provoquer l'adversaire en amont, il fit installer des pieux armés de fer à l'embouchure. Lorsque les jonques refoulèrent, elles furent prises dans le double piège des pieux et du reflux. Pour la première fois, la Chine capitula et c'est ainsi que Ngo Quyen fonda la première et très brève dynastie nationale : les Ngo (939-968). Trois siècles plus tard, le même stratagème permit d'écarter les tentatives d'invasion des Mongols.

Marchande de fleurs à Haiphong.
Jones Huw / Sime / Photononstop

1

NOS ADRESSES À HAIPHONG

Plan de la ville, p. 189.

INFORMATIONS UTILES

Poste / Téléphone
Buu Dien Trung Uong – *3 Nguyen Tri Phuong - tlj sf dim. 6h-22h (sam. 12h).*

ARRIVER / PARTIR

En avion
Aéroport de Cat Bi – *À 7 km au sud - ✆ (031) 382 33 22.* Liaison quotidienne avec Ho Chi Minh-Ville.
Vietnam Airlines – *62 Dien Bien Phu - ✆ (031) 382 27 77 - 7h-17h30.*

En train
Gare – *Rue Luong Khanh Thien, au sud-est de la ville coloniale - ✆ (031) 392 13 33.* 9 trains circulent chaque jour dans les deux sens entre Haiphong et Hanoi (de 1h50 à 2h30 de trajet).

En bus
Pour Hanoi et Ninh Binh – *6 bus/j. pour Hanoi (1h45 de trajet) et 3 pour Ninh Binh (4h)* partent de la gare routière **Ben Xe Tam Bac** (*près du marché Cho Sat, à l'ouest de la ville*).
Pour des liaisons avec le Sud, Niem Nghia Inter- provincial Bus – *Sur Tran Nguyen Han - ✆ (031) 378 08 55.*

En bateau
Embarcadère de Binh – *Au nord du centre-ville, au bout de la rue Ben Binh.* Les billets des bateaux de ligne circulant entre **Haiphong** et **Cat Ba** - **Haiphong** et **Bai Chay** et **Haiphong** et **Hong Gai** peuvent être réservés au guichet de la gare ferroviaire ou directement à l'embarcadère (au moins 1h à l'avance). Comptez de 2 à 4h de traversée. Il existe un service d'hydroglisseur entre Haiphong et Cat Ba (*1h, 130 000 VND*), souvent affrété par les agences de voyages pour des prestations de luxe.

TRANSPORTS

En xe om

Les *xe om* sont le moyen de transport le plus couramment utilisé.

En taxi

VP Taxi – *(031) 382 82 82.*
Hai Phong Taxi – *(031) 383 83 83.*

HÉBERGEMENT

Bon à savoir – Les infrastructures de Haiphong sont avant tout destinées aux hommes d'affaires, au tourisme de masse chinois et aux voyageurs locaux. La ville ne possédant pas de mini-hôtels, il est difficile de trouver un bon rapport qualité-prix à moins de 15 $, mais les très bons établissements sont ouverts à la négociation.

PREMIER PRIX

Hoa Binh Hotel – *104 Luong Khanh Thien - (031) 385 90 29/30 - - 24 ch. 12 $.* Hormis la façade, les portes sculptées au chiffre de l'hôtel et quelques lits, il ne reste plus grand-chose de cet établissement années 1930. Il a été rénové au goût de la clientèle chinoise: matelas mous et moquette pour les meilleures chambres, Formica et karaoké dans les standard. Les salons de « massages thaïlandais » sont à l'usage de la même clientèle. Le tout est convenable.
Thuong Mai Hotel – *62 Dien Bien Phu - (031) 384 27 90 - - 35 ch.* Son cachet colonial se limite à la façade. Ses prestations sont sensiblement les mêmes que celles de son voisin, le Huu Nghi, avec l'avantage non négligeable d'une échelle plus humaine et d'une gamme de prix beaucoup plus abordable.
Navy Guesthouse (Nha Khach Hai Quan) – *5 Ly Tu Trong - (031) 325 25 55 - - 25 ch.* Derrière une résidence coloniale années 1940 se dissimulent des bâtiments plutôt impersonnels. La partie la plus ancienne est dotée de véritables suites, mais la plomberie n'a guère été changée, et elle héberge quelques rats. Les ailes modernes offrent tout le confort (baignoire, télé satellite et Frigo), malgré le côté étouffant de la moquette et du mobilier. Attention, l'hôtel possède une autre implantation, sans charme, au 27C Dien Bien Phu.

BUDGET MOYEN

Maxim's Hotel – *3K Ly Tu Trong - (031) 374 65 40 - tuanmihp@gmail.com - - 28 ch. 25/35 $.* Les tarifs augmentent avec les étages, mais sans jamais devenir exorbitants. Ce mini-hôtel présente sans conteste le meilleur rapport qualité-prix de la ville avec des chambres petites mais confortablement équipées et souvent lumineuses.

POUR SE FAIRE PLAISIR

Huu Nghi Hotel – *60 Dien Bien Phu - (031) 382 32 44 - www.huunghihotel.vn - - 126 ch. 80 $.* Confort incontestable mais impersonnel, d'un hôtel qui fonctionne comme une usine à touristes chinois. Trois restaurants proposent cuisines occidentale, vietnamienne et chinoise. La piscine s'étend à l'arrière, au pied d'anciens bâtiments coloniaux.
Nam Cuong Hotel – *47 Lach Tray - (031) 382 85 55 - info@namcuonghaiphonghotel.com.vn - namcuonghaiphonghotel.com.vn - - 71 ch. 80 $.* Cet hôtel international à l'architecture sobre et élégante s'inscrit dans le cadre agréable du parc municipal. Le restaurant domine la ville, de même que la piscine, construite en terrasse. L'établissement possède une seconde adresse plus

proche du centre-ville et aux tarifs plus abordables, le **Thuy Quynh Hotel** – *83 Bach Dang - ✆ (031) 382 07 77 ou 382 05 57 - 29 $*. Moins luxueux, il présente également un excellent rapport qualité-prix.

UNE FOLIE

Sunflower – *35A Van Cao - ✆ (031) 389 20 00 - sunflower_marketing@hn.vnn.vn - www.sunflower.com.vn -* 🖥 ✕ ⛱ CC *- 110 ch. 105/150 $*. Une résidence construite dans une zone rurale et calme, à la lisière sud de la ville. Pour un tarif avantageux, on peut louer à la nuit un appartement meublé avec goût et bénéficier de nombreuses prestations (appels locaux gratuits, accès libre au centre de remise en forme). Location de voitures et excursions à Cat Ba ou dans la baie de Ha Long.

Royal Garden Harbour View Hotel – *12 Tran Phu - ✆ (031) 382 78 27 - sales@harbourviewvietnam.com - www.harbourviewvietnam.com -* 🖥 ✕ CC *- 122 ch. 140 $*. Centre d'affaires et de remise en forme. Construit dans un élégant style néocolonial, c'est le meilleur hôtel de la ville avec des chambres parfaites. Même souci du décor dans les deux restaurants, dont l'un sert une excellente cuisine italienne. Organise des excursions en hydrofoil à Cat Ba et dans la baie de Ha Long.

RESTAURATION

Bon à savoir – Conçue pour accueillir les hommes d'affaires qui dînent dans leur hôtel (les restaurants du **Tray** et du **Royal Garden Harbour View** sont très bons) et les touristes chinois qui banquettent en groupes, Haiphong ne regorge pas de bonnes adresses.

PREMIER PRIX

Plusieurs restaurants établis sur Tran Hung Dao (le long du mail, à l'est du théâtre municipal) servent une cuisine honnête.

Moka – *35 Hoang Van Thu*. Ce salon de thé est une aubaine. Tout est délicieux : des choux à la crème croquants aux cakes fondants. Seconde adresse au *115 Hai Ba Trung*.

Maxim's – *51 Dien Bien Phu - ✆ (031) 382 29 34*. Très prisé des expatriés de Haiphong, cet endroit s'avère très agréable aussi bien pour un verre que pour un repas. Cuisine vietnamienne et occidentale de bonne facture. Concerts certains soirs.

Van Tue – *1A Hoang Dieu*. Si la salle supérieure est souvent prise d'assaut le sous-sol, à défaut d'être lumineux, offre de l'espace et un certain cachet. La cuisine est fameuse avec un bon choix de fruits de mer ou de spécialités locales, que vous pourrez arroser d'une bière brassée sur place.

LA FUREUR DE VIVRE

Dotée de criques de sable blanc et surtout d'électricité, Cat Ba est chaque week-end le grand rendez-vous de la jeunesse vietnamienne. Cette dernière s'empare de l'île au son des motos, des karaokés ou des discothèques, et des duos romantiques investissent les plages, sur fond de coucher de soleil et de chansons d'amour diffusées par radiocassettes.

★★ L'ÎLE DE CAT BA (DAO CAT BA) Carte de microrégion et carte ci-dessus

À 40 km à l'est de Haiphong, 55 km au sud-ouest de Ha Long City. 13 000 hab.

Cat Ba Town

La plus grande des îles de la baie de Ha Long ressemble à une forteresse imprenable et sauvage quand on l'aborde en bateau, jusqu'à ce qu'au détour d'une falaise s'ouvre l'anse abritée de **Cat Ba Town**, annoncée par un fort fumet de poisson. Tout à coup se déploie le chaos apparent d'un port de pêche, un de ces havres naturels en eau profonde où les pêcheurs de la baie s'abritent des colères du large. Les enfants des sampaniers vous emmèneront pour une balade en barque à la découverte de ce village flottant, moyennant un prix modique *(20 000 VND/h)*. Le matin, c'est le retour de la pêche en mer, qui se pratique au lamparo. Mais le jour, la vie s'écoule comme dans n'importe quel village du Bac Bo. À la poupe des sampans, les femmes lavent et cuisinent, et il n'est pas rare de voir une partie de l'embarcation investie par un poulailler.

Les plages

Au nord-est du port, Cat Ba possède trois jolies plages de sable fin, répondant aux doux noms de **Cat Co 1, Cat Co 2** et de **Cat Co 3** et ouvrant sur des panoramas de minibaies de Ha Long. On accède à la première par une rampe très raide qui grimpe au bout du front de mer de Cat Ba Town. La seconde, située dans le prolongement de Cat Co 1, est accessible par une passerelle de 700 m, suspendue à flanc de rocher *(entrée payante)*.

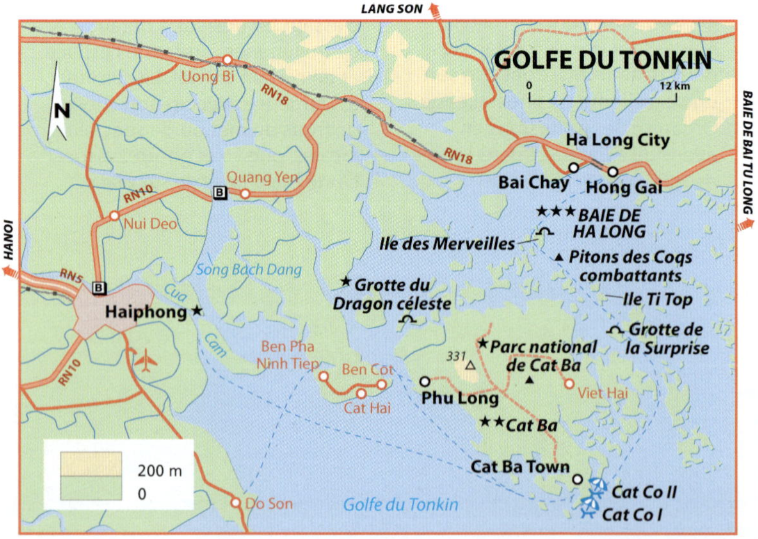

Île de Cat Ba.
Jean Rey / Photononstop

★ Parc national (Vuon Quoc Gia Cat Ba)

Accès au parc à 16 km au nord de Cat Ba Town - entrée payante.
Une route cahotante rejoint le cœur de l'île à travers une nature insolite qui fait très vite oublier la mer. Quelques grottes sans grand intérêt ponctuent le chemin du **parc national**.
Un sentier entretenu et balisé, mais escarpé et terriblement glissant par tous les temps, permet une randonnée de 3h AR jusqu'au sommet *(alt. 300 m)*, d'où le regard embrasse l'île *(de bonnes chaussures sont indispensables)*.
Vous aurez ainsi un aperçu de la végétation étrange qui tapisse les pics calcaires de la baie. Au passage, un écriteau signale un arbre d'une espèce rare, le **Rung Kim Giao** ou « arbre aux baguettes ». Il est ainsi nommé car son bois, réactif aux poisons alimentaires, était utilisé pour fabriquer les baguettes utilisées à la cour, éternel domaine d'intrigues. Il est rare de pouvoir observer des spécimens des dizaines d'espèces que protège le parc (nombreuses variétés de singes, faucons, cervidés), mais les innombrables papillons contribuent à l'enchantement des lieux et les trilles assourdissants qui montent de la jungle vous convaincront qu'elle est habitée.
Les hôtels de Cat Ba Town proposent un programme alternatif, avec guide *(voir « Informations utiles », p. 196)*.

Phu Long

À 32 km de Cat Ba Town.
À la pointe orientale de l'île, **Phu Long** est un bourg écrasé par la lumière que reflètent les bassins à crevettes. Au bout d'une langue de terre gagnée par la mangrove, des bateaux de pêche stationnent à l'embarcadère. On peut louer leurs services pour visiter la **grotte du Dragon céleste★** *(Dong Thien Long) (entrée payante - comptez 25mn de navigation aller)*. Découverte en 1998, elle comporte une grande variété de formations calcaires, dans lesquelles l'imagination vietnamienne aime à voir la silhouette d'animaux réels ou imaginaires.

NOS ADRESSES À CAT BA

INFORMATIONS UTILES

Banque / Change

Vous trouverez un distributeur automatique (ATM) sur le front de mer à côté du restaurant Duc Tuan. On peut également vous dépanner dans certains hôtels (pas au meilleur taux).

Poste / Téléphone

Buu Dien Cat Ba – *En bas de l'unique rue perpendiculaire au front de mer - lun.-vend. 6h30-21h.*

Internet

À l'**hôtel Pacific** – *En face de la poste (2 500 VND/mn).*

Agences de voyages

À Cat Ba Town, vous trouverez deux agences à côté de l'hôtel Tra My pour acheter des billets de bateau pour la liaison Cat Ba-Haiphong. Quasiment tous les hôtels et restaurants ont une agence de voyages. Inutile de réserver au départ de Hanoi, vous pourrez organiser ici location de motos, randonnées, promenades en mer, réservation de billets sur les bateaux de ligne, etc. À titre indicatif, le tour complet de Cat Ba (randonnée dans la forêt du parc national, pique-nique dans un village de pêcheurs et retour en bateau à travers la baie de Lan Ha) coûte 15 $, et la croisière d'une journée en baie de Ha Long (visite de plusieurs grottes, nage en mer et repas de fruits de mer à bord) varie entre 10 et 30 $.

Conseils – Prestations et prix sont interchangeables, mais écartez d'emblée ceux qui vous disent que vous pouvez randonner dans l'île chaussé de sandales, car le terrain est escarpé et terriblement glissant. Vérifiez quel genre de bateau vous est alloué et quel type de repas est compris dans les prestations, certains baptisant repas une simple banane.

ARRIVER / PARTIR

Bon à savoir – Les liaisons entre Cat Ba et le continent se sont nettement améliorées depuis l'aménagement d'une route sur l'île de Cat Hai qui permet de la traverser en bus plutôt que de la contourner en bateau.

En bateau

L'île de Cat Ba possède deux ports. **Cat Ba Town**, au sud, accueille les bateaux de ligne, tandis que la jetée de **Phu Long**, au nord-est de l'île, accueille les petits bateaux en bois venus de Haiphong. Des *xe om* attendent les passagers à l'arrivée pour les conduire à Cat Ba Town. *2 liaisons/j. en hydrofoil entre le port de Cat Ba Town et l'embarcadère de Binh à Haiphong (voir « Arriver ou partir », p. 191). Le temps de trajet est de 1h environ. Pour Hong Gai, 1 départ/j. (3h, 80 000 VND).* Par ailleurs, un service de ferry (départ toutes les heures environ entre 5h30 et 17h30) est assuré entre le continent et l'île de Cat Hai (1h), ainsi qu'entre l'île de Cat Hai et celle de Cat Ba (30mn).

TRANSPORTS

Les reliefs de l'île rendent l'usage de la bicyclette très sportif. *Xe om* et motos sont les meilleurs moyens de circuler. Vous pourrez en louer auprès des hôtels et des restaurants.

HÉBERGEMENT

Bon à savoir – Une quarantaine d'hôtels ont poussé à **Cat Ba Town**. Ils sont très fréquentés, en hiver par

les étrangers, en été par les Vietnamiens. Les tarifs sont saisonniers et varient du simple au triple. La plupart des mini-hôtels peuvent vous préparer un petit-déj. Vérifiez l'état des moustiquaires, indispensables.
À **Cat Ba**, un immeuble sur deux est un hôtel et il s'en construit en permanence.

PREMIER PRIX

Nam Phuong Hotel – *Parmi les derniers sur le front de mer, côté nord-ouest - ✆ (0313) 388 85 61 - ▤ - 11 ch.* Adossé à la falaise, dont la roche forme la paroi intérieure de la cage d'escalier ! Toutes les chambres donnent sur le port de pêche par une large fenêtre. Les deux plus grandes sont équipées d'un balcon sur la mer. Remarquablement tenu, c'est le meilleur rapport qualité-prix de Cat Ba Town.

Duc Tuan Hotel – *210 1/4 Rd - ✆ 09 88 971 685 (mobile) - ▤ ✕ CC - 20 ch. 12/21 $.* Cet immeuble de huit étages, construit en 2008, dispose de chambres très propres, vastes, lumineuses, et de style asiatique (carrelage au sol, mobilier en bois sculpté). Demandez absolument les chambres dont le numéro se termine par 1, elles ne sont pas plus chères mais sont les seules à offrir une superbe vue sur la baie. Le petit-déj. est servi en terrasse au dernier étage. Le patron anglophone, M. Tuan Anh, serviable et de bon conseil, pourra vous proposer des excursions dans le parc national ou sur la baie de Ha Long. Excellent rapport qualité-prix.

Thu Ha Hotel – *Sur le front de mer, vers le milieu du port - ✆ (0313) 388 83 43 - ▤ - 16 ch.* On apprécie le soin apporté pour rendre les séjours toujours plus agréables aux clients.

BUDGET MOYEN

Bay View – *Sur la baie de Cat Ba, côté nord-ouest (voisin de l'hôtel Hoang Ngoc) - ✆ (0313) 368 82 41 - ▤ CC - 10 ch. 35/46 $.* Idéal pour les séjours en famille : toutes les chambres sont équipées d'un second lit. Une cuisine et une machine à laver le linge sont à la disposition de la clientèle. Au dernier étage, un billard et une télévision grand écran.

POUR SE FAIRE PLAISIR

Holiday View Hotel – *Sur le front de mer, côté nord-ouest - ✆ (0313) 388 72 00 - holidayviewhotel@vnn.vn - www.holidayviewhotel-catba.com - ▤ ✕ CC - 120 ch. 46/65 $.* Le seul hôtel de standing du front de mer. Toutes les chambres ont le même mobilier (literie très ferme) et vue sur la baie. Les prix varient en fonction de l'étage, de la taille de la chambre ou de l'équipement, le meilleur rapport qualité-prix étant sans doute les supérieures-doubles avec balcon face à la mer. Choisissez de préférence une chambre dont le numéro se termine par 5, 6 ou 7. Pensez à insérer la carte de votre clé à l'entrée et à presser l'interrupteur vers le bas pour avoir de l'eau chaude. Le personnel est sympathique et compétent. Salle de restaurant et terrasse au 2e étage bénéficiant aussi d'une belle vue.

UNE FOLIE

Sunrise Resort – *Sur la plage de Cat Co 3 - ✆ (0313) 388 73 60 - catba-sunriseresort@vnn.vn - www.catbasunriseresort.com - ▤ ⛱ CC - 39 ch. 135/210 $ - centre de santé (Jacuzzi, sauna, massages).* Hôtel vraiment à part sur l'île, par sa situation et par son architecture. Boiseries, tissus d'ameublement bordeaux et or, atmosphère coloniale et soin du détail. Toutes les chambres

1

donnent sur la mer. Un petit coin de paradis.

RESTAURATION

Bon à savoir – Les restaurants de Cat Ba Town occupent le front de mer. Ils proposent tous la même carte aux mêmes prix, avec une large place faite aux fruits de mer. Les réputations se faisant et se défaisant d'une saison à l'autre, cette sélection est d'ordre indicatif. Il existe aussi un restaurant flottant où les enfants des sampaniers vous conduiront en barque moyennant 10 000 VND AR. Là, les prix se négocient au kilo et en fonction des saisons.

BUDGET MOYEN

Nam Phuong – *Sur le front de mer de Cat Ba.* Un établissement très bien tenu aux bonnes saveurs vietnamiennes : gingembre frais, nems croustillants et parfumés.
Hoang Y – *Proche du Nam Phuong - ✆ 09 04 037 902 (mobile).* Avant d'ouvrir son restaurant ici il y a une dizaine d'années, le patron a appris la cuisine à Hongkong, Macao, en Chine, à Saigon, Hanoi et Haiphong. S'il n'est pas aux fourneaux, il viendra sans doute vous parler de cuisine. Il organise aussi des excursions privées sur une jonque : balade dans la baie, visite d'une grotte, baignade, etc. (*comptez 70 $/j. pour 2 personnes*).
Noble House – *Sur la baie, côté nord-ouest - ✆ (0313) 388 83 63 - 6h-23h.* Clientèle assez jeune. On y vient pour boire une bière ou un cocktail en fin de journée et pourquoi pas rester dîner. Vaste choix de plats internationaux et locaux (pizzas, pâtes, burgers, produits de la mer). À l'étage, quatre chambres correctes peuvent dépanner *(15 à 25 $).*
Green Mango Restaurant – *Vers le centre de la baie, côté nord-ouest - ✆ (0313) 388 71 51 - 6h-23h.* De bonne réputation, ce restaurant est un peu plus cher que ceux du front de mer. L'ambiance est néanmoins plus chaleureuse, et l'éclairage n'est pas au néon.

ACTIVITÉS

Piscine – La superbe piscine du **Sunrise Resort** *(voir plus haut « Hébergement »)* est accessible aux non-résidents (*10 $*).

HA LONG CITY (THANH PHO HA LONG) D1

À 55 km de Haiphong par la route, 160 km de Hanoi et 55 km de Cat Ba.
Le port de pêche de **Hong Gai** (à l'est) et la station balnéaire de **Bai Chay** (à l'ouest) composent Ha Long City. Elle n'a vraiment que son nom pour faire rêver, car le spectacle est désespérant, malgré de réels efforts pour aménager le littoral du côté de Bai Chay. Une plage artificielle y a été créée, bordée d'une promenade plantée de pins et de flamboyants, mais l'arrière-plan des constructions désordonnées de la ville est désolant.
Hong Gai présente au moins l'intérêt d'être un port actif avec son ballet de sampans et de barges charbonnières. Les sampaniers proposent leurs services le temps d'un tour en bateau *(de 5 à 10 $/h)*. En 1999, l'**église Ste-Marie-Rose**, qui n'était plus qu'une ruine calcinée après les bombardements américains de 1967, a été relevée sur les collines à l'est. C'est un joli but de promenade que de grimper là-haut pour voir se déployer la ville sur fond de rochers fantomatiques.

NOS ADRESSES À HA LONG CITY

INFORMATIONS UTILES

Banque / Change

Vietcombank – *Le Thanh Tong (près de la poste) - tlj sf dim. 7h30-11h, 13h30-16h30, sam. 12h.* Chèques, cartes de crédit et change. Vous trouverez un autre distributeur de billets à l'entrée de l'hôtel Heritage, *88 Halong Rd.*

Poste / Téléphone

Buu Dien Ha Long – *En bas de la rue Vuon Dao, à Bai Chay - ✆ (033) 384 62 03 - lun.-vend. 6h30-21h.*

Internet

Grand choix de cafés Internet à côté de la poste - 7h-21h.

ARRIVER / PARTIR

En bus

De et vers Hanoi – Des minibus de 24 places partent toutes les 25mn, de 5h30 à 17h30, pour la gare de Gia Lam à Hanoi *(3h30 de trajet - 90 000 VND)*. La gare est bien organisée et on peut acheter son billet au guichet.

Vers Haiphong – Nombreuses liaisons également avec Haiphong *(2h - 25 000 VND)*.

Vers Ninh Binh – 1 bus/j. à 6h15 pour Ninh Binh *(6h)*.

En bateau

Vers Haiphong – Depuis **Bai Chay**, un bateau relie Ha Long et Haiphong *(départ à 12h - 4h de traversée - 80 000 VND)*.

Vers Cat Ba et Haiphong – Des bateaux quittent l'embarcadère de **Hong Gai** *(au bout de la rue Long Tien), pour Cat Ba (1 liaison/j. à 13h - 3h - 80 000 VND) et pour Haiphong (2 liaisons/j. à 9h et 13h30 - 80 000 VND).*

En hélicoptère

Northern Service Flight – *182 Truong Chinh - ✆ (04) 3852 34 51 - comptez 175 $ AR.* Organise tous les samedis des combinés survol et croisière au départ de Hanoi. Les appareils décollent à 8h de l'aéroport de Gia Lam (6 km au nord-est de Hanoi). La durée du vol est de 50mn, dont 15mn de survol de la baie ; il est suivi d'une croisière de 4h, avant le retour à 15h45 à Hanoi. Renseignements et réservations auprès de l'agence située à l'aéroport de Gia Lam - *✆ (04) 3563 31 10.*

En excursion organisée

À moins de disposer vraiment de peu de temps, il n'est pas nécessaire de recourir aux forfaits Hanoi-Cat Ba-Ha Long-Hanoi proposés par les agences de la capitale. Il est vrai que leurs tarifs sont attractifs : moins de 20 $ pour deux jours et une nuit, croisière comprise. Mais vous risquez de grosses déconvenues sur la qualité des hôtels et des repas et l'organisation marathonienne. Pour les budgets modestes, Cat Ba est une base idéale pour profiter de la baie. Signalons néanmoins que l'agence **Handspan Adventure Travel** *(78 Ma May - Hanoi - t (04) 3926 28 28)* propose une formule intéressante pour dormir à bord d'un bateau en baie de Ha Long.

TRANSPORTS

En xe om

Les *xe om* sont le moyen de transport le plus approprié. Ils stationnent au voisinage des gares routières et maritimes. Comptez 10 000 VND pour un trajet centre de Ha Long-embarcadère touristique.

En taxi

Depuis l'ouverture du pont entre Hong Gai et Bai Chay, les bacs ont cessé de circuler, et le taxi est le meilleur moyen de rejoindre Hong Gai. Il faut quand même compter autour de 10 $ la course. Vous trouverez très facilement des taxis en vous adressant à la direction de votre hôtel. Une compagnie recommandable parmi d'autres : **Hong Gai Taxi** – ☎ *(033) 384 84 84.*

HÉBERGEMENT

Bon à savoir – Comme Cat Ba, Ha Long City connaît deux saisons touristiques. L'été (de mai à sept., avec une affluence maxi en juil.), les prix, déjà plus chers qu'à Cat Ba, doublent pour une qualité d'hébergement très moyenne. Il vaut mieux vous établir à Cat Ba *(voir p. 196)*.

Bai Chay

L'hébergement se répartit sur deux secteurs : les établissements les plus agréables sont à l'ouest, non loin de l'embarcadère des bateaux touristiques ; les autres se trouvent à l'est, dans une zone densément construite, où il est rare d'avoir vue sur la mer.

PREMIER PRIX

Thanh Binh – *À 500 m dans la rue qui monte face au restaurant Shark's Fines -* ☎ *(033) 384 55 16 - 3 ch.* Une adresse très économique au confort spartiate, avec toilettes à la turque.

Yen Oanh Hotel – *47 Vuon Dao -* ☎ *(033) 384 65 15 -* ▤ *- 8 ch. 12 $.* Confort sommaire mais convenable dans ce mini-hôtel sans prétention.

Hoa Binh Hotel – *39 Vuon Dao -* ☎ *(033) 384 60 09 -* ▤ *- 8 ch. 15/20 $.* Un échantillon convenable sur les dizaines d'établissements qui jalonnent Vuon Dao, la rue des mini-hôtels. De petites salles de bains, mais de vastes chambres, toutes blanches, avec froufrous et pâtisseries. En se penchant du balcon, on aperçoit même la mer.

Vinaly 1 Hotel – *To 8 khu 4 (sur une colline, derrière la tour de l'hôtel Heritage) -* ☎ *(033) 384 66 94 -* ▤ *- 16 ch.* Ce « mini » sort du lot grâce à sa situation : il est perché si haut sur les collines qui dominent Bai Chay qu'on arrive à apercevoir un bout de mer. Chambres et salles de bains carrelées et bien entretenues.

Hanoi - Halong Hotel – *Halong Rd (à mi-chemin entre l'embarcadère et la poste, surplombant la route) -* ☎ *(033) 384 64 45 -* ▤ 🍴 *- 38 ch. 22 $.* Seules deux chambres n'ont pas de balcon sur la mer. Elles seraient convenables si leur moquette était moins douteuse. Confort sans surprise.

BUDGET MOYEN

Thong Nhat 3 – *Halong Rd -* ☎ *(033) 364 02 88 -* ▤ 🍴 *- 15 ch. 25/30 $* Le plus moderne des hôtels Thong Nhat présente un excellent rapport qualité-prix, particulièrement hors saison, malgré le peu de caractère de ses grandes chambres carrelées (quelques-unes disposent d'un balcon avec vue sur la mer). Chambres moins chères, mais forcément moins bien équipées dans les Thong Nhat 1 et 2 voisins.

POUR SE FAIRE PLAISIR

Ha Long 1 Hotel – *Halong Rd (au-delà du Ha Long Bay, isolé au bout d'un grand parc) -* ☎ *(033) 384 63 20 -* ▤ 🍴 *- 22 ch. 35/65 $.* Une réfection a ravivé le charme colonial de cet hôtel construit en 1935. La chambre 208 est celle des célébrités. Ho Chi Minh y séjourna deux fois et Catherine Deneuve y résida pendant le tournage du film *Indochine* en 1991. Tout est vaste, impeccable, agréable et feutré. Dommage que le restaurant, situé dans une partie ancienne entourée d'une véranda, ait la taille d'un hall de gare. La meilleure situation à Bai Chay.

Ha Long Bay Hotel – *Halong Rd (à l'ouest du Hanoi - Halong Hotel) - ✆ (033) 384 52 09 - http://halongbayhotel.vn - 51 ch. 35/84 $.* La moitié des chambres donnent sur la mer, les autres ouvrent sur le jardin à l'arrière. Toutes sont vastes et propres, mais si tristement banales ! En revanche, le restaurant offre la bonne surprise d'une grande baie vitrée.

Saigon Halong Hotel – *Halong Rd - ✆ (033) 384 58 45 - www.saigonhalonghotel.com - 228 ch. 75/95 $ - restaurant panoramique, bar et centre de remise en forme.* Ce luxueux hôtel est très bien placé. Du haut de ce grand building de 14 étages, la vue sur la baie est splendide. Pour amateurs de grand confort, très jolies chambres classiques dans les tons beiges. Demandez celles avec balcon.

UNE FOLIE

Royal Hotel & Villas – *Bai Chay Rd - ✆ (033) 384 8 777 - www.royalhalong.com - royaljvc@hn.vnn.vn - 134 ch. 140/180 $.* Ensemble d'appartements-villas dominant la baie de Ha Long. Les logements sont superbes mais chers comparés aux prix du Saigon Halong Hotel, juste à côté.

Hong Gai

Bon à savoir – L'hébergement n'est pas la vocation première de Hong Gai, mais deux initiatives particulières l'ont dotée de deux excellentes adresses.

PREMIER PRIX

Pension Hien Cat – *252 Ben Tau (prenez la première rue à gauche en venant de la gare maritime - c'est au bout de la rue à 150 m) - ✆ (033) 382 74 17 - 5 ch.* Les charmants propriétaires jouent la carte de la francophonie par dictionnaire interposé. Quel plaisir de partager leur demeure construite au-dessus du port de pêche ! La chambre du dernier étage est parfaite avec sa petite terrasse où l'on prend le petit-déj. (inclus), l'œil sur le mouvement des bateaux dans la baie. De plus, la propriétaire est un cordon-bleu qui, si vous lui en passez commande, vous cuisinera les fruits de mer du jour.

Nha Nghi Chez Simone – *66 Cao Xanh - ✆ (033) 382 51 70 - nvandan@vnn.vn - 3 ch.* La très accorte Simone Nguyen Thi Than a converti sa maison en chambres et table d'hôtes. Situé dans un quartier résidentiel tranquille, l'établissement n'offre pas de vue sur la mer, mais l'agrément de son jardin et de ses chambres impeccables. C'est une formidable adresse relais pour voyager en douceur au Vietnam, car Simone, francophone et anglophone, est de précieux conseil et vous aidera à déjouer les arnaques de l'organisation du tourisme en baie de Ha Long. Réservation indispensable. On peut venir vous chercher à la gare. Sinon, après avoir débouché du pont, tournez à gauche sur Cao Xanh au premier rond-point, parcourez 200 m jusqu'au n° 66 à gauche de la rue et empruntez la ruelle qui en part jusqu'au n° 11A.

RESTAURATION

Bai Chay

Bon à savoir – Le tableau n'est pas brillant et vous n'aurez guère le choix. La cuisine des grands hôtels est exécrable, les restaurants alternatifs sont rarissimes et leurs prix exorbitants. Une multitude de restaurants et de cafés de qualité équivalente se succèdent sur la plage et sur la rue du bord de mer.

PREMIER PRIX

Des stands de rue font office de *com pho* bon marché dans la rue au pied de la tour de l'hôtel Heritage. D'autres sont installés en bas de la rue Vuon Dao, en face de la poste.

Thanh Binh Restaurant – *Halong Rd (au croisement de la rue qui monte à l'hôtel Heritage) - ✆ (033) 384 87 60.* Fréquenté par une clientèle essentiellement vietnamienne.

Quang Vinh – *24 Vung Dao - ✆ (033) 384 69 27.* Les tarifs sont un peu élevés, mais il faut admettre que ce restaurant est une précieuse solution de repli si vous souhaitez éviter les cantines de Halong Rd, toutes chères. Les plats vietnamiens sont excellents. Carte en anglais.

BUDGET MOYEN

Van Song Restaurant – *Halong Rd (en bas de la rue qui monte à l'hôtel Heritage) - ✆ (033) 384 50 84.* Restaurant de fruits de mer, où l'on peut essayer la mante religieuse de mer (hybride de gambas et de langouste particulier à la baie) ou les crabes bleus. Le propriétaire, qui parle français, est une excellente source d'informations sur l'organisation touristique à Ha Long. Il sera également ravi de vous parler du tournage du film *Indochine* auquel il a participé.

Royal Restaurant – *Halong Rd - ✆ (033) 384 59 13 - royaljvc@hn.vnn.vn.* Souvent pris d'assaut par les groupes, surtout en haute saison, ce restaurant demeure la seule option gastronomique de Ha Long, égayée de spectacles musicaux traditionnels en soirée.

Hong Gai

PREMIER PRIX

Les tables d'hôtes de **Chez Simone** (sœur de Van Song) et de la pension **Hien Cat** *(voir « Hébergement », p. 201)* sont les meilleures que vous puissiez trouver sur le littoral. Il est nécessaire de commander à l'avance.

BOIRE UN VERRE

Café Roma – *33 Anh Dao - ✆ (033) 364 06 68 - 7h-23h.* Vous ne trouverez guère que l'ambiance que vous serez décidé à y amener, mais ce café a le double mérite d'être très joliment aménagé et de fonctionner sans « hôtesses », une rareté à Ha Long.

ACTIVITÉS

Croisières dans la baie

Embarcadère touristique de Bai Chay – *À l'ouest de Bai Chay, à 2,5 km de la poste - ✆ (033) 384 74 81 ou 384 65 92 (pour la réservation de billets) - 5h30-18h30 en été ou 6h-18h en hiver.* Vous y trouverez des informations détaillées sur les modalités des croisières. Les bateaux se louent à l'heure ou sur la base des quatre principaux itinéraires proposés. Les tarifs, fixés par l'administration touristique, varient selon la taille et le confort des bateaux. À titre indicatif, un bateau traditionnel en bois de 15 passagers pour une croisière de 4h revient à 400 000 VND. Les places des bateaux de première classe, plus rapides, à coque métallique (60-80 passagers) coûtent 45 000 VND (*4h*), 60 000 VND (*6h*) et 70 000 VND (*8h*).

Vous aurez aussi la possibilité de passer une nuit (ou plusieurs) sur un bateau au milieu de la baie (départ vers midi et retour à midi le lendemain ou le surlendemain). À quelques exceptions près, tous les circuits qu'on vous proposera dans les agences ou les hôtels utilisent ces services, se contentant de vous faire payer une commission.

Compagnie Mui Ngoc – Assure un service d'hydroglisseurs entre l'embarcadère de Bai Chay et la ville de Mong Cai (*2h de trajet*), à la frontière chinoise. L'itinéraire traverse la baie de Bai Tu Long, qui prolonge à l'est celle de Ha Long. 2 départs/j., à 8h et 13h (*15 $/pers.*). Renseignements et réservations à l'embarcadère de Bai Chay – *✆ (033) 384 77 80, ou à Mong Cai – 1 Tran Phu - ✆ (033) 388 39 88.*

Croisières en jonque

Les belles jonques ont déserté la baie, mais, grâce à des initiatives privées, certaines ont été reconverties en bateaux de croisière. *Des agences à Hanoi se sont spécialisées dans ces balades de 2 ou 3 j., avec nuits et repas à bord. Comptez de 170 à 860 $/pers. selon la durée et le nombre de participants.*

Exotissimo – *26 Tran Nhat Duat - ✆ (04) 3828 21 50 - www.exotissimo.com.*

Viet Y – *57 Hang Chuoi - ✆ (04) 3821 32 64.*

Canoë-kayak

Quelques agences de Hanoi organisent des explorations sportives de 2 à 6 j.

Hanoi's Buffalo Tours – *94 Ma May - ✆ (04) 3828 07 02 - www.buffalotours.com.*

Ho Guom Tourist Company – *125 Bui Thi Xuan - ✆ (04) 3821 61 99.*

1

Excursion Carte de microrégion et carte p. 194

★★★ LA BAIE DE HA LONG (VINH HA LONG)

Bon à savoir – Les bateaux partent de l'embarcadère touristique de Bai Chay *(voir accès et croisières p. 202)*.

Toutes les agences de Hanoi proposent des excursions de 2 jours ou plus dans la baie de Ha Long, comprenant le transport de Hanoi à Ha Long Bay, une ou plusieurs nuits sur le bateau, tous les repas...

Conseil – Vérifiez si les droits d'entrée des grottes sont compris dans votre croisière, car elles sont toutes d'accès payant.

Le spectacle est infini, entre pitons fantomatiques, montagnes englouties, antres et cavernes et mers intérieures. Le plus singulier est que ces collines aux formes étranges semblent flotter à la surface de l'eau, tant leur base est rongée et que partout règne le silence de cette mer étale, parfois rompu par le cri d'un oiseau de mer. Les Français d'Indochine ont dressé des cartes précises des îles de la baie, en les baptisant des noms que leur évoquaient ces contours accidentés. Il y eut le Sampan et le Buffle, le Képi, le Polichinelle ou le Bonnet phrygien. Les Vietnamiens ont fait de même, voyant ici la Tête humaine *(Hon Dau)*, la Vieille Dame *(Hon Ba)*, la Forteresse *(Dao Phao Dai)* ou le Brûle-parfum *(Hon Dinh Huong)*.

Un site d'exception

Nul doute que Ha Long, inscrite au **patrimoine mondial de l'Unesco** en 1994, est l'une des merveilles du monde. 1 969 îles émergent de ses eaux de jade, mais seules 980 d'entre elles sont nommées. Si Hanoi fut Thang Long, « Envol du Dragon », la baie est Ha Long, « Descente du Dragon », et son chaos irréel de pitons rocheux, le fruit des ébats de cette bête, maîtresse des eaux. Les hommes qui s'établirent dans ses cavernes il y a 6 000 ans ont-ils croisé le monstre ? En tout cas, ils ont laissé quelques vestiges de leur industrie lithique.

UNE ALCHIMIE DES EAUX

Cônes, aiguilles rocheuses, pitons ou collines, toutes ces fantaisies calcaires sont nées de la mer. Il y a des millions d'années, la sédimentation marine a laissé, de la Chine du Sud au Vietnam, une couche épaisse de coquilles, fracturée par les mouvements de la croûte terrestre. Au retrait de la mer succédèrent l'action chimique des eaux pluviales et la dissolution par les rivières souterraines, creusant un fantastique réseau de grottes et de cavernes. Celles-ci se sont parfois effondrées, isolant des pitons, sculptés à leur tour. Les géologues nomment **karst** ce phénomène né des caprices de l'eau. Ha Long est le plus grand karst marin du monde. Les arbres ordinaires ne pouvant s'accrocher aux rochers, ici règnent les **saxifrages**, des plantes qui s'accommodent du peu de terre qu'elles trouvent dans les aspérités.

LA BAIE DES PIRATES

Ces côtes trouées de cavernes offrirent des bases de rêve aux pirates chinois et vietnamiens. À la fin du 18e s., il y régnait une piraterie intense, qui fournissait, à l'occasion, des recrues de qualité aux insurrections de l'arrière-pays. Jusqu'en 1810, les pirates tinrent tête aux armées chinoises ou vietnamiennes avec une armada de 50 000 marins embarqués sur des centaines de jonques armées. Ils déplacèrent progressivement leurs activités vers les rivières et les fleuves quand la flotte de guerre britannique, basée à Singapour puis à Hongkong, les chassa de la côte pour protéger le commerce de la Couronne.

DE L'OR NOIR À L'OR BLEU

L'archipel ne contient pas de charbon, mais les terrains du nord de la baie recèlent le plus vaste gisement vietnamien de houille. Exploité jadis à ciel ouvert, il fit la fortune de la Société française des charbonnages du Tonkin qui possédait la région de Hong Gai et traitait ses habitants en esclaves. Il s'écrivit ici quelques-unes des pages les plus noires de l'exploitation coloniale. Aujourd'hui, les couches d'anthracite et de charbon s'épuisent et il faut aller les chercher de plus en plus profond. Mais la région préfère investir dans un autre trésor, le **tourisme**. Les croisières dans la baie ne sont jamais tout à fait improvisées et vous conduiront au cœur de deux ensembles de formations rocheuses, dont les accès ont été aménagés. Chaque fois qu'un bateau touristique fait escale, il est aussitôt abordé par une nuée d'embarcations. Les pêcheurs tentent ainsi d'avoir leur part de la manne touristique et s'improvisent marchands de cartes postales ou de coquillages *(attention, la vente du corail est interdite).*

La baie de Ha Long compte près de 2 000 îles.
Jean Rey / Photononstop

Visite de la baie

L'**île des Merveilles**, ainsi baptisée par les Français d'Indochine, est l'une des premières îles que l'on croise en venant du continent. Elle cache la **grotte des Bouts de Bois** *(Hang Dau Go)* où l'on a retrouvé les pieux, hauts de 1,5 à 3 m, qui ont sans doute servi lors de la défaite maritime des Mongols *(voir encadré, p. 190)* et qui sont à présent exposés au musée de Haiphong. La **grotte du Palais céleste** *(Dong Thien Cung)*, suspendue à 50 m au-dessus de l'eau, ouvre sur une petite anse. L'enfilade de ses salles rocheuses a fait l'objet d'un éclairage en Technicolor.

Les deux pitons affrontés, dits des **Coqs combattants** *(Hon Ga Choi)*, mènent vers un autre archipel. Non loin de l'**îlot du Cimetière**, où reposent des marins anonymes, une île abrite la **grotte de la Surprise** *(Hang Sung Sot)*. Une première salle puis un boyau débouchent sur un imposant amphithéâtre, déployé sous les candélabres des stalactites.

En face, un rideau de concrétions calcaires est suspendu à l'entrée de la **grotte du Pélican** *(Hang Bo Nau)*. Dans le même secteur, la **grotte du Tunnel** *(Hang Luon)* livre passage à un lac intérieur et, plus loin, les plages de l'**île Ti Top** sont propices à la baignade.

Le Haut Tonkin 2

Rizières en terrasses près de Sapa.
B. Rieger / hemis.fr

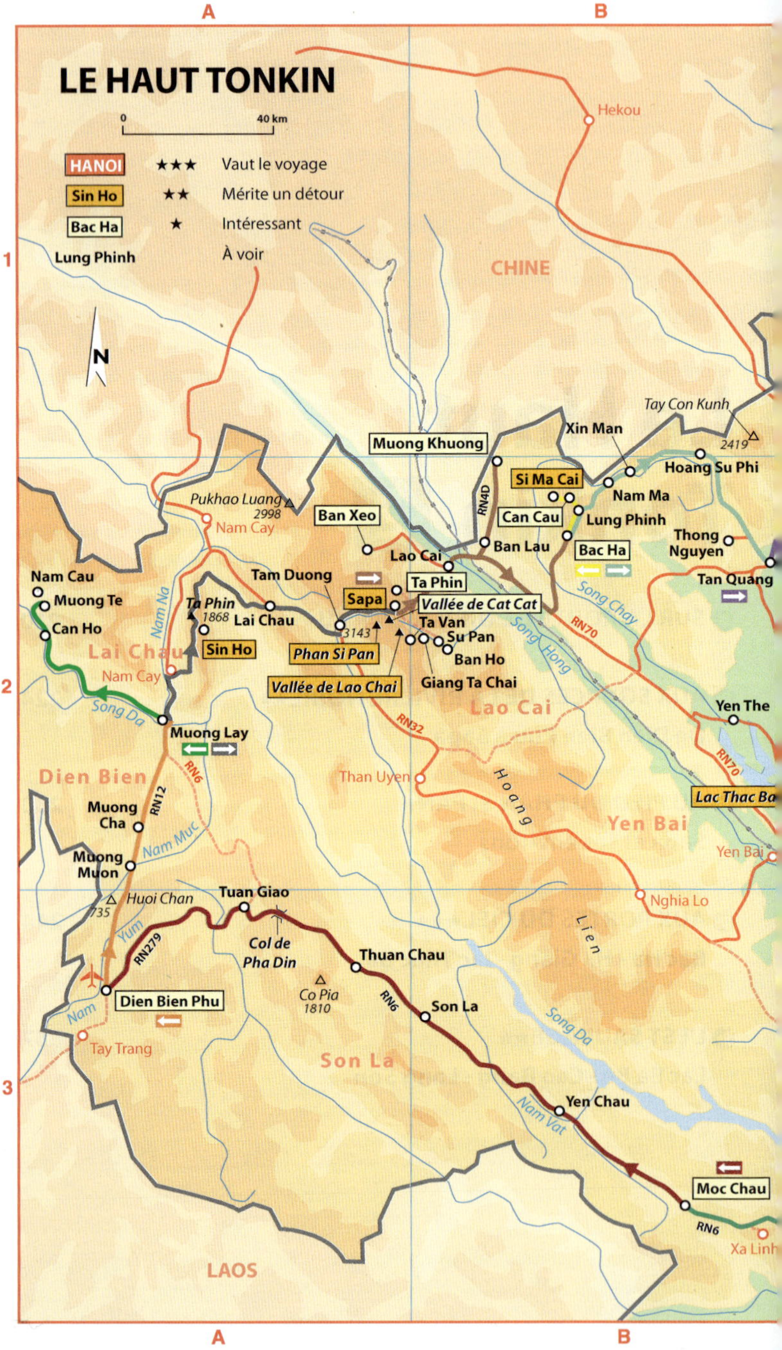
A
B
LE HAUT TONKIN
0
40 km
HANOI ★★★ Vaut le voyage
Sin Ho ★★ Mérite un détour
Bac Ha ★ Intéressant
Lung Phinh À voir
1
2
3
N
CHINE
Hekou
Tay Con Kunh
2419
Xin Man
Hoang Su Phi
Muong Khuong
Si Ma Cai
Nam Ma
Can Cau
Lung Phinh
Bac Ha
Thong Nguyen
Tan Quang
RN4D
Ban Lau
Lao Cai
Ban Xeo
Pukhao Luang
2998
Nam Cay
Tam Duong
Ta Phin
Sapa
Vallée de Cat Cat
Ta Van
Su Pan
Ban Ho
Giang Ta Chai
3143
Phan Si Pan
Vallée de Lao Chai
Ta Phin
1868
Lai Chau
Sin Ho
Nam Na
Nam Cau
Muong Te
Can Ho
Lai Chau
Nam Cay
Song Da
Muong Lay
Song Chay
Song Hong
RN70
Lao Cai
RN32
Yen The
Lac Thac Ba
Dien Bien
RN6
RN12
Than Uyen
Hoang
Yen Bai
Yen Bai
Muong Cha
Nam Muc
Muong Muon
Huoi Chan
735
Tuan Giao
Nghia Lo
Lien
Yum
RN279
Col de Pha Din
Thuan Chau
Co Pia
1810
RN6
Son La
Song Da
Dien Bien Phu
Nam
Tay Trang
Son La
Yen Chau
Nam Vat
Moc Chau
RN6
Xa Linh
LAOS

LE HAUT TONKIN

Sur la route de Dien Bien Phu

★★

Provinces de Hoa Binh - Son La - Dien Bien

NOS ADRESSES PAGES 213, 217 ET 223

S'INFORMER

Dans les villes traversées, aucun bureau touristique ne vous renseignera sur l'ensemble de la zone. En revanche, vous pouvez facilement préparer votre voyage depuis Hanoi, où vous trouverez plusieurs agences spécialisées dans les circuits « Haut Tonkin » *(voir « Nos adresses à Hanoi », p. 157).*

SE REPÉRER

Carte de microrégion AC3 *(p. 208-209).*

Voir « Arriver / Partir » dans « Nos adresses de Hanoi à Moc Chau » p. 213, dans « Nos adresses à Son La à Tuan Giao » p. 217 et dans « Nos adresses à Dien Bien Phu » p. 223.

À NE PAS MANQUER

Explorer les villages thaïs noirs de la *nam Vat*; contempler les rizières entre Tuan Giao et Dien Bien Phu.

ORGANISER SON TEMPS

Il est possible d'effectuer la totalité de l'itinéraire jusqu'à Dien Bien Phu en bus de ligne, mais ce serait dommage, car ce qu'il y a à voir le long de la route est bien plus beau et bien plus intéressant que les villes-étapes. Si vous souhaitez réaliser l'itinéraire complet de Hanoi à Sapa en passant par Dien Bien Phu, comptez 5 jours pour parcourir ces 750 km.

AVEC LES ENFANTS

Dormir dans une maison sur pilotis chez les Thaïs blancs de Mai Chau et assister à une danse folklorique; déguster un yaourt de Moc Chau.

La conquête de l'Ouest vietnamien promet de superbes paysages montagneux, de vastes étendues sauvages, d'épaisses forêts et... des kilomètres de bitume. La route traverse les villages thaïs, noirs et blancs, ou muongs, avec leurs maisons traditionnelles sur pilotis. Elle enfile les cols de la paisible vallée rizicole de Mai Chau. Elle se révèle aussi un pèlerinage poignant pour les passionnés d'Histoire. C'est cette ancienne piste que les soldats français empruntèrent pour se rendre à Dien Bien Phu. Dans cette fameuse « cuvette », aux portes du Laos, leur défaite face aux troupes du Viet-minh en 1954 sonna le glas de l'Indochine française. Soixante ans plus tard, l'État vietnamien restaure et entretient toujours les symboles de sa conquête de l'indépendance : on cimente les cratères de bombes, on renouvelle les sacs de sable, on réaménage bunkers et tunnels. Dien Bien Phu n'a toutefois plus rien du théâtre d'une bataille. Depuis que le siège de la province de Lai Chau y a été transféré en 1995 pour devenir celle de Dien Bien Phu, la ville s'est mise au diapason des capitales provinciales avec ses grandes avenues bordées de bâtiments administratifs neufs.

Ramassage de choux de Chine, Hoa Binh.
Danièle Schneider / Photononstop

Circuits conseillés Carte de microrégion

2

★ DE HANOI À MOC CHAU BC3

Itinéraire de 192 km - comptez 4h30
Quittez Hanoi par la voie rapide qui file à travers les rizières sur 30 km avant de rejoindre la route n° 21.

Bon à savoir – En chemin, vous pouvez faire étape dans les jolies pagodes de l'Ouest *(voir p. 175)*.

Hoa Binh C3

À 68 km de Hanoi.

Bon à savoir – Hoa Binh s'étire le long de la rue Cu Chinh Lan. Au bout de celle-ci, en venant de Hanoi, une route mène au barrage. Un large boulevard permet de contourner le centre par le sud si vous ne désirez pas explorer la ville.

Hoa Binh, « la Paix » en vietnamien, porte bien son nom: cette capitale provinciale offre une première occasion d'échapper au tumulte de Hanoi. Son développement doit beaucoup au premier grand **barrage hydroélectrique** du pays, situé sur le cours de la rivière Noire (Song *Da*). Construit à partir de 1979 avec le support financier de l'URSS et l'assistance technique de ses « experts », il fournit de l'électricité au Nord ainsi qu'à la région de Saigon depuis l'installation d'une ligne à haute tension en 1994. Il permet aussi de prévenir, en aval, les crues de la rivière Noire. L'ouvrage se visite. En contrebas, sur la rive gauche, un **monument** rend hommage aux ouvriers morts lors de sa construction. Une immense **statue de Ho Chi Minh**, perchée sur la colline d'en face, domine le site. De ce point de vue *(droit d'accès de 2 000 VND)*, vous bénéficierez d'un panorama à 360° sur Hoa Binh et le réservoir du barrage.

Bon à savoir – Des croisières sont organisées sur le lac, pour visiter les villages muongs et daos *Tien* disséminés parmi les collines *(voir « Activités », p. 215)*.

En ville, les passionnés de proto-histoire visiteront le **musée** (*Bao tang Hoa Binh - tlj sf sam. et dim.*). Ses collections présentent la période qui s'étend de la préhistoire hoa binhienne aux tambours de l'âge de bronze, et quelques costumes et objets thaïs et muongs traditionnels.

De Hoa Binh à Mai Chau C3

Après Hoa Binh, on quitte définitivement le plat pays du delta pour la région montagneuse. Les premières rizières en terrasses apparaissent, bordées de bosquets de bananiers. L'habitat change lui aussi radicalement. La campagne se piquette de chaumières, parmi lesquelles la maison muong se reconnaît à sa toiture à pans coupés et à ses pilotis bas. Sur les panneaux de signalisation, les noms des agglomérations sont tantôt en vietnamien, tantôt en thaï. La route monte ainsi en lacet pendant 25 km jusqu'à **Tan Lac**, un petit village entouré de pitons calcaires où il est possible de se restaurer.

Bon à savoir – De Tan Lac, une route conduit également à Nho Quan et au parc Cuc Phuong, situé à 84 km de là *(voir p. 184)*.

Enfin, parvenu au **col de Tong Dau**, vous découvrirez la vallée de Mai Chau, sereine et splendide, en contrebas de la route, tapissée de rizières cultivées par les Thaïs blancs.

Passé le col, suivez la direction de Mai Chau, à 5 km à l'ouest de la route de Son La.

★ Mai Chau C3

À 60 km de Hoa Binh. Alt. 400 m.

Ce bourg fut l'un des pionniers dans l'ouverture du Nord-Ouest au tourisme en 1990. Que de changements en vingt ans ! Les villages de **Van** et de **Lac**, les plus proches de Mai Chau, se sont rodés à l'accueil des visiteurs. Leurs maisons sont toujours aussi belles et peu de béton défigure l'environnement, mais les bassins, creusés au pied de chaque demeure pour lutter contre le feu et élever d'énormes poissons-chats ont été comblés… pour servir de parking aux visiteurs. Les femmes thaïs de Mai Chau sont habiles au tissage. Le matin, le village résonne du bruit des rouets que manœuvrent les jeunes filles à l'étage. Aux heures chaudes, elles tissent sur de grands métiers à pédales dans l'espace aménagé sous les pilotis. Le village de Lac est tout pavoisé de leurs travaux, vendus à des prix très raisonnables.

★ Moc Chau B3

À 64 km de Mai Chau. Alt. 1 000 m.

Bienvenue dans la ville du lait ! Tous les Vietnamiens connaissent cette bourgade nonchalante réputée pour ses élevages de vaches qui fournissent en fromage les plus grandes tables de la capitale.

HMONGS CHERCHENT L'AMOUR

Fin août, début septembre, les Hmongs des environs – certains viennent de la Chine ou du Laos – accourent à Moc Chau. En marge de la fête de la ville, principal événement de l'année, se tient « **le marché de l'Amour** ». Selon la tradition, les garçons doivent enlever les jeunes filles, censées se débattre, et les emmener dans la forêt. Les couples qui passent plus de deux jours dans la nature se marient à leur retour. Depuis quelques années, des Kinhs (ou Viets, l'ethnie majoritaire) se déguisent en Hmongs et perturbent malheureusement cette tradition. Si vous séjournez à Moc Chau à cette période, pensez à réserver : le temps de la fête du village, tous les hôtels sont pleins.

Moc Chau se divise en deux parties. À l'ouest en direction de Son La, le marché principal, la poste et les quelques possibilités d'hébergements se concentrent le long de la RN 6. À l'est, la route mène au hameau de Nong Truong, où se trouve le deuxième marché couvert de Moc Chau et les coopératives de lait (repérable à ses larges toits bleus) et de thé.

Dans le village, vous pourrez déguster les délicieux yaourts produits sur place (**Milk product shop** – *(022) 386 60 65 - échoppe à proximité du marché de Nong Truong*).

Bon à savoir – Dans le cadre de la coopération franco-vietnamienne, une tome de Moc Chau a été créée. Elle est vendue à Hanoi, dans la boutique de la coopérative laitière (Plan II p. 140-141, B3 - *29 r. Cat Linh*).

Autour de Moc Chau, les collines se couvrent de **plantations de thé** parcourues par des sentiers propices aux balades. En prévenant à l'avance, il est possible pour les groupes de visiter la **coopérative de thé** *(Cong ty che Moc Chau - (022) 386 94 15)*. Dernières spécialités locales, les alcools de prune et de maïs sont servis dans les restaurants de la ville.

NOS ADRESSES DE HANOI À MOC CHAU

ARRIVER / PARTIR

En voiture avec chauffeur

Conseil – En raison de l'interdiction pour un étranger de conduire une voiture, il est obligatoire de louer un véhicule avec chauffeur. Ces derniers parlent rarement anglais et ne connaissent pas forcément les routes. Aussi, n'hésitez pas à emporter des cartes et/ou faire appel à un guide.

Les tarifs pratiqués à Hanoi varient de 60 à 100 $/j. selon le type de voiture (4x4 jusqu'à deux pers., minibus ensuite), sur la base d'un itinéraire établi. Soyez vigilant sur les pseudo-formules à kilométrage illimité : elles n'existent pas, et sorti de l'itinéraire de base, le compteur tourne. Le prix comprend les frais d'essence ainsi que le chauffeur.

À moto

Comptez 10 $/j. de location au départ de Hanoi. Ces dernières années, d'importants travaux ont été entrepris pour améliorer les routes et il est désormais agréable de faire le tour du Haut Tonkin en louant une moto à Hanoi.

Conseil – Durant la saison des pluies, préférez les itinéraires courts et prévoyez des étapes de secours, au cas où la route serait impraticable ou la météo menaçante. Le trajet étant sans grand intérêt avant Mai Chau, il est préférable de trouver un bus qui accepte la moto sur le toit, au moins jusqu'à Hoa Binh (de même au retour de Sapa, vous pouvez la mettre dans le train). Toutes les villes sont équipées de postes d'essence.

En bus

Gare routière de Hoa Binh – *À l'entrée de la ville en venant de Hanoi.* Bus réguliers pour Hanoi *(1h30 de trajet, arrivée à la gare de My Dinh)* et Mai Chau *(1h30 de trajet).*

De Moc Chau – 3 bus/j. relient Moc Chau à Hanoi *(5h de trajet)* et à Son La *(3h).*

HÉBERGEMENT

Entre Hanoi et Hoa Binh

POUR SE FAIRE PLAISIR

La Ferme du Colvert – *Cu Yen, Luong Son (suivez les panneaux* *d'indications présents depuis l'entrée de Luong Son en venant de Hanoi)* - *(0218) 382 56 62* - *- 12 maisons 55/200 $*. Dans cet éco-village niché au cœur des collines de thé et des hameaux muongs, on dort dans des maisons traditionnelles. Les plus authentiques proposent des couchages au sol, sur des matelas, tandis que les plus luxueuses sont meublées d'objets chinés dans les environs et dotées d'un jardin privatif. Nombreux services : location de vélos, Spa, billard, cours de tissage, etc.

Hoa Binh

Bon à savoir – Hoa Binh n'étant qu'à 3h de route de Hanoi et présentant peu d'intérêt, il n'est pas indispensable d'y loger.

BUDGET MOYEN

Hoa Binh 1 – *395/160 An Duong Vuong (à la sortie de Hoa Binh sur la route de Mai Chau)* - *(0218) 385 20 51* - *33 ch. 25 $*. Une initiative comme on voudrait en voir plus souvent dans la région. Les chambres sont installées dans de grandes maisons muongs en bois sur pilotis donnant sur la campagne. Seul bémol, l'hôtel est situé en bord de route. L'établissement a l'habitude de fonctionner avec des groupes, ce qui rend le service du restaurant aléatoire quand on est seul. Un peu plus loin de l'autre côté de la route, le **Hoa Binh 2** (*(0218) 38 52 001*) offre les mêmes prestations et dispose de 17 chambres. Les mieux situées ont vue sur la montagne.

Lac, Van

Se repérer – Le hameau de Lac se trouve environ à 3 km après Mai Chau sur la droite. Pour se rendre à Van, bifurquez à gauche à hauteur du centre de Mai Chau.

PREMIER PRIX

Bon à savoir – Le prix est fixé à 9 $ par personne pour le dîner, la nuit et le petit-déj. dans le village de Lac, alors que la même prestation à Van coûte env. 6 $. Les conditions d'hébergement sont grosso modo les mêmes partout : matelas au sol, pas de chambres séparées, mais l'isolement diaphane d'une moustiquaire, salle de bains et WC communs. Blocs sanitaires en dur avec douche et eau chaude. Les maisons habilitées à accueillir les touristes sont repérables par un petit panneau « *Nha nghi so* » suivi d'un numéro.

Les voyageurs en solo préfèrent la tranquillité de **Van**, où l'on ne vend pas de tissus et où aucun spectacle folklorique n'est organisé. Malgré la multiplication des maisons d'hôtes, le site reste préservé.

Maison 2 – *(0218) 386 81 58*, donne sur la place du village. Les propriétaires ne parlent pas anglais.

Lac est en revanche plutôt fréquenté par les voyageurs en groupes organisés. Les habitants savent s'occuper des étrangers peu habitués à vivre au ras du sol.

Maison 9 – *(0218) 386 73 80*. Les chambres disposent de belles vues sur les rizières ainsi que sur la campagne environnante. Location de vélos possible.

Mai Chau

UNE FOLIE

Mai Chau Lodge – *En bordure de route, à hauteur de Mai Chau* -

(0218) 386 89 59 - www.maichaulodge.com - 16 ch. 128/180 $ - Wifi. La décoration ethnique, la cuisine savoureuse et les chambres douillettes de cet hôtel séduiront les amoureux du confort. En demi-pension, les cottages (avec ventilateur mais sans climatisation) proposent le meilleur rapport qualité-prix. Les chambres du bâtiment principal se négocient pendant la saison des pluies. Excursions en kayaks et vélos.

Moc Chau

PREMIER PRIX

Huong Sen – *En face de la poste dans la rue principale - (022) 386 61 74 - 38 ch. 18 $ - Wifi.* Un établissement sans beaucoup de charme, mais qui reste pour le moment l'un des hôtels les plus confortables de la ville. Juste en face, le marché s'anime aux premières heures de la journée.

RESTAURATION

Moc Chau

PREMIER PRIX

Dans le hameau de Nong Truong, un *com pho* où l'accueil est aussi agréable que le repas délicieux. Essayez le veau de lait, spécialité locale.

PETITE PAUSE

Moc Chau

Café 999 – *Entre la route 6 et Nong Truong.* Le soir, la jeunesse de la ville s'y donne rendez-vous. À l'étage, vue panoramique sur les plantations de thé.

ACHATS

Mai Chau

Tissage – Les doigts experts des femmes thaïs blancs réalisent des tissages basés sur des combinaisons de losanges ou des variations sur des soies sauvages. Elles savent aussi travailler des étoffes d'autres groupes ethniques. Le village de Lac est ainsi orné de batiks hmongs, d'ikats des Thaïs du Laos et de broderies daos.

ACTIVITÉS

Hoa Binh

Excursions - Hoa Binh Tourism Company – *Installé dans l'hôtel du même nom - (0218) 385 43 74 - www.hoabinhtourism.com.* Le seul bureau touristique du circuit avant Sapa. Il organise des croisières sur le réservoir du barrage de Hoa Binh *(comptez 60 $ par bateau pour une promenade de 3h comprenant la visite d'un village muong et d'un village dao* Tien*)* et des randonnées de 1 à 7 j. Les tarifs varient selon le nombre de participants.

Bon à savoir – Pour rejoindre Mai Chau depuis Hoa Binh, il est possible d'emprunter un bateau sur le réservoir du barrage. Adressez-vous au Hoa Binh Tourism Company.

Lac

On peut vous organiser un dîner-spectacle avec danses au son du khène, profusion d'alcool de riz et spécialités locales (poisson-chat, riz glutineux, crosses de fougères, etc.) pour 500 000 VND.

2

★★ DE MOC CHAU À DIEN BIEN PHU AB3

Itinéraire de 272 km - comptez 6h.
La route traverse la province de Son La, l'une des trois plus grandes du pays (19 000 km²). Les Thaïs constituent le groupe ethnique le plus important de cette région. Leur peuplement se concentre le long des principales rivières dont ils tirent profit pour irriguer leurs cultures et fournir de l'énergie grâce à d'astucieux bricolages hydrauliques en bambou.

★ Sur la route de Son La B3

Après le plateau de **Moc Chau**, vous longez sur 40 km une vallée très large qui tantôt se resserre en pentes déboisées par le brûlis, tantôt s'élargit.
Vous descendez enfin le long de la **nam Vat** (en pays thaï, les rivières ne s'appellent plus *song*, mais *nam*) ou **suôi Sâp**, jalonnée de **villages thaïs noirs★**, tous bâtis sur le même modèle. Situés sur la rive opposée, seuls les signalent un petit drugstore à auvent vendant sel, huile et confiseries, et un **pont en bambou**, sans garde-fou, suspendu au-dessus de la rivière. Le village s'étire en longues maisons sur pilotis, comme celles des Thaïs blancs de Mai Chau, mais à la différence qu'elles sont pourvues d'une véranda, où les femmes s'installent pour coudre, préparer les repas ou tresser de grandes hottes en bambou qu'elles portent à l'aide d'un bandeau frontal. En contrebas, le cours d'eau est barré de gués de galets où tournent de microscopiques moulins qui, grâce à un réseau de câbles, alimentent les ampoules électriques du village.
Vous parvenez ainsi à **Yen Chau** *(à 51 km de Moc Chau)*, un village-rue où vous trouverez un marché, une station-service et de quoi vous ravitailler. Dans cet univers de moyenne montagne, seuls les fonds de vallée sont travaillés en rizières. Partout, c'est le domaine du manioc et du bananier, qui dessinent des frises dentelées sur les croupes laissées nues par le brûlis.

Son La B3

À 113 km de Moc Chau. Alt. 600 m.
Capitale de province, dotée d'un aérodrome (à Na San), Son La est, avec Dien Bien Phu, l'une des deux plus grandes villes de l'Ouest vietnamien. Son importance se renforce avec la présence du **plus grand barrage d'Asie du Sud-Est**, mis en service en 2012 *(voir encadré, p. 217)*.
La ville, sans charme, constitue une étape sur la longue route de Dien Bien Phu. Elle compte cependant quelques curiosités comme la **prison de Son La** *(Nha nguc Son La) (7h-11h, 13h30-16h30 - 5 000 VND/pers.)* construite en 1908 sur Doi Thanh Nien, la « colline de la Jeunesse », pour incarcérer les chefs des rébellions ethniques. À partir de 1942, les effectifs grossirent avec l'arrivée d'autres rebelles : les activistes du Viet-minh pour qui Son La fut un foyer de diffusion d'idées. C'est à ce titre que les ruines du pénitencier, laissées en l'état après le transfert des prisonniers dans le delta et le bombardement par les Français en 1945, ont été partiellement relevées par les Vietnamiens. Elles permettent d'évoquer les conditions effroyables de détention de cette prison qui abrita jusqu'à 600 détenus. On y entre par les vestiges des dépendances. Çà et là, des mains anonymes ont allumé des bâtons d'encens à la mémoire des hommes morts dans cette sinistre geôle.
Un **musée** *(Bao tang Son La)* occupe les anciens bureaux de l'administration pénitentiaire. Ses collections ne sont pas exceptionnelles, mais permettent de démêler l'écheveau des 12 groupes ethno-linguistiques peuplant la province, à travers leurs costumes et quelques objets (poteries utilitaires, jouets en céramique et paniers).

LE NORD-OUEST ET SES BARRAGES

Obsédé par son indépendance énergétique, le Vietnam multiplie les projets de barrages, notamment dans le nord-ouest du pays. Outre **l'ouvrage de Hoa Binh** construit en 1979 *(voir p. 211)*, celui de **Son La** – mis en service en 2012 – est le plus important d'Asie du Sud-Est: sa construction a coûté plus de 3 milliards de dollars et il produit 2,4 milliards de mégawatts, soit 10 % de l'électricité nationale. 91 000 personnes, quasi exclusivement des minorités ethniques (Thaï, La Ha, Kho Mu), ont été délogées. Mais bientôt un barrage encore plus grand va voir le jour dans la vallée de la rivière Noire *(song Da)*: **le barrage de Lai Chau**, situé en amont du Song Da, noiera, à partir de 2017, la vallée entre Muong Lay et Muong Te.

Enfin, le **marché**, au nord de Chu Van Thinh, mérite le détour. On y déniche quelques tissus et sacs d'épaule des Thaïs noirs.

★★ De Son La à Dien Bien Phu AB3

La route s'échappe à travers les montagnes qui enserrent Son La à l'ouest et redescend dans une vallée plantée de pêchers et de pruniers. La variété de l'habitat reflète celle du peuplement: les maisons, très dispersées, y sont en bois ou en bambou, couvertes de tuiles ou de chaume, de plain-pied ou sur pilotis. À proximité de **Thuan Chau** *(à 33 km de Son La)*, la vallée s'élargit. Le bourg est le marché principal de cette campagne et s'anime tôt le matin. La RN 6 quitte Thuan Chau, puis suit la crête des montagnes sur une dizaine de kilomètres. On atteint le **col de Pha Din,** à 1 000 m. De l'autre côté débutent la province de Dien Bien Phu et les premières plantations d'abrasins, l'arbre à huile emblématique du Nord-Ouest. Paraissent aussi les premiers villages daos dans un cadre montagneux entièrement défriché pour la culture du maïs. **Tuan Giao** *(à 50 km de Thuan Chau)* est la dernière étape avant Dien Bien Phu, que vous pouvez rejoindre par la RN 279 *(à 75 km - comptez 2h30)*.

Bon à savoir – Les voyageurs qui ne souhaitent pas se rendre sur le site de la fameuse bataille poursuivront depuis Tuan Giao sur la RN 6 qui gagne directement Muong Lay *(à 86 km - voir p. 227)*.

Peu après Tuan Giao, des dizaines de **roues à eaux** irriguent une nouvelle vallée rizicole, domaine des Thaïs noirs, fermé par un rideau de pitons calcaires.

NOS ADRESSES À SON LA ET TUAN GIAO

INFORMATIONS UTILES

Poste / Téléphone

Buu Dien Son La – *168 To Hieu - ✆ (022) 385 47 26 - lun.-vend. 6h30-21h*. Tous services dont téléphone et fax.

ARRIVER / PARTIR

En bus – La gare routière de Son La se trouve à l'entrée de la ville en arrivant de Mai Chau. Liaisons régulières à destination de **Hanoi** *(7-8h de route)*. 2 bus/j. à 5h. et 12h30 pour **Dien Bien Phu** *(4h de route)* et 3 bus/j. pour **Moc Chau**.

HÉBERGEMENT

Son La

Bon à savoir – La rue To Hieu longe la *nam La* sur la rive ouest. Elle se prolonge jusqu'à une place où se concentrent les hôtels et les restaurants.

PREMIER PRIX

Thuong Anh – *94 To Hieu - ☏ (022) 385 33 40 - http://thuonganh.vn - 9 ch. 5 $ - sur demande.* Les chambres sont sommaires, mais figurent parmi les moins chères de la ville. Certaines sont dotées d'un balcon offrant une vue imprenable sur les cultures alentour. Tables de ping-pong au rez-de-chaussée, karaoké et restaurant avec vue à l'étage vous occuperont pour la soirée.

Thanh Tung – *Pho Xuan Thuy - ☏ (022) 385 83 99 - 2 bung. et 19 ch. 7 $.* Dans une grande bâtisse mauve tout au bout de la rue qui monte depuis la place, où la ville se fait village avec ses maisons et ses potagers. Préférez, pour le même prix que les chambres, l'un des deux bungalows. Le personnel ne parle pas anglais.

Trade Union Hotel (Khach San Cong Doan) – *4 Pho Xuan Thuy (en haut de la place qui donne sur la rue To Hieu) - ☏ (022) 385 28 04 - www.sonlatradeunion.com.vn - 70 ch. 20/25 $ - Wifi.* Un grand établissement propriété du parti communiste. Carrelage, et « pâtisseries » au plafond dans les grandes chambres. On y mange bien, international ou vietnamien. Attention, cet hôtel constitue généralement l'étape en ville des tours organisés.

Tuan Giao

PREMIER PRIX

HongKy Hotel Cafe Restaurant – *85 Khoi Tan Tien - ☏ (0230) 386 23 55 - nguyenquoctedb@yahoo.com - 3 ch. 15 $ - sur demande.* Une véritable chambre d'hôtes, avec petit-déjeuner sur la terrasse et accueil chaleureux. Les chambres et salles de bains sont impeccables, certaines disposent d'un balcon. Les propriétaires, photographes à la retraite, ne manqueront pas de vous tirer le portrait !

RESTAURATION

Son La

PREMIER PRIX

Si vous ne logez pas au **Trade Union**, dont la cuisine est convenable, vous pouvez vous restaurer dans les gargotes, en bas de la place.

Tuan Giao

BUDGET MOYEN

Thanh Thuy – *Sur la route de Dien Bien Phu - ☏ (0230) 3862 482.* Ce petit restaurant très correct travaille pour les tour-opérateurs, qui s'y arrêtent généralement le midi.

★ DIEN BIEN PHU A3

Comptez une demi-journée.

La fameuse « cuvette » n'a en réalité rien d'une vallée encaissée. La plaine de Dien Bien Phu s'étend sur 20 km de long et 5 km de large. En arrivant de Tuan Giao, on pénètre sur le site de la fameuse bataille en longeant une petite butte : c'est Béatrice (**Him Lam**), première position française à être tombée aux mains du Viet-minh le 13 mars 1954. Les gradins bleutés des **monts Phu Xam Xan**, font écran entre Vietnam et Laos. Au centre, coule la **nam Rom**. Avec ses mini-hôtels, ses karaokés, son marché couvert, ses banques et sa poste, la ville ressemble à un mirage surgi dans ce far west vietnamien.

Au sud de Dien Bien Phu reposent quelques-uns des 15 000 soldats du Viet-minh tombés pendant l'assaut. La construction du **cimetière** (*Nghia trang liet si doi A1*) fut financée par la France. Les tombes s'alignent, anonymes. Mais les

De retour du marché.
Sime / Photononstop

noms des soldats morts, classés par province, s'égrènent sous les galeries de l'entrée. Le long des murs, des bas-reliefs soulignent les moments de bravoure de la bataille qui figurent dans les manuels d'histoire au Vietnam : l'assaut de Be Van Dan, le canon à l'épaule, le sacrifice de Phanh Dinh Giet, qui s'interposa sur une batterie française ou encore la prise du quartier général français.

2

Pour visiter le site, il faut d'abord se rendre au **musée** *(Bao tang Dien Bien Phu) (en face du cimetière, 7h-11h, 13h30-17h - entrée payante)*. Le ticket d'entrée donne accès aux sites reconstitués : la colline Éliane et le quartier général de Castries. Une maquette de la bataille, une bande vidéo et un réseau de petits points lumineux résument la chronologie des 57 jours. Les vitrines en livrent quant à elles une version moins didactique, mais plus émouvante, avec leurs photos en noir et blanc, leurs caricatures des journaux d'époque, leurs documents et objets, tels que des vélos viet-minh qui servirent au transport de l'artillerie, des outils pour creuser les tunnels ou encore une tunique de Ho Chi Minh. On trouve aussi exposée une table de camping rouillée qui faisait office de bureau pour le général de Castries. Enfin, dans la cour du musée s'alignent des carcasses de tanks, de Jeep ou de pièces d'artillerie.

La colline voisine, **Éliane** *(A1 pour les Vietnamiens)*, domine à peine le carrefour à ses pieds. Ce fut la dernière à tomber, le 6 mai 1954, après 36 jours de lutte acharnée. Au sommet de la butte, près d'une « machine-buffle », on découvre un tank français abandonné baptisé « Gazelle » et un abri antibombardement

SE REPÉRER

Dien Bien Phu est traversé par une longue avenue, la Duong 7.5 qui prolonge la RN 279 en direction du Laos. La poste, les banques et les grands hôtels s'y concentrent, ainsi que le musée, le cimetière militaire et la colline Eliane. Un rond-point, au niveau du marché, marque le centre-ville. Sur la rive opposée de la *nam Rom*, se trouvent le quartier général français, l'aéroport et la gare routière.

Une région au cœur de l'Histoire

UN ŒIL SUR DE TURBULENTS VASSAUX

Les **Thaïs** établirent leurs premières chefferies dans le Nord-Ouest, au moment où naissait le Dai Co Viet, le premier État viet indépendant *(voir p. 182)*. À Hanoi, puis à Hué, les souverains du Vietnam réglèrent leur attitude vis-à-vis de ces pouvoirs « barbares » sur le système chinois. Ils maintenaient les chefs coutumiers, leur donnaient à marier des princesses vietnamiennes et leur distribuaient des titres en échange du versement d'un tribut de vassalité à la cour. En 1067, par exemple, les Thaïs noirs présentèrent à Hanoi de l'or et de l'argent, du bois de santal, des cornes de rhinocéros et des pointes d'ivoire d'éléphant. Ces seigneuries indigènes conservaient une emprise sur leur territoire à travers une hiérarchie de vassaux, seigneurs d'une cuvette cultivée, le *muong* (ou *muang*), comprenant villages et bourgs et dont les limites étaient définies par les collines et montagnes qui la circonscrivaient. À défaut d'alliances sûres, cette politique garantissait une relative stabilité dans ces régions trop difficiles à contrôler. Lorsque les Vietnamiens lançaient des expéditions vers le haut pays, c'était pour une remise au pas, comme lors de la campagne de Le Thai To au 15e s. qui mit fin au piratage exercé par le chef thaï blanc Deo Cat Han. L'émergence du Dai Co Viet autour de l'an mille contribua aussi à définir le territoire de leurs cousins linguistiques, les **Muongs**. Toujours centré de nos jours sur Hoa Binh, leur peuplement s'étend bien au sud, sur le Nghe Anh et le Thanh Hoa. Mais les Muongs se montrèrent d'un voisinage bien plus paisible que les Thaïs.

LE TEMPS DES RÉBELLIONS

Les Français ignoraient ce que savaient les souverains vietnamiens, à savoir que toute tentative d'administration directe se soldait par un soulèvement. Ils en firent les frais en provoquant une série de rébellions des Muongs, des Thaïs et des Daos à la fin des années 1880. Suite à la riposte militaire française, des garnisons furent créées à Hoa Binh, Son La, Lai Chau (aujourd'hui Muong Lay) et Lao Cai. Les mouvements de mécontentement ne cessèrent pas pour autant, stigmatisés par les bandes des **Pavillons noirs**, guérilleros sino-vietnamiens qui œuvraient le long de la frontière. La situation conduisit les Français à une attitude plus répressive : Son La est aujourd'hui le seul vestige des pénitenciers qu'ils établirent dans la Haute Région.

LES 57 JOURS DE DIEN BIEN PHU

Après l'évacuation désastreuse de Cao Bang en 1950, les Français perdirent progressivement tout contrôle sur la région montagneuse. Dans le Nord-Ouest, le **Viet-minh**, soutenu par des actions du Pathet Lao révolutionnaire (une organisation révolutionnaire communiste établie au Laos), les contraignit à abandonner leur base aérienne de Son La en 1953, et la garnison de Lai Chau à la fin de la même année. Sûr de rallier les minorités ethniques, le **général Giap** avait concentré des forces dans la région dès 1952, poussant même jusqu'aux portes de Luang Prabang au Laos. C'est dans ce contexte qu'**Henri Navarre**, nouveau commandant en chef des forces françaises d'Indochine, lança l'opération Castor, destinée à s'emparer de Dien Bien Phu, où le **général de Castries** fut parachuté avec six bataillons. Henri Navarre avait sous-estimé l'engagement de Giap en se refusant à déplacer des unités cantonnées dans le Centre, même après le début de la bataille. Il n'avait pas non plus pris en compte la mobilité du Viet-minh, qui concentra une force telle qu'elle contraignit les soldats français à se battre à un contre cinq.

Prévoyant une attaque directe au centre de la cuvette, les Français avaient établi trois points de résistance, tous baptisés de prénoms féminins : Gabrielle et Béatrice au nord, Isabelle au sud. La première vague d'attaques se déroula selon leurs prévisions et Giap essuya de telles pertes qu'il suspendit les combats pour changer de stratégie. Le Viet-minh abandonna l'assaut en vagues pour l'étranglement, et le fusil pour la pelle : en trois mois, un réseau de galeries et de tranchées encercla les Français.

Dans l'après-midi du 13 mars, Giap mit fin au siège et attaqua. Les Français se tournèrent vers l'aide américaine, mais Eisenhower refusa de laisser l'Amérique s'engager seule et les Britanniques firent la sourde oreille. Le **7 mai 1954**, le drapeau viet-minh flottait sur Dien Bien Phu et le 8 mai débutait la conférence de Genève.

QUAND LE HÉRISSON DEVIENT UNE SOURICIÈRE
Pour le **général Christian de Castries** et son supérieur **Henri Navarre**, Dien Bien Phu devait jouer le rôle de hérisson, sur lequel s'écraserait l'armée sous-équipée du Viet-minh. Pour les Vietnamiens, la plaine encadrée de montagnes servit en revanche de souricière. L'un des bas-reliefs du cimetière vietnamien de Dien Bien Phu campe la parabole dont se serait servi Ho Chi Minh pour illustrer cette stratégie aux yeux du QG de Giap, en retournant son casque de *bo doi* : les bataillons français étaient coincés au fond, tandis que l'armée viet-minh pouvait manœuvrer sur les bords.

reconstitué. À côté, un immense cratère creuse le sol, au débouché d'une galerie. C'est une toute petite partie du dispositif souterrain déployé par le général Giap pour étrangler la garnison française. Une charge de 1 000 kg y explosa le 6 mai 1954 à 23h, signal de l'assaut final.

Au niveau du rond-point du marché, commence un escalier de 333 marches qui grimpe jusqu'à une **imposante statue** exaltant la victoire de Dien Bien Phu. Pour les courageux, l'ascension donne droit à une vue imprenable sur toute la vallée.

Le **quartier général de Castries** (*Ham kien co cua tuong De Castries*) se situe à la même hauteur, mais sur l'autre rive (*quittez Dien Bien Phu direction Muong Lay et tournez à gauche après le pont*). C'est un abri semi-souterrain, protégé par de faux sacs de sable … en béton. Un peu plus loin, le tout petit enclos du mémorial des soldats français fut inauguré le 7 mai 1994, à l'occasion du 40e anniversaire de la bataille. Depuis, la France l'a classé monument national. Le gardien ne parle ni anglais ni français, mais il s'efforcera de vous guider avec gentillesse sur ce site.

Bon à savoir – La route de Dien Bien Phu rejoint le Laos, à 38 km, mais la frontière reste fermée aux étrangers.

NOS ADRESSES À DIEN BIEN PHU

INFORMATIONS UTILES

Banque / Change
Nombreux distributeurs et banques sur la Duong 7.5.

Poste / Téléphone
Buu Dien Dien Bien – *Duong 7.5. - lun.-vend. 7h-21h15.*

Compagnie aérienne
Vietnam Airlines – *Nguyen Huu Tho (sur la route de l'aéroport) - 7h30-11h30, 13h30-17h00 - ✆ (0230) 382 49 48.*

ARRIVER / PARTIR

En avion
Aéroport de Dien Bien Phu – *À 1 km, sur la route de Muong Lay.* 2 vols/j. relient Hanoi à Dien Bien Phu *(1h de trajet).*

En bus
Gare routière – *À la sortie de la ville, en direction de l'aéroport.* Un départ chaque après-midi pour **Ninh Binh** *(12h de trajet)*, 2 pour **Lao Cai** *(10h) via* Muong Lay *(3h)* et Sapa. Départs réguliers pour **Hanoi** *(12h)*. Deux liaisons/j. pour **Son La** *(6h)*.

HÉBERGEMENT

PREMIER PRIX

Nha Nghi Hai Yen – *Thanh Binh (à côté de la gare routière) - ✆ (0230) 382 61 61 - - 6 ch. 5 $.* Situé dans un quartier coquet, ce mini-hôtel propose des chambres petites mais propres qui donnent sur une courette intérieure. Les propriétaires ne parlent que le vietnamien, mais leur gentillesse compense les difficultés à communiquer.

Nha Khach Van Phong – *835 Duong 7.5. (en face de la poste, derrière un grand bassin) - ✆ (0230) 382 52 59 - nka1_vptudb@yahoo.com - - 36 ch. 10/31 $ - 3 $ - tennis - Wifi.* Ne vous fiez pas à sa taille impressionnante : cet hôtel « à la vietnamienne » (avec autant de chambres que de salles de conférences) est aussi l'un des meilleurs rapports qualité-prix de la ville. Toutes les chambres sont grandes et propres. Le personnel est agréable et certains employés parlent anglais.

RESTAURATION

PREMIER PRIX

Tuan Long – *220 To 7 Phuong Muong Thanh - ✆ (0230) 383 12 55.* L'un des rares *com pho* animés le soir. La salle, petite et propre, est décorée de poutres en bois. N'hésitez pas à accompagner votre verre de bière locale d'un goûteux plat de tofu à la menthe.

BUDGET MOYEN

Ngoc Mai – *À côté de la place Hoi Nghi (en retrait de la Duong 7.5., au nord d'Éliane) - ✆ (0230) 382 59 32.* Un des seuls restaurants « chic » de Dien Bien Phu, fréquenté par les notables de la région ou à l'occasion des fêtes de famille. Goûtez aux spécialités de nouilles et de viande de chèvre.

PETITE PAUSE

Café Windows – *71 Nguyen Chi Thanh - ✆ (0230) 383 33 99 - Wifi.* La salle est banale mais la terrasse qui donne sur la rue est très fréquentée par la jeunesse locale. Dans la même rue, essayez le **numéro 73**, pour sa reproduction d'une grotte en guise de terrasse et le **numéro 53**, pour ses canapés confortables.

2

Aux sources de la rivière Noire

★★

De Dien Bien Phu à Sapa

NOS ADRESSES PAGES 227 ET 229

SE REPÉRER
Carte de microrégion A2-3 *(p. 208-209).*
Voir « Arriver / Partir » dans « Nos adresses à Muong Lay et Muong Te » p. 227 et dans « Nos adresses à Sin Lo et Lai Chau » p. 229.

À NE PAS MANQUER
Flâner au marché de Sin Ho où se croisent Daos et Hmongs ; se balader dans une plantation de thé de Tam Duong.

ORGANISER SON TEMPS
En toute saison, les pluies peuvent rendre les pistes autour de Muong Lay difficilement praticables, voire dangereuses.

Maîtrisé en aval par les barrages de Hoa Binh et de Son La, le Song Da (rivière Noire) est pourtant bien plus indomptable que le fleuve Rouge. Descendu des montagnes du Yunnan (Chine), il creuse un profond canyon pour forcer la barrière de l'angle nord-ouest du Vietnam. Dans cette région que dominent des sommets de plus de 2 000 m, rien ne semble vouloir passer hormis cette rivière. En arrivant à Muong Lay, l'ex-Lai Chau, ses gorges croisent celles de la nam Na et, en août 1996, les eaux des deux rivières, grossies des pluies estivales, se sont engouffrées dans la vallée, privant 4 000 personnes de leur logis. Un barrage, celui de Lai Chau, prévu sur la rivière Da inondera un jour la vallée située entre Muong Lay et Muong Te. Mais, pour l'heure, la région reste sans conteste la plus grandiose du Haut Tonkin, et celle où l'on croise des peuples des cinq familles linguistiques du Vietnam.

Circuits conseillés Carte de microrégion

★ DE DIEN BIEN PHU À MUONG LAY A2-3

Itinéraire de 102 km - comptez 4 h.

Sur la route

La route franchit une frontière invisible entre deux mondes : au sud, la plaine riante de Dien Bien, peuplée de Thaïs noirs ; au nord, des échines montagneuses, domaine des Thaïs blancs. C'est ici aussi qu'on franchit la ligne de partage des eaux. Au nord, les rivières courent vers le delta du fleuve Rouge, tandis qu'au sud elles gonflent les eaux du Mékong. Peu de terres sont cultivées dans ce paysage sauvage. Cette piste fut tracée avec l'aide des Chinois en 1970, dans le cadre du projet d'une **route de l'Amitié** qui reliait Dien Bien à Nam Cay, sur la frontière.
À environ 45 km de Dien Bien Phu, **Muong Muom** est l'un des derniers villages thaïs noirs. Il est installé sur la berge d'une rivière, la **nam Muc**, qui

Sur la route entre Dien Bien Phu et Sapa.
Oliver Strewe / Photononstop

fournit l'eau courante et l'énergie nécessaire à quelques ouvrages hydrauliques miniatures. Les grandes maisons construites en bois ou en bambou sont parfois ouvertes par des fenêtres, dont les menuiseries sont joliment travaillées. La terrasse résume le quotidien : nasses et filets de pêche, cages d'oiseaux chanteurs ou de volailles, potées d'herbes aromatiques et d'oignons. Une grande variété de **paniers tressés** témoigne de la richesse de l'artisanat thaï.

Vous traversez ensuite **Muong Cha**, où il est possible de se restaurer ou de boire un café. En poursuivant votre chemin vers Muong Lay, vous parvenez aux **hameaux hmongs rouges**. Vous les reconnaîtrez aisément si vous les traversez un jour de lessive – de grandes jupes plissées en batik bleu et blanc, rehaussées de notes brodées corail, pavoisent les murs – ou si vous voyagez entre deux récoltes, quand des femmes de tous âges, assises, seules ou en groupes, tirent l'aiguille sur le perron. Pour les Hmongs rouges, la chevelure est un ornement, d'autant plus précieux que les carences alimentaires dans cette région reculée font des ravages sur les cheveux et les dents (remplacées par des prothèses en or). Les femmes se coiffent de postiches faits de cheveux véritables. Les intérieurs sont modestes : un brasero près d'une table basse

CHANGEMENTS DE NOMS

Depuis une dizaine d'années, les autorités vietnamiennes redécoupent la carte administrative du Nord-Ouest et les villes changent de nom pour garder ceux des provinces. Ainsi Muong May est devenue **Muong Muom** et Muong Lay s'appelle désormais **Muong Cha**. Et c'est Lai Chau qui a pris le nom de **Muong Lay**. Tam Duong a été rebaptisée **Lai Chau**, et Binh Lu porte le nom de **Tam Duong**. Un casse-tête, à garder en mémoire, pour s'y retrouver sur une carte routière. Dans ce guide, le nouveau nom est toujours privilégié.

Muong Lay, ex-capitale du peuple thaï

ENTRE VIETNAM ET LAOS

Connue jadis sous les noms de Muong Le, puis de Lai Chau, Muong Lay est un ancien fief des **Thaïs blancs** qui partageaient l'autorité sur le Nord-Ouest avec les **neuf Muongs**, les neuf seigneuries thaïs noirs de la région de Son La. En 1323, son chef reçut un sceau d'or de l'Empire chinois et le titre héréditaire de préfet de Ningyuan. La lignée de sa famille seigneuriale, les **Deo**, s'est maintenue jusqu'à nos jours. Au 15e s., ils tentèrent des alliances avec le royaume du Lan Xang (ancien Laos), dont la frontière avec l'État vietnamien était située au sud de Muong Lay. Mais, au début du 19e s., l'attitude conquérante des Siamois au Laos poussa plusieurs chefferies thaïs à basculer vers le Vietnam, et toute la région, de Sam Nua à Savannakhet, passa sous la suzeraineté de Minh Mang.

UN TERRIBLE SEIGNEUR

La lignée des seigneurs Deo, qui tenaient la contrée, se montra d'abord hostile à l'avancée des Français, tentant une alliance avec les Thaïs noirs, mais dut finalement capituler en 1890. Nommé gouverneur du district par l'administration coloniale en 1940, **Deo Van Long** devint de fait le suzerain non seulement des Thaïs blancs de Muong Te et de Phong To, mais aussi des Thaïs noirs de Son La. Lorsqu'en 1945 le Viet-minh essaima à partir de sa base du Nord-Vietnam *(voir « Histoire », p. 116)*, Deo Van Long quitta le pays pour la France, où il participa à la conférence de Fontainebleau en juillet 1946. De retour au pays, il fut promu roi de la nouvelle zone autonome (1947-1954), « la Fédération thaï ». Quand la garnison de Lai Chau fut évacuée par les Français, à la veille de la bataille de Dien Bien Phu, leur allié fut contraint de fuir en hélicoptère. Réfugié au Laos, il gagna ensuite la France et mourut à Toulouse en 1975.

Aujourd'hui, la légende de ce personnage lui survit, et les gens des vallées relatent de terribles histoires sur son compte. On vous racontera que, chaque matin, Deo Van Long exigeait de boire du lait au sein d'une femme, qu'il en honorait neuf chaque nuit, ou qu'il fit précipiter, lors de sa fuite, une partie de sa maisonnée dans le canyon de la rivière Noire, l'autre sur des pals en bambou dans la montagne. Certains Thaïs perpétuent tout de même sa mémoire en conservant des photographies ou des reproductions de leur ancien chef. Il n'est pas rare de croiser l'un de ses descendants : selon diverses estimations, Deo Van Long aurait eu près de 90 enfants.

posé sur le sol, une tablette fixée au mur pour le dieu du foyer, encombrée de coupes d'alcool, de bâtons d'encens et des plumes d'un coq sacrifié en guise d'offrande et, pendus au mur, les fusils de chasse, forgés à la main.

Muong Lay (ex-Lai Chau) A2

Muong Lay a été engloutie sous les eaux du barrage de Son La, mis en service en 2012 *(voir p. 223)*. Une nouvelle ville a vu le jour afin de reloger la population.
Les habitants, des Thaïs principalement, ont démonté leurs maisons sur pilotis pour les reconstruire quelques mètres plus haut, sur des zones terrassées qui ont recouvert leurs rizières.

★ EN REMONTANT LE SONG DA A2

Depuis **Muong Lay**, vous pouvez explorer la haute vallée de la rivière Noire jusqu'à **Muong Te**. Première étape à **Can Ho** où s'est fixé le groupe tibéto-birman des Ha Nis. La tenue féminine est un tourbillon de couleurs, sur la base sobre d'une longue tunique portée sur un pantalon noir. Les manches étroites sont bariolées de rayures multicolores. Les cheveux sont serrés dans un bonnet orné de floches de couleurs vives. Des pièces de monnaie ornent en rangs serrés le devant de la tunique et brillent dans la coiffe. Leurs maisons, élevées sur la terre battue, rappellent celles des Hmongs et restent très rudimentaires. La route continue et conduit à un pont suspendu. Muong Te, peuplé de Thaïs blancs, est un bourg plus coquet que Muong Lay, dont le marché permanent s'anime le dimanche, jour de foire. À l'entrée, un chemin sur la gauche mène au village des La Hus de **Nam Cau** (3 km). Le costume de ces Tibéto-Birmans est très proche de celui des Ha Nis, de même que leur habitat groupé en minuscules villages.
Bon à savoir – Muong Te est situé dans un véritable cul-de-sac. Les autorités vietnamiennes vous décourageront, ou interdiront, de vous aventurer plus à l'ouest.

NOS ADRESSES À MUONG LAY ET MUONG TE

ARRIVER / PARTIR

En bus

Départ des bus à 2 km du centre-ville de Muong Lay. Un tableau indique les horaires. Liaisons quotidiennes pour **Lao Cai** *(12h) via* Lai Chau et Sapa. Certains bus passent par **Sin Ho**. 2 liaisons/j. à destination de **Dien Bien Phu** *(3h)*. Les bus **Muong Te-Lai Chau** s'arrêtent à Muong Lay.

HÉBERGEMENT

Muong Lay

PREMIER PRIX

Lan Anh Hotel – *Au niveau du pont, en contrebas - (023) 385 26 82 - www.lananhhotel.com* - P - *56 ch. 20/25 $*. Ces maisons thaï abritent le dernier hôtel de la ville qui dispose de chambres charmantes, tout en bois.

Muong Te

Duong Nhu Nha Nghi – Les chambres y sont propres et la terrasse sur le toit très agréable.

2

★★ DE MUONG LAY À SAPA A2

Itinéraire de 195 km - Comptez 7 h.
Conseil – Deux itinéraires s'offrent à vous. Le plus court suit la RN 12 jusqu'à Pa So, en longeant la *nam Na*. Mais, depuis la fin des années 2000, les travaux de rehaussement des routes, dus à la construction du barrage de Son La, ont dévasté le paysage. En attendant que la nature reprenne ses droits, vous pouvez opter pour la route de Sin Ho. Cet itinéraire bis, un peu plus long, enchaîne les vues vertigineuses sur le massif. Avis aux photographes !

★★ Sin Ho A2

Le bourg est affreux, mais s'inscrit dans un cadre magnifique de pitons calcaires disséminés au pied du **mont Ta Phin** (1 868 m) et mérite une visite pour son marché où se croisent de nombreuses minorités ethniques. Même en dehors des jours de foire *(jeu. et dim.)*, les villageois sont nombreux à venir se ravitailler à Sin Ho. Les femmes daos noirs, d'imposants turbans pliés sur la tête en partie rasée, cousent des pantalons et vendent des plantes médicinales séchées. On y trouve aussi de la laine rouge et noire que certaines Hmongs fleuris tressent dans leurs cheveux.

De Sin Ho, on peut rejoindre Lai Chau par la route qui longe le marché. Elle traverse quelques villages de Daos noirs puis serpente sur la crête des montagnes. Les **grottes de Pusam** se situent à 6 km avant d'arriver à Lai Chau. Pour la visite, munissez-vous d'une lampe torche.

Lai Chau (ex-Tam Duong) A2

Ses habitants l'ont surnommée « la Boueuse ». Car depuis que les fonctions de capitale de province ont été transférées dans cette ancienne bourgade, la ville est en perpétuel chantier. Un nouveau quartier est apparu au sud-est de l'ancien centre : grand boulevard à quatre voies, lac artificiel, résidences de dix étages à l'architecture d'inspiration néo-chinoise et hôtels démesurés. Ce mirage indique que Lai Chau est appelée à devenir l'un des centres importants du Nord vietnamien. L'activité quotidienne continue néanmoins d'animer l'ancienne partie de la ville. Le **marché permanent** (*Cho phong tho*) rassemble les jours de foire *(les lun., jeu. et dim.)* Hmongs rouges et Daos Khaus de Sin Ho, Daos noirs de Binh Lu, et Nhangs, une ethnie cousine des Giays de la province de Lao Cai.

Des chemins offrent une jolie balade à travers l'immense **plantation de thé** qui court à la lisière nord du bourg (*départ du chemin à l'entrée ouest de la ville, face à la Poste*).

★ Sur la route de Sapa A2

Jusqu'à **Tam Duong** (ex-Binh Lu), la route suit le fond de la vallée. Dans ce bourg, on peut croiser des Lus, aux vêtements ornés de pièces de monnaie ou des femmes hmongs qui portent sur leur tête de fausses nattes noires retenues par une structure métallique argentée.

Puis, pendant 20 km, la route gravit **la porte du Ciel** en s'accrochant au flanc de la montagne. Au sommet du col, une ribambelle de petits stands proposent un délicieux thé fumé de Sapa, des œufs durs et du riz gluant cuit au feu de bois.

Conseil – Pour faire une pause, préférez les échoppes du sommet du col à celles rencontrées quelques kilomètres plus loin, plus touristiques.

3 km après le col, la **cascade d'Argent** ne mérite son nom que lorsque la saison sèche ne la réduit pas à un filet d'eau.

NOS ADRESSES À SIN HO ET LAI CHAU

INFORMATIONS UTILES

Sin Ho

Poste / Téléphone
Buu Dien Sin Ho – *À l'entrée de la rue qui descend vers le marché - lun.-vend. 6h-11h, 14h-17h.*

Lai Chau

Poste / Téléphone
Buu Dien Tam Duong – *À l'entrée du bourg en venant de Muong Lay - lun.- vend. 6h30-21h30.*

ARRIVER / PARTIR

En bus
Gare routière de Lai Chau – *À la sortie de la ville sur la route de Sapa*. Liaisons quotidiennes avec **Dien Bien Phu** *(10 départs/j., 7h de trajet)*, **Lao Cai** *(8 départs/j., 4h)*, **Muong Lay, Muong Te, Sin Ho, et Sapa** *(par le bus de Lao Cai)*.

HÉBERGEMENT

Sin Ho

BUDGET MOYEN

Thanh Binh Hotel – *À la sortie du bourg en direction de Lai Chau - ✆ (0231) 387 03 66 - ▤ ⍁ P - 17 ch. 30 $ ☕*. Impossible de rater ce grand bâtiment vert. À l'intérieur, les chambres se révèlent moins tape-à-l'œil que la façade de l'hôtel et sont assez confortables. Le karaoké et le café attenants promettent des soirées bruyantes mais si vous voulez dormir à Sin Ho, vous n'aurez guère le choix : c'est le seul hôtel acceptable de la ville.

Lai Chau

PREMIER PRIX

Huyen Trang Hotel – *Phuong Doan Ket (près du Phuong Thanh) - ✆ (0231) 387 58 29 - ▤ ⍁ - 10 ch. 10 $*. L'hôtel commence à se défraîchir, mais ses chambres, simples, restent bien tenues. Très bon rapport qualité-prix.

Taybac Hotel – *Phuong Doan Ket (à proximité de la Poste) - ✆ (0231) 387 58 79 - ▤ ⍁ P - 30 ch. 10 $ - Wifi*. Évitez les chambres de la maison thaï en bois, très vieilles. Dans la partie neuve, en revanche, elles sont grandes, propres et confortables. Accueil sympathique, en vietnamien. La réception organise aussi la visite des grottes alentour.

RESTAURATION

Sin Ho

PREMIER PRIX

Un *com pho* à l'entrée du marché sert des repas copieux. La pièce est exiguë et les passagers des bus y font tous halte, alors pas question de traîner à table !

Lai Chau

BUDGET MOYEN

Tuan Anh – *83 Tran Hung Dao - ✆ (0231) 387 52 17*. Chauffeurs et guides s'y retrouvent. La carte est très variée et les plats copieux. L'accueil chaleureux de la patronne francophone compense la propreté limitée de la salle.

PETITE PAUSE

Lai Chau

Banh Ngot Phap Thanh Nam – *Phuong Doan Ket*. Une boulangerie/chocolaterie/snack inespérée pour recharger ses batteries sur cette route difficile. Le patron a fait ses classes au Sofitel Métropole de Hanoi.

Au pied du Phan Si Pan

★

Sapa et ses environs

41 000 habitants - province de Lao Cai

NOS ADRESSES PAGES 236 ET 241

S'INFORMER

Sapa Tourism Information Center – *Cau May - ✆ (020) 3871 975 - www.sapa-tourism.com.* Nous vous recommandons une visite rapide pour vous renseigner sur les différentes activités proposées, prendre connaissance des conditions de randonnée (bulletin météo affiché) et vous procurer la liste des villages où vous pouvez dormir. Vous y trouverez quelques brochures et recommandations pour un tourisme respectueux des ethnies et de la nature, ainsi qu'une excellente carte à l'échelle 1/80 000, la *Sapa Tourist Map* de Cartographic Publishing House.

Office de tourisme de Lao Cai – *Dans l'hôtel Thien Hai, sur la place de la gare ferroviaire.*

SE REPÉRER

Carte de microrégion A2 *(p. 208-209)* - plan de Sapa p. 232.

Voir « Arriver / Partir » dans « Nos adresses à Sapa » p. 236 et dans « Nos adresses à Lao Cai » p. 241.

À NE PAS MANQUER

Randonner à travers les rizières en terrasses autour de Sapa ; marchander tissus et bijoux-souvenirs avec les femmes hmongs et daos ; gravir le Phan Si Pan, « le toit de l'Indochine ».

ORGANISER SON TEMPS

Février, mars et octobre sont les meilleurs mois pour visiter Sapa. À noter pour les photographes qu'avant le mois de mai, les rizières ne sont pas encore en culture et les paysages, jaune et marron, ne ressemblent pas à ceux des brochures. Les rizières prennent une belle couleur dorée pour la récolte en septembre-octobre.

Comptez 3 jours pour visiter les alentours.

AVEC LES ENFANTS

Dîner de brochettes sur les chaises en plastique le long de l'église de Sapa ; participer aux jeux populaires d'un village hmong un jour de foire.

À l'époque du protectorat français, les élites de l'administration avaient installé leur résidence de vacances à Sapa, un rebord montagneux faisant face au toit du Vietnam, le Phan Si Pan (3 143 m). À la fin du 20e s., la station d'altitude disparut des cartes pendant dix ans, entre la guerre sino-vietnamienne de 1979, cause de nombreuses destructions, et la redécouverte de ce coin des « Alpes tonkinoises » par des voyageurs audacieux au début des années 1990. Ce fut d'abord une rumeur propagée dans le cercle des routards, puis un must inscrit au programme des agences de voyages : « Allez à Sapa, c'est reposant, les populations sont accueillantes et le climat est frais. » Au fil des ans, ce petit paradis est

Le village de Sapa au pied du Phan Si Pan.
Mauritius / Photononstop

devenu une manne pour les habitants de la région, d'autant que ce Dalat du Nord attire aussi de nombreux touristes vietnamiens le week-end. Les natifs de Sapa convertissent leur maison en boutiques, en restaurants ou en guesthouses, et les montagnards daos et hmongs des hameaux environnants améliorent leur écot en vendant leurs travaux d'aiguille. Sapa peut être un but, mais c'est surtout un point de départ pour de superbes randonnées au fil des cultures en terrasses ou à la découverte de vallées plus lointaines.

Se promener Plan de la ville p. 232

L'enchantement de la région tient beaucoup à ses rizières en terrasses, déployées comme des marches géantes, qui reflètent le ciel lorsqu'elles sont inondées. Avec ses nombreux sentiers, le massif de Sapa est particulièrement apprécié des randonneurs.

★★ SAPA

À 380 km de Hanoi. Alt. 1 630 m.

★ Dans les rues du centre-ville

Les nuages de Sapa sont d'une vélocité stupéfiante, plongeant en un clin d'œil l'ancien sanatorium dans la purée de pois. Ici, nul besoin de chercher les montagnards, car ce sont eux qui viennent à vous. Vous croiserez assurément des représentants des deux groupes de la région : les **Daos rouges** et les **Hmong noirs**. Ils vont et viennent, chaque jour, la serpe à la main, la hotte remplie de fourrage, de légumes, de bois ou d'étoffes à vendre. Les dames daos rouges sont de redoutables vendeuses et les petites mamies hmongs pires encore : elles vous agrippent le poignet, vous collent un calot sur la tête et égrènent trois mots de français ou d'anglais pour en vanter l'effet sur vous. La tenue des Hmongs noirs est étonnamment sobre. Localement, on les surnomme les

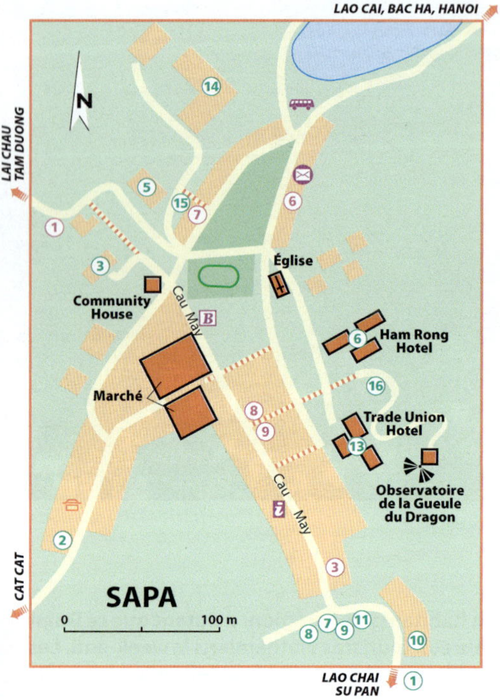

SE LOGER

Bamboo Sapa Hotel......... 1
Cat Cat Hotel.................... 2
Cau May Hotel.................. 3
Fansipan View.................. 15
Ham Rong Hotel............. 6
Mountain View Hotel..... 9
Nguyen Hung.................. 7
Queen Hotel.................... 10
Royal Sapa Hotel............ 11
Sapa Green Hotel............ 5
Thai Binh Hotel............... 16
Thang Long..................... 8
Trade Union Hotel Sapa.. 13
Victoria Sapa Hotel......... 14

SE RESTAURER

Baguette & Chocolat........ 1
Cha Pa Garden................. 9
Delta.............................. 3
Gecko (Le)....................... 6
Petit Gecko (Le)............... 7
Viet Emotion.................... 8

« Hmongs indigo », non seulement à cause de leur costume, dans toutes les nuances de bleu plus ou moins délavé, mais aussi pour leurs mains bleuies à force de teindre et manipuler des étoffes. Les femmes daos rouges ne passent pas inaperçues avec leurs dents laquées de noir et leur visage épilé, enveloppé dans un énorme turban écarlate. Leur costume déploie un extraordinaire travail de broderie sur les jambes du pantalon et le pan de tunique qui descend dans le dos.

Le **marché** est animé tout au long de la semaine. Les villageois viennent y vendre des légumes frais. Sous la halle s'amoncellent quincaillerie, papeterie et mercerie, mais aussi les herbes médicinales, spécialité de Sapa, destinées à parfumer l'alcool de riz. À défaut de réelles propriétés, elles composent en tout cas de jolis pots-pourris.

En ville, de rares bâtiments coloniaux demeurent au pied de la colline de l'**observatoire de la Gueule du Dragon** *(Ham Rong) (accès par des marches jusqu'au relais-télévision)* : la Community House avec son beffroi, les villas 1940 du Trade Union Hotel, les toitures à auvent du Ham Rong Hotel et l'église, saccagée en 1954 puis reconstruite pour servir de symbole à Sapa.

CULTURE LOCALE

Sachez lever le coude pour goûter le *rouo* (prononcez « zio »), l'alcool local (de riz ou de maïs) que l'on vous servira immanquablement dans les villages.

Deux formules pour trinquer avec vos hôtes : *chuc suc khoe* (prononcez « tchoup sé koué ») qui signifie « à votre santé » ou *tram phan tram* (prononcez « tcham fan tcham ») pour « cul-sec », littéralement « 100 % ».

À la frontière de la Chine

UN RAIL FRANÇAIS À L'ASSAUT DU PLATEAU CHINOIS

Après avoir implanté leurs garnisons en divers points des hautes terres tonkinoises, les Français d'Indochine inaugurèrent en 1910 une voie ferrée reliant le port de Haiphong à Kunming, en Chine. Ce fut l'entreprise la plus folle jamais tentée dans leur colonie asiatique. L'investissement fut tel qu'il ne fut jamais amorti, et les travaux coûtèrent la vie à 12000 des 60000 personnes qui travaillèrent à l'aménagement de la voie. Le mirage d'un riche sous-sol minier au Yunnan avait motivé Paul Doumer, gouverneur général de l'Indochine, à créer une **Compagnie française des chemins de fer de l'Indochine et du Yunnan (CIY)** le 10 août 1901. Mais le minerai s'avéra si médiocre ou si rare que seul le trafic de l'opium rentabilisa quelque peu l'opération, et ce, malgré la Société des nations qui en interdit la culture en 1920.

UN TRAIN D'ENFER

Les ingénieurs ne rencontrèrent pas de grosses difficultés de Haiphong à Lao Cai, et cette première tranche de travaux fut conduite entre 1903 et 1906. Mais, au-delà du confluent de la *nam Ti* et du *song Hong*, ils furent face à une déclivité infranchissable (1 600 m sur 90 km) qui les contraignit à abandonner la vallée du fleuve Rouge pour celle de la *nam Ti*, et à multiplier les ouvrages d'art (107 viaducs et 155 tunnels). Une nouvelle base fut établie au consulat français de Mengzi, en Chine. Le ravitaillement des employés et les pièces nécessaires à la construction durent, dans un premier temps, être acheminés par les voies traditionnelles: 30 jours à bord de jonques sur le fleuve Rouge, puis transbordement à dos d'homme ou de cheval pour atteindre Mengzi par la « route des Dix Mille Escaliers ».

DÉVELOPPEMENT TOURISTIQUE

À partir des années 1930, la concurrence du Transindochinois qui desservait la station climatique de Dalat *(voir p. 366)* poussa la CIY à jouer la carte du tourisme en lançant un train-couchettes entre Hanoi et Kunming (il fallait alors compter 21h30 de trajet … soit à peine plus qu'aujourd'hui) et en construisant là-bas un hôtel de standing international. Malgré les dépliants vantant le Yunnan comme étant l'« un des pays les plus pittoresques du globe », rares furent les touristes européens à s'y rendre. L'essentiel des billets était de 3e et 4e classes et vendus à la population locale pour de courts trajets. Un quasi-monopole du ravitaillement de la Chine libre, basée à Chongqing durant l'occupation nippone, fit monter les bénéfices de la CIY en flèche. Mais, en 1940, les Chinois choisirent de se protéger des Japonais par l'isolement et firent sauter le pont frontalier de Lao Cai. Restauré en 1955-1957, celui-ci fut saboté en 1979 lors de la guerre sino-vietnamienne. Enfin remis en service, il permet de nouveau de franchir la frontière entre les deux pays. Les trains transportent désormais les nombreux voyageurs étrangers qui se rendent à Sapa.

Randonnées au départ de Sapa Carte de microrégion

Conseil – Vous pouvez bien sûr parcourir à votre guise les chemins tracés par les Hmongs et les Daos, mais vous gagnerez beaucoup à recourir aux services d'une agence pour assurer la logistique. Leurs guides expérimentés vous aideront à choisir un itinéraire en fonction de vos capacités, et leur connaissance des langues hmong et dao sera une véritable passerelle pour pénétrer plus avant l'univers des montagnards. Enfin, avantage non négligeable, ils peuvent organiser un retour motorisé, ce qui est bien agréable vu la configuration de Sapa. Dans la plupart des cas, vous descendrez en effet vers les vallées environnantes… et devrez ensuite grimper un fort dénivelé pour rentrer.

★ LA VALLÉE DE CAT CAT B2

À 2,5 km de Sapa par la route qui prolonge le marché. Attention, la pente est très raide. Droit d'accès de 20 000 VND/pers.

Conseil – N'effectuez ce circuit classique que si vous n'avez pas le temps d'aller plus loin, car l'afflux de touristes a quelque peu émoussé l'authenticité du village de Cat Cat.

Depuis Sapa, la route descend en lacets, d'abord à travers une zone cultivée en maraîchage, puis le long de rizières en étages qui dégringolent de toutes parts. Un escalier en pierres mène à Cat Cat. Ce village hmong noir, d'une vingtaine de maisons, doit son nom à la proximité d'une cascade. Une petite station hydroélectrique fut installée sur la rivière Muong Hoa par les Français en 1925.

Bon à savoir – Vous pouvez vous rendre à Cat Cat à pied ou en moto. Des *xe om* attendent les randonneurs au fond de la vallée pour leur éviter la dure remontée vers Sapa.

★★ LA VALLÉE DE LAO CHAI A2

À 6 km de Sapa par la route qui descend dans le prolongement de la rue Cau May. En saison sèche, elle est carrossable jusqu'au site rupestre.

Bon à savoir – Le droit d'entrée de 5 000 VND perçu à l'entrée des villages sert à financer écoles et dispensaires.

Le chemin traverse la **rivière Muong Hoa** pour remonter les rizières jusqu'au village hmong noir de **Lao Chai**. On y croise aussi des Daos rouges. En poursuivant à travers champs sur cette même rive, vous parvenez au village

Rizières en terrasses vers Sapa.
Diana Mayfield / Photononstop

giay de **Ta Van** *(à 2 km)* de l'autre côté d'un torrent. En redescendant vers le cours de la *Muong Hoa* que franchit un petit pont suspendu *(à 2 km du village)*, vous découvrirez un site de **gravures rupestres** *(à 2 km du pont, en longeant la vallée en direction du sud-est)*. De là, vous avez le choix entre remonter vers Sapa *(10 km)* ou continuer vers les villages hmongs et daos situés plus au sud.
Bon à savoir – Les agences de Sapa proposent un intéressant programme de randonnée sur 3 jours, avec étapes chez l'habitant et retour en minibus. Au-delà de Ta Van, vous poursuivez alors le long de la *Muong Hoa* vers le village dao de **Giang Ta Chai**, puis jusqu'à **Ban Ho**, un village tay situé au fond de la vallée, à 26 km de Sapa. Au village hmong de **Su Pan**, à 5 km en amont, des motos-taxis *(xe om)* attendent les voyageurs indépendants pour les ramener à Sapa.

2

★ TA PHIN B2

À 9 km de Sapa. Empruntez la route de Lao Cai sur 6 km, puis un sentier en direction du nord-ouest, sur 3 km.
En quittant la route Sapa-Lao Cai, on aperçoit les ruines d'un **monastère**, détruit en 1952. Huit sœurs y ont vécu entre 1942 et 1945. Le projet d'un couvent d'une centaine de religieuses fut abandonné suite aux troubles de 1945 et les sœurs quittèrent dans l'urgence Sapa.
Poursuivez ensuite le chemin qui descend jusqu'au village dao rouge de Ta Phin. Il compte une vingtaine d'habitations et une grotte. Vous pouvez y acheter des tissus confectionnés par les habitantes.

★★ LE PHAN SI PAN A2

À 19 km de Sapa. Alt. 3 143 m.
Le « toit de l'Indochine » domine le massif du haut de ses 3 143 m. Son ascension depuis Sapa prend généralement deux ou trois jours avec nuits en refuge ou chez l'habitant. Les plus sportifs la réalisent en une seule journée, en courant dans la descente !
Conseil – Ne partez pas sans guide. Toutes les agences de Sapa, et le **Tourism Information Center** proposent différentes formules selon les capacités physiques de chacun. Renseignez-vous sur les conditions météo avant votre départ car le sommet est souvent pris dans les nuages et vos efforts pour profiter de la vue seront alors réduits à néant. Privilégiez les mois d'avril, mai, octobre et novembre.

NOS ADRESSES À SAPA

Plan de la ville, p. 232.

INFORMATIONS UTILES

Banque / Change

Plusieurs distributeurs.

Poste / Téléphone

Buu Dien Sapa – *Place de l'Église - lun.-vend. 7h30-21h30.*

Compagnie aérienne

Vietnam Airlines – *Au rez-de-chaussée du Tourism Information Center - 7h30-11h30, 13h30-17h.*

Internet

Nombreux points Internet dans la rue Cau May.

ARRIVER / PARTIR

En train

Conseil – De nombreux touristes empruntent le train de nuit Hanoi-Lao Cai le w.-end, afin de visiter les marchés des environs. Pensez à réserver si vous voulez faire de même. À l'inverse, pour ceux qui souhaitent éviter la cohue, le mieux est d'arriver en semaine.

Il n'y a **pas de gare à Sapa**. Les trains arrivent à **Lao Cai** *(5 départs/j. pour Hanoi) (voir p. 241 pour les horaires).*

De la gare de Lao Cai, un **minibus** vous amène à Sapa *(1h30 env. de trajet).*

Pour l'achat des billets de train, adressez-vous aux agences et hôtels de Sapa et Hanoi. La chaîne **The Victoria Hotels & Resorts** *(voir « Hébergement »)* propose une voiture spéciale, équipée tout confort, sur les trains circulant entre Hanoi et Lao Cai.

En bus

Gare routière – *Au bord du lac - 1 Ngu Chi Son - (020) 387 10 06.* Les minibus, 4x4 et motos qui font la navette avec la gare de Lao Cai y stationnent toute la journée *(30 000 VND).*

Les agences de Hanoi proposent aussi des liaisons Hanoi-Sapa en bus touristique, avec des variantes plus ou moins organisées (foire du samedi à Sapa, foire du dimanche à Bac Ha, etc.). Départ le soir *(15h de trajet).*

En voiture avec chauffeur

Ce système permet d'effectuer un périple de plusieurs jours à travers le Nord *(voir « En voiture avec chauffeur », p. 213).*

TRANSPORTS

À moto

C'est la meilleure manière d'explorer les bourgs-marchés autour de Sapa. Les routes sont bonnes et peu fréquentées. Attention dans les virages, Jeep, camions et bus de ligne ayant tous l'habitude de les prendre à la corde en klaxonnant. Il existe des stations Petrolimex à toutes les étapes, à l'entrée ou à la sortie des agglomérations. Pour la location, adressez-vous aux agences et hôtels *(comptez 10 $/j.).* Les moins intrépides peuvent négocier leur place sur le porte-bagages auprès des *xe om* (motos-taxis) qui stationnent en face de l'église.

HÉBERGEMENT

Bon à savoir – La ville compte plus de 200 hôtels, vous trouverez donc facilement une chambre agréable à bon prix. N'hésitez pas à faire jouer la concurrence : l'été et le w.-end surtout, l'afflux de touristes fait gonfler les prix. Les tarifs communiqués ci-après sont ceux du reste de l'année. À Sapa, ventilateur et air conditionné ne sont pas nécessaires, mais le chauffage est le bienvenu en hiver. La plupart des cheminées que vous trouverez dans les chambres ne sont que décoratives.

PREMIER PRIX

Cau May Hotel – *Hoang Lien - (020) 387 12 93 - 12 ch. 6 $.* Cet établissement familial un peu désuet est situé au calme, légèrement à l'écart du centre-ville. Il propose de très grandes chambres carrelées disposant de larges balcons avec une vue sur Sapa et les montagnes.

Sapa Green Hotel – *1 Thac Bac (020) 387 12 30 - http://sapagreenhotel.vn - sapagreen@gmail.com - - 40 ch. 6 $.* Son bâtiment en bois surplombe la route au pied de la colline plantée de pins que domine le Victoria. Les chambres sont fonctionnelles et propres. Si vous ne trouvez personne à la réception, renseignez-vous au restaurant à côté. Sauna, massage, bains aux herbes et karaoké.

Nguyen Hung – *52 Cau May - (020) 387 17 79 - 8 ch. 15 $ - Wifi.* Moins cher que ses voisins, cet établissement impeccablement tenu a moins de charme, mais la vue depuis les chambres est tout aussi grandiose.

Thang Long – *23 Dong Loi - (020) 387 20 89 - hotelthanglong@gmail.com - - 8 ch. 20 $ - Wifi.* Un hôtel familial bien moins fréquenté que ses voisins. Les chambres sont sommaires, mais correctes. Les plus chères disposent d'un balcon avec une vue imprenable sur la vallée.

Royal Sapa Hotel – *54b Cau May - (020) 387 13 13 - www.royalsapahotel.com - - 29 ch. 15/20 $ - Wifi.* Un hôtel souvent complet, car fréquenté par les groupes. Outre l'agence de voyage à côté de la réception, cette adresse constitue un bon point de rencontre et d'échange d'informations sur la région. Les chambres avec parquet ont beaucoup de charme, et certaines bénéficient d'une belle vue sur les montagnes.

Mountain View Hotel – *54a Cau May - (020) 387 13 34 - mountainviewsapa@gmail.com - http://mountainviewhotelsapa.com - - 20 ch. 20/30 $ - Wifi.* Dans le même genre que le Royal Sapa Hotel, les chambres, avec parquet, balcon et cheminée, disposent cependant d'une vue un peu plus dégagée.

BUDGET MOYEN

Cat Cat Hotel – *42 Fansipan - (020) 387 13 87 - www.catcatsapa.com - catcathotel@vnn.vn - - 10 ch. 24/32 $ - Wifi.* Cet hôtel qui domine la vallée de Cat Cat est d'un excellent rapport qualité-prix. Les chambres confortables sont situées dans des bâtiments récents, au fil de petites terrasses à plusieurs niveaux. Sur l'une d'entre elles sont servis les petit-déj. Les chambres les plus chères disposent d'une cheminée. L'accueil y est sympathique.

Queen Hotel – *9 Cau May - (020) 387 13 01 - www.sapaqueenhotel.com - ilovesapatravel@yahoo.com - - 25 ch. 25/30 $ - Wifi.* Les chambres les plus agréables, avec cheminée et parquet, permettent d'embrasser d'un regard la vallée à travers une grande baie vitrée. Toutes sont aménagées avec goût. Seul bémol, une pièce pour le petit-déj. un peu vétuste. L'hôtel reste cependant la meilleure adresse pour les petits budgets.

Fansipan View – *Xuan Vien - (020) 387 35 79 - www.*

fansipanview.com - 🍴 🍷 CC - *10 ch. 25/30 $* ☕. Un hôtel confortable à prix léger. Un peu à l'écart de Cau May, la vue des chambres se différencie de celle des autres établissements. L'accueil y est très cordial, les salles de bains rutilantes et la décoration ethnique soignée. Petits balcons.

Trade Union Hotel Sapa (Khach San Cong Doan) – *Ham Rong* - ✆ *(020) 387 13 15* - *www.trade-union.com.vn* - 🚭 P - *54 ch. 20/35 $* ☕. Un ensemble de villas françaises des années 1940 dispersées sur les pentes d'une colline. Les chambres ne sont peut-être pas à la hauteur de l'architecture, mais restent convenables avec leurs lambris et leurs moustiquaires. Les moins chères, donnant sur un talus, sont assez sombres. Certaines disposent d'un balcon.

Thai Binh Hotel – *Ham Rong* - ✆ *(020) 387 12 12* - *http://thaibinhhotel.com* - 🍴 CC P - *8 ch. 35 $* ☕ - *Wifi.* Un établissement familial récent situé dans la ruelle piétonne du Trade Union Hotel. Tout est coquet, des balcons aux chambres agréables. Au rez-de-chaussée, le petit bar ne vous dérangera pas le soir.

Ham Rong Hotel – *Ham Rong* - ✆ *(020) 387 12 51* - *www.harutour.com.vn* - 🍴 🍷 CC P - *25 ch. 35 $* ☕. Trois grandes bâtisses dans le style français de Hanoi avec murs gris, pierres d'angle, fenêtres à volets en bois et toiture à auvents. En retrait de la place de l'église, les chambres disposent d'une vue sur le dos des maisons et leurs potagers. Certaines, hautes de plafond, sont immenses. En hiver, chauffage à résistance sur demande.

POUR SE FAIRE PLAISIR

Bamboo Sapa Hotel – *18 Muong Hoa* - ✆ *(020) 387 10 75* - *www.bamboosapahotel.com.vn* - 🍴 🍷 CC - *65 ch. 55/180 $* ☕ - *Wifi.* Cet hôtel trois étoiles dispose de chambres charmantes avec cheminée, écran plat, minibar, chauffage central et panorama absolument imprenable sur la vallée. Les moins chères donnent sur la ville. Spectacles de danses folkloriques les vendredis et samedis soir.

UNE FOLIE

Victoria Sapa Hotel – ✆ *(020) 387 17 22* - *www.victoriahotels.asia* - 📺 🍴 🍷 🏊 CC P - *77 ch. 150/315 $* ☕ - *Wifi - coffre-fort et minibar dans les chambres.* Superbe compromis architectural de chalet colonial et de style traditionnel. Les salles de bains sont luxueuses, les chambres chaleureuses avec leur parquet, leur mobilier en bois dessiné avec beaucoup de goût, et leurs murs patinés de « jaune colonial ». Chauffage électrique. On peut dîner au choix dans l'immense salle à manger ou dans le coin bar, plus intime, près de la cheminée. La cuisine à la française est remarquable, et la fondue savoyarde à se lécher les doigts. À 50 m, un autre bâtiment, vitré sur un côté, et donnant sur la pinède voisine, abrite piscine chauffée, bar, sauna et billard. Surveillez leur site Internet pour dénicher des forfaits w.-end (avec train AR de Hanoi) à prix cassés.

RESTAURATION

Bon à savoir – Quelques spécialités à découvrir : les alcools parfumés, les gibiers et les champignons sauvages. N'hésitez pas à tester les gargotes de viande grillée à côté de l'église, une bonne occasion de rencontrer des Vietnamiens. Certains établissements ne durent que le temps d'une saison.

PREMIER PRIX

Le Petit Gecko – *En face du Gecko - ✆ (020) 387 15 04 - www.legeckosapa.com - Wifi.* La version snack du célèbre Gecko est devenue plus attrayante que son grand frère. Sa décoration ethnique et sa terrasse ouverte sur la place en font un endroit très agréable pour faire une pause. Les plats les plus simples sont les meilleurs.

BUDGET MOYEN

Baguette & Chocolat – *Thac Bac - ✆ (020) 387 17 66 - www.hoasuaschool.com - 6h30-21h30.* Ce salon de thé/boulangerie ne fait pas que de succulents gâteaux pour le petit-déj. ou le goûter : vous pouvez aussi y déguster de délicieux plats de viande, ou réserver un panier pique-nique pour les excursions à la journée. Fauteuils en rotin, coussins, cheminée et magazines étrangers. Trois chambres agréables à louer au 1er étage.

Viet Emotion – *27 Cau May - ✆ (020) 387 25 59 - www.vietemotion.com.* Ce restaurant récent est vite devenu l'un des meilleurs de la rue Cau May. L'ambiance tex-mex se reflète dans la carte, qui propose entre autres tapas et sangria. Les spécialités asiatiques, cuisinées avec des produits locaux et des fruits et légumes sains, sont aussi délicieux.

POUR SE FAIRE PLAISIR

Le Gecko – *À côté de la Poste - ✆ (020) 387 15 04 - www.legeckosapa.com.* Une institution de Sapa, logée dans une belle demeure aux murs jaunes et patinés. Mieux vaut s'en tenir aux spécialités maison, car à côté des tartiflettes et pizzas au feu de bois, certains plats servis sont d'une qualité très médiocre. Belle carte de vins chiliens, français et australiens, en bouteille ou au verre. Salle non-fumeur. Chambres à louer.

Delta – *33 Cau May - ✆ (020) 387 17 99.* Une succulente cuisine italienne préparée avec de l'huile d'olive et autres produits importés d'Italie. On cultive ici l'art de la *pasta* et de ses sauces.

Cha Pa Garden Boutique Hotel & Spa – *23b Cau May - ✆ (020) 387 29 07 - www.chapagarden.com.* Dans une villa de style colonial, ce restaurant propose une carte limitée (fait rare au Vietnam), où chaque plat se révèle délicieux. À côté des spécialités hmongs (tout le personnel est issu de cette minorité) sont proposés des mets occidentaux comme le coq au vin aux champignons de Sapa. Large choix de vins français et de champagnes. La salle chaleureuse avec cheminée accueille les clients l'hiver. Pour les beaux jours, préférez la terrasse avec mobilier en teck. Quatre chambres à louer.

Bamboo Restaurant – *18 Muong Hoa (dans l'hôtel du même nom) - ✆ (020) 387 10 75 - www.bamboosapahotel.com.vn.* Un des restaurants les plus réputés de Sapa. Les clients ont le choix entre la grande salle vitrée et quelques tables à l'extérieur, sur la terrasse.

BOIRE UN VERRE

The Red Dragon Pub Sapa – *21 Muong Hoa - ✆ (020) 387 20 85.* Avec son décor et sa carte de pub à l'anglo-saxonne, c'est le bar le plus sympathique de la station.

ACHATS

Conseil – Afin de ne pas encourager le harcèlement des touristes, préférez les stands en contrebas de l'église aux vendeuses de rue. Évitez d'acheter des objets et tissus anciens, les

2

commerçantes n'en connaissent pas toujours la valeur et marchandez fermement.

Spécialités locales
Tissus ethniques et vêtements sont en vente à tous les coins de rue, à des prix plus intéressants qu'à Hanoi.

ACTIVITÉS

Randonnées et balades
Tous les hôtels proposent des excursions vers les marchés environnants et des randonnées de 1 à 5 j. *(voir « la vallée de Lao Chai » p. 234 et « Le Phan Si Pan » p. 235)*. Le prix et la qualité des prestations varient selon la catégorie de l'hôtel. Le **Sapa Tourism Information Center** *(voir « S'informer » p. 230)* affiche des tarifs plus élevés que beaucoup d'hôtels *(22 $/j. pour un guide francophone)* mais le service est toujours de qualité.
Royal Sapa Hotel – *(voir « Hébergement », p. 237)*. Outre son programme d'excursions d'un bon rapport qualité-prix *(12 $/j. pour un guide francophone)*, ce correspondant du Sinh Café de Hanoi peut s'occuper de vous réserver des billets de train pour Kunming.

Spectacles
Un spectacle des minorités ethniques a lieu tous les jours dans le parc de Ham Rong *(9h30-10h30, 15h-16h - 20 000 VND)*.

Piscine, Massages et Spas
La piscine couverte et chauffée du **Victoria Sapa Hotel** *(voir « Hébergement », p. 238)* est ouverte aux non-résidents, mais le prix est exorbitant *(10 $/pers./h)*. Pour un massage grand luxe au Victoria, comptez entre 35 et 50 $/h.
Bon à savoir – Beaucoup de mini-hôtels proposent des massages et des soins aux herbes à des tarifs très avantageux *(6 $/h)*. Mais, à ce prix-là, la prestation peut se révéler décevante.
Dans une salle habillée de bois avec vue sur la montagne, le **Narcissus Foot Spa** *(43 Fansipan - 09 88 772 542)* vous permettra de récupérer après une longue balade sans vous ruiner *(comptez 10 $/h)*.

À proximité Carte de microrégion

★ LE LONG DE LA FRONTIÈRE CHINOISE

La route qui relie Sapa à Lao Cai offre sur 38 km l'un des plus jolis parcours de la région. Elle vire en épingles à cheveux entre des croupes montagneuses taillées en gradins et des gorges où coulent des torrents.

Lao Cai B2
Bon à savoir – Lao Cai s'étend sur les deux rives du fleuve Rouge (Song Hong) au sud de son confluent, la *nam Ti*. La gare routière se situe rive droite, à hauteur du pont sur le Song Hong. Sur la rive gauche se trouvent la gare ferroviaire, la poste et les principaux hôtels. Pour apercevoir la Chine, prenez le boulevard qui part de la place de la gare en direction du nord.
D'origine chinoise, le nom de Lao Cai, la « Vieille Rue », souligne son rôle de marché frontalier, car c'est ainsi qu'on désigne parfois en Chine les bourgs-marchés. Aujourd'hui, le commerce avec le « Grand Frère » du nord fait toujours prospérer la ville. Si vous avez le temps, allez observer l'agitation autour de la

frontière marquée par la *nam Ti*. Des marchands la traversent en poussant de lourds vélos chargés de cartons de marchandises dans le sens Chine - Vietnam. De part et d'autre de la frontière, les immeubles ont poussé comme des champignons. Depuis la deuxième moitié des années 2000, le Vietnam rattrape son retard avec une importante modernisation des lieux : un bureau administratif et un centre commercial neufs où vous trouverez de nombreux souvenirs… « *Made in China* ».

NOS ADRESSES À LAO CAI

INFORMATIONS UTILES

Poste / Téléphone

Buu Dien Cuc Cua Khau – *Nguyen Hue (près du poste-frontière) - lun.-vend. 10h30-17h.*

Buu Dien Lao Cai – *Sur la place de la gare - lun.-vend. 7h-20h.*

Poste-frontière

Le pont qui enjambe la *nam Ti*, à 3 km au nord de la gare ferroviaire, fait office de frontière avec la Chine.

Le **bureau de douane** est situé dans un grand building neuf, juste avant le pont. On peut y convertir des dongs, des euros et des dollars en yuans.

Visa

Bon à savoir – Depuis les jeux Olympiques de Pékin en 2008, il est impossible pour les non-Vietnamiens d'obtenir un visa pour la Chine à Lao Cai. Toutes les démarches sont à effectuer à Hanoi. Cette règle pourrait être annulée aussi vite qu'elle a été mise en place. Renseignez-vous avant de partir.

Binh Minh Travel – *39 Nguyen Hue (à 150 m du poste-frontière) - ✆ (020) 383 66 66 - binhminhtravel.vn.* Cette agence se chargeait auparavant des formalités de visas à Lao Cai. Si les autorités chinoises reviennent sur leur décision, vous pourrez y effectuer vos démarches.

ARRIVER / PARTIR

En train

Gare ferroviaire – *Au sud de la ville, sur la rive gauche du Song Hong - ✆ (020) 383 00 93.* 3 trains/j. depuis et vers Hanoi *(9h de trajet)*. De **Hanoi**, départs à 20h35, 21h10, 21h50. De **Lao Cai**, départs à 19h30, 20h15 et 21h.

Comptez environ 45 $.

Plusieurs compagnies ainsi que l'hôtel Victoria de Sapa *(voir «Hébergement », p. 238)* possèdent leurs propres voitures-couchettes. Les prix varient de 145 à 255 $.

Le train international pour **Kunming** en Chine dessert Lao Cai *(voir « Hanoi », p. 159)*. Attention, une bonne partie du temps s'écoule en formalités côté vietnamien (*1h30 à Lao Cai*) et côté chinois (*1h30 à Hekou*). Il est plus simple de franchir la frontière à pied et d'emprunter un train (départ quotidien) ou un bus à Hekou pour Kunming (14h).

En bus

Gare routière – *En face de la gare ferroviaire.* Liaisons fréquentes en minibus pour Sapa *(1h30 de trajet)*, Muong Khuong *(2h)* Lai Chau *(4h)* et Bac Ha *(2h30)*. 2 bus/j. à destination de Muong Lay *(6h)* et 1/j. pour Ha Giang.

HÉBERGEMENT

Bon à savoir – Loger à Lao Cai n'a rien de folichon. Ces adresses dépanneront surtout les voyageurs qui n'ont pas obtenu leur place dans le train. L'hébergement n'est d'ailleurs pas meilleur à Hekou, côté chinois.

PREMIER PRIX

Huong Giang – *59 Nguyen Hue (dans la rue en face du poste-frontière) - ✆ (020) 383 59 50 - huonggianglaocai@gmail.com - ▤ CC - env. 10 $ - Wifi.* Une bonne adresse si vous attendez de passer la frontière. Les chambres sont simples mais propres et confortables. L'établissement est tenu par des jeunes Vietnamiens qui ne parlent pas anglais.

Viet Hoa – *73 Phan Dinh Phung (dans la rue en face de la gare) - ✆ (020) 383 00 82 - ▤ ✕ Y ⊠ P - 18 ch. 15 $.* Dans le hall, un escalier monumental conduit à des chambres bien sommaires. Seules celles donnant sur la rue possèdent un peu de lumière. L'ensemble reste néanmoins très propre.

RESTAURATION

Bon à savoir – Tout près de la frontière (le long de la voie ferrée) et dans le quartier de la gare, vous trouverez quelques gargotes juste bonnes pour passer le temps, en attendant une correspondance.

Pineapple – *55 Phan Dinh Phung (dans la rue en face de la gare) - ✆ (020) 383 59 39 - Wifi.* Un café/snack inespéré dans cette ville peu accueillante pour les touristes. La carte est alléchante (petit-déj. copieux, glaces maison et pizzas entre autres), l'accueil est sympathique et la terrasse dotée d'un joli salon de jardin très agréable. Et si vous profitiez d'un repas à Lao Cai pour goûter aux spécialités de la Chine toute proche ?

★ BAN XEO A2

À 71 km de Sapa via *Lao Cai. Comptez une journée AR et prévoyez un pique-nique.*

Conseil – Effectuez l'escapade à moto ou en 4x4, la dernière partie du parcours étant peu praticable.

Au-delà de Lao Cai, une excellente route file le long de la frontière chinoise à travers la campagne. Le ruban de bitume s'interrompt toutefois brutalement à 90 km de Lao Cai, dans un petit marché de far west dressé à 1 km à vol d'oiseau de la Chine. De là, une piste escalade la montagne, longeant le cours d'un torrent qui cascade entre les rochers. Elle débouche en surplomb d'un vaste poljé quadrillé de rizières, reprend son trajet en zigzag et passe au pied d'un monument aux soldats tombés durant la guerre sino-vietnamienne. Elle entre enfin dans Ban Xeo, principal **bourg-marché** du canton de Bat Xat. Vous y croiserez, même en semaine, les paysans des environs, tous membres de groupes ethniques particulièrement hauts en couleur. Ici, les **Daos rouges**, à la différence de ceux de Sapa, se drapent la tête dans un cylindre de tissu

Paysage autour de Muong Khuong.
Christian Fregier / Photononstop

chinois imprimé de grosses pivoines. Les **Hmongs noirs** dans leur tenue indigo côtoient les **Hmongs bariolés**, vêtus de leur ensemble entièrement orné de galons jaunes, orangés et fuchsia, un carré de toile à carreaux noué sur la tête. Les **Giays** (ou Nhangs) sont les plus nombreux dans la région et vont dans leur sarrau bleu ou vert clair, boutonné sur le côté et porté sur un pantalon noir.

2

★ MUONG KHUONG B2

À 89 km de Sapa via *Lao Cai.*
À 20 km de Lao Cai, vous traversez le hameau de **Ban Lau** dont les étals, vides en semaine, accueillent le dimanche la foire des paysans hmongs, daos, giays et nungs des environs. Il marque le début de deux heures d'ascension vers Muong Khuong par une route empierrée (relativement bonne, car peu fréquentée) le long de laquelle se succèdent **plantations de thé** et cultures en terrasses. Niché sur un rebord montagneux, encadré de crêtes découpées, le bourg de Muong Khuong possède un grand **marché couvert** qui ne s'anime que le dimanche. Ici, le regard s'échappe vers une zone interdite, car, au-delà de Muong Khuong, la RN 4D entre en territoire sous contrôle militaire et les touristes doivent revenir sur leurs pas.
Bon à savoir – Si vous disposez d'un véhicule, vous pouvez loger à Bac Ha, plutôt que de retourner à Sapa.

Aux portes du Ciel

★★★

Bac Ha - Ha Giang - Lac Thac Ba

Provinces de Lao Cai - Ha Giang - Tuyen Quang - Yen Bai

NOS ADRESSES PAGES 246, 249, 251, 254 ET 256

S'INFORMER

Bac Ha Tourism Information Center – *Palais du roi des Hmong Hoang A Tuong, à 800 m du marché - ✆ (020) 387 19 75 - www.sapa-tourism.com.* Pour des informations sur le reste de la zone, renseignez-vous dans les agences de Hanoi *(voir « Nos adresses à Hanoi », p. 157).*

SE REPÉRER

Carte de microrégion BC1-2 *(p. 208-209).*

Voir « Arriver / Partir » dans les carnets d'adresses p. 246, p. 249, p. 251, p. 254 et p. 256.

À NE PAS MANQUER

Arpenter les 20 km qui séparent Dong Van de Meo Vac : les plus époustouflants du Vietnam ; randonner dans la vallée du Song Chay ; pousser la porte du palais de l'ancien roi hmong à Sa Phin.

ORGANISER SON TEMPS

La saison sèche, et plus particulièrement l'automne (oct.-nov.), est la meilleure période pour voyager dans la région. Comptez 7 jours pour la totalité du circuit au départ de Hanoi.

À Sapa, on vous proposera des excursions pour visiter les foires de Bac Ha, Can Cau et Si Ma Cai.

AVEC LES ENFANTS

Pêcher la crevette sur le lac de Thac Ba ; flâner le samedi matin au marché de Can Cau pour admirer les costumes colorés des minorités.

En vietnamien, de nombreux cols portent le nom de « cong troi », littéralement « la porte du Ciel ». Franchir ceux de Ha Giang, province la plus au nord du Vietnam, conduit aux univers des Hmongs, des Daos ou des Tays. Les membres de ces ethnies ont façonné des vallées entières pour leurs cultures : terrasses rizicoles et maïs dans les paysages rocailleux aux confins du pays. Ces Vietnamiens des montagnes qui, bien souvent, ne parlent que des dialectes régionaux, se rassemblent lors de grandes foires hebdomadaires, explosions de couleurs – celles des nombreuses tenues traditionnelles – à l'image du marché de Bac Ha. Sur le chemin du retour vers Hanoi, la vie montagnarde se prolonge autour du lac de Thac Ba.

Circuits conseillés Carte de microrégion

Si vous voyagez en 4x4 avec chauffeur ou en moto, empruntez la RN 2 puis la RN 70 en direction du nord. Sinon, nous vous conseillons de prendre le train jusqu'à Lao Cai *(voir p. 241)* puis de gagner Bac Ha en bus *(voir p. 246).*

Femme hmong en habit traditionnel, vers Bac Ha.
Robert Seitz / imagebroker / age fotostock

★ DE BAC HA À SI MA CAI B2

2

Itinéraire de 30 km - comptez une journée avec les temps de visite.

★ Bac Ha B2

À 65 km de Lao Cai. Alt. 700 m. À 35 km de Lao Cai, quittez la RN 70 pour continuer sur la RN 153 en direction du nord-est.

Conseil – Pour découvrir la quiétude de la ville et de ses environs, à pied ou à petite moto (*location possible dans certains hôtels*), séjournez ici quelques jours avant ou après le marché.

Bon à savoir – La RN 153 traverse toute la ville. Au carrefour principal, une rue descend vers l'arrêt des bus, le marché et le lac. Celle opposée dessert le dispensaire et le réseau de chemins menant aux hameaux hmongs. En continuant en direction du nord, vous trouverez la rue qui conduit vers l'ancienne résidence du chef hmong.

À Bac Ha, les tenues chamarrées des **Hmongs bariolés** (ou **Hmongs fleuris**) qui s'assemblent ici le temps de la **foire dominicale**, de la place centrale jusqu'aux berges du lac artificiel, ont volé la vedette à celles des Hmongs indigo et des Daos rouges de Sapa. Les femmes, ombrelle à la main et hotte sur le dos, s'échangent broderies, tissus et alcool de riz ou de maïs sans prêter attention aux appareils photo des touristes. Les visiteurs étrangers sont de plus en plus nombreux à venir assister à ce rendez-vous, étape désormais phare des circuits organisés dans le Haut Tonkin.

À portée de pas, depuis Bac Ha, la **demeure abandonnée de Hoang A Tuong**, un ancien roi hmong, avec ses toits-terrasses, ses escaliers labyrinthiques et ses balcons, compose un décor de théâtre, curieusement déplacé dans cette campagne. Elle sert de terrain de jeux aux enfants du village.

★ Autour de Bac Ha B2

Les hameaux autour de Bac Ha, qui répondent aux très poétiques appellations de **Ban Pho 1** et de **Ban Pho 2**, sont majoritairement peuplés de **Hmongs**

bariolés, beaucoup plus organisés que leurs cousins Hmongs noirs. Leurs grandes maisons sont posées sur un sol en terre battue, et l'espace intérieur est aménagé avec des cloisons assurant l'intimité de chacun. Ils distillent un alcool de maïs à la belle couleur ambrée.

À 35 km au sud de Bac Ha, le hameau de **Coc Ly**, au bord de la **rivière Chay** (Song Chay) s'anime tôt le mardi pour un marché où se croisent **Hmongs noirs**, **Hmongs bariolés** et **Tays**.

Conseil – La foire de Coc Ly étant de plus en plus prisée par les agences de voyages, les amateurs d'authenticité attendront le mercredi pour se rendre à celle de **Sin Cheng** *(à 40 km de Bac Ha)*, où, là encore, les Hmongs bariolés affluent en nombre *(pour un calendrier des foires de la région, voir « Jours de marché », p. 247)*.

NOS ADRESSES À BAC HA

ARRIVER / PARTIR

En bus

Les seuls bus de ligne partent de Lao Cai (liaisons régulières). La gare routière se trouve juste à côté du marché.

En minibus

Agences et mini-hôtels de Sapa organisent des liaisons en minibus à l'occasion de la foire du dimanche. Comptez 3h.

HÉBERGEMENT

Conseil – Si vous voulez assister au marché du dimanche matin avant l'arrivée des cars de Sapa, pensez à réserver une chambre à l'avance : beaucoup auront certainement eu la même idée que vous. Si, en arrivant sur place, les hôtels que nous vous indiquons sont complets, vous en trouverez de nombreux autour du carrefour principal.

Bon à savoir – Les tarifs que nous vous indiquons sont valables les jours de semaine. Le w.-end, ils peuvent augmenter de 5 $. La plupart des hôtels proposent des excursions avec des guides locaux.

PREMIER PRIX

Minh Quan Hotel – *En face de la gare routière, dans la rue qui descend vers le marché - (020) 388 02 22 - - 8 ch. 7 $.* La meilleure adresse pour les petites bourses est tenue par une famille adorable. Ses chambres, simples mais propres, ont surtout l'avantage de donner sur un balcon avec vue sur le lac et le marché. Vous ne serez pas dérangé par la gare routière au trafic peu intense.

Hoang Vu Hotel – *Sur le carrefour principal, vers l'hôtel Sao Mai - (020) 388 02 64 - hoangvutours@hotmail.com - - 10 ch. 12 $ - sur demande.* Une adresse dynamique où le jeune personnel est toujours prêt à vous servir de guide, à pied, en Jeep ou à moto. Les chambres sont agréables, en particulier celles de derrière qui donnent sur une colline boisée. Location de motos *(120 000 VND/j.)*.

Cong Fu Hotel – *152 Nguyen Ngoc Uyen - (020) 388 02 54 - CC P - 21 ch. 25 $ - Wifi.* Le plus récent et le plus confortable hôtel de la ville. Vous apprécierez ses chambres très coquettes, avec mobilier en bois, baignoire et grande baie vitrée donnant sur le lac. La réception peut organiser des randonnées dans les alentours, ou vous louer une moto *(10 $/j.)*. Sauna et massage. Seule fausse note : un petit-déj. assez médiocre.

BUDGET MOYEN

Sao Mai – *À la sortie nord-est du village* - ✆ *(020) 388 02 88* - ▤ ✕ 🍷 CC P - *70 ch. 35/40 $* ☕ - *Wifi.* Cet établissement très fréquenté par les tour-opérateurs n'arrête pas de s'agrandir. Les chambres les plus chères (situées dans la partie la plus récente) sont claires et spacieuses mais commencent déjà à vieillir. Celles situées dans l'aile en bois sont plus simples, mais d'un meilleur rapport qualité-prix. Une jeune équipe organise également des excursions dans la région (à réserver à l'avance). Massage, sauna et spectacle de danses traditionnelles le samedi soir.

RESTAURATION

PREMIER PRIX

Thanh Son - *Au début de la rue qui descend vers le marché - uniquement le w.-end.* Restaurant familial, avec vue sur le marché, fréquenté essentiellement par des touristes.

Spring Fair Restaurant – *Au niveau du carrefour principal.* Un établissement simple et accueillant. La cuisine y est correcte et la carte très variée.

★ Can Cau B2

À 21 km de Bac Ha par une route spectaculaire.

La **foire** de Can Cau, l'une des plus pittoresques de la région, rassemble chaque samedi les **Hmong bariolés** des environs. Trois mondes, les Hmongs, les **Chinois** et les **Viets**, se côtoient sans se mélanger. Les premiers viennent en grande tenue échanger leurs produits, y compris ceux de l'élevage. À l'extérieur de l'enceinte du marché, on vend chevaux, porcs et chiens, tandis qu'à l'intérieur se perpétue le dur métier de colporteur, les marchands étant pour la plupart yunnanais. Ils viennent de Xiaobazi, une bourgade chinoise sise juste de l'autre côté de la frontière, à 6h de marche, et proposent l'habituelle quincaillerie chinoise, mais également tout ce qui est nécessaire à la fabrication du costume traditionnel local. Absolument tout est « *made in China* » : les galons brodés (appliqués à profusion sur les vestes et les jupes), les métrages d'indigo, les bandes de faux batik imprimé pour les jupes et les sacs d'épaule. Les stands d'alimentation servent avant tout de la cuisine locale et le « bar », alignant ses jerricans en plastique remplis de liquide ambré, est le rendez-vous des adultes mariés.

★★ Si Ma Cai B2

À 10 km de Can Cau.

Après Can Cau, la RN 153 se poursuit dans un décor somptueux de rizières en terrasses, mouchetées de maisons jaunes en terre battue. Au nord, la chaîne de montagnes marque la frontière avec la Chine. Vous arrivez alors dans la bourgade de Si Ma Cai, qui organise une **foire** tous les dimanches. En hmong, *Si Ma Cai* signifie « marché aux chevaux », mais au fil des ans, les motos ont remplacé les équidés et les badauds sont de moins en moins nombreux à venir ici pour acheter une monture.

JOURS DE MARCHÉ

Pour organiser votre voyage, voici un petit agenda des foires de village :

Les dimanches : Bac Ha, Muong Khuong, Si Ma Cai, Hoang Su Phi, Lung Phinh, Yen Minh et Xin Man

Les mardis : Coc Ly

Les mercredis : Sin Cheng

Les jeudis : Tam Duong

Les samedis : Can Cau

Les marchés se tiennent toujours le matin.

Hmongs, **Daos** et **Phu Las** s'y approvisionnent toujours en légumes, alcool et objets divers.
Conseil – Le marché dominical de Si Ma Cai peut constituer une alternative plus authentique à celui de Bac Ha.

★★ DANS LA VALLÉE DU SONG CHAY B2

Itinéraire de 155 km - comptez une journée.

★★ De Bac Ha à Xin Man B2

65 km sur une route grandiose mais dans un état épouvantable.
Conseil – Ne vous aventurez surtout pas sur cette piste s'il pleut. Des glissements de terrain pourraient perturber votre périple. Ne tentez pas de passer en voiture de tourisme. Aussi, si vous n'êtes pas un motard expérimenté, privilégiez le 4x4 avec chauffeur.
Sujets au vertige, s'abstenir ! La piste qui relie Bac Ha à Xin Man est aussi spectaculaire qu'aérienne. Après **Lung Phinh**, hameau où se tient une foire dominicale, elle file à l'est à travers l'immensité désertique d'un plateau calcaire, puis s'arrête brutalement pour laisser place à un sentier muletier qui grimpe en virages sur des blocs de pierre terriblement glissants. Vous traversez alors plusieurs hameaux peuplés de **Hmongs bariolés**. L'itinéraire continue et surplombe une vallée où coule la **rivière Chay** (Song Chay). À 5 km à peine à vol d'oiseau, derrière les montagnes, commence la Chine. Partout, les rizières en terrasses dévalent les pentes. Un peu avant le village hmong bariolé de **Nam Ma**, vous franchissez la frontière entre les provinces de Lao Cai et de Ha Giang. Attention, la piste est en très mauvais état et le bitume ne refait son apparition que 12 km avant **Xin Man** *(indiqué Coc Phai sur les bornes kilométriques)*.

Xin Man B2

Avec ses alignements de maisons en béton, ce poste avancé possède peu de charme, mais constitue une étape réconfortante quand on arrive de Bac Ha. Xin Man marque la frontière entre les zones d'établissement hmong et dao et le grand arc de peuplement des **Tais-Kadais** du Nord-Est *(voir « Les peuples du Vietnam », p. 61)*. Quelques **Hmongs bariolés** de Nam Ma viennent encore à la **foire du dimanche**, mais les notes corail et fuchsia de leur tenue sont dominées par les harmonies indigo des **Tays** et des **Nungs**. Les premières portent sobrement une blouse claire sur leur pantalon noir, tandis que les secondes se distinguent par l'ajustement de leur costume : une jupe plissée indigo, repliée en éventail sur les fesses. Les unes et les autres, en particulier les jeunes filles, arborent de superbes épingles de tête en argent.

Hoang Su Phi B1

À 40 km de Xin Man - comptez 1h20.
Entre Xin Man et Hoang Su Phi, la route remonte le cours du magnifique Song Chay. Ici ou là, quelques cascades jalonnent le circuit – si vous ne voyagez pas pendant la saison sèche. Les habitants ont façonné en terrasses les deux versants de la vallée pour la culture du riz. Hoang Su Phi, siège d'une **foire dominicale** pour les **Nungs** et les **Tays,** surgit au détour d'un virage.
La rivière et le pont marquent le centre de Hoang Su Phi. Le marché se trouve dans la rue principale *(parallèle au cours d'eau)*, qui file au sud en direction de **Tan Quang**. Des *xe om* (moto-taxi) patientent au-dessus du pont.
Au marché couvert, les femmes nungs vendent tous les jours des légumes ou passent du riz au tamis. Dans les gargotes du village, vous pourrez déguster une spécialité toute locale : **la fricassée d'abeilles**.

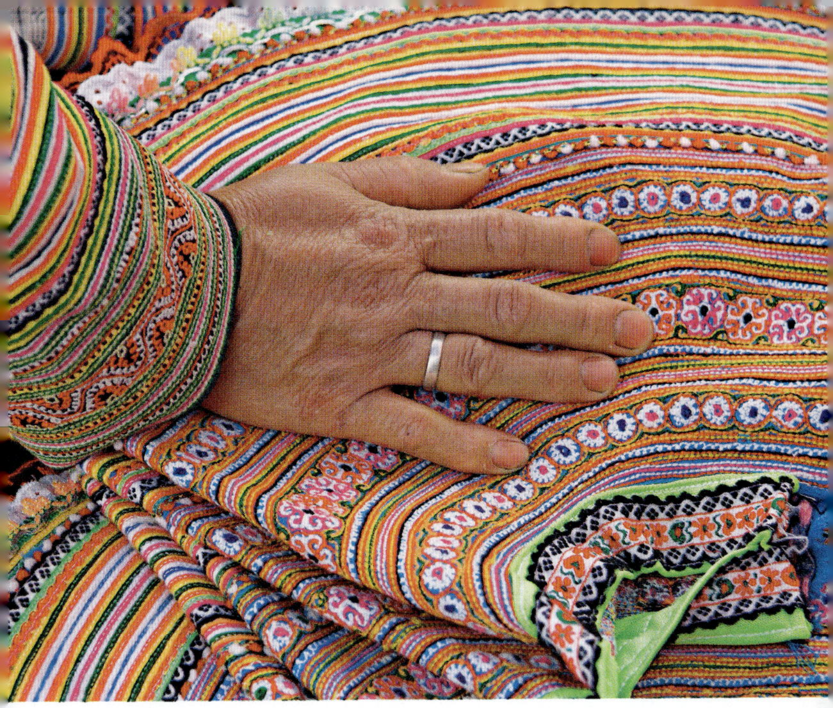

Tissus traditionnels des Hmongs.
Morandi Bruno / Sime / Photononstop

2

★★ De Hoang Su Phi à Tan Quang B1-2

Circuit de 40 km - comptez 1h30.
La route continue de suivre le Song Chay jusqu'au **col Tan Sa Phin**. Quelques kilomètres en contrebas, un panneau indique la direction de **Thong Nguyen**. De ce bourg, niché au creux d'une vallée partent une multitude de sentiers menant à des **villages daos rouges** ou **tays**. Les habitants des cimes cultivent le riz ou le maïs sur les terrasses. Chaque famille élève des porcs, de la volaille et quelques poissons dans des bassins, s'assurant ainsi une totale autarcie. La végétation alentour, luxuriante, regorge d'essences utiles aux fourneaux comme la **cardamone** ou la **badiane**. Avant d'arriver à **Tan Quang**, située au carrefour avec la RN 2, la route franchit un nouveau col, nommé comme beaucoup d'autres dans le Nord vietnamien, **cong troi** (« porte du Ciel »).

NOS ADRESSES DANS LA VALLÉE DU SONG CHAY

ARRIVER / PARTIR

Conseil – La vallée du Song Chay est encore très enclavée. Mieux vaut s'y déplacer en moto, moto-taxi *(xe om)* ou en voiture. Si vous empruntez les transports en commun, sachez qu'ils seront rares et les trajets assez longs.

En bus

Attention, sachez que Xin Man et Thong Nguyen ne sont pas desservis par les bus.
Il existe par contre des liaisons **Hoang Su Phi-Bac Quang** via Tan Quang *(1/j., 3h)* et **Hoang Su Phi-Ha Giang** *(1/j., 4h)*.
Des bus réguliers Hanoi-Ha Giang s'arrêtent à **Tan Quang**.

HÉBERGEMENT

Xin Man

PREMIER PRIX

Gia Long – *2 Coc Pai (sur la gauche à l'entrée du bourg en arrivant de*

Bac Ha) - ✆ (0219) 383 64 79 - - *10 ch. 12 $.* Facile à repérer avec ses murs roses défraîchis, cet hôtel correct peut vous servir d'étape si vous voulez sillonner la campagne environnante. Les chambres possèdent un balcon commun et des moustiquaires.

Hoang Su Phi

Bon à savoir – Évitez l'établissement bleu au niveau du pont, c'est un hôtel de passe.

PREMIER PRIX

Hoang Anh – *3 Thi Tran Vinh Quang, ✆ (0219) 383 11 33 -* - *9 ch. 8 $.* Simple et propre, une étape sur la route de Ha Giang.

Thong Nguyen

BUDGET MOYEN

Pan Hou Village – *Lang Giang (à 1 km du centre du bourg, au bord de la rivière) - ✆ (0219) 383 35 35 -* - *26 ch. 50 $*. Perdu au pied des montagnes, idéal pour partir en randonnée à la journée et jusqu'à 8 jours (à organiser à l'avance avec la réception). Les bungalows sont décorés d'objets et de tissus ethniques. Lits extra-larges et petits balcons. Le soir, vous pourrez prendre un verre au bar avant de vous régaler d'un repas vietnamien raffiné. Bains aux herbes et massages.

Tan Quang

Bon à savoir – Aucun hôtel n'est adapté aux touristes étrangers. Si vous n'avez pas le choix, vous trouverez quelques pensions au carrefour principal.

RESTAURATION

Xin Man

PREMIER PRIX

Com Pho Nhat Thuy – *✆ (0219) 3836 117 - 10h-14h, 17h-20h.* Un délicieux petit restaurant. À toute heure, vous pourrez y déguster les habituels nems et tofu, mais aussi de savoureuses patates douces frites. Idéal pour prendre des forces sur cette route longue et difficile.

★★ L'EXTRÊME-NORD

Itinéraire de 260 km - comptez 2 ou 3 jours.

La RN 2 rejoint **Ha Giang** en remontant la **rivière Lo** *(song Lo)*. Elle traverse deux villes que rien ne distingue, **Viet Lam** et **Vi Xuyen** *(hébergement possible dans la seconde, voir « Nos adresses » p. 251)*. Ici, le paysage s'aplanit. Les montagnes ne refont leur apparition qu'à l'approche de Ha Giang.

Ha Giang C1

À 57 km de Tan Quang.

Bon à savoir – Pour continuer plus au nord, une étape à Ha Giang s'impose, car c'est ici que vous vous procurerez un **permis de circuler** *(voir « Informations utiles » p. 251)*.

Cette capitale de province est située au sud du confluent des **rivières Lo** *(song Lo)* et **Mien** *(song Mien)* dans un écrin de pitons karstiques.

La proximité de la Chine, à 22 km par la route, est perceptible sur les devantures des boutiques parsemées d'idéogrammes. Ha Giang ne possède aucun intérêt touristique, dispose de nombreux hôtels et restaurants où se reposer avant de s'engager sur les routes de l'extrême-Nord.

★ De Ha Giang à Yen Minh C1

80 km - comptez 3h.

Conseil – Si vous avez obtenu en début de journée votre permis de circuler *(voir « Informations utiles » ci-dessous,* pensez à dormir à Quan Ba plutôt qu'à Ha Giang, pour prendre votre temps sur les routes de l'extrême-Nord le lendemain.
La route suit le fond de la vallée pendant une vingtaine de kilomètres avant de se lancer à l'ascension du col *Cong troi* ou « porte du Ciel ». Vous voilà à l'entrée de l'extrême-Nord. Rien de ce que vous avez déjà vu dans le Haut Tonkin ne ressemble à ces paysages. Ici, des milliers de roches noires parsèment les collines et des pitons surgissent à la verticale sur le bord des routes. Dans ces **champs de pierres**, les habitants, des **Hmongs noirs**, cultivent le maïs ou la canne à sucre entre les cailloux. Parfois, ils dépierrent des collines entières. En contrebas du col, **Quan Ba** est connu pour ses **deux collines jumelles**. Les Vietnamiens ont surnommé cette bourgade assoupie « la demoiselle allongée » en référence au relief qui évoque les deux seins ronds d'une femme sur le dos.
Le parcours continue dans un incroyable univers rocailleux et longe le Song Mien. Puis il file de nouveau en altitude et le paysage change complètement. Les montagnes se couvrent de conifères et de terrasses maraîchères où poussent des choux et des salades. Les habitants pratiquent ici la **culture sur brûlis**. Les maisons des villages traversés sont en **terre jaune battue et compressée** qui craquèle avec le temps. Vous arrivez alors à **Yen Minh**, une occasion de faire le plein d'essence et/ou de se restaurer dans l'un des *com pho* de la rue principale.

NOS ADRESSES À VI XUYEN, HA GIANG ET QUAN BA

INFORMATIONS UTILES

Ha Giang

Bureau de poste – *223 Nguyen Trai (dans la rue principale) - lun.-vend. 7h-20h.*

Permis de circuler

Bon à savoir – Pour explorer l'extrême-Nord, les autorités provinciales exigent des étrangers un permis de circuler *(200 000 VND/pers. - valable 2 ou 3 j.).* Les hôtels des districts frontaliers de Quan Ba, Yen Minh, Dong Van et Meo Vac refuseront de vous accueillir si vous ne le possédez pas.
Ce document s'obtient auprès du petit **Bureau de l'Immigration** de la police de Ha Giang – *r. Tran Hung Dao, en face de la Ha Giang Agribank Guesthouse - ouvert tous les j., arrivez avant 17h.* Un guide officiel *(15 $/j. - num. de téléphone affiché dans le bureau)* doit obligatoirement accompagner les voyageurs étrangers dans cette zone. Néanmoins les services de l'Immigration peuvent, selon les jours, délivrer aussi ce permis à ceux qui préfèrent se passer d'escorte. Si vous voyagez déjà avec un guide, il est plus simple d'éviter cette formalité.

ARRIVER / PARTIR

En bus – La gare routière de Ha Giang se trouve rue Nguyen Trai, en centre-ville. Départs réguliers pour **Hanoi** *(7h)*, **Dong Van** *(5h)* et **Meo Vac** *(6h)*. Un départ par jour à destination de **Lao Cai** *(5h)*.

HÉBERGEMENT

Vi Xuyen

PREMIER PRIX

Nha Hang - Khach San Huong Tra – *À la sortie de Vi Xuyen en venant de Tan Quang - (0219) 382 64 55 -*

P - *32 ch. 12 $* - *sur demande* - *Wifi*. Propriété de la compagnie de thé située en face, cet hôtel/café/restaurant constitue une étape assez confortable. L'ensemble est bien tenu.

Ha Giang

PREMIER PRIX

Hoang Hoa – *159 Nguyen Trai - (0219) 386 37 97 - - 30 ch. 12 $.* Juste en face de la gare routière, c'est l'adresse idéale si vous voyagez en bus. Les chambres sont un peu bruyantes, mais correctes. Toutes donnent sur un balcon commun.

Sinh Thai Truong Xuan – *À 5 km de la sortie de Ha Giang, direction Yen Minh, 9 Quang Trung- (0219) 381 11 02 - hagiangresort@gmail.com -* P *- 28 ch. 25 $* . Une tentative d'écotourisme qui mérite d'être encouragée. Six bungalows confortables et dotés d'un balcon donnent sur la rivière et une énorme roue à eau. Pratique pour partir tôt le matin en direction de Dong Van.

Huy Hoan – *395 Nguyen Trai - (0219) 386 12 88 -* P *- 52 ch. 20 $ ascenseur.* Cet hôtel récent et bien tenu propose trois catégories de chambres. Les plus grandes disposent d'un petit salon.

Quan Ba

PREMIER PRIX

Le Thanh Tung (Hotel 567) – *140 Thi Tran Tam Son (sur la route principale) - (0219) 384 61 29 - lethanhtungqb@gmail.com -* P *- 9 ch. 12/15 $.* Les chambres de ce petit hôtel très propre sont simples, et la vue sur les jardins et les collines environnantes lui donne un certain cachet. Le personnel est sympathique.

RESTAURATION

Ha Giang

BUDGET MOYEN

Com Dan Toc – *18A Nguyen Van Linh -Quang Trung - (0219) 386 18 84.* L'un des restaurants sur pilotis les plus animés de la ville. On y mange par terre et pieds nus. Imitez les Vietnamiens : commandez quelques plats de poissons, un peu d'alcool de riz, et traînez à table. Service agréable.

BOIRE UN VERRE

Ha Giang

Café Alo – *Sur une petite place à l'intersection de Nguyen Trai et Nguyen Hue - Wifi.* L'un des seuls cafés confortables de la ville. Idéal pour attendre son permis installé sur la terrasse ou dans les canapés.

★★ De Yen Minh à Dong Van (palais de Sa Phin) C1

52 km - comptez 1h40 - à Yen Minh, bifurquez en direction du nord.

Bon à savoir – À Yen Minh, deux routes partent vers l'est. Celle du nord-est passe par **Dong Van** avant de rejoindre **Meo Vac**. Celle en direction du sud-est vous amène directement à Meo Vac.

Prenez la route du nord vers Dong Van.

Depuis Yen Minh, la route abrupte retrouve un paysage rocailleux et lunaire dans lequel se dressent des **roches noires** taillées et coupantes. Les monts calcaires, quant à eux, rappellent les îles de la baie d'Halong. C'est dans ce paysage surpenant que vivent les **Hmongs noirs.** Vous pénétrez ensuite dans la **vallée de Sung La**, un petit village de maisons en terre jaune entourées de murets de pierres. Plus loin, une route, interdite aux étrangers, continue au nord en direction de **Lung Cu**, le village le plus septentrional du Vietnam, où un immense drapeau national flotte en haut d'une tour.

Vous arrivez enfin à **Sa Phin**, minuscule bourgade au creux d'un cirque qui abrite le **palais de l'ancien roi hmong Vuong Chinh Duc** *(voir encadré ci-dessous)*. La demeure, construite selon la géomancie chinoise, en bois, en pierre et en tuiles grises, se visite *(5 000 VND/pers.)*. L'auvent de la porte d'entrée et les poutres du bâtiment sont très finement sculptés de dragons. **Trois cours intérieures** se succèdent ; dans les couloirs et les pièces quelques instruments de musique traditionnelle et du mobilier de l'ancien souverain sont exposés. Si l'ensemble est parfaitement conservé, le visiteur féru d'histoire sera frustré du peu d'informations disponibles.

À l'extérieur, la place de Sa Phin s'anime tous les six jours : le **marché** s'organise « à reculons », une semaine il se tient le vendredi, la suivante, le jeudi, puis le mercredi et ainsi de suite. Partout, la bière chinoise coule à flot.

★ Dong Van C1

À 12 km de Sa Phin.

Conseil – Préférez passer la nuit à Dong Van pour vous balader tôt le matin au marché plutôt qu'à Meo Vac, ville sans charme.

Adossée à une rangée de pitons calcaires, la ville possède un marché couvert en pierres qui lui donne beaucoup de charme. Il est entouré de **maisons basses traditionnelles kinhs**, aux toits de tuiles, progressivement remplacées par les habituelles constructions en béton avec balcons et colonnes, peintes en vert ou fuchsia. Un escalier *(pour le trouver, prenez la rue qui part derrière le marché)* mène au sommet du piton le plus proche où trône l'ancien **fortin français de Pu Lo**.

★★★ De Dong Van à Meo Vac C1

22 km - comptez 1h.

Les superlatifs manquent pour décrire ces 22 km, sans conteste les plus époustouflants de tout le Haut Tonkin. Deux kilomètres après Dong Van, au détour d'un virage, la vue se dégage sur une **forêt de pitons acérés**. Ils s'enchevêtrent, se superposent, défiant les lois de la perspective. La route zigzague entre ces monuments de calcaire qui, en plongeant dans la terre, laissent entrevoir de **béantes cavernes**. Partout, un tapis de pierres recouvre ce fantastique paysage et quelques **Hmongs noirs** vivent au pied des montagnes.

2

VUONG CHINH DUC, LE DERNIER ROI DES HMONGS

Dans la première moitié du 20e s., le **palais de Sa Phin**, construit en 1902-1903, fut la résidence du roi des Hmongs, Vuong Chinh Duc. Avant son couronnement, ce paysan hmong vendait à l'administration coloniale l'opium produit par son peuple. Il devint roi à la fin du 19e s. et fit allégeance aux Français. Son pouvoir s'étendait sur les environs de Dong Van et Meo Vac, entre Tonkin et Chine. À son apogée, le palais comptait une centaine de courtisans et 60 gardes. Vuong Chinh Duc tenta d'unifier les Hmongs de Chine, du Vietnam et du Laos, autour d'un royaume autonome, sans succès. Le Viet-minh ruina définitivement ses rêves de grandeur. À sa mort en 1947, son deuxième fils Vuong Chi Sinh, pressenti pour lui succéder, se rallia à Ho Chi Minh, et la dynastie hmong vécut le temps d'une génération. Aujourd'hui, pour dissiper toute revendication indépendantiste, les photos de plusieurs dirigeants actuels du parti communiste vietnamien, qui posent avec le descendant de la famille Vuong, sont exposées dans le palais.

À mi-parcours, vous passez l'inoubliable **col de Ma Li Peng**. Puis, la **rivière Nho Que** *(song Nho Que)* qui coule au fond de la vertigineuse vallée semble écarter les montagnes pour se frayer un chemin. La route se faufile sur les pentes, avant de bifurquer en direction de Meo Vac. Que cette ville paraît sans charme après cet itinéraire spectaculaire ! Elle constitue néanmoins une étape pour se restaurer et/ou passer la nuit. Meo Vac est connu pour son **marché de l'Amour** – les étrangers n'y sont pas conviés – qui se tient une fois par an à **Khau Vai**, une colline des alentours. Des Vietnamiens de toutes les ethnies viennent y chercher l'âme sœur ou ranimer, le temps d'une journée, une ancienne flamme.

Bon à savoir – Depuis Meo Vac, vous pouvez retourner à **Yen Minh**, puis **Ha Giang**, sans repasser par Dong Van, en empruntant la route en direction de l'ouest. Vous pouvez aussi continuer votre chemin en direction de **Bao Lac** *(suivez la RN 34)*, puis de **Cao Bang** et/ou du **lac de Ba Be** pour explorer l'Est vietnamien *(voir p. 255)*.

NOS ADRESSES À DONG VAN, MEO VAC ET BAO LAC

INFORMATIONS UTILES

Poste / Téléphone

Buu Dien Meo Vac – *À proximité du marché - lun.-vend. 7h30-12h, 13h-20h.*

ARRIVER / PARTIR

Il existe des liaisons quotidiennes de bus pour Dong Van et Meo Vac au départ de Ha Giang.

HÉBERGEMENT

Dong Van

PREMIER PRIX

Nha Nghi Lung Cu – *Sur la place du marché - (0219) 385 62 16 - - 7 ch. 10 $.* Les chambres sont petites, mais l'accueil est sympathique. Idéal pour profiter du marché.

Hoang Ngoc – *À l'entrée du bourg en arrivant de Ha Giang, sur la droite - (0219) 385 60 20 - - 11 ch. 15 $ - 2,5 $.* Dans cet hôtel, les chambres sont propres quoique très sommaires. Le personnel ne parle pas anglais.

Khach San Cao Nguyen Da (Rocky Plateau Hotel) – *Sur la rue principale, juste après le marché en arrivant de Ha Giang - (0219) 385 68 68 - - 16 ch. 22 $.* L'établissement le plus récent de la ville a déjà la faveur des tour-opérateurs qui s'aventurent jusqu'ici. Rien d'étonnant : il est le seul à proposer des chambres très confortables, dans un style chinois assez rococo. Le personnel, très aimable, ne parle pas anglais.

Meo Vac

Nha Nghi Khau Vai – *Au carrefour principal - (0219) 387 12 97 - www.meovachotel.com - - 10 ch. 8/15 $.* Un hôtel très bien tenu.

Hoa Cuong Hotel – *En face du marché - (0219) 387 18 88 - - 30 ch. 20 $.* Ce grand bâtiment gris est le seul à proposer une étape digne de ce nom aux touristes étrangers. On apprécie ses chambres douillettes et sa climatisation « réversible » en chauffage.

Bao Lac

Conseil – Évitez, si vous le pouvez, de passer la nuit à Bao Lac, qui ne dispose pour l'instant d'aucun établissement correct. Si vous n'avez pas le choix, quelques pensions vous dépanneront.

RESTAURATION

Dong Van

BUDGET MOYEN

Rocky Plateau restaurant – *En face du marché.* Le seul restaurant touristique du village. On y sert des repas convenables dans une grande salle un peu froide.

Bon à savoir – À Meo Vac et Bao Lac, les habitants commencent à peine à s'habituer à la présence touristique. Dans les *com pho* que vous trouverez sur votre route, vous pourrez rencontrer quelques réactions hostiles. Dans ce cas, changez de gargote, d'autres seront très heureux de vous servir.

BOIRE UN VERRE

Dong Van

Café Pho Co – *Sur la place du marché.* Avec les lampions et les petites tables en bambou, une atmosphère charmante en début de soirée. Une initiative comme on aimerait en croiser plus souvent !

Excursion

★★ LE LAC THAC BA B2

À 200 km de Ha Giang par la RN 2 - comptez 1 journée.

Bon à savoir – Vous pouvez aussi effectuer cette excursion, en deux jours, au départ de la capitale.

★ Vu Linh (Hameau de Ngoi Tu) C2

Depuis Vu Linh, vous vous rendrez au hameau de Ngoi Tu, où vous découvrirez le lac et ses environs. Pendant la saison des pluies, ses eaux bordent les **maisons sur pilotis** des **Daos à pantalon blanc**. Ici, le nom ne fait pas l'habit : en dehors des jours de fête, les membres de cette ethnie portent une culotte noire. Les femmes retiennent leurs cheveux à l'aide d'un épais serre-tête, et leur plastron finement brodé sur un tissu blanc est accroché à leur collier d'argent.

Les habitants du hameau vivent de la pêche et des cultures de riz inondées une partie de l'année par le lac.

★★ Sur le lac BC2

Thac Ba est le réservoir du barrage du même nom. Perturbée dans son cours, la **rivière Chay** *(song Chay)* a inondé sur 20000 km^2 et 80 km de long tout l'est de la **province de Yen Bai**, formant l'un des deux plus grands lacs du Haut Tonkin, avec celui de Hoa Binh. Des milliers de **Daos**, de **Tays** et d'autres ethnies minoritaires ont été déplacés au début des années 1970 lors de la mise en service de la centrale hydroélectrique. De leurs anciennes collines, à la terre rouge, il ne reste que les sommets qui sont devenus autant d'**îlots**. Le lac en compterait 1 331, ce qui lui vaut le surnom de « **baie de Halong des montagnes** ».

À la surface, les riverains ont développé l'élevage de poissons avec la construction de grands **enclos en bambou**. D'autres tirent leurs ressources de la **pêche à la crevette**.

Prenez la RN 2 en direction de Hanoi.

Tuyen Quang C2

À 35 km de Vu Linh

Capitale de province cossue, avec ses larges avenues, Tuyen Quang est baignée par la **rivière Lo** *(song Lo)*. Une agréable **promenade plantée** borde sa rive droite. La ville, sans intérêt touristique particulier, constitue une halte agréable à mi-chemin entre Ha Giang et Hanoi sur la RN 2.

NOS ADRESSES AUTOUR DU LAC THAC BA

ARRIVER / PARTIR

Vu Linh n'est accessible qu'en transport privé (moto, voiture ou *xe om*). Des bus réguliers desservent **Tuyen Quang** au départ de Hanoi *(5h de trajet)*.

HÉBERGEMENT

Bon à savoir – La ville de **Thac Ba**, commune où se trouve le **barrage** de ce grand réservoir, ne possède aucune commodité touristique. Pour vous loger, continuez 5 km plus au nord jusqu'à **Vu Linh** et au hameau de **Ngoi Tu** *(2 km après le centre, sur la route en direction de Yen The)*.

Vu Linh

PREMIER PRIX

Nha Nghi Boi Mui – *Sur la route de Lavievulinh, demandez aux Vietnamiens - (0292) 321 83 29 - 09 84 905 968 - - 2 ch. 9 $.* Dans une maison traditionnelle dao, la famille de monsieur Boi vous acueillera chaleureusement. Hoan, son fils, parle bien anglais, tandis que sa femme ne communique qu'en dao et garde toujours son habit traditionnel. La famille possède deux maisons, dans lesquelles on dort sur des matelas à même le sol, sous des moustiquaires.

Lavievulinh Ecolodge – *Ngoi Tu (un panneau bleu indique l'écolodge depuis la route principale. Pour trouver l'adresse, demandez aux habitants* nha du lich, *prononcez « gna zu lic ») - (04) 3926 27 43 - www.lavievulinh.com - - 3 types de ch. 15/50 $.* Cet écolodge simple et charmant surplombe le lac. Il est géré par une agence de voyages hanoienne spécialisée dans les tours à moto, et tenu par une famille dao à pantalon blanc. Au choix, vous pouvez dormir dans le dortoir ou dans l'une des deux suites tout confort pouvant accueillir jusqu'à 6 personnes. Ambiance décontractée, terrasse avec vue sur le lac et plats dao. La réception organise des excursions sur le réservoir et des randonnées dans les alentours.

Tuyen Quang

PREMIER PRIX

Hoa Mai - *44 Duong 17.8 - (027) 381 61 80 - hoamaituyenquang@gmail.com - - 43 ch. 8/10 $.* Cet hôtel, plus destiné aux Vietnamiens qu'aux touristes étrangers, peut constituer une halte convenable si vous ne parvenez pas jusqu'à Vu Linh. Chambres simples mais propres.

ACTIVITÉS

Les excursions *(100 000 VND/h)* sur le lac de Thac Ba s'organisent au départ de Ngoi Tu. Adressez-vous aux habitants, au personnel de votre hôtel, ou prévoyez cette sortie avec une agence, à Hanoi. Autour du lac, de nombreux sentiers de randonnées mènent aux villages daos, tays, giays, etc.

L'Est sauvage

★★

Lac Ba Be - Cao Bang - Lang Son

Provinces de Thai Nguyen - Bac Can - Cao Bang - Lang Son

NOS ADRESSES PAGES 261, 263 ET 268

S'INFORMER

Parc National Ba Be *(Vuon Quoc Gia Ba Be) – 1 km avant le lac en venant de Cho Ra - ✆ (0281) 389 40 99.* Renseigne sur les activités dans le parc et vous fournira une carte de ses sentiers. Pour le restant de la zone, renseignez-vous dans les agences de Hanoi *(voir « Nos adresses à Hanoi », p. 157).*

SE REPÉRER

Carte de microrégion CD2 *(p. 208-209). Voir « Arriver / Partir » dans « Nos adresses au lac Ba Be » p. 261, dans « Nos adresses à Nguyen Binh et Cao Bang » p. 263 et dans « Nos adresses à Lang Son » p. 268.*

À NE PAS MANQUER

Se baigner au pied des chutes de Ban Gioc; se mêler aux badauds du vieux marché de Cao Bang; franchir le col reculé de Co Lea.

ORGANISER SON TEMPS

La période d'octobre à avril est la meilleure pour voyager dans la région. Comptez 5 jours pour ce circuit de 680 km au départ de Hanoi.

AVEC LES ENFANTS

Descendre le Song Nang jusqu'au lac Ba Be; assister au marché aux buffles de Tra Linh; goûter les biscuits sucrés de That Khe.

Au nord-est du Vietnam, un moutonnement de collines et de montagnes, prolongé dans la province chinoise du Guangxi, dilue la frontière politique avec la Chine. De rares petites dépressions trouent ce relief confus. L'une d'elles, autour de la ville de Lang Son, fut tour à tour couloir d'invasions et passage d'ambassades: c'est, avec Lao Cai, l'une des deux portes de la Chine. Ici, se déploie un paysage d'estampes avec ces étranges formations calcaires que les géographes appellent karsts. Telles des sentinelles le long de l'ancienne route coloniale n° 4, passée dans l'Histoire pour ses combats sanglants, ces pics encadrent encore les majestueuses chutes de Ban Gioc ou le mystérieux lac Ba Be. Dominée par ces décors naturels, la région est, depuis deux mille ans, le domaine des Tays. Avec les Nungs, puis les Daos et les Hmongs, ils ont colonisé cet espace qui vibre le temps des foires et des marchés.

Circuits conseillés Carte de microrégion

DE HANOI AU LAC BA BE C2-3

Itinéraire de 240 km - comptez 6h de route.
Depuis Hanoi, empruntez la RN 3 en direction de Thai Nguyen.

2

Bon à savoir – Vous pouvez effectuer la route de Hanoi au lac Ba Be en une journée.

Thai Nguyen C3

À 82 km de Hanoi.

Ceux qui n'auraient pu visiter le musée d'Ethnographie de Hanoi *(voir p. 155)* ne manqueront pas le **musée culturel des Ethnies du Vietnam** *(Bao tang van hoa cac dan toc Viet Nam) (359 Tu Minh, au nord-est de la ville sur la route de Bac Son - 7h30-12h (11h30 l'été) ; 13h30-17h - 5 000 VND/pers.).* Il mérite une bonne heure de visite, ne serait-ce que pour la qualité de ses tissus et ses reconstitutions d'intérieurs et d'ateliers. Son architecture est une curiosité, mélange de tradition vietnamienne et de style pompier stalinien. La présentation, commentée en vietnamien, en anglais et en français, suit la classification en grandes familles ethno-linguistiques *(voir aussi « Les peuples du Vietnam », p. 57).*

Après Thai Nguyen, vous entrez dans la **Moyenne Région**. Des vallons se dessinent entre les collines plantées de **thé** – le cru de Thai Nguyen est le plus fameux du pays – ou piquetées de bouquets de bambous et de bosquets de bananiers. Paraissent aussi les premiers **villages tays** aux maisons sur pilotis coiffées d'un immense toit de chaume.

Bac Can C2

À 88 km de Thai Nguyen.

La ville de Bac Can servit de première base de repli à **Ho Chi Minh** quand, en 1946, les forces du Haut-Commissariat en Indochine se déployèrent dans le delta du fleuve Rouge, à grand renfort de fortins et de blockhaus. En 1947, les Français encerclèrent la zone, contraignant le Viet-minh à s'enfoncer encore dans la région montagneuse et le long de la frontière chinoise. Face à la force vietnamienne (60 000 soldats dispersés sur près de 200 000 km^2), le **général Étienne Valluy** choisit de se maintenir sur une ligne fortifiée, le long de la route coloniale n° 4 (RC 4), entre Cao Bang et Lang Son.

Aujourd'hui, Bac Can semble somnoler, à peine perturbée par des constructions démesurées – théâtre, gymnase, bâtiments administratifs – qui rappellent sa fonction de capitale de province.

Bon à savoir – Sur la longue route Ba Be, vous pouvez déjeuner à **Bac Can** *(com pho au rond-point à l'entrée de la ville en venant de Hanoi)* ou prendre un café sur la place du théâtre, dans la petite épicerie avec terrasse qui propose des biscuits locaux.

20 km au nord de Bac Can, une route monte vers le lac Ba Be, en direction du nord-ouest, à hauteur du village **Phu Thong**, au-dessus d'une vallée cultivée, tandis que l'écran montagneux du **Pia Boc** se déploie à l'ouest, culminant à 1 554 m d'altitude. Bien qu'étroite, la route, moins cahotante que la RN 3, se déroule par monts sauvages et vaux travaillés par les Tays.

Cho Ra C2

À 53 km de Bac Can.

Cho Ra, le « marché de Ra », est un modeste village-rue aux maisons basses construites en briques crues, parfois chaulées, et couvertes de tuiles grises. **Tays** et **Nungs**, coiffées de chapeaux coniques, vêtues d'un pantalon noir et d'une tunique courte bleue ou violette, **Hmongs noirs** en jupe plissée indigo, **Daos rouges** ayant troqué leur vêtement traditionnel contre chemisier et pantalon du prêt-à-porter : tels sont les chalands du marché de Cho Ra, qui se déroule les jours se terminant en 0 et en 5 du calendrier lunaire. On y trouve des objets de l'artisanat textile (écheveaux de coton, cadres et peignes de métiers

Un pont en bambou dans le parc national Ba Be.
Frédéric Soreau / Photononstop

à tisser) et des étoffes filées, tissées et teintes artisanalement par les Tays et les Nungs. Elles sont vendues au métrage, coupées en veste à brandebourgs de tissu ou en sacs que l'on utilise dans la région, portés en bandoulière ou sur le dos. Les paysans y échangent encore le riz et les poissons frais du lac, les bidons de bière de riz et les cannes à sucre.

Bon à savoir – Si vous avez pris du retard sur la route et que la nuit est déjà tombée avant votre arrivée à Ba Be, vous pouvez dormir à Cho Ra. À noter aussi que les établissements de la ville sont plus confortables que les hébergements chez l'habitant au bord du lac.

2

★★ LE LAC ET LE PARC NATIONAL BA BE C2

À 17 km de Cho Ra - comptez une journée pour la balade en bateau sur le lac.
Réputée pour ses paysages à l'époque coloniale, cette région ne fut érigée en parc national qu'en 1992. La réserve protège 23 000 ha de rivières et de cascades autour des *Ba Be*, les « Trois Bassins ».

Bon à savoir – Vous pouvez atteindre ce vaste lac de 8 km de long par la route, mais il est plus intéressant d'y parvenir en descendant la **rivière Nang** *(song Nang)* depuis Cho Ra.

Le Song Nang se faufile dans une campagne cultivée avant de pénétrer dans un paysage de falaises calcaires, au flanc desquelles s'accrochent de petits jardins sauvages d'où pendent des lianes et de longues racines en quête de terre. Parfois, des buttes terreuses sont avalées par la jungle, tachées de cannas rouge sang, marbrées de troncs grêles argentés, et de vieux arbres se tordent pour se pencher au-dessus de la rivière. L'autre attrait de la navigation, c'est le spectacle de la **pêche**. Des nasses jalonnent le cours de la rivière, des hommes jettent l'épervier, d'autres frappent les berges rocheuses pour en déloger de minuscules crevettes.

On entre ainsi dans la **grotte-tunnel de Puong** *(hang Puong)*. La rivière ne coule que sur un côté, laissant une berge pour admirer à pied les stalactites

Entre Vietnam et Chine

QUAND NAÎT UNE FRONTIÈRE

Les terres compartimentées du Nord-Est ne furent faciles à contrôler ni pour l'Empire chinois ni pour l'État vietnamien. Celui-ci mena vis-à-vis des chefs tays et nungs le même système de **protectorat** qu'auprès des Thaïs du Nord-Ouest. Jusqu'à l'époque contemporaine, Chinois et Vietnamiens durent compter avec ces peuples, tantôt soutiens militaires, tantôt foyers de rébellion. À la fin du 19e s., les mandarins chinois tentèrent de contenir l'implantation française au Tonkin en soutenant secrètement la guérilla des **Pavillons noirs**, des brigands sino-vietnamiens dont les bandes œuvraient le long des régions montagneuses qui formaient la frontière. En 1885, à l'issue d'une courte guerre, l'armée coloniale française vint finalement à bout des rebelles en même temps qu'elle défit l'armée régulière chinoise. En signant le **traité de Tianjin** la même année, la Chine dut s'engager à faire respecter par ses troupes les frontières du Tonkin, tandis que la France obtenait de construire des voies ferrées vers ses provinces du Sud. Au lendemain de la bataille, le général de Négrier, commandant de l'armée française, fit même apposer un écriteau en chinois sur la porte de la Chine : « Ce ne sont pas les murailles de pierres qui protègent les frontières, mais l'exécution des traités ». Les limites fixées par le traité de Tianjin sont celles d'aujourd'hui : elles ne furent pas remises en question à la création de la République de Chine en 1911, ni lors de l'indépendance du Vietnam.

UNE TERRE DE MAQUIS

En février 1941, un intellectuel vietnamien vint s'établir avec sa machine à écrire dans la **grotte de Pac Bo**, non loin de Cao Bang. Il s'appelait alors Père Thu ; il ne se nommait pas encore Ho Chi Minh. Deux mois plus tard, il organisa dans ce lieu retranché la **VIIIe session du parti communiste**, acte de naissance d'une série de mesures qui conduisirent le Vietnam à l'indépendance. La région servit de base au **Viet-minh** dans sa guerre contre le corps expéditionnaire français au Vietnam de 1946 à 1954. C'est là que se concentra l'artillerie qui scella en 1954 le sort du camp de Dien Bien Phu *(voir « Histoire », p. 118)*.

GUERRE ET PAIX

En 1979, l'armée chinoise occupa les villes frontalières de Lao Cai, Cao Bang et Lang Son, et lança une guerre éclair de seize jours durant lesquels ses troupes détruisirent tout ce qu'elles purent. L'aide économique au Vietnam fut suspendue, les consulats vietnamiens furent fermés, et les voies de communication ferroviaires et routières avec Hanoi, coupées. La crise fut l'occasion pour les deux pays d'une remise en cause des frontières terrestres, mais aussi maritimes, telles qu'elles avaient été définies par le traité de Tianjin. Il fallut plus de dix ans pour voir s'ébaucher une réconciliation dans cette « guerre froide » entre les deux régimes socialistes *(voir « Histoire », p. 127)*.

de cet aven. De l'autre côté de la grotte, le paysage est tout à fait sauvage, peuplé d'une centaine d'espèces de papillons et d'oiseaux et de 23 sortes de reptiles et de batraciens, dont le serpent d'eau à tête fine.

À une heure de bateau de là, un chemin descend vers la **cascade de Dau Dang** *(thac Dau Dang)*, alimentée même au cœur de la saison sèche, et qui jaillit avec fracas entre deux parois rocheuses.

Il faut revenir sur ces pas pour enfin atteindre le **lac Ba Be** *(ho Ba Be)*. Cette petite mer d'eau étale s'inscrit dans un cadre de falaises calcaires, marbrées de traces d'eau et de jardins. L'érosion a foré quelques grottes dans ces parois rocheuses aux noms très prosaïques, comme cette **dong Ba Cua**, une grotte « aux trois fenêtres » percées sur le lac. Les îlots ont plus d'attrait et on peut s'y amarrer pour les visiter ou plonger à leurs abords. Sur l'**îlot An Ma**, la « Selle de Cheval », un petit temple est consacré au génie des Eaux.

Les rives sud et ouest sont peuplées de Tays. Dans le village de **Pac Ngoi** *(accessible en bateau ou par la route, au sud du lac)*, leurs demeures sont montées sur pilotis.

NOS ADRESSES AU LAC BA BE

INFORMATIONS UTILES

Poste / Téléphone

Buu Dien Cho Ra – *Au milieu de l'unique rue de Cho Ra - lun.-vend. 6h30-20h.*

ARRIVER / PARTIR

En bus

Gare routière de Cho Ra – *Au croisement des routes de Cao Bang et de Bac Can.* Un départ pour **Hanoi** *(6h)* et un départ pour **Cao Bang** *(2h30)* au petit matin. 4 liaisons/j. pour **Bac Can** *(2h).*

En voiture particulière

Il n'existe pas de tours organisés pour Ba Be, mais les agences de Hanoi *(voir p. 157)* proposent une formule de 3 j. AR en véhicule particulier (4x4 ou minibus). Les prix varient de 100 à 300 $/pers. (selon le nombre de personnes). Le tarif comprend les frais d'essence ainsi que la nourriture et l'hébergement du chauffeur. D'autres propositions de boucles plus longues *(5 à 8 j.)* incluent des randonnées à Cao Bang, aux chutes de Ban Gioc et/ou Lang Son.

HÉBERGEMENT

Cho Ra

PREMIER PRIX

Trung Kien Hotel – *Au carrefour central de Cho Ra, ✆ (0281) 387 63 56 - 8 ch. 10 $ - Wifi.* On apprécie sa situation en face de la gare routière et à proximité d'un des restaurants les plus populaires de Cho Ra. Les chambres, dont les plus hautes bénéficient d'une belle vue sur les rizières, sont vastes mais un peu vieillottes. Salles de bains rudimentaires. Le fils du patron connaît quelques mots d'anglais.

Thuy Dung Hotel – *À 300 m de la gare routière en direction de Ba Be - ✆ (0281) 387 63 54 - 9 ch. 16 $ - Wifi.* Hôtel récent avec balcon et carrelage dans les chambres. Celles donnant sur les rizières sont particulièrement agréables. La famille qui gère l'établissement ne parle pas

2

anglais, mais l'accueil est très sympathique.

Dans le parc national de Ba Be

Bon à savoir – Le hameau de Pac Ngoi se trouve au sud du lac, celui de Bo Lu en face de l'embarcadère principal.

PREMIER PRIX

Conseil – Si vous avez le temps, et que les couchages collectifs ne vous effraient pas, nous ne saurions trop vous recommander de passer la nuit dans le Parc national.

Dans le village de **Pac Ngoi**, vous trouverez des maisons d'hôtes dans des maisons traditionnelles sur pilotis. À droite de la route en arrivant de l'entrée du parc, la **Nha Nghi Huynh Ha** – *(0281) 389 40 66 - propose une formule intéressante : 7 $/nuit/ pers. en demi-pension (repas copieux).* On dort sur des matelas au sol, sous une moustiquaire et séparés par des rideaux.

D'autres possibilités de logements chez l'habitant existent à **Bo Lu**, mais l'architecture des maisons y est moins authentique.

RESTAURATION

Cho Ra

PREMIER PRIX

Nha Hang Mien Thuy – *En face du Trung Kien Hotel.* Restaurant servant des plats simples et des spécialités de Ba Be, comme le *tom chua* (crevettes aigres). Quelques chambres à l'étage.

ACTIVITÉS

Excursions et randonnées

Adressez-vous aux hôtels et pensions, ou à l'un des deux embarcadères. Les bateaux qui remontent le Song Nang jusqu'au lac Ba Be sont des barges à moteur. Elles peuvent accueillir une dizaine de personnes. Comptez 100 000 VND/h et par bateau.

Bon à savoir – Le circuit habituel, d'une demi-journée AR, passe par les grottes de Dong Puong et les chutes de Dau Dang, mais vous pouvez aussi profiter d'un arrêt à Dau Dang pour partir en randonnée ou vous contenter d'un aller simple pour continuer votre route sur le Song Nang jusqu'à Na Hang.

★ CAO BANG ET SES ENVIRONS D2

★★ De Ba Be à Cao Bang par le col de Co Lea CD2

Itinéraire de 128 km - comptez 7h de route. Quittez Cho Ra par la route qui longe la rivière Ha Hieu (song Ha Hieu). À 17 km, laissez la route qui rejoint Na Phac et la RN 3 et bifurquez en direction du nord.

Sur ce chemin détourné conduisant à Cao Bang, les ornières et les pierres rendent la progression lente et éprouvante, mais le parcours est magnifique. La route abandonne très vite le monde organisé des grands villages tays pour l'univers dispersé en maisons isolées des **Hmongs** et des **Daos**. Ceux-ci dominent la région jusqu'au bourg de **Phia Den** *(à 47 km de Cho Ra, marché les jours en 1 et en 6)*, à plus de 1 000 m d'altitude. Leurs maisons basses sont construites à proximité des terrains pentus qu'ils défrichent, puis cultivent sur brûlis. Comme à Cho Ra, les femmes daos rouges ont abandonné leur costume traditionnel, mais les Daos « aux sapèques » (*Dao Tien*) arborent quant à elles toujours leur tenue *(voir « Les peuples du Vietnam », p. 62)*.

Passé Phia Den, la route grimpe sur 7 km jusqu'au **col de Co Lea** à travers un vestige de la **grande forêt** qui couvrait autrefois toute la région montagneuse. Au milieu de vieux arbres d'une étonnante variété d'essences percent les bouquets de fougères arborescentes. Au col, le **panorama** sur l'écran de montagnes bleutées est grandiose. La route descend ensuite en lacet vers le grand poljé de **Nguyen Binh** *(à 27 km de Pha Den, marché les jours en 3 et en 8)*, à travers des buttes de terre rouge plantées de maigres forêts de pins, puis elle remonte, abandonnant les champs de maïs pour les montagnes déboisées.

★ Cao Bang D2

Après avoir été en première ligne lors de la guerre sino-vietnamienne (*voir « Entre Vietnam et Chine » p. 260*), la ville profite maintenant de l'essor commercial entre le Vietnam et la Chine. Si son architecture est quelconque, son cadre est magnifique, au pied d'un rideau de falaises blanches tendu au confluent de la rivière Hien et du Song Bang Giang.

Le grand **marché couvert** de Cao Bang, établi le long de l'avenue Kim Dong, vaut à lui seul la visite. Du lever du jour à la fin de l'après-midi, il déborde sur l'avenue voisine en duos de dames et de paniers, proposant leurs légumes dans un flot de vêtements qui décline toutes les valeurs de l'indigo. En fin de journée, les maraîchères sont relayées par les cuisinières. Des vapeurs appétissantes montent des marmites et des braseros où cuisent et mijotent galettes de riz, canard laqué et tripaille. À l'intérieur, sous la halle, c'est le triomphe de la camelote chinoise. Quelques vieilles dames vendent le matériel nécessaire au culte pour les gens du delta : monnaies d'offrandes, encens et objets en papier à brûler pour les funérailles.

NOS ADRESSES À NGUYEN BINH ET CAO BANG

INFORMATIONS UTILES

Poste / Téléphone

Buu Dien Cao Bang – *115 Kim Dong - ✆ (026) 385 38 52 - 7h-21h l'été, 7h30-20h30 l'hiver.*

ARRIVER / PARTIR

En bus

Gare routière de Cao Bang – *À la sortie de la ville, sur la route de Lang Son.* Des bus partent toutes les heures pour Hanoi *(7h de trajet)* via Nguyen Binh, Cho Ra, Bac Can et Thai Nguyen. 4 bus/j. relient Cao Bang à Lang Son *(4h de route).*

HÉBERGEMENT

Cao Bang

Bon à savoir – Les hommes d'affaires chinois sont plus nombreux que les touristes dans les hôtels de Cao Bang. Attendez-vous à trouver certains établissements complets et, parfois, à un accueil mitigé.

PREMIER PRIX

Hai Au – *149 Kim Dong - ✆ (026) 385 84 67 - P - 18 ch. 15 $ - Wifi.* L'un des rares hôtels de la ville où vous serez accueilli chaleureusement. Ses petites chambres sont très bien tenues. Préférez celles en étages pour profiter de la vue sur la rivière et la ville.

Hoang Anh – *131 Kim Dong - ✆ (026) 385 89 69 - P - 20 ch. 15 $ - 3 $ - Wifi.* Situé sur la rue principale, cet hôtel dispose de chambres claires, avec une large vue sur la rivière. Le mobilier est élégant, les salles de bains agréables et le personnel cordial.

Khach San Bang Giang – *Kim Dong (près du pont, face au vieux marché) - (026) 385 34 31 -* *- 70 ch. 24 $* *- Wifi.* Une vilaine construction, idéalement placée au bord de la rivière Bang Giang. Les chambres sont spacieuses, fonctionnelles et aérées, très calmes pour celles (à l'arrière) qui disposent d'un balcon donnant sur la rivière et les montagnes.

Huong Thom – Kha Quoc Toan *31 Kim Dong - (026) 385 58 80 -* *- 11 ch. 25 $.* Un des rares hôtels de Cao Bang où vous aurez des chances de rencontrer d'autres touristes. L'ensemble est bien tenu. Les cinq chambres qui donnent sur la rivière sont au même prix que les autres, le calme en prime.

RESTAURATION

Nguyen Binh

PREMIER PRIX

Nha Nghi Hong Thinh – *(026) 387 22 96.* Un *com pho* qui sort du lot, proposant un repas délicieux et reconstituant, très opportun sur cette route difficile. Goûtez le fromage de soja farci aux boulettes de porc *(dau phu nhoi thit)* ou le porc sauté aux champignons parfumés *(thit lon xao nam huong)*, le tout arrosé de l'alcool local.

Cao Bang

PREMIER PRIX

Les étals du **marché couvert** constituent une bonne occasion de manger à la bonne franquette. Vous vous ferez une place sur les bancs le temps d'une soupe, d'un bol de nouilles ou d'une spécialité locale. À l'extérieur du marché, des stands proposent des spécialités à emporter ou à consommer sur place de 17h à 19h. Les cantines sous la halle tournent dès 6h du matin et s'arrêtent le soir à 20h.

Huong Sen – *100 Kim Dong - (026) 385 46 54.* C'est dans ce petit restaurant que les chauffeurs et les guides ont l'habitude de se retrouver. Pas de carte, les plats sont présentés sur une table.

★ Sur la route de la grotte de Pac Bo D1-2

À 56 km au nord-ouest de Cao Bang - comptez 2h de trajet. Empruntez la route 203.

Se rendre à la grotte où l'**Oncle Ho** séjourna quatre ans et lança le Viet-minh est un pèlerinage important aux yeux des Vietnamiens. Pour un touriste étranger, c'est aussi l'occasion de parcourir la jolie campagne de la plaine de Cao Bang. À 5 km de la capitale provinciale, le **den Ky Sam** est juché sur une butte. Ce temple fut élevé en hommage au chef tay Nung Tri Cao, qui tenta de créer un royaume indépendant du Dai Co Viet au milieu du 11e s. Sa révolte secoua la région pendant dix ans, jusqu'aux provinces chinoises du Guangxi et du Guangdong. Elle ne fut réduite qu'avec le soutien de la Chine qui envoya son armée.

L'édifice a été entièrement rebâti, mais dégage le charme naïf d'un petit temple de campagne avec ses chevaux blancs et rouges peints sur les murs, galopant et soufflant de leurs naseaux.

10 km plus loin, un peu à l'écart de la route, **Cao Binh** n'est plus qu'un modeste village. « Paix supérieure » fut pourtant le siège administratif de la région, depuis la dynastie Mac jusqu'à son transfert par l'administration coloniale sur

On peut se baigner au pied des chutes de Ban Gioc.
Nicholas Reuss / Photononstop

le site de Cao Bang en 1884. Quelques maisons coloniales ainsi qu'une église en sont les seuls vestiges.

Vous arrivez enfin à **Pac Bo**, situé sur la frontière chinoise. Un petit musée *(8h-17h - entrée payante)* retrace les événements liés au séjour de Ho Chi Minh. On peut visiter sa retraite, la **grotte de Coc Bo**, située au pied de la montagne Cac Mac (Karl Marx), bordée par la rivière Le Nin (Lénine).

2

★★ Les chutes de Ban Gioc D1

À 80 km de Cao Bang. Prenez la route du nord jusqu'à Tra Linh, puis bifurquez vers l'est, en direction de Trung Khanh. Les chutes se trouvent une trentaine de kilomètres après ce village.

Sur 300 m de large et 50 m de haut, la **rivière Quay Son** *(song Quay Son)* forme les chutes de Ban Gioc, les plus connues – et les plus belles – du Vietnam. L'eau créée des bassins sur plusieurs étages dans un décor de pitons et de rizières et l'on peut se baigner au pied des cascades.

Ce site naturel se partage entre Chine et Vietnam. Comme la **frontière** se trouve au centre du Song Quay Son, les **radeaux** vietnamiens qui transportent les visiteurs naviguent seulement sur la moitié du cours d'eau. Ces dernières années, les deux pays ont négocié une zone de coexploitation, soit une bande de quelques mètres de large, au milieu du lit principal, sur laquelle peuvent désormais se croiser les embarcations des deux nationalités. Si, sur la rive chinoise, l'accueil touristique se développe, côté vietnamien, vous ne trouverez qu'une petite gargote où l'on mange très gras et un bureau qui délivre des laissez-passer obligatoires *(50 000 VND)* pour cette zone frontalière.

À 2 km des chutes, l'immense **grotte de Nguom Ngao** se visite *(5 000 VND/pers.)*. Enfin, sur le chemin du retour vers Cao Bang, vous pouvez explorer le **lac de Thang Hen**. Lovée au cœur des montagnes, cette étendue d'eau sauvage se trouve à proximité de **Tra Linh**, siège d'un important **marché aux buffles**, les 5e et 10e jours de chaque mois.

DE CAO BANG À HANOI D2-C3

Itinéraire de 287 km - comptez 7h.

Sur la RN 4 (l'ex-route coloniale n° 4 ou RC 4)

Jusqu'à Dong Khe, le parcours présente peu d'intérêt, à l'exception de quelques maisons tays doublées d'une véranda sur pilotis, et du marché qui se tient les jours en 2 et en 7 du calendrier lunaire à **Nam Nang** *(à 18 km de Cao Bang)*. En entrant dans **Dong Khe** *(à 24 km de Nam Nang)*, on découvre tout un quartier de maisons, miraculeusement conservées après l'évacuation de la place par les Français en 1951. Son monument aux morts est dédié aux soldats vietnamiens tombés lors de la prise de la ville, qui marqua la première grande défaite française de la guerre d'Indochine. Depuis Dong Khe, vous pouvez rejoindre le site *(à 17 km en direction de l'est)* où Ho Chi Minh dirigea la campagne militaire de 1950, pendant la guerre d'Indochine.

La route déploie ensuite un très beau paysage de falaises percées de grottes et de pitons escarpés jusqu'à **That Khe** *(à 22 km de Dong Khe)*, un bourg aux maisons menthe à l'eau, dont le **marché** *(jours en 2 et en 7)* est fréquenté par des Tays, des Nungs et des Daos. Les épiceries de la ville vendent une spécialité locale : les **banh phuong**, un biscuit croustillant et très sucré. On quitte le village par un damier de rizières, rare spectacle dans cette zone où la culture du maïs est majoritaire.

Bon à savoir – Si la nuit tombe avant votre arrivée à Lang Son, vous pouvez passer la nuit à That Khe qui compte quelques pensions.

À 48 km de That Khe apparaissent une quatre-voies et **Dong Dang**, dont les petits immeubles aux façades carrelées ou en verre fumé semblent un vilain mirage. Le grand frère chinois et son économie de marché socialiste ne sont qu'à 5 km. C'est ici que s'ouvre le passage historique entre Chine et Vietnam, maintes fois emprunté par les armées de l'Empire : la **porte de la Chine**, que les Chinois ont rebaptisée la **passe de l'Amitié** *(Cua khau Huu nghi)*. Le 1er avril 1992, une cérémonie en marqua la réouverture. Pour l'occasion, les Chinois ont reconstruit la porte de la citadelle *(visible du côté chinois uniquement)* qui gardait la passe, élevée en 1823 et détruite lors de la guerre éclair de 1979.

★ Lang Son D2

Comptez une demi-journée.

Aux trois quarts détruite lors de la guerre de février 1979, la ville a depuis connu un véritable boom économique, grâce à la contrebande puis à la réouverture de la frontière. À l'instar de Cao Bang, la ville est laide, mais sertie dans un joli paysage de pitons calcaires. Les marchés de Lang Son méritent le détour : **Cho Ky Lua** *(au nord de la ville, sur Tran Dang Ninh)*, et surtout **Cho Dong Kinh** illustrent parfaitement les relations économiques étroites que Lang Son entretient avec la Chine voisine.

SE REPÉRER

Lang Son est traversée par l'avenue Tran Dang Ninh, dans le prolongement de la RN 1. L'ancien marché Ky Lua se trouve sur la portion nord, à hauteur du lac. Au sud, l'avenue forme un carrefour avec Le Loi. Ce boulevard, sur lequel se concentrent les banques, la poste et le stade, mène au quartier des gares routière et ferroviaire. Une route part du même croisement vers les grottes Nhi Thanh et Tam Thanh (2 km). La rivière Ky Cung (*song Ky Cung*) est à la lisière des faubourgs sud. Le marché Dong Kinh s'étend sur sa rive nord.

LA ROUTE SANGLANTE

En 1950, l'armée de libération commandée par le **général Giap** avait reconstitué ses forces à l'abri des montagnes, soutenue par les bases arrière du Yunnan et du Guangxi en Chine. L'armée française s'était déployée le long d'une ligne fortifiée sur la RC 4, entre Cao Bang et Lang Son. En mai 1950, Giap lança sa première attaque sur Dong Khe, coupant en deux le système de défense français et isolant Cao Bang, qui tomba quelques mois plus tard. L'évacuation de Cao Bang se solda par l'un des épisodes les plus sanglants de la guerre d'Indochine, les unités françaises n'ayant d'autre voie de repli que la RC 4 et le piège de Giap. Les Français durent abandonner l'ensemble de leur dispositif de contrôle sur la Haute Région et perdirent 6 000 soldats, morts ou faits prisonniers.

Ce dernier est un temple dédié à la quincaillerie chinoise, une avalanche surréaliste de gadgets incroyables. Attention, label « *made in China* » oblige, leur durée de vie est limitée.

Quelques maisons du temps où Lang Son était ville de garnison française subsistent dans les faubourgs sud, où se trouve le sanctuaire le plus vénéré de Lang Son : la **pagode des Immortels** *(Chua Tien) (7h-17h - entrée payante)*, à laquelle on accède par une volée de marches. Dans l'immense caverne qu'elle occupe, les pyramides de Coca-Cola et autres boissons gazeuses posées avec respect sur les autels témoignent des pouvoirs prêtés aux divinités du lieu. À l'arrière d'une salle dédiée à Quan Am, on révère la Sainte Mère céleste, entourée d'une forêt de bâtons d'encens qui se consument dans leurs brûle-parfums bleu et blanc. Un tunnel conduit à des fenêtres naturelles ouvrant sur la jolie campagne qui borde Lang Son.

Au pied de la colline, un autre chemin grimpe vers le site de **Gieng Tien**, modeste oratoire avec une superbe vue sur Lang Son et ses environs.

À la lisière nord-ouest de Lang Son, dans une petite banlieue maraîchère, deux pitons percés de cavernes sont devenus des sites de pèlerinage bouddhistes très fréquentés par les gens du delta.

La **grotte des Trois Purs** *(dong Tam Thanh) (accès balisé à partir du carrefour entre Tran Dang Ninh et Le Loi - 7h-17h - entrée payante)* a tout d'une pagode. À l'entrée, un autel aligne sagement les statues du panthéon bouddhique près d'une paroi rocheuse gravée de stèles des 16e et 18e s. relatant les donations faites au sanctuaire. Mais au-delà, dans les anfractuosités, ce sont tantôt les Saintes Mères, tantôt des héroïnes locales divinisées que l'on vénère. Les eaux qui suintent des stalactites ont des vertus bénéfiques, d'où la présence de gobelets en plastique à proximité des bassins qui les recueillent. Dans la pénombre où se tapit parfois une famille de chauves-souris, les pas trouvent des marches taillées dans le calcaire et les yeux rencontrent des « fenêtres » ou des puits de lumière naturels.

La colline voisine de la grotte Tam Thanh est le symbole de Lang Son. Elle est appelée **Nui Vong Phu** (« montagne de la Femme qui attend »), en raison d'un rocher dont la forme évoque la silhouette d'une femme debout, portant son enfant. Elle est l'objet d'une de ces histoires d'amour tragiques qui abondent dans la littérature du pays.

Plus à l'ouest, la **grotte des Deux Purs** *(dong Nhi Thanh) (7h-17h, entrée payante)* fut affectée au culte au 18e s. et abrite également une chapelle bouddhique. Un petit dédale de recoins, de détours et d'anfractuosités monte en spirale à travers la roche, formant autant de chapelles et d'oratoires dédiés au Bouddha et à ses pairs.

De Lang Son à Hanoi D2-C3

Itinéraire de 152 km. Comptez 3h.

Le vert des cultures marquette une jolie campagne de sols rouges. La route suit le couloir montagneux de la vallée du Song Thuong, cadre de nombreux combats pour s'approprier cette zone de passage. À 35 km de Lang Son, **Dong Mo** est un petit village blotti dans un amphithéâtre karstique. À l'est et au sud, le relief forme une série de cirques et de défilés où opérait, dans les années 1890-1896, la bande de pirates sino-vietnamiens du Bac Son. En 1884, l'armée chinoise, cantonnée à Lang Son, y tendit une embuscade à un détachement de 350 Français, à la suite de laquelle la France entreprit avec succès de refouler les Impériaux de l'autre côté de la porte de la Chine.

Après **Met** *(à 33 km de Dong Mo)*, on quitte ce décor de falaises et de pitons pour entrer dans le plat pays du delta. À l'est, l'arc des collines de Dong Trieu se prolonge vers le sud pour former la célèbre baie de Ha Long *(voir p. 203)*.

NOS ADRESSES À LANG SON

INFORMATIONS UTILES

Poste / Téléphone

Buu Dien Lang Son – *Le Loi - (025) 385 38 52 - 6h30-21h l'été, 6h45-21h l'hiver.*

Poste-frontière

La frontière avec la Chine est à 11 km de Lang Son, près de Dong Dang. Elle est desservie par des bus au départ de Lang Son. Certains permettent de se rendre directement à Pingxiang, à 20 km du poste-frontière chinois, où bus et trains font la liaison avec Ningming et Nanning. Il faut franchir à pied les 800 m du no man's land qui s'étend entre les postes vietnamien et chinois.

Visa

Les visas pour la Chine ne peuvent être obtenus qu'à Hanoi *(voir p. 157)*.

ARRIVER / PARTIR

En train

Ga Lang Son – Au bout de l'avenue Le Loi. 2 trains/j. circulent dans les deux sens entre Lang Son et Hanoi-Gia Lam (5h30 de trajet). Attention : les étrangers ne peuvent se rendre en Chine en train qu'au départ de Hanoi.

En bus

La gare routière de Lang Son se trouve dans le quartier de la gare ferroviaire. Des minibus font la liaison toutes les 1/2h avec Hanoi-Gia Lam (*4h de trajet*) et Haiphong (*5h*) *via* Bac Giang, Bac Ninh et Gia Lam. 2 bus/j. (un départ le matin et un l'après-midi) relient Lang Son à Pingxiang, la première ville chinoise de l'autre côté de la frontière. 4 bus/j. à destination de Cao Bang (*4h*).

HÉBERGEMENT

Bon à savoir – Comme à Cao Bang, vous pouvez rencontrer des problèmes pour vous loger à Lang Son, car les meilleures chambres sont accaparées toute l'année par les négociants chinois venus traiter pour le commerce frontalier. De toute façon, l'hébergement n'incline guère à prolonger le séjour.

PREMIER PRIX

Hoang Nguyen Hotel – *84 Tran Dang Ninh - (025) 387 45 75 ou 3870 349 - - 4 ch. 10,5 $.* Un mini-hôtel correct et propre, mais la plupart des chambres sont aveugles. Aussi, demandez impérativement celles de derrière, qui ont une vue agréable.

Khach San Van Xuan – *147 Tran Dang Ninh - (025) 371 04 40 ou 371 04 36 - khachsanvanxuan@yahoo.com.vn - 30 ch. 20 $ - Wifi, ascenseur.* Un établissement neuf assez froid, mais très bien tenu. Certaines chambres offrent un joli point de vue sur le lac. Toutes sont vastes et assez confortables. La réception est agréable et, chose rare dans cette ville, on y parle anglais.

Hoang Son Hai Hotel – *57 Tam Thanh (en direction des grottes) - (025) 371 04 79 ou 3411 2388 - hoangsonhails1@gmail.com - 32 ch. 22 $ - Wifi, ascenseur.* Dans le même esprit que l'hôtel Nam Kinh, en moins charmant et plus cher.

BUDGET MOYEN

Nam Kinh Hotel – *40 Ngo Gia Tu (près du marché Dong Kinh) - (025) 371 76 98 - 50 ch. 20/50 $ 3 $ - Wifi, ascenseur.* Demandez une chambre située au minimum au 5e étage pour bénéficier de la vue sur le quartier résidentiel avec ses toits en forme de clocher et les montagnes au loin. Les salles de bains sont petites, mais les chambres spacieuses sont agréablement meublées, avec armoire, bibliothèque, coiffeuse et fleurs en plastique. Le meilleur hôtel en ville.

RESTAURATION

Bon à savoir – Le canard rôti *(vit quay)* est la spécialité locale, proposée avec la soupe de nouilles au canard dans les restaurants près du carrefour des rues Tran Dang Ninh et Le Loi.

BUDGET MOYEN

Nha Hang Minh Quang – *44 Ngo Quyen (dans la rue de la gare routière) - (025) 387 04 17.* Pour boire un coup avec les routiers ou les hommes d'affaires chinois dans un bar-guinguette qui sert tous les labels de « Zohnnie » (Walker, bien sûr !). Bonne carte de cuisine vietnamienne.

BOIRE UN VERRE

New Century – *Au bord du lac - (025) 371 19 09.* Un bar/resto/karaoké où les jeunes du coin se donnent rendez-vous. Vous pouvez choisir entre plusieurs salles, à l'ambiance plus ou moins décontractée.

Le Centre 3

Bateaux de pêche à Nha Trang, sur l'estuaire de la rivière Cai.

John Warburton-Lee / Photononstop

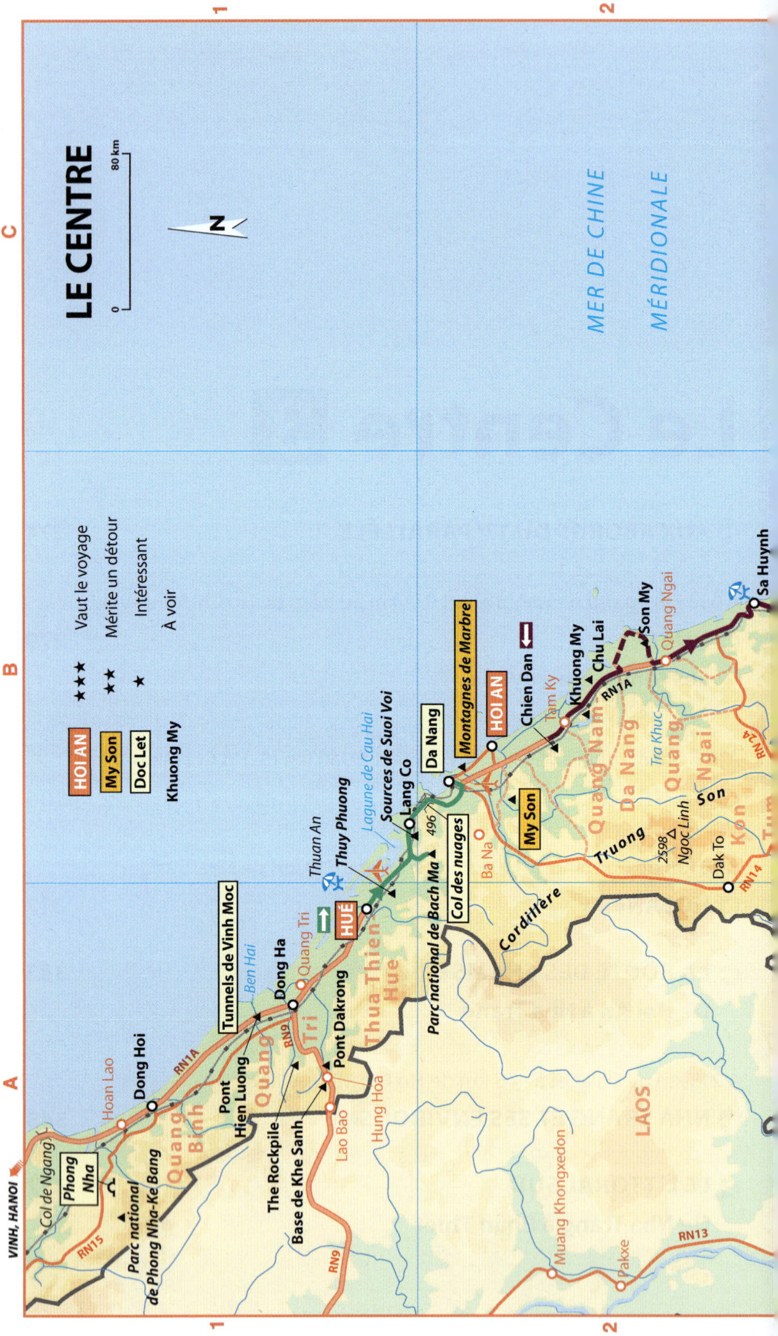
LE CENTRE
0
80 km
N
HOI AN ★★★ Vaut le voyage
My Son ★★ Mérite un détour
Doc Let ★ Intéressant
Khuong My À voir
MER DE CHINE
MÉRIDIONALE
VINH, HANOI
Col de Ngang
Phong Nha
Parc national de Phong Nha-Ke Bang
RN15
Hoan Lao
Dong Hoi
RN1A
Quang Binh
Pont Hien Luong
Tunnels de Vinh Moc
Ben Hai
The Rockpile
Base de Khe Sanh
Lao Bao
Hung Hoa
Quang Tri
RN9
Pont Dakrong
Dong Ha
Quang Tri
HUÉ
Thuan An
Thuy Phuong
Thua Thien-Hue
Parc national de Bach Ma
Col des nuages
Lagune de Cau Hai
Sources de Suoi Voi
Lang Co
496
Da Nang
Montagnes de Marbre
HOI AN
Ba Na
My Son
Chien Dan
Tam Ky
Khuong My
Chu Lai
RN1A
Quang Nam
Da Nang
Tra Khuc
Quang Ngai
Son My
Quang Ngai
Sa Huynh
Cordillère
Truong
Son
2598
Ngoc Linh
Dak To
RN14
Kon Tum
RN24
LAOS
Muang Khongxedon
Pakxe
RN13
RN9
A
B
C
1
2

LE CENTRE

Circuit conseillé avec ville de départ
Sur la route de Da Nang
Le long de la route mandarine
Le littoral sud
1500 m
1000
500
200
0
3
4
A
B
C
Binh Dinh
Phu Cat
Binh Dinh
Banh It
Thap Doi
Qui Nhon
Song Cau
Tuy Hoa
Dai Lanh
Péninsule de Hon Gom
Doc Let
Ninh Hoa
Promontoire de Hon Chong
Nha Trang
Ba Ngo
Cam Ranh
Hoa Lai
Po Klong Garai
Phan Rang
Ca Na
Mui Ne
Phan Thiet
HO CHI MINH-VILLE
Vinh Hao
Ninh Thuan
Song Cai
Po Nagar
Khanh Hoa
Chutes de Ba Ho
Col Ca
Phu Yen
Col Cu Mong
Cha Ban
Da Rang
Dek Tu
Chu Rpan 1504
Gai Lai
Plei Ku
Plateau de Dak Lak
Dak Lak
Buon Ma Thuot
Chu Dang Sin 2405
Plateau de Lam Vien
Dalat
Dak Dung
Lam Dong
Bao Loc
Xuan Loc
Bien Hoa
Thu Dau Mot
Lac Tri An
Dong Xoai
Chon Thanh
Xom An Loc
Song Be
Lac Dau Tieng
Tay Ninh
Tay Ninh
CAMBODGE
Kracheh
Stoeng Treng
Muang Khong
Mékong
RN1A
RN19
RN26
RN14
RN27
RN20
RN7
RN22

Aux abords du 17e parallèle

Provinces de Quang Binh et Quang Tri

NOS ADRESSES PAGES 275 ET 278

SE REPÉRER
Carte de microrégion A1 *(p. 272-273).*
Voir « Arriver / Partir » dans « Nos adresses à Dong Hoi » p. 275 et dans « Nos adresses à Dong Ha » p. 278.

À NE PAS MANQUER
Les grottes de Phong Nha ; les tunnels de Vinh Moc.

ORGANISER SON TEMPS
Comptez une journée de visite pour la zone démilitarisée. Vous pouvez dormir à Dong Hoi ou Dong Ha.

Passé la porte de l'Annam, la Transvietnamienne se faufile entre le littoral et la cordillère Truong Son, traversant les provinces de Quang Binh et de Quang Tri qui comptent parmi les plus pauvres du pays. Elles cicatrisent mal des profondes blessures infligées lors des combats qui firent rage aux abords du 17e parallèle durant la guerre du Vietnam, et la visite de ces lieux marqués par la période la plus sombre de l'histoire du pays se présente comme un pèlerinage à la mémoire des milliers d'hommes et de femmes sacrifiés sur l'autel de la folie guerrière.

Se promener Carte de microrégion

DONG HOI ET SES ENVIRONS A1

À 166 km de Hué et 488 km de Hanoi.
Son statut de capitale provinciale du Quang Binh vaut à cette bourgade paisible et sans grand charme d'accueillir l'ensemble des bâtiments administratifs de la région et de nombreux hommes d'affaires. Vous n'y croiserez en revanche guère de touristes, sinon ceux qui passent là une journée pour organiser leur excursion aux grottes de Phong Nha. Si vous devez séjourner à Dong Hoi, promenez-vous de préférence au **marché** *(au sud de l'hôtel Nhat Le)* ou sur l'agréable **plage** qui s'étire le long de la rivière Nhat Le.

★ Les grottes de Phong Nha A1

Comptez 2h.
À 18 km au nord de Dong Hoi, quittez la RN 1 au village de Hoan Lao pour emprunter la route qui part à droite en face de la poste. L'embarcadère pour les grottes de Phong Nha est situé 30 km plus loin, au village de Son Trach. Vous pouvez également vous renseigner auprès des hôtels Phong Nha et Dong Hoi, mais le plus économique est de louer une moto-taxi (200 000 VND AR), une voiture (350 000 VND pour 4 pers.) ou un minibus (450 000 VND pour 12 pers.). Entrée des grottes 100 000 VND.
Le **parc national de Phong Nha-Ke Bang**, inscrit sur la liste du **patrimoine mondial de l'Unesco** en 2003, se compose de montagnes calcaires couvertes sur 41 000 ha de forêts primitives et abritant une faune et une flore très riches.

Le 17e parallèle marquait en 1954 la ligne de démarcation entre le Nord et le Sud-Vietnam.
Guido Alberto Rossi / Tips / Photononstop

La région compterait près d'une quinzaine de cavernes, mais celles de Phong Nha passent pour être les plus belles de toutes. D'abord découvertes par un Français au 19e s., les 7 729 m de galeries souterraines n'ont pu être parcourues dans leur totalité qu'en 1990-1992 par une équipe britannique.
On rejoint les grottes, situées à 5 km du débarcadère, à l'issue d'une très agréable balade en bateau au fil de la rivière Song Son. L'antre lui-même comporte une succession de plages de sable et de salles, où stalactites et stalagmites savamment sculptées par le temps composent d'étonnants tableaux colorés.

NOS ADRESSES À DONG HOI

INFORMATIONS UTILES

Poste / Téléphone
Buu Dien Dong Hoi – *À l'angle des rues Ly Thuong Kiet et Tran Hung Dao - 6h30-22h en été et 7h-21h30 en hiver.*

ARRIVER / PARTIR

En train
Gare – *À l'ouest de Dong Hoi, à l'extrémité de Tran Hung Dao.* 4 liaisons/j. pour Hanoi et Ho Chi Minh-Ville.

En bus
Il n'y a pas de gare routière, aussi vous faut-il intercepter l'un des nombreux bus qui circulent sur la RN 1 entre Hanoi et Ho Chi Minh-Ville. Armez-vous de patience, car beaucoup sont complets et ne s'arrêtent pas.

HÉBERGEMENT

Conseil – Évitez les hôtels Nhat Le, Phuong Dong et Huu Nghi, défraîchis, sales et déprimants, qui pratiquent des tarifs élevés.

PREMIER PRIX

My Ngoc Hotel – *5 Ly Thuong Kiet - (052) 382 20 74 - - 12 ch.* Un mini-hôtel bien tenu. Les chambres sont propres et claires, et l'accueil est très sympathique. Bien que située au bord de la RN 1, cette adresse est sans doute la plus agréable de Dong Hoi et vous pouvez demander une chambre qui ne donne pas sur la rue.

Dong Hoi Hotel – *50 Quang Trung - (052) 382 22 89 - - 30 ch. 15 $.* Le Dong Hoi n'a rien d'une adresse de charme, mais les chambres sont propres et disposent d'un balcon. Possibilité de louer une voiture ou un minibus, de réserver un billet de bus et d'organiser une excursion aux grottes de Phong Nha.

BUDGET MOYEN

Hoa Hong Guesthouse – *34 Truong Phap (en bordure de rivière) - (052) 382 20 42 - - 35 ch. 30 $.* Établissement similaire au Phong Nha. Sa façade en carrelage bleu et verre fumé n'est guère attrayante.

Phong Nha Hotel – *5 Truong Phap (en bordure de rivière, au nord de la ville) - (052) 382 49 71 - - 37 ch.* L'établissement est un peu impersonnel et froid, mais on a une jolie vue sur la plage, et l'endroit est très calme. On peut organiser ici ses excursions dans les environs et réserver une voiture ou un billet de bus. La réceptionniste parle anglais.

RESTAURATION

PREMIER PRIX

Nam Long – *22 Ho Xuan Huong.* Restaurant modeste et sans charme, mais la cuisine est excellente et servie en portions généreuses. Carte en anglais.

LA ZONE DÉMILITARISÉE (DMZ) A1

Comptez une journée.

Conseil – Il est recommandé de prendre un guide pour visiter la zone démilitarisée, et de ne pas s'aventurer en dehors des sentiers balisés.

Les accords de Genève conclus le 20 juillet 1954 entre Français et Vietnamiens établirent au niveau du 17e parallèle une ligne de démarcation provisoire entre Nord et Sud-Vietnam, partageant ainsi le pays entre la République démocratique du Vietnam de Ho Chi Minh et l'État du Vietnam dirigé par Bao Dai puis Ngo Dinh Diem *(voir « Histoire », p. 119)*. Ils instaurèrent également une zone démilitarisée, au sud de laquelle les Américains mirent en place en 1967 une ligne de défense électronique particulièrement sophistiquée pour freiner l'avancée des forces du Viet-minh. Baptisée **ligne McNamara**, elle consistait en un véritable mur de mines et de produits toxiques, soutenu par un entrelacs de barbelés dotés de détecteurs à infrarouge et acoustiques. S'il ne reste rien en apparence de cet important dispositif, le sol demeure criblé de mines et on dénombre de nombreuses victimes parmi les habitants de la région qui cherchent à récupérer les bouts de ferraille encore enfouis sous terre dans l'espoir de les revendre.

Au nord de Dong Ha A1

Bon à savoir – À l'intersection des RN 1 et RN 9, le vilain bourg de Dong Ha *(à 92 km de Dong Hoi et 74 km de Hué)* ne présente aucun intérêt, si ce n'est de constituer une étape sur la Transvietnamienne ou sur la route de Lao Bao.

À une vingtaine de kilomètres au nord de Dong Ha, le 17e parallèle est matérialisé par le **fleuve Ben Hai**, qui chemine depuis les montagnes Truong Son jusqu'à l'estuaire de Cua Tung pour se jeter dans la mer de Chine méridionale. Il délimita durant vingt ans le Nord et le Sud-Vietnam et s'écoulait au milieu d'un no man's land de 10 km. Le **pont Hien Luong** qui l'enjambe servit de poste-frontière entre les deux zones. Cet ouvrage en acier de 178 m de long fut construit en 1950 par un ingénieur français pour suppléer au bateau. Sur la rive nord du fleuve, un monument très stalinien a été érigé à l'emplacement de l'ancien poste de police.

500 m au nord du pont, avant la station, empruntez une petite route partant à droite de la RN 1, au travers des rizières (panneau). Les tunnels de Vinh Moc sont à 18 km.

Les **tunnels de Vinh Moc★** sont l'un des exemples les plus frappants du courage et de la ténacité des Vietnamiens dans leurs efforts de résistance aux Américains. Il est difficile de s'imaginer comment 400 personnes purent vivre, deux ans durant, dans ce tunnel de 1 700 m de long, dont l'arche n'excédait pas 1,80 m de haut et 1,20 m de large. Situé à proximité du village de Vinh Linh, réputé pour ses ressources en fer, ainsi que de l'archipel de Can Co, à partir duquel s'effectuait une partie du ravitaillement vers le sud, le site stratégique de Vinh Moc était la cible d'incessants bombardements. La population s'unit finalement pour creuser ce village souterrain qu'elle occupa de 1966 à 1968. Ces tunnels s'organisaient sur trois niveaux, de 12, 15 et 23 m de profondeur. Ils comportaient de petites cellules, des cuisines, des toilettes, des puits, ainsi qu'un hôpital, où naquirent 17 enfants, et une salle commune qui pouvait accueillir de 50 à 60 personnes. À proximité des tunnels, un **musée** expose divers clichés de l'époque retraçant les conditions de vie sous terre.

Revenez sur la RN 1 et rejoignez maintenant Dong Ha.

Sur la route de Khe Sanh A1

Ce sont les Français qui, les premiers, tracèrent la RN 9 qui permet de rejoindre la frontière laotienne. Ils rasèrent pour cela une grande partie de la jungle qui couvrait autrefois la région. Les bombardements massifs et les défoliants utilisés par les Américains durant la guerre du Vietnam ont achevé de redessiner le paysage. L'action de l'agent orange persistant pendant plus d'un siècle, seules de rares espèces, tels l'hévéa et le caféier, peuvent aujourd'hui pousser sur cette terre à la végétation clairsemée.

30 km à l'ouest de Dong Ha, à la sortie du village de Hak Lam, se dresse **The Rockpile**, un piton rocheux qui servit de base d'observation aux Américains au cours de la guerre. De nombreux GI's se relayèrent dans ses grottes, vivant là en totale autarcie et ne pouvant être ravitaillés que par hélicoptère.

En route pour Khe Sanh, vous apercevez de part et d'autre de la RN 9 des maisons sur pilotis en bambou tressé avec toit de chaume. C'est là que vivent les **Brus**, une minorité ethnique qui joua un rôle important durant la guerre contre les Américains. Ils apportèrent en effet leur soutien aux troupes de

CLOPIN-CLOPANT

Vous vous étonnerez peut-être de voir trottiner cahin-caha, au bord de la RN 9, quelques femmes aux formes généreuses. Ne vous y trompez pas : il s'agit de trafiquantes qui s'en reviennent de la frontière laotienne, leurs gilets remplis de paquets de cigarettes achetés à meilleur prix au Laos. Afin d'éviter les barrages policiers, elles descendent au travers des collines pour retrouver le bus qui les attend en contrebas.

Ho Chi Minh et se révélèrent très efficaces pour combattre dans la jungle, un environnement qui leur était familier. Au nombre de 80 000 avant la guerre, ils ne sont plus que 20 000 aujourd'hui.
Quelques kilomètres plus loin, vous apercevez à gauche de la route le nouveau pont qui enjambe la **rivière Dakrong**. Il vient remplacer le Dakrong Bridge qui s'est écroulé à l'automne 1999. Construit en 1972 avec l'aide financière cubaine, il constituait une pièce importante du système de la piste Ho Chi Minh *(voir « Histoire », encadré p. 123)*.
Parvenu au village de Hung Hoa, empruntez le chemin à droite du monument qui marque l'entrée de l'agglomération (avant la station). 3 km plus loin, un étroit chemin de terre sur la droite (indiqué par un panneau) mène à la base de Khe Sanh.
Comme Dien Bien Phu, la base militaire américaine de **Khe Sanh** *(voir « Histoire », p. 122)* aurait dû être inexpugnable. Plus de 10 000 soldats y étaient postés quand la place tomba en mars 1968. Ce lieu désolé, cette terre rouge comme d'avoir bu trop de sang conservent les stigmates des violents combats qui y firent rage. Un petit **musée** expose une carte de la région et le déroulement des combats ainsi que quelques photos d'époque et divers objets retrouvés sur le site.

NOS ADRESSES À DONG HA

INFORMATIONS UTILES

Poste / Téléphone

Buu Dien Dong Ha – *Le Duan - 6h30-22h.*

VISITE

Excursions organisées

La visite de la zone démilitarisée (le « DMZ Tour ») est proposée au départ de Hué *(voir p. 297)* ou de Dong Ha. Si vous réservez votre billet à Dong Ha *(15 $)*, il est probable que l'on vous rattache à un groupe en provenance de Hué, avec lequel vous pourrez rentrer vers la capitale impériale le soir venu. Deux circuits, de 1 ou 2 j., sont proposés mais à moins de porter un intérêt particulier pour cette période tragique de l'histoire, celui d'une journée devrait vous suffire.

ARRIVER / PARTIR

En train

Gare ferroviaire – *À droite à la sortie sud de la ville.*

En bus

Gare routière – *122 Le Duan (à l'angle des RN 1 et RN 9).* Plusieurs bus par jour desservent Hanoi (580 km) et Hué (74 km, 1h30 de trajet). Nombreuses liaisons pour Lao Bao (80 km, 2h) et 1 bus/j., à 0h, pour Savannakhet (330 km), au Laos.

HÉBERGEMENT

PREMIER PRIX

Buu Dien Hotel – *Le Duan (au sud de la gare routière) - ✆ (053) 385 44 18 -* ▤ ✕. L'hôtel s'organise autour d'une vaste cour où vous pourrez laisser votre véhicule. Les chambres sont confortables et propres, et l'accueil est aimable.

BUDGET MOYEN

Phung Hoang 2 – *146 Le Duan (au sud de la gare routière) - ✆ (053) 385 45 67 -* ▤ ✕ *- 45 ch. 30 $* ☕. Hôtel récent et confortable. Les chambres sont correctes et propres, mais les moins chères n'ont pas de fenêtre ni d'air climatisé. Le gérant parle un peu anglais.

Hué

★★★

Les tombeaux royaux

317 966 habitants - capitale de la province de Thua Thien-Hué

NOS ADRESSES PAGES 296 ET 305

S'INFORMER
Adressez-vous aux agences de voyages *(voir p. 296)* pour connaître horaires et tarifs des vols, trains et bus au départ de Hué.

SE REPÉRER
Carte de microrégion A1 *(p. 272-273)* - plan de Hué p. 282-283 - carte des environs p. 291.
Voir « Arriver / Partir » dans « Nos adresses à Hué » p. 296.

À NE PAS MANQUER
La Cité impériale ; les tombeaux royaux ; la route de Hué à Da Nang.

ORGANISER SON TEMPS
Comptez une demi-journée pour visiter la citadelle et une journée pour découvrir tous les tombeaux aux alentours de Hué.

L'ancienne capitale impériale se love dans un méandre du Song Huong, cette « rivière des Parfums » qui sinue au milieu de collines verdoyantes, jalonnée de vestiges d'une grandeur passée. Si les pouvoirs administratifs et économiques lui préfèrent la prude Hanoi ou la vibrionnante Ho Chi Minh-Ville, Hué demeure sans conteste le foyer intellectuel et culturel du pays. Elle est la muse des artistes, séduits par la poésie de ses paysages, le charme indicible de ses palais, pagodes et tombeaux, et par son art de vivre raffiné. La citadelle et les anciens quartiers commerçants, sur la rive ouest de la rivière, tout comme la campagne environnante, se prêtent idéalement aux longues promenades à vélo. En dépit des nombreuses destructions subies durant la guerre du Vietnam, Hué demeure une escale incontournable, qui compte parmi les lieux les plus séduisants et les plus attachants du Vietnam.

3

Découvrir Plan de la ville p. 282-283

★★ LA CITADELLE (KINH THANH) AC1-3

Comptez une demi-journée.
Conseil – Prévoyez toujours un parapluie, car il pleut souvent en journée.
Comme on se sent loin de la ville une fois franchie l'enceinte de la citadelle ! Profondément meurtrie par les guerres successives, elle offre au visiteur le sourire doux et mélancolique de ceux qui ont beaucoup souffert. La vieille dame conserve toutefois l'éclat du pourpre et de l'or qui l'habillèrent au temps de sa splendeur. Construite en 1805, sous le règne de l'empereur **Gia Long**, selon un plan inspiré des fortifications de Vauban, la citadelle s'organise en

espaces concentriques, renfermant la Cité impériale et la Cité pourpre interdite. Protégée par un canal et une enceinte en brique longue de 10 km, elle couvre une superficie de 520 ha.

Au niveau du premier rempart se dresse la **tour du Drapeau** *(Cot Co)* (C3), élevée en 1807. Construite à l'origine en bois, elle fut brisée par un typhon en 1904 et remplacée par une colonne en fonte, elle-même détruite en 1947 et remplacée par l'actuelle colonne en béton armé.

Que vous entriez dans la citadelle par les portes Ngan ou Sap, deux des dix portes, vous ne manquerez pas d'admirer les **neufs canons dynastiques** *(Cuu Vi Than Cong)* (C3) minutieusement sculptés, fondus sur l'ordre de l'empereur Gia Long à partir des armes et objets en bronze des frères Tay Son *(voir « Histoire », p. 113)*. Les quatre canons situés à proximité de la porte Ngan symbolisent les quatre saisons, tandis que ceux exposés près de la porte Sap représentent les cinq éléments (Métal, Bois, Eau, Feu et Terre). Ils ne furent jamais utilisés comme armes de guerre, mais un culte leur fut rendu et chacun reçut le titre honorifique de « Than Oai Vo Dich Thuong Tuong Quan », « grand général champion tout-puissant ».

★★ La Cité impériale (Hoang Thanh) B-C3

7h-17h - 80 000 VND. Comptez 100 000 VND pour 1h de visite guidée - billetterie à la porte sud, sortie par la porte est - photo interdite dans la plupart des édifices.

Conseil – Le site étant pris d'assaut par les groupes le matin dès 8h, privilégiez l'heure du déjeuner ou la fin d'après-midi (vous bénéficierez alors d'une belle lumière) pour votre visite.

Bon à savoir – Si vous prenez un guide, il ne vous conduira sans doute que jusqu'aux urnes dynastiques. Si vous souhaitez visiter avec lui l'intégralité de la citadelle, convenez-en ensemble à l'avance.

La Cité impériale et ses allées ombragées vous invitent à une agréable promenades. Ici, nul véhicule n'est autorisé et vous êtes déjà très loin de la ville. Protégée par le **canal Kim Thuy** (« rivière d'Or »), l'enceinte qui renferme la cité est percée de quatre portes fortifiées. La plus importante et la plus belle, la **Porte du Sud★** *(Cua Ngo Mon)* (C3), fut construite en 1833 sous le règne de Minh Mang, et restaurée en 1990 avec l'aide de l'Unesco et du Japon. Elle était réservée au roi et ouverte à l'occasion des grandes cérémonies. Elle se compose elle-même de cinq entrées : le portail central que seul franchissait le monarque, ceux de droite et de gauche pour les mandarins, les civils et les militaires, et les accès latéraux pour les éléphants, les chevaux et les soldats.

La porte du Sud est surmontée d'un superbe belvédère en bois de teck laqué, appelé **pavillon des Cinq Phénix** *(Ngu Phung)*. Supporté par cent colonnes admirablement peintes, il est couvert de tuiles en porcelaine émaillée jaune (la couleur du roi) et verte (celle des mandarins). Le roi venait ici proclamer les décisions et les édits impériaux face à la foule des mandarins de la cour, et c'est de ce balcon que Bao Dai abdiqua le 30 août 1945. Parmi les femmes, seules la mère et la grand-mère du roi étaient autorisées à venir le visiter ici.

Marchant sur les pas des empereurs Nguyen, vous passez ensuite un portique en bronze sculpté de dragons et de nuages et traversez le pont Trung Dao qui enjambe le lac Thai Dich. Il précède l'**esplanade des Grandes Salutations** *(Dai Trieu Nghi)* (C3) réservée aux mandarins lors des cérémonies. En fonction de son rang dans l'ordre mandarinal (il y en avait neuf), chacun occupait alors une place précise, marquée par les stèles que vous apercevez de part et d'autre de la cour.

Là se dresse le **palais de l'Harmonie suprême★★** *(Dien Thai Hoa)* (C3), l'un des plus remarquables de la Cité impériale. Cette vaste salle, où l'empereur

Portail Sud du palais impérial.
Luca Invernizzi Tettoni / Tips / Photononstop

avait coutume de trôner pour présider les cérémonies et recevoir des invités de marque, est éblouissante de couleurs et de richesses. Murs et colonnes en bois de teck laqué rouge et or sont gravés de poèmes en caractères chinois chantant la beauté du pays et de motifs traditionnels tel le dragon, symbole de la puissance impériale. Parmi les 80 colonnes qui soutiennent le palais, beaucoup ont été attaquées par les termites et ont dû être remplacées. Sous un large dais finement ciselé est exposé le **trône** en bois laqué doré sur lequel montèrent les 13 empereurs de la dynastie Nguyen. Dans une salle à l'arrière, une **maquette** permet d'imaginer à quoi pouvait ressembler la Cité impériale avant qu'elle ne soit partiellement détruite par les Français en 1947, puis par les Américains en 1968.

À l'arrière du palais de l'Harmonie suprême, vous parvenez dans la cour où s'élevait jadis la **Grande Porte dorée** *(Dai Cung Mon)* (C3) qui passait pour l'une des plus belles de la cité, mais fut entièrement brûlée en 1947. Elle marquait l'entrée de la **Cité pourpre interdite** *(voir p. 284)*.

Empruntez à gauche l'allée qui rejoint la porte Chuong Duc.

Au bout du chemin, sur la droite, il ne reste qu'un porche du **temple Phung Tien** *(Dien Phung Tien)* (B3). Il était dédié à la mémoire des empereurs et impératrices Nguyen, dont on célébrait ici les anniversaires de naissance et de mort. Les femmes n'étant pas autorisées à entrer dans le temple dynastique, celui-ci fut construit à leur intention pour qu'elles puissent venir y célébrer le culte aux ancêtres. Vous pouvez apercevoir sur cette porte quelques restes d'émaux cloisonnés sur bronze, une technique très résistante venue de Chine.

Un peu plus loin, à gauche, passez la petite porte qui ouvre sur un vaste jardin.

Là s'élève le **temple Hung** *(Hung Mieu)* (B3) dédié au culte des parents de Gia Long. Bâti en 1821, il fut reconstruit en 1951 et restauré en 1997.

À ses côtés, le **Temple dynastique★★★** *(The Mieu)* (B3), édifié en 1821-1822 sous le règne de Minh Mang, est consacré quant à lui au culte des rois Nguyen. Dix autels dédiés chacun à un roi et sa reine sont dressés dans cette longue pièce. Il manque ceux de Duc Duc et de Hiep Hoa, tous deux détrônés pour

HUÉ
N
0
500 m
A
B
1
2
3
4
RN1A, DONG HA, HANOI
PAGODE THIEN MU
TOMBEAUX ROYAUX
24
HUONG VINH
HUONG SO
KIM LONG
PHUONG DUC
CITADELLE
Porte Tran Binh
Porte Hau
Porte Trai
Porte An Hoa
An Hoa
Porte Chanh Tay
Porte Hoa Binh
Porte Huu
Porte Chuong Duc
Porte Nha Do
Porte Sap
Phu Thuan
Luong Ngoc Quyen
Thanh Giong
Thai Phien
Le Trung Dinh
Dinh Tien Hoang
Xuan 68
Dao Duy Anh
Bach Dang
Ngo Duc Ke
Le Van Huu
Le Thanh Ton
Tinh Tam
La Son Phu Tu
Tran Quoc Toan
Nguyen Trai
Phung Hung
Ngo The Lan
Trieu Quang Phuc
Le Huan
Thach Han
Nguyen Trai
Tran Nguyen Dan
Nguyen Cu Trinh
Ton That Thiep
Le Duan
Doan Thi Diem
Nhat Le
Mai Thuc Loan
Nguyen Bieu
Dang Dung
Nguyen Chi Dieu
Han Thuyen
Dang Thai Than
Canal Kim Thuy
Huong Ich Khiem
23 Thang 8
Cité pourpre interdite
CITÉ IMPÉRIALE
Canons
Tour du Drapeau
Song Huong (Rivière des Parfums)
Kim Long
Pont Da Vien
Ile Da Vien
Bui Thi Xuan
Le Loi
Dien Bien Phu
Pagode Bao Quoc
PAGODE THIEN MINH
Pagode Tu Dam
Su Lieu Quan
1 Porte du Su
2 Esplanade des Grandes Salutations
3 Palais de l'Harmonie suprême
4 Grande Porte dorée
5 Temple Phung Tien
6 Temple Hung
7 Temple dynastique
8 Pavillon de la Splendeur
9 Neuf urnes dynastiques
10 Pavillon Tinh Minh
11 Palais Dien Tho
12 Maison Ta Tra
13 Lac Kim Thuy
14 Palais de la Longévité
15 Palais Can Chanh
16 Palais Kien Trung
17 Pavillon de Lecture
18 Théâtre royal
19 Jardin royal
20 Trésor royal
21 Temple Trieu
22 Temple des Générations
23 Porte de l'Est
24 Musée des Antiquités royales de Hué
25 Musée de l'Armée

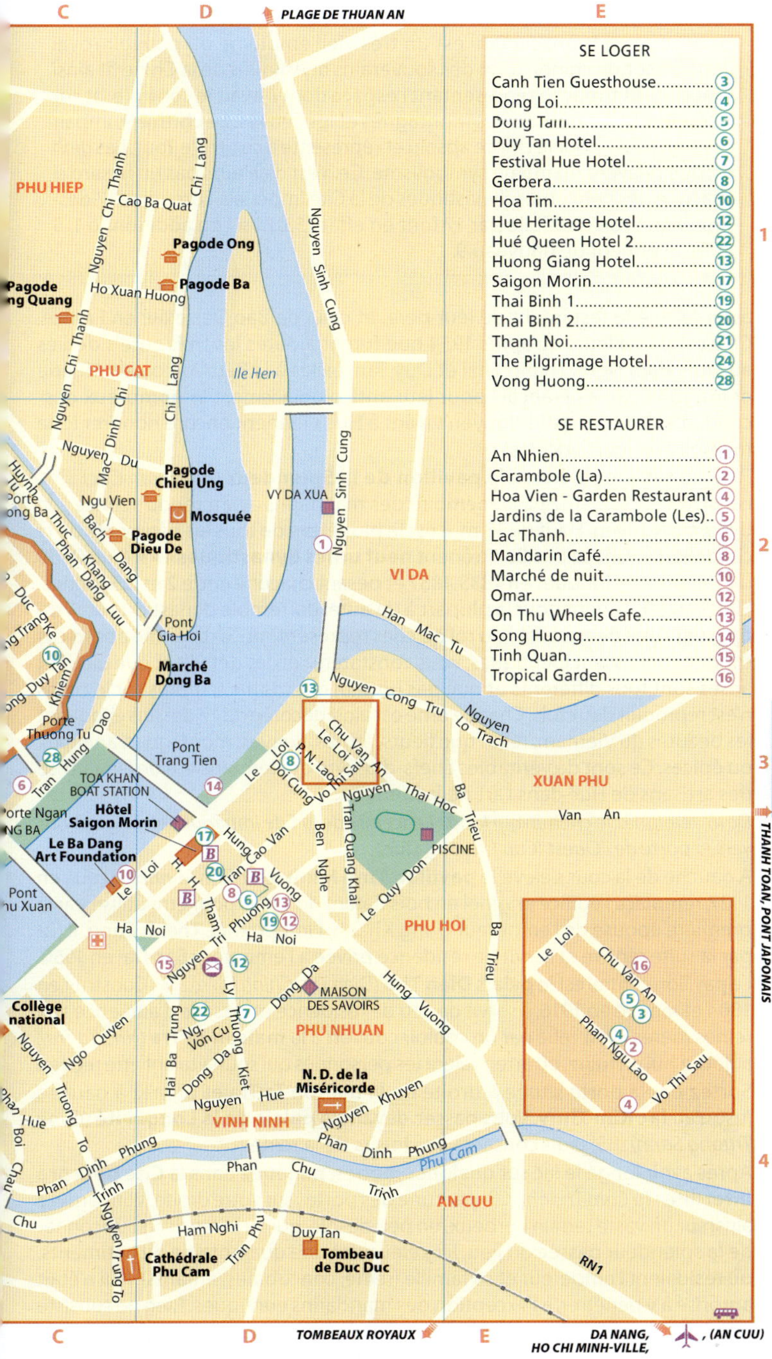
PLAGE DE THUAN AN
SE LOGER
Canh Tien Guesthouse 3
Dong Loi 4
Dong Tam 5
Duy Tan Hotel 6
Festival Hue Hotel 7
Gerbera 8
Hoa Tim 10
Hue Heritage Hotel 12
Hué Queen Hotel 2 22
Huong Giang Hotel 13
Saigon Morin 17
Thai Binh 1 19
Thai Binh 2 20
Thanh Noi 21
The Pilgrimage Hotel 24
Vong Huong 28
SE RESTAURER
An Nhien 1
Carambole (La) 2
Hoa Vien - Garden Restaurant 4
Jardins de la Carambole (Les) 5
Lac Thanh 6
Mandarin Café 8
Marché de nuit 10
Omar 12
On Thu Wheels Cafe 13
Song Huong 14
Tinh Quan 15
Tropical Garden 16
PHU HIEP
Pagode Ong
Pagode Ba
PHU CAT
Ile Hen
Pagode Chieu Ung
Mosquée
Pagode Dieu De
VY DA XUA
VI DA
Pont Gia Hoi
Marché Dong Ba
Porte Thuong Tu
Pont Trang Tien
TOA KHAM BOAT STATION
Hôtel Saigon Morin
Le Ba Dang Art Foundation
Pont Phu Xuan
XUAN PHU
PISCINE
PHU HOI
MAISON DES SAVOIRS
PHU NHUAN
Collège national
N. D. de la Miséricorde
VINH NINH
Phu Cam
AN CUU
Cathédrale Phu Cam
Tombeau de Duc Duc
RN1
THANH TOAN, PONT JAPONAIS
TOMBEAUX ROYAUX
DA NANG, HO CHI MINH-VILLE,
(AN CUU)

LE CHIFFRE ABSOLU

Le tripode en bronze *(dinh)* est un très vieil emblème du pouvoir royal dans le monde chinois. L'un des souverains mythiques de la Chine fit ainsi fondre neuf tripodes représentant l'espace dont il avait le contrôle, et sur lesquels il fit représenter les montagnes et les fleuves. Le **chiffre 9**, impair et yang, passe pour le chiffre absolu et représente à ce titre le Tout. Les *dinh* de Hué relèvent du même symbolisme. Ce n'est d'ailleurs pas un hasard si chacune des neuf urnes dynastiques de la Cité impériale comporte 17 dessins. 9 que l'on multiplie par 17 font en effet 153. Et si l'on additionne 1, 5 et 3, on obtient de nouveau 9.

avoir falsifié le testament de leur père, et celui de Bao Dai, exilé en France. Ce n'est par ailleurs qu'après 1954 que furent ajoutés les trois autels dédiés aux rois Ham Nghi, Thanh Thai et Duy Tan, exilés à la Réunion ou en Algérie et interdits par les Français pour leur anticolonialisme. Les nombreux descendants de la dynastie Nguyen vivant à Hué viennent encore honorer ici la mémoire de leurs ancêtres.

Face au temple se dresse le **pavillon de la Splendeur** *(Hien Lam Cac)* (B3), construit en 1821-1822 à la mémoire des mandarins ayant rendu service à la dynastie Nguyen. Haut de 13 m, il est le plus élevé de tous les bâtiments de la citadelle. Devant ce pavillon trônent **neuf urnes dynastiques★★★** *(Cuu Dinh)* (B3) en bronze, fondues en 1835-1837 et pesant chacune entre 2 et 2,5 tonnes. Elles correspondent pour la plupart à un autel du Temple dynastique et symbolisent l'une des qualités du roi qu'elles représentent. Si de prime abord ces tripodes paraissent identiques, vous constaterez en les détaillant que pieds et anses sont tous différents et que pas un seul des motifs sculptés sur le corps n'est reproduit deux fois. Chaque urne est ainsi décorée de 17 dessins évoquant les beautés du Vietnam, telles que fleurs, arbres, fleuves, montagnes, animaux ou épices. Ce sont de véritables chefs-d'œuvre qui témoignent de la maîtrise des artisans de Hué dans l'art de la fonderie.

De là, rejoignez le chemin qui longe l'enceinte de la Cité impériale, et dirigez-vous vers la porte de l'Ouest (Cua Chuong Duc).

À gauche de la cour s'élève le **pavillon Tinh Minh** *(Lau Tinh Minh)* (B3) qui, en 1927, remplaça l'édifice originel en bois datant du 19e s., pour être utilisé par la première épouse de l'empereur Dong Khanh, l'impératrice Thanh Cung. Il fut par la suite rénové et servit de résidence privée à l'empereur Bao Dai en 1950.

Le pavillon central est le **palais Dien Tho** *(Dien Tho Chinh Dien)* (B3). Construit en 1804 et rénové en 1916, il servit de lieu de résidence et de salle d'audience aux reines mères. Il est relié par un couloir couvert à la **maison Ta Tra** *(Nha Ta Tra)*, aujourd'hui en ruine, où attendaient les personnes qui souhaitaient être reçues.

Sortez par la porte située à droite de la maison Ta Tra et prenez à gauche jusqu'au **lac Kim Thuy**. Vous passez devant le **palais de la Longévité** *(Cung Truong Sanh)* (B3) jadis consacré aux loisirs de la reine.

Après avoir longé le lac sur quelques mètres, pénétrez dans la **Cité pourpre interdite** *(Tu Cam Thanh)* (C3) par l'une des portes sur votre droite. Vous arrivez ainsi sur un vaste terrain herbeux, un peu désolé, qui ne laisse rien soupçonner de la splendeur passée du lieu. Ici s'élevaient une quarantaine de bâtiments, où résidaient l'empereur et sa famille (reine, concubines, enfants). Nul n'était autorisé à y pénétrer, à l'exception des mandarins eunuques. Rien ne subsiste non plus du palais Can Chanh *(Dien Can Chanh)* où le roi avait coutume de travailler. Une volée de marches mène à une esplanade où s'élevait le palais

Hué, ancienne capitale impériale

UNE TERRE ÂPREMENT DISPUTÉE

Si la création de l'actuelle Hué ne remonte qu'au début du 19e s., la région était déjà habitée il y a plus de 4 000 ans, comme en témoignent les vestiges d'une industrie lithique. Après son occupation par la commanderie chinoise du Hainan, elle fut placée du 3e au 14e s. sous l'influence du Champa, avant que le roi Che Man ne cède ces terres au Dai Viet en guise de dot. En 1466 fut ainsi créée la région de **Thuan Hoa**, mais elle demeura un siècle durant l'objet de conflits entre les deux royaumes. Après la disparition des Chams, le pays était encore, sous la dynastie des Le, divisé entre deux seigneuries : les Trinh au nord et les Nguyen au sud. En 1636, ces derniers installèrent leur résidence et le siège de leur administration à **Kim Long**, mais ils déplacèrent leur capitale en 1687 à **Phu Xuan** (5 km au nord de l'actuelle Hué) où ils firent élever une imposante citadelle. Dès 1778, le Sud fut secoué par de nouveaux conflits, opposant cette fois les seigneurs Nguyen aux frères Tay Son, victorieux, puisqu'ils s'emparèrent de la région de Thuan Hoa et de Phu Xuan en 1786 et l'occupèrent jusqu'en 1802. Cette même année, Nguyen Anh reprit la citadelle de Phu Xuan, après avoir maté la rébellion et opéré l'unification des territoires du Nord, du Centre et du Sud. Devenu l'empereur **Gia Long**, il décida d'élever à Hué, sur les rives du Song Huong, une nouvelle citadelle pour remplacer celle de Phu Xuan. Elle allait devenir le centre politique et culturel du nouvel empire d'Annam.

LA CAPITALE IMPÉRIALE

Sous le protectorat français, Hué demeura un temps encore la capitale officielle du Vietnam, mais elle n'abritait plus qu'un pouvoir fantoche. À la solde de la France, les empereurs Nguyen ne conservèrent qu'un rôle emblématique, jusqu'à l'abdication de **Bao Dai** en 1945. La signature des accords de Genève en 1954 marqua la fin du régime monarchique du Vietnam et de la prépondérance de Hué. Le pays fut divisé en deux zones : au Nord, la République démocratique du Vietnam de Ho Chi Minh prit pour capitale Hanoi, tandis qu'au Sud, la République du Vietnam de Ngo Dinh Diem établit la sienne à Saigon. Au cours des années noires qui suivirent, notamment durant l'offensive du Tet *(voir « Histoire », p. 122)*, Hué essuya de terribles bombardements, et une grande partie de la ville dut être reconstruite.

L'ensemble des monuments de Hué, qui a conservé tout son charme, est classé, depuis 1993, sur la liste du Patrimoine mondial de l'Unesco.

Kien Trung *(Kien Trung Lau)* (B3) qui servit d'appartement privé au roi Khai Dinh, puis de résidence à l'empereur Bao Dai jusqu'en 1947. Il fut totalement détruit au cours des bombardements de 1947 et 1968.

Redescendant en direction du palais de l'Harmonie suprême, vous passez devant le **pavillon de Lecture★** *(Thai Binh Lau)* (B-C3) où le roi venait lire et se reposer. Il est précédé d'un joli jardin arboré et d'un bassin, au milieu duquel a été aménagée une petite montagne artificielle. C'est le seul pavillon de la Cité pourpre interdite qui n'ait pas été détruit durant la guerre.

Parvenu dans la cour située à l'arrière du palais de l'Harmonie suprême, prenez à gauche l'allée qui vous conduit à la porte de l'Est.

Sur votre gauche, un chemin mène au **Théâtre royal** *(Duyet Thi Duong)* (C3) *(voir « Activités », p. 303)* et au Jardin royal *(Vuon Thuong Uyen)* (C2), aujourd'hui laissé à l'abandon. Avant d'atteindre la porte de l'Est, vous longez un bel édifice du 19e s., de style européen, qui abrita un temps l'école des Beaux-Arts de Hué et remplace le bâtiment du **Trésor royal** *(Phu Noi Vu)* (C3), où étaient produits et entreposés les objets de valeur de la cour.

À droite, caché derrière une haute enceinte, le **temple Trieu** *(Trieu Mieu)* (C3) fut construit en 1804 et consacré au culte des parents du seigneur Nguyen Hoang. Il a été restauré en 1983-1985, mais semble de nouveau délaissé. Plus au sud, le **temple des Générations** *(Thai Mieu)* (C3), dédié aux neuf générations des seigneurs Nguyen, il est aujourd'hui très endommagé.

Vous pouvez sortir de la Cité impériale par la **porte de l'Est** *(Cua Hien Nhon)* (C3), ou porte de l'Humanité, qui possède quant à elle de superbes mosaïques.

Passé cette porte, prenez à droite dans Doan Thi Diem, puis à gauche dans la rue Le Truc.

À l'extérieur de la Cité impériale

Fondé en 1923, sous le règne de Khai Dinh, le **musée des Antiquités royales de Hué★** *(C3 - 3 Le Truc - 7h-17h sf lun. - 40 000 VND - comptez 20mn - se déchausser à l'entrée)* est riche de plus de 500 objets de grande valeur ayant appartenu à différents membres de la dynastie Nguyen (vaisselle, mobilier, vêtements brodés, objets rituels en bronze, poteries domestiques, vases en porcelaine japonaise ou en « bleu de Hué », etc.). Tout autant que les œuvres exposées, vous apprécierez la superbe architecture du palais Long An, construit en 1845, dans lequel le musée est aménagé. Murs et colonnes en bois de teck sont ornés de poèmes en caractères chinois incrustés d'or, d'ivoire et de nacre, célébrant la gloire du pays et la beauté des paysages.

De l'autre côté de la rue se dresse le **musée de l'Armée** *(Bao Tang Tong Hop)* *(C3 - entrée par l'autre côté, au 23 Thang 8, 7h30-11h, 13h30-17h sf lun. - gratuit)*,

LA RIVIÈRE DES PARFUMS

Déroulant son cours de la cordillère Truong Son à l'estuaire de Thuan An, la rivière des Parfums est l'âme de la ville et détermine sa physionomie. Si de nombreuses légendes brodent sur l'origine de son nom, artistes, peintres et poètes n'ont pas manqué d'user de métaphores pour louer sa beauté, la comparant par exemple à un long ruban de soie flottant au vent. Aujourd'hui, le **Song Huong** concentre une grande partie de l'activité de Hué, les sampans utilisés pour le transport du sable ou des produits qui viennent alimenter le marché Dong Ba côtoyant les bateaux destinés à conduire les touristes vers la plaine des Tombeaux.

où photographies de guerre, armes, coupures de presse, maquettes et objets divers retracent la résistance des Vietnamiens à Hué face à l'invasion américaine (1954-1973). Dans le même complexe, un bel édifice traditionnel en bois abrite une maigre **collection d'archéologie** montrant des vestiges trouvés à Hué et qui remonteraient aux périodes paléolithique et néolithique.

Se promener Plan de la ville p. 282-283

SUR LA RIVE OUEST DE LA RIVIÈRE DES PARFUMS

Passé les portes de la citadelle, la vie semble reprendre son cours. L'animation bat son plein aux abords du **marché Dong Ba** (D2) *(rue Tran Hung Dao, à côté du pont Trang Tien)*, véritable centre névralgique de Hué. Vous flânerez avec plaisir le long des étals colorés. De nombreux bateaux se pressent autour des débarcadères, situés à proximité de la grande halle couverte, où sont déchargés les vivres, acheminés depuis les villages voisins.

Franchissez le pont Gia Hoi pour rejoindre le quartier de Phu Cat et prenez tout de suite à gauche la rue Bach Dang.

À hauteur du n° 100, avant de passer la rue Ngu Vien, un portail en pierre à trois portes marque l'entrée de la **pagode Dieu De** (C2) qui se dresse au bout d'une allée bordée d'arbres. Édifiée en 1842 sous le règne du roi Thieu Tri, elle fut jadis l'une des plus jolies et des plus importantes pagodes de la ville. Elle abrita même au cours de l'histoire une fonderie de la monnaie nationale, ainsi que les réunions d'étudiants et de bouddhistes opposés au régime de Ngo Dinh Diem. Elle ne paie plus vraiment de mine aujourd'hui, mais est encore très fréquentée aux heures des offices.

Poursuivez le long de la rue Bach Dang et empruntez le chemin de terre à droite du pont qui rejoint la rue Nguyen Chi Thanh. Continuez pendant 300 m.

Vous apercevez sur la gauche, en retrait de la route, la **pagode Tang Quang** (C1), où les gens ont coutume de se recueillir le 14 de chaque mois. Vous pouvez demander la clé, mais l'intérieur, vide et kitsch, ne présente que peu d'intérêt.

Continuez sur Nguyen Chi Thanh, puis prenez à droite la rue Ho Xuan Huong.

Vous parvenez ainsi dans la rue Chi Lang, à l'angle de laquelle se dressent les **pagodes Ong** et **Ba** (D1). Revenant vers la citadelle, vous passez devant une maison communale, la **pagode Chieu Ung** et l'ancienne **mosquée** (D2).

LA VILLE MODERNE

Comptez une demi-journée.

Bon à savoir – La promenade que nous vous conseillons ici ne compte pas de monuments majeurs ; c'est surtout une balade d'ambiance qui vous fera prendre le pouls de la ville au quotidien.

Sur la rive est de la rivière des Parfums

La rive est du Song Huong est occupée par les quartiers modernes de Hué. Ils contrastent avec la citadelle dont ils sont loin de posséder le charme, mais ils demeurent de taille humaine et conservent quelques ruelles paisibles où il fait bon se promener. Hôtels, restaurants et boutiques se concentrent aux abords des avenues Hung Vuong et Le Loi.

En abordant la rive est par le pont Trang Tien, vous êtes accueilli par l'imposante silhouette de l'**hôtel Saigon Morin** (D3). Bâti en 1901, ce superbe édifice d'architecture coloniale fut restauré en 1995 avec le concours de l'AAVH *(voir encadré, p. 303)*, dans le respect des plans d'origine ; dans ses couloirs, des

reproductions de photos d'époque montrent la ville au début du 20e s. *(accès libre - se présenter à la réception de l'hôtel - voir « Hébergement » p. 299).*

Remontez la rue Le Loi vers la gare.

Aux n° 23-25, surplombant la rivière des Parfums, les deux imposantes bâtisses qui hébergeaient les services des Travaux publics à l'époque coloniale devraient accueillir, en 2014, le nouveau **musée de Hué**. Dédié aux traditions et aux visages anciens de la ville, ce dernier exposera des archives de l'Association des Amis du Vieux Hué et du fonds Albert Sallet. Plus loin sur le même trottoir, la **fondation Le Ba Dang** *(n° 15 - voir p. 302)* vous fera découvrir l'œuvre de ce plasticien, peintre et sculpteur né en 1921, dont les créations entremêlent les influences orientales et occidentales.

En continuant à remonter la rue, vous apercevez sur votre gauche les bâtiments rose saumon du **Collège national** (C4). Si vous venez le soir, après la sortie des classes, peut-être aurez-vous alors la chance d'assister à l'une des leçons d'arts martiaux données dans la cour en plein air.

Sur la rive sud de la Phu Cam

À hauteur de l'hôtel La Résidence (5 Le Loi), prenez sur votre gauche la rue Dien Bien Phu, passez la voie de chemin de fer, tournez dans la première rue à droite, puis tout de suite à gauche.

On accède à la **pagode Bao Quoc** (C4) par une volée de marches que domine une large porte en pierre décorée d'incrustations en porcelaine bleu et blanc. Édifiée à la fin du 17e s. par le bonze Giac Phong, elle fut élevée plus tard au rang de pagode d'État. Vous viendrez surtout ici pour la sérénité du lieu. Dans un bâtiment attenant, des moines suivent leurs cours, tandis que dans le jardin ombragé situé à l'arrière du sanctuaire, parmi les tombeaux de bonzes ayant œuvré pour la pagode, de jeunes étudiants profitent de cet endroit paisible et reposant pour réviser.

Remontant la rue Dien Bien Phu, vous passez devant la jolie pagode Thien Minh, sise au n° 91. Quelques dizaines de mètres plus loin, prenez la première rue à gauche pour accéder à l'entrée de la pagode Tu Dam.

Élevée en 1695 par le bonze Minh Hoang Tu Dung, la **pagode Tu Dam** (C4) *(1 Su Lieu Quan)* est précédée d'une vaste cour où peuvent se réunir des milliers de fidèles. Dans un coin s'épanouit un large figuier, planté en 1936. Si la pagode conserve aujourd'hui autant d'importance, c'est qu'elle fut pour beaucoup dans la fondation et le développement du bouddhisme au Vietnam. Elle accueillit notamment l'Association des études bouddhistes de l'Annam (1936), les activités bouddhiques anticolonialistes pour l'indépendance du peuple

Le long de la rivière des Parfums, à Hué.
Frank Waldecker / Look / Photononstop

(1945), ainsi que le mouvement bouddhiste contre la dictature du président Ngo Dinh Diem (de 1960 à 1963).

Au bout de la rue Su Lieu Quan, prenez à gauche dans la rue Phan Boi Chau et descendez jusqu'à la rivière Phu Cam, puis prenez à droite avant le pont la rue Phan Chu Trinh. Parvenu au pont suivant, remontez sur votre droite dans la rue Nguyen Truong To.

La massive **cathédrale Phu Cam** (C4) manque pour le moins de grâce avec ses deux hautes tours de pierres grises. Elle est l'œuvre de l'architecte vietnamien Ngo Viet Thu, prix de Rome en 1955, qui a par ailleurs signé le palais présidentiel de Ho Chi Minh-Ville.

Le tombeau de Duc Duc

Prenez, à gauche en regardant la cathédrale, la rue Ham Nghi, puis la Duy Tan. Le tombeau est situé un peu plus loin sur la droite, au n° 8 (7h-17h30 - gratuit).

Duc Duc ne régna que trois jours, avant d'être détrôné et emprisonné pour avoir falsifié une partie du testament de son oncle et père adoptif, le roi Tu Duc. Il mourut peu après, mais ce n'est que sept ans plus tard que son fils, Thanh Thai, monté à son tour sur le trône, fit construire ce mausolée pour son père. Le tombeau de Duc Duc, plus simple que ceux que vous pourrez voir aux alentours de Hué, est assez peu visité, et il vous faudra demander la clé au gardien pour entrer dans le temple et accéder au tombeau, assez endommagé.

Revenez sur vos pas jusqu'à la rue Tran Phu et redescendez jusqu'à la rivière ; passé le pont, prenez tout de suite à droite, puis à gauche dans la rue Nguyen Khuyen.

La **cathédrale Notre-Dame-de-la-Miséricorde** (D4), que domine un clocher atypique de trois étages, présente une architecture intéressante, mélangeant les styles européens et asiatiques. Elle fut construite de 1959 à 1962 par l'architecte vietnamien Nguyen My Loc.

3

À proximité Plan p. 291

★★ LES TOMBEAUX ROYAUX

Comptez une journée pour tous les visiter.

Bon à savoir – Deux possibilités pour visiter les tombeaux royaux : l'excursion en bateau, proposée par toutes les agences de la ville *(voir p. 297)*, ou la location d'un vélo ou d'une moto à Hué *(voir p. 297)* en organisant votre propre circuit. La campagne alentour réserve mille surprises.

Soucieux, comme tout souverain, de l'éternité de leur vie dans l'au-delà, les **empereurs Nguyen** prêtèrent beaucoup d'attention à l'édification de leurs mausolées. Ces œuvres grandioses constituèrent d'ailleurs de leur vivant une résidence secondaire, dans lesquelles ils se plaisaient à séjourner pour veiller à l'avancement des travaux. Ces tombeaux représentèrent plusieurs années de dur labeur pour des milliers d'ouvriers et de soldats, enrôlés de force, dont beaucoup y laissèrent la vie. Véritables bijoux d'architecture sertis d'une nature triomphante, témoignages de la splendeur passée de la dynastie Nguyen et du savoir-faire des artisans de l'époque, ils constituent l'une des principales curiosités de Hué.

★★ Le tombeau de Tu Duc

Comptez 1h à 1h30.

À 6 km de Hué. Suivez la rue Bui Thi Xuan, à droite de la gare ferroviaire, sur 3 km, puis prenez à gauche vers les arènes. Poursuivez sur 2 km jusqu'au tombeau de Tu Duc qui se dresse à gauche de la route. 6h30-17h30 en été et 7h-17h en hiver - 80 000 VND. Si vous arrivez au tombeau par le fleuve, comptez 20mn de marche par un sentier facile, ou 50 000 VND – en négociant – pour vous y faire conduire en moto-taxi.

Deuxième fils du roi Thieu Tri, Tu Duc était un passionné de poésie et conçut ce mausolée comme un véritable parc d'agrément pour sa vie éternelle. Entouré d'une enceinte de plus de 1 500 m, ce dernier s'inscrit dans un cadre particulièrement agréable et comporte une cinquantaine d'édifices répartis sur quelque 12 ha. Tu Duc régna trente-cinq ans, de 1848 à 1883. Il supervisa lui-même les travaux et séjourna régulièrement dans ce lieu qui lui permettait de s'éloigner un peu de la cour. La construction s'étala de 1864 à 1867, et mobilisa 6 000 soldats et ouvriers.

En entrant dans le parc, vous longez tout d'abord le **lac Luu Khiem**, au bord duquel le roi aimait venir se reposer, lire ou composer des poèmes. Construit sur pilotis, le **pavillon Xung Khiem** qui s'élève sur l'une de ses berges permet de profiter de la beauté du lieu.

Deux volées de marches montent au **porche Khiem Cung** qui ouvre sur le temple dédié au culte de Tu Duc. Vous parvenez ainsi dans une première cour, flanquée des pavillons Phap Khiem et Le Khiem, destinés aux mandarins. Là se dresse le **palais Hoa Khiem** où le roi avait pour habitude de travailler durant ses séjours sur le site. À sa mort, il lui fut consacré, ainsi qu'à la reine, et des objets ayant appartenu au couple y sont exposés (horloge, vases, etc.). À l'arrière de ce pavillon, le **palais Luong Khiem** en briques grises regroupait les appartements privés de l'empereur, dédiés, quand il mourut, à sa mère.

À droite, le **pavillon Minh Khiem** abrite l'ancien théâtre classique. Il fut construit en 1866 et on peut encore y voir la scène et le balcon où le monarque prenait place pour assister aux représentations.

Revenez vers le lac. À gauche, le chemin serpente jusqu'au tombeau.

Vous pénétrez tout d'abord dans la **cour des Salutations**, bordée de frangipaniers et de deux rangées de mandarins. La **stèle** qui se dresse non loin est l'une des plus imposantes du Vietnam ; elle est gravée du « *Khiem Cung Ky* », composé par l'empereur lui-même pour narrer sa propre histoire. Au-delà, vous parvenez à la tombe en granit de Tu Duc.

À proximité s'élève la **tombe de l'empereur Kien Phuc** (1883-1884), fils adoptif de Tu Duc, mais elle est assez endommagée et les céramiques ont disparu. Le temple qui lui rend hommage est en revanche bien restauré, et conserve de belles céramiques et peintures.

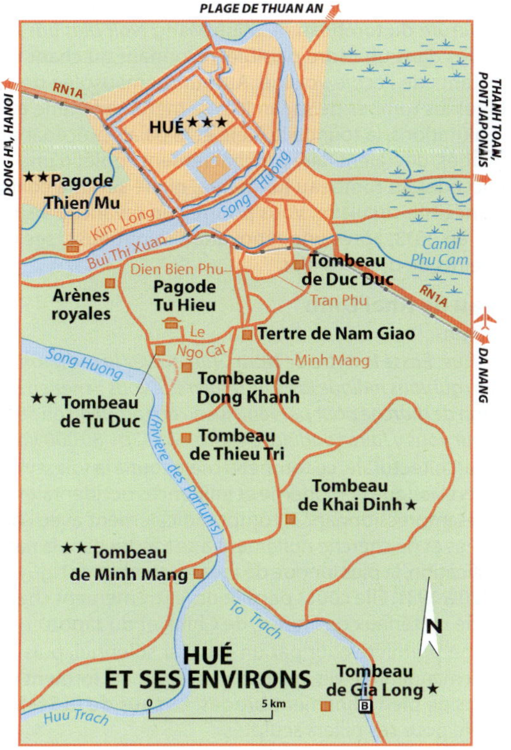

Le tombeau de Dong Khanh

À 500 m du tombeau de Tu Duc. Empruntez la route à gauche, au sud de l'entrée du tombeau de Tu Duc - fermé en 2013 pour d'importants travaux de restauration - se renseigner.

Le fils de Tu Duc ne régna que trois ans, de 1885 à 1888, puisqu'il mourut à l'âge de 25 ans, sans avoir eu le temps de faire édifier son tombeau. Sa construction se fit alors en deux temps : le culte du roi fut d'abord rendu dans un temple existant, le palais Truy Tu, devenu temple Ngung Hy, et le tombeau proprement dit, élevé en 1917 par son fils, le roi Khai Dinh. Cela explique que deux styles architecturaux se côtoient dans ce mausolée.

Dans le **temple** sont exposés divers objets ayant appartenu à l'empereur ou à ses femmes (vaisselle, chaussures, oreiller, tableau de Napoléon, vases vietnamiens et français, etc.). Dans une salle, à l'arrière, un autel est dressé pour les concubines.

À la sortie du temple, le chemin conduit au **tombeau**, 100 m plus loin.

Le tombeau de Thieu Tri

À env. 6km de Hué. Si vous venez de Hué, passez le tertre de Nam Giao et suivez la rue Minh Mang. Si vous venez du tombeau de Tu Duc, suivez la route en direction du tombeau de Minh Mang, le tombeau de Thieu Tri est situé au croisement avec la route qui remonte sur Hué - 6h30-17h30 en été (7h-17h en hiver) - 40 000 VND.

Thieu Tri, fils de Minh Mang, étant décédé à 41 ans, avant d'avoir pu faire édifier son tombeau, la tâche en revint à son fils, Tu Duc. L'ensemble, qui reprend la structure du tombeau de Minh Mang *(voir plus bas)*, s'élève entre jardins et rizières dans un cadre paisible, résonnant du chant et des piaillements des enfants de l'école voisine. Autour du mausolée de Thieu Tri ont été rassemblées les tombes de sa famille : sa mère, sa femme et ses enfants. La cour des Salutations, la tour de la Stèle et le palais précédant le tombeau, fort endommagés, devraient faire prochainement l'objet d'une restauration. On ne peut accéder au tombeau lui-même, niché sur une colline entourée d'une haute enceinte circulaire. Vous pourrez en revanche visiter le temple, qui a retrouvé en 2013, après une rénovation minutieuse, ses piliers laqués de rouge et peints de dragons d'or.

★ Le tombeau de Khai Dinh

Comptez 40mn.

À env. 8 km de Hué. Passé le tertre de Nam Giao, suivez la rue Minh Mang jusqu'à une intersection qui vous indique la route à suivre. Si vous venez en bateau, comptez de 20 à 30mn de marche pour parvenir jusqu'au tombeau ou 50 000 VND – en négociant – pour vous y faire conduire à moto - 7h-17h - 80 000 VND.

Véritable folie architecturale, ce tombeau mêle tout à la fois style traditionnel vietnamien, arts classique et moderne et influences occidentales. Absolument kitsch, mais très impressionnant, il rompt radicalement avec l'harmonie des autres mausolées et ne cherche nullement à se fondre dans la nature environnante. Son édification, la plus longue de tous les tombeaux Nguyen, dura onze années, de 1920 à 1931. Elle coûta par ailleurs extrêmement cher, nécessitant l'importation de matériaux de France, de Chine et du Japon.

On accède à une première cour par un escalier solennel, puis à la **cour des Salutations** où mandarins civils, militaires et serviteurs forment une haie dans leurs vêtements de pierre finement brodés. La **tour de la Stèle** octogonale est remarquable pour ses piliers sculptés.

Le **palais Thien Dinh** (« la Destinée ») qui abrite le tombeau est quant à lui perché deux terrasses plus haut. Glaces, tessons de céramique et mosaïques colorées composent des bas-reliefs élaborés, chefs-d'œuvre des artisans

SELON LES RÈGLES DE LA GÉOMANCIE

Si chacun des mausolées élevés par les empereurs Nguyen possède un charme et un caractère propres, ils sont tous la réplique schématisée de la citadelle et répondent à une disposition précise, inspirée des tombeaux des souverains chinois. Le site sur lequel devait s'élever un mausolée faisait l'objet d'études spécifiques réalisées par les géomanciens du roi *(voir p. 95)* et s'inscrivait dans un vaste jardin paysager agrémenté de lacs et de canaux.

Parmi les éléments architecturaux communs à l'ensemble des tombeaux Nguyen, on note le **mur d'enceinte**, au-delà duquel s'étire d'abord une vaste cour pavée, la **cour des Salutations**, où sont alignées les statues de mandarins civils et militaires – substituts des mandarins qui se tenaient dans la cour d'honneur devant la salle du trône –, de chevaux et d'éléphants. À l'extrémité de celle-ci se dresse une tour qui abrite une immense **stèle** en marbre, sur laquelle est gravé un discours vantant les mérites du roi défunt et composé par son successeur. De part et d'autre de ce pavillon s'élèvent par ailleurs deux obélisques, symboles de la puissance du roi. Puis on accède au **temple**, dédié au monarque, à ses reines et concubines, où sont exposées leurs tablettes funéraires et la table de culte. Enfin apparaît le **tombeau**, lui-même entouré d'un petit mur.

Le tombeau de Khai Dinh mêle différents styles.
Cezary Wojtkowski/Tips / Photononstop

vietnamiens du 20e s. Au milieu du temple trônent la table de culte de Khai Dinh ainsi qu'une lourde statue en bronze, fondue en France en 1922 et protégée par un imposant dais en béton armé. C'est sous ce portrait de Khai Dinh que repose le corps du roi.

★★ Le tombeau de Minh Mang

Comptez 1h.

À 13 km de Hué (5 km du tombeau de Khai Dinh), sur la rive ouest de la rivière des Parfums - 6h30-17h30 en été et 7h-17h en hiver - 80 000 VND.

Le tombeau de Minh Mang, tout entier voué à la peinture, à la poésie et à la philosophie, est sans conteste l'un des plus majestueux avec celui de Tu Duc. Le roi, qui régna de 1820 à 1841, en conçut les plans de son vivant, mais celui-ci ne fut construit qu'après sa mort. L'ensemble s'organise sur un axe de 700 m, le long duquel se succèdent 35 monuments, palais, ponts, canaux et lacs.

La **porte Dai Hong** qui marque l'entrée du mausolée ne servit qu'une fois, à l'occasion du dépôt du cercueil. L'entrée se fait désormais par une porte annexe *(billetterie)*.

La **cour des Salutations** précède la **tour de la Stèle**, restaurée, sur laquelle est gravé le « *Thanh Duc Than Cong* », composé par Thieu Tri pour vanter les exploits de son père.

Vous passez ensuite la **porte Hien Duc** pour accéder à un espace consacré aux cérémonies du culte et au centre duquel se dresse le **palais Sung An**, dédié au roi et à sa reine. On y accède par trois terrasses.

Après avoir traversé le **lac Trung Minh** (« Pure Clarté »), vous parvenez au **pavillon Minh Lau** (« Lumière »), un bel édifice en briques grises décoré de colonnes laquées rouge et or, qui représente les trois pouvoirs : le Ciel, la Terre et l'homme. Un jardin aménagé en terrasses descend vers le **lac Tan Nguyet** (« Lune nouvelle »), mais vous ne pourrez aller au-delà : aménagé dans un palais souterrain scellé par la suite, le tombeau est niché sous une colline envahie par la végétation et protégé par une haute enceinte circulaire.

LA LÉGENDE DE LA DAME CÉLESTE

Une légende raconte qu'une vieille femme apparut un jour au seigneur Nguyen Hoang tandis qu'il se promenait sur une colline aux abords de l'actuelle Hué, et lui prédit qu'un bon seigneur ferait édifier en ce lieu une pagode pour la prospérité du pays. En 1601, il fit donc construire ladite pagode qu'il nomma **Thien Mu** (« Dame céleste »), en hommage à cette divine apparition.

★ Le tombeau de Gia Long

Comptez 1h30

À 14 km au sud de Hué. Passé le pont menant au tombeau de Minh Mang, poursuivez le chemin plus au sud jusqu'au hameau où vous franchirez la rivière pour rejoindre le tombeau de Gia Long (comptez 80 000 VND/pers. pour la traversée AR). Parvenu sur l'autre rive, il vous faut encore parcourir 1,5 km pour accéder au site (30mn de marche ou 60 00 VND en moto-taxi) - gratuit.

Gia Long (1762-1819), le premier roi de la dynastie Nguyen, monta sur le trône en 1802. Il choisit lui-même le site de son mausolée, sur une presqu'île de la rivière des Parfums, et dirigea sa construction qui dura six ans, de 1814 à 1820. D'autres tombes ont été élevées à proximité pour sa famille. Blotti dans un écrin de collines verdoyantes piquetées de bouquets d'arbres, le tombeau s'inscrit dans un cadre absolument enchanteur, et seuls les bruissements de la nature viennent troubler la sérénité des lieux. Peu de visiteurs s'aventurent jusqu'ici.

★★ LA PAGODE THIEN MU (LA PAGODE DE LA DAME CÉLESTE)

Comptez 1h pour prendre le temps de flâner dans les jardins.

À 4 km de Hué, sur la rive ouest de la rivière des Parfums. Empruntez la rue Le Duan, puis la rue Kim Long. Gratuit.

Conseil – Allez-y plutôt en fin de matinée ou dans l'après-midi, car à partir de 9h l'endroit est envahi par les groupes.

C'est le seigneur Nguyen Hoang qui fit édifier cette pagode en 1601, mais la **tour octogonale** *(Phuoc Duyen)* en briques rouges, qui aujourd'hui symbolise le lieu, ne fut élevée qu'en 1844, sur l'ordre du roi Thieu Tri. Chacun de ses sept étages représente une réincarnation de Bouddha. Quatre petites tours hexagonales s'élèvent à proximité. L'une d'entre elles abrite une **cloche**, haute de 2,5 m et pesant plus de 2 t, qui fut fondue en 1710 sur l'ordre du seigneur Nguyen Phuc Chu. C'est lui qui fit également dresser en 1714 l'immense **stèle** en marbre, supportée par une tortue, sur laquelle est gravée l'histoire de la pagode.

Passé un **porche** percé de trois portes gardé par d'imposants personnages, on accède à une cour qui protège un charmant jardin fleuri. Là se dresse la **pagode**, à l'entrée de laquelle trône un superbe bouddha en cuivre. Derrière l'autel, trois autres bouddhas illuminés en cuivre : Amitabha, le bouddha du Passé, Sakyamuni, le bouddha historique, et Maitreya, le bouddha de l'Avenir. À gauche, un autel est consacré au bodhisattva Pho Hien ; à droite, un autre est dédié au bodhisattva Van Thu.

À l'arrière de la pagode s'étire un grand jardin planté de bonsaïs, au fond duquel repose un bonze ayant beaucoup œuvré pour le bouddhisme. Sur la gauche, un bâtiment abrite l'Austin bleue du vénérable **Thich Quang Duc** qui, le 11 juin 1963, s'immola à Saigon pour protester contre le régime de Ngo Dinh Diem et les discriminations faites à l'encontre des bouddhistes.

LES ARÈNES ROYALES (HO QUYEN)

À 5 km à l'ouest de Hué. Sortez de la ville par la rue Bui Thi Xuan, à droite de la gare ferroviaire, qui traverse le quartier de Phuong Duc. À 3 km, un panneau sur votre gauche indique « Ho Quyen, Den Voi Re ». Les arènes sont à 200 m - accès libre.

Les empereurs Nguyen ayant coutume de faire combattre tigres et éléphants afin d'amuser la cour, des arènes royales furent construites aux abords de la citadelle en 1830, sous le règne de Minh Mang. L'éléphant, symbole de la puissance royale, sortait toutefois toujours vainqueur, les organisateurs prenant soin avant le combat de couper les dents et les griffes du tigre, parfois même de l'attacher. De ces arènes nichées dans un nid de verdure subsistent aujourd'hui de hauts murs en briques percés de portes par lesquelles les animaux pénétraient dans la fosse.

Un peu plus loin, en continuant sur le même chemin, vous parvenez à un étang, à proximité duquel s'élèvent les vestiges du **temple Voi Re** *(Den Voi Re)*.

LE TERTRE DE NAM GIAO

Au bout de la rue Dien Bien Phu, qui débute en face de l'hôtel La Résidence, 5 Le Loi - 7h-17h - gratuit.

Les rois Nguyen venaient ici faire des sacrifices pour la sécurité du royaume et la stabilité de la dynastie à l'occasion d'une grande cérémonie annuelle. Édifiée en 1806 sous le règne de Gia Long, cette esplanade est un emprunt au protocole impérial chinois. Composée de trois terrasses circulaires superposées, elle correspond à l'autel du Ciel dont l'empereur est le fils spirituel : la forme circulaire est celle de la voûte céleste selon la conception chinoise, et le chiffre 3, impair et yang, est celui du ciel.

LA PAGODE TU HIEU

À 5 km au sud-ouest de Hué. Passé le tertre de Nam Giao, prenez la direction du tombeau de Tu Duc, puis la rue Le Ngo Cat, à droite du carrefour. La pagode est située un peu plus loin sur votre droite, à l'extrémité du chemin. On peut aussi rejoindre la pagode à partir des arènes royales (voir carte p. 291). Accès libre.

À l'abri d'une vaste pinède, le site dans lequel s'inscrit la pagode est empreint d'une grande sérénité. Celle-ci fut construite en 1843 par le bonze Nhat Dinh, puis agrandie en 1848 sur la demande des mandarins eunuques. Dans le temple principal, on honore Bouddha ainsi que les bonzes fondateurs, et la cour qui le précède a été superbement aménagée en jardin, avec plantes et arbres en pot. La pagode abrite également une communauté de moines qui vit dans les bâtiments attenants. Dans le jardin, vous apercevrez les tombes de certains des mandarins de la dynastie Nguyen.

Conseil – Pour apprécier pleinement l'atmosphère de l'endroit, venez à 10h ou à 13h30 pour assister à la prière des moines (30mn).

LE PONT JAPONAIS

À 7 km à l'est de Hué. Sortez de la ville par la rue Van An et poursuivez toujours tout droit jusqu'au village de Thanh Toan où se trouve le pont.

Ceux qui ne pourraient visiter le célèbre pont japonais de Hoi An (*voir p. 323*) se consoleront avec celui, certes plus modeste, de Thanh Toan, vieux de 200 ans. L'excursion vaut davantage pour les paysages rencontrés que pour l'ouvrage lui-même. Un chemin de terre rouge, le long duquel se dandinent les canards, serpente au milieu des rizières d'où émergent quelques tombes colorées.

NOS ADRESSES À HUÉ

Plan de la ville, p. 282-283.

INFORMATIONS UTILES

Banque / Change

Distributeurs – Vous trouverez partout des distributeurs ATM.

Poste / Téléphone

Buu Dien Hué – D3 - *Ly Thuong Kiet - 6h30-21h*. Des bureaux assurant uniquement les services postaux sont disséminés partout en ville.

Internet

Tous les hôtels proposent un service de connexion Wifi gratuit pour leurs clients. Vous trouverez également des accès gratuits réservés aux consommateurs dans les cafés du quartier touristique.

Santé

Hôpital général – C3 - *16 Le Loi - ✆ (054) 382 23 25*
Si vous avez besoin de consulter un médecin francophone, adressez-vous à la réception d'un grand hôtel qui saura vous aiguiller.

Centre culturel

Maison des Savoirs de Hué – D3 - *1 Le Hong Phong - ✆ (054) 381 79 71 - http://mdshue.blogspot.fr.* Médiathèque et journaux en français ; séances de cinéma (programme sur place).

Agences de voyages

Vous n'aurez que l'embarras du choix tant elles sont nombreuses, notamment dans les rues Le Loi et Hung Vuong. Toutes proposant les mêmes excursions, comparez surtout les prix et le détail des prestations. Certains cafés et restaurants, comme le Mandarin Café *(voir p. 300)*, donnent aussi des plans de la ville et des informations sur les excursions.

Services de guide – Vous trouverez des guides francophones au **Centre de conservation des monuments de Hué** – *✆ (054) 352 30 58 ou 353 52 46 (pas de bureau).*

ARRIVER / PARTIR

En avion

Aéroport de Phu Bai – E4 en direction - *À 14 km au sud de Hué*. Vietnam Airlines et Vietjet Air assurent 1 à 2 vols/j. pour Hanoi *(1h10 de trajet)* et Ho Chi Minh-Ville *(1h20)*. Vietnam Airlines possède des bureaux en ville ; les autres compagnies sont représentées dans les agences de voyages.

Pour rejoindre le centre-ville – En taxi, comptez 15mn *(env. 15 $)*.

En train

Gare ferroviaire – C4 - *À l'extrémité sud-ouest de la rue Le Loi, au 2 Phan Chu Trinh - centre de réservation ouvert tlj 7h30-11h, 13h30-16h*. Consigne, bureau de poste, boutiques.
6 trains/j. pour Ho Chi Minh-Ville *(20h de trajet) via* Da Nang *(2h45)*, Quang Ngai *(6h)*, Tam Ky (8h), Dieu Tri *(9h)*, Thuy Hoa (11h), Nha Trang *(13h30)* et Thap Cham *(16h)*.
6 trains/j. pour Hanoi *(15h)*, Dong Ha *(1h15)*, Dong Hoi *(3h)*, Vinh *(7h30)*, Thanh Hoa *(11h)*, Ninh Binh *(12h)*, Nam Dinh *(13h)* et Phu Ly *(13h30)*.

En bus

Hué compte trois gares routières, dont deux excentrées. Pour réserver votre billet, adressez-vous à une agence de voyage qui assurera l'acheminement jusqu'au bus.

Gare de An Cuu – E4 en direction - *Sur la RN 1 à 6 km au sud*. Dessert les villes du Sud.

Gare de Dong Ba – C3 - *Sur la rue Le Duan (près du marché).* Dessert le nord du pays.

Gare de An Hoa – A2 en direction - *Sur la RN 1, à 4 km au nord-ouest de la citadelle.* Dessert le nord du pays.

TRANSPORTS

En taxi

Mailinh – *(054) 389 89 89.*
Gili – *(054) 382 88 82.*

À deux-roues

La plupart des hôtels louent des vélos *(20 000 VND/j.)* et des motos *(130 000 VND/j.).*

En voiture

Location de véhicules – Location de voitures avec chauffeur dans toutes les agences de voyages et auprès de nombreux hôtels.

En cyclo-pousse

Ils vous proposeront leurs services dans les quartiers touristiques, au bord de la rivière et partout dans la Citadelle.

VISITE

Excursions organisées

Le grand classique, proposé par toutes les agences de Hué, est l'excursion en bateau sur la **rivière des Parfums**, avec déjeuner à bord et visite de la pagode Thien Mu et des principaux tombeaux. Prévoyez un pull ou un coupe-vent, car il peut faire frais.

Toa Khan Boat Station – D3 - *sur le quai, près du pont Trang Tien.* Une vingtaine de bateaux proposent la même excursion (pagodes et tombeaux de Thien Mu, Tu Duc, Khai Dinh, Minh Mang et Hon Chen). Départ vers 9h pour un retour vers 16h. Comptez 70 $ pour le bateau (max. 10 pers.), déjeuner inclus ou non, à négocier.

Possibilité d'excursion également à la **source minérale thermale de My An**, au parc national de Bach Ma *(voir p. 304)* et aux chutes de Suoi Voi *(voir p. 304)*, ainsi qu'à Hoi An *(voir p. 317)*, Da Nang *(voir p. 306)*, dans la **zone démilitarisée (DMZ)** *(voir p. 276)*, ou aux grottes de Phong Nha *(voir p. 274).*

HÉBERGEMENT

Hué

PREMIER PRIX

Chu Van An, Pham Ngu Lao et l'impasse sans nom entre ces deux ruelles, perpendiculaire à l'av. Le Loi, regorgent de pensions bon marché.

Canh Tien Guesthouse – Zoom E3-4 - *9/66 Le Loi - (054) 382 27 72 - http://canhtienhotel.chez-alice.fr - - 12 ch. 10/20 $.* Au calme dans une ruelle, cette pension familiale propose des chambres spacieuses et de bon confort pour 2, 3 ou 4 personnes. Ensemble impeccable et service prévenant, personnel parlant le français. On se déchausse avant d'entrer.

Thai Binh 1 – D3 - *6/34 Nguyen Tri Phuong - (054) 382 80 58 - www.thaibinhhotel-hue.com - - 23 ch. 10/20 $- Wifi.* Situé dans une impasse tranquille à côté du Binh Duong, un hôtel aux chambres propres d'un bon rapport qualité-prix. S'il est complet, vous trouverez plusieurs établissements aux prestations et aux prix équivalents dans la ruelle.

Dong Tam – Zoom E3-4 - *7/66 Le Loi - (054) 382 84 03 - http://hueimpressionhotel.com - - 24 ch - 10/25 $ - Wifi.* Au calme au bout de la ruelle, ce gros bâtiment rose séduit d'abord par sa piscine. Visitez les chambres, de taille variable – certaines avec fenêtre aveugle – avant de faire

3

votre choix. Possibilité d'excursion à moto jusqu'à Hoi An. Le personnel, très sympathique, est aux petits soins avec ses clients. Location de vélos. Nombreuses autres pensions pour les routards dans toute la ruelle.

Hoa Tim – C2 - *17C Ngo Duc Ke - ✆ (054) 352 35 50 - 13 ch. 12 $ - Wifi*. Dans la citadelle, une adresse familiale dans une jolie villa à la façade verte pour se reposer au calme. Chambres spacieuses et carrelées, dont deux avec balcon. Préférez celles à l'étage.

Vong Huong – C3 - *10 Dinh Tien Hoang - ✆ (054) 351 12 22 - 11 ch. 15 $ - Wifi*. L'un des rares hôtels à petit prix situés à proximité de la citadelle. Quelques chambres, claires et spacieuses, peuvent accueillir jusqu'à 4 pers. Certaines ont un balcon sur rue, d'autres, plus calmes, donnent sur l'arrière. Malgré un ameublement et des salles de bains sommaires, l'ensemble, très propre, est sympathique. Location de motos.

Dong Loi – Zoom E3-4 - *19 Pham Ngu Lao - ✆ (054) 382 62 34 - http://hoteldongloi.com - 50 ch. 15/35 $*. Une adresse paisible dans une ruelle dont les jeunes voyageurs ont fait leur QG. Les plus jolies chambres disposent d'un balcon ; évitez les moins chères, sombres et sans petit-déjeuner. Il est possible de négocier les prix en basse saison pour les chambres les plus chères. Le petit-déj. se prend au restaurant attenant, La Carambole *(voir p. 300)*

Thai Binh 2 – D3 - *2 Luong The Vinh - ✆ (054) 382 75 61 - www.thaibinhhotel-hue.com - 40 ch. 20/35 $ - postes Internet gratuits - Wifi*. Cet hôtel au décor sobre se situe dans une rue paisible. Demandez les chambres avec terrasse : celles du 8e étage dévoilent une vue magnifique sur la Cité impériale, tout comme la salle du petit-déjeuner au 9e et dernier étage. Panorama oblige, les prix grimpent avec les étages. Une adresse d'un excellent rapport qualité-prix.

BUDGET MOYEN

Duy Tan Hotel – D3 - *12 Hung Vuong - ✆ (054) 382 50 01 - www.duytanhotel.com.vn - 135 ch. 20/50 $ - Wifi*. Belle situation au cœur de la ville. Seule différence entre les chambres standard et la catégorie supérieure, les chinoiseries qui parent ces dernières d'une note kitschissime. Clientèle essentiellement asiatique (mariages).

Thanh Noi – C2 - *57 Dang Dung - ✆ (054) 352 24 78 - www.thanhnoihotel.com - 55 ch. 22/50 $ - Wifi*. Installé dans la citadelle, à quelques pas de la porte de l'Est, cet hôtel bénéficie d'une localisation calme et ombragée. Chambres exiguës pour les plus simples. Les « suites », situées au rdc, sont bien équipées, agréables et propres. Non-fumeur.

Hué Queen Hotel 2 – D4 - *12 Nguyen Van Cu - ✆ (054) 382 67 88 - http://huequeenhotel.com - 32 ch. 40/50 $ - massages, Jacuzzi et Wifi*. L'hôtel est parfaitement entretenu et garantit un très bon rapport qualité-prix. Situé à proximité d'un petit marché vietnamien typique, il abrite des chambres spacieuses et propres. Restaurant-terrasse de cuisine asiatique et occidentale. Très bon accueil.

POUR SE FAIRE PLAISIR

Hue Heritage Hotel – D3 - *9 Ly Thuong Kiet, ✆ (054) 383 88 88 - www.hueheritagehotel.com.vn -*

- 60 ch. 50/70 $ - Wifi. Un hôtel d'État sans cachet particulier mais coup de cœur pour la piscine sur le toit, au 5e étage. Les chambres, elles, sont vieillottes et relèvent plutôt de l'adresse de dépannage.

Huong Giang Hotel – D2 - *51 Le Loi - (054) 382 21 22 - www.huonggianghotel.com.vn - - 165 ch. 78/91 $ - salle de gymnastique, sauna, ascenseur, casino, Wifi.* Surtout fréquenté par des groupes, cet hôtel quatre étoiles jouit d'un cadre plaisant en bordure de rivière. Hormis leur mobilier de bambou un rien kitsch, les chambres n'affichent guère d'originalité. Choisissez-en une donnant sur la rivière, au 3e étage.

Gerbera – D3 - *38 Le Loi - (054) 393 66 88 - www.gerberahotelhue.com.vn - - 108 ch. 75/105 $ - salle de gym, spa, Wifi.* Toutes dotées d'un balcon, les chambres de l'ancien hôtel Mercure apportent un confort standardisé sans surprise. Ascenseur panoramique et petit-déjeuner buffet au bord de la piscine. Accueil sympathique et situation centrale.

Festival Hue Hotel – D4 - *15 Ly Thuong Kiet - (054) 382 82 55 - www.festivalhuehotel.com.vn - - 75 ch. 70/125 $, tarifs variant de 30 % entre la basse et la haute saison (oct.-avr.) - billard, sauna, Wifi.* Cet hôtel sans grande personnalité propose des chambres de taille variable. Seules les suites, vastes et disposant d'un Jacuzzi, valent vraiment la peine. Celles du nouveau bâtiment sont les plus agréables, certaines avec parquet. Évitez de loger trop près de la salle de karaoké.

UNE FOLIE

Saigon Morin – D3 - *30 Le Loi - (054) 382 35 26 - www.morinhotel.com.vn - - 184 ch. 170/217 $ - salle de gymnastique, massages, sauna, ascenseur, boutique, Wifi.* Ce superbe établissement d'architecture coloniale passe pour être l'un des plus luxueux de Hué, et en tous cas le plus charmant. Les chambres sont particulièrement vastes, claires et aménagées avec goût. Dans les couloirs, des photos anciennes racontent la Hué des années 1920. Très joli jardin arboré autour de la piscine, où l'on peut prendre un verre *(voir Le Rendez-vous dans « Restauration », p. 301).*

Dans les environs de Hué

UNE FOLIE

The Pilgrimage Village – C4 en direction - *130 Minh Mang Road (environ 4 km au sud de Hué) - (054) 388 54 61 - www.pilgrimagevillage.com - - 100 ch. 135/250 $ - Wifi, spa, massage.* Au cœur de la nature, un *resort* d'un raffinement exquis. Si votre budget vous le permet, optez pour l'un des bungalows, charmants. Navette gratuite pour le centre-ville.

RESTAURATION

Bon à savoir – Hué est réputée pour sa cuisine raffinée. Parmi les spécialités de la ville, goûtez au *banh cuon*, rouleau de pâte de riz cuit à la vapeur, avec bœuf et salade, ou au *banh khoai*, crêpe garnie de légumes, de crevettes et de viande, servis tous deux avec une sauce à la cacahuète.

PREMIER PRIX

Tinh Quan – D3 - *9 Ngo Quyen - au rdc du Park View Hotel - (054) 383 73 82 - 7h-21h - 50 000/100 000 VND.* Dans une salle plutôt impersonnelle ou en terrasse, ce restaurant végétarien réputé sert *tofu* grillé, soupes aux champignons et aux graines de lotus, pousses de bambou et pâtes de riz. Belle variété de soupes et de salades pour un *veggy* à l'asiatique aussi sain que savoureux. En dessert, goûtez au taro pourpre.

BUDGET MOYEN

Marché de nuit – C3 - *Le long de la rivière des Parfums, entre le pont Phu Xuan et le pont Trang Tien - 16h-23h - env. 100 000 VND* - . Coquillages et crustacés sont en vedette sur les barbecues qui s'installent ici dès la fin de l'après-midi. On prend place autour de mini-tables en plastique pour y faire honneur. C'est tout simple et délicieux.

Lac Thanh – C3 - *6A Dinh Tien Hoang - (054) 352 46 74 - 7h-23h - env. 100 000 VND* - . Tout près de l'entrée de la citadelle, une adresse atypique qui vaut vraiment le détour. Le patron, sourd-muet, doté d'un étonnant pouvoir de communication gestuelle, vous montrera comment confectionner vous-même vos *banh cuon* avec les ingrédients qu'il vous apportera. Tout est frais, préparé à la minute sous vos yeux. Salle à l'étage et quelques tables sur le trottoir.

An Nhien – D2 - *97 Nguyen Sinh Cung - 10h-23h - env. 100 000 VND* - . Clientèle comme cuisine, une adresse 100 % vietnamienne où vos talents de communication seront mis à l'épreuve (pas de menu en anglais). Que choisir ? Fiez-vous à l'assiette de vos voisins ! On mange en terrasse, dans une ambiance joyeuse. Délicieux.

Mandarin Café – D3 - *24 Tran Cao Van - (054) 382 12 81 - www.mrcumandarin.com - 6h-22h - env. 100 000 VND* - . Les longues tables collées les unes aux autres invitent à sympathiser avec les voyageurs venus chercher ici des informations touristiques. M. Cu, le patron, est un photographe passionné qui expose dans son café. Idéal pour un petit-déj., un repas léger de cuisine asiatique ou occidentale plus que pour un bon dîner.

POUR SE FAIRE PLAISIR

On Thu Wheels Cafe – D3 - *3/34 Nguyen Tri Phuong (dans l'impasse qui s'ouvre au niveau du restaurant Omar) - (054) 383 22 41 - minhthuhue@yahoo.com - 7h-22h - 150 000/200 000 VND* - . Le local est minuscule, mais les propriétaires ont réussi à y insuffler une excellente ambiance. Indépendamment de la cuisine, c'est aussi un café très agréable. Location de vélos et de voitures avec chauffeur.

Omar – D3 - *34 Nguyen Tri Phuong - (054) 382 16 16 - 12h-22h - 150 000/250 000 VND* - . Cette salle aux couleurs joyeuses met dans votre assiette toute l'Inde du Nord avec une sélection de *byrianis*, végétariens ou non, et de bons *thalis*. Service très lent.

Song Huong – D3 - *3 Thang 2 Park - (054) 383 11 97 - 7h-23h - 140 000/270 000 VND*. Posé sur la rivière, ce gros lotus de béton amarré à côté du pont Trang Tien accueille sur 3 étages une clientèle essentiellement vietnamienne. Dans la salle circulaire du rdc, des groupes jouent des chansons populaires reprises en chœur par le public (de 19h à 21h, mais venez tôt, les représentations se terminent souvent avant l'heure annoncée). Plus que pour la cuisine (carte standard), l'adresse vaut pour sa grande terrasse panoramique. Buffet le week-end.

La Carambole – Zoom E3-4 - *19 Pham Ngu Lao -*

(054) 381 04 91 - la_carambole@hotmail.com - 7h-23h - 200 000/350 000 VND. Vous apprécierez l'atmosphère chaleureuse du lieu, aménagé avec goût. La carte, alléchante, propose un large choix de plats vietnamiens (spécialités de la ville et plusieurs menus de dégustation) et occidentaux à prix raisonnables. Plateau de fromages accompagné de vin au verre, crêpes et banane flambée en dessert.

Les Jardins de la Carambole – B3 - *32 Dang Tran Con - (054) 354 88 15 - 7h-23h - 220 000/400 000 VND.* Cette demeure coloniale se prête aussi bien à un déjeuner léger au sortir de la cité impériale (sandwichs-baguettes, croque-monsieur) qu'à un dîner romantique. Menu de dégustation des spécialités de la ville et plusieurs formules mettant en avant les saveurs méditerranéennes, cuisine présentée et servie avec soin. La salle à l'étage et sa véranda forment un cadre vraiment plaisant. Pianiste le soir.

Hoa Vien - Garden Restaurant – Zoom E3-4 - *11 Vo Thi Sau - (054) 384 93 00 - 11h-21h30 - 300 000/400 000 VND -* . Restaurant avec terrasse et joli jardin ombragé. On y sert la galette de riz garnie, spécialité de Hué, et de savoureuses crevettes sautées à l'ail. Attention, les taxes ne sont pas comprises dans le prix affiché. Un endroit prisé des groupes.

Tropical Garden – Zoom E3-4 - *27 Chu Van An - (054) 384 71 43 - tropicalgarden@vnn.vn - 9h-22h.* L'endroit, fréquenté surtout par les groupes, offre un petit coin de verdure où il fait bon venir prendre un verre pour échapper au soleil. En plus de la salle de restaurant, de petites tables en bois protégées par un large parasol en palme composent un cadre des plus plaisants. Cuisine traditionnelle à la carte ou menus à partir de 160 000 VND. Musique et chants traditionnels tlj de 19h à 21h. Carte des vins.

UNE FOLIE

Le Rendez-vous – D3 - *Dans le jardin de l'hôtel Saigon Morin (voir « Hébergement », p. 299) - midi et soir - 730 000 VND.* Le cadre est absolument délicieux. Grillades en plein air et buffet en fonction du taux de remplissage de l'hôtel. Vous pouvez aussi prendre un verre, en particulier en début de soirée (19h30-21h30), pour assister au concert de musique traditionnelle.

PETITE PAUSE

Salons de thé - La Vie – D3 - *38 Tran Cao Van - 7h-22h.* Glaces coco, taro ou durian mais aussi jus de fruits de saison avec des photos de la tour Eiffel aux murs.

Vy Da Xua – D2 - *131 Nguyen Sinh Cung - (054) 382 71 31 - 8h-23h.* Ce grand complexe conçu dans le respect de l'architecture traditionnelle regroupe un salon de thé et un splendide café au milieu d'un petit jardin baigné du chant des oiseaux.

Nam Giao Hoai Co – C4 en direction - *321 Dien Bien Phu - (054) 388 63 38.* Dans un joli jardin, vous pourrez goûter ici toutes sortes de variétés de cafés et de thés. Vous trouverez également entre les nos 183 et 205 de la rue Dien Bien Phu d'autres lieux agréables pour prendre un verre, en particulier le soir, où les Vietnamiens sont nombreux à sortir.

Pâtisserie Hong Phuong – D3 - *38 Nguyen Tri Phuong (à côté de l'hôtel Binh Minh) - (054) 656 25 36- 7h-22h.* Une sélection de gâteaux (raisins, noisettes, banane, fraise, mangue, noix de coco, etc.) vous interpelle à l'entrée. La salle du fond, au calme, est parfaite pour un petit-déjeuner à l'occidentale. Une adresse familiale.

Loc Vuong – D2 - *73 Nguyen Sinh Cung - 7h-22h.* Au fond d'une impasse, une jolie terrasse arborée et fleurie offre un moment de calme et de fraîcheur au bord de la rivière, le temps d'une bière ou d'un café. Le personnel, qui ne parle pas anglais, sera aux petits soins pour vous.

BOIRE UN VERRE

Cafés / Bars

On ne compte plus les cafés qui fleurissent partout en ville le soir, notamment sur la rive ouest, en bordure de rivière. Vous les repérerez à leurs guirlandes de lumières multicolores et à leur musique tonitruante.

Seven Coffee – D2 - *Nguyen Cong Tru.* Au début de la rue, quelques cafés où les étudiants ont l'habitude de se retrouver en terrasse le long du bras de la rivière.

Hue Xua-Hue Nay – D2 - *Nguyen Sinh Cung - Kiet 1 - 10h-23h.* À la sortie du pont, l'îlot est entièrement occupé par ce café-bar. On prend place sous les chapiteaux, ou, à la fraîche, directement au bord de l'eau. Concerts en soirée.

DMZ Bar – D3 - *60 Le Loi - ✆ (054) 382 34 14 - dmz.com.vn - 11h-2h.* Le rendez-vous des routards et des noctambules de Hué. Petite restauration correcte, Wifi et billard. On peut y échanger des livres.

Why Not Bar – D3 - *46 Pham Ngu Lao - ✆ (054) 382 47 93 - 7h-2h.* Les tables de ce restaurant sont agencées autour d'un grand billard. On y trouve en général une ambiance plus décontractée et moins « voyageurs au long cours » qu'au DMZ.

ACHATS

Marché

Marché Dong Ba – D2 - *7h-19h.* Du chapeau conique aux nougats vietnamiens, des vêtements tissés par les minorités ethniques au *nuoc-mam*, vous trouverez à peu près tout dans ce marché. Pour avoir une idée des tarifs, faites d'abord un petit tour à la **galerie commerciale** située juste à côté.

Artisanat

Hué est renommée pour ses chapeaux coniques qui présentent la particularité d'être ornés de motifs décoratifs que l'on distingue par transparence. Ceux du marché Dong Ba sont les plus réputés.

Vina Silk – D3 - *38D Le Loi - face au Century Hotel - ✆ (054) 382 84 04.* Tissus et vêtements en soie réalisés à la demande.

Galeries d'art

New Space Arts Gallery – C-D3 - *15C Le Loi - 8h-22h.* Expositions temporaires d'art contemporain à l'étage ; boutique et cafétéria au rdc.

Le Ba Dang Art Foundation – C3 - *15 Le Loi - ✆ (054) 383 74 11 - 7h30-11h30, 13h30-17h30.* Peintures, sculptures et collages de Le Ba Dang, artiste né en 1921 et dont les œuvres ont fait le tour du monde.

EN SOIRÉE

Musique et théâtre

Quelques hôtels et restaurants proposent en début de soirée de la musique, souvent de qualité.

Karaoké

Vy Da Xua – D2 - *(voir « Petite Pause »)*. Répertoire vietnamien et anglo-saxon.

ACTIVITÉS

Théâtre

Théâtre royal *(Duyet Thi Duong)* – C3 - *dans l'enceinte de la Cité impériale - http://nhanhac.com.vn*. Admirablement restauré, il accueille 2 représentations d'une demi-heure de musique de cour *(Nha Nhac)*, danse impériale et théâtre *(à 10h et 14h30 - 70 000 VND)*.

Croisières

Toa Khan Boat Station – *Voir p. 297.*

Casino

Les inconditionnels tenteront leur chance en dollars aux machines à sous ou à la roulette des casinos des hôtels Huong Giang et Park View *(à partir de 16h)*.

Activités sportives

Piscine municipale – D3 - *2 Le Quy Don (près du stade) - (054) 381 00 22 - 6h-12h, 13h-19h - 50 000 VND*. La piscine du Saigon Morin *(voir « Hébergement », p. 299)* est également ouverte aux non-résidents *(90 000 VND)*.

AGENDA

Festival de Hué

Durant une semaine au printemps, tous les 2 ans (2014, 2016). Concerts, dégustations, feux d'artifice. De nombreux hôtels proposent des animations en début de soirée.

Circuit conseillé Carte de microrégion

3

★ SUR LA ROUTE DE DA NANG AB1-2

La section la plus pittoresque de la **route Mandarine**, l'axe principal du pays, s'étend entre Hué et Da Nang. Longeant la cordillère Truong Son qui marque la frontière avec le Laos, elle culmine au **col des Nuages**, offrant ainsi une superbe vue sur la zone littorale de Hué au nord et la baie de Da Nang au sud.

Le nouveau cimetière des Français

Commune de Thuy Phuong - à 14 km au sud de Hué. L'endroit étant difficile à trouver, mieux vaut vous adresser à la réception de l'hôtel Saigon Morin (voir p. 299), qui vous fournira un plan d'accès détaillé ou vous appellera un taxi connaissant les lieux (400 000 VND - AR avec 1h d'attente sur le site).

ASSOCIATION DES AMIS DU VIEUX HUÉ

Fondée en 1914 par Léopold Cadière et Albert Sallet, l'**AAVH** se donnait pour mission d'assurer la sauvegarde du site de Hué et de sa région et publiait dans un bulletin trimestriel le résultat de ses recherches. La guerre mit un terme à cette œuvre d'érudition en 1944. En 1995, une nouvelle AAVH a vu le jour pour reprendre la mission de la première. S'investissant dans plusieurs chantiers dans l'ancienne cité impériale, elle entend ouvrir à Hué un centre de recherches consacrées au fonds Albert Sallet.

06 61 43 60 83 (France) - jean.cousso@aavh.org.

Laissé à l'abandon et menacé de destruction à la suite d'aménagements urbains dans le quartier de Phu Cam, le **cimetière historique des Français**, situé depuis 1904 près de la cathédrale de Hué, a été déplacé en 2006 dans un carré du **cimetière populaire vietnamien de Thuy Phuong**. Quelque 340 soldats, fonctionnaires ou commerçants français morts aux 19e et 20e s. reposent désormais en pleine nature, au pied de la cordillère Truong Son. Les pierres tombales ont été refaites et les épitaphes rendues lisibles par les soins de l'**Association des Amis du Vieux Hué** *(voir encadré, p. 303)*, qui conserve les archives relatives aux défunts.

Le Parc national de Bach Ma B2

À 40 km au sud de Hué - prenez à droite au niveau du village de Cau Hai (fléché) - fermé pour réhabilitation, le parc devrait rouvrir au public en 2014.

Adossé aux montagnes Truong Son qui viennent mourir ici sur la côte, le site de Bach Ma fut découvert par les Français durant la période coloniale. En 1936, ils y établirent une station d'altitude fort appréciée pour la douceur de son climat, et construisirent une route qui reliait le sommet de Bach Ma à la RN 1. Le site fut déclaré réserve naturelle en 1987, la volonté du gouvernement étant alors de protéger les ressources forestières du pays, puis reçut officiellement le titre de parc national en 1991.

Le parc s'étend aujourd'hui sur 22 000 ha. Couvert d'une **forêt semi-tropicale** humide, il est doté d'une végétation et d'une faune exceptionnellement riches dont un petit **musée** assure la présentation. La réserve compterait 1 280 espèces de plantes, 124 de mammifères, 330 d'oiseaux, 31 d'amphibiens et 218 de papillons. Elle est sillonnée de **chemins de randonnée** qui permettent d'observer plantes et oiseaux, et conduisent de cascades en bassins jusqu'au sommet, d'où l'on embrasse toute la région jusqu'à Da Nang.

Reprenez la RN 1 sur 10 km. Au village de Thua Luu, à hauteur du kilomètre 879, un panneau à gauche de la route indique le site. Tournez à droite, traversez la voie ferrée, puis prenez plus loin un chemin de terre sur votre droite.

Les sources de Suoi Voi B1

Après le guichet, le chemin serpente sur 2 km avant de rejoindre la rivière - 10 000 VND.

Bon à savoir – L'endroit peut constituer une halte sur la route de Da Nang, mais ne justifie pas le détour.

Si la cascade n'est guère impressionnante, le cadre, lui, est plaisant, paisible et ombragé, et l'on peut se baigner dans les petits bassins creusés par l'érosion. L'eau est claire et des gargotes installées à proximité du site louent de grosses bouées.

Passé Thua Luu, la RN 1 grimpe à travers les collines avant de redescendre vers la mer. Les paysages changent : la végétation est plus sèche et plus rase, et des dunes se profilent sur le littoral.

Lang Co B1

À 15 km des sources de Suoi Voi.

Le village de Lang Co occupe une étroite péninsule coincée entre mer et lagon. Quelques *resorts* accueillant une clientèle essentiellement vietnamienne et des gargotes de poissons et fruits de mer près de la plage invitent à y faire une brève étape.

Dès la sortie de Lang Co, la route entame l'ascension de la chaîne des Truong Son pour parvenir au **col des Nuages★** *(Hai Van)*, le plus long et le plus haut col du pays.

Vue de la route depuis le col des Nuages.
Danièle Schneider / Photononstop

Culminant à 496 m d'altitude, il marque une véritable frontière entre le Nord et le Sud. Comme son nom l'indique, il est souvent baigné par les nuages, mais si la vue est dégagée, vous apercevez la côte baignée par les eaux turquoise de la mer de Chine méridionale et ses kilomètres de plages immaculées. Da Nang est à 26 km.

NOS ADRESSES À LANG CO

HÉBERGEMENT

BUDGET MOYEN

Lang Co Bay Resort – *Lang Co Beach - ✆ (054) 387 44 26 - www.storkvillageresort.com - 50 ch. 24/34 $* - *Wifi*. Les chambres, meublées *a minima*, se répartissent en deux catégories : vue sur mer ou sur jardin. Une adresse fonctionnelle, même si l'ensemble pourrait être mieux entretenu.

Thanh Tam Seaside Resort – *Lang Co Beach - à 700 m du précédent - ✆ (054) 387 44 56 - www.thanhtamresort.com.vn - ✕ (voir plus loin) - 32 ch. 27/45 $ et 5 bung. 70 $*. Avec parquet et balcon, les chambres s'avèrent plus sympathiques que les bungalows, carrelés et manquant d'intimité. Le cadre, entre mer et montagne, reste l'atout maître de ce *resort*. La plage est au bout du jardin.

RESTAURATION

POUR SE FAIRE PLAISIR

Thanh Tam Seaside Resort – *Voir ci-contre - ✆ (054) 387 44 56 - 8h-21h - 250 000/350 000 VND.* Surtout connu pour ses produits de la mer, ce restaurant sert soupes et salades de fruits de mer, poissons grillés, calamars, crabes, crevettes et coquillages tout frais pêchés au large ou venant du vivier. Grande terrasse.

Da Nang

★

502 271 habitants - capitale de la province de Da Nang

NOS ADRESSES PAGES 311 ET 316

S'INFORMER

Saigon Tourist – Plan de la ville, B4 - *357 Phan Chu Trinh - ✆ (0511) 389 72 29 - www.saigontourist.net - 7h30-18h.* Propose surtout des circuits pour les groupes. Les voyageurs individuels se tourneront plutôt vers les agences privées *(voir p. 311).*

SE REPÉRER

Carte de microrégion B2 *(p. 272-273)* - plan de la ville p. 309.

Voir « Arriver / Partir » dans « Nos adresses à Da Nang » p. 311.

À NE PAS MANQUER

L'exceptionnelle collection du musée d'Art cham ; une promenade le long de l'avenue Bach Dang ; les grottes des montagnes de Marbre.

ORGANISER SON TEMPS

Réservez la visite du musée aux heures chaudes de la journée ; profitez de votre séjour pour visiter le site cham de My Son, à 50 km au sud *(voir p. 332).*

S'étirant au fond d'une vaste baie à l'estuaire du Song Han, protégée par la presqu'île de Son Tra qui domine la ville et forme un ample paravent naturel, Da Nang est largement ouverte sur l'océan Pacifique. Le port maritime de Tien Sa, aménagé au nord-est de la ville, est d'ailleurs l'un des plus importants du Vietnam avec ceux de Ho Chi Minh-Ville et Haiphong. Située à mi-chemin entre Hanoi et Saigon, Da Nang dispose également d'un réel potentiel touristique et permet de rejoindre facilement l'ancienne capitale impériale de Hué, la vieille cité-port de Hoi An, le site sacré de My Son ou la région des Hauts Plateaux. Elle jouit toute l'année d'un climat agréable et possède de superbes plages de sable blanc où venaient se reposer les GI's durant la guerre du Vietnam. Pourtant l'ancienne Tourane n'a pas vraiment la cote auprès des touristes, qui ne s'y arrêtent que le temps d'une visite à l'incontournable musée d'Art cham ou aux montagnes de Marbre. Il est vrai que cette grosse cité moderne en plein boom économique – la quatrième du Vietnam – ne possède a priori guère d'attrait. Elle offre cependant d'agréables surprises à ceux qui prennent le temps de se fondre dans la ville, de fuir les rues bruyantes et encombrées pour flâner au gré des ruelles ou le long des quais.

Se promener Plan de la ville p. 309

Comptez une demi-journée.

LE LONG DE LA RIVIÈRE

Ses tours modernes jaillissant du sol de part et d'autre de la rivière, toujours plus hautes, toujours plus nombreuses, ses sept ponts drainant le trafic entre

La skyline très moderne de Da Nang sur le Song Han.
Vidler Steve / Prisma / age fotostock

le centre-ville et la péninsule montrent le tout récent visage d'une ville tournée vers l'avenir. Dans le centre pourtant, en parcourant l'**avenue Bach Dang**, vous découvrirez encore de superbes demeures coloniales, occupées par divers services administratifs de l'État. Cette promenade le long de la rivière est particulièrement agréable le soir, quand la cité se pare de mille lumières et que les cafés de l'avenue s'animent.

3

À hauteur de la rue **Le Duan** (C2), part l'un des ponts qui relient la péninsule de Son Tra et permet de gagner la plage de My Khe *(voir p. 315)*.

Plus au sud, passé la rue Hung Vuong, faites un tour au **marché Han** *(Cho Han)* (C3), le plus animé de la ville. Maraîchères et ménagères s'activent autour des étals colorés et savamment composés, dont les produits, épices et autres plantes aromatiques saturent l'air de mille senteurs. Accroupies derrière leurs paniers surchargés ou debout derrière leurs éventaires, des femmes laminent avec une impressionnante dextérité de larges bandes de pâte de riz. Au martèlement régulier des hachoirs répondent le frétillement des poissons s'ébattant au fond de grosses bassines en acier et le piaillement des volailles dans leurs cages. Le marché se poursuit dans la grande halle couverte qui abrite sur deux étages textiles et produits de consommation courante.

Ressortez du marché par la rue Tran Phu et prenez à gauche, vers le sud.

Vous apercevez sur votre droite la **cathédrale** de Da Nang (B3) *(158 Tran Phu - entrée par le 47A Yen Bai - tlj sf entre 11h30 et 14h)*, un élégant édifice tout de rose vêtu, élevé en 1923 par les Français, et qui abrite de jolis vitraux.

Rejoignez le bas de la rue Tran Phu jusqu'au carrefour avec les rues Trung Nu Vuong et Bach Dang. Là se dresse le musée d'Art cham.

★★ LE MUSÉE D'ART CHAM B4

1 Trung Nu Vuong - ✆ (0511) 347 01 14 - www.chammuseum.danang.vn - 7h-17h - 30 000 VND.

Comptez 45mn.

LA PORTE DE L'INDOCHINE

Si le nom de Da Nang n'apparaît que tardivement sur les cartes (17e s.), la région fut occupée dès le 15e s., accueillant de nombreux colons venus du Nord pour exploiter les terres cédées par le royaume du Champa au Dai Viet *(voir « Histoire », p. 110)*. Da Nang devint dès le siècle suivant un **port de premier plan**, damant peu à peu le pion à la vieille cité commerciale de Hoi An. C'est notamment là qu'accostèrent en 1858 les premiers colons espagnols et français. Trente ans plus tard, ces derniers en firent une de leurs **concessions** et lui donnèrent le nom de **Tourane**. Elle devint ainsi durant la période coloniale l'une des villes les plus importantes d'Indochine. Les Français expulsés (1945), ce sont les Américains qui débarquèrent là en mars 1965 pour y implanter la plus importante **base aérienne et navale** du Sud-Est asiatique. La chute de la ville en mars 1975 marqua le début de la démission du régime du Vietnam du Sud. Le pays réunifié, Da Nang fut intégrée à la province de Da Nang-Quang Nam jusqu'en décembre 1996, après quoi il fut décidé qu'elle serait dirigée par un gouvernement autonome, institué le 1er janvier 1997.

Construit en 1915 avec l'aide de l'École française d'Extrême-Orient, ce musée rassemble aujourd'hui la collection la plus complète de sculptures chames, soit plus de 300 œuvres originales en grès et en terre cuite, retraçant l'évolution de l'art du Champa du 7e au 15e s. Il est installé dans un charmant édifice ouvert sur une cour-jardin plantée de frangipaniers, inspiré de l'architecture des temples chams et réalisé par les architectes Delaval et Auclair d'après les plans d'Henri Parmentier.

Entrez par la pièce centrale, la **salle Tra Kieu** : le **piédestal de Tra Kieu★★★** autour duquel s'organise le reste de la pièce est l'un des chefs-d'œuvre de la sculpture chame. Il retrace des événements miraculeux liés à la vie du dieu Krishna et s'orne d'une jolie frise de danseuses célestes, gracieuses et souples. On les croirait toutes semblables, mais chacune d'elles se distingue par sa pose et son vêtement léger. Autour sont exposées les plus belles pièces du musée, des œuvres originales rayonnantes de vigueur et de finesse. À droite, une superbe statue de la **déesse Lakshmi★** (9e s.) surmonte une amusante frise d'éléphants, de chevaux et de lions. À gauche, treize têtes de serpents couronnent une représentation de **Vishnu★**.

Derrière le piédestal de Tra Kieu s'ouvre la **salle My Son★** au centre de laquelle trône une partie de l'**autel★** retrouvé dans la tour E1 du site de My Son (milieu du 7e s.), et dont les bas-reliefs campent des ermites, priant, méditant ou jouant de la musique. Derrière cet autel, de part et d'autre de deux *dvarapala*, gardiens de portes de belle stature (9e-10e s.) se font face deux autres piédestaux minutieusement sculptés de scènes illustrant la vie de Bouddha. Consacrée au site de l'ancienne capitale bouddhique du Champa (9e s.), cette salle témoigne de l'architecture et de la sculpture de l'époque dont le style original et vigoureux est unique dans l'art du Sud-Est asiatique. Parmi les vestiges retrouvés, admirez cette gracieuse statue en bronze du bodhisattva Tara. Dans une salle attenante, quelques photos montrent différents temples chams tels qu'ils apparaissaient avant d'être endommagés ou détruits durant la guerre du Vietnam.

Quelques marches mènent à la salle suivante. Ne manquez pas, à l'entrée à droite, l'étonnant **bas-relief** représentant une partie de polo (10e s.), sport originaire de Perse qui fit fureur dans la Chine médiévale. Les dernières œuvres

DA NANG
0
500 m
N
A
B
C
1
2
3
4
5
Baie de Da Nang
Plage de Thanh Binh
CONSULAT DU LAOS
Tran Quy Cap
Ly Thuong Kiet
Phan Boi Chau
Nguyen Du
Dong Da
Ly Tu Trong
Le Loi
Nguyen Chi Thanh
Tran Phu
Bach Dang
Ong Ich Khiem
Quang Trung
CERCLE FRANCOPHONE
Tran Cao Van
Hai Phong
Temple caodaïste
Le Duan
Phan Dinh Phung
Pasteur
SON TRA
THANH KHE
MARCHÉ CON
Hung Vuong
Marché Han
Ng. Cong Tru
Ly Thai To
Dien Bien Phu
Phan Chu Trinh
Yen Bai
Cathédrale
Tran Quoc Toan
Phan Thanh
Le Dinh Ly
Hoang Dieu
Hoang Van Thu
Bach Dang Dong
Ngo Quyen
Nguyen Van Linh
MUSÉE D'ART CHAM
Trung Nu Vuong
PAGODE TUONG QUANG
PAGODE TAM BAO
PAGODE PHO DA
Tieu La
Song Han
HAI CHAU
Nui Thanh
Pont Nguyen Van Troi
Duy Tan
Musée Ho Chi Minh
HUÉ, HANOI
MY KHE BEACH
HOI AN, MY KHE BEACH, CHINA BEACH, MONTAGNES DE MARBRE, NON NUOC
HO CHI MINH-VILLE
HOI AN, MY SON
SE LOGER
Bamboo Green Central Hotel............1
Danang Petro Hotel....3
Elegant Hotel..............4
Nhat Ha II....................5
Royal Hotel..................6
Saigontourane Hotel..7
SE RESTAURER
Apsara.........................2
Kim Do Restaurant.....3
New Sky.......................4
Phi Lu...........................5
Vietnam........................6

3

exposées suggèrent un style nouveau avec lequel apparaissent des sculptures d'animaux fabuleux ou curieusement interprétés, travaillés avec beaucoup moins de finesse qu'auparavant.

La salle à l'étage montre une série de tambours Dong Son (début de notre ère - 500 av. J.-C.) ainsi que des céramiques des 17e et 18e s.

En sortant du musée, prenez à gauche la rue Trung Nu Vuong jusqu'au carrefour de la rue Nui Thanh. Empruntez cette dernière, et prenez à droite dans la rue Duy Tan. Le musée Ho Chi Minh est situé à 250 m sur la gauche.

LE MUSÉE HO CHI MINH B5

Rue Duy Tan - tlj sf lun. - 7h-10h30, 13h30-16h30 - 40 000 VND - photos interdites - visite guidée obligatoire (même si le guide ne parle que vietnamien) - Comptez 1h.

Le musée Ho Chi Minh retrace les luttes du peuple vietnamien contre les envahisseurs successifs et tout particulièrement le combat pour l'indépendance mené contre les Français et les Américains. Se succèdent vieilles photographies et affiches d'époque, outils agricoles, costumes, et surtout une quantité impressionnante d'armes en tout genre. Dans la cour se tiennent avions, tanks, canons et camions, ainsi qu'une reproduction fidèle de la maison sur pilotis de Ho Chi Minh, intéressante pour ceux qui n'auraient pas la possibilité de visiter l'originale à Hanoi *(voir p. 149)*. Un pavillon dédié aux héros de la guerre expose leurs objets personnels et raconte leur parcours politique.

Pour rejoindre le centre-ville, prenez la rue Hoang Dieu en sortant du musée, puis à droite, la Trung Nu Vuong et à gauche la rue Phan Chu Trinh. Cette dernière est bordée par les pagodes Tam Bao (au n° 323), Pho Da (n° 340) et Tuong Quang (n° 316). Poussant votre exploration de la ville plus au nord, vous passez devant le théâtre municipal *(à l'angle de la rue Hung Vuong)*, puis prenez à gauche dans la rue Hai Phong.

LE TEMPLE CAODAÏSTE B2

63 Hai Phong - gratuit.

Le deuxième plus grand temple caodaïste du pays, édifié en 1906, présente une belle architecture coloniale. À l'intérieur, au-dessus de l'autel, sont représentés l'œil divin, symbole du caodaïsme, ainsi que les fondateurs des cinq grandes religions : Mahomet, Lao-tseu, Jésus-Christ, Bouddha et Confucius *(voir « Religions », p. 84)*. Vous êtes invité à participer à l'une des quatre séances de prière quotidiennes, à 5h30, 11h30, 17h30 et 23h30.

NOS ADRESSES À DA NANG

Plan de la ville, p. 309.

INFORMATIONS UTILES

Banque / Change

Distributeurs – Vous trouverez partout des distributeurs ATM.

Poste / Téléphone

Buu Dien Da Nang – C2 - *60B Bach Dang - 6h-22h en été et 6h30-21h30 en hiver*. Envois express *via* DHL ou Fedex.

DHL – B1 - *33 Nguyen Du - ✆ (0511) 388 66 91 - lun.-vend. 8h-17h30, sam. 8h-12h.*

Santé

Hôpital général – B2 - *74 Hai Phong - ✆ (0511) 382 11 18.* Possède un service de santé pour les étrangers.

Centre culturel

Cercle francophone – C2 - *33 Tran Phu - ✆ (0511) 382 12 59 - lun.-vend. 7h-10h30, 14h-16h30.* Le rendez-vous des expatriés francophones de la ville.

Agences de voyages

Trekking Travel Mr Hung – C3 - *4 Tran Quoc Toan - ✆ (0511) 384 31 22 - hidekihung@yahoo.com - 7h-19h.* Location de moto, de vélo, de voiture avec chauffeur, achat d'excursions ou de billets de bus... Une mine d'informations dans un bon anglais.

Danatours – B3 - *76 Hung Vuong - ✆ (0511) 382 56 53 - www.danatourvn.com.* Propose des excursions de 1 ou 2 j. à Ba Na, une station d'altitude (1 482 m) située à 40 km de Da Nang.

ARRIVER / PARTIR

En avion

Aéroport international – A3 en direction - *À 2 km à l'ouest de Da Nang, sur la rue Dien Bien Phu, dans le prolongement de Hung Vuong.* **Vietnam Airlines** propose 10 vols/j. pour Hanoi *(1h10 de trajet)* et Ho Chi Minh-Ville *(1h10)*, 3 vols/sem. pour Buon Ma Thuot *(1h10)* et 4 vols/sem. pour Nha Trang *(1h20)*. **Jetstar Pacific Airlines** assure 5 à 6 vols hebdomadaires pour Ho Chi Minh-Ville et Hanoi, tout comme **Vietjet Air** (5 vols quotidiens). D'autres vols sur Dalat, Kuala Lumpur (Malaisie), Siem Reap (Cambodge).

Pour rejoindre le centre-ville, comptez env. 100 000 VND en taxi.

Vietnam Airlines – C2 - *35 Tran Phu - ✆ (0511) 382 11 30 ou 382 64 65.* Nombreuses autres agences en ville.

En train

Gare Ga Da Nang – A2 - *À l'ouest de la ville, au 122 Hai Phong - ✆ (0511) 382 11 75 ou 382 38 10.* La billetterie est ouverte de 6h à 17h. Comptez en moyenne 5 trains/j. pour Hanoi *(16h de trajet)*, Hué *(4h)*, Nha Trang *(11h)* et Ho Chi Minh-Ville *(16h30-21h)*.

En bus

Gare routière interurbaine – A3 en direction - *À env. 6 km à l'ouest du centre-ville - ✆ (0511) 382 20 20.* Bus fréquents pour Hué *(3h30 de trajet)* et pour Hoi An *(1h)*, 2 bus/j. pour Ho Chi Minh-Ville *(20h)*, 1 pour Nha Trang *(14h)*, 4 pour Qui Nhon *(4-5h)*, 1 pour Dalat *(24h)* et 1 pour Hanoi *(17h)*. Adressez-vous aux agences de voyages en ville : le bus passera vous prendre à votre porte.

TRANSPORTS

En taxi

Song Han Taxi – *✆ (0511) 365 56 55.*

3

Airport Taxi – *(0511) 327 27 27.*
Mailinh Taxi – *(0511) 352 52 52.*
Vinasun Taxi – *(0511) 368 68 68.*

HÉBERGEMENT

PREMIER PRIX

Nhat Ha II – B3 - *196 Nguyen Chi Thanh - (0511) 351 97 88 - 20 ch. 15/24 $ - Wifi.* Tout simple, très propre, cet hôtel, ouvert en 2011, propose un service impeccable. Choisissez si possible l'une des 5 chambres d'angle, avec petit balcon.

BUDGET MOYEN

Elegant Hotel (Thanh Lich) – C1 - *22A Bach Dang - (0511) 389 28 93 - elegant@dng.vnn.vn - 35 ch. 27/38 $ - ascenseur, Wifi.* Cet hôtel d'État tout à fait convenable fait face au port. Les prix grimpent avec la taille des chambres, la vue qu'elles offrent (grandes fenêtres) et la qualité de l'ameublement. Accueil sympathique.

Royal Hotel – B2 - *17 Quang Trung - (0511) 382 32 95 - www.royaldananghotel.com.vn - 50 ch. 35/40 $ - Wifi.* Ambiance cosy à l'anglaise, avec moquette sombre, mobilier classique et petites baignoires, pour l'un des hôtels « ancienne génération » de la ville. Accueil et service soignés.

Bamboo Green Central Hotel – B3 - *158 Phan Chu Trinh - (0511) 382 29 97 - www.bamboogreenhotel.com.vn - 42 ch. 40/50 $ - massages, sauna, ascenseur, Wifi.* Cet hôtel dispose de tout le confort d'un établissement de standing international. Les chambres, très spacieuses, sont agréables et bénéficient d'une belle vue sur la ville, mais l'endroit demeure quelque peu impersonnel.

POUR SE FAIRE PLAISIR

Danang Petro Hotel – B2 - *7 Quang Trung - (0511) 383 48 34 - danangpetrohotel.com.vn - 68 ch. 45/100 $ - Wifi, minibar, coffre-fort dans les chambres.* Situé face au port, cet hôtel, rénové en 2012, a opté pour un confort international standardisé. Les chambres situées entre les 7e et 12e étages bénéficient d'une vue imprenable sur la rivière et la mer. Promotions fréquentes.

Saigontourane Hotel – B1 - *5 Dong Da - (0511) 382 10 21 - www.saigontourane.com.vn - 82 ch. 50/110 $, 35/45 $ hors saison - massages, sauna, ascenseur, karaoké, boutique, Wifi.* Un peu isolé au nord de la ville, cet établissement propose des chambres très correctes et réserve un excellent accueil à sa clientèle. Reçoit beaucoup de groupes.

RESTAURATION

BUDGET MOYEN

Vietnam – B2 - *53 Ly Tu Trong, (0511) 382 38 45 - 7h-20h - autour de 100 000 VND -.* Une gargote de quartier accueillant une clientèle d'habitués dans une salle ouverte sur la rue, autour de plats simples mais copieux. Un peu excentré mais le déplacement en vaut la peine !

POUR SE FAIRE PLAISIR

Phi Lu – B3 - *225 Nguyen Chi Thanh - (0511) 386 88 68 - 8h-22h - 300 000/500 000 VND.* Un restaurant très populaire auprès de nombreuses familles vietnamiennes. Pour sortir de l'ordinaire, tentez les concombres de mer, les grenouilles, les anguilles ou le pigeon. Cuisine chinoise et portions généreuses. Un peu bruyant toutefois. Carte des vins.

New Sky – B2 - *105 Le Loi - ✆ (0511) 323 26 66 - 12h-21h - à partir de 350 000 VND.* Les aquariums à l'entrée sont un signe : le poisson ici est roi. Anguille, vivaneau, mérou, maquereau : vous choisissez la bête (prix au kilo) que l'on vous fera griller sur la braise et que l'on vous servira dans une courette arborée ou sur une terrasse, dans une ambiance 100 % vietnamienne.

Kim Do Restaurant – B3 - *180 Tran Phu - ✆ (0511) 383 89 88 - 10h-23h - 400 000/600 000 VND.* Cuisine chinoise, vietnamienne et occidentale. Avec ses estampes chinoises aux murs et ses boiseries traditionnelles, le cadre est aussi apprécié des habitants de Da Nang que des touristes ; nombreux groupes au déjeuner, et le temps d'attente s'en ressent. Le service pourrait être plus attentif. Vérifiez votre addition.

UNE FOLIE

Apsara – B3 - *222 Tran Phu - ✆ (0511) 356 14 09 - 17h-23h - 500 000/700 000 VND.* La réplique d'un temple cham vous accueillera dans la petite cour-jardin. Sushis, sashimis et spécialités de la mer (tourteau, poulpe, coquillages) y sont servis dans une salle spacieuse à la décoration recherchée. Musique et danses traditionnelles de 19h à 20h.

BOIRE UN VERRE

Cafés / Bars

Memory – C2 - *7 Bach Dang - ✆ (0511) 357 58 99 - 6h30-23h30.* Une adresse branchée programmant des concerts de pop-rock vietnamienne tous les soirs de 20h30 à 22h30. Salle climatisée et petite terrasse sur la rivière.

Café Rafew – B3 - *58 Hoang Van Thu - ✆ (0511) 356 21 77 - 18h-22h.* Jus de fruits et cocktails dans une ambiance *lounge*, ménageant des espaces intimes drapés de voiles blancs.

EN SOIRÉE

Spectacles

Théâtre municipal – B3 - *À l'angle des rues Phan Chu Trinh et Hung Vuong.* Spectacles de danse, opéra, concerts.

Discothèques

Pour les noctambules, deux adresses très « couleur locale » : le karaoké du **Royal Hotel** *(voir « Hébergement », p. 312)* (à partir de 19h) et le **Phuong Dong Dancing & Discotheque**– B1 - *20 Dong Da - www. newphuongdong.com.*

ACTIVITÉS

Excursions

Les agences de voyages organisent des excursions en voiture au site cham de My Son *(voir p. 332).* L'ascension vers l'ancienne station climatique de **Ba Na Hill**, transformée en gigantesque complexe touristique accessible par deux téléphériques flambant neufs, est également un classique.

3

À proximité Carte de microrégion

★★ LES MONTAGNES DE MARBRE B2

Comptez 2h.
À 8 km au sud-est de Da Nang - 15 000 VND, ascenseur 15 000 VND suppl. par trajet - ouv. lever-coucher du soleil.
Bon à savoir – Une lampe de poche s'avère utile pour explorer les grottes.
Le site de **Ngu Hanh Son** (« montagnes des Cinq Éléments »), plus connu sous l'appellation de « montagnes de Marbre », se compose de cinq collines karstiques sculptées par les eaux de ruissellement, et portant chacune le nom d'un élément premier : Thuy Son (« Eau »), Tho Son (« Terre »), Hoa Son (« Feu »), Kim Son (« Métal ») et Moc Son (« Bois »). Autrefois occupées par les Chams qui y avaient établi des sanctuaires religieux, elles abritent des pagodes et des grottes aux formes fantastiques dans lesquelles sont vénérées des divinités bouddhiques, confucéennes ou taoïstes.
Thuy Son, la plus haute et la plus grande de toutes, est également la plus visitée. L'accès se fait par un escalier très raide dont les marches en marbre rose, bleu, gris ou rouge ont été taillées à même la montagne. Vous parvenez ainsi à la **pagode Tam Thai** construite en 1825 sous le règne de l'empereur Minh Mang. Elle abrite une statue de Bouddha entourée des déesses Quan Am (déesse de la Miséricorde), Van Thu (déesse de la Sagesse et de l'Intelligence) et Pho Hien (déesse de la Générosité et du Pardon).
À l'arrière de la pagode, empruntez sur votre gauche le chemin qui mène aux **grottes Hoa Nghiem** et **Huyen Khong★★**. Cette dernière, haute d'une trentaine de mètres, est un lieu particulièrement magique, baigné par les quelques rayons de lumière qui parviennent à filtrer à travers de minces ouvertures situées sous la voûte. L'air est saturé des volutes d'encens, et l'atmosphère on ne peut plus mystique. Cet ancien sanctuaire cham, qui servit de refuge et d'hôpital aux combattants viet-congs durant la guerre, est devenu un important site de pèlerinage bouddhiste et de nombreux fidèles viennent encore se recueillir auprès des statues de Bouddha, de Van Phu et de Pho Hien qui trônent là.
Derrière la pagode Tam Thai, la **grotte Linh Nham** abrite les statues très kitsch de Bouddha et de deux gardiens, conservées sous une châsse de verre. Poursuivant le sentier, vous passez sous un porche et parvenez dans un défilé coincé entre deux falaises. Sur votre droite se trouve la **grotte Van Thong** *(c'est le moment de sortir votre lampe de poche !)*, qui abrite un bouddha derrière lequel vous découvrirez un passage étroit permettant d'accéder – après quelques contorsions – au sommet du pic. On a de là une superbe **vue★** sur Da Nang, la mer et les quatre autres montagnes de Marbre.
Le **pavillon Vong Hai**, situé un peu plus loin, offre également un joli point de vue sur la mer et le village de Non Nuoc.

LES FILS DU DRAGON

Une légende veut que les monts Ngu Hanh Son soient nés d'un dragon venu de la mer. Celui-ci déposa sur la plage un œuf qui s'ouvrit mille jours et mille nuits plus tard pour donner naissance à une belle jeune fille qui s'envola vers les cieux. L'histoire ne dit pas ce qu'il advint d'elle, mais les fragments de la coquille d'œuf grossirent jusqu'à devenir les cinq montagnes de Marbre.

Petites barques rondes traditionnelles en bambou tressé sur China Beach.
Andrea Pistolesi / Tips / Photononstop

Le sentier aboutit enfin à la **pagode Linh Ung**, construite par l'empereur Minh Mang et rénovée en 1970 grâce aux donations de fervents bouddhistes. À l'arrière de la pagode, la **grotte Tang Chon** est un dédale de roche abritant des bouddhas assis et couchés ainsi que quelques vestiges chams datant de plus de 900 ans. De là, un escalier vous permet de redescendre vers le village de Non Nuoc.

Le marbre extrait des collines est sculpté depuis des générations par les artisans du **hameau de Non Nuoc**, qui s'étire au pied de Thuy Son. En vous promenant le long de la route vous les verrez façonner statues d'animaux, de Bouddha ou de Ho Chi Minh, objets divers et bijoux, dans le vacarme des ponceuses et des coups de burin.

3

★ MY KHE ET CHINA BEACH B2

Passez l'un des ponts du centre de Da Nang pour gagner la péninsule de Son Tra - à 4km à l'est du centre-ville.

Les plages de Da Nang, My Khe et China Beach étirent à perte de vue de longs rubans de sable blanc qui firent le bonheur des GI's avant de séduire les touristes, tant vietnamiens qu'étrangers. Les hôtels y poussent comme des champignons, toutes catégories confondues, mais la plage demeure en partie déserte en semaine et vous aurez tout le loisir de trouver un petit coin tranquille pour vous faire dorer au soleil et profiter des plaisirs de la mer.

NOS ADRESSES À MY KHE ET CHINA BEACH

HÉBERGEMENT

My Khe Beach

PREMIER PRIX

My Khe Beach Hotel – *233-241 Nguyen Van Thoai, Son Tra District - ✆ (0511) 383 61 25 - mkbeach@vnn.vn-* ▤ *- 54 ch. 18/45 $* ☕. Face à la mer, cette adresse séduira ceux qui souhaitent une pause balnéaire à moindre coût. Les chambres, sommaires mais propres, sont réparties dans différents bâtiments selon leur catégorie. Les plus onéreuses disposent d'un balcon, avec vue sur la mer. L'établissement accuse cependant le passage du temps.

BUDGET MOYEN

Tourane Hotel – *Sur le front de mer - à côté du My Khe Beach - ✆ (0511) 93 22 22 - http:// touranehotel.com.vn -* ▤ *- 35 ch. 40/67 $* ☕ *- Wifi.* Les chambres meublées avec goût sont situées dans des villas de style colonial. Jolie piscine au milieu des cocotiers et des bougainvillées. Il n'y a qu'à traverser la route pour atteindre la plage.

China Beach

UNE FOLIE

Furama Resort – *68 Ho Xuan Huong - ✆ (0511) 384 73 33 ou 384 78 88 - www. furamavietnam.com -* ▤ ✕ *- 186 ch. - à partir de 300 $* ☕ *- salle de gymnastique, massages, sauna, ascenseur, boutiques, salon de beauté et de coiffure, Wifi.* Cet établissement propose de superbes chambres parquetées avec mobilier de style colonial, salle de bains en marbre et balcon donnant sur la plage ou la piscine. Cuisines asiatique et européenne de qualité servies dans l'un des quatre bars-restaurants de l'hôtel. Soirées paisibles, bercées par les notes jazzy du pianiste, dans le *lounge* à l'atmosphère feutrée.

RESTAURATION

Bon à savoir – Vous trouverez pléthore de restaurants populaires en terrasse le long du front de mer pour un repas simple de cuisine locale.

UNE FOLIE

La Maison 1888 – *Bai Bac, péninsule de Son Tra - hôtel Intercontinental - ✆ (0511)3938888 - 18h-23h - 1 200 000/1 500 000 VND.* Cet édifice à l'architecture raffinée surplombant la baie offre un cadre exceptionnel pour déguster une cuisine française de haute volée, laissant une place de choix aux produits de la mer et du marché. Vaste carte des vins.

Hoi An

★★★

32 810 habitants (agglo 121 716 habitants) - province de Quang Nam

NOS ADRESSES PAGE 325

S'INFORMER

Informations touristiques – Sept guichets disséminés dans le centre historique (au *19 Hai Ba Trung*, au *155B Nguyen Thai Hoc*, au *78 Le Loi*, au *12 Phan Chu Trinh*, *à l'angle des rues Tran Phu et Nguyen Hue*, dans *la rue Nguyen Thi Minh Khai* et au *5 Hoang Dieu (bureau principal) - 7h-20h*) vendent les **pass** nécessaires aux visites *(voir p. 326)*. Ils peuvent également vous indiquer un guide francophone. Pour toute autre information, adressez-vous aux agences de voyages.

SE REPÉRER

Carte de microrégion B2 *(p. 272-273)* - plan de la ville p. 321.

Voir « Arriver / Partir » dans « Nos adresses à Hoi An » p. 326.

À NE PAS MANQUER

Les vieilles maisons chinoises de Hoi An ; une balade dans le marché au petit matin ; une virée à vélo dans les rizières environnantes, jusqu'à la plage.

ORGANISER SON TEMPS

Planifiez vos visites pour tirer au mieux parti de votre pass *(voir p. 326)* ; profitez du centre historique lorsqu'il est fermé à la circulation ou encore l'après-midi quand tout le monde est à la plage ; louez une petite embarcation pour faire le tour de l'île Cam Nam (2h).

AVEC LES ENFANTS

Une croisière dans les îles chames.

Bercée par les eaux tranquilles de la rivière Thu Bon, Hoi An semble endormie, sous l'effet d'un enchantement qui aurait suspendu le temps. Il en est ainsi lorsque, le matin ou le soir, la brume envahit les eaux, remplissant de coton les larges filets des pêcheurs étendus tout au long de la rivière. Avec ses maisons colorées aux façades patinées, Hoi An possède ce charme suranné que rien ne semble vouloir troubler. Pourtant, partout en ville, de petits artisans œuvrent dans leur boutique, perpétuant la tradition artisanale hoiannaise. Les ruelles se parent de lanternes, de peintures ou de soieries aux couleurs chatoyantes et bourdonnent du ronronnement des machines à coudre… Les touristes ne s'y sont pas trompés, qui viennent ici toujours plus nombreux et n'hésitent pas à prolonger leur séjour pour profiter de la quiétude des lieux ou de la plage de Cua Dai, à 5 km de là. Tout entière vouée au tourisme, Hoi An a vu fleurir ces dernières années restaurants, bars, hôtels et agences de voyages, ainsi qu'une multitude de boutiques proposant des vêtements taillés sur mesure en un temps record.

3

Se promener Plan de la ville p. 321

Comptez une journée - visite à faire à pied.

Bon à savoir – Vous avez besoin d'un pass pour visiter les différents monuments de la ville *(voir p. 326)*.

Inscrite au **patrimoine mondial de l'Unesco** en 1999, la cité est un véritable musée vivant où pas moins de 844 sites d'intérêt historique ont été recensés, tels que ponts, puits, pagodes et maisons particulières. C'est de cette atmosphère unique, empreinte d'une certaine nostalgie, que vient s'imprégner le voyageur, flânant au hasard des rues à la découverte de ce port marchand d'un autre temps.

AUTOUR DE LA RUE TRAN PHU

Conseil – La plupart des maisons sont encore habitées par les descendants de leur fondateur. Sachez faire preuve de tact et de discrétion : tenez-vous-en aux parties anciennes et aux pièces d'entrée, et évitez de pénétrer dans les espaces privés ou de prendre en photo des familles parfois lassées de la curiosité des visiteurs.

★ Les maisons chinoises

Maison de culte de la famille Tran★★ – *21 Le Loi - angle de la rue Phan Chu Trinh - 7h30-17h30 - pass - petite visite guidée.* Dissimulée aux regards derrière une haute clôture mêlant les styles chinois et japonais, cette maison fut construite en 1802 par un mandarin civil du nom de Tran Tu Nhac et consacrée au culte de ses ancêtres. On pénètre par le « jardin de l'Ouest », joliment fleuri, qui symbolise le futur et le paradis, tandis qu'à l'arrière de la demeure, le « jardin de l'Est », planté d'un carambolier, où sont enterrés les cordons ombilicaux de tous les membres de la famille, désigne le passé. La maison représente quant à elle le temps présent et se divise en deux parties, la première réservée au lieu de culte, la seconde à l'habitat. Les trois pièces composant la **chapelle** évoquent successivement le bonheur, la prospérité et la longévité. L'antichambre, véritable petit musée familial à l'atmosphère intimiste, conserve un beau mobilier de bois sombre, les lanternes et les panneaux gravés de caractères chinois contant l'histoire de la maison. Dans la salle de culte se dresse l'**autel des ancêtres**, dont la responsabilité se transmet de père en fils aîné. Le seuil entre les deux pièces est volontairement surélevé afin d'obliger le visiteur à baisser la tête devant l'autel ! Chacune des boîtes en bois disposées là renferme la relique d'un ancêtre. La troisième pièce rassemble la collection familiale de **céramiques**, constituée génération après génération.

Redescendez la rue Le Loi et prenez à gauche dans la rue Tran Phu.

Maison Quan Thanh – *77 Tran Phu - 7h-21h - pass.* Elle fut construite il y a plus de 200 ans par un commerçant chinois et présente beaucoup de similitudes avec la maison Tan Ky *(voir p. 323)*, à ceci près qu'elle est mieux préservée.

Traversez la rue.

COMMUNAUTÉS CHINOISES

Hoi An a accueilli au cours de son histoire une large communauté chinoise, venue des diverses régions de Chine. Ces immigrants bâtirent à Hoi An des sièges sociaux, où ils pouvaient se retrouver pour le culte de leurs ancêtres. Ces maisons communes sont parfois appelées pagodes, mais on y célèbre uniquement des divinités que l'on souhaite remercier pour l'aide apportée à la communauté chinoise.

Scène de la vie quotidienne sur la rivière, en face du marché de Hoi An.
Morandi Bruno / Sime / Photononstop

Musée des Céramiques de commerce★ – *80 Tran Phu - 7h-20h30 - pass.* Il est installé dans une élégante maison chinoise en bois du début du 20e s. Elle était à l'origine utilisée comme lieu d'habitation et comme boutique, et fut restaurée en 1995 avec l'aide du gouvernement japonais. Y sont exposés des morceaux de céramiques chinoises, japonaises et vietnamiennes retrouvés lors de fouilles effectuées dans la région, ainsi que divers dessins retraçant les modèles d'architecture typiques de la ville. Du balcon à l'étage, vue sur les toits de tuiles de la ville. 3

★ Les maisons communes

Passez à la **maison commune des cinq congrégations** *(64 Tran Phu - gratuit)*, construite en 1741 pour regrouper tous les Chinois vivant à Hoi An, puis continuez dans la rue Tran Phu.

Maison commune de la congrégation chinoise de Fujian★★ – *46 Tran Phu - 7h-17h - pass.* Appelée également **pagode Phuc Kien**, cette maison, édifiée en 1697, fut consacrée à la déesse de la Mer, Thien Hau Thanh Mau, par les mandarins chinois de la dynastie Ming qui durent émigrer et rejoindre le Vietnam en bateau, suite aux combats qui les opposèrent aux Mandchous en 1644. Un superbe porche de briques roses, reconstruit en 1974, précède la maison et ouvre sur une large terrasse arborée et fleurie de frangipaniers. En pénétrant dans la pagode, vous apercevez, de part et d'autre de la table autour de laquelle siégeaient les notables, deux belles **fresques en relief★**. Celle de gauche représente le combat entre Ming et Mandchous, celle de droite, la déesse de la Mer portant assistance à un navire en perdition. Un premier autel est dédié à la déesse de la Compassion, et deux êtres étranges gardent l'accès du second, consacré à la déesse de la Mer : Thien Ly Nhan (en vert), dont la vue porte à 1 000 lieues, et Thuan Phong Nhi (en rouge), dont l'ouïe porte à 1 000 lieues. À droite de l'autel est exposée la **maquette** d'un bateau à voile chinois similaire à ceux qu'empruntèrent les Ming pour quitter la Chine. Une salle adjacente est destinée au culte des ancêtres. Dans l'arrière-cour,

Carrefour commercial et joyau d'architecture

Si Hoi An est aujourd'hui une bourgade paisible, l'ancienne **Faifo** fut, deux siècles durant, un maillon de la chaîne des comptoirs du Sud-Est asiatique et le plus grand port commercial du pays. Elle constitua dès le 15e s. un carrefour maritime important, où mouillèrent nombre de navires marchands venus d'Asie. Au 16e s., les échanges sino-japonais se développèrent dans la province de Quang Nam, suite à l'interdiction faite aux bateaux nippons de faire escale dans un port chinois.

UNE CITÉ FLORISSANTE

Fondée officiellement entre 1602 et 1613 avec le soutien du gouverneur **Nguyen Phuoc Nguyen** (1563-1635), Hoi An connut au cours des deux siècles suivants une intense période commerciale, à laquelle participèrent les Européens – Hollandais, Anglais, Français et Portugais. On y écoulait de la soie, du thé, des épices, de la porcelaine et de la laque. Il s'agissait dans un premier temps de simples échanges de marchandises et d'activités saisonnières liées à la période des moussons, mais, le commerce prospérant, nombre de marchands s'installèrent finalement dans la cité, où ils se firent construire de riches demeures leur servant à la fois d'habitation, de boutique et d'entrepôt. Peu à peu, les quartiers japonais, chinois et français se dessinèrent et diverses communautés, vivant chacune selon ses us et coutumes, vinrent à se côtoyer.
Avec les Européens débarquèrent aussi les premiers missionnaires. Parmi eux, le **père Alexandre de Rhodes** qui, arrivé en 1625, résida trois ans à Hoi An. C'est à lui que l'on doit la latinisation de la langue vietnamienne *(voir p. 102)*.
À la fin du 18e s., la guerre opposant les Nguyen aux Trinh, puis la révolte des Tay Son endommagèrent gravement la ville et marquèrent le déclin du port de Hoi An au profit de celui de Da Nang. L'ensablement de la rivière sonna le glas du transport maritime, empêchant toute navigation autre que celle des barques et des sampans.

UN MUSÉE À CIEL OUVERT

Petit joyau d'architecture, Hoi An présente un caractère unique. La coexistence des communautés chinoise, japonaise et occidentales au cours des siècles derniers est à l'origine d'un échange culturel fertile se traduisant par la combinaison de différents styles architecturaux, ce qui n'empêche pas une certaine harmonie.
Au début des années 1990, d'importants travaux de rénovation des édifices historiques ont été entrepris avec l'aide d'équipes japonaises pour préserver ce patrimoine culturel d'une valeur inestimable. Certains trouveront peut-être cette ville trop touristique, voire artificielle. Mais la réhabilitation de Hoi An est un cas unique au Vietnam, et donne aujourd'hui à voir la plus belle ville du pays. Le centre historique a été partiellement fermé à la circulation, les néons ont été interdits, les câbles enterrés et les antennes de télévision supprimées. Petit à petit, on détruit les quelques maisons en béton de ces dernières décennies pour reconstruire les précédentes à l'identique, en suivant les plans d'époque. Une métamorphose qui pourrait faire école dans le pays.

SE LOGER

- An Huy Hotel.............. (3)
- Ancient House Resort (1)
- Cua Dai....................... (2)
- Ha An Hotel................ (5)
- Huy Hoang River Hotel.............. (7)
- Life Heritage Resort... (8)
- Nhi Nhi Hotel............ (20)
- Pho Hoi 2.................. (10)
- Phu Thinh 2....... (12)
- Thanh Binh........ (14)
- Thanh Binh 2..... (15)
- Thanh Binh 3..... (6)
- Victoria Hoi An Resort............. (16)
- Vinh Hung 2...... (18)
- Vinh Hung 3...... (19)

SE RESTAURER

- Brother's Café... (1)
- Café Bobo.......... (2)
- Cam Thu............. (3)
- Cava.................... (16)
- Faifoo Restaurant........ (4)
- Good Morning Vietnam........... (12)
- Hai Tan............... (5)
- Mango Rooms.... (6)
- Mermaid Restaurant......... (7)
- Miss Ly 2............. (8)
- Restaurant du marché......... (9)
- Streets International... (18)
- Thanh Thanh...... (11)
- Wan Lu.............. (15)

trois superbes autels en bois laqué richement sculptés: celui de gauche est dédié au dieu de la Prospérité, celui du centre aux six mandarins chinois de la province de Phuc Kien, celui de droite aux trois seigneurs de la Fertilité et aux 12 sages-femmes célestes (une pour chaque mois) qui apprennent chacune à l'enfant une façon d'être.

Pagode Quan Cong – *Chua Ong - 24 Tran Phu, à l'angle de la rue Nguyen Hue - 7h-21h - pass.* Édifiée en 1653, cette pagode est l'ancien lieu de culte des habitants de Hoi An. Elle est aujourd'hui consacrée au général chinois Quan Cong, célèbre pour sa loyauté, sa sincérité, son intégrité et sa justice. Une impressionnante statue en couleur, protégée par une châsse vitrée, le représente aux côtés de son général adjoint et d'un mandarin civil qui est aussi son fils adoptif. Une porte à l'arrière ouvre sur la cour de la pagode Quan Am dans laquelle est établi le **musée d'Histoire et de la Culture**.

Musée d'Histoire et de la Culture★ – *7 Nguyen Hue - 7h-21h - pass.* Une exposition hétéroclite – cloches, céramiques, ornements architecturaux en bois, manuscrits... – retrace le développement de Hoi An durant les périodes pré et protohistorique, du Champa (7ᵉ-15ᵉ s.) et du Dai Viet (15ᵉ-19ᵉ s.).

En sortant du musée, retrouvez la rue Tran Phu, où vous pouvez également visiter la **maison commune de la congrégation chinoise de Hainan**, un assez bel édifice doté d'un bel autel ouvragé et de jolis panneaux décoratifs *(10 Tran Phu - 9h-20h - gratuit ; si les deux lourdes portes en bois sont fermées, passez par le petit porche à gauche du bâtiment).*
Un peu plus loin, la **maison commune de la congrégation chinoise de Chaozhou** *(Trieu Chau) (157 Nguyen Duy Hieu - 7h30-18h - pass)* mérite le détour pour la richesse et la finesse de ses sculptures.

★ LE QUARTIER FRANÇAIS

Descendez la rue Hoang Dieu vers la rivière, jusqu'au carrefour de la rue Phan Boi Chau qui marque l'entrée du quartier français.
Voulant rompre avec l'architecture des quartiers chinois et japonais et se distinguer nettement de ces communautés, les Français édifièrent le long de l'ancienne rue Courbet une succession de **maisons de style colonial à colonnades**. Cette rue paisible bordée d'arbres à l'ombre généreuse est très pittoresque avec ses façades jaunes rehaussées de portes et volets bleu outremer.
Au n° 25, ne manquez pas de visiter la **maison de M. Tran Duong★** *(traversez la boutique - 8h-12h, 14h-18h - gratuit mais donation bienvenue).* Construite en 1887, la demeure conserve tous ses éléments d'origine et quelques pièces de mobilier français du début du 20e s. Le propriétaire vous en racontera l'histoire dans un français parfait.

LE LONG DE LA RIVIÈRE

Empruntez la rue Bach Dang qui longe la rivière.

★★ Le marché

L'animation qui gagne la ruelle ne laisse pas de doute : le marché, riche en couleurs, en parfums et en saveurs, est le cœur palpitant de l'ancienne cité-port. L'arôme des fleurs se mêle aux senteurs des épices et aux effluves des filets de poisson séchés ; le bavardage des marchandes accroupies entre deux palanches répond aux piaillements des poussins et des canetons ; les cuisinières s'activent derrière leur étal, invitant le chaland à une petite collation, tandis que sur le quai, à l'ombre d'un parasol ou de leur chapeau conique, de jeunes femmes proposent une variété infinie de poissons et de fruits de mer fraîchement pêchés… Plus que partout ailleurs, c'est en vous promenant le long de la rivière, sur laquelle barques et sampans exécutent un ballet charmant, que vous apprécierez l'atmosphère particulière de cette ville d'un autre temps.
Rejoignez la rue Nguyen Thai Hoc, à l'extrémité de laquelle se niche la maison Tan Ky.

PONT ET DRAGON

Une légende veut que le **pont-pagode** de Hoi An ait été construit par la communauté japonaise pour exorciser un monstre reposant depuis l'Inde jusqu'au Japon et responsable de graves bouleversements en Asie, comme les sécheresses, les inondations ou les tremblements de terre. Le petit édifice passerait précisément sur le dos de la bête, l'empêchant ainsi de bouger et de nuire en déclenchant d'autres catastrophes.

Le pont-pagode japonais.
Michael Runkel / Robert Harding Picture Library / age fotostock

★★ La maison Tan Ky

101 Nguyen Thai Hoc - 8h-12h, 13h30-17h30 - pass.

Joyau de l'architecture hoiannaise, l'édifice a été construit à la fin du 18e s. Il a vu naître sept générations et fut la première maison chinoise de Hoi An classée monument historique en 1985. Dans le salon, notez les superbes colonnes en bois de jacquier incrustées de nacre, sur lesquelles sont gravés des poèmes à la gloire de la nature. Les deux colonnes décoratives placées côté cour sont quant à elles recouvertes de sentences dont chaque caractère est formé d'oiseaux (50 au total sur chaque colonne !).

La rue Nguyen Thai Hoc rejoint la rue Bach Dang que vous pouvez suivre jusqu'au pont-pagode japonais.

3

★★ Le pont-pagode japonais

Gratuit mais la pagode, ouverte de 7h à 21h, nécessite votre pass (voir p. 326).

Diverses communautés s'implantèrent à Hoi An du temps où celle-ci était une cité prospère. À l'ouest de la rivière s'était établi le quartier japonais, à l'est le quartier chinois, et au nord le quartier vietnamien. Ce sont finalement les Japonais qui, en 1593, entreprirent la construction de ce pont couvert. Cela prit trois ans, de l'année du Singe à celle du Chien, d'où la présence de part et d'autre du pont de **statues** de ces animaux totems. En 1719, un mandarin chinois en visite à Hoi An lui donna le nom de Lai Vien Kieu, « Le pont construit par les hommes qui sont venus de loin ». Cinquante ans plus tard, les Chinois décidèrent la construction d'une **pagode** consacrée à Bac De Tran Vu, un mandarin chinois très respecté. Elle fut un temps utilisée comme palais de justice pour régler les conflits entre les différentes communautés.

★ La maison Phung Hung

4 Nguyen Thi Minh Khai - 8h-18h - pass.

À l'ouest du pont, la maison Phung Hung, construite en 1780, est classée monument historique depuis 1985. Elle mêle, comme la plupart des maisons

DO YOU WANT TO COME TO MY SHOP ?

Hoi An est l'endroit idéal pour se refaire une garde-robe à moindres frais. Les **boutiques de tailleurs** ont envahi les ruelles de la vieille ville qui résonnent du ronronnement des machines à coudre. La concurrence est âpre et les rabatteuses ne manquent pas de vous aborder à la moindre occasion, mais sans insistance excessive, pour vous inviter dans leur atelier. De l'élégante *ao dai* en soie vietnamienne au duffle-coat en laine, en passant par la robe en viscose ou le smoking en drap, il vous suffit de choisir un modèle et un tissu et l'on vous confectionne en quelques heures un vêtement sur mesure. N'hésitez pas à marchander et vérifiez, pour être sûr d'un travail soigné, que votre vêtement sera taillé et assemblé sur place, et non dans une usine des environs.

de Hoi An, divers styles architecturaux. Aucun élément en fer n'intervient dans la **charpente** en chêne, de style vietnamien, qui est soutenue par 80 piliers et n'est ajustée qu'avec des clés ou des chevilles en bois. L'eau de pluie qui s'écoule par le **toit à quatre pentes** japonais est collectée dans les gouttières, puis stockée dans un bassin en béton situé sous la maison.

À l'étage, un **balcon** de style chinois à toit voûté est orné de jolies paires de carpes, symboles de prospérité pour les Vietnamiens, de chance pour les Chinois et de pouvoir pour les Japonais. Dans la pièce, un autel suspendu est consacré au commerce maritime. C'est à lui que s'adressaient les marins avant de prendre la mer. Une trappe servant autrefois à hisser les marchandises à l'étage permet aujourd'hui de monter le mobilier du rez-de-chaussée lors des inondations qui, chaque année en octobre-novembre, touchent les quartiers situés près de la rivière.

Retraversez le pont japonais et poursuivez sur 50 m à l'est du pont japonais.

Le musée de la Culture Sa Huynh

149 Tran Phu (à l'angle des rues Tran Phu et Chau Thuong Van) - 7h-21h - pass.

La civilisation Sa Huynh, dont on ne sait encore que peu de choses, s'est développée dans la région de Hoi An de 1000 av. J.-C. au 2e s. ap. J.-C., avant que n'apparaissent les Chams. Archéologues et scientifiques l'étudient de près et plus de 20 sites de fouilles – habitations et cimetières – ont été établis dans les environs. Ils ont permis de mettre au jour de grandes **urnes funéraires** conservées dans le sable, qui contenaient les cendres et les bijoux des défunts, ainsi que des céramiques, des ustensiles de cuisine et des outils en fer exposés ici.

La maison commune de Canton (Quang Dong)

176 Tran Phu - 7h-18h - pass.

Ici s'élève la **maison commune de la congrégation chinoise de Canton**. Créée en 1895, elle est dédiée au culte du général Quan Cong. En pénétrant dans la première salle, vous pouvez admirer deux belles **fresques en relief** représentant le général accompagné d'une part de ses deux fidèles amis, de l'autre des épouses de ces derniers. Dans la salle principale, le général siège avec ses aides de camp, son général adjoint et un mandarin civil qu'il avait adopté. De part et d'autre du groupe, le cheval blanc, qui fut la première monture du général, et le célèbre cheval rouge, qui l'accompagna ensuite dans toutes ses expéditions. Enfin, deux autels encadrent un autel principal, celui de gauche est consacré à la déesse de la Mer et celui de droite, au dieu de la Prospérité. Vous retrouvez dans cette maison un schéma très semblable à celui de la pagode Phuc Kien (*voir p. 319*).

À proximité Carte de microrégion

BALADES AUX ENVIRONS DE HOI AN B2

Conseil – Louez un vélo (vous en trouverez partout en ville) et partez à la découverte des proches environs de la ville pour goûter à la quiétude de la campagne hoiannaise.

À l'extrémité nord de Nguyen Truong To, empruntez le chemin à droite de la pagode du Tigre et suivez-le en prenant à gauche à chaque intersection. Parvenu au bout de ce sentier, tournez à gauche, puis à droite de l'école (bâtiment jaune) qui se dresse non loin.

Au nord de la ville s'étirent de belles rizières traversées par de larges levées de terre permettant aisément de circuler à pied ou à bicyclette. Au milieu de ces étendues verdoyantes, dans un cadre empreint d'une sérénité absolue, s'élève la **tombe** d'un marchand japonais ayant résidé à Hoi An au 17e s. *Traversez les rizières jusqu'au canal d'irrigation, puis prenez à gauche après le pont. Continuez jusqu'à une digue en pierre, à droite du chemin, où vous pouvez laisser votre vélo ; la tombe est à 100 m.*

Si vous poursuivez le long du canal et tournez à gauche au prochain pont, vous rejoignez une piste en terre rouge qui se transforme bientôt en route. Passé le cimetière bouddhique, prenez à droite le chemin qui mène à la **pagode Chuc Thanh**. Construite dans un endroit paisible où paissent quelques vaches, cette pagode serait l'une des plus vieilles de Hoi An. À l'entrée, trois tours abritent les tombes des moines du monastère. Non loin de là *(reprenez le chemin jusqu'à une route que vous traversez)*, la **pagode Phuoc Lam** est nichée dans un beau jardin fleuri. *Revenez sur vos pas jusqu'à la première route que vous avez quittée, près du cimetière. Elle rejoint la rue Nhi Trung, au nord de Hoi An. Vous pouvez aussi emprunter le chemin qui part de l'autre côté de la route et vous ramène sur Nguyen Truong To.*

En quittant la ville par la rue Tran Hung Dao, vous pouvez également rejoindre la **plage** de Cua Dai, située à 5 km à l'est de Hoi An. La route, bordée de lagunes et de cocotiers, est très plaisante, et cette longue plage de sable blanc bien agréable pour échapper à la touffeur de la ville *(parking, restaurants et location de transats).*

NOS ADRESSES À HOI AN

Plan de la ville, p. 321.

INFORMATIONS UTILES

Banque / Change

Distributeurs – Nombreux distributeurs ATM dans le quartier touristique.

Poste / Téléphone

Buu Dien Hoi An – *À l'angle de Ngo Gia Tu et Tran Hung Dao - ☎ (0510) 386 14 80 - 6h-21h30.*

Internet

La plupart des hôtels, restaurants et cafés disposent d'un accès Wifi. Plusieurs cybercafés dans le centre historique *(15 000 VND/h).*

Santé

Hôpital général – *4 Tran Hung Dao - ☎ (0510) 386 12 18.*

Agences de voyages

Vous trouverez pléthore d'agences en ville, proposant

toutes des services identiques, à des prix similaires, de la vente de billets de bus, de bateau ou d'avion aux excursions organisées aux sites de My Son, My Lai et dans les îles chames.

Viet Space Travel – *625 Hai Ba Trung - ✆ (0510) 391 07 17 - 8h-21h30*. Organise vos transports (train, bus, avion, voiture avec chauffeur) et vos excursions. Bon anglais.

The Sinh Tourist – *587 Hai Ba Trung - ✆ (0510) 386 39 48 - 6h-22h.* Cette agence est présente dans tout le pays.

ARRIVER / PARTIR

En bus

Gare routière – *À 1 km à l'ouest du centre-ville, au 74 Huynh Thuc Khang*. Pour Da Nang (1h de trajet), départs ttes les 30mn de 5h20 à 17h50, à l'angle des rues Le Hong Phong et Hai Ba Trung. Pour les autres destinations, le plus simple est d'emprunter l'un des bus privés dont les billets sont vendus par les agences de voyages.

TRANSPORTS

À pied

Hoi An se découvre à pied, la circulation dans la vieille ville ayant été limitée : la rue Nguyen Thai Hoc est interdite aux véhicules à moteur tandis que Tran Phu et les rues perpendiculaires sont piétonnes en semaine et le soir ainsi que le 14e jour du mois lunaire.

En vélo ou en moto

Location – Dans les hôtels et agences de voyages. Comptez autour de 20 000 VND/j. pour un vélo et de 120 000 à 200 000 VND pour un scooter.

VISITES

Pass – La ville compte une vingtaine de sites payants. Un pass (*120 000 VND*) donne droit d'accéder à 5 monuments au choix (musée, maison commune, vieille demeure, pont japonais, pagode). Pour toute visite supplémentaire, il faut acheter un nouveau forfait. Ces derniers sont en vente dans des guichets installés dans le centre-ville *(voir p. 317)*.

HÉBERGEMENT

Dans le centre-ville

PREMIER PRIX

Thanh Binh – *1 Le Loi - ✆ (0510) 386 17 40 - 14 ch. 19/25 $ - Wifi.* Une adresse pour petits budgets offrant un bon rapport qualité-prix. Les chambres sont agréables et bien tenues. Mention spéciale pour la suite familiale, particulièrement spacieuse. Les hôtes ont accès à la piscine du Thanh Binh 3 (*voir ci-dessous*).

BUDGET MOYEN

Thanh Binh 2 – *Hai Ba Trung (en face du Vinh Hung 2) - ✆ (0510) 386 37 15 - 32 ch. 25/40 $*. Construit dans le style des demeures chinoises, cet hôtel offre un cadre agréable et ses chambres, lumineuses, bien meublées et bien tenues, possèdent un certain cachet, notamment les plus grandes, avec salon et balcon. Si l'hôtel est complet, vous trouverez à proximité quantité d'autres établissements aux prix, confort et prestations similaires.

Thanh Binh 3 – *98 Ba Trieu - ✆ (0510) 391 67 77 - - 43 ch. 25/50 $ - Wifi.* Construit autour d'une piscine, il a, comme ses petits frères du même nom, adopté un style asiatique. Préférez les chambres avec balcon, lumineuses, à celles donnant sur le couloir et manquant d'intimité.

Huy Hoang River Hotel – *73 Phan Boi Chau (près du pont Cam Nam) - (0510) 386 14 53 - kshuyhoang@vng.vnn.vn - - 26 ch. 25/55 $ - Wifi.* Situé à l'entrée du quartier français, au bord de l'eau, cet établissement dispose de chambres bien tenues, quoique relativement sommaires et parfois avec fenêtre aveugle pour les premiers prix ; mais les plus onéreuses, très grandes, jouissent d'une vue plaisante sur la rivière et sont joliment meublées. Terrasse surplombant la rivière.

An Huy Hotel – *30 Phan Boi Chau - (0510) 386 21 16 - www.anhuyhotel.com - - 14 ch. 30/48 $* . Hôtel calme situé en face du Brother's café *(voir « Restauration »)*. Les chambres donnent toutes sur l'arrière du bâtiment. Elles sont fraîches, parquetées et agréables pour cette catégorie de prix même si les moins chères se révèlent un peu étroites.

Vinh Hung 2 – *À l'angle de Nhi Trung et de Ba Trieu - (0510) 386 37 17 - vinhhunghotels.com.vn - - 31 ch. 35/55 $ - Wifi.* Ce bel établissement moderne s'organise autour d'un patio central et de sa piscine, bien appréciable quand la ville est écrasée par la chaleur. Les chambres, spacieuses et confortables, disposent pour la plupart d'un balcon et sont meublées avec goût. Certaines, décorées dans le style chinois, ont beaucoup de caractère. Personnel sympathique et service attentionné.

POUR SE FAIRE PLAISIR

Vinh Hung 3 – *96 Ba Trieu - (0510) 391 62 77 - www.vinhhung3hotel.com - - 24 ch. 45/60 $* . Il propose des chambres au moins aussi agréables que ses deux aînés. Les standard n'ont pas de fenêtre, ce qui pourrait être un avantage en cas de grosse chaleur. On apprécie la jolie petite piscine sur le toit. Comme la plupart des hôtels du quartier, il accueille souvent des groupes et il peut être prudent de réserver.

Pho Hoi 2 – *Cam Nam - de l'autre côté du pont - (0510) 386 26 28 - www.phohoiresort.com - - 87 ch. : 36/65 $, 8 bung. : 80 $ - Tarifs promotionnels sur Internet, Wifi, spa.* Si le bâtiment central manque de charme, vous trouverez votre bonheur dans les deux autres édifices installés en bordure d'un joli jardin, en particulier avec les *japanese rooms*, très plaisantes. Les bungalows s'alignent le long de la rivière, ceux en bois disposant de chambres communicantes pour les familles.

Ha An Hotel – *6-8 Phan Boi Chau - (0510) 386 31 26 - www.haanhotel.com - - 24 ch. 55/104 $ - ATM et billard dans le jardin, vélos à disposition, Wifi.* Dans une rue calme mais à deux pas du marché, cette belle maison d'époque abrite des chambres décorées avec autant de sobriété que de bon goût. Les plus sympathiques donnent sur le jardin et disposent d'une terrasse privative. Une adresse de charme.

À l'extérieur de la ville

POUR SE FAIRE PLAISIR

Nhi Nhi Hotel – *60 Hung Vuong - (0510) 391 71 18 - www.nhinhihotel.com.vn - - 24 ch. 45/65 $ - Wifi.* Petit hôtel légèrement à l'extérieur du quartier touristique (5mn à pied), mais offrant un excellent rapport qualité-prix. Les chambres, toutes pourvues d'un balcon, sont

3

distribuées autour de la mini-piscine. Confort assez simple, mais tenue impeccable.

Cua Dai – *544 Cua Dai - (0510) 386 22 31 - www.cuadai-hotel.com - - 24 ch. 49/59 $* . Ce charmant hôtel installé dans une maison coloniale propose des chambres claires aménagées avec goût. La route étant très passante, demandez une chambre donnant sur l'arrière. Agréable terrasse au 1er étage pour lire ou se détendre et restaurant au bord de la piscine. Accueil sympathique.

Phu Thinh 2 – *488 Cua Dai - (0510) 392 39 23 - www.phuthinhhotels.com - - 52 ch. 60/80 $ - Wifi, massages.* Cet hôtel style Chine impériale est situé à 1 km du centre. Les chambres, joliment décorées, possèdent pour certaines un balcon avec vue sur la piscine et les rizières. Tout le calme de la campagne, mais aussi ses coqs et ses cochons parfois bruyants.

Ancient House Resort – *377 Cua Dai - (0510) 392 33 77 - www.ancienthouseresort.com - - 52 ch. 85/150 $ - Accès Internet gratuit et prêt de bicyclettes.* Les chambres sont regroupées en petites unités dans un jardin luxuriant, autour d'une ancienne maison où vit toujours la famille. Spacieuses, peintes à la chaux, elles sont particulièrement reposantes avec leur joli mobilier en bois blanc. Navette pour le centre historique.

UNE FOLIE

Victoria Hoi An Resort – *Cam An Beach - à 5 km de Hoi An - (0510) 392 70 40 - http://victoriahotels.asia - - 100 ch. 170/260 $ - Spa, bibliothèque.* Vous logez soit dans de splendides bungalows, soit dans des chambres avec terrasse privative donnant sur la mer ou sur la piscine. Havre de paix et décor inspiré de l'architecture traditionnelle des villages de pêcheurs. Tennis, location de vélo et de motos side-car Oural avec chauffeur. Navettes fréquentes pour le centre historique.

Life Heritage Resort Hoi An – *1 Pham Hong Thai - (0510) 391 45 55 - www.life-resorts.com - - 92 ch. 215/295 $ - Wifi.* Situé au bout du quartier français, c'est l'une des adresses les plus confortables et chaleureuses de Hoi An. Les chambres sont réparties entre plusieurs bâtiments de style colonial. Toutes disposent d'un porche donnant sur le jardin ou la rivière. Bel éventail de services offerts : tai chi, yoga, vélos, cours de vietnamien.

RESTAURATION

Bon à savoir – Rançon de 20 ans de tourisme de masse, les cartes des restaurants se sont occidentalisées et les plats considérablement affadis. Hormis dans les gargotes de rue à l'extérieur du cœur historique et les restaurants de luxe, ne vous attendez pas à des merveilles gastronomiques.

Conseil – Goûtez aux spécialités régionales : le *cau lau* (pâte de riz macérée dans de l'eau de cendre, couverte d'une marinade de porc frit, servie avec de la salade et des germes de soja), le *bong hong trang* ou *white rose* (pâte de riz fine et blanche farcie d'un hachis de crabe et de crevettes) et le *hoanh thanh* ou *won-ton* (pâte de farine farcie aux crevettes et frite).

PREMIER PRIX

Restaurants du marché – *À l'angle de Tran Phu et de Tran Quy Cap - jusqu'à 16h - env.*

50 000 VND -. Pour le déjeuner le plus simple, mais assurément le plus savoureux et le plus authentique de Hoi An. Poissons, viande de porc, pommes de terre confites, etc : pas de menu mais vous pointez ce qui vous fait envie parmi les plats présentés. Vous y goûterez les spécialités traditionnelles de Hoi An.

BUDGET MOYEN

Thanh Thanh Restaurant – *152 Tran Phu - ✆ (0510) 391 07 20 - 7h-22h - 60 000/200 000 VND.* Situé au calme, au fond d'une ruelle donnant sur Tran Phu, cette adresse familiale sert une cuisine vietnamienne sans génie et propose un menu de spécialités régionales à 140 000 VND.

Café Bobo – *18 Le Loi - en face de l'hôtel Thuy Duong - ✆ (0510) 386 19 39 - 8h-22h - env. 100 000 VND -*. Sa petite salle ouverte sur la rue attire une clientèle de jeunes voyageurs. Petite restauration sans prétention dans une ambiance conviviale.

Faifoo Restaurant – *104 Tran Phu - ✆ (0510) 386 15 48 - 110 000/170 000 VND - 8h-23h -*. Petit restaurant sympathique permettant de suivre l'animation de la rue Tran Phu. Menu complet (poisson, fruits de mer et plats vietnamiens) à 150 000 VND. Belle terrasse au 1er étage.

POUR SE FAIRE PLAISIR

Miss Ly 2 – *22 Nguyen Hue - ✆ (0510) 386 16 03 - 9h-22h - 150 000/200 000 VND -*. Au cœur de la vieille ville, dans une maison ancienne entièrement restaurée, Miss Ly continue de concocter les recettes qui ont fait son succès auprès des voyageurs depuis près de vingt ans. L'atmosphère et l'accueil ajoutent au charme de l'endroit.

Hai Tan Restaurant – *Hai Ba Trung - en continuant vers le nord jusqu'à ce que vous arriviez aux rizières sur la droite, c'est juste de l'autre côté de la route - 150 000/250 000 VND -*. Un très bon restaurant qui ne paie pas de mine. Essayez les *êch chien* (grenouilles frites) ou le *luon* (anguille), qui ne figurent pas sur la carte mais sont succulents.

Cam Thu – *Cam Nam - ✆ (0510) 386 48 48 - 8h-21h - 150 000/250 000 VND -*. Traversez le pont Cam Nam. Au bout de la rue, prenez à gauche puis, passé trois virages (env. 500 m), vous apercevez le restaurant face à vous. Cette baraque de bois posée sur des barques sert d'excellents poissons et jouit d'une vue agréable sur la rivière, ses filets et ses sampans. L'établissement est uniquement fréquenté par une clientèle vietnamienne. En chemin, la route passe le long d'une dizaine de gargotes posées au bord d'un bras de la rivière, moins chères, mais plus quelconques.

Mermaid Restaurant – *2 Tran Phu - ✆ (0510) 386 15 27 - 9h-22h - env. 180 000 VND -*. En face du marché aux tissus, ce fut le premier restaurant à ouvrir pour les touristes et il affiche encore le menu de 1995 ! Cuisines internationale et vietnamienne, poissons et fruits de mer.

Wan Lu – *27 Tran Phu - ✆ (0510) 386 12 12 - 7h-21h30 - 200 000/250 000 VND.* Spécialités locales dans une belle maison traditionnelle. Rien ne semble distinguer ce restaurant parmi la multitude des autres établissements de la rue, si ce n'est sa clientèle vietnamienne.

Streets international – *17 Le Loi - ✆ (0510) 3911 948 - www.streetsinternational.org - 12h-21h30 sf dim. - 200 000/270 000 VND -*. Situé dans le centre historique de Hoi An, cet établissement est tenu par une organisation caritative qui forme des jeunes en difficulté aux métiers de la restauration. Il propose un menu de spécialités locales à 230 000 VND.

Mango Rooms – *111 Nguyen Thai Hoc - ✆ (0510) 391 08 39 - 8h-23h - 300 000/400 000 VND -* ⊟. Le cuisinier, qui a beaucoup voyagé, propose des plats originaux aux accents thaïs ou mexicains. Décoration très colorée, ambiance latino. Vin au verre.

Good Morning Vietnam – *102 Nguyen Thai Hoc - ✆ (0510) 391 02 27 - 10h-23h - 350 000/450 000 VND.* Lasagnes, risotto, pizzas, l'ardoise affichant les recommandations du jour annonce le programme culinaire : vous retrouverez ici les saveurs de l'Italie, dans une belle maison aménagée en bar-restaurant.

Cava – *53 Nguyen Phuc Chu - ✆ (0510) 391 16 46 - 8h30-23h - 400 000/550 000 VND.* Cette élégante villa dressée au bord de la rivière sur l'île de An Hoi se prête à un dîner romantique. Dans l'agréable jardin ou dans la salle à l'étage, vous vous régalerez de spécialités locales, mais aussi de recettes méditerranéennes qui ont le mérite de se démarquer de ce que proposent les autres restaurants de la ville. Carte des vins.

UNE FOLIE

Brother's Café – *27 Phan Boi Chau - ✆ (0510) 391 41 50 - http://brothercafehoian.com.vn - 8h-22h - 350 000/600 000 VND.* Cette demeure coloniale française admirablement restaurée abrite un des restaurants les plus réputés de Hoi An. Vous y apprécierez les spécialités régionales. Le jardin qui descend jusqu'à la rivière est un délicieux endroit pour prendre un verre ou dîner dans une ambiance romantique.

PETITE PAUSE

Ancient Faifo – *66 Nguyen Thai Hoc - ✆ (0510) 391 74 44 - 7h-22h.* Un salon de thé-galerie d'art où on peut prendre une pâtisserie accompagnée d'un bon *cappuccino*. Cadre soigné.

Vinh Hung Restaurant – *147B Tran Phu - ✆ (0510) 386 22 03.* Un endroit très touristique, et pour cause : le pont-pagode japonais se trouve juste à côté. Cependant, le cadre reste agréable, surtout le soir quand la terrasse est illuminée par une multitude de lanternes chinoises. Pizzas, burgers et jus de fruits.

BOIRE UN VERRE

Cafés / Bars

Tam Tam Café – *110 Nguyen Thai Hoc - ✆ (0510) 386 22 12 - http://tamtamcafe-hoian.com - 8h-23h.* Le bar, tout comme la petite pâtisserie attenant au restaurant, est un lieu à l'ambiance conviviale.

Treat's Café – *158 Tran Phu - ✆ (0510) 386 11 25 - 8h-22h.* Une adresse sympathique avec terrasse donnant sur rue et cour intérieure ombragée. Billard à l'étage. *Happy hour* de 18h à 20h. Wifi.

Restaurant Son – *Cam Chau - ✆ (0510) 386 11 72.* Café-bar-restaurant dans une paillote sur pilotis, installé sur un bras de la rivière Thu Bon, à mi-chemin entre la ville et la plage de Cua Dai. Le cadre colonial, les filets des pêcheurs suspendus au-dessus de l'eau et les cultures alentour ont raison de la route qui passe derrière. Rien d'extraordinaire d'un point de vue culinaire, mais l'adresse offre une halte agréable sur la route de la plage.

ACHATS

Artisanat

Maison d'artisanat traditionnel de Hoi An – *41 Le Loi - 8h-21h30.* Au rdc, brodeuses, fileuses et tisseuses œuvrent dans leur atelier. À l'étage, vous pourrez faire confectionner des vêtements sur mesure. On parle français.

Vêtements

De nombreux tailleurs proposent de vous confectionner un vêtement sur mesure en quelques heures. Tarifs et nombre d'essayages (impératifs) à négocier *(voir encadré p. 324).*

Cloth Market – *Tran Phu - face au Mermaid Restaurant.* Coton, soie et imprimés vendus au mètre : un choix considérable et des tarifs à négocier avec le sourire.

Galeries

De l'autre côté du pont-pagode japonais *(voir p. 323)*, vous trouverez une concentration de galeries de peinture intéressantes.

Livres

Book Exchange – *43 Phan Boi Chau - 8h-20h.* Achat, vente et échange (2 pour 1) de livres d'occasion avec un petit rayon d'ouvrages en français.

EN SOIRÉE

Dîner-croisière

Cinnamon Cruises Restaurant – *Face au 76 Bach Dang - ✆ (0510) 362 37 77.* Le bateau lève l'ancre à 19h30 pour une croisière d'1h30. Deux menus (7 plats) à 290 000 et 390 000 VND. Présentez-vous vers 19h.

Spectacles

Performance House of Traditional Arts – *39 Nguyen Thai Hoc et 66 Bach Dang.* Spectacles de musique folklorique et de danses traditionnelles tous les soirs à 21h. *Comptez 100 000 VND.* Durée : 1h.

ACTIVITÉS

Excursions

Le site de My Son, au programme de toutes les agences de voyages, est très accessible depuis Hoi An *(voir p. 332 pour la visite).* 👥 La plupart des agences proposent également des excursions en bateau dans les **îles chames** et sur la rivière Hoi An. Les petits bateaux amarrés le long du quai demandent environ 100 000 VND *(tarifs affichés sur Bach Dang)* pour un tour d'1h vers les îles ou autour de l'**île Cam Nam**. Comptez à partir de 300 000 VND pour l'excursion au village des potiers, à Thua Thinh et à la plage de Cua Dai *(2-3h).*

AGENDA

Festival des pêcheurs – *Le dernier dimanche de mars ou le premier dimanche d'avril.* Une procession accompagnée de musiciens et de chanteurs remonte la rivière pour célébrer les esprits afin d'assurer la prospérité des villages de pêcheurs.

La route des Chams

★

De Hoi An à Nha Trang

Provinces de Quang Nam, Quang Ngai, Binh Dinh, Phu Yen et Khanh Hoa

NOS ADRESSES PAGES 340 ET 342

S'INFORMER

Central Vietnam Tourism de Qui Nhon – *122 Le Hong Phong (à l'angle de Hai Ba Trung) - (056) 382 82 82 - 7h-11h30, 13h30-17h.*

Binh Dinh Tourist Cie Travel Center à Qui Nhon – *236 Phan Boi Chau - (056) 389 23 29 ou 389 25 24 - tlj sf dim.*

SE REPÉRER

Carte de microrégion B2-3-4 *(p. 272-273)* - plan de My Son p. 334.
Voir « Arriver / Partir » dans « Nos adresses à Qui Nhon » p. 340.

À NE PAS MANQUER

Le site de My Son ; les plages de Doc Let.

ORGANISER SON TEMPS

Comptez 2 jours pour cet itinéraire de 510 km. Ménagez une étape à Qui Nhon ou à Doc Let pour couper la route.

Des environs de Da Nang, où le royaume du Champa établit sa première capitale, à la région de Phan Thiet, où il se maintint jusqu'au 17e s., l'étroite plaine côtière est jalonnée de tours que les Chams érigèrent le long de l'actuelle RN 1, véritable épine dorsale du pays, qu'ils empruntèrent en leur temps dans leur expansion, puis lors de leur repli vers le sud. Silhouettes imposantes nichées au pied d'une montagne ou fièrement dressées au sommet d'une butte dominant les rizières, ces vestiges témoignent aujourd'hui encore de la grandeur du royaume du Champa et de la richesse de son art, qui s'est exprimé avant tout dans le domaine religieux. Selon le temps dont vous disposez, vous pouvez certes vous limiter à la visite de l'incontournable musée de Da Nang, des temples de My Son, Nha Trang et Phan Rang, qui sont les mieux conservés. Cependant, si vous avez loué un véhicule, vous aurez l'occasion, en parcourant cette partie de la route Mandarine, de découvrir des sites non dépourvus d'intérêt, demeurés à l'écart des chemins touristiques.

Découvrir Plan p. 334

★★ MY SON

Bon à savoir – Que vous partiez de Da Nang ou de Hoi An, suivez la RN 1 vers le sud. À Nam Phuoc (36 km de Da Nang), tournez à droite direction Hong Son. Attention, la route est assez mauvaise. À Kiem Lam, un panneau indique My Son à gauche (9 km). 5 km plus loin, prenez à gauche un chemin de terre qui mène à la billetterie.

Le temple de My Son.
Luca Invernizzi Tettoni / Tips / Photononstop

Comptez 1h.
Vous devez laisser votre véhicule près de la billetterie, puis emprunter une Jeep qui attend de l'autre côté de la rivière pour vous conduire à 500 m du site. De là, il vous faut marcher jusqu'à l'entrée. Prenez le petit sentier qui traverse la rivière et mène au pied des temples - 6h30-16h30 - 60 000 VND.

Bon à savoir – La visite ne suit pas un parcours chronologique, mais débute aux groupes B, C et D, qui sont les mieux conservés et auxquels on peut se limiter.

Niché dans un écrin de verdure, au pied du mont My Son (« Bonne Montagne ») – appelé aussi Hon Quap (« Dent du Chat ») –, My Son est un joyau de l'architecture chame et demeure l'un des plus importants témoignages de cette civilisation. Avec plus de 70 édifices construits du 7e au 13e s., il constitue en effet le centre architectural et religieux le plus riche du Champa et est comparé à ce titre à d'autres sites du Sud-Est asiatique tels qu'Angkor, Borobudur ou Pagan.

Le **groupe B★★** est l'ensemble le plus important du site de My Son. Il comprenait à l'origine une quinzaine d'édifices, construits pour la plupart aux 12e et 13e s., mais beaucoup ont été détruits ou détériorés par les bombardements américains en 1969. Aujourd'hui, colonnes, stèles et chapiteaux, lingas et *yoni* jonchent le sol.

Le **kalan B1** est le sanctuaire principal, au centre duquel vous pouvez observer le linga dédié au dieu Sri Ishana Bhadresvara, reposant sur une *yoni* destinée à recueillir l'eau provenant des ablutions rituelles. Le corps de la tour a aujourd'hui disparu et seul demeure le soubassement en grès.

Au sud-ouest du *kalan* se dressent deux édifices consacrés au culte des fils de Shiva. Le **temple B3**, dédié à Skanda, est de facture traditionnelle. Il se compose d'une tour rectangulaire ornée de fausses portes et de pilastres richement décorés, et surmontée d'un toit à trois étages.

Son voisin, le **temple B4**, est dédié à Ganesha. Bien qu'il soit plus abîmé – le corps de la tour et le vestibule sont affaissés –, ses murs et pilastres conservent

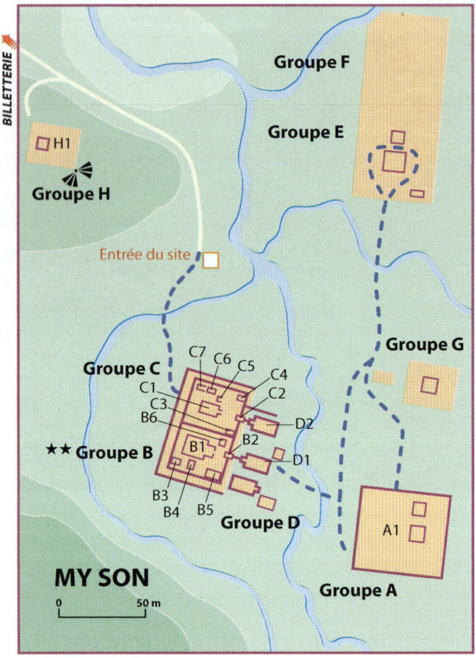

de jolis motifs végétaux. Au sud-est de B1, le **koshagraha B5** est l'un des édifices les mieux conservés du site. Il se compose d'une pièce rectangulaire percée à l'est et à l'ouest de deux fenêtres supportées par trois colonnes de pierre, et d'une voûte en berceau superbement sculptée. Notez également la beauté et la finesse de la fresque d'apsaras en façade ainsi que celles du couple d'éléphants au-dessus des fenêtres.

Au nord-est du *kalan*, face à l'entrée du *koshagraha*, le **temple B6** abrite un petit bassin qui était utilisé lors des rites religieux. Il est assez détérioré, mais c'est le seul édifice de ce genre qui subsiste aujourd'hui.

Enfin, à l'est de B1, se dressent le **gopura B2**, puis le **mandapa D1**. Cette longue pièce abrite un petit musée où sont exposées de belles sculptures trouvées sur le site, dont un superbe bas-relief représentant un Shiva dansant. Quelques jolies pièces également à l'extérieur, le long de la façade nord.

L'ensemble était à l'origine entouré de petits **reliquaires** dédiés aux *dikpalaka*, les divinités chargées de garder les points cardinaux.

Le **groupe C** présente beaucoup de similitudes avec le groupe B, dont il n'est séparé que par un muret. Restauré au 10e s., le **kalan C1** se distingue toutefois par sa toiture en forme de bateau renversé, habituellement réservée au *koshagraha*, et par le fait qu'il abritait non un linga, mais une statue du dieu Shiva, aujourd'hui exposée au musée de Da Nang. Seul demeure l'autel. Le corps de la tour et le vestibule sont assez bien conservés et présentent de jolis motifs décoratifs et de fines statues sculptées dans la brique et la pierre. L'ensemble comporte également une tour-porche (C2), un magasin des objets de culte (C3), des dépendances (C4), ainsi que trois autres petits *kalan* (C5, C6 et C7). Il faut aussi y inclure le bâtiment D2 qui est en fait le *mandapa* de C1. Il abrite comme D1 un petit musée où sont exposés un bas-relief représentant un Shiva dansant entouré de musiciens et de danseuses ainsi que divers éléments décoratifs et des animaux mythiques mi-lions, mi-éléphants.

Pour poursuivre la visite, dirigez-vous vers l'est et traversez la rivière par le petit pont de bois. Vous parvenez ainsi au **groupe A**. L'ensemble ayant été rasé par les Américains durant la guerre, il n'en subsiste qu'un mur d'enceinte, quelques fondations et vestiges épars. Il comportait à l'origine 13 édifices de styles différents, dont certains comptaient parmi les plus anciens du site de My Son. Le **kalan A1**, haut de 24 m, était notamment considéré comme un chef-d'œuvre de l'architecture et de la sculpture chames *(voir les photos exposées*

La terre des Chams

LES CHAMS À TRAVERS L'HISTOIRE

Des chroniques chinoises rapportent l'existence dès la fin du 2e s., sur la côte de l'Annam, d'un royaume indianisé alors connu sous le nom de **Lin Yi**, mais ce n'est qu'au 4e s., sous le règne du roi Bhadravarman, que se forma réellement le **royaume du Champa**. À partir du 8e s., il s'étirait de la porte de l'Annam *(Hoanh Son)*, au nord, au bassin du Dong Nai, au sud, et se composait de cinq principautés (Indrapura, Amaravati, Vijaya, Kauthara et Panduranga).

Les Chams, dont la population n'a jamais dépassé les 2,5 millions, vivaient principalement de l'agriculture et du commerce maritime, activité qui les conduisit à établir de nombreux contacts avec les Arabes, les Indiens, les Chinois, les Japonais et les Malais. Le royaume entretint des siècles durant des relations conflictuelles avec ses deux imposants voisins, l'Empire khmer et le Dai Viet, avant de disparaître définitivement à la fin du 17e s. *(voir « Histoire », p. 110)*.

Aujourd'hui les Chams ne constituent plus qu'une des 54 minorités ethniques du Vietnam, et il ne reste de cette brillante civilisation que quelques édifices disséminés le long de la plaine côtière du Centre et du Sud.

MY SON, LA TERRE SAINTE DES CHAMS

La fondation du site de My Son remonte au 4e s. et serait l'œuvre du roi **Bhadravarman** qui commanda la construction en ce lieu d'un temple consacré au culte du linga du dieu-roi Bhadresvara. Cet édifice en bois fut cependant détruit par un grave incendie au 6e s., et ce n'est qu'au 7e s. que le roi **Sambhuvarman** entreprit sa reconstruction en brique et en pierre (actuel temple B1). Il fut dédié au dieu Sambhudresvara et devint dès lors le centre religieux du royaume du Champa, où tous les rois venaient se recueillir quand ils accédaient au trône. Ces derniers se devaient par ailleurs, au cours de leur règne, de construire ou de restaurer un temple à My Son et d'accorder des offrandes au dieu, ce qui explique l'importance que prit le site au cours des siècles. Un grand nombre de temples furent édifiés au cours des 8e et 9e s., avant que le bouddhisme du Grand Véhicule n'occupe une position dominante dans le royaume du Champa et que My Son perde pour quelque temps son rôle de capitale religieuse au profit de Dong Duong.

Dès le début du 10e s., l'hindouisme ayant été réhabilité, My Son retrouva une place de premier rang dans la religion chame, mais sa grandeur ne fut vraiment restaurée qu'à la fin du 11e s. grâce au roi **Harivarman**. Ce prestige fut pourtant de courte durée, le pouvoir du royaume du Champa déclinant dès le 12e s. et son centre politique étant transféré dans le sud du royaume. Certains temples furent élevés après le 12e s., mais l'activité religieuse des Chams se trouva dès lors concentrée dans la région de Panduranga.

Les temples de My Son furent redécouverts en 1889 par **Camille Paris**, à la suite de quoi le savant français **Henri Parmentier** dressa un inventaire complet du site, numérota ces édifices et les classa par groupes. Une équipe d'archéologues polonais a effectué la restauration de ces bâtiments, la plupart ayant été gravement endommagés lors de la guerre du Vietnam.

au musée de Da Nang, p. 307). Il présentait la particularité d'être percé de deux portes, ouvrant à l'est et à l'ouest, entre lesquelles se dresse toujours un autel richement sculpté. À l'instar du groupe B, l'ensemble comprenait également de petits temples consacrés aux *dikpalaka*, les génies protecteurs des points cardinaux (A2 à A7). A8 était un *gopura*, A9 un *mandapa*, A10 un *kalan*, A11 un magasin des objets de culte, A12 et A13 des dépendances.
Un petit sentier au nord du groupe A rejoint le **groupe G**, malheureusement très délabré. À noter, près du *kalan* en ruine, une belle stèle couverte d'écriture sanscrite. En suivant ce sentier, vous parvenez enfin aux **groupes E et F** qui, bien que fort endommagés, méritent finalement le détour, car d'intéressants vestiges (taureau Nandi, statue de Shiva sans tête, stèle, autel, linga, etc.) gisent à côté des édifices affaissés.
Reprenez le sentier vers les groupes B et C et l'entrée du site. À gauche du chemin que vous empruntez pour rejoindre votre voiture, un passage à travers les arbustes conduit au sommet d'une butte où se dresse le **kalan H1**. Il ne subsiste qu'un pan de mur, mais la vue sur le site de My Son est jolie.
Revenez sur la RN 1 et poursuivez vers le sud.

Circuit conseillé Carte de microrégion

LE LONG DE LA ROUTE MANDARINE B2-3-4

Chien Dan B2

Comptez 15mn.
À 10 km au nord de Tam Ky, passé le kilomètre 896, le site de Chien Dan se dresse à droite de la route nationale. Peu visités, ces vestiges sont ouverts à la demande. Entrée payante.
L'ensemble de Chien Dan se compose de trois *kalan* tournés vers l'est. Ces tours des 11e et 12e s. ont durement souffert des outrages du temps et peu d'ornements subsistent en façade, mais des fouilles effectuées sur le site en 1989 ont permis de mettre au jour de nombreux vestiges, éléments décoratifs, bas-reliefs et piédestaux, conservés *in situ* ou exposés dans le petit **musée** voisin. Observez notamment, au pied de la tour du milieu, plus importante et mieux préservée que celles du sud et du nord, un piédestal sculpté de superbes **bas-reliefs** en L. À l'est, la façade est illustrée de guerriers, de danseurs et de musiciens, tandis que sur la façade ouest court une frise de gracieuses danseuses. Au nord, un couple d'éléphants broute des fleurs de lotus. Les avant-corps des trois *kalan* ont disparu et seule la tour du milieu est ouverte au public.

Khuong My B2

À 12 km au sud de Chien Dan, 2 km après Tam Ky, passez le pont du même nom et prenez la première route à droite, dans le virage. Attention, l'endroit n'est signalé nulle part. Suivez ce chemin empierré sur 500 m, les tours de Khuong My apparaissent sur votre gauche, perdues dans la végétation. Entrée payante. Pas de billetterie, mais quelqu'un est chargé de percevoir un droit d'entrée sur le site.
Les trois *kalan* de Khuong My présentent une structure et des motifs similaires, caractéristiques du style de My Son (10e s.). Non restaurés, ils sont aujourd'hui comme laissés à l'abandon, coiffés d'une chevelure végétale qui dissimule les détails de leur toiture pourtant assez bien préservée. Ils restent cependant aux yeux des spécialistes un chef-d'œuvre de l'art cham par la richesse des éléments de décoration qui ornent murs, fausses portes, pilastres, voûtes ou

Sur la route Mandarine.
Guido Alberto Rossi / Tips / Photononstop

corniches, témoignant du savoir-faire des Chams en matière de sculpture sur brique. Les **volutes végétales** gravées sur le corps des *kalan* du sud et du milieu se révèlent d'une grande finesse et sont très bien conservées. La plupart des sculptures sont exposées au musée d'Art cham de Da Nang *(voir p. 307)*.

28 km plus loin, sur la RN 1, vous apercevez les vestiges (aéroport, portique, mémorial) de l'ancienne base militaire américaine de **Chu Lai**, dont les troupes se sont tristement illustrées lors du massacre de My Lai.

À 30 km de Chu Lai, avant le pont qui enjambe la rivière Tra Khuc et mène à Quang Ngai, prenez la route qui part à gauche de l'hôtel Mitra (un grand bâtiment rose) en direction de Son My. Le musée de Son My est à 12 km.

3

Son My (My Lai) B2

Comptez 30mn.

7h-17h - entrée payante - possibilité de visite guidée, mais il vaut mieux réserver à l'avance, car il n'y a pas toujours de guide sur place.

À voir aujourd'hui le site dans lequel s'inscrit ce petit musée, on a de la peine à imaginer que cet endroit fut le cadre de l'un des épisodes les plus tragiques de la guerre du Vietnam : le **massacre de My Lai** *(voir encadré p. 338)*.

Dans le **musée** érigé à l'emplacement même du hameau de Xom Lang – le plus durement touché – sont aujourd'hui exposés les clichés pris par le photographe de l'armée américaine, Ronald Haeberle. Ils témoignent de l'atrocité de ce sombre épisode, dont ils retracent le déroulement. Certains sont à peine soutenables, tandis que sur l'un d'eux le lieutenant William Calley arbore le V de la victoire. Sont également exhibés les restes de bombes et des objets divers ayant appartenu aux victimes. Dans le jardin, un **mémorial** a été élevé et quelques tombes sont disséminées çà et là.

Rejoignez la RN 1 en direction de Qui Nhon. Vous traversez la ville de Quang Ngai qui ne présente pas d'intérêt particulier, mais offre quelques possibilités d'hébergement.

LE MASSACRE DE MY LAI

Au matin du 16 mars 1968, la 11e brigade d'infanterie de l'armée américaine, dirigée par le colonel Henderson, reçut l'ordre de détruire les quatre hameaux du sous-district de Son My, suspectés d'abriter ou de collaborer avec des combattants viet-congs. Les soldats, basés à Chu Lai, furent acheminés au petit jour par hélicoptère. Quatre heures durant, ils brûlèrent tout sur leur passage et massacrèrent 504 innocents, hommes, femmes, vieillards et enfants. Ils ne rencontrèrent bien sûr aucune résistance et le village fut rasé pour éviter de laisser des traces. Un seul blessé côté américain, le soldat Herbert Carter, qui se tira lui-même une balle dans le pied pour éviter de participer au carnage.

L'opération fut présentée comme une offensive réussie contre un bastion viet-cong et saluée au plus haut niveau de l'armée. Les soldats furent médaillés, et les villageois survivants internés au camp de Tra Khuc.

Ce n'est qu'un an plus tard que le soldat Ronald Ridenhour finit par rompre le silence, à la suite de quoi d'autres soldats avouèrent le massacre. L'affaire fit grand bruit dans le monde, soulevant un peu partout des mouvements de protestation, et, en novembre 1969, des enquêteurs furent envoyés à Son My pour faire le jour sur cette tuerie. De nombreux soldats furent entendus, 25 d'entre eux inculpés, mais seul le lieutenant William Calley, commandant direct du massacre, fut reconnu coupable de 22 meurtres et condamné à la prison à perpétuité. Après trois ans passés dans une prison dorée à Fort Benning (Géorgie), il fut remis en liberté conditionnelle.

Sur la route de Qui Nhon B2-3

La nationale file vers le sud à travers la campagne émaillée de rizières. Le long de la route règne une grande activité. Certains sèment, d'autres piétinent les mottes de terre ou ratissent les plantations ; une armée de bras fauchent, battent ou roulent les bottes de riz, balaient les grains qui sèchent au soleil et les mettent en sac avant de les charger sur de frêles bicyclettes… Puis la route et la voie ferrée rejoignent la mer, et apparaissent les premiers marais salants.

À 60 km de Quang Ngai, le village de **Sa Huynh** est réputé pour sa longue **plage** bordée de cocotiers. Il peut être agréable d'y faire halte en cours de route, mais il n'est en revanche guère conseillé d'y séjourner, car l'endroit n'a rien de paradisiaque et le seul hôtel du coin, délabré et triste, ne dispose que de chambres très basiques et de salles de bains miteuses *(comptez de 12 à 18 $)*.

Passé Sa Huynh, la route s'éloigne à nouveau de la mer et le relief se fait plus vallonné. On aperçoit alors quelques rizières en terrasses. À 88 km au sud de Sa Huynh et à 13 km au nord de Binh Dinh, à hauteur du kilomètre 1202, apparaît une tour chame juchée sur une butte. Au kilomètre 1204, prenez à droite un chemin de terre qui traverse des rizières et mène jusqu'à un cimetière. Laissez là votre véhicule et continuez à pied ; la tour est à 100 m. Prenez garde à ne laisser aucun objet de valeur dans votre voiture, car beaucoup d'enfants rôdent aux alentours et harcèlent les rares touristes dans l'attente de quelques pièces.

De la citadelle de Cha Ban, qui fut la dernière capitale des Chams, ne subsiste aujourd'hui que la **tour de Canh Tien**, aussi appelée « tour de Cuivre », qui s'élève gracieusement au sommet d'une petite colline *(gratuit)*. Construite au début du 13e s., elle présente les caractéristiques du style de My Son et conserve de beaux ornements en grès, tels que les quatre pilastres sculptés encadrant le corps de la tour, les antéfixes en forme de flamme et les tourelles d'angle de la toiture. Il est toutefois regrettable qu'une partie de l'édifice ait été restaurée avec du ciment.

Paysage de rizières.
Iorio Gianni / Sime / Photononstop

À 18 km au nord de Qui Nhon, à hauteur de l'embranchement de la RN 19 qui conduit à Plei Ku, un chemin rejoint des tours qui s'élèvent sur une colline à l'est de la route.

L'ensemble de **Banh It** *(gratuit)* se compose de quatre édifices, caractéristiques du style de Binh Dinh, édifiés au 11e s., après le transfert de la capitale chame dans la région de Vijaya. Le **kalan**, également appelé « tour d'Argent », présente une structure carrée classique surmontée d'une toiture à trois étages ornée de tourelles d'angle. Le corps de la tour, richement décoré, est renforcé de pilastres et doté de fausses portes aux voûtes finement sculptées. À l'est du *kalan*, faisant face à la porte du temple, s'élève le **gopura** percé de deux portes à l'est et à l'ouest. Au sud-est du *kalan*, le **koshagraha** est un long bâtiment au toit scaphoïde dont les extrémités sont décorées de sculptures représentant l'oiseau Garuda, véhicule de Vishnu. Le site comprend également une **tour de la Stèle** possédant quatre hautes portes en forme d'arche. C'est le seul édifice de ce genre qui subsiste aujourd'hui.

Pour rejoindre Qui Nhon, quittez la RN 1 1 km plus loin, puis prenez à gauche comme indiqué. Qui Nhon est à 10 km.

Qui Nhon B3

Bon à savoir – Sans être vraiment désagréable, la ville ne possède toutefois guère de charme et vous n'y ferez sans doute étape que pour couper la route entre Da Nang et Nha Trang.

Située sur une petite péninsule dominée par les montagnes Ba Hoa et Vung Chua, la capitale de la province de Binh Dinh abrite l'un des principaux ports du Centre du Vietnam et constitue un carrefour commercial de dimension internationale. D'importants investissements ont été concédés pour la moderniser et développer ses activités.

Si vous devez y séjourner, ne manquez pas cependant de visiter le site de **Hung Thanh★**, appelé aussi **Thap Doi** (« Tours jumelles »), qui comprend deux très belles tours chames restaurées *(à 2 km au nord-ouest de la ville ; suivez la* *rue Tran Hung Dao qui rejoint la nationale, puis, à hauteur du n° 900, prenez à droite la rue Thap Doi ; les tours sont à 50 m à droite).* Ces deux *kalan* de la fin du 12e s. sont tout ce qu'il reste d'un site qui devait comprendre à l'origine plusieurs édifices. Leur spécificité tient essentiellement à la structure originale de leur toiture qui présente la particularité d'adopter une forme pyramidale d'influence khmère.

Au sud de la ville s'étire une longue **plage** où vous apprécierez sans doute de vous baigner après plusieurs heures de route.

Reprenez la RN 1 en direction de Nha Trang.

La route, bordée d'eucalyptus, de cocotiers et de bananiers, traverse de beaux paysages de rizières parsemés de petites huttes en terre à toit de chaume. À 25 km de Qui Nhon, elle entreprend l'ascension du **deo Cu Mong**, le col qui marque la frontière entre les provinces de Binh Dinh et de Phu Yen, puis longe la mer jusqu'au village de **Song Cau** *(60 km de Qui Nhon)*. La plage n'est pas très large, mais la vaste baie de Xuan Dai, avec ses cabanes sur pilotis et ses bateaux colorés, offre un cadre agréable pour une petite halte sur la route.

Passé **Tuy Hoa**, la capitale provinciale, la côte est plus urbanisée et le paysage s'émaille d'énormes rochers, comme polis par les pluies. 20 km plus loin, vous passez le **deo Ca**, frontière avec la province de Khanh Hoa, que domine un insolite pic de granit connu sous le nom de **Hon Vong Phu** (« rocher de la Femme qui attend »). De l'autre côté du col, le regard embrasse la côte turquoise piquetée d'îles qui se déploie jusqu'aux dunes de la péninsule de **Hon Gom**. Vous arrivez ainsi à **Dai Lanh**, un village de pêcheurs pittoresque, doté d'une belle plage et niché au creux d'une large baie entourée de collines verdoyantes.

NOS ADRESSES À QUI NHON

INFORMATIONS UTILES

Banque / Change

Vietcombank – *66C Le Duan - ✆ (056) 352 24 98 - lun.-vend. 7h-11h, 13h-16h30.*
Un bureau de l'**Incombank** est également ouvert au 1er étage du Bank Hotel *(voir « Hébergement »). Tlj sf dim. 7h-11h30, 13h30-17h.*

Poste / Téléphone

Buu Dien Qui Nhon – *197 Phan Boi Chau - 8h-20h.* Services postaux, téléphone, Internet. Petit bureau de poste au *104 Le Hong Phong (en face de l'agence Vietnam Tourism)*, ainsi qu'au *1127 Tran Hung Dao (à hauteur de la rue Thap Doi qui mène aux tours chames).*

Santé

Provincial General Hospital – *106 Nguyen Hue - ✆ (056) 382 23 30.*

ARRIVER / PARTIR

En avion

Aéroport Phu Cat Airport – *À 35 km au nord de Qui Nhon.* 4 vols/sem. pour Hanoi et Ho Chi Minh-Ville (mar., jeu., vend. et dim.). *Taxe d'aéroport 10 000 VND.*
Pour rejoindre Qui Nhon – En taxi ou en minibus *(25 000 VND).*
Vietnam Airlines – *272 Tran Hung Dao - 7h-11h30 ,13h-16h30.*

En train

Gare de Dieu Tri – *À 10 km de Qui Nhon.* Le train de la Réunification dessert cette gare.
Pour rejoindre Qui Nhon – Mieux vaut rejoindre Qui Nhon en taxi ou à moto-taxi. Des trains locaux relient cette gare à celle de Qui Nhon, mais ils sont lents et peu nombreux. Vous pouvez essayer d'acheter votre billet à la

gare de Qui Nhon qui se trouve sur la place Cong Vien Quang Trung (*(056) 382 20 36*), mais la réceptionniste ne parle pas anglais. 4 trains/j. pour Hanoi et Ho Chi Minh-Ville.

En bus

Les **gares routières** se trouvent au sud-ouest de la ville, sur la rue Tay Son. Pour y aller, suivez les rues Ly Thuong Kiet puis Nguyen Thai Hoc, à l'extrémité de laquelle vous parvenez sur la rue Tay Son. Prenez à droite. La première gare que vous trouvez sur votre gauche, **Ben Xe Lien Linh**, dessert les villes et villages environnants. Également 3 bus/j. pour Hoi An (6h). Une seconde gare routière, quelques centaines de mètres plus loin, dessert les grandes villes du pays. Un départ/j., très tôt le matin, pour Quang Ngai, Da Nang, Hué, Hanoi, Plei Ku, Nha Trang et Ho Chi Minh-Ville. Renseignez-vous la veille pour les horaires.

TRANSPORTS

En taxi

Qui Nhon Taxi – *(056) 81 26 66.*

En vélo

Location de vélos – Dans la plupart des hôtels de la ville. *Comptez 10 000 VND/j.*

HÉBERGEMENT, RESTAURATION

PREMIER PRIX

Khach San Dien Anh – *312 Phan Boi Chau - (056) 382 28 76 - 25 ch. 8/12 $.* Hôtel situé en plein centre, près de la place. Ce n'est pas le quartier le plus calme de la ville, mais les chambres sont très propres.

Thanh Binh Hotel – *6 Ly Thuong Kiet - (056) 382 20 41 ou 382 23 35 - 75 ch. 12 $.* L'hôtel dispose d'une aile dans laquelle les chambres sont correctes, bien que ce ne soit pas le grand luxe, surtout pour le prix. Quelques chambres, basiques et sinistres, dans un autre bâtiment, pour moins de 10 $.

Hai Ha Mini Hotel – *5 Tran Binh Trong - (056) 389 12 95 - 11 ch. 12/15 $.* Une très bonne adresse, dans une rue calme, près de la plage. Chambres et salles de bains sont claires, propres et confortables. Une agréable terrasse avec bancs et plantes vertes a été aménagée à l'étage. Le personnel est très aimable, mais parle peu anglais.

Dong Phuong – *60 Mai Xuan Thuong - (056) 382 29 15 ou 382 21 36 - 30 ch. 15 $.* L'adresse est connue à Qui Nhon, mais l'hôtel est assez basique et quelques salles de bains sont vraiment miteuses… En dépannage pour les petits budgets.

BUDGET MOYEN

Anh Thu Mini Hotel – *25 Mai Xuan Thuong - (056) 382 11 68 ou 382 30 43 - 13 ch.* Un mini-hôtel situé en plein centre. Chambres simples et propres, d'un bon rapport qualité-prix. Accueil très aimable.

Khach San Hai Au – *489 An Duong Vuong - (056) 384 64 73 ou 384 63 77 - ks.haiau@dng. vnn.vn - 170 ch. 50 $.* Hôtel où descendent la plupart des groupes. Pas de cachet particulier, mais les chambres les moins chères offrent un bon rapport qualité-prix, surtout celles avec vue sur la mer.

À 37 km au nord de Nha Trang, à hauteur du kilomètre 1415, prenez l'étroite route qui part à gauche en direction de Cang (11 km). De là, poursuivez sur 9 km. Passé un petit village et la borne indiquant « Cang 3 km », tournez à droite en direction de Doc Let Beach Resort et suivez la piste sur environ 1 km.

★ Doc Let B4

Si vous souhaitez vous isoler un peu ou échapper aux harcèlements dont vous pourriez faire l'objet sur la plage de Nha Trang, **Doc Let★** offre un cadre idyllique pour une journée de détente ou quelques jours de repos, loin du bruit et de l'agitation de la ville.

Il faut dire que la nature a merveilleusement doté Doc Let: longue frange de sable immaculé caressée par l'ombre des cocotiers, eaux cristallines que rien ne vient troubler... La plage n'étant pas desservie par les bus, elle est assez peu fréquentée par les touristes et vous êtes garanti, pour un temps encore, d'y goûter une quiétude absolue. Avant d'arriver sur la plage, vous longerez les marais salants qui émaillent le paysage. Pour ceux qui séjournent à Doc Let et ont le courage de se lever à l'aube, le petit village de pêcheurs que l'on aperçoit au sud de la plage offre dès 5 heures du matin un spectacle tout à fait pittoresque, lorsque les marins rentrent au port après une nuit passée en mer.

Les chutes de Ba Ho B4

Revenez sur la RN 1. À 34 km au nord de Nha Trang, à hauteur de Ninh Hoa, vous trouvez l'embranchement avec la RN 26 qui part à l'ouest vers Buon Ma Thuot (150 km) et la province de Dak Lak. 12 km plus loin, passé le pont Suoi Tre et le kilomètre 1430, à hauteur du restaurant-café Quynh, deux piliers en pierre à droite de la RN 1 marquent l'entrée de la route à prendre pour rejoindre les chutes de Ba Ho situées à 3 km. Laissez votre véhicule au parking, puis marchez 10 à 15mn pour arriver aux chutes. Parvenu aux premiers rochers, suivez les flèches rouges. Entrée payante.

Bon à savoir – Vous pouvez faire cette excursion au départ de Nha Trang.

Les chutes de Ba Ho consistent en fait en une succession de petits rapides et de bassins qui prennent leur source au sommet de la montagne Hon Son et se tracent un chemin au travers d'énormes rochers polis par l'eau. Le site ne présente à vrai dire rien d'exceptionnel, mais l'endroit est paisible, bercé par les bruissements d'élytres de la jungle toute proche, et on peut y prendre un petit bain rafraîchissant.

Le long de la route, la campagne est maintenant couverte de parcs à crevettes. À 15 km au nord de Nha Trang, au niveau du kilomètre 1438, un panneau en bord de route vous indique l'embarcadère pour Monkey Island *(voir p. 349)*. Pour rejoindre Nha Trang, ne manquez pas la route à gauche à hauteur du kilomètre 1445. La ville est à 8 km.

NOS ADRESSES À DOC LET

HÉBERGEMENT

PREMIER PRIX

Doc Let Beach Resort – *Plage de Doc Let* - *(058) 384 91 52* - *53 ch. 22 $.* Bungalows en bambou simples mais confortables, face à la mer, à l'ombre des cocotiers, sur une plage vraiment paisible.

Nha Trang et ses environs

★★

315 902 habitants - capitale de la province de Khanh Hoa

NOS ADRESSES PAGE 350

S'INFORMER
Khanh Hoa Tourism – Plan de la ville, C4 - *1 Tran Hung Dao - ✆ (058) 352 81 00 - www.nhatrangtourist.com.vn - 7h-11h30, 13h30-17h.* Vous pourrez y acheter un plan de la ville, louer un véhicule ou réserver des circuits.

SE REPÉRER
Carte de microrégion B4 *(p. 272-273)* - plan de la ville p. 345.
Voir « Arriver / Partir » dans « Nos adresses à Nha Trang » p. 350.

À NE PAS MANQUER
La plage et le farniente ; les tours chames de Po Nagar ; une excursion en bateau dans la baie de Nha Trang.

ORGANISER SON TEMPS
Comptez 2 jours. Réservez la visite des musées et pagodes aux heures chaudes de l'après-midi. Vous avez la possibilité d'organiser de Nha Trang une excursion à la plage de Doc Let ou aux chutes de Ba Ho *(voir p. 342).*

AVEC LES ENFANTS
Séjourner sur l'île de Hon Ong pour s'imaginer en Robinson Crusoé.

Adossée aux montagnes qui dominent l'ouest de la ville, mais tout entière tournée vers la mer, Nha Trang est une station balnéaire aux allures méditerranéennes, devenue l'un des principaux centres touristiques du Vietnam. Les voyageurs sont nombreux à venir profiter de la douceur du climat et de la beauté de cette large baie piquetée d'îles verdoyantes. Le soleil à son zénith plonge la ville dans une douce torpeur. La longue plage immaculée, frangée de cocotiers, est alors déserte et il n'y a que les touristes étrangers pour oser mettre un pied sur le sable brûlant. Mais dès 16h, la ville s'éveille. L'animation bat son plein et les Vietnamiens envahissent la promenade du front de mer ; la place qui jouxte le Mémorial se transforme en un vaste terrain de football ; juchés sur des motos pétaradantes, les jeunes prennent possession des cafés ; les marchands de soupe fleurissent aux coins des rues et installent à même le trottoir leur mobilier. Nha Trang est empreinte d'une réelle douceur de vivre. Elle est une invitation à la paresse et vous offrira les plaisirs de la mer.

Se promener Plan de la ville p. 345

LE CENTRE-VILLE

Dès les premières heures du jour, l'animation bat son plein au nord de la ville, aux abords de la grande halle du **marché couvert** *(Cho Dam)* (B2) qui déborde d'odeurs, de couleurs et de clameurs jusque dans les ruelles alentour.

Empruntez la rue Trung Nu, puis prenez à droite la rue Phan Boi Chau qui débouche dans Thong Nhat. Vous parvenez ainsi sur 23 Thang 10, à droite de laquelle se situe l'entrée de la pagode Long Son (500 m à l'ouest de la gare ferroviaire).

Bâtie en 1886, la **pagode Long Son** est la plus grande de la ville (A2) *(se déchausser avant d'entrer ; une donation est bienvenue).* Admirez sa très belle architecture, sa toiture finement sculptée, ses superbes **mosaïques** en céramique et ses **fresques** restaurées retraçant la vie de Bouddha. Siège de l'Association bouddhique de la province de Khanh Hoa, la pagode et le monastère attenants sont de véritables lieux de vie, où vous surprendrez peut-être des moines occupés à jardiner dans la cour ou engagés dans une partie de football. Empruntez les escaliers situés à l'arrière de la pagode pour accéder au sommet de la colline Trai Thuy où trône un immense **bouddha** *(Kim Than Phat To)* assis sur une fleur de lotus. Vous avez de là un superbe panorama sur Nha Trang, la vue embrassant les montagnes environnantes et plongeant jusque vers la mer.

Revenant vers le centre-ville, suivez la rue Thai Nguyen et passez devant la gare pour déboucher sur un large carrefour.

La **cathédrale** (B3) de Nha Trang a des allures de château fort avec ses murs crénelés, dominant la ville du haut d'une petite butte rocheuse. Elle est l'œuvre des Français, qui présidèrent à sa construction de 1928 à 1934. Elle ne constitue pas à proprement parler un chef-d'œuvre d'architecture, mais vitraux et rosaces sont très beaux *(entrée sur Nguyen Trai ; deux messes par jour en semaine, à 4h45 et 17h, et cinq offices le dim., à 5h, 7h, 15h15, 16h45 et 21h30).*

Empruntez les rues Ly Tu Trong ou Le Thanh Ton pour rejoindre l'avenue Tran Phu.

ALEXANDRE YERSIN, LE FILS ADOPTIF

Au nord de la ville, une plaque bleue marque l'intersection entre les rues **Pasteur** et **Yersin**. Si anodin que cela puisse paraître, le détail n'est pas sans importance puisque ce sont les seules à n'avoir jamais été débaptisées et à porter aujourd'hui encore le nom d'illustres Français. S'il est inutile de présenter le premier, le second est en revanche moins connu. L'enfant adoptif de Nha Trang, ce « bienfaiteur et humaniste vénéré du peuple vietnamien » comme on peut le lire sur la tombe que les pêcheurs de Nha Trang lui ont élevée sur la colline de Suoi Giao, fut pourtant **l'un des grands bactériologistes** du siècle dernier. Envoyé en Chine par le gouvernement français en 1894 pour étudier un phénomène d'épidémie bubonique, il découvrit en effet à Hongkong le bacille responsable de la peste.

Né à Lavaux (Suisse) en 1863, Alexandre Yersin suivit des études de médecine à Paris, où il travailla avec Louis Pasteur et Émile Roux, avant de s'engager en 1890 comme médecin de bord sur un navire des Messageries maritimes assurant la liaison Saigon-Manille. Une première rencontre avec l'Asie où il passa finalement la majeure partie de sa vie. Il visita le golfe du Tonkin et l'estuaire du fleuve Rouge, avant de partir explorer des régions plus reculées, l'Annam ou les Hauts Plateaux, dont il établit des rapports illustrés de cartes, de plans et de photos. C'est à lui que l'on doit notamment la découverte du site de Dalat, devenu l'une des stations d'altitude les plus prisées du pays.

À Nha Trang, où il s'installa en 1895, il introduisit et acclimata l'hévéa et le quinquina, et fonda un laboratoire pour poursuivre ses études. Ce dernier, devenu l'**institut Pasteur** en 1903, est toujours en activité, tandis que la bâtisse attenante, dans laquelle Yersin vécut jusqu'à sa mort le 1er mars 1943, abrite un musée qui lui est consacré.

NHA TRANG ET SES ENVIRONS

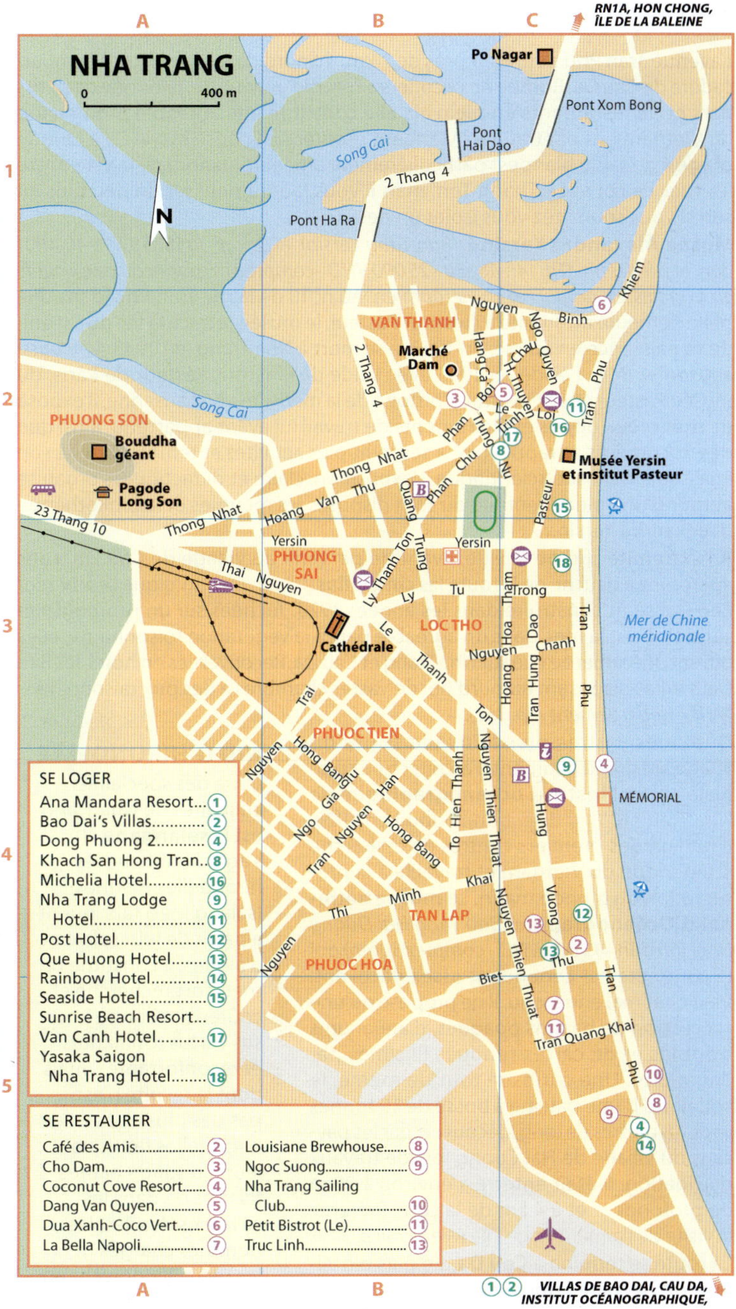

★ LA PROMENADE DU FRONT DE MER

L'avenue Tran Phu s'étire sur près de 7 km, du nord de la ville jusqu'à l'embarcadère de Cau Da. Bordée de cocotiers à l'ombre généreuse, jalonnée de petits bars et de restaurants en plein air, elle constitue une agréable promenade où Vietnamiens et étrangers viennent profiter de la brise marine. La longue **plage★** de sable blanc est particulièrement agréable au nord de la ville, entre les rues Le Loi et Le Thanh Ton, mais il vous faudra pousser un peu plus au sud si vous souhaitez vous isoler un peu.

Musée Alexandre Yersin★ *(Bao Tang Yersin)* – C2 - *✆ (058) 382 95 40, tlj sf dim. et j. fériés 8h-11h, 14h-16h30 - 25 000 VND - comptez 1h ; panneaux explicatifs en français, en anglais et en vietnamien.* Au n° 10 de la rue Tran Phu, dans une belle demeure attenante à l'institut Pasteur, le musée retrace la vie du savant, de sa naissance en Suisse, en 1863, à sa mort à Nha Trang, en 1943 *(voir aussi encadré p. 344)*. Fondé en 1995 avec l'aide de l'institut Pasteur de Paris, du musée Pasteur et de l'Institut d'histoire de la médecine de Lausanne, il expose de nombreux objets et instruments de travail lui ayant appartenu, ainsi que des documents se rapportant à ses multiples activités et témoignant de son inlassable curiosité scientifique. L'exposition, claire et didactique, s'organise autour d'une pièce centrale où sont disposés les meubles et la bibliothèque d'Alexandre Yersin.

À l'extrémité sud de la ville, avant de parvenir au village de Cau Da, vous apercevez à gauche de la route les **cinq villas** (C5 en direction) que l'empereur Bao Dai se fit construire dans les années 1920. Juchées sur un promontoire surplombant la mer, dans un agréable parc à la végétation foisonnante, elles offrent une superbe vue sur Nha Trang et Cau Da. Reconverties en hôtel, les Bao Dai's Villas disposent aujourd'hui de vastes chambres à des prix raisonnables *(voir « Hébergement », p. 352)*.

Quelques mètres plus loin, à la sortie du virage, un grand bâtiment d'architecture coloniale abrite l'**Institut océanographique** de Nha Trang (C5 en direction). Fondé en 1923, il fut l'un des premiers centres de recherche scientifique du Vietnam et travaille à la préservation du monde marin. Le **musée national d'Océanographie** *(Bao Tang Hai Duong Hoc) (6h-18h - 15 000 VND - comptez 30mn)* qui le complète est cependant assez décevant. Vieillot et mal entretenu, il ne propose qu'une succession de bassins opaques, d'aquariums troubles et de cartes rendues illisibles par l'humidité. Une curiosité tout de même, le squelette d'une baleine à bosse de 10 tonnes et de 18 mètres de long, découvert par les paysans du village de Hai Cuong lors de travaux d'irrigation. Il était enterré à environ 1,20 m de profondeur et à 4 km de la côte. Préférez la visite de l'aquarium de l'île Mieu *(voir p. 349)*.

La route se termine à **Cau Da**, un paisible village de pêcheurs dont les habitants confectionnent des souvenirs en écaille, en corail et en nacre.

NID D'HIRONDELLE

L'une des spécialités culinaires de Nha Trang est la **salangane**. Il s'agit du nid que les hirondelles marines (salanganes) fabriquent à partir de leur salive et d'algues. Il constitue un mets fort recherché et coûteux, reconnu pour ses vertus tonifiantes et réconfortantes, mais dont la récolte n'est pas des plus aisées. Les hirondelles fabriquant leur nid sur de hautes falaises ou dans les cavernes des îles, les hommes chargés de les recueillir doivent en effet s'y élancer sur des échelles en bambou ou en cordes.

Plage de Nha Trang.
Damm Stefan / Sime / Photononstop

À proximité Carte de microrégion

Conseil – Pour varier les plaisirs, offrez-vous une excursion culturelle au site cham de Po Nagar ou une promenade en mer à la découverte des îles qui émaillent la baie.

★ PO NAGAR B4

3

Comptez 30mn.
Le site se trouve à 2 km au nord de Nha Trang. Empruntez les rues Quang Trung puis 2 Thang 4 qui rejoignent la RN 1 en direction de Hanoi. Les tours s'élèvent sur un petit promontoire à gauche de la route, après le pont Xom Bong qui enjambe le Song Cai - 4 000 VND - se déchausser dans les temples.

Les quatre tours et les colonnes de Po Nagar faisaient autrefois partie d'un ensemble beaucoup plus vaste qui aurait compté, selon Henri Parmentier, une dizaine d'édifices de culte. Construits d'abord en bois (7e s.), ils auraient été totalement détruits par les Javanais en 774 et reconstruits en brique et en pierre du 8e au 12e s. À moins de venir vraiment très tôt, vous avez bien peu de chance de vous retrouver seul sur le site… et c'est ce qui fait son charme. Il est en effet très fréquenté par les Vietnamiens qui viennent se recueillir devant l'autel dédié à la **déesse Po Ino Nagar**, déesse-mère de la Patrie. Des jeunes femmes se promènent main dans la main ou se rendent au temple les bras chargés d'offrandes, tandis que les hommes, assis sur un banc, observent ce ballet incessant d'un air détaché.

Les **colonnes** octogonales situées à droite du porche d'entrée supportaient autrefois le toit d'un large *mandapa* ouvert, que les fidèles traversaient pour accéder au temple. Un escalier, aujourd'hui détruit, reliait les deux édifices.

Haut de 22,8 m, le **kalan**, ou temple du Nord, présente une structure carrée élancée supportant un toit de trois étages, avec tourelles d'angle et fausses niches. Chaque façade est ornée de pilastres et d'une fausse porte surmontée d'une double arche. La porte principale, qui donne accès à un vestibule très

bien conservé, est encadrée de deux **piédroits** en grès gravés d'inscriptions chames datant des 11e et 13e s. Elle est surmontée d'un tympan et d'une **statue de Shiva dansant**★ entouré de deux musiciens, un pied posé sur le taureau Nandi. Gardée par deux lourds vantaux, la salle principale abrite trois autels autour desquels règne une grande ferveur. Dans une atmosphère rendue irrespirable par les fumées d'encens, des femmes viennent déposer des fruits en offrande devant la **statue de la déesse Bhagavati**★, épouse de Shiva, identifiée avec la divinité locale Po Ino Nagar. Cette statue en pierre noire aurait été exécutée en 1050, sous le règne du roi Jaya Paramesvaravarman. Vous pouvez observer le fin travail de sculpture à l'arrière du siège sur lequel trône la déesse.

La **tour centrale** est un édifice aux dimensions bien plus modestes, en partie cimenté, et dont le toit pyramidal est fortement érodé. On y vénère un linga, symbole phallique de Shiva. Plus à gauche, le **temple du Sud** est une petite tour très abîmée dans laquelle un autel est consacré à Bouddha.

À l'ouest du *kalan*, le **temple du Sud-Ouest** est l'ancien dépôt des objets de culte *(koshagraha)*. Ce petit édifice de forme carrée, dont on peut admirer l'élégant toit scaphoïde, daterait du 10e s. Sur les façades du temple, à la place des fausses portes qui ornent habituellement le corps de la tour, vous pouvez observer trois hautes sculptures en brique : au nord, un lion ; à l'ouest, Indra, le « roi des dieux », chevauchant un éléphant ; au sud, l'oiseau Garuda, oiseau mythique à forme partiellement humaine, véhicule de Vishnu.

Avant de quitter le site, ne manquez pas d'admirer la superbe **vue**★ sur Nha Trang et le petit **quartier de pêcheurs** blotti à l'embouchure du Song Cai. La multitude de bateaux colorés forme un tableau très pittoresque.

LE PROMONTOIRE DE HON CHONG B4

500 m après les tours de Po Nagar, empruntez la rue Nguyen Dinh Chieu à droite de 2 Thang 4 et suivez la route jusqu'à la baie de Hon Chong. Pour accéder au promontoire que l'on aperçoit au sud de la plage, prenez un petit chemin qui part à gauche d'un restaurant et suivez les rochers. 3 000 VND.

L'endroit peut constituer un but d'excursion si vous souhaitez vous échapper de Nha Trang, mais n'espérez pas trouver là un petit coin de paradis. Certes, la baie dessine une jolie demi-lune baignée par des eaux claires, mais la plage n'est pas vraiment propre et n'invite guère à la baignade. Le promontoire, constitué de gros blocs de granit, s'avance sur une petite péninsule au sud de

L'île d'Ébène, dans la baie de Nha Trang.
Robert Francis / Robert Harding Picture Library / age fotostock

la plage. De nombreuses petites gargotes et boutiques de souvenirs ont fleuri aux alentours et vous avez la possibilité de louer un transat pour jouir de la vue.

★★ LA BAIE DE NHA TRANG B4

Bon à savoir – La baie de Nha Trang est piquetée d'îles qui ne présentent en elles-mêmes que peu d'intérêt, mais qui offrent l'occasion d'une agréable promenade en mer. Leurs abords constituent de superbes sites de plongée *(voir « Activités », p. 356).*

La plus visitée des îles est l'**île Mieu**★ *(Hon Mieu)*, la plus proche de Nha Trang *(vous pouvez la rejoindre en ferry à partir de l'embarcadère de Cau Da).* Elle compte deux villages de pêcheurs et 2 000 habitants. Le village de **Tri Nguyen** abrite un **aquarium**★ intéressant *(entrée payante).* Il est certes à première vue un peu déconcertant avec ses allures de vaisseau fantôme sorti d'un mauvais parc d'attractions, mais il abrite de beaux spécimens de tortues à écailles, de requins blancs et de requins-tigres, ainsi qu'une grande variété de poissons et de coraux. N'hésitez pas à grimper tout en haut pour profiter d'un superbe panorama. De là, vous pouvez rejoindre à pied le village, ainsi que **Bai Soai**, une plage de galets située de l'autre côté de l'île.

Au sud-est de l'île Mieu, la plage de l'**île Tam** *(Hon Tam)* est très fréquentée par les touristes vietnamiens, et la plupart des bateaux qui proposent une excursion à la journée y font escale. Ne vous attendez donc pas à rejoindre une île déserte, car l'endroit est dûment aménagé pour accueillir les visiteurs, avec bungalows. Pour profiter du lieu en toute tranquillité, louez un bateau qui puisse vous y déposer dès le matin, les groupes organisés ne débarquant habituellement qu'en milieu d'après-midi.

Plus à l'est, l'**île Mot** *(Hon Mot)* et l'**île d'Ébène** *(Hon Mun)* sont réputées pour leurs superbes fonds marins.

Au nord de ces deux îles, l'**île aux Bambous** *(Hon Tre)* est la plus grande de toutes avec ses 25 km^2. Elle abrite une jolie plage, **Bai Tru**, mais il faudra louer un bateau pour la rejoindre.

Il est plus économique de rejoindre Monkey Island à partir d'un embarcadère situé à 15 km au nord de Nha Trang (kilomètre 1438). Départs réguliers de 7h30 à 17h. Traversée en bateau 45 000 VND AR.

Monkey Island est une île peuplée de singes que vous pourrez facilement approcher ; méfiez-vous des morsures ou griffures. L'endroit est devenu très touristique et des spectacles, avec éléphants, singes et ours, sont organisés.

3

NOS ADRESSES À NHA TRANG

Plan de la ville, p. 345.

INFORMATIONS UTILES

Poste / Téléphone

Buu Dien Nha Trang – C2 - *4 Le Loi (à l'angle des rues Le Loi et Pasteur) - 6h30-22h.* Envois express par EMS ou DHL, téléphone, envoi et réception de fax, transfert d'argent. Service Internet au *2 Le Loi - 7h-12h, 13h-21h.* Un autre bureau de poste, ouvert 24h/24, offre les mêmes services au 50 Le Thanh Ton (C4). Petits bureaux dans les rues Hoang Hoa Tham (C3) et Ly Thanh Ton, près de la cathédrale (B3).

Il est possible de téléphoner à petit prix vers l'étranger dans les agences de voyages *(voir plus bas).*

Internet

Bon à savoir – On trouve des cafés Internet à tous les coins de rue, ou presque, ainsi que dans les agences de voyages. De nombreux hôtels proposent ce service gratuitement.

Santé - Sécurité

Hôpital général – B3 - *19 Yersin - ✆ (058) 382 21 68.* Vous pouvez aussi joindre le Dr Catherine Bonnotte (diplômée de la faculté de Nancy) au *37B Dong Da - ✆ 09 303 583 602.*

Urgence – *✆ 115.*

Pompiers – *✆ 114.*

Police – *✆ (058) 382 24 00.*

Agences de voyages

Ce ne sont pas les agences qui manquent en ville… Toutes proposent les mêmes prestations à des prix similaires, de la visite de Nha Trang à la croisière dans les îles ou sur la rivière Ha Ra, et de l'excursion à Monkey Island, aux chutes de Ba Ho et à Doc Let au circuit de 4 j. dans la région des Hauts Plateaux. Vous pouvez également réserver auprès de ces agences vos billets de bus et négocier la location d'une voiture ou d'une moto. Pour ceux qui ont opté pour la formule Open Tour, l'agence **Sinh Café** – C4 - *10 Biet Thu - ✆ (058) 352 43 29 - www.sinhcafevn.com - 6h-10h30.*

Supermarché

Pour l'organisation de vos pique-niques à la plage ou en bateau, vous trouverez un vaste supermarché à l'intersection des rues Yersin et Phan Chu Trinh (B3), 8h-21h.

ARRIVER / PARTIR

En avion

Aéroport Cam Ranh – C5 en direction - *À un peu moins de 40 km au sud de la ville - ✆ (058) 398 99 17* - 2 à 3 départs/j. pour Ho Chi Minh-Ville *(1h de vol),* 1 départ/j. pour Hanoi *(2h-2h30)* et Da Nang *(1h15).*

Pour rejoindre le centre-ville – Comptez de 12 à 15 $ pour le trajet en taxi.

Vietnam Airlines – C3 - *Aéroport Cam Ranh - ✆ (058) 460 949 - 7h-11h, 13h30-16h30.* Réservation et vente de billets nationaux et internationaux.

En train

Gare ferroviaire – A3 - *À l'ouest de la ville, 17 Thai Nguyen - ✆ (058) 382 21 13 - 6h30-22h.* 4 trains/j. pour Hanoi *(29h-31h de trajet)* dont un express à 4h18 *(25h),* 6 trains pour Ho Chi Minh-Ville *(10h-11h)* dont un express à 21h45 *(7h).*

En bus

Gare routière – A2 - *58 r. 23 Thang 10 (à l'ouest de la gare ferroviaire) - ✆ (058) 382 02 27 - 5h-17h30.* 20 bus/j. pour

Ho Chi Minh-Ville *(9h-10h de trajet)*, 3 pour Dalat *(5h, départs de 5h30 à 11h30)*, 7 pour Qui Nhon *(6h, départs de 5h15 à 14h)*, Da Nang *(14h, départ à 6h)* et 10 pour Buon Ma Thuot *(départs de 6h à 15h30)*. Attention, les bus les plus tardifs ne circulent qu'en fonction des besoins et peuvent être annulés.

TRANSPORTS

En taxi

Nha Trang Taxi – *(058) 382 40 00.*

Khanh Hoa Taxi – *(058) 381 08 10.*

En cyclo-pousse et à moto-taxi

Comme partout, cyclo-pousse et moto-taxi constituent les meilleurs moyens de circuler en ville si vous ne disposez pas de bicyclette, d'autant que Nha Trang s'étire sur 7 km du nord au sud.

En vélo ou en moto

Location de vélos et motos – Comptez 1 à 2 $/j. pour un vélo. Dans les hôtels et agences de voyages.

En voiture

Location de véhicules – Dans les agences de voyages *(voir « Informations utiles », p. 350)*.

HÉBERGEMENT

Bon à savoir – La promenade du front de mer est prise d'assaut par les restaurants et hôtels de luxe, qui cherchent à s'emparer des meilleurs emplacements. Hors saison, sachez que ces gigantesques usines à touristes sont quasiment vides et que la négociation y est facile. Les petits budgets se donnent plutôt rendez-vous dans les rues Biet Thu et Hung Vuong, qui regorgent d'hôtels à des prix très abordables. Il s'agit en outre du quartier le plus vivant de Nha Trang, en particulier si vous êtes à la recherche d'ambiance nocturne.

PREMIER PRIX

Van Canh Hotel – C2 - *5A Phan Chu Trinh - (058) 382 12 90/99 - hotelvancanhnt@gmail.com - - 11 ch.* Un très bon hôtel, tout aussi confortable que d'autres de catégorie supérieure. Les chambres ne sont pas grandes, mais propres et vraiment correctes. Exigez une fenêtre, car certaines ne disposent que d'un vasistas donnant sur le couloir.

Khach San Hong Tran – BC2 - *7 Phan Chu Trinh - (058) 382 00 69 - - 23 ch.* Un bel hôtel propre et frais. Les chambres sont agréables, avec leur mobilier en bois, et les salles de bains, entièrement carrelées, ont une baignoire. Demandez une chambre claire, car certaines donnent sur le couloir.

Rainbow Hotel – C4 - *10A Biet Thu - (058) 352 54 80/82 - rainbowhotel@dng.vnn.vn - - 21 ch. 15 $ - ascenseur.* Cette adresse, repérable à ses colonnes vertes un peu kitsch, propose des chambres agréables, claires et impeccables. Certaines sont très spacieuses, avec une large baie vitrée ouvrant sur un balcon. Accueil très sympathique et empressé. Le restaurant, situé en terrasse sur le toit, surplombe le quartier et offre une vue jusqu'à la mer.

Seaside Hotel – C5 - *96B Tran Phu - (058) 352 31 78 ou 352 30 38 - - 19 ch. 17/24 $.* Cet hôtel de bord de mer, au sud de la ville, a beaucoup de caractère avec ses boiseries, ses tentures et ses jolies chambres au mobilier en bois sombre. Les plus chères offrent une vue sur la mer… il n'y a que la route à traverser.

3

Différentes catégories de prix, mais il est très facile de négocier.

Post Hotel (Khach san Buu Dien) – C2 - *2 Le Loi* - ✆ *(058) 382 12 52/50* - *posthotel@dng.vnn.vn* - ▤ - *20 ch. 18/21 $*. Bel hôtel de bord de mer, à l'extrémité nord de la plage. Les chambres sont agréables et calmes, et les plus chères ont un petit balcon rond avec une jolie vue sur la mer.

BUDGET MOYEN

Bao Dai's Villas – C5 en direction - *Cau Da (sur un promontoire à 6 km au sud de Nha Trang)* - ✆ *(058) 359 01 47/48* - *baodai@khatoco.com* - ▤ ✕ CC - *43 ch. 24/34 $*. Les cinq villas où résida l'empereur Bao Dai *(voir p. 346)* sont perchées sur un promontoire surplombant la baie. Reconverties en hôtel, elles offrent le charme rustique des maisons d'antan, aussi ne vous attendez pas à y trouver le luxe raffiné des établissements de cette catégorie. L'endroit est paisible et la situation superbe, quoiqu'un peu éloignée du centre et de toute commodité. Les chambres sont immenses et ouvrent sur la mer. Deux restaurants, l'un au sommet de la colline, le second près de la plage.

Dong Phuong 2 – C5 - *96A4 Tran Phu* - ✆ *(058) 352 25 80 ou 352 11 37* - ▤ ⛱ ✕ - *120 ch. 30 $* ☕. Cet hôtel propose un bon rapport qualité-prix. Les chambres sont propres et vastes. Attention : celles en apparence très attractives bénéficiant d'une double exposition et d'une vue sur la mer sont extrêmement bruyantes. L'établissement est visible de la route, mais on y accède par un petit chemin coincé entre deux bâtiments.

Que Huong Hotel – C4 - *60 Tran Phu* - ✆ *(058) 382 50 47 ou 352 23 65* - ▤ ✕ ⛱ CC - *49 ch. : 15/ 48 $, 4 suites : 80 $ - tennis, massages, sauna, ascenseur, karaoké, boutique, salon de coiffure*. L'établissement dispose de tout le confort d'un hôtel de standing international et présente l'avantage de faire moins « usine » que le Saigon Nha Trang ou le Nha Trang Lodge. Les chambres, avec vue sur la mer ou la piscine, sont agréables, mais l'accueil est peu aimable. Réduction de 20 % en fonction du taux de remplissage de l'hôtel.

POUR SE FAIRE PLAISIR

Michelia Hotel – C2 - *4 Pasteur* - ✆ *(058) 583 820 820* - *http://michelia.vn* - ▤ ✕ CC - *201 ch. 75/127 $* ☕. Un hôtel de standing rénové, avec tout le confort moderne. Très bien situé au centre de Nha Trang, près de la plage.

Nha Trang Lodge Hotel – C4 - *42 Tran Phu* - ✆ *(058) 352 15 00* - *www.nhatranglodge.com* - ▤ ✕ ⛱ CC - *125 ch. 100 $ - massages, sauna, hammam, ascenseur, karaoké, discothèque, salons de beauté et de coiffure, agence de voyages, salle de conférences, centre d'affaires*. On peut regretter que cet immense hôtel impose sa lourde silhouette en front de mer. L'intérieur est cependant plus sobre, avec boiseries et tons pastel, et l'ambiance y est assez feutrée quoiqu'un peu impersonnelle. Les chambres, confortables et meublées avec goût, ne sont pas très grandes, mais jouissent toutes d'une superbe vue sur la baie.

Yasaka Saigon Nha Trang Hotel – C3 - *18 Tran Phu* - ✆ *(058) 382 00 90* - *www.yasakanhatrang.com* - ▤ ✕ ⛱ CC - *174 ch. - salle de musculation, massages, sauna, Jacuzzi, ascenseur, karaoké, discothèque, salle de conférences*. L'un des grands géants du front de mer, disposant de tout le luxe que peut offrir un établissement de standing international. Chambres agréables, claires, joliment meublées, et toutes avec vue sur la mer.

UNE FOLIE

Sunrise Beach Resort – C2 - *12-14 Tran Phu - ✆ (058) 382 09 99 - www.sunrisenhatrang.com.vn* - ▤ ✕ ⛱ CC - *121 ch. 126 $.* Un des hôtels de classe internationale. Promotions pour 1 nuit ou 2 avec dîner compris selon la saison.

Ana Mandara Resort – C5 en direction - *Beachside Tran Phu - ✆ (058) 352 47 05 - www.sixsenses.com/Evason-Ana-Mandara-Nha-Trang* - ▤ ✕ ⛱ CC - *74 ch. - massages, sauna, Jacuzzi, jardin d'enfants, minibar dans les chambres.* Une douce musique traditionnelle dans le hall d'accueil ouvre sur le plus luxueux des hôtels de Nha Trang, mais d'un style chaleureux et raffiné en harmonie avec la nature. Des villas de facture traditionnelle sont disséminées dans un vaste jardin verdoyant où arbres et plantes préservent l'intimité de chaque bungalow. Les chambres sont sobres et meublées avec un goût exquis. À plus de 200 $, difficile d'être déçu par le service… Le restaurant est digne du lieu.

Sur l'île de Hon Ong

POUR SE FAIRE PLAISIR

Île de la Baleine – C1 en direction - *À 2h en bateau au nord de Nha Trang - ✆ (058) 384 05 01 - www.iledelabaleine.com* - ✕ - *23 ch. 50/80 $.* Si vous rêvez de jouer à Robinson sur une île déserte ou de vous reposer dans un endroit d'une quiétude absolue, c'est l'adresse qu'il vous faut. On vient vous chercher à Nha Trang, d'où le transfert est assuré jusqu'à l'île. Une fois installé dans votre bungalow en bambou, vous avez tout loisir de lézarder sous les cocotiers, de siroter un cocktail face aux eaux turquoise, calé dans l'un des fauteuils du bar, ou de vous adonner à l'une des nombreuses activités proposées (plongée, snorkeling, catamaran, planche à voile, kayak de mer, funboard). Au menu du restaurant : poissons, fruits de mer frais et cuisine vietnamienne.

RESTAURATION

PREMIER PRIX

Dang Van Quyen – C2 - *4 Phan Boi Chau - ✆ (058) 382 67 37.* Le personnel de cette cantine passe toute la matinée à concocter de délicieux *nems nuong* à savourer sur un coin de table pour une pause repas rapide et économique.

La **rue Biet Thu** (C4) est très fréquentée par les voyageurs qui se pressent à toute heure dans les petits restaurants. Aucun ne vaut particulièrement le détour, tous proposent une cuisine convenable à petits prix. Vous viendrez là moins pour les plaisirs de la table que pour l'ambiance, notamment si vous souhaitez rencontrer d'autres voyageurs.

Café des Amis – C4 - *2D Biet Thu - ✆ (058) 381 30 09.* Ce café à l'ambiance sympathique, très apprécié des voyageurs, propose une cuisine internationale et végétarienne, simple et bon marché. Comme le nom du lieu le laisse supposer, le patron parle français.

Coconut Cove Resort – C4 - *40 Tran Phu (face au Nha Trang Lodge) - ✆ (058) 382 67 82.* Un endroit agréable, ombragé et ventilé par la brise marine, où l'on déjeune sous des paillotes, face à la mer. Ambiance tropicale avec mobilier en bambou et tables en bois sculpté. Cuisine vietnamienne et fruits de mer.

Dua Xanh - Coco Vert – C2 - *189 Nguyen Binh Khiem - ✆ (058) 382 36 87 ou 09 303 586 958 - 8h-22h.* À proximité de la promenade maritime, au nord de la ville, le Dua Xanh dispose d'une sympathique terrasse couverte au calme. Bonne cuisine vietnamienne, fruits de mer, et une longue carte de desserts, proposant tartes, glaces ou crêpes. Dommage cependant d'être si proche de la mer et de ne pas jouir de la vue !

BUDGET MOYEN

Louisiane Brewhouse – C5 - *Groupe 29 (côté mer face au 86A Tran Phu) - ✆ (058) 352 19 48 - www.louisianebrewhouse.com.vn - - 7h30-0h.* Cette adresse aux couleurs chatoyantes est tenue par un couple français qui offre à ses clients la possibilité de profiter de diverses activités (piscine, plage privée, ping-pong, pétanque, billard). On vient ici moins pour la cuisine que pour le cadre, l'ambiance ou la bière brassée sur place. À la carte, snacks, salades et poissons, mais surtout pâtisseries et glaces. Tous les soirs, soirée dansante autour de la piscine. Le lieu est fréquenté par les étrangers en journée, mais accueille une clientèle majoritairement vietnamienne en soirée.

La Bella Napoli – C5 - *6/0 Hung Vuong - ✆ (058) 352 72 99 - 8h-0h.* Et puisqu'il en faut pour tous les goûts… l'adresse propose, comme son nom le laisse deviner, une « *cucina tipica italiana* », avec les incontournables pizzas, pâtes et escalopes milanaises. Pour un poisson à l'italienne, téléphonez la veille.

Nha Trang Sailing Club – C5 - *74 Tran Phu - ✆ (058) 352 55 28 - sailingnt@dng.vnn.vn.* Restaurant de bord de mer en plein air, sous les cocotiers, servant de bonnes cuisines vietnamienne et japonaise. Le cadre est très plaisant, jouant sur l'harmonie entre la pierre, la brique et le bois. Possibilité de louer des transats pour profiter de la plage, plus tranquille ici qu'au niveau du Nha Trang Lodge.

Cho Dam Restaurant – B2 - *33 Le Loi - ✆ (058) 382 38 84.* Une jolie salle ouverte sur le coin de la rue dans le quartier calme de Nha Trang. Cette adresse, anciennement tenue par un Français, propose toujours quelques plats tricolores, mais les recettes vietnamiennes sont une meilleure affaire.

POUR SE FAIRE PLAISIR

Ngoc Suong – C5 - *96A Tran Phu - ✆ (058) 352 56 77 - ngocsuong.com.vn.* L'une des adresses chic de Nha Trang, située à l'extrémité sud de la promenade. L'intérieur est très confortable, et vous apprécierez le goût exquis avec lequel les propriétaires ont soigné la décoration. Large carte de fruits de mer et cuisine vietnamienne. Service soigné et douce musique d'ambiance contribuent à faire du repas un vrai moment de plaisir. Évitez toutefois la terrasse à midi, car on souffre du bruit du boulevard sans vraiment profiter de la mer, qui se trouve de l'autre côté.

Le Petit Bistrot – C5 - *26D Tran Quang Khai - ✆ (058) 352 72 01.* Claude Durand accueille dans son petit local une clientèle d'expatriés friande de ses vins, fromages et viandes importées. Si vous êtes en manque, voici l'adresse à ne pas manquer à Nha Trang !

Truc Linh – C4 - *11 Biet Thu - ✆ (058) 352 67 42.* Autre adresse au *80 Hung Vuong - ✆ (058) 352 52 59.* Impossible de ne pas être séduit par les étals de fruits de mer disposés à l'entrée de ces restaurants. Les tarifs sont un peu élevés, mais le service et la cuisine sont très à la hauteur.

ACHATS

Artisanat

Lang Toi – C5 - *4L QHung Vuong - ✆ (058) 352 48 25 - langtoi shop@yahoo.com - 8h-21h30.* Jolie petite boutique bien fournie en produits d'artisanat local. Des photos de Nha Trang à l'époque coloniale aux tapis, en passant par la vaisselle ou les meubles, tout ce qu'il faut pour ramener un souvenir ou un cadeau de déco.

EN SOIRÉE

Cafés / Bars

Nha Trang compte un nombre impressionnant de cafés et de karaokés où se rassemblent chaque soir les jeunes Vietnamiens. Vous les repérerez vite à leurs guirlandes de lumières et à leur musique tonitruante. C'est notamment pour cette raison qu'ils sont assez peu fréquentés par les touristes, mais il ne tient qu'à vous d'essayer…

Le Cabanon – C5 - *6KA Hung Vuong - ✆ (058) 352 70 02 - de 8h jusqu'au départ des derniers clients.* Bel endroit pour une partie de billard ou de fléchettes. Le mobilier en bambou est confortable et bienvenu pour siroter un des nombreux cocktails.

Crazy Kim – C4 - *19 Biet Thu - ✆ (058) 352 30 72.* Une autre adresse recommandée aux noctambules. C'est un peu plus grand et la musique est un peu plus forte qu'au Cabanon, mais l'esprit reste le même. Adresse très fréquentée par les expats.

Why Not Bar ? – C5 - *24 Tran Quang Khai - ✆ (058) 352 26 25 - 9h-à l'aube.* Autre grand rendez-vous des amateurs de billard, ce bar propose un large choix d'alcools et de cocktails, et les cuisines restent ouvertes jusqu'à 1h.

Louisiane Brewhouse – C5 - *Face au 86A Tran Phu - ✆ (058) 381 29 48 - 🏊 - 8h-2h.* Large sélection de cocktails. Tous les jours, *happy hours* de 22h à 0h et soirée dansante autour de la piscine. Billard.

Nha Trang Sailing Club – C5 - *74 Tran Phu - ✆ (058) 382 65 28.* L'endroit est très agréable pour prendre un verre en journée, sur la terrasse au soleil, ou en soirée quand l'animation bat son plein autour du billard, sous les pales des ventilateurs.

Que Huong Club – C4 - *60 Tran Phu - 🏊.* Tous les soirs, un spectacle de musique vietnamienne est donné autour de la piscine.

Discothèque

Tropicana Club – Hôtel Nha Trang Lodge *(voir « Hébergement », p. 352).* Pour ceux qui souhaitent poursuivre la fête jusqu'au bout de la nuit.

ACTIVITÉS

Excursions dans les îles

L'excursion en bateau dans les îles est la grande attraction de Nha Trang. Toutes les agences de la ville proposent une croisière d'une journée, incluant la visite des îles Mun, Mot et Tam et d'un petit village de pêcheurs de l'île Mieu. Au programme de la journée, snorkeling, baignade et farniente. Si la formule peut paraître attrayante, sachez toutefois que l'on se retrouve habituellement à plus de 30 sur un bateau, que les accompagnateurs se sentent obligés de faire hurler la musique pour divertir leurs passagers, et que la prétendue « visite » des îles est bien trop courte pour vous permettre de profiter des lieux. Si vous préférez vous y rendre par vos propres moyens, rendez-vous directement au **port de Cau Da**, à 6 km au sud de Nha Trang (la route se termine à l'embarcadère), d'où vous pouvez prendre un ferry pour l'île Mieu. Chaque jour, un départ à 7h de Cau Da, retour de l'île Mieu à 15h *(1,60 $, 15mn de traversée)*. Vous pouvez également négocier la location d'un bateau pour un circuit dans les îles, à définir selon vos propres envies. Le prix du bateau est divisé par le nombre d'occupants (jusqu'à 10 pers.). Les navettes partent généralement vers 8h, mais il est préférable de passer la veille au port pour réserver.

Plongée sous-marine

Conseil – Soyez très vigilant quant au choix de l'agence. Si vous êtes débutant, renseignez-vous d'autant mieux auprès de votre instructeur sur les modalités de la plongée.

Octopus Diving Club – C4 - *72-74 Tran Phu - ✆ (058) 352 46 28 ou 09 303 588 093*. Une adresse sérieuse composée d'instructeurs français, anglais, scandinaves et portugais. Centre agréé PADI, CMAS, CEDIP, ANMP et SSI.

Rainbow Divers – C4 - *90a Hung Vuong - ✆ (0908) 781 756 - www.divevietnam.com*. Centre agréé PADI. Départ quotidien pour l'île Mun à 7h30, retour en milieu d'après-midi.

Sources d'eau chaude

25 Ngoc Son, Ngoc Hiep – ✆ (058) 383 49 39. Piscine d'eau de source, bains de boue, etc.

AGENDA

Festival Thap Ba – *Chaque année du 20e au 23e jour du 3e mois lunaire*. Grand festival en l'honneur de la déesse Po Ino Nagar. Les cérémonies sont suivies de chants et de danses traditionnels.

Étonnantes dunes de sable, Mui Ne.
Mario Weigt / Anzenberger / Photononstop

Le littoral sud

De Nha Trang à Phan Thiet

Provinces de Khanh Hoa - Ninh Thuan - Binh Thuan

NOS ADRESSES PAGES 358, 360 ET 362

3

S'INFORMER
Renseignez-vous dans les agences de Nha Trang *(voir p. 343 et 350).*

SE REPÉRER
Carte de microrégion B4 *(p. 272-273).*
Voir « Arriver / Partir » dans « Nos adresses à Phan Rang » p. 358, « Nos adresses à Phan Thiet » p. 360 et « Nos adresses à Mui Ne » p. 362.

À NE PAS MANQUER
Le site de Po Klong Garai ; le farniente à Mui Ne.

ORGANISER SON TEMPS
Comptez 2 jours pour cet itinéraire de 250 km ; faites étape à Mui Ne plutôt qu'à Phan Thiet ou Phan Rang ; visitez Po Klong Garai tôt le matin, avant que ne déferlent les hordes de touristes.

Filant toujours plus au sud, la route Mandarine (RN 1) quitte Nha Trang pour traverser les provinces côtières de Khanh Hoa, Ninh Thuan et Binh Thuan, où les Chams furent contraints de se replier à la fin du 16e s. Ce n'est certes pas la portion la plus pittoresque de cette côte – la région est quasi désertique –, mais vous pouvez vous y ménager quelques haltes fort agréables en bord de mer et visiter Po Klong Garai, l'un des sites chams les mieux conservés du Vietnam.

Circuit conseillé Carte de microrégion

PHAN RANG B4

De Nha Trang à Phan Rang

Vous atteignez d'abord la vaste baie de **Cam Ranh** *(à 30 km de Nha Trang)*. Ce port naturel, disposant de nombreux atouts, est un site stratégique qui n'a pas manqué d'attiser les convoitises des grandes puissances et qui abrite aujourd'hui une base navale dont l'accès est interdit. Aménagé par les Français pendant la période coloniale, il fut occupé par les Américains durant la guerre du Vietnam, puis utilisé par les Soviétiques de 1975 à 1990.

À une quinzaine de kilomètres au nord de Phan Rang, vous apercevez sur votre gauche les deux *kalan* du site de **Hoa Lai** (9e s.), fort endommagés.

Capitale provinciale du Ninh Thuan, jumelée avec l'agglomération voisine de Thap Cham, **Phan Rang** ne présente pas d'intérêt particulier et attire assez peu de touristes, à l'exception de ceux qui, en route pour Dalat ou Ho Chi Minh-Ville, font une courte étape aux ruines chames de Po Klong Garai

NOS ADRESSES À PHAN RANG

INFORMATIONS UTILES

Poste / Téléphone

Poste principale – *R. Thong Nhat, à quelques mètres de la gare routière.*

Autre bureau sur Le Hong Phong – *À côté de l'hôtel Ninh Thuan - 6h-21h30.*

ARRIVER / PARTIR

En train

Gare ferroviaire – *À 7 km au nord-ouest de la ville, non loin du site de Po Klong Garai.* Desservie par le train de la Réunification *(pour les horaires, voir p. 37).*

Pour rejoindre le centre-ville – Le plus simple est de prendre un taxi ou une moto.

En bus

Gare routière – *À 500 m au nord du centre-ville, sur la rue Thong Nhat.* Départs réguliers pour Phan Thiet *(4h de trajet)*, Ho Chi Minh-Ville *(8h)*, Dalat *(2h)*, Nha Trang (*3h*) et Da Nang *(17h)*, mais si vous faites route vers le sud ou le nord, postez-vous plutôt au croisement de la RN 1 et hélez l'un des nombreux express qui y passent, car les bus qui partent de la gare de Phan Rang sont très lents.

Pour les bus à desserte locale – *Au sud de la ville, face au 428 Thong Nhat.*

HÉBERGEMENT, RESTAURATION

PREMIER PRIX

Trang Ha – *564 Thong Nhat - ✆ (068) 382 26 06 - 20 ch. 8/15 $.* Une adresse que l'on préférerait ne pas citer, mais c'est la seule abordable pour les budgets limités. En dépannage, uniquement si vous ne pouvez consentir à vous offrir une chambre un peu plus chère. Évitez absolument le Huu Nghi 2 *(194 Thong Nhat)*, vraiment glauque.

Thong Nhat Hotel – *343 Thong Nhat - ✆ (068) 382 54 06 ou 382 72 01 - ▤ ✕ - 33 ch. 15/25 $.* Un établissement qui, sans avoir beaucoup de charme, n'en est pas moins le plus confortable de la ville. L'accueil est sympathique.

Les tarifs sont un peu excessifs, mais il est possible de négocier.
Ninh Thuan Hotel – *1 Le Hong Phong - ✆ (068) 382 4273 - ▤ ✕ - 24 ch. : 20/36 $, 1 ch. pour 4 pers. : 48 $.* Un hôtel sans grand cachet faisant face à un jardin public, mais les chambres sont confortables, vastes et propres. N'hésitez pas à négocier.

★ PO KLONG GARAI

▶ *À 7 km au nord-ouest de Phan Rang, dans la commune de Thap Cham. Empruntez la RN 27 en direction de Dalat. Passé le kilomètre 268 et la pagode Linh Son, prenez la première route à droite. Les tours s'élèvent à 200 m de là, au milieu des cactus, sur une colline appelée Doi Trau - 7h-17h - 5 000 VND.*

L'ensemble fut élevé à la fin du 13e s. sous le règne de Jaya Simhavarman III. Dédié au roi Po Klong Garai (1151-1205), il attire aujourd'hui encore une foule de pèlerins, notamment lors des cérémonies rituelles de la fête Kate, célébrée le 7e mois du calendrier lunaire (aux environs du mois d'octobre). À cette occasion, les Chams célèbrent leurs ancêtres et invoquent la protection de divinités bienfaitrices tels la déesse Po Ino Nagar ou les rois sanctifiés Po Rome et Po Klong Garai. Restauré de 1981 à 1986, le site respecte le plan traditionnel des temples chams, mais présente les caractéristiques du style de Binh Dinh, marqué par l'appauvrissement qui affecte l'architecture chame à partir du 12e s. Il se compose d'un *kalan*, d'un *mandapa*, d'un *koshagraha* (dépôt d'objets de culte) et d'une tour-porche, circonscrits dans un mur d'enceinte peu élevé. En contrebas des tours, près du chemin qui mène au porche d'entrée, vous apercevez une stèle qu'abritait jadis une tour située à l'intérieur du site.

Le **kalan**, long de 13,8 m, large de 10,7 m et haut de 20,5 m, est tourné vers l'est. Il s'agit du temple principal dans lequel est vénéré le dieu Shiva. La porte principale est encadrée de deux **piédroits** en grès portant des inscriptions chames qui listent les donations faites au temple par le roi Jaya Simhavarman III. Elle est surmontée de quatre arches et d'une **statue de Shiva dansant★★** arborant ses objets fétiches.

3

Chacune des trois autres façades du *kalan*, ornée de pilastres dont les chapiteaux sont gravés de pétales de lotus, comporte une fausse porte surmontée d'une double arche et de la statue d'un dieu assis en lotus, les bras croisés sur la poitrine. Le toit conserve une forme traditionnelle sur trois étages, composés chacun de quatre tourelles d'angle et de quatre fausses niches qui accueillent les images d'un dieu assis dans la position du lotus, les mains jointes devant le buste.

Le vestibule et la salle principale sont très bien préservés. À l'intérieur de cette dernière, un **mukhalinga** repose sur une *yoni* dotée d'un système d'écoulement d'eau. Il est sculpté d'un portrait de Shiva figuré sous les traits d'un roi présentant des caractéristiques physiques autochtones. À l'occasion de cérémonies officielles, on y pratique le rite de la lustration de l'eau. Dans le vestibule, une très belle **statue du taureau Nandi★**, monture du dieu Shiva et symbole de fertilité agricole, à laquelle les Chams ont coutume de faire des offrandes pour s'assurer de bonnes récoltes.

Face au temple s'élève le **mandapa**, percé de quatre portes, dont ne subsiste que le soubassement. Vous apercevez aux quatre angles de l'édifice l'emplacement d'anciennes colonnes chargées de supporter une toiture légère.

À l'est du *mandapa*, le **gopura** constituait à l'origine l'entrée du temple, auquel on accédait par un escalier très raide. Moins bien conservé et de

NUOC-MAM
Le rôle de capitale politique, économique et culturelle de la province confère à Phan Thiet un certain dynamisme. Port vivant principalement de la pêche, la ville est également renommée pour son **nuoc-mam** qui passe pour l'un des meilleurs du Vietnam.

dimensions plus modestes (5,65 m de hauteur), il présente une architecture plus simple mais assez semblable à celle du *kalan*, avec fausses portes, éléments décoratifs en forme de flamme, niches et tours. Au sud du *mandapa*, le **koshagraha**, appelé aussi temple du Feu, abritait les objets de culte.

Reprenez la RN 1 en direction de Ho Chi Minh-Ville. La route traverse une région calcaire extrêmement aride parsemée d'eucalyptus. À 32 km de Phan Rang, elle rejoint la mer et traverse le village de Ca Na.

Le paisible bourg de pêcheurs de **Ca Na** et sa superbe **plage** de sable blanc émaillée de gros rochers de granit offrent une halte agréable ainsi que quelques possibilités d'hébergement, mais la proximité de la nationale n'en fait pas un lieu de villégiature idéal. Reprenant votre chemin en direction de Phan Thiet, vous passez ensuite **Vinh Hao**, une bourgade connue pour son eau minérale commercialisée partout au Vietnam. La route dévoile maintenant un paysage de garrigue, où vous apercevez quelques vignes sur treilles qui font la renommée de la région. Elle est jalonnée de petits hameaux dont les habitations sommaires sont faites de nattes en bambou et de tôle. Plus au sud, à l'intérieur des terres, quelques zones mieux irriguées accueillent diverses cultures, telles rizières et bananeraies. À proximité de Phan Thiet, alors que la route rejoint de nouveau le littoral, apparaissent les premières dunes aux chaudes colorations orangées. On se croirait aux portes d'un désert.

PHAN THIET B4

Capitale de la province du Binh Thuan, la ville s'étire de part et d'autre de la rivière Ca Ty sur laquelle les bateaux de pêcheurs composent un tableau pittoresque. À 6 km au nord-est de Phan Thiet en direction de Mui Ne, dans le quartier de Phu Hai, les trois tours de **Poshanu** sont perchées sur une petite butte à droite de la route. Ce sont les plus méridionales des ruines chames, mais elles comptent parmi les plus anciennes (8e s.). La route qui conduit à Mui Ne traverse une cocoteraie offrant une ombre bienfaitrice et produisant une quantité industrielle de noix de coco que vous apercevrez séchant au soleil.

NOS ADRESSES À PHAN THIET

INFORMATIONS UTILES

Poste / Téléphone
Buu Dien Phan Thiet – *R. Nguyen Tat Thanh - 6h-21h.*

ARRIVER / PARTIR

En train
Gare ferroviaire – *À Muong Man, à 12 km à l'ouest de Phan Thiet.*

En bus
Gare routière – *À côté de l'hôtel 19/4, à l'angle des rues Tu Van Tu et Tran Hung Dao.* Sachez que la plupart des bus font le tour de la ville avant de quitter Phan Thiet. Départs fréquents pour Ho Chi Minh-Ville *(4h de trajet)*, Nha Trang *(7h)* et le Nord. Bus réguliers pour Mui Ne.

HÉBERGEMENT, RESTAURATION

Conseil – Séjournez de préférence en bord de mer, dans l'un des hôtels qui jalonnent la route de Mui Ne.

PREMIER PRIX

Khach San 19/4 – *1 Tu Van Tu (au nord de la ville) - ✆ (062) 382 17 94 ou 382 2194 - ▤ ✕ - 60 ch. 18/30 $ - massages, sauna, ascenseur, karaoké.* Un grand établissement plutôt bien entretenu. On ne vient pas là pour le charme du lieu, d'autant qu'il est fréquenté par tous les groupes de touristes vietnamiens, mais si vous ne faites qu'une courte étape, vous apprécierez la proximité de la gare routière. L'hôtel dispose d'un grand restaurant servant une cuisine vietnamienne correcte à prix raisonnables.

Phuong Hung Hotel – *166 Tran Hung Dao - ✆ (062) 382 56 19/20 - ▤ ✕ - 42 ch. 20/27 $ - massages, sauna, ascenseur, karaoké, minibar dans les chambres.* Un hôtel confortable, situé à l'intersection de Tran Hung Dao et de Thu Khoa Huan, la route qui file vers Mui Ne. Les chambres sont claires et propres et celles qui sont à l'étage jouissent d'une jolie vue sur la ville. Accueil agréable.

UNE FOLIE

DuParc Phan Thiet– *1 Ton Duc Thang - ✆ (062) 382 23 93 - www.phanthietresorts.com - ▤ ✕ ⛱ CC - 123 ch. 96/150 $ - salle de musculation, golf, massages, sauna, ascenseur, boutique, jardin d'enfants, salle de conférences, minibar dans les chambres.* Installé en bord de mer, à la lisière d'un golf de 18 trous, l'hôtel couvre une superficie de 60 ha. On trouve ici tout le luxe que peut offrir un établissement de cette catégorie, mais l'ensemble demeure un peu impersonnel. Les chambres, confortables et claires, disposent toutes d'un balcon, donnant sur le golf ou la piscine. 2 bars et 2 restaurants proposant buffets thématiques ou dîners à la carte. Diverses activités sportives telles que golf *(65 $/18 trous)*, volley-ball, football, badminton et pétanque.

Victoria Phan Thiet Resort – *Km 9 Phu Hai - ✆ (062) 381 30 00 à 03 - www.victoriahotels.asia - ▤ ✕ ⛱ CC - 57 ch. 170 $ - practice de golf, minibar dans les chambres.* Villas à l'architecture élégante disséminées dans un vaste jardin paysager. D'un luxe raffiné – tommettes, parquets et mobilier en bois –, avec de beaux volumes, elles disposent de tout le confort et d'une terrasse donnant sur le jardin ou la mer. Restaurant en terrasse proposant fruits de mer et cuisine vietnamienne, ou grill au bord de la piscine. Accueil et service soignés.

3

★ MUI NE B4

Ce village de pêcheurs est réputé pour le surprenant spectacle de ses hautes dunes de sable orange surplombant la mer.

Pour accéder au village, empruntez la route qui part à gauche du carrefour principal et suivez le panneau « Hon Rom ». Il est situé à l'extrémité d'une baie, baignée par les eaux turquoise de la mer de Chine méridionale et ourlée d'une longue plage de sable blanc. Elle offre un cadre idéal pour vous ressourcer, d'autant que l'endroit, demeuré à l'écart des grandes routes touristiques, est encore très préservé. De charmants resorts, tapis à l'ombre des cocotiers, ont élu domicile dans ce petit coin de paradis et vous invitent au farniente.

NOS ADRESSES À MUI NE

ARRIVER / PARTIR

En taxi

De Phan Thiet, le plus simple pour rejoindre Mui Ne est de prendre un taxi ou une moto-taxi *(20 000 à 30 000 VND l'aller simple à moto).*

TRANSPORTS

En vélo

Location de vélos – La plupart des hôtels proposent des bicyclettes, parfois même des motos à louer.

HÉBERGEMENT, RESTAURATION

Bon à savoir – De nombreux resorts ont élu domicile le long de la route qui mène de Phan Thiet à Mui Ne. Les prix ont tendance à baisser au fur et à mesure que vous approchez de Mui Ne. Au-delà, la plage continue avec restaurants et bungalows épars ; les prix devraient y être dérisoires étant donné les structures mais restent parfois délirants. Négociez donc. Le kilométrage indiqué dans les adresses suivantes est donné à partir de Phan Thiet, situé à 22 km de Mui Ne.

PREMIER PRIX

Hong Di – *70 Nguyen Dinh Chieu - (062) 384 70 14 - 5 bung. 8/12 $.* Grâce à cette adresse vous jouerez les Robinson avec plaisir dans un des quatre bungalows avec accès direct sur la plage. Ils sont tous très bien entretenus et vous ne serez pas déçu du rapport qualité-prix.

Hai Gia – *72A Huynh Thuc Khang Km 18 Ham Tien - (062) 384 75 55 - haigia_muine@yahoo.com - www.seahome.com.vn - CC - 45 ch. 20/40 $.* Beaucoup moins de charme que l'adresse précédente mais les chambres équipées de ventilateurs sont à 12/15 $.

Small Garden – *48 Nguyen Dinh Chieu - (062) 384 70 12 - - 16 ch. et bung. 7 bungalows en bambou confortables de 15 à 20 $ et, pour les petits budgets, une chambre à 10 $.* Aménagé avec goût et impeccablement entretenu, le « petit jardin » de Walter est un véritable havre de paix, à l'atmosphère familiale.

BUDGET MOYEN

Paradise Huts - Chez Nina – *86 Nguyen Dinh Chieu - (04) 437 164 132 - - 9 ch. et bung. 45/70 $.* Une adresse de charme comme on en trouve beaucoup à Mui Ne. Les bungalows présentent une architecture traditionnelle avec terrasse, murs en bambou et toit de chaume. Les chambres claires et confortables sont aménagées dans deux maisons voisines. Toutes sont équipées de l'air conditionné, mais c'est en supplément *(10 $)*. Et en saison, celles qui ont vue sur mer peuvent dépasser les 80 $. Le restaurant attenant propose une bonne cuisine vietnamienne dans un cadre agréable, en bord de plage.

POUR SE FAIRE PLAISIR

Full Moon Beach – *84-90 Nguyen Dinh Chieu - (062) 384 70 08 - www.windsurf-vietnam.com - CC - 7 ch. et 5 bung. 70/95 $.* Nichés sous un chapiteau de verdure, ces bungalows en bambou (équipés de salle de bains en dur), joliment décorés, offrent un lieu de séjour des plus agréables. Il est également possible de dormir dans de très belles chambres. Prendre le petit-déj. sur la terrasse face à la mer et au milieu du jardin tropical vous ravira. En basse saison, réduction de 10 $. Les propriétaires, Pascal et

Phuong, possèdent également un magasin de planches à voile situé 50 m plus loin, qui fait aussi office de bar et de restaurant:

Le Jibe's – *(062) 384 74 05.*

Hai Au – *Km 17 Ham Tien - (062) 384 73 63 - http://haiauresort.com.vn - - 90 bung. 70/100 $.* Aménagé pour une clientèle vietnamienne, ce complexe ravira les amateurs de karaoké avec ses bungalows tout équipés et sonorisés (répertoire vietnamien et anglo-saxon, 50 000 VND/h).

Canary Resort - *60 Huynh Thuc Khang, Ham Tien - (062) 384 72 58 - http://canaryresort.vn - - 80 ch. 70/110 $.* La plupart des bungalows sont disposés le long d'un agréable jardin fleuri. D'un côté se trouvent ceux en bambou sur pilotis (les moins chers, avec ventilateur) ; en face, des habitations plus grandes peuvent accueillir 4 personnes (les plus chères, avec air conditionné). Plus loin, avant d'arriver à la plage, jouxtant la piscine flambant neuve, vous découvrirez quelques bungalows tout confort avec terrasse privée donnant sur la mer. Le personnel est accueillant. Très bon rapport qualité-prix.

UNE FOLIE

Saigon Mui Ne Resort – *56-97 Nguyen Dinh Chieu - (062) 384 73 03, www.saigonmuineresort.com - CC - 87 ch. 90/200 $ - tennis, massages, sauna, hammam, karaoké, boutique, salle de réunion, minibar dans les chambres.* Un des plus beaux ensembles avec piscine, bassin et cascade, bars et restaurants sur plusieurs niveaux reliés par des passerelles.

Hoang Ngoc – *152 Nguyen Dinh Chieu - (062) 384 78 58 - www.hoangngoc-resort.com - - 100 ch. 120/190 $ - tennis.* Le cadre est splendide et les prix un peu élevés… Cependant, selon le taux de remplissage de l'hôtel, il est possible de négocier une importante réduction (jusqu'à 50 %). Cela en vaut vraiment la peine pour les chambres VIP dotées de lits *king-size* et de superbes salles de bains.

Coco Beach Resort – *58 Nguyen Dinh Chieu - (062) 384 71 11 - www.cocobeach.net - CC - 34 ch. 155 $ - fermé en juin - massages, minibar dans les chambres.* Un cadre idyllique pour un séjour en toute tranquillité. Des bungalows sur pilotis de facture traditionnelle, en bois exotique avec toit de chaume et terrasse, sont disséminés autour de la piscine, dans un jardin superbement entretenu. Le resort comprend 3 villas pour les familles, comptant 2 chambres, 2 salles de bains et un grand séjour.

3

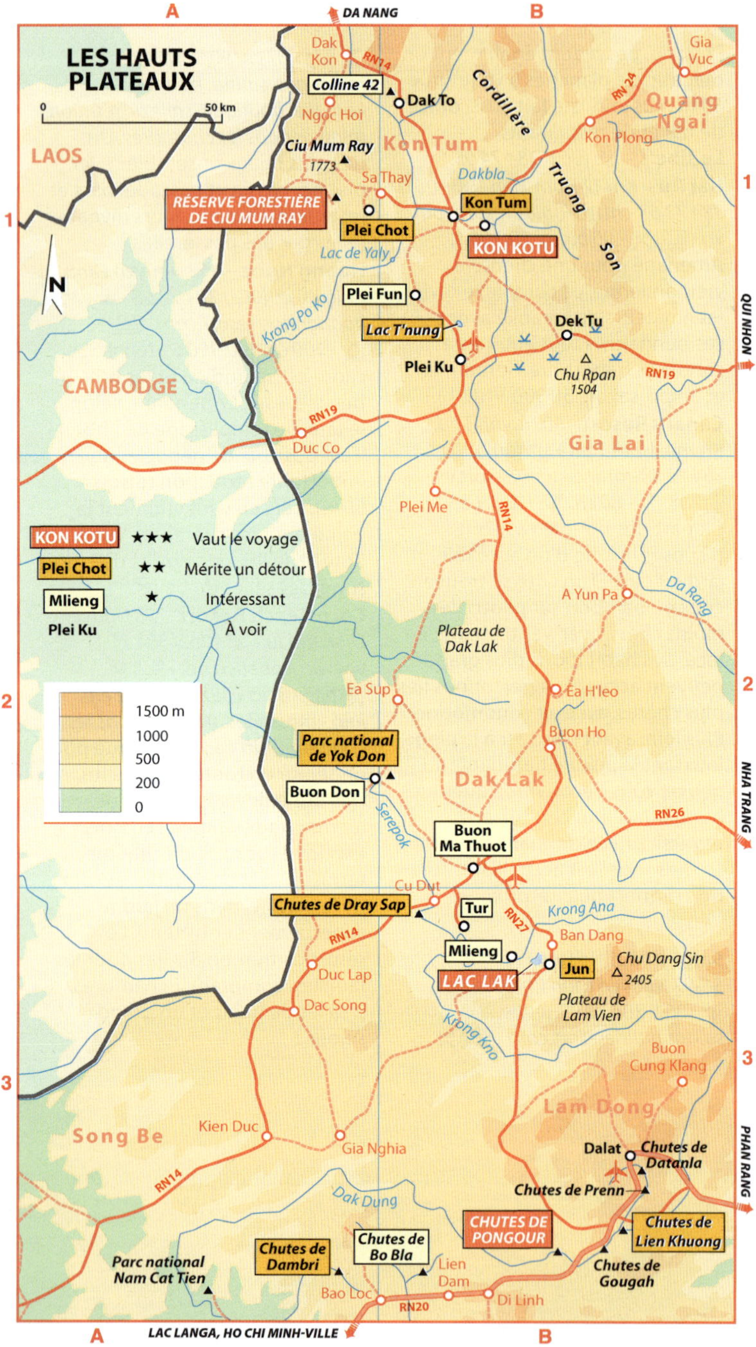
LES HAUTS PLATEAUX
DA NANG
QUI NHON
NHA TRANG
PHAN RANG
LAC LANGA, HO CHI MINH-VILLE
LAOS
CAMBODGE
Kon Tum
Gia Lai
Dak Lak
Lam Dong
Song Be
Quang Ngai
Cordillère Truong Son
Colline 42
Dak To
Dak Kon
Ngoc Hoi
Ciu Mum Ray 1773
Sa Thay
RÉSERVE FORESTIÈRE DE CIU MUM RAY
Kon Tum
Plei Chot
KON KOTU
Lac de Yaly
Plei Fun
Lac T'nung
Plei Ku
Dek Tu
Chu Rpan 1504
Kon Plong
Gia Vuc
Dakbla
Krong Po Ko
Duc Co
Plei Me
A Yun Pa
Da Rang
Plateau de Dak Lak
Ea Sup
Ea H'leo
Buon Ho
Parc national de Yok Don
Buon Don
Serepok
Buon Ma Thuot
Cu Dut
Chutes de Dray Sap
Tur
Mlieng
LAC LAK
Jun
Ban Dang
Krong Ana
Chu Dang Sin 2405
Plateau de Lam Vien
Krong Kno
Duc Lap
Dac Song
Buon Cung Klang
Kien Duc
Gia Nghia
Dalat
Chutes de Datanla
Chutes de Prenn
Chutes de Lien Khuong
CHUTES DE PONGOUR
Chutes de Gougah
Dak Dung
Chutes de Bo Bla
Chutes de Dambri
Parc national Nam Cat Tien
Bao Loc
Lien Dam
Di Linh
RN14
RN19
RN24
RN26
RN27
RN20
KON KOTU ★★★ Vaut le voyage
Plei Chot ★★ Mérite un détour
Mlieng ★ Intéressant
Plei Ku À voir
1500 m
1000
500
200
0
0
50 km
N
A
B
1
2
3

Les Hauts Plateaux 4

Dalat et ses environs

Dalat : 140 025 habitants - province de Lam Dong

NOS ADRESSES PAGE 373

S'INFORMER

Dalat Travel Tourist – *1 Nguyen Thi Minh Khai (à côté de l'hôtel Hai Son) - (063) 3510 104 - www.dalattrip.com - dalatour@vnn.vn - 7h30-20h.* Ce bureau centralise la plupart des agences de Dalat, mais propose aussi ses propres prestations. Plusieurs brochures à disposition.

SE REPÉRER

Carte de microrégion B3 *(p. 364)* - plan de la ville p. 369.
Voir « Arriver / Partir » dans « Nos adresses à Dalat » p. 373.

À NE PAS MANQUER

Explorer les villas françaises et le palais de Bao Dai ; contempler les collections du musée Lam Dong ; visiter la pagode Thien Vuong ; se balader jusqu'aux cascades des environs.

ORGANISER SON TEMPS

Comptez une journée pour faire la route de Ho Chi Minh-Ville à Dalat et 3 jours pour la visite de la ville et de ses environs.

Avec ses élégantes villas coloniales dispersées dans un paysage de pinèdes vallonné, Dalat est depuis l'époque française le lieu de prédilection des Saigonnais. Royaume du kitsch et repaire de quelques artistes marginaux, centre universitaire et de recherche en médecine radioactive entourée de villages traditionnels… la ville cultive les paradoxes. C'est en 1893 que le site fut découvert par le docteur Yersin, alors qu'il recherchait un lieu propice à la culture du quinquina. Plusieurs années s'écoulèrent avant que le gouverneur général Paul Doumer décide d'y établir une station d'altitude, qui prit finalement son envol en 1917. Depuis, la main de l'homme a profondément modelé l'aspect de la campagne, et la ville doit son opulence au tourisme autant qu'aux cultures maraîchères et horticoles qui ont remplacé les forêts impénétrables. Dalat offre assurément de superbes paysages, ainsi qu'une première rencontre avec les ethnies mas et co hos (les Lats et les Chills). Néanmoins, certains visiteurs lui reprocheront son tourisme de masse. Mais s'il est vrai que la station attire particulièrement les nouveaux riches Saigonnais, les Viet Kieu de passage, les couples en lune de miel ou les expatriés cherchant un parfum d'Europe, elle offre l'occasion d'une immersion sociologique pleine de surprises.

Se promener

DE HO CHI MINH-VILLE À DALAT Carte de microrégion AB3

Itinéraire de 300 km - comptez une journée.
Quittez Ho Chi Minh-Ville par la RN 1. 65 km plus loin, parvenu à Dau Day, bifurquez pour récupérer la RN 20 en direction de Dalat. Le lac Langa est à 30 km.

Église et pagode à Dalat.
Thomas Stankiewicz / Look / Photononstop

Le lac Langa et la plaine de Dinh Quan A3 en direction

Créé après l'ouverture d'un barrage hydroélectrique en 1984, le **lac Langa** ne compte pas moins de **200 maisons flottantes**, toutes pourvues de viviers, comme à Chau Doc. La plupart des habitants sont des Vietnamiens chassés du Cambodge à l'époque des Khmers rouges. Au débouché du pont, un mémorial commémore la rude bataille qui s'y déroula lors de l'assaut final sur Saigon, en 1975.

Puis la route traverse l'étrange plaine de Dinh Quan, hérissée de **volcans** coniques depuis longtemps éteints, dont le sol fertile permet une culture intensive (manioc, café, maïs). Il est possible d'en entreprendre l'ascension, mais demandez d'abord la permission aux paysans, qui voient d'un mauvais œil que l'on piétine leurs champs.

Le Parc national Nam Cat Tien A3

Peu avant Ma Da Gui, à hauteur du village de Tan Phu (km 125), prenez une mauvaise piste de 25 km qui mène au parc national Nam Cat Tien.

Maison du parc national (vuon quoc gia Cat Tien) - ✆ (061) 3856 449 ou 3791 226, www.blakup.demon.nl/cat_tien - 50 000 VND.

Nam Cat Tien, l'une des dernières forêts primaires du sud du pays, est le refuge de rares mammifères (éléphants, rhinocéros de Java) et de nombreux oiseaux. Le tourisme y étant peu développé, il est conseillé de faire appel à un guide et de prévenir les gardes forestiers si vous souhaitez dormir sur place.

Les cascades sur la route de Dalat B3

Revenez sur la RN 20 et poursuivez en direction de Dalat.

La route entame l'ascension du plateau de Di Linh, délivrant quelques somptueux **panoramas★**. Les **plantations de thé** étendent inexorablement leur soyeux manteau vert, mais la déforestation galopante et ses corollaires (glissements de terrains, assèchement des sols) posent de sérieux problèmes. Nichée au cœur d'une région luxuriante, **Bao Loc** est réputée pour ses fabriques de soie, mais les visiteurs s'y arrêtent surtout pour admirer les **chutes de Dambri★★** *(prenez à gauche au carrefour en T et continuez sur 15 km, 30 000 VND)*. Surgissant d'une bambouseraie, le torrent chute 60 m plus bas dans un fracas assourdissant. Un **ascenseur** *(payant)* permet de descendre sans effort, mais il gâche un peu le paysage.

Conseil – Protégez votre appareil photo des projections d'eau, car il n'y a pas d'abri en bas.

5 km avant Di Linh, à l'entrée de Lien Dam, un petit terre-plein offre un point de vue dégagé sur les **chutes de Bo Bla★**, mince filet haut de 32 m qui jaillit au milieu de la verdure, loin en contrebas. Un sentier permet d'y accéder *(30mn de marche, au km 191, prenez à gauche la piste de 7 km à travers une superbe lande sauvage)*. Le meilleur reste à venir avec les spectaculaires **chutes de Pongour★★★** *(6 000 VND)*, hautes d'une trentaine de mètres, qui se déploient en un magnifique arc de cercle long de 150 m. Une piste de 300 m mène au pied de la cascade où la vue est tout aussi saisissante, particulièrement à la saison des pluies.

De retour sur la RN 20, en direction de Dalat, les **chutes de Gougah** *(au km 195 - 5 000 VND)* sont visibles de la route, tout comme les **chutes de Lien Khuong★★** *(au km 210, attention le sentier est glissant)*, larges de 100 m et hautes de 15 m.

DALAT Plan de la ville p. 369

Comptez 3 jours.

Le « petit Paris » doit son aspect de cité thermale au **lac Xuan Huong**, créé en 1919. Situé au cœur de la ville, c'est le lieu de rencontre par excellence des amoureux ou des familles en villégiature, qui s'offrent un tour en pédalo ou une balade en calèche autour du plan d'eau *(4 km)*. La partie la plus urbaine et la plus animée de la ville occupe sa rive nord-ouest, tandis que la rive sud présente un aspect plus bucolique, avec ses villas et ses pagodes dispersées au milieu des pins et des vergers.

Sur la rive nord du lac

Au bout de la rue Nguyen Thi Minh Khai, l'édifice en béton du **marché central** *(6h-18h)* est totalement dépourvu de grâce, mais une visite s'impose pour découvrir l'incroyable variété de fruits, de fleurs et de légumes cultivés dans la région. Plus loin, des escaliers mènent au cinéma de la **place Hoa Binh**, d'où partent des ruelles bordées de bas immeubles qui évoquent une petite ville de province française figée dans le passé. De là, poussez jusqu'au **couvent du Domaine de Marie** *(nha tho lanh dia duc ba) (6 Mai Hac De)*. Élevé à la fin des années 1920, il fut agrandi grâce aux libéralités de l'épouse de l'amiral Jean Decoux, enterrée ici. Une douce quiétude règne en ces lieux où vit une poignée de religieuses. Demandez-leur de vous faire visiter le **jardin**, où elles cultivent des sabots de fée, une délicate orchidée répandue dans la région de Dalat. L'**église** paroissiale abrite une statue de Marie suspendue au mur, debout sur un globe avec un serpent à ses pieds.

Construite sur une hauteur à la fin des années 1930, la **pagode Linh Son** *(120 Nguyen Van Troi, à 800 m au nord du centre-ville)* est la plus ancienne de Dalat. Elle arbore un toit de tuiles à bords relevés, flanqué d'une **tour** de belle allure. Le jardin d'orchidées est malheureusement à l'abandon, mais le sanctuaire abrite toujours une énorme **cloche** en bronze de 1 250 kg.

Symbole du regain d'intérêt de la jet-set saigonnaise pour Dalat, l'immense **golf** de 65 ha, conçu à la Belle Époque, a rouvert dans les années 1990. En face, l'**université de Dalat** occupe un parc arboré de 40 ha.

DALAT ET SES ENVIRONS

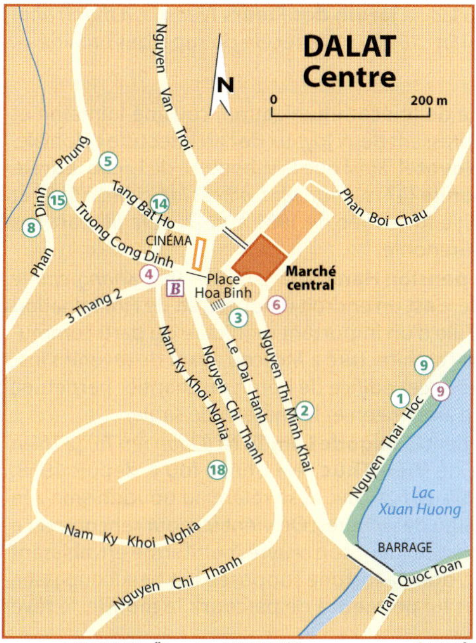

SE LOGER

- Du Parc Hotel.......... 12
- Empress Hotel.......... 1
- Golf 3 Hotel.......... 2
- Hai Son Hotel.......... 3
- Hang Nga (Pension).......... 4
- Hoa Binh - Peace Hotel.......... 5
- Hôtel Cam Do.......... 8
- Huong Tra Villa.......... 9
- Phu Hoa.......... 14
- Phuong Thanh.......... 15
- Thanh The.......... 17
- Thong Xanh.......... 18
- Trang Anh.......... 19
- Sofitel Dalat Palace.......... 20
- Villa Hotel 28.......... 21
- Villa Mai An.......... 23

SE RESTAURER

- Café de la Poste (Le).......... 1
- Dalat House Restaurant.......... 2
- Famille Long Hoa (Restaurant de).......... 4
- Hoang Lan.......... 3
- Nhu Hai.......... 6
- Thanh Thuy.......... 9
- Thuy Ta (Restaurant).......... 10

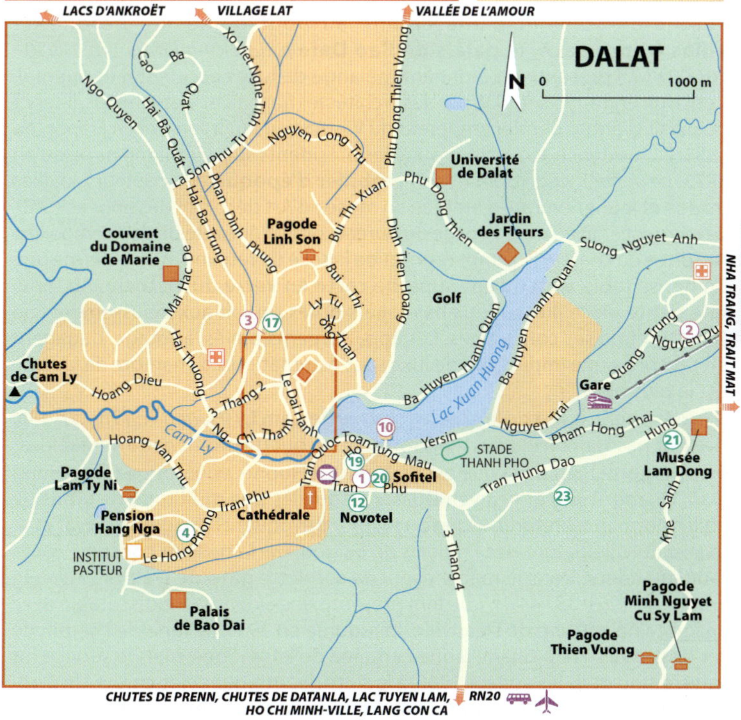

4

En bas de la rue, sur la rive du lac, le **jardin des Fleurs** *(vuon hoa thanh pho) (2 Phu Dong Thien Vuong - 7h-18h - 10 000 VND)* recèle de superbes orchidées.

Parfums d'antan ...

Au pied de l'énorme antenne de télécommunication, cousine lointaine et incongrue de la tour Eiffel, se dressent deux joyaux de l'architecture coloniale, le **Sofitel Dalat Palace** et le **Novotel**, ainsi que la silhouette de la **cathédrale** *(nha tho lon)* et de son **campanile** (47 m) *(tran phu, offices lun.-sam. à 5h30 et 7h15, dim. à 5h30, 7h et 16h)*. Elle fut érigée de 1931 à 1942, et la plupart des 70 **vitraux** ont été réalisés à Grenoble.

Élevée au rang de curiosité, la **pension Hang Nga** *(3 Huynh Thuc Khang, entrée payante)*, alias la « Maison folle », est un endroit unique, fruit de l'imagination débridée de sa propriétaire. Fille d'un important dignitaire du parti communiste vietnamien, elle a étudié l'architecture à Moscou avant de revenir s'installer à Dalat, où elle a fait élever cet édifice de béton en chantier perpétuel, à mi-chemin entre le bestiaire arachnéen et le château de sable.

Au bout d'une courte allée se tient la **pagode Lam Ty Ni** *(Quan Am Tu) (2 Thien My)*, lieu de retraite solitaire de **Vien Thuc**, le « bonze fou », depuis 1968. Peintre et poète, il parle anglais et français, et se réfère au bouddhisme zen tout en manifestant un sens aigu des affaires. On vient ici pour rencontrer ce personnage peu banal et pour découvrir son œuvre multiforme envahissant le moindre espace. Vien Thuc, dont la fortune supposée fait beaucoup jaser, espère que la vente des toiles lui permettra de parcourir le monde, le rêve de sa vie.

Perché au sommet d'une colline au bout d'une rue bordée de **villas françaises★**, le **palais de Bao Dai★★** *(Le Hong Pong - 7h-17h30 - 10 000 VND)* présente un étonnant mélange de luxes occidental et oriental. Construit entre 1933 et 1938 par des architectes français et vietnamiens, il servit de palais d'été au dernier empereur du Vietnam jusqu'à son exil en France, en 1955. La résidence accueillit ensuite les présidents sud-vietnamiens jusqu'en 1975. Le vaste living-room et son **mobilier d'époque** aux couleurs royales (rouge et jaune) évoque d'emblée un musée d'Art décoratif des années 1940. Le reste est à l'avenant, à l'image du bureau, orné d'une tête de daim empaillée (trophée de chasse de l'empereur), et de la salle de réunion, qui renferme une immense table ainsi qu'une superbe **carte en verre** du Vietnam. Au fond, une petite pièce aux curieux bas-reliefs dorés servait aux délassements de Bao Dai et de ses concubines. Les appartements privés, à l'étage, dégagent en revanche une impression de luxe sans ostentation. La chambre de la reine est la plus belle.

À la périphérie ouest de la ville, les **chutes de Cam Ly** *(Hoang Van Thu, 7h-18h)* ne sont pas spectaculaires, mais forment un but de promenade agréable.

En se rapprochant de la rive est du lac Xuan Huong, vous longez Tran Hung Dao, Quang Trung et Nguyen Du, sur lesquelles une multitude de **villas** de styles normand, breton, basque ou savoyard évoquent l'époque où Dalat était le lieu de villégiature des Français de Saigon. Certaines ont conservé toute leur splendeur. Dans le même esprit, la coquette **gare de Dalat★** *(1 Quang Trung - ✆ (063) 383 44 09 - 8h-16h)* présente une similitude indiscutable avec sa lointaine cousine de Deauville. Inaugurée en 1933, la ligne de chemin de fer desservait Thap Cham, à une centaine de kilomètres, mais le service fut interrompu dans les années 1960, à la suite des attaques viet-congs. Un tronçon de 7 km, jusqu'à **Trai Mat**, a été remis en état pour les touristes *(30mn de trajet, 5 $)*, mais le voyage s'effectue en micheline et non avec la locomotive à vapeur qui reste malheureusement à quai.

Vendeuses de rue à Dalat.
Tibor Bognar / Photononstop

★★ Le musée Lam Dong

4 Hung Vuong - lun.-vend. 8h-11h, 13h30-16h - 4 000 VND.

L'ancien musée des Ethnies montagnardes occupe ce qui fut la demeure de Nguyen Huu Thi Lan, la femme de Bao Dai. Il présente de passionnantes collections d'objets découverts dans la province.

La première salle compte un étonnant **lithophone★★** *(dan da)*. Merveille de poésie, il était à l'origine placé sous une cascade, la musique étant produite par les déplacements aléatoires d'un caillou suspendu à une corde. La civilisation du Champa est évoquée à travers un énorme **linga★**, des statues et de la vaisselle en bronze, des bijoux en or, un délicat petit **yogi★★**en quartz, et un superbe **bas-relief★★** en argent figurant Shiva (que certains rapprochent du Oc Eo antérieur), datant des 10e-11e s.

4

La deuxième salle présente des **jarres chinoises** (18e s.), des céladons et de la **vaisselle Ming** (14e-15e s.) et japonaise (17e s.), qui attestent l'ancienneté et l'amplitude géographique des échanges entre les minorités. Des **bracelets en bronze** (15e-16e s.) témoignent en outre du raffinement des Co Hos et des Mas, tandis que la troisième salle traite des Mas. À l'étage, instruments de chasse et de pêche, tissus, vannerie, poteries ainsi qu'un **intérieur de hutte** et un **mât** sacrificiel *(klao)* donnent un aperçu du mode de vie traditionnel des Chu Rus et des Mas. Voir aussi ce curieux **orgue à bouche** (courge plantée de tiges de bambou) utilisé par les hommes pour appeler les enfants, chacun étant associé à une note distincte.

Les pagodes de Dalat

La **pagode Thien Vuong★** *(à 5 km au sud-est du centre-ville, par la rue Khe Sanh, et 1 km de piste - 6h-17h)*, appelée aussi **chua tau** (« pagode chinoise »), émerge sur une colline arborée, dans un cadre superbe. Construite en 1959, elle comprend trois parties. Dans la première, un bouddha du Passé assis sur un lotus arbore un air jovial. Le second bâtiment *(ôtez vos chaussures)*, très dépouillé, renferme trois énormes **statues de santal★★** de 4 m et 1,5 t, qui furent acheminées de Hongkong lors de l'inauguration de la pagode. De gauche à droite, Quan Am, déesse de la Miséricorde, Amitabha, bouddha de la « Lumière infinie », et le bodhisattva Dai The Chi Bo Tat représentant l'esprit d'Amitabha. Pour ne pas gâcher leur parfum naturel, on ne brûle pas d'encens dans cette pièce. Le sanctuaire s'achève au sommet de la colline par une imposante statue de **Bouddha**, qui semble méditer devant le **panorama★★**. De facture plus modeste, la **pagode Minh Nguyet Cu Sy Lam** *(sur la colline en face, au bout de Khe Sanh)* respire également le calme et la sérénité. Le sanctuaire principal a la forme d'un lotus posé sur un socle. Il est dédié à Quan The Am Bo Tat, dont une statue trône à l'intérieur.

À proximité

LA VALLÉE DE L'AMOUR Plan de la ville, en direction

À 5 km au nord de Dalat par la rue Phu Dong Thien Vuong - 6h-18h - 20 000 VND.
Lovée dans un écrin de collines, la vallée de l'Amour (*thung lung tinh yeu*) abrite un lac de retenue, où le tourisme de masse s'épanouit. Envahi de boutiques de souvenirs, il semble avoir été conçu par un paysagiste en mal d'imagination, mais il offre un instantané de vie riche de surprises, tels ces Vietnamiens posant pour l'éternité sur des poneys en tenue de cow-boy !

LAT ET LES CHUTES D'ANKROËT Plan de la ville, en direction

Empruntez la rue Phan Dinh Phung pour rejoindre le village Lat, à 12 km au nord-ouest de Dalat.
Bon à savoir – Permis et guide obligatoires. Renseignez-vous auprès des agences de voyages *(voir p. 373)*.
Le village de **Lat** est constitué de neuf hameaux peuplés de **Mas** et surtout de **Co Hos** (Lats, Chills), protestants et catholiques, qui ont conservé leur habitat traditionnel sur pilotis. L'irruption du tourisme ne semble pas avoir bénéficié aux villageois qui vivent de la culture de la patate douce, des haricots et du riz. Lat est niché au pied du **Lang Bian★★**, une montagne sacrée culminant à 2 163 m. Une marche facile conduit au sommet, où la **vue★★** est splendide *(comptez 3-4h aller ; des agences de Dalat, voir p. 373, organisent cette randonnée incluant la visite du village)*.
De là, vous pouvez rejoindre les **lacs** et **chutes d'Ankroët★★** *(à 18 km au nord-ouest de Dalat, les derniers kilomètres s'effectuent sur une piste difficilement praticable après la pluie)*. Ils sont cachés dans un superbe coin sauvage.

AU SUD DE DALAT Carte de microrégion B3

Prenez la RN 20 vers le sud, tournez à droite au bout de 5 km, puis continuez sur 2 km.
Niché au cœur d'une forêt de pins, le **lac Tuyen Lam**, aménagé en 1980, est l'une des attractions des environs de Dalat, même si le paysage s'avère une fois de plus très domestiqué. Phuong Nam Adventure Tourism y organise des randonnées et des tours à dos d'éléphant, mais vous pouvez vous contenter d'une balade en barque ou d'une partie de pêche. Dominant la rive nord, le vaste **monastère Truc Lam**, inauguré en 1994, vaut le détour, ne serait-ce que pour son **jardin** avec vue sur le lac.
Plus au sud, depuis la RN 20, un sentier de 400 m à travers la forêt descend aux **chutes de Datanla** *(6h-16h - 10 000 VND)*, qui dévalent au milieu des rochers

avant de pénétrer dans un étroit canyon. Des bungalows en bois ont été aménagés, qui répondent au romantisme à la vietnamienne.
À 8 km, passé le col de Prenn, la RN 20 mène aux **chutes de Prenn** *(7h-17h - 15 000 VND)*, l'un des lieux les plus touristiques de la région. Un chemin passe derrière la cascade, haute d'une quinzaine de mètres.
À 18 km de Dalat, **Lang Con Ga** est peuplé de **Co Hos**, sédentarisés par les Français au début des années 1950. D'aspect très pauvre, il doit son surnom de « village du Poulet » à une énorme statue, dont on raconte qu'elle aurait été élevée par les Français pour habituer les villageois à se lever avec le chant du coq ! Lang Con Ga constitue une bonne introduction à la culture des minorités ethniques, mais la proximité de Dalat lui vaut de figurer au programme de toutes les agences de voyages et les touristes sont attendus. Dans la journée, les villageois qui vivent de la canne à sucre et de cultures maraîchères travaillent aux champs, et ne restent alors que les enfants ou quelques femmes à leur métier à tisser.

NOS ADRESSES À DALAT ET SES ENVIRONS

Plan de la ville, p. 369.

INFORMATIONS UTILES

Banque / Change

Distributeurs – Vous trouverez des distributeurs ATM autour du quartier touristique.
Change – Certains hôtels acceptent de changer des devises.

Poste / Téléphone

Buu Dien Trung Tam – *16 Tran Phu (près du Novotel) -* ✆ (063) 382 25 71 - *6h30-21h.* Poste restante et DHL.

Hôpital

Provincial General Hospital – *4 Pham Ngoc Thach -* ✆ *(063) 382 13 69.*

Agences de voyages

Dalat Travel Service – *7 r. 3 Thang 2 (hôtel Thuy Tien) -* ✆ *(063) 382 21 25- www.dalattravelservices.com.* L'agence officielle de Dalat s'avère très compétente et propose de multiples services tels que location de voitures et de motos, guides et permis pour Lat ou circuits dans la province (Lang Bian, Tuyen Lam) et au-delà.
Phuong Nam Adventure Tourism – *34 Truong Cong Dinh -* ✆ *(063) 382 27 81 - www.phuongnamecotourism.com.vn.* Agence spécialisée dans les randonnées et les balades à dos d'éléphant au lac Tuyen Lam. Également des circuits dans les Hauts Plateaux.
Pacific Tour – *9 Bui Thi Xuan -* ✆ *(063) 382 83 03.* Le correspondant local du Sinh Café de Ho Chi Minh-Ville met sur pied des circuits au village de Lat, au mont Lang Bian et dans le reste des Hauts Plateaux, des balades à dos d'éléphant ou en bateau. Billets pour Nha Trang et Ho Chi Minh-Ville.
Dalat Holiday Ecotours – *109 Nguyen Van Troi -* ✆ *(063) 382 94 22 - www.ptv-vietnam.com.* Pour une découverte sportive de Dalat et de ses environs.

ARRIVER / PARTIR

En avion

Aéroport Lien Khuong – *À 30 km au sud de Dalat, sur la RN 20 (navette au départ du bureau de Vietnam Airlines).* La compagnie

4

assure 2 liaisons/j. avec Ho Chi Minh-Ville dans chaque sens *(50mn de trajet)* et 1 liaison/j. dans chaque sens avec Hanoi *(1h40 de trajet)*.

Vietnam Airlines – *2 Ho Tung Mau - ✆ (063) 383 34 99 ou 382 28 95 - 7h30-11h30, 13h30-16h30.*

En bus et minibus

Le terminal **Tinh Lam Dong**, 3 Thang 4 (à 2 km au sud du centre-ville), ouvre de 6h à minuit. Les bus populaires sont en théorie interdits aux étrangers, mais il suffit de monter et d'acheter son billet auprès du chauffeur. Le confort est sommaire, et les arrêts très fréquents. Un départ toutes les heures pour Ho Chi Minh-Ville *(7-8h de trajet)*, 3 bus/j., à 7h, 10h et 13h pour Nha Trang *(4h)*.

En bus touristique

Les agences de Ho Chi Minh-Ville et Dalat proposent des billets Open Tour entre les deux villes (7h de trajet) incluant des étapes touristiques. Nha Trang (départ à 8h, 6h de route), Hoi An et Hué sont également desservies.

En voiture

Conseil – De Ho Chi Minh-Ville, préférez la route de l'intérieur *via* Bao Loc.

TRANSPORTS

En taxi

Dalat Taxi – *✆ (063) 383 08 30.* Vous trouverez de nombreux taxis de cette compagnie, notamment place Hoa Binh. Vous pouvez aussi en emprunter un pour visiter la région *(env. 11 000 VND/km)*.

À vélo

Les courageux apprécieront le peu de circulation et la douceur du climat, mais attention aux montées ! Location auprès des agences de voyages ou des hôtels.

À moto

Le moyen idéal pour sillonner Dalat et ses environs. Location auprès d'un propriétaire privé (près du terminal, au bas de Nguyen Thi Minh Khai), ou de votre hôtel. 5/8 $/j. selon la saison, et 10 $ avec les services d'un chauffeur.

HÉBERGEMENT

Bon à savoir – En haute saison (déc.-fév.), surtout durant le Tet (fin janv.-début fév.), nombre d'hôtels affichent complet et doublent leurs prix. Beaucoup de mini-hôtels se concentrent près du cinéma et sur Nam Ky Khoi Nghia, mais certains n'acceptent pas les étrangers. Une option plus onéreuse consiste à loger dans une villa, sur Tran Hung Dao.

Dans le centre

PREMIER PRIX

Phu Hoa – *16 Tang Bat Ho - ✆ (063) 382 21 94 - - 29 ch. 9 $ - Wifi.* Une adresse connue des routards, qui apprécient son confort minimal mais décent, sa situation centrale et son toit-terrasse. Petite augmentation des tarifs en haute saison.

Hoa Binh - Peace Hotel – *64-67 Truong Cong Dinh - ✆ (063) 382 27 87 - peacedalat@gmail.com - - 24 ch. 10/12 $ - Wifi.* Un rendez-vous de voyageurs à petit budget, un peu mieux tenu que le Phu Hoa. Petite augmentation des prix en haute saison. La réception organise des excursions.

Thong Xanh – *33-35 Nam Ky Khoi Nghia - ✆ (063) 382 52 89 - - 18 ch. 15 $ - Wifi.* Ce mini-hôtel familial, où vivent quatre générations, loue des chambres impeccables avec vue dégagée. Prix légèrement surévalués.

Hai Son Hotel – *1 Nguyen Thi Minh Khai - ✆ (063) 382 26 22 - ✕ ▭ - 55 ch. 10 $.* Établissement à la décoration vraiment surannée pour une clientèle essentiellement asiatique. Mais cela peut constituer un certain charme, au cœur de la ville.

Phuong Thanh – *65 Truong Cong Dinh - ✆ (063) 382 50 97 - CC - 10 ch. 10/30 $ - Wifi, agence de voyage.* Un repaire de routards, dont les chambres, avec parquet, ont beaucoup de charme. Accueil sympathique. Vous aurez plus de chance d'y trouver une chambre qu'à l'hôtel Hoa Binh voisin.

BUDGET MOYEN

Huong Tra Villa – *7 Nguyen Thai Hoc - ✆ (063) 383 79 50 - ✕ ▭ - 36 ch. 33 $.* Cette grande bâtisse au charme simple et désuet domine le lac et propose un accueil chaleureux et personnalisé pour un prix abordable. Demandez la chambre 302 qui bénéficie de la meilleure vue, avec balcon. En arrière se trouve un autre bâtiment plus récent et moins charmant. Réservation recommandée.

Hôtel Cam Do – *83 Phan Dinh Phung - ✆ (063) 382 27 32 - camdosale@yahoo.com - ✕ CC - 54 ch. 33 $ - Wifi.* Chambres très agréables, en particulier les « VIP » qui ressemblent à de petits appartements.

POUR SE FAIRE PLAISIR

Golf 3 Hotel – *4 Nguyen Thi Minh Khai - ✆ (063) 382 60 42 - http://vinagolf.vn - ✕ 🍸 CC - 78 ch. 70/110 $ - Wifi, massages, karaoké.* Ce gros hôtel dominant le centre-ville propose des chambres impeccables mais d'un goût discutable. Le bar offre une vue imprenable sur le centre de Dalat. Accueil toutefois décevant.

Autour du lac et dans les environs

PREMIER PRIX

Trang Anh – *1A Ho Tung Mau - ✆ (063) 382 31 18 - ▭ - 12 ch. 10/15 $ - Wifi, location de vélos.* Un petit hôtel familial et sympathique un peu excentré.

Thanh The – *118 Phan Dinh Phung - ✆ (063) 382 21 80 - 24 ch. 17 $ - Wifi.* Les chambres impeccablement tenues sont disposées autour d'un puits de lumière. Le prix varie en fonction de la taille des chambres, les plus chères étant vraiment spacieuses.

Villa Hotel 28 – *28 Tran Hung Dao - ✆ (063) 382 27 64 - www.cherrytourist.com - ✕ ▭ - 14 ch. 18 $ - Wifi.* Cette grande villa pourvue d'un salon avec cheminée dispose de chambres spacieuses, idéales pour un séjour familial ou romantique (celles de l'annexe sont plus abordables). L'accueil est sympathique et la maison possède un jardin. Étant donné sa situation proche de la route, préférez les chambres du bâtiment principal près du jardin.

Villa Mai An – *7 Khoi Nghia Bac Son - ✆ (063) 382 12 91 - ▭ - 6 ch. 22 $.* Charme désuet pour cette villa tenue par une vieille dame qui parle bien français. Les chambres sont basiques, mais parfaitement propres. Devant la maison, un petit jardin à flanc de colline parfait pour prendre un thé en fin de journée.

BUDGET MOYEN

Pension Hang Nga – *3 Huynh Thuc Khang - ✆ (063) 382 20 70 - www.crazyhouse.vn - info@crazyhouse.vn - ▭ - 10 ch. 35/70 $.* La « Maison folle » mérite un détour, ne serait-ce que pour son architecture insolite. Les chambres, vraiment étonnantes, offrent toutefois un confort sommaire.

Empress Hotel – *5 Nguyen Thai Hoc - ✆ (063) 383 38 88 - www.empresshotelvn.com - ✕ 🍷 CC - 20 ch. 45 $ - Wifi.* Bar et tables de billard. Un établissement de caractère, avec vue sur le lac, qui propose des chambres joliment décorées de boiseries et pavées de tomettes. Prix négociable (environ 30 % de remise). Agréable restaurant (plats vietnamiens et occidentaux).

POUR SE FAIRE PLAISIR

Du Parc Hotel – *7 Tran Phu - ✆ (063) 382 57 77 - duparc.reservations@dalatresorts.com - www.dalatresorts.com - ✕ 🍷 CC - 140 ch. 60 $ - Wifi.* L'ancien Du Parc Hotel, construit en 1932 et propriété de la chaîne Accor (comme le Sofitel), a retrouvé toute sa splendeur. Les chambres, avec parquet et confort raffiné, se placent toutefois un cran en dessous du Sofitel pour le standing… et le prix.

UNE FOLIE

Sofitel Dalat Palace – *12 Tran Phu - ✆ (063) 382 54 44 - www.sofitel.com/1774 - ✕ 🍷 CC - 43 ch. à partir de 240 $ - Wifi.* L'ancien Dalat Palace (1922), rénové avec un soin remarquable, exhale un parfum de luxe suranné dans un décor classique élégant. Certaines chambres disposent d'une cheminée et d'une vue imprenable sur le parc et le lac. Si cela dépasse votre budget, n'hésitez pas à prendre un verre sur la splendide terrasse.

RESTAURATION

Bon à savoir – Les restaurants touristiques sont concentrés autour du cinéma, sur Nguyen Thi Minh Khai et Phan Dinh Phung, et ferment vers 22h-23h, voire minuit en haute saison. Il est possible de manger soupes, ragoûts, escargots et coquillages au marché, mais attention, le « marché infernal » de Le Dai Hanh a la réputation d'être cher et malhonnête.

Dans le centre

BUDGET MOYEN

Nhu Hai – *40-41 Nguyen Thi Minh Khai - ✆ (063) 382 52 41 - 6h-23h.* Un établissement sympathique et familial où les touristes se mélangent à la clientèle locale. Goûtez la spécialité de la maison, le *ta pin lu* (fondue de poisson, légumes et viande), les jus de fruits ou les plats végétariens (tofu et légumes frais du marché).

Cam Do – *Voir « Hébergement », p. 375 - 6h-23h.* Restaurant de l'hôtel du même nom. Une adresse bon marché proposant une cuisine végétarienne, vietnamienne ou occidentale, tout à fait honorable.

Restaurant de famille Long Hoa – *6 r. 3 Thang 2 - ✆ (063) 382 29 34 - 11h-21h.* Un lieu chaleureux où le patron, érudit et francophone, réserve un accueil des plus charmants. Bœuf sauté, porc grillé ou fruits de mer servis sur des nappes à carreaux rouges.

Huong Tra Restaurant – *Devant l'hôtel du même nom (voir « Hébergement », p. 375) - ✆ (063) 382 16 99.* La carte en anglais est loin d'être aussi complète que celle en vietnamien, aussi demandez conseil à la patronne qui parle un peu anglais. Plats succulents et copieux, à déguster sur la terrasse qui surplombe le lac.

Autour du lac et dans les environs

BUDGET MOYEN

Hoang Lan – *118 Phan Dinh Phung - ✆ (063) 382 22 13 - 7h-21h.* Une clientèle de routards et de Vietnamiens se presse toujours dans cette grande salle éclairée au néon où l'on sert des soupes, des plats de viande, des crevettes et une délicieuse fondue *ta pin lu*, à prix très modiques.

Restaurant Thuy Ta – *2-4 Tran Quoc Toan - ✆ (063) 382 22 88 - 6h-23h.* Construit sur pilotis au bord du lac, l'établissement jouit d'un emplacement très agréable, mais la cuisine (occidentale et vietnamienne) n'a rien d'exceptionnel et l'on peut se contenter d'y boire un verre. Location de pédalos juste à côté.

POUR SE FAIRE PLAISIR

Thanh Thuy – *2 Nguyen Thai Hoc - ✆ (063) 353 16 68 - 6h30-minuit.* Un établissement chic au bord du lac, idéal pour prendre un verre.

Empress – *Voir « Hébergement », p. 376 - 6h-22h.* Un restaurant élégant, avec lumière tamisée et musique douce, pour un dîner en amoureux (fruits de mer, cuisines occidentale et vietnamienne).

Le Café de la Poste – *12 Tran Phu - ✆ (063) 382 54 44.* Ancien grand magasin de 1928 converti en bistrot des années 1950, dans un beau décor colonial, ce restaurant propose des plats vietnamiens et occidentaux simples ou raffinés.

Dalat House Restaurant – *34 Nguyen Du (à 3,5 km du centre-ville) - ✆ (063) 381 15 77.* Ce restaurant s'est forgé une très bonne réputation pour compter aujourd'hui parmi les meilleures tables de Dalat.

Le Rabelais – *Dans le Sofitel Dalat Palace (voir « Hébergement », p. 376).* Le cadre somptueux de la salle est tout à fait unique à Dalat et le restaurant compte parmi les meilleurs de la ville. N'hésitez pas à venir prendre un verre en terrasse, au bord de la vaste pelouse qui descend vers le lac.

BOIRE UN VERRE

Cafés / Bars

Une série de bars quasi identiques ont vu le jour sur **Nguyen Chi Thanh**, l'endroit le plus animé de Dalat le soir.

Larry's Bar – *Dans le Sofitel Dalat Palace (voir « Hébergement », p. 376).* Une ambiance un peu confinée mais agréable règne dans ce pub au décor de chalet suisse.

ACHATS

Artisanat

Les montagnards réalisent des nattes de fibres teintes, des paniers à riz en bambou et des vêtements que l'on peut trouver au village de Lat.

EN SOIRÉE

Discothèque

PK's Nightclub – *Dans le Sofitel Dalat Palace (voir « Hébergement », p. 376) - w.-end 20h-1h.*

ACTIVITÉS

Golf

Dalat Palace Golf Club – *Phu Dong Thien Vuong - ✆ (063) 382 12 01 - dpgc@vietnamgolfresorts.com.* Ce golf de 18 trous ouvert en 1922 est l'un des meilleurs du Vietnam.

La région des Hauts Plateaux

Provinces de Dak Lak, Gia Lai et Kon Tum

NOS ADRESSES PAGES 382, 387 ET 392

S'INFORMER

Aucun bureau ne couvre toute la zone, mais dans chaque ville, vous trouverez une agence officielle.

Dak Lak Tourist – Plan de la ville p. 379, B1 - *53 Ly Thuong Kiet (près de l'hôtel Thang Loi), Buon Ma Thuot - ☏ (0500) 385 22 46 - www.daklaktourist.com.vn - 7h-17h.* Outre la visite des villages ethniques, l'agence organise des treks de plusieurs jours au lac Lak, des promenades à dos d'éléphant *(30 $/h pour 2 pers.)* ou en pirogue *(10 $/h pour 2 pers.)*.

Gia Lai Tourist Travel Service – *215 Hung Vuong, Plei Ku - ☏ (059) 387 45 71 - www.gialaitourist.com - lun.-vend. 7h30-11h, 13h30-16h30, sam. 7h30-11h.* Circuits possibles d'un à plusieurs jours dans les villages des Ba Na avec des guides francophones. Les prix sont élevés.

Kon Tum Tourist – *2 Phan Dinh Phung, hôtel Dakbla - ☏ (060) 386 33 33 - www.kontumtourist.com.vn - tlj sf dim. 7h-11h, 13h-17h, sam. 7h-11h.* L'agence n'impose pas de permis pour visiter les environs de Kon Tum. Un guide (francophone ou anglophone) est en revanche requis pour les villages plus éloignés. Des descentes de la rivière Dakbla ainsi que des treks d'un ou plusieurs jours sont organisés dans la région, avec possibilité de dormir dans une maison traditionnelle.

SE REPÉRER

Carte de microrégion B1-2 *(p. 364)* - plan de Buon Ma Thuot p. 379 - plan de Plei Ku p. 386.

Voir « Arriver / Partir » dans « Nos adresses à Buon Ma Thuot » p. 382, dans « Nos adresses à Plei Ku » p. 387 et « Nos adresses à Kon Tum » p. 392.

À NE PAS MANQUER

Les chutes de Dray Sap, le lac Lak ; une balade à dos d'éléphant dans le parc de Yok Don ; la route de Buon Ma Thuot à Plei Ku ; les villages gia rais et ba nas autour de Kon Tum ; une excursion en pays sedang.

ORGANISER SON TEMPS

Visitez la région durant la saison sèche, de novembre à mai.

Longtemps interdits aux étrangers, les Hauts Plateaux se sont ouverts au tourisme au début des années 1990, mais restent relativement peu visités en comparaison des stations balnéaires de la côte. S'il est vrai que la région cumule les handicaps en matière de transports et d'hébergement, elle recèle certains des plus beaux paysages du Vietnam et offre l'occasion d'une immersion au sein de minorités parmi les plus fascinantes du pays. Montagnes inviolées, cascades spectaculaires, forêts profondes, la nature conserve ici son caractère sauvage, malgré les outrages de la guerre et l'avancée inexorable des plantations de thé ou de café qui redessinent le paysage. Les villes sans charme des Hauts Plateaux n'invitent guère à un séjour prolongé, aussi la plupart des visiteurs s'empressent-ils de se rendre dans les villages où vivent E Des, Gia

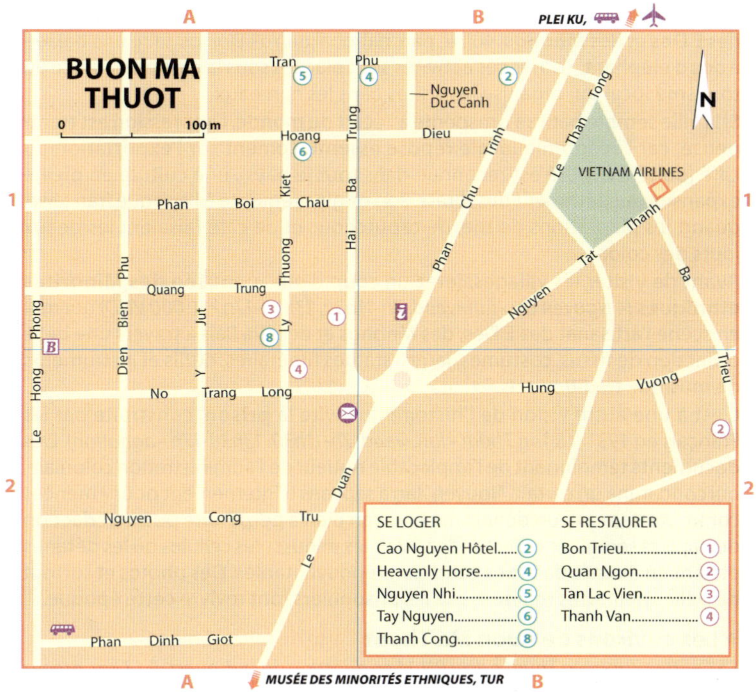

Rais, Ba Nas ou Mnongs. Prétexte à un voyage hors du temps, ces sociétés menacées manifestent un profond attachement à leurs traditions, dont les principaux traits distinctifs sont l'architecture, les rites funéraires et le matriarcat (à l'exception des Mnongs). Les troubles survenus à Plei Ku en février 2001 montrent que la question des droits des minorités et de leur liberté religieuse reste un sujet sensible pour Hanoi.

Se promener

★ BUON MA THUOT ET SES ENVIRONS

Comptez 2 ou 3 jours.

Bon à savoir – Une piste de 220 km, praticable à la saison sèche uniquement, à moto ou en 4x4, relie Dalat et Buon Ma Thuot *(renseignez-vous avant de partir)*. Elle traverse certains des plus beaux paysages des Hauts Plateaux, alternant forêts profondes, plantations de café et villages mnongs en torchis.

Visite de Buon Ma Thuot Plan de ville ci-dessus

Bon à savoir – Aujourd'hui, les guides et les permis ne sont plus obligatoires, mais il est important de considérer un village comme une unité, un clan fermé, une propriété privée. Y entrer sans accord préalable et à l'improviste est perçu comme une violation de domicile. Les visites de l'office de tourisme sont, elles, effectuées dans le cadre d'un accord passé avec le chef du village, prévenu à l'avance pour éviter que l'on ne débarque à un moment inopportun. La capitale de la province de Dak Lak ne présente guère d'intérêt pour les touristes, mais elle constitue un point de départ idéal pour partir à la rencontre

des **E Des** et des **Mnongs**, voir le parc national de Yok Don ou faire une balade à dos d'éléphant. Toutes ces activités sont placées sous la garde de l'office de tourisme local qui organise les visites dans les hameaux.
Si la ville semble bâtir sa prospérité à l'écart du monde, l'impression est trompeuse, car l'économie locale repose essentiellement sur l'exportation du café (dont la qualité est reconnue dans tout le pays), une culture en pleine expansion au détriment des forêts. Son origine remonte à l'époque française, quand les plantations de thé, de caoutchouc et de café faisaient les beaux jours des colons.
Avant de visiter les villages, jetez un coup d'œil au **musée des Minorités ethniques** *(4 Nguyen Du - lun.-vend. 7h-11h30, 13h30-17h - 10 000 VND)* qui met en scène l'artisanat des E Des, des Mnongs et des Gia Rais à travers une belle collection de tissus, costumes, jarres, statues funéraires, outils et instruments de musique traditionnels.
C'est à une autre vision de l'histoire qu'invite la **prison**, construite par les Français en 1931 *(18 Tan Thuat - lun.-vend. 7h-11h30, 13h30-17h - donation)*. Des documents témoignent de l'implacable rigueur de l'administration coloniale, qui condamna un certain Nguyen Xan à sept ans d'internement pour « menées communistes », ou un dénommé Chu Van Bien à perpétuité pour « rédaction de papiers séditieux ». Demandez à voir les minuscules cellules où les détenus étaient enchaînés dans des conditions épouvantables. Des photos et surtout de belles peintures réalisées par les prisonniers font revivre cette époque.

★ Les environs de Buon Ma Thuot Carte de microrégion B2-3

Quittez Buon Ma Thuot par la RN 14 en direction du sud-ouest. À 13 km, prenez la piste à hauteur de la station-service.

Bon à savoir – Pour la visite des villages des ethnies mnongs (à Le, Jun et Mlieng) et e des (à Tur et Akodong), prévoyez l'achat d'un permis et la location des services d'un guide accompagnateur auprès du Dak Lak Tourist *(voir « S'informer », p. 378 »)*, deux conditions obligatoires. Les tarifs sont fixés par les guides et peuvent éventuellement être négociés en fonction du nombre de personnes et du nombre de villages visités.
Le **village de Tur★**, peuplé d'environ 400 E Des, jouit d'un calme et d'une prospérité apparente. Deux ou trois familles vivent dans chacune des **longues maisons★** sur pilotis, aménagées autour d'une pelouse où sèchent le café et le maïs. Les villageois sont protestants, mais en l'absence de temple ils se réunissent dans des maisons pour prier.
Reprenez la RN 14 sur 7 km. Tournez à gauche à la sortie de Cu Dut et continuez sur 5 km. Quelques kilomètres après s'être unis, les *krong* Ana et Kno (« rivières Femelle et Mâle ») se précipitent dans un chaos de pierres haut de 15 m et large de plus de 100 m : les **chutes de Dray Sap★★** *(15 000 VND)*. Un escalier descend à la rivière et il faut ensuite crapahuter au milieu des pierres immergées jusqu'au pied de la chute *(tongs conseillées)*. Le pont suspendu qui menait à la grande cascade est malheureusement hors d'usage.

BUON MA THUOT
Capitale de la province de Dak Lak.
Se repérer : À 220 km de Dalat, 180 km de Nha Trang.
Population : 169 711 habitants
Altitude : 450 m.

★★★ Le lac Lak Carte de microrégion B3

À 56 km au sud de Buon Ma Thuot par la RN 27.

Niché au creux d'un large bassin bordé de volcans éteints, le lac Lak constitue l'un des plus beaux sites de la province. C'est dans

Les chutes de Dray Sap.
Super Stock / age fotostock

ce cadre somptueux, sur une petite presqu'île émergeant au milieu des bambous, que vivent les 400 Mnongs du charmant **village de Jun★★**. Depuis l'irruption du tourisme en 1995, les **longues maisons** sur pilotis n'ont pas changé et les habitants ont conservé leur mode de vie traditionnel, mais des boutiques de souvenirs ont vu le jour, et le Dak Lak Tourist y tient un petit bureau qui gère deux maisons pour les visiteurs. Bref, le village s'est retrouvé un peu « muséifié ».

Si vous disposez de temps, vous pouvez effectuer une promenade à dos d'éléphant *(prix élevés, réservez la veille)* ou une balade en barque jusqu'au **village de Mlieng★**, sur la rive nord *(permis obligatoire)*.

L'empereur Bao Dai, qui choisissait les plus beaux emplacements, s'était fait bâtir une **résidence** sur une colline toute proche, jouissant d'une **vue** splendide sur le lac.

4

★★ Le Parc national de Yok Don et Buon Don Carte de microrégion A2

▶ *À 42 km au nord-ouest de Buon Ma Thuot. Accès à moto ou en bus. Entrée payante.*

Située à la frontière cambodgienne, la **réserve naturelle** de Yok Don, de 58 000 ha, abrite plus de 60 races de mammifères (tigres, léopards, ours), près de 200 espèces d'oiseaux (paons, calaos) et 46 sortes de reptiles. Le meilleur moyen de la découvrir est de passer la nuit sur place ou, mieux encore, d'opter pour une descente en canoë, une balade à dos d'éléphant, ou un trek d'un ou deux jours organisé par le **Yok Don National Park** (*✆ (0500) 378 91 49*).

Capitale de l'élevage d'éléphants au Vietnam, **Buon Don★** *(à 4 km de l'entrée du parc - 15 000 VND)* est passé sous la coupe de Buon Don Tourist, qui organise des spectacles traditionnels et propose un hébergement sur place. Le village y a perdu un peu de son âme, mais la visite n'en demeure pas moins passionnante si vous prenez le temps de déambuler et de nouer le contact avec les villageois. Buon Don est un conglomérat multi-ethnique de hameaux dispersés le long de la Serepok, où vivent E Des, Laos, Gia Rais et Mnongs. Activités nobles par excellence, la capture et l'élevage des éléphants s'y maintiennent aux côtés de l'agriculture (banane, manioc, papaye), mais vous n'êtes pas sûr de voir ces pachydermes qui, gros consommateurs d'herbages, paissent la plupart du temps dans les prairies alentour.

Toutes sortes de légendes courent sur les exploits des chasseurs d'éléphants, notamment sur ceux de Pui Ne, mort à 124 ans après avoir capturé 300 pachydermes ! Situé à l'écart du village, le **cimetière★** abrite sa **tombe** ainsi que le **stupa** de son neveu, un autre chasseur fameux. Autour, des sépultures ornées de paons et de cornes de buffle en bois sont laissées à l'abandon.

À la porte du village, un étonnant **pont en bambou** *(15 000 VND)* se perd dans la gigantesque ramure d'un arbre suspendu au-dessus de l'eau.

★★ De Buon Ma Thuot à Plei Ku Carte de microrégion B1-2

Envahie en milieu de journée par des hordes d'écoliers à pied ou à vélo et de paysans montés sur des carrioles tirées par de petits tracteurs, la route traverse une superbe campagne vallonnée plantée d'hévéas, de caféiers et de pins. Peu avant Plei Ku, le **col de Ta Grong** (950 m) dévoile une **vue★** plongeante sur la ville.

NOS ADRESSES À BUON MA THUOT

Plan de la ville, p. 379.

INFORMATIONS UTILES

Banque / Change

A Chau – A1-2 - *60-62 Le Hong Phong*. La banque commerciale de l'Asean accepte les dollars, les euros, les chèques de voyage et les retraits par carte de crédit.

Poste / Téléphone / Internet

Buu Dien Buon Ma Thuot – A2 - *1-3 No Trang Long - 6h30-21h*.

Internet – Accès Internet dans presque tous les hôtels de la ville, souvent gratuits pour les clients de l'établissement.

ARRIVER / PARTIR

En avion

Aéroport – B1 en direction - *À 7 km au sud de la ville, sur la RN 27 en direction de Dalat - ✆ (0500) 386 22 48*. Vietnam Airlines assure 3 vols/j. avec Ho Chi Minh-Ville *(1h de vol)*, et plusieurs liaisons par semaine avec Hanoi *(1h40)* et Da Nang *(1h10)*.

Vietnam Airlines – A2 - *17-19 No Trang Long - ✆ (0500) 395 44 42 ; 67 Nguyen Tat Thanh* (B1) - *✆ (0500) 385 74 42 ou 395 50 55.*

En bus et minibus

Gare routière – B1 en direction *-Sur la RN 14, à 5 km au nord du centre-ville, en direction de Plei Ku - ✆ (0500) 387 68 33 (pour les express seulement)*. Pour Nha Trang, départs toutes les 45 mn *(3h30 de trajet)* ; pour Plei Ku *(3h30)*, 10 bus/j. ; pour Dalat *(6h)*, un bus à 6h (mais il est possible d'intercepter en milieu de matinée ceux en provenance de Plei Ku). Pour Ho Chi Minh-Ville *(8h)*, un bus express toutes les heures par la compagnie **Rang Dong** – *✆ (0500) 395 69 56.*

En voiture ou à moto

La qualité des routes s'est améliorée ces dernières années et les 4x4 ne sont plus nécessaires pour rejoindre Dalat par la RN 27. Veillez cependant à faire le plein avant de partir. Pour Buon Ma Thuot, Nha Trang et Ho Chi Minh-Ville, les routes sont carrossables.

TRANSPORTS

En bus

Les bus locaux à destination du lac Lak partent du bout de la rue Phan Dinh Giot, un peu au-delà du stade (A2). Comptez 20 000 VND AR et 1h45 de trajet environ (aller simple). 13 bus/j. entre 5h20 et 17h30, le dernier bus repartant de Lak à destination de Buon Ma Thuot à 18h. Pour Buon Don, le plus simple est de prendre un des minibus du Dak Lak Tourist *(voir « S'informer p. 378 »)* ou d'affréter une moto, moins chère que les taxis.

En taxi

Mailinh Taxi – *(0500) 381 98 19.*

Location de motos – *Comptez de 10 à 15 $/j.* Vous trouverez une moto-taxi à tous les coins de rue, mais si vous ne voulez pas passer des heures à négocier, vous pouvez demander à votre hôtel de s'en charger.

HÉBERGEMENT

Buon Ma Thuot

PREMIER PRIX

Tay Nguyen – A1 - *110 Ly Thuong Kiet - (0500) 385 10 09 - www.khachsantaynguyen.blogspot.com - 33 ch. 13 $ - Wifi.* Cet hôtel tout confort pratique des tarifs relativement élevés, mais d'un bon rapport qualité-prix pour la ville. Les chambres du nouveau bâtiment sont les plus agréables, les autres ayant des fenêtres pratiquement aveugles qui ne servent guère que d'appel d'air aux odeurs de cuisine…

Nguyen Nhi – A1 - *164 Ly Thuong Kiet– (0500) 385 98 68 - 14 ch. 14 $ - Wifi.* À 5mn à pied au nord du centre-ville, ce mini-hôtel propose un excellent rapport qualité-prix en particulier pour les chambres à moins de 10 $. Les plus chères jouissent de plus d'espace et de lumière, ainsi que d'un balcon pour certaines. L'ensemble est très proprement tenu et l'accueil, uniquement en vietnamien, charmant.

Thanh Cong – A1 - *51 Ly Thuong Kiet - (0500) 385 82 43 - 31 ch. 16 $ - Wifi.* Un hôtel de milieu de gamme bien situé, géré par le Dak Lak Tourist. Les chambres sont attrayantes malgré des salles de bains sombres qui semblent déjà avoir passablement vécu. Le restaurant peut également valoir le détour.

Heavenly Horse – B1 - *50-54 Hai Ba Trung - (0500) 385 03 79 - www.thienmahotel.com.vn - 32 ch. 13/34 $ - Wifi.* Installé dans un immeuble de trois étages, cet hôtel propose des chambres sans caractère mais impeccables malgré des salles de bains un peu vieillissantes. La terrasse sur le toit jouit d'une belle vue sur la ville. Il est assez facile d'obtenir une réduction d'environ 10 $, mais attention aux prix du restaurant qui sont très aléatoires. Au moins cinq karaokés à proximité : choisissez l'endroit où donnera votre fenêtre.

Cao Nguyen Hotel – B1 - *65 Phan Chu Trinh - (0500) 385 19 13 - caonguyen.hotel@daklaktourist.com.vn - 34 ch. 20 $ - Wifi, massages, chaînes satellite.* Transformé en hôtel, ce bâtiment accueillait autrefois les dignitaires de l'État en déplacement à Buon Ma Thuot. Sans cachet particulier, l'hôtel loue aussi sa grande salle de restaurant pour des mariages, et une discothèque ouvre ses portes le soir au 4e étage. Les nuits sont donc souvent bruyantes.

Au lac Lak

BUDGET MOYEN

Lak Resort – *30 Au Co, Lien Son - ✆ (0500) 358 61 84 - laklake@daklaktourist.com.vn - 38 ch. 35 $ - Wifi.* Seize bungalows agencés autour d'une piscine en bordure du lac, complétés par un restaurant flottant, la location de vélos, des spectacles, etc. On pourrait presque vivre en autonomie pour jouir du cadre enchanteur offert par le site.

Bon à savoir – Vous pourrez changer de registre en tentant l'hébergement chez l'habitant au village de Jun (contactez le Lak Resort ou Dak Lak Tourist).

Dans le parc de Yok Don

PREMIER PRIX

Birdnet Chuong Chim – *Parc de Yok Don, ✆ (0500) 378 30 49 - 8 ch. 10 $.* La guesthouse du parc loue des chambres confortables mais rustiques, dans un bâtiment en bois sur pilotis qui n'est pas aéré tous les jours. En saison sèche, vous pouvez opter pour les petits bungalows surplombant la rivière. Réservation nécessaire.

RESTAURATION

À Buon Ma Thuot

PREMIER PRIX

Tan Lac Vien – A1 - *61 Ly Thuong Kiet - ✆ (0500) 385 53 64 - 6h-22h.* Un petit établissement propre et animé pour prendre son petit-déj. dans une ambiance populaire.

Thanh Van – A2 - *20 Ly Thuong Kiet - ✆ (0500) 385 95 61 - 9h-23h.* L'un des nombreux restaurants de la rue, proposant une cuisine vietnamienne simple mais savoureuse. La spécialité est le *nem nuong* : un nem à confectionner soi-même avec des feuilles de riz, des brochettes de viande hachée, des condiments et des plantes aromatiques. On pourra tremper la préparation dans une délicieuse sauce à l'arachide. Le soir, les ventes à emporter connaissent un grand succès, et les clients en mobylette forment un manège incessant. Si l'adresse est complète, son voisin le **Kim Anh** – *26 Ly Thuong Kiet - ✆ (0500) 385 95 76 - 8h-22h* est tout aussi recommandable.

Bon Trieu – A1 - *33 Hai Ba Trung - ✆ (0500) 385 29 94 - 6h-22h.* Petit restaurant éclairé au néon, sans prétention, mais avec une carte variée. Plats de viande essentiellement.

BUDGET MOYEN

Quan Ngon – B2 - *72-74 Ba Trieu - ✆ (0500) 385 19 09 - 6h-22h.* Anguille pour la partie la plus soft du menu, serpent, rat et singe pour les plus aventureux, et même un bon choix de recettes de putois ou de chauve-souris. Vous trouverez à la carte quelques solutions de repli avec de succulents plats de saumon. Le cadre est très agréable, avec de petites tables agencées dans un décor en bois en partie à ciel ouvert.

PETITE PAUSE

Cafés / Pâtisseries

Banh Mi Ha Noi – *123-125 Le Hong Phong.* Très large choix de pâtisseries locales.

EN SOIRÉE

Bon à savoir – La ville s'étend aujourd'hui vers le nord-est sur ce qui fut une base américaine. Nous citons ici le Y'Niem, particulièrement intéressant, mais les lieux de vie nocturne se développent vite dans la rue Le Thanh Tong, en amont et en aval du croisement avec Hoang Dieu, où vous trouverez un choix varié de bars et de restaurants ayant leur terrasse sur le trottoir et, pour certains, d'agréables petits jardins à l'arrière. No Trang Long a également son lot de cafés.

Karaoké

Cam Xuc – *206 Ly Thuong Kiet - ✆ (0500) 385 61 61*. Café-karaoké agréable, lumières tamisées, coins salon, plantes vertes et cascade artificielle.

Discothèque

Y'Niem – *37 Le Thanh Tong*. La journée, les jeunes se retrouvent au café du rdc et sur la terrasse. Le soir, c'est au 1er étage que se tient le gros de l'animation : ambiance boîte de nuit avec DJ et musique live. Le groupe de musiciens qui travaille également ici est censé pouvoir jouer tous les airs à la demande du public, et ce sont les clients qui chantent grâce au micro qui circule dans la salle. Ambiance vietnamienne assurée.

ACTIVITÉS

Courses de motos

Les courses de motos qui ont lieu le dimanche dans le stade, rue Le Loi, constituent l'une des rares attractions de Buon Ma Thuot.

AGENDA

Fête du printemps – *Sur deux à trois mois, des 10e-11e aux 1er-2e mois lunaires, avant les récoltes*. Des buffles sont sacrifiés pour honorer le génie du village et les diverses cérémonies accompagnant le rituel de l'abandon des tombes donnent lieu à des chants et des danses rythmés par les gongs.

Courses d'éléphants – *Le 3e mois lunaire (début mars), lors des fêtes des minorités*. Dans le stade du village de Buon Don.

PLEI KU ET SES ENVIRONS

Comptez une journée.

Plei Ku Plan de la ville p. 400

Si vous n'avez pas succombé aux charmes de Buon Ma Thuot, il y a peu de chance que Plei Ku, capitale de la province de Gia Lai, et son architecture de béton sans grâce suscitent votre enthousiasme. La ville s'est développée durant la guerre avec l'installation de bases américaines et l'afflux de villageois menacés par les bombardements. Elle jouit néanmoins d'un climat agréable et constitue un bon point de départ pour visiter les villages gia rais et ba nas. Là encore, sachez qu'il faudra vous soumettre au bon vouloir de l'agence locale de tourisme, mais songez qu'un bon guide présente des avantages indéniables pour comprendre et communiquer dans les villages.

Le **musée des Minorités ethniques du Gia Lai** (*A1 - 28 Quang Trung - ✆ (059) 382 45 20 - horaires aléatoires - entrée payante*), plutôt décevant, mériterait probablement de bénéficier des revenus générés par le tourisme pour étoffer ses collections et rénover ses salles. Outre un très ancien tambour du Dong Son, il présente des costumes, de la vannerie et des gongs gia rai, ainsi qu'une reproduction de tombe.

★ À la rencontre des Ba Nas Carte de microrégion B1

À l'est de Plei Ku, la route de Qui Nhon (RN 19) traverse le « grenier à riz » de la province, une plaine de 10 000 ha de rizières irriguées donnant trois récoltes par an, où l'on cultive également le thé, l'hévéa et le café. Plus en altitude, en revanche, les champs secs ne donnent qu'une récolte par an, mais de meilleure qualité.

Niché au bord d'un torrent, le **village de Dek Tu** *(à 38 km de Plei Ku)* possède une superbe **maison commune★★★** à toit de chaume élevé, flanquée du traditionnel mât servant aux sacrifices de buffles. Le principal intérêt du village est toutefois son étonnant **cimetière★★**, les tombes ba nas ressemblant à de petites maisons couvertes d'un toit de tôle ou de bambou et garnies de fleurs. Une échelle permet à l'âme du défunt d'accéder à la terre des ancêtres. Chez les Ba Nas, la minorité la plus nombreuse des Hauts Plateaux, la désagrégation du matriarcat a élevé la position sociale de l'homme, mais le lignage maternel reste prépondérant. Les classes sociales sont par ailleurs assez marquées. Pratiquant traditionnellement la culture sur brûlis, ils déplaçaient jadis leur village tous les quatre ou cinq ans, une fois la terre appauvrie. Avec la colonisation française puis l'expansion de la culture en champs inondés, la plupart sont désormais sédentarisés. Horticulteurs renommés, les Ba Nas sont aussi réputés pour la richesse de leurs chants, de leurs danses et de leurs instruments de musique.

Avant de descendre sur la côte, la RN 19 aborde le col d'An Khe, d'où le regard embrasse un splendide panorama s'étendant jusqu'à la mer par temps clair.

Bon à savoir – Pour la visite des villages des Ba Nas, les voyageurs individuels sont eux aussi tenus de prendre un guide *(15 $/j.)* et un permis pour chaque village (*10 $*).

★★ Excursion chez les Gia Rais Carte de microrégion B1

Empruntez la RN 14 en direction de Kon Tum. À 8 km au nord de Plei Ku, tournez à droite après la base militaire.

Dominé au loin par la silhouette souveraine de la **cordillère Truong Son**, le **lac T'nung★★** *(Bien Ho) (entrée payante)* occupe le cratère d'un volcan éteint. Profond de 30 à 40 m, il constitue la principale réserve d'eau douce de la ville.

À 30 km au nord de Plei Ku, perché sur un petit promontoire dominant une jolie plaine de rizières, **Plei Fun★** conserve son habitat traditionnel, dont une belle **rong** (maison commune) à toit de chaume. À l'entrée du village, le **cimetière★★** jette un éclairage passionnant sur l'univers spirituel des Gia Rais.

SE LOGER

Dang Xua .... ③
Hôtel Hung Vuong .... ①
Sesan Hotel .... ⑤
Vinh Hoi .... ④

SE RESTAURER

Hanh Dao .... ①
Hong .... ②
My Tam .... ③

Rizière irriguée, au moment de la plantation.
John Banagan / Photononstop

Il abrite plusieurs sépultures collectives coiffées d'un toit de tuiles, entourées d'une palissade et garnies de jarres pour nourrir les morts. Lors de la cérémonie d'abandon des tombes, prétexte à des libations de plusieurs jours et à des sacrifices de buffles, des objets ayant appartenu aux défunts sont disposés, ainsi que des statues en bois parfois très fantaisistes. Après la cérémonie, la tombe n'est plus entretenue, car l'âme des défunts l'a quittée pour l'autre monde.

NOS ADRESSES À PLEI KU

Plan de la ville, p. 386.

INFORMATIONS UTILES

Poste / Téléphone

Buu Dien Plei Ku – *69 Hung Vuong - 6h-22h.*

TRANSPORTS

En avion

Aéroport – *À 7 km au nord de la ville - ☏ (059) 382 30 58.* Vietnam Airlines dessert Ho Chi Minh-Ville *(2 vols/j. dans chaque sens, 1h15 de vol)* et Hanoi *(plusieurs vols par semaine, 1h30).*
Vietnam Airlines – *55 Quang Trung (près du stade) - ☏ (059) 382 46 80 - 7h30-11h, 13h30-16h30.*

En bus

Terminal/gare routière – *À la sortie est de la ville, sur la route de Qui Nhon.* Un bus express climatisé part à 17h pour Ho Chi Minh-Ville *(9h de trajet).* D'autres bus desservent Buon Ma Thuot *(5h)* et Qui Nhon *(4h30).*

En minibus

Avec les minibus, vous gagnerez en rapidité ce que vous perdrez en confort. Pour Buon Ma Thuot *(4h de trajet)* et Qui Nhon *(4h),* les départs s'effectuent environ toutes les 30mn, de 7h à 17h, devant le terminal et près du Gia Lai Tourist. Fréquents départs pour Kon Tum *(1h)* sur Le Loi, à 500 m au nord de l'hôtel Plei Ku.

TRANSPORTS

En taxi

Mailinh Gia Lai – *97D Pham Van Dong, ✆ (059) 3717 979 - 10 000 VND/km.* Très recommandable pour les trajets vers Kon Tum ou Buon Ma Thuot.

Taxis Quy – *✆ (059) 371 57 15 - 10 000 VND/km.* Pour les trajets dans Plei Ku.

En voiture

Location de véhicules – Gia Lai Tourist *(voir p. 378)* loue des voitures avec chauffeur, mais certains hôtels proposent également ce service *(comptez 80 $/j. pour 100 km).* Vous trouverez facilement une moto-taxi dans la rue *(5/10 $/j.).*

HÉBERGEMENT

Bon à savoir – L'ensemble des hôtels qui accueillent les étrangers travaillent en collaboration avec l'office de tourisme, et les prix sont censés être moins chers si vous passez par cette agence. En fonction du taux d'occupation des hôtels, rien ne vous empêche cependant de négocier sur place.

PREMIER PRIX

Hôtel Hung Vuong – B1 - *2 Le Loi - ✆ (059) 382 42 70 - www.gialaitourist.com - 31 ch. 10/12 $ - Wifi.* Le prix des chambres varie du simple au double selon que vous choisissez l'aile la plus récente, propre et froide, ou l'ancienne, bien entretenue mais rustique et bruyante. Vous pourrez tenter l'attrayant bar-restaurant juste à côté de l'hôtel.

Vinh Hoi – A1 - *151 Tran Phu, ✆ (059) 382 46 44 - 18 ch. 12 $ - Wifi.* Difficile de classer cet hôtel dans une catégorie, car les prix des chambres varient du simple au quadruple. Les plus confortables sont celles du nouveau bâtiment, tandis que celles avec salle de bains à l'étage offrent un meilleur rapport qualité-prix.

Dang Xua (ex-Viet Truong) – A1 - *84 Hung Vuong - ✆ (059) 382 45 15 - 43 ch. 13/18 $ - Wifi.* Un bon rapport qualité-prix pour cet établissement propre et correctement situé. Les salles de bains un peu sombres et le lino ne sont pas séduisants, mais au regard des autres établissements de la ville, l'hôtel ne démérite pas tant que cela.

Sesan Hotel – A1 - *89 Hung Vuong - ✆ (059) 382 48 43 - 48 ch. 16 $ - Wifi, ATM dans le hall d'entrée, chaînes satellite.* Ce bâtiment de cinq étages propose des chambres confortables dont les prix varient du simple au double mais sont un peu surévalués. Tâchez de négocier.

RESTAURATION

PREMIER PRIX

Hong – B1 - *22-24 Nguyen Van Troi - ✆ (059) 382 33 07 - 7h-22h.* Petite cantine sans prétention en partie installée sur le trottoir, où l'on mange soupes et plats uniques pour moins de 1 $.

My Tam – B1 - *3 Quang Trung - ✆ (059) 382 12 93 - 10h-22h.* Ce restaurant simple mais très couru sert l'un des meilleurs poulets grillés de la province.

Hanh Dao – B1 - *20A Quang Trung - ✆ (059) 382 73 14 - 7h-22h.* Une petite cantine à l'accueil très agréable où vous pourrez goûter quelques spécialités locales, comme les grillades de porc aux épices. Pas de menu en anglais.

PETITE PAUSE

Café

Hoang Ha Café – *26 Nguyen Van Troi - ✆ (059) 371 90 99 - 6h-22h.* Entrée décorée d'une cascade et univers un peu kitsch pour un café finalement très agréable le temps d'une pause. Cocktails et glaces valent également le détour.

ACHATS

Artisanat

Vous trouverez dans la **rue Nguyen Van Troi**, ainsi que, juste au-dessus, dans la **rue Quang Trung**, de nombreux magasins de souvenirs et d'artisanat. Nous vous conseillons cependant d'acheter dans les villages pour réaliser de meilleures affaires.

Ngoc Linh – *23 Nguyen Van Troi - ✆ (059) 382 36 93.* Le désordre qui règne dans la boutique est séduisant, et le choix plus important que chez les concurrents de la rue.

EN SOIRÉE

Discothèque / Karaoké

Tre Xanh – *18 Le Lai - ✆ (059) 371 57 87.* Plei Ku n'est pas réputée pour sa vie nocturne, mais vous pouvez boire un verre dans cet ancien cinéma décoré de guirlandes électriques.

★★ KON TUM ET SES ENVIRONS Carte de microrégion B1

Comptez 2 jours.

Bon à savoir – Si tous les villages au nord et à l'est de Kon Tum sont accessibles sans guide ni permis, ceux vers la frontière ont tendance à se fermer au tourisme, et il vous faudra impérativement un permis spécial *(renseignements au Kon Tum Tourist, voir p. 391)*. Au total, on compte aujourd'hui 635 villages dans la province regroupant 8 minorités ethniques différentes.

Kon Tum B1

À 49 km de Plei Ku. 53 032 habitants. Alt. 530 m.

Parvenant à Kon Tum après avoir traversé les Hauts Plateaux, le visiteur a pour la première fois le sentiment de pénétrer dans une ville à visage humain. Cette grosse bourgade, capitale provinciale, occupe un site superbe sur la rive de la **Dakbla**, au milieu d'un large cirque montagneux, et bénéficie d'un climat particulièrement doux. Surtout, il y règne une atmosphère de bout du monde,

DES CULTURES MENACÉES

Les traditions des minorités des Hauts Plateaux, principalement orales, marquent un net recul sous l'effet de la vietnamisation et du tourisme. L'installation des Viets dans cette région longtemps sous-peuplée entraîne en effet de profonds changements. Désormais majoritaires, ils prennent en main le commerce et investissent les terres agricoles, tandis que nombre de villages sont « muséifiés » et leurs traditions « folklorisées » pour les besoins du tourisme. Si le passage d'étrangers ne constitue pas un mal en soi, ceux-ci oublient trop souvent les règles de civilité élémentaires et universelles : demandez l'autorisation avant de pénétrer dans un jardin privé (rarement refusée) ou de prendre quelqu'un en photo, déchaussez-vous avant d'entrer dans une maison, offrez des biscuits ou des cigarettes en signe de cordialité et ne refusez jamais le verre de l'amitié.

à la fois paisible et mystérieuse, car les traditions se sont maintenues dans les villages, jusqu'aux portes de la ville.

Pour la visiter, démarrez du **pont** qui enjambe la Dakbla. Il offre le meilleur point de vue pour admirer le coucher du soleil qui, le soir venu, vient s'accrocher aux montagnes et embraser la plaine de ses derniers feux. De là, tournez à droite dans Nguyen Hue et remontez jusqu'à l'angle de Tran Phu où l'**église Tan Huong** arbore une belle façade blanche ornée d'un **saint Georges terrassant le dragon**. Plus loin, dans la même rue, surgit soudain la haute toiture d'une **maison traditionnelle** qui se dresse sur le parvis d'une **église en bois★★** *(messe à 5h30 en semaine, ainsi qu'à 8h et 17h le dim.)*. Construite en 1913 et dédiée à saint Cuenot, le premier missionnaire, cette dernière conserve un certain cachet malgré la reconstruction en béton des murs de base. Les piliers et la charpente sont en revanche d'origine, de même que la **porte**, superbement travaillée, et les **vitraux** multicolores qui illuminent la nef.

★★ Les villages ba nas des environs B1

Dans les faubourgs ouest de Kon Tum, à proximité d'une vilaine raffinerie de sucre, le très vieux village de **Plei Tonghia★** est constitué de vastes maisons sur pilotis couvertes d'une toiture en tuiles.

À **Kon Robang★** *(2 km à l'ouest de Kon Tum)* se dresse la **longue maison** blanchie à la chaux de l'ancien chef e de de toutes les minorités des Hauts Plateaux.

Dans les faubourgs est de la ville, la rue Tran Hung Dao traverse les villages de Kon Tum Kopong et Kon Tum Konam, puis longe la rivière jusqu'au **pont suspendu de Kon Klor** *(3 km)*, près duquel se dresse une superbe **rong★★** (une maison commune).

Passez sur l'autre rive, désenclavée depuis la construction du pont au milieu des années 1990, et prenez quelques centaines de mètres plus loin la piste à gauche jusqu'à **Kon Jri** *(3 km, praticable à pied ou à moto)*. Ce village fut le théâtre de l'un des épisodes les plus farfelus de la colonisation *(voir « L'homme qui voulut être roi », p. 391)*.

Lové en bord de rivière, au milieu des bois, **Kon Kotu★★★** *(3 km)* occupe un cadre magnifique et sauvage. Vous pouvez dormir dans la *rong* qui se dresse au milieu du village, occasion unique de vivre au rythme des Ba Nas *(renseignements auprès de Kon Tum Tourist, voir p. 378)*.

INFLUENCES CHRÉTIENNES

En 1851, l'arrivée dans la région du **père Dourisboure** marqua un tournant dans l'histoire de Kon Tum, qui commença à se développer avec l'installation de la mission catholique. Au cours de la seconde moitié du 19e s., les missionnaires imposèrent leur mainmise avec l'aide occasionnelle de l'armée française, jusqu'à l'arrivée de l'administration républicaine et le tracé des frontières (1905). Ils convertirent les Ba Na afin de s'assurer leur soutien contre les autres minorités, traduisirent la Bible et rédigèrent un dictionnaire qui devint le principal instrument de pénétration culturelle. Aujourd'hui, la plupart des Ba Nas sont chrétiens, à l'exception de petits groupes le long des frontières du Cambodge et du Laos. On dénombre 650 villages dans la province, dont seuls 200 possèdent encore une *rong*. Parmi les 11 ethnies, qui représentent la moitié de la population (300 000 hab.), les plus nombreux sont les Sedangs (70 000), les Ba Nas (28 000), les Gia Rais (12 000), les Gie Trengs, tandis que les Braus (250) et les Ro Mams (280) comptent parmi les plus petits groupes du pays.

L'HOMME QUI VOULUT ÊTRE ROI

Faux baron et vrai aventurier sans scrupule, obligé de fuir la France à la suite d'opérations boursières douteuses, **Marie-David de Mayréna** (1842-1890) échoue à Saigon en 1888 et obtient du gouverneur général de l'Indochine, en échange de la reconnaissance du **pays Sedang**, la concession des mines d'or qu'il découvrira. Arrivé sur place, Mayréna prend une décision stupéfiante. Ayant réuni tous les chefs de tribu, il se fait proclamer roi sous le nom de Marie Ier, fait adopter une Constitution, un drapeau, un hymne national, un ordre du mérite Sedang, et s'installe dans un palais de bambou. Quelques mois plus tard, il se rend auprès des autorités coloniales, puis des Anglais de Hongkong, pour obtenir une reconnaissance qui lui est refusée. De retour à Paris, il parvient à convaincre un industriel belge de financer une expédition, mais se voit interdire l'entrée en Indochine et trouve refuge dans l'île malaise de Tioman où il mourra au cours d'une partie de chasse.

Le pays Sedang B1

Au nord de Kon Tum, la route de Dak To, enjeu stratégique majeur durant la guerre, passe le **Skull Pass** (« col du Crâne »), surnommé ainsi à la suite d'une attaque viet-cong en 1972. Après des semaines de combats acharnés, les armées de Saigon parvinrent à reprendre le poste, pour y découvrir les cadavres décomposés de leurs camarades.

La place principale de **Dak To** *(à 42 km de Kon Tum)*, avec son mémorial et ses deux chars d'assaut, rappelle également les heures les plus terribles du conflit. En 1966, les Sud-Vietnamiens installèrent une base sur la **colline 42★**, à 6 km au nord du bourg. Une piste d'atterrissage, utilisée aujourd'hui par les paysans pour faire sécher leur riz, fut même aménagée par les Américains pour couvrir les fameuses « collines Charlie », clés de toute la région. La prise de cette position par le Viet-cong en mars 1972 entraîna la chute de Dak To. En l'absence de stèle, les vestiges à moitié enfouis (douilles, barbelés, morceaux de moustiquaires et de tentes) sur la colline 42 évoquent de manière poignante le sacrifice des soldats.

Un vertigineux **pont suspendu★★★** en bambou de 140 m mène à **Dak Ri Jop** *(8 km à l'est de Dak To)*, de l'autre côté de la rivière. Le village, au centre duquel se dresse une remarquable **maison commune★**, conserve des traces inattendues de la guerre, comme ces casques américains convertis en pots de fleurs ou ces impacts de bombes. Animistes christianisés, les Sedangs vivent dans une grande pauvreté et accueillent les rares touristes avec chaleur et timidité. De là vous pouvez rejoindre **Dak Ri Peng** à pied ou y aller par la route. Un permis et un guide sont requis pour visiter le **village des Ro Mams** et la **piste Ho Chi Minh** *(près de Ngoc Hoi, à 18 km de Dak To)*.

Au nord, la route de Da Nang *(318 km)* traverse les plus beaux paysages des Hauts Plateaux, mais elle n'est praticable qu'en Jeep ou à moto.

★★★ Les villages gia rais et le mont Ciu Mum Ray A1

30 km à l'ouest de Kon Tum, au-delà du lac de Yaly, prenez la piste après Sa Thay et continuez sur 5 km.

Niché au pied du mont Ciu Mum Ray, au milieu d'un magnifique cirque montagneux, **Plei Chot★★** offre une passionnante introduction à la culture des Gia Rais, encore peu touchée par le tourisme. L'économie repose sur la chasse, l'élevage (porc, volaille) et la culture (riz, canne à sucre, cassave), mais les Gia Rais manifestent des talents hors pair pour la vannerie et le tissage. À l'instar

des autres minorités des Hauts Plateaux, la fête constitue un moment phare, comme celle qui précède la construction d'une **maison** (en bambou et torchis) : des rites divinatoires sont effectués pour connaître son emplacement idéal, et la cérémonie se conclut par le fameux « passage de rivière » (comprenez boire à la paille l'alcool de riz contenu dans une jarre jusqu'à ce qu'émerge la tige de bambou placée en travers).
Situé opportunément sur le chemin qui mène à la rivière et aux champs, afin que l'on n'oublie jamais de nourrir les disparus, le **cimetière★★★** s'orne de statues en bois disposées lors de la cérémonie d'abandon des tombes : des défenses d'éléphants protègent le défunt contre les mauvais esprits, les femmes enceintes illustrent la fertilité ou un décès en couches, tandis que certains personnages évoquent bizarrement le maréchal Leclerc et Jeanne d'Arc.
Pour effectuer l'ascension du **mont Ciu Mum Ray**, au cœur de la **réserve forestière★★★** du même nom, adressez- vous à Kon Tum Tourist *(voir p. 378)*.

NOS ADRESSES À KON TUM

INFORMATIONS UTILES

Poste / Téléphone

Buu Dien Kon Tum – *205 Le Hong Phong - ✆ (060) 386 23 61 - 6h30-21h.*

ARRIVER / PARTIR

En bus et minibus

Gare routière – *À 2 km au nord du centre-ville, sur la route de Dak To.* Des minibus partent toutes les 30 mn pour Plei Ku *(1h de trajet)*, entre 7h et 18h. Les bus desservant les environs (Sa Thay, Dak To) partent vers 5h du matin, suivis entre 6h et 7h par les bus longues distances (Ho Chi Minh-Ville, Hanoi, Buon Ma Thuot, Qui Nhon et Nha Trang). Pour rejoindre la côte, deux options : la grande route vers le Nord (Ho Chi Minh Road) et son trafic intense ou la RN 24, par la région de Quang Ngai. Cette dernière est, certes, plus chaotique, mais traverse des villages authentiques et des paysages magnifiques.

TRANSPORTS

À vélo ou à moto

Location de vélos et de motos – Adressez-vous à Kon Tum Tourist, aux hôtels ou au restaurant Dakbla's, qui vous aidera à négocier avec un loueur de mobylettes, que l'on trouve à tous les coins de rue. Vous pouvez également affréter une moto-taxi à l'heure ou à la journée.

En voiture

Location de voitures - Kon Tum Tourist loue des voitures et des 4x4 *(60 $/j.)* avec chauffeur. Les prix sont élevés, mais vous pouvez négocier en fonction des distances que vous comptez parcourir.

HÉBERGEMENT

Bon à savoir – On peut dénicher à Kon Tum un hôtel au confort correct pour un prix abordable.

PREMIER PRIX

Quang Trung – *168 Ba Trieu - ✆ (060) 386 22 49 -* ▤ ✕ ▭ *- 28 ch. 18/25 $ - Wifi.* Situé un peu à l'écart, au nord du centre-ville, cet hôtel bien équipé malgré son aspect extérieur peu engageant propose des chambres agréables mais un peu surévaluées, à l'exception de celles avec ventilateur. Réduction pour les séjours de plusieurs jours.

BUDGET MOYEN

Dakbla Hotel – *2 Phan Dinh Phung - ✆ (060) 386 33 33 - 17 ch. 25 $ - Wifi, massages, chaînes satellite et karaoké.* Ce bâtiment moderne posté à l'entrée de la ville, à droite en débouchant du pont, propose des chambres un peu austères, mais confortables et bien tenues.

Indochine Hotel – *30 Bach Dang - ✆ (060) 386 33 34 - www.indochinehotel.vn - 63 ch. 35/40 $ - Wifi.* L'hôtel Indochine jouit d'un superbe emplacement surplombant la rivière à l'entrée de la ville. Les chambres sont impeccables, et le restaurant du 7e étage propose d'excellentes recettes vietnamiennes et européennes.

RESTAURATION

Bon à savoir – Nombreuses gargotes autour du marché ainsi que sur la rue Nguyen Hue.

PREMIER PRIX

Thach Thao – *186 Ba Trieu - ✆ (060) 386 45 95.* À l'écart du centre-ville, non loin de l'hôtel Quang Trung. Terrasse ombragée, billard et karaoké.

BUDGET MOYEN

Hiep Thanh – *79 Nguyen Hue - ✆ (060) 386 24 70.* Soupes, fruits de mer et plats occidentaux servis dans une petite salle ventilée agréable. Attention, la carte ne mentionne pas les prix.

Restaurant Dakbla's – *168 Nguyen Hue - ✆ (060) 386 25 84 - vandakbla@yahoo.com - 7h-22h.* L'adresse la plus chaleureuse de Kon Tum, où l'on sert des plats occidentaux et vietnamiens, ainsi que des petits-déj. Menu en anglais. Dans la salle, qui ressemble à un petit musée, sont accrochés de beaux objets des villages environnants (certains sont à vendre).

AGENDA

Chez les Ba Nas, la **cérémonie du culte de la terre** *(cung dat lang)* se tient à la fin du 2e mois lunaire et au début du suivant, en préparation de la récolte ou du déménagement du village. **Noël** et **Pâques** chez ces chrétiens du bout du monde constituent des moments inoubliables. L'office est célébré dans l'église en bois, en vietnamien, en gia rai, en ba na et en sedang.

Le Sud 5

Marché flottant sur le delta du Mékong.

Tibor Bognar / Photononstop

LE SUD
0
40 km
A
B
1
2
3
PHNOM PENH
Tien Giang
RN1
Ta Khmau
RN3
RN2
Svay Rieng
CAMBODGE
Takev
RN3
Villages chams
Hong Ngu
Réserve de Tam Nong
Chau Doc
Kampot
Kampong Trach
Réserve de Lam Vien
Mont Sam
Dong Tha
An Giang
Mont Cam
710
Cao Lanh
Ba Chuc
Pagode de Thach Dong
Ha Tien
Tri Ton
Long Xuyen
Tien Giang
Phu Quoc
Mui Nai
Kien Luong
Cité antique d'Oc Eo
Sa Dec
Thot Not
Vong
Duong Dong
Hon Dat
RÉSERVE DE BANG LANG
Hau Giang
Pagode Hang
Presqu'île de Hon Chong
An Thoi
Rach Gia
Can Tho
Hon Nghe
Baie de Rach Gia
Kien Giang
Cai Rang
Rach Soi
Can Tho
Vi Thanh
Phung Hie
Quan Dao Nam Du
Soc Tran
Van Khanh Dong
Bac Lieu
Bac Lieu
RN1A
Ca Mau
Réserve de Bac Lie
GOLFE DE THAÏLANDE
Dam Doi
Ca Mau
Nam Can
Mui Ca Mau
Rach Tau
Hon Khoai
N
A
B

BUON MA THUOT
DALAT
NHA TRANG
Tay Ninh
Binh Phuoc
Lam Dong
Binh Duong
Dong Nai
Binh Thuan
Long An
Ba Ria Vung Tau
Tien Giang
Ben Tre
Vinh Long
Tra Vinh
St Siège caodaïste
Tay Ninh
Montagne de la Dame noire
Tunnels
Cu Chi
Ho Chi Minh-Ville
Réserve de Thap Muoi
Forêt de Rung Tram
Réserve de Vam Ho
Étang Ba Om
Pagode Hang
Pagode Co
Soc Trang
Pagode Xa Long
Pagode Doi
Vung Tau
Parc national Nam Cat Tien
An Loc
Dong Xoai
Chon Thanh
Lac Dau Tieng
Lac Tri An
Go Dau
Thu Dau Mot
Bien Hoa
Xuan Loc
Dinh Quan
Bao Loc
La Gi
Ba Ria
Long Hai
Tan An
My Tho
Dong Tam
Go Cong
Cai Be
Ben Tre
Pont
Vinh Long
Mo Cay
Ba Tri
Tra Vinh
Thanh Phu
Tra Cu
Vinh Chau
Con Dao
MER DE CHINE MÉRIDIONALE
RN1
RN13
RN14
RN20
RN22
RN1A
RN51
986
Sai Gon
Dong Nai
Tieu Gua
Ham Luong
RÉSERVE DE BANG LANG ★★★ Vaut le voyage
Ca Mau ★★ Mérite un détour
Can Tho ★ Intéressant
Ba Chuc À voir
Circuit conseillé avec ville de départ
Les tunnels de Cu Chi
1000 m
500
200
0
C
D
1
2
3

Ho Chi Minh-Ville

★★

7 521 138 millions d'habitants (agglomération) - province de Ho Chi Minh-Ville

NOS ADRESSES PAGE 415

S'INFORMER

Saigon Tourist – Plan I C3 - *102 Nguyen Hue - ✆ (08) 3822 26 50 - www.saigontourist.net. Autre adresse au 49 Le Thanh Ton - 8h-18h.* Accueil anglophone efficace. Organise également des excursions (comparer prix et prestations avec ceux des nombreuses agences touristiques sur De Tham) *(voir p. 416).*

SE REPÉRER

Carte de microrégion C1 *(p. 396-397)* - plans de la ville p. 400-401, 402-403 et p. 413.

Voir « Arriver / Partir » dans « Nos adresses à Ho Chi Minh-Ville » p. 417.

À NE PAS MANQUER

Une balade à pied dans l'ancien quartier colonial, et en bateau sur la rivière Saigon ; la visite des musées et des pagodes ; une promenade à Cholon.

ORGANISER SON TEMPS

Comptez 2 jours pour visiter le centre-ville et une demi-journée pour Cholon.

Ho Chi Minh-Ville pour les uns, Saigon pour les autres, l'identité éclatée de la légendaire métropole sud-vietnamienne se manifeste dès qu'il s'agit de la nommer. Des pagodes et temples où se dévoile le Vietnam intemporel aux édifices élégants de l'époque française et aux tours de verre futuristes, chacune de ses facettes révèle une réalité. Mais pour ses habitants, elle est aussi et surtout cette métropole vibrante et tournée vers l'avenir, où le luxe s'affiche dans les boutiques chics du centre-ville, à des années-lumière des faubourgs populaires. Ho Chi Minh-Ville se dévoile par ailleurs dans le spectacle permanent et désordonné de ses marchés, où s'échange tout ce que le delta du Mékong compte de richesses, dans ses rues sillonnées par des hordes de deux-roues, dans ses concerts de variétés, ses bars, ses salles de billard et ses karaokés où les Saigonnais donnent libre cours à leur passion du jeu et de la chanson.

Se promener Plans de la ville p. 400-401 et 402-403

Lovée dans un coude de la rivière de Saigon, la ville compte 17 arrondissements et 5 districts ruraux, mais peu de touristes s'aventurent hors des 1er, 3e et 5e arrondissements, où se concentrent la plupart des pôles d'intérêt. Cœur de la **cité coloniale** (Plan I) qui conserve le nom de Saigon, le 1er arrondissement s'étend entre les canaux Thi Nghe (au nord) et Ben Nghe (au sud). Il comprend plusieurs axes : au nord, l'avenue Le Duan relie le Jardin botanique au palais de l'Unification en passant par la cathédrale. Plus au sud, l'avenue

La cathédrale Notre-Dame, construite à la fin du 19e s.
JTB Photo / JTB Photo Communications, Inc. / age fotostock

Nguyen Hue et la rue Dong Khoi relient la rivière aux principaux édifices coloniaux, le théâtre et l'hôtel de ville.

Enfin, au bas de l'avenue Le Loi se tient le **marché Ben Thanh** (Plan I C4) et, un peu plus loin, se trouve **Pham Ngu Lao** (Plan I B4), le quartier des voyageurs.

À l'ouest des rues Nguyen Thi Minh Khai et Hai Ba Trung, le 3e arrondissement et ses rues calmes bordées de maisons à la française offre un agréable but de promenade, tandis qu'au sud-ouest de la ville, au bout de Tran Hung Dao et Nguyen Thi Minh Khai, **Cholon** (Plan II A-B4), le quartier chinois commerçant, couvre le 5e arrondissement.

HO CHI MINH-VILLE INCONTOURNABLE	
Jour 1	Le matin, découverte du quartier colonial (p. 404), entre le Théâtre municipal et la rivière. L'après-midi, après un passage à la poste centrale et devant la cathédrale (p. 405), visite du palais de l'Unification (p. 407) et promenade dans le parc culturel municipal (p. 407). Shopping au marché Ben Thanh et dîner populaire dans les gargotes (p. 408).
Jour 2	Visitez d'abord le musée d'Histoire du Vietnam (p. 405) et baladez-vous dans le jardin botanique (p. 405), puis admirez la pagode de l'Empereur de Jade (p. 410). Après un déjeuner dans l'un des restaurants entourant le parc Le Van Duyet (p. 410), découvrez le musée des Beaux-Arts (p. 409) et les sanctuaires alentour (mosquée indonésienne, pagode Phung Son Tu) ou le musée Ho Chi Minh (p. 410). Terminez la journée par un dîner-croisière sur la rivière Saigon.
Jour 3	Le matin, promenade dans le quartier chinois de Cholon (p. 411). Déjeuner au marché Binh Tay (p. 414), puis l'après-midi, visite des pagodes Giac Vien et Giac Lam (p. 414). Dîner au Bibi@Alibi ou Au Manoir de Khai (p. 424 et 425), deux des adresses les plus prestigieuses de la ville. Pour un dernier regard sur Ho Chi Minh-Ville, allez prendre un verre au Skydeck (p. 428).

HO CHI MINH-VILLE
plan I
SE LOGER
Bi Saigon ... 2
Bong Sen ... 4
Bong Sen 2 ... 5
Caravelle ... 6
Continental ... 7
Giang (Pension) ... 8
Grand Hôtel ... 10
Guesthouse California ... 11
Hong Hoa ... 13
Hôtel Le Le ... 14
Lan Anh ... 19
Linh ... 20
Linh Thu (Pension) ... 22
Lucky Hotel ... 23
Madam Cuc 127 ... 15
Majestic ... 24
Miss Loi 1 ... 25
New World Hotel ... 27
Ngoc Hue ... 28
Ngoc Son ... 29
Palace Hotel ... 30
Rex ... 33
Royal Hotel Saigon ... 18
Sofitel Plaza ... 35
Thao Nhi Hotel ... 37
Van Trang Hotel ... 39
0
400 m
N
A
B
C
D
1
2
3
BINH THANH
Thi Nghe
MUSÉE D'HISTOIRE DU VIETNAM
JARDIN BOTANIQUE ET ZOO
STADE HOA LU
PARC LE VAN TAM
IER ARR.
IIIE ARR.
CONSULAT DE FRANCE
Poste centrale
Cathédrale Notre-Dame
Golden Dragon Water Puppet Theater
Musée des Souvenirs
Pagode de l'Empereur de Jade
Temple Tran Hung Dao
Pagode Vinh Nghiem
Xo Viet Nghe Tinh
Dien Bien Phu
Nguyen Binh Khiem
Nguyen Huu Canh
Ton Duc Thang
Ngo Van Nam
Thai Van Lung
Ly Tu Trong
Le Duan
Nguyen Du
Hai Ba Trung
Le Thanh Ton
Nguyen Van Giai
Mai Thi Luu
Dinh Tien Hoang
Chieu
Le Thanh Ton
Nguyen Thi Minh Khai
Dinh Chi
Mac Dinh Chi
Phu
Nguyen
Ba
Pasteur
Vo Thi Sau
Dinh C Trang
Tran Quang Khai
Hai Ba Trung
Chinh Thang
Nam Ky Khoi Nghia
Le Quy Don
Chieu
Quoc Thao
Le Van Si Tran
Tu Xuong
Nam Ky

HO CHI MINH-VILLE

HO CHI MINH-VILLE
plan II
SE RESTAURER
Bordeaux (Le)............ 1
Com Nieu Saigon...... 2
PARC HOANG VAN THU
PARC LE THI RIENG
PARC KY HOA
PARC DAM SEN
TAN BINH
PAGODE GIAC LAM
PAGODE GIAC VIEN
XE ARR.
XIE ARR.
VIE ARR.
VE ARR.
HIPPODROME PHU TO
Plan III (Cholon)
CHO RAY
MARCHÉ AN DONG
INTERNATIONAL MEDICAL CENTER
Marché Binh Tay
TAY NINH
MIEN TAY
Cong Hoa
Hoang Van Thu
Nguyen Trong Tuyen
Le Van Si
Cach Mang Thang Tam
Au Co
Lac Long Quan
Ly Thuong Kiet
To Hien Thanh
Nguyen Tri Phuong
Le Hong Phong
Binh Thoi
Le Dai Hanh
3 Thang 2
Ly Thai
Nga Sau
Ngo Gia
Nguyen Chi Thanh
Hung Vuong
Ngo Nguyen
An Duong Vuong
Nguyen Trai
Tran Hung Dao
Tran Phu
Tran Phuong
Thap Muoi
Ben Ham Tu
Phu Tho
Minh Phung
Nhieu Loc
Tau Hu
0
800 m
N
A
B
C
1
2
3
4

HO CHI MINH-VILLE

5

LE CENTRE-VILLE Plan I, p. 400-401

Ho Chi Minh-Ville conserve de l'époque française quelques superbes bâtiments et surtout un urbanisme à échelle humaine, rare en Asie du Sud-Est. C'est un plaisir que de déambuler le long de ses rues élégantes envahies par des hordes de scooters, puis de se perdre dans ses ruelles.

★★ L'ancien quartier colonial

Bordant ce quartier à l'est, la **rivière de Saigon★★** donne de Ho Chi Minh-Ville l'image d'une ville tournée vers le delta et ouverte sur le monde. Depuis la promenade aménagée le long de l'avenue **Ton Duc Thang★** (D3-4), on ne se lasse pas de contempler le ballet des frêles esquifs se frayant un passage entre les énormes cargos en provenance de Hong Kong ou de Taiwan.

La longue **avenue Nguyen Hue** (ex-boulevard Charner) (C3-D4), aménagée au 19e s. sur un canal comblé, est aujourd'hui la vitrine du développement saigonnais. Elle relie la rivière à l'ancien **hôtel de ville★** (C3), devenu siège du comité populaire, qui fut l'objet de vives polémiques lors de sa construction (1901-1908). Symbole de l'empire colonial triomphant, le style « chou à la crème » de sa longue façade à beffroi jaune pastel, ornée de bas-reliefs et de colonnes corinthiennes, dut sembler bien insolite. Il s'est depuis imposé comme l'un des emblèmes de la ville. Une **statue de Ho Chi Minh** a été érigée dans le square qui lui fait face.

À l'angle de Le Loi et de Nguyen Hue, l'**hôtel Rex** (C3), bâti en 1959 à la place d'un garage, fut un centre d'affaires avant d'accueillir les services d'information américains qui y tenaient leurs conférences de presse. Le reste servait d'appartements, de bibliothèque, de bureaux et de dancing. Son célèbre café sur le toit jouit d'une vue imprenable.

Non loin de là, le **temple Sri Thendayyutthapani★** (C4) *(66 Ton That Thiep - 6h-19h)*, construit de 1875 à 1880, offre un autre témoignage de la présence indienne. Seules 300 familles vivent au Vietnam, descendantes de commerçants installés voici plusieurs siècles. Ici le carrelage vert et blanc domine, et l'exubérance du décor (boules suspendues et statues colorées entourées de guirlandes électriques) vaut le coup d'œil. Ne partez pas sans voir la **tour** sur le toit, ornée d'un bas-relief mêlant divinités du panthéon hindouiste et étudiants en costume des années 1920.

Dong Khoi★ (D3-4), l'ancienne rue Catinat, court parallèlement à Nguyen Hue, de la rivière à la cathédrale. À l'époque française, elle était le rendez-vous du Tout-Saigon, qui s'y retrouvait pour faire des emplettes ou siroter un vermouth à la terrasse de La Rotonde ou de La Taverne Alsacienne. Sous le nom de Tu Do (« Liberté »), elle acquit une réputation sulfureuse à l'époque américaine, quand apparurent des bars aux enseignes suggestives : Play Boy, Mimi's Bar. Ceux-ci disparurent évidemment après 1975, et la rue fut rebaptisée Dong Khoi, un nom plus dans l'air du temps signifiant « insurrection générale ». Continental, Givral, Grand Hôtel, Brodard, Majestic… les vieilles adresses ont aujourd'hui repris du service aux côtés de nouvelles galeries, de bars et de restaurants à la mode qui attirent touristes et expatriés.

À l'angle de Le Loi et de Dong Khoi, le **théâtre municipal★** *(Nha Hat Thanh Pho)* (1899) (D3) présente un style à peine plus épuré que celui de l'hôtel de ville. Siège de l'Assemblée du Vietnam du Sud jusqu'en 1975, l'édifice a retrouvé sa vocation originelle. Il est flanqué sur sa droite de l'élégant **hôtel Continental** (1880), ancien quartier général des reporters durant la guerre du Vietnam, et sur sa gauche de l'immense tour de l'**hôtel Caravelle** agrandi. Nichée au pied de ce dernier, la **mosquée Jamia** (D3) *(66 Dong Du)* est un havre de paix au milieu de l'agitation urbaine. Elle fut construite en 1935 par la communauté

La charpente métallique de la poste centrale.
Panayiotou Paul / Sime / Photononstop

indienne de Saigon, qui a presque complètement quitté le pays après 1975. Fermant la perspective de Dong Khoi, la silhouette en briques rouges de la **cathédrale Notre-Dame★** *(Nha Tho Chanh Toa Saigon)* (1877-1880) (C3) *(8h-11h, 15h-16h)* s'élève sur la place de la Commune de Paris *(Cong Xa Paris)*. Ses deux **flèches** élancées lui confèrent une certaine grâce et les jeunes mariés adorent venir se faire prendre en photo devant le monument. À l'intérieur, admirez les **ex-voto** en français et en vietnamien, éclairés par des **vitraux** et apposés par les dévots dans les chapelles.
À droite de la cathédrale, la façade de la **poste centrale★** *(Buu Dien)* (1886-1891) (C3) évoque l'architecture d'une gare, tout comme sa splendide **charpente métallique★★** voûtée, conçue par Gustave Eiffel. La fraîcheur dispensée par les ventilateurs et l'ambiance surannée des lieux invitent à une courte pause sous le regard de Ho Chi Minh, dont le portrait orne le mur du fond. Dans l'entrée, un **plan d'origine** de Saigon et de ses environs, ainsi qu'un autre des lignes télégraphiques de Cochinchine et du Cambodge (1936), couvrent les murs.

5

★ Le Duan C2-3

La perspective Le Duan, qui relie le palais de l'Unification au Jardin botanique *via* la cathédrale, longe le consulat américain (1998), et le consulat du Royaume-Uni, siège du British Council.

★Jardin botanique D2

7h-18h - 12 000 VND.

À l'extrémité nord de Le Duan, le jardin est l'occasion d'un bain de verdure très agréable et d'un moment de calme contrastant avec l'agitation de la ville. Son **zoo** laisse une impression mitigée en raison des tristes conditions de détention des animaux ; il n'en reste pas moins fort apprécié des familles saigonnaises, dont c'est l'une des sorties préférées en fin de semaine.

★★★ Musée d'Histoire du Vietnam (Bao Tang Lich Su Viet Nam) D2

2 Nguyen Binh Khiem - ✆ (08) 3829 81 46 - tlj sf lun. 8h-11h, 13h30-16h - 15 000 VND - photo 32 000 VND - comptez 1h de visite.

De Saigon à Ho Chi Minh-Ville

DE PREI NOKOR À ANGKOR

À l'aube de l'histoire, la forêt couvrait les rives de la rivière de Saigon. Dans le sillage du **royaume khmer du Funan** (1er s.), la région de Prei Nokor (« pays de la Forêt ») sortit finalement de son sommeil et se développa grâce à la culture du riz en champs inondés et surtout à sa position sur les voies commerçantes vers la Chine. L'effondrement du Funan, auquel le Chen La succéda au 7e s., n'entraîna pas de bouleversements, au contraire de l'essor du **royaume khmer d'Angkor** (9e s.), qui projeta la région dans un cycle de conflits avec les Chams puis les Thaïs. Située aux confins orientaux du royaume, Prei Nokor connut une croissance régulière. Son enceinte incluait 14 villages, mais en 1620, après des siècles de décadence, les Khmers se résolurent à demander l'aide des **Vietnamiens** et leur concédèrent en contrepartie le droit de s'établir.

VIETNAMIENS ET FRANÇAIS

Nouveaux maîtres des lieux, qu'ils connaissaient sous le nom de Sai Gon (« forêt de Kapok »), les Vietnamiens autorisèrent des réfugiés **chinois** à fonder le marché de Cholon (1683) et édifièrent une petite citadelle, **Gia Dinh**. Après la rébellion des Tay Son, le futur empereur Gia Long éleva à l'emplacement de l'actuelle cathédrale un vaste fort, qui devint le centre administratif de tout le Vietnam du Sud. Celui-ci fut toutefois rasé et reconstruit en plus petit à l'issue de la révolte paysanne menée par le noble Le Van Khoi en 1835.

Le 10 février 1859, 2 000 soldats **français**, dirigés par l'amiral **Rigault de Genouilly**, s'emparèrent du fort en quelques jours, et repoussèrent la contre-attaque menée par les Vietnamiens. En réaction, ceux-ci fuirent la cité. Devenue capitale de la colonie de Cochinchine sous son ancien nom, **Saigon**, elle se couvrit d'édifices, d'hôtels et de villas élégantes, mais cet « âge d'or » ne bénéficia guère à la population locale.

UNE CITÉ EN GUERRE

Après l'épisode japonais de la Seconde Guerre mondiale, la cité passa brièvement entre les mains des Britanniques qui la remirent aux Français en septembre 1945. Débuta alors la **guerre d'Indochine**, conclue en 1954 par la partition du pays et l'élection de Saigon comme capitale du Sud-Vietnam. L'une des premières décisions du président **Diem** fut de mettre au pas les puissantes milices, mais les destructions furent considérables, en particulier à Cholon, et la répression s'étendit à tous les opposants, même aux bouddhistes. Lâché par les Américains, Diem fut assassiné en 1963. Capitale d'un pays en guerre, où s'agglutinaient des centaines de milliers de GI's et de Vietnamiens fuyant les bombardements, Saigon devint la cité de la corruption et de la débauche. Cette période s'acheva brutalement le 30 avril 1975 avec l'entrée des chars nord-vietnamiens dans la métropole méridionale.

LA CAPITALE ÉCONOMIQUE DU VIETNAM

Rebaptisée **Ho Chi Minh-Ville**, l'ancienne Saigon entama alors une longue somnolence, qui prit fin dans les années 1990 avec la libéralisation de l'économie et le boom du tourisme. Qu'ils soient fonctionnaires du Nord ou jeunes ambitieux, les Vietnamiens savent que c'est ici qu'ils doivent tenter leur chance et rares sont ceux qui font le chemin inverse.

À côté du jardin botanique, ce musée comprend une vingtaine de salles. Dans les premières, sont exposées des **jarres funéraires** antérieures à notre ère, retrouvées sur le site de Saigon. Au début de la visite, les salles traitent des différentes époques, depuis le paléolithique (il y a 300 000 ans) et l'âge du bronze (1000 av. J.-C.), en particulier de la civilisation du Dong Son et de ses **tambours**★★. Leur succède la période de domination chinoise (1er-10e s.), qui prend fin avec la dynastie des Ly (11e-13e s.), dont on conserve de belles **céramiques**. Les Tran (13e-14e s.) sont évoqués à travers des céramiques et une maquette de tour à 11 niveaux, mais c'est la section des Le postérieurs (15e-18e s.) qui est la plus variée (bronzes, céramiques, armes, édits officiels, costume impérial, meubles et instruments de musique).
À l'étage, la suite des collections évoque les civilisations du Sud du Vietnam depuis le Funan (1er-6e s.) et l'art du delta (7e-13e s.), merveilleusement mis en valeur par un **bouddha en bois**★★★ de 1 500 ans et de superbes **lingas**★★. Mais c'est du Champa que nous viennent les témoignages les plus éblouissants, avec une remarquable **statuaire de pierre**★★★. Une salle est consacrée aux bouddhas de différents pays d'Asie, une autre aux minorités ethniques des Hauts Plateaux avec leur **vannerie**, leurs costumes et leurs **statues funéraires**★. Une étonnante **momie** du 19e s. est exposée non loin.
Revenez sur Le Duan pour rejoindre le palais de l'Unification et le parc municipal.

★★ Palais de l'Unification (Dinh Thong Nhat) B-C3

7 Le Duan - 7h30-11h, 13h-16h - 30 000 VND - visite guidée gratuite en anglais ttes les 15mn - Comptez 1h de visite.
Fermant la perspective Le Duan au sud, le palais occupe l'emplacement de la résidence du gouverneur général d'Indochine, détruite après un bombardement en 1962. Pur produit du modernisme des années 1960, il fut le siège de la présidence du Sud-Vietnam jusqu'à ce jour du 30 avril 1975 où le char d'assaut 879 de la 203e brigade nord-vietnamienne défonça la grille d'entrée du parc, marquant ainsi la fin de la guerre. Le palais fut dès lors reconverti en musée. L'impression de temps figé est accentuée par le **mobilier**, qui en fait un véritable musée du design des années 1970 mâtiné d'orientalisme. Après avoir visité la salle de réunion du cabinet et les luxueux **salons de réception** du rez-de-chaussée, montez à l'étage. Une froide élégance irradie les galeries en marbre qui distribuent les salles de réception des hôtes étrangers et de présentation des lettres de créance. Notez le mobilier, du dernier cri de l'époque, ainsi que l'immense laque accrochée au mur. Le troisième étage comporte les appartements privés, notamment une salle de projection tendue de velours rouge et un **salon de détente** où les grondements de la ville ne devaient jamais pénétrer qu'en échos assourdis. Au-dessus, la **salle de danse** donne directement sur les toits équipés d'une **piste d'atterrissage** pour hélicoptères. La vue sur la perspective de Le Duan n'a pas changé depuis cette époque, si ce n'est quelques tours qui ponctuent désormais le paysage. Par contraste, au sous-sol, les **salles de transmissions** couvertes de cartes de campagne livrent l'image d'une présidence aux abois, obsédée par sa défense. Des films sur la guerre du Vietnam sont présentés dans les salles de projection.

★ Parc culturel municipal (Cong Vien Van Hoa) B3-4

Entrée par la rue Nguyen Thi Minh Khai ou Huyen Tran Cong Chua.
Derrière le palais, le parc est le plus grand espace vert du centre-ville avec le Jardin botanique. Il fait bon s'y promener à l'ombre des hautes futaies, à l'écart de l'agitation urbaine. L'ancien **Cercle sportif** de l'époque française, actuel **Club des travailleurs** *(Nha Van Hoa Lao Dong)* (B3), conserve sa jolie piscine

en plein air, ses courts de tennis et son terrain de volley où les Saigonnais viennent s'entraîner. Il comprend également un théâtre, ainsi qu'un bâtiment accueillant des cours de danse.

★ Musée des Souvenirs de guerre (Bao Tang Chung Tich Chien Tranh) B3

28 Vo Van Tan, à l'angle de Le Quy Don - ✆ (08) 3930 63 25 - 7h-30-12h, 13h30-17h - 15 000 VND.

Le musée, conçu comme une dénonciation de l'agression américaine, présente des **photos** d'une violence insoutenable. Des bombes, chars et **bombardiers** exposés dans le jardin précèdent l'exposition. La première partie est consacrée à la guerre française, tandis que la seconde relate des épisodes d'une cruauté inouïe qui ont marqué l'intervention américaine (massacre de My Lai, victimes de bombardements, prisonnier jeté vivant d'un hélicoptère). Après ces images, les armes présentées dans la salle suivante apparaissent dans toute leur sinistre réalité.

Musée de Ho Chi Minh-Ville (Bao Tang Thanh Pho Ho Chi Minh) C3

65 Ly Tu Trong - ✆ (08) 3829 37 28 - tlj sf lun. apr.-midi et vend. apr.-midi 8h30-11h30, 14h-16h - fermé en oct. et nov. - 30 000 VND.

À l'est du parc, l'ex-musée de la Révolution occupe un vaste édifice néoclassique (1885-1890) qui servit successivement de palais du gouverneur et de Cour suprême. Jetez un coup d'œil aux **véhicules de guerre** exposés dans le jardin (chasseur, hélicoptère, char d'assaut, ambulance) avant de pénétrer dans le musée. Les trois salles du rez-de-chaussée sont consacrées successivement à la pêche, à l'économie (avec un ensemble hétéroclite de Thermos, fers à repasser, lampes de poche et céramiques), à l'histoire du parti communiste vietnamien, et enfin à la géologie, la faune et la flore locales. Au premier étage, un grand **plan-relief** de Tay Ninh illustre le rôle de cette zone durant la guerre. L'insurrection est évoquée depuis les années 1930, à travers une grande fresque murale et divers **objets d'époque** (photos, revues, imprimerie, armes lourdes, guillotine). Ne manquez pas la petite salle présentant les méthodes de pêche et d'agriculture traditionnelles (outils, barques, nasses, métier à tisser) et les arts décoratifs (céramique, mobilier nacré, instruments de musique, laque). Une jolie **calèche** et une barque viet-cong à double fond sont exposées dans le couloir.

Empruntez Nam Ky Khoi Nghia pour rejoindre l'avenue Le Loi et le marché Ben Thanh.

Du marché Ben Thanh au canal Ben Nghe CD4

Abrité sous un vaste bâtiment surmonté d'un beffroi, le **marché Ben Thanh★** *(Cho Ben Thanh)* (C4) *(8h-18h)* est sans conteste l'un des plus intéressants et des plus animés de la ville. Vous pourrez y faire vos emplettes ou vous régaler

THU THIEM

Reliée au cœur historique de la ville depuis 2008 par un troisième pont (un quatrième est en projet) et depuis 2011 par un tunnel à six voies passant sous la rivière Saigon, Thu Thiem (Plan II, E2-3) troque à toute allure ses habits ruraux contre des airs de quartier de La Défense tropical. Si quelques bicoques sur pilotis s'accrochent encore à la berge, ce sont surtout ses tours, sortant de terre les unes après les autres et rivalisant de hauteur (jusqu'à 40 étages) qui attirent l'œil. Rassemblant bureaux, complexes résidentiels et espaces verts, le pharaonique chantier que représente ce nouveau pôle urbain devrait s'achever à l'horizon 2025.

Les nouvelles tours du centre-ville de Ho Chi Minh-Ville.
S. Lemaire / hemis.fr

d'une soupe à l'un des nombreux étals, très fréquentés à l'heure du déjeuner.
Deux rues à l'ouest du marché s'élève le **temple hindou Sri Mariamman** (C4) *(45 Truong Dinh)*, construit à la fin du 19e s. par la communauté tamoule, mais que fréquentent aussi les Vietnamiens. Dans la cour, le sanctuaire abrite la déesse Mariamman qui croule sous les offrandes de fleurs et de fruits. Les murs sont creusés de niches où se dressent les statues de divinités colorées. N'hésitez pas à monter sur le toit, hérissé de **tours sacrées** portant lions et divinités.
Traversez la place du marché Ben Thanh vers le sud et empruntez Le Cong Kieu, la **rue des antiquaires**, jusqu'à la petite **mosquée indonésienne** (C4) *(45 Nam Ky Khoi Nghia)* où vous pouvez faire une brève halte.
Non loin de là, le **musée des Beaux-Arts★** *(Bao Tang My Thuat)* (C4) *(97A Pho Duc Chinh - tlj sf lun. 9h-16h45 - 10 000 VND)* est installé dans l'ancienne demeure Art déco d'un riche Chinois. Il offre un bon aperçu de la **peinture vietnamienne★** contemporaine, la section des **dessins d'enfants★** n'étant pas la moins passionnante. Le premier étage expose des **aquarelles** traitant de la guerre ainsi que des créations récentes (laques, céramiques, statues), tandis que le deuxième étage présente l'**art décoratif** de la région du 18e au 20e s. (bronzes, mobilier en bois nacré, statues en bois ou en céramique peintes). La section la plus intéressante est consacrée au **Champa★★** (7e-13e s.), ainsi qu'à l'art de **Oc Eo★★** et des civilisations postérieures, qui nous a laissé un bouddha en bois rongé par le temps mais superbe de grâce (4e-6e s.), ainsi qu'un Vishnu en pierre conservant un peu de chrome (7e-10e s.).
Continuez jusqu'à la **pagode Phung Son Tu** (C5) *(338 Nguyen Cong Tru)*, un coquet édifice en brique percé de fenêtres en forme de hublot et coiffé d'un toit surmonté de dragons. À l'intérieur, quelques vénérables sans âge s'accordent un repos méditatif au milieu des effluves d'encens. Des **fresques** colorées décorent les murs.
Vous pouvez prolonger la visite de ce quartier commerçant très animé jusqu'à Ben Chuong Duong, au bord du **canal Ben Nghe**, où les étals du **marché** débordent de fruits de mer et d'autres denrées odorantes.

De l'autre côté du canal, le **musée Ho Chi Minh** (D4) *(1 Nguyen Tat Thanh - tlj sf lun. 8h30-11h30, 14-17h - 10 000 VND)* est installé dans les **anciennes Messageries maritimes**. C'est d'ici que le jeune Nguyen Tat Thanh (futur Ho Chi Minh) embarqua pour l'Europe en 1911. Une multitude de photos et quelques objets lui ayant appartenu sont exposés là, notamment son arrosoir et sa fameuse radio. Les **affiches de propagande★** présentent un réel intérêt par leur qualité graphique.

LES PAGODES AU NORD DU CENTRE-VILLE Plan I, p. 400-401

Comptez 3h.
Remontez l'avenue Hai Ba Trung jusqu'à Dien Bien Phu, tournez à droite puis continuez sur 600 m. Tournez à gauche dans Mai Thi Luu, juste après le carrefour avec Dinh Tien Hoang.

Bâtie par la communauté cantonaise au début du 20e s., la **pagode de l'Empereur de Jade★★** *(Phuoc Hai Tu / Chua Ngoc Hoang)* (C1) *(73 Mai Thi Luu - 6h-18h)* est l'une des plus intéressantes de la ville. Au fond d'une petite cour plantée de banians, derrière une façade ornée d'un dragon, se cache un dédale de pièces ocre baignées d'encens. L'**Empereur de Jade**, divinité taoïste, trône dans le sanctuaire principal au milieu de ses gardes, les quatre Grands Diamants, réputés durs comme cette pierre. Une pléiade de **statues★★** colorées les entourent, représentant divers dieux et héros, tels ces généraux posant le pied sur un dragon et un tigre terrassés. Dans une pièce à gauche de l'autel se tient **Thanh Hoang**, le maître de l'Enfer, accompagné de son cheval rouge. Sur les murs, les **panneaux de bois** sculptés illustrent les tourments des âmes impures dans les dix régions de l'enfer. Enfin, dans une petite pièce attenante, de remarquables **figurines en céramique★★** illustrent les qualités et les défauts des humains, tandis que la pièce de droite sert au culte des ancêtres.
Non loin de là, le **temple Tran Hung Dao** (B1) *(36 Vo Thi Sau)* est dédié au héros qui stoppa l'invasion mongole de Kubilai Khan en 1287. Ce lieu est un rêve de taxidermiste avec ses énormes défenses d'éléphant, et surtout son tigre et sa panthère figés devant l'autel. Lors de la création du parc, en 1983, à l'emplacement du cimetière français Massiges, les tombes furent envoyées en France.
Remontez la rue Dinh Tien Hoang jusqu'à son extrémité nord.

Élevé au milieu d'un jardin où des Vietnamiens d'un âge vénérable font leur gymnastique en pyjama, le **temple du maréchal Le Van Duyet** (Plan II D-E1, p. 402-403) *(126 Dinh Tien Hoang - 6h-18h)* abrite la dépouille de cet eunuque (1763-1832), ami des Français et allié de Gia Long. Parce qu'il refusait de réprimer les catholiques, l'empereur Minh Mang prononça sa disgrâce et lui intenta un procès posthume. Suprême outrage pour un Vietnamien, sa sépulture fut rasée ! Dix ans plus tard, Le Van Duyet fut réhabilité et sa dépouille repose désormais à côté de celle de sa femme, à l'abri d'un muret. Bien qu'il soit considéré comme un héros dans le Sud du pays, son amitié avec les Français lui est reprochée par les nationalistes. Le sanctuaire ne présente pas un intérêt exceptionnel, mais il s'ouvre par deux belles portes en bois sculptées. L'intérieur, tendu de tissus rouges brodés de perles, abrite chevaux et échassiers en bois montés sur des tortues, et des lances aux pointes en forme d'idéogrammes. Des pièces de théâtre costumées y sont données le 1er jour du 8e mois lunaire.
Redescendez la rue Vo Thi Sau, puis prenez à droite dans Nam Ky Khoi Nghia.

Une **tour** à sept étages annonce de loin la **pagode Vinh Nghiem** (A1) *(399 Nam Ky Khoi Nghia - 7h30-11h30, 14h-18h ; déchaussez-vous avant d'entrer)*, un vaste édifice bâti en 1971 avec l'aide de l'Association d'amitié nippo-vietnamienne.

Encens dans la pagode de Quan Am, dans le quartier de Cholon.
B. Morandi / hemis.fr

Les novices suivent les cours dans une salle située au rez-de-chaussée, sous le vaste sanctuaire où trône un **bouddha doré** flanqué de deux bodhisattvas. Le plus étonnant est sans aucun doute la **tour funéraire** située à l'arrière, où des centaines d'urnes en céramique contenant les cendres des défunts avec leur photo sont alignées sur des étagères.

À voir aussi Plans de la ville p. 400-401 et p. 413

★ CHOLON Plan III, p. 413

Env. 8 km au sud-ouest du centre historique (env. 120 000 VND en taxi). Comptez une demi-journée.

« Enclave chinoise en terre vietnamienne, réminiscence renouvelée de l'influent voisin, Cholon travaille plus vite, vend moins cher et ne laisse rien paraître », écrivait Didier Lauras, dévoilant ainsi la nature et la vocation de Cholon, le « Grand Marché ».

Si vous rejoignez Cholon par l'avenue Nguyen Thi Minh Khai, passez l'immense rond-point Nga Sau, empruntez Hung Vuong, et prenez à gauche la rue Tran Binh Trong que vous redescendez sur quelque 500 m.

Sur la route de Cholon, faites une halte à l'**église Cho Quan** (Plan II C4, p. 402-403) *(133 Tran Binh Trong - lun.-sam. 4h-7h, 15h-18h, dim. 4h-9h, 13h30-18h)*, à la belle façade jaune pastel à beffroi. L'édifice originel (18e s.) fut reconstruit à de multiples reprises avant de prendre son aspect définitif au début du 20e s. À côté se trouvent un couvent ainsi qu'une école élémentaire et un hôpital, qui étaient attachés à l'église avant 1975.

Empruntez la rue Nguyen Trai pour rejoindre le centre de Cholon.

Construite en 1923 par des Tamouls, la **mosquée de Cholon** *(641 Nguyen Trai, grande prière le vend. entre 12h et 13h)* est désormais fréquentée par des Chams originaires de Chau Doc. Par contraste avec les pagodes, l'intérieur est très dépouillé.

CHOLON : INFLUENCES CHINOISES

Fondée au 17e s. par des Chinois, à 5 km de Saigon, **Cholon** ne fait aujourd'hui plus qu'une avec Ho Chi Minh-Ville, la capitale économique du Vietnam, dont elle est un des rouages essentiels. Elle conserve toutefois intacte son originalité, qui s'explique par la présence de **500 000 Sino-Vietnamiens**, ou Hoa. C'est ici que s'échangent le riz en provenance du Mékong ou l'électronique Made in China avant d'envahir les boutiques de la ville. Cholon apparaît comme un étonnant théâtre en trompe l'œil fourmillant d'activités humaines se déroulant au grand jour, mais sans rien révéler de son mystère.

Depuis la fondation de Cholon, de puissantes **congrégations** regroupent les Chinois par affinité d'origine, sous la protection d'une divinité tutélaire vénérée dans un temple ou une pagode. Tenant à la fois de la guilde de marchands et du syndicat à l'américaine, chacune exerce son pouvoir sur un secteur économique. La période noire de la fin des années 1970, quand les Sino-Vietnamiens fuyaient en masse l'oppression *(voir encadré, p. 125)*, n'est plus qu'un lointain souvenir, et désormais l'économie prospère. On estime à 40 % la part de l'économie parallèle qui n'apparaît pas dans les statistiques officielles, qu'il s'agisse des bars à filles, des salles de jeu clandestines, des ateliers cachés ou des transactions financières secrètes. Les congrégations restent par ailleurs un puissant acteur d'entraide et de régulation sociales, car elles prennent en charge le financement des écoles, des hôpitaux et des temples. Sur le plan culturel et spirituel, même si leur rôle a nettement diminué au 20e s., elles maintiennent la pratique de la langue, ainsi que la tradition confucéenne.

Une rue plus loin, le **temple Tam Son Hoi Quan** *(118 Trieu Quang Phuc, au niveau du 370 Tran Hung Dao)*, élevé par la communauté du Fujian au 19e s., conserve sa décoration d'origine *(vous pouvez vous dispenser de cette visite si vous êtes pressé)*. On y vénère le général **Quan Cong**, entouré du général Chau Xuong, à gauche, et du mandarin Quan Binh, à droite, mais c'est à **Me Sanh**, déesse de la Fertilité, que le sanctuaire est dédié. Elle se tient au fond de la pagode en compagnie de ses filles, ainsi que de Thien Hau et Ong Bon.

Le **temple Thien Hau★★** *(710 Nguyen Trai - 6h30-17h30)*, l'un des plus importants de Cholon, fut construit par les Cantonais au début du 19e s. Il est dédié à la **déesse de la Mer**, protectrice des marins, à qui on vient traditionnellement rendre hommage avant ou après un long voyage, comme le firent les *boat people* dans les années 1980, ou comme le font encore les expatriés sino-vietnamiens revenant au pays. À juste titre, ce temple est aussi le plus visité par les touristes. Il comprend trois bâtiments en enfilade, séparés par des cours intérieures. Dans la première, où l'on brûle encens et fausse monnaie, notez les étonnantes **figurines en céramique★★**, inspirées de la légende des Trois Royaumes, qui courent en sarabande sur le toit. Les trois **statues de Thien Hau Thanh Mau** qui reposent derrière l'autel sont promenées en procession dans la ville lors de la fête du 23e jour du 3e mois lunaire.

Le joli **temple Ha Chuong Hoi Quan★** *(802 Nguyen Trai - 6h30-16h30)*, édifié par des Chinois du Fujian et dédié également à Thien Hau, daterait de la fin du 18e s. L'intérieur, quadrillé par des **piliers** en pierre en forme de dragon et décoré de remarquables **bas-reliefs★★** polychromes, baigne dans les effluves des tortillons d'encens suspendus.

Le style du Fujian est, par ailleurs, perceptible dans les nombreux **idéogrammes** qui habillent les murs et les piliers de la **pagode Quan Am★** *(12 Lao*

Tu, près de Chau Van Liem - 6h-17h), ainsi que dans les céramiques illustrant des légendes chinoises qui ornent le toit. De magnifiques **dragons de pierre★★** gardent l'entrée flanquée de **panneaux de bois dorés★** délicatement travaillés. Objet d'une grande dévotion, la pagode est dédiée à Quan Am, déesse de la Compassion et de la Miséricorde, dont une **statue** trône sous une châsse de verre près de l'autel principal, aux côtés du bouddha Sakyamuni et d'un Ameda rieur, et face à Thien Hau vêtue de doré. La déesse en robe blanche trône aussi dans la pièce du fond, là encore face à Thien Hau.

Construit au début du 20e s. à la place d'une maison commune, le **temple Phuoc An Hoi Quan★★** *(184 Hung Vuong, à l'angle de Thuan Kieu - 7h-17h)* est l'un des plus joliment décorés de Cholon. Par un subtil jeu de lumière, les rayons du soleil viennent mourir dans un espace envahi de fumées d'encens. La pagode est remarquable pour les **panneaux de bois★★** qui parent piliers et colonnes, ainsi que pour l'étonnant **cheval en céramique★** de Quan Cong, à gauche en entrant. Derrière une énorme jarre flanquée de deux grues en éclats de céramique surgit la **statue** du général, immédiatement reconnaissable à son visage empourpré.

Revenez au carrefour, prenez à droite la rue Chau Van Liem, et tournez à gauche 300 m plus loin.

Fatigué des temples ? Remontez à pied **Hai Thuong Lan Ong★**, une rue spécialisée dans la pharmacopée chinoise. Félin empaillé, dent de requin, peau de crocodile, testicule de tigre… passé l'effet de surprise, il faut savoir que la plupart de ces espèces sont en voie d'extinction, précisément à cause de ce genre de commerce. Un tel danger ne menace pas en revanche les épices inconnues qui débordent des sacs.

La délicate silhouette de l'**église St-François-Xavier** *(Cha Tam) (25 Hoc Lac - 7h-11h, 13h30-16h30)* apparaît au bout de l'avenue Tran Hung Dao, où règne une agitation frénétique. Mais ce n'est pas à sa façade jaune pastel que l'endroit doit sa célébrité. C'est ici en effet que le président Diem et son frère furent

5

capturés lors du coup d'État du 1er novembre 1963, avant d'être exécutés sur le chemin de Saigon. L'église possède deux écoles, l'une vietnamienne (à droite), l'autre chinoise (à gauche).

Descendez Hoc Lac et tournez à droite dans Thap Muoi.

L'animation et la densité de la population s'accroissent à mesure que vous approchez du **marché Binh Tay★★** *(6h-19h)*, un vaste bâtiment ocre à toit de tuiles conçu par un architecte français et financé par un riche marchand chinois, Quach Cam. À peine entré dans ce temple du commerce, le visiteur se trouve happé par le flot des marchands, clients et portefaix qui encombrent les allées.

Au nord de Cholon

A env. 3,5 km du marché Binh Tay. Prenez l'avenue Hung Vuong vers l'ouest et tournez à droite dans Phu Tho qui devient Lac Long Quan. 100 m après l'entrée du parc Dam Sen, empruntez le chemin à gauche et continuez sur 200 m.

Nichée au bout d'une piste sinueuse traversant un quartier populaire, la **pagode Giac Vien★★★** (Plan II A3, p. 402-403) (1744) dégage une impression d'intense sérénité. Ne dit-on pas d'ailleurs que l'empereur Gia Long venait parfois s'y recueillir ? La façade ocre, coiffée d'un toit de tuiles qui se dessine soudain sous un couvert d'arbres, indique le style traditionnel de l'édifice, non altéré par les rénovations. Une vingtaine de bonzes vivent dans les bâtiments annexes. En pénétrant dans le sanctuaire, vous apercevez un **bouddha doré** assis sur un lotus, ainsi que les autels portant les tablettes et photos de défunts. Les trois statues disposées là sont celles de **Hai Tinh Giac Vien**, le fondateur de la pagode, portant un chasse-mouches en crin, et de ses successeurs. Ils font face à la déesse **Chuan De** aux 18 bras, une des représentations de Quan Am. Dans l'autre pièce *(ôtez vos chaussures)*, un **bouddha A Di Da** assis devant une mandorle électrique trône au milieu d'une myriade de sculptures.

Remontez Lac Long Quan sur 1 km et tournez à gauche après Au Co.

Construite au 18e s., la **pagode Giac Lam★★★** (Plan II A2, p. 402-403) *(118 Lac Long Quan)* est l'une des plus anciennes et des plus intéressantes de Ho Chi Minh-Ville. Une large **tour** de sept étages annonce le sanctuaire, situé près d'un **cimetière** dominé par des tombeaux imposants. La pagode compte trois parties de plain-pied : le sanctuaire principal, la salle de réunion et la salle des bonzes. À l'intérieur, la centaine de **piliers en bois** qui soutiennent la volumineuse charpente sont couverts d'idéogrammes vietnamiens (et non chinois). La pagode renferme **113 statues** en bois de jaquier rouge et or, ainsi que **500 tablettes de culte** de neuf générations de bonzes provenant de Hué. Dans le sanctuaire, au fond à gauche *(ôtez vos chaussures)*, une multitude de statues couvrent l'autel, parmi lesquelles un **A Di Da** flanqué de ses deux disciples, Kasaype *(à droite)* et Ananda *(à gauche)*. Ils sont précédés d'un **bouddha Thich Ca** et d'un bouddha enfant. Parmi les autres personnages, remarquez un **Ameda** replet et jovial assailli par des enfants et, à sa gauche, l'**Empereur de Jade**. Les fidèles viennent accrocher leurs prières sur une structure en bois semblable à un sapin de Noël, puis allument l'une des 49 lampes à huile.

Le marché Binh Tay est un lieu très animé.
Gonzalo Azumendi / age fotostock

NOS ADRESSES À HO CHI MINH-VILLE

INFORMATIONS UTILES

Banque / Change

Distributeurs – Nombreux distributeurs ATM partout en centre-ville et dans le quartier touristique de Pham Ngu Lao.

Poste

GPO – Plan I C3 - *2 Cong Xa Paris (près de la cathédrale) - lun.-vend. 7h30-19h, w.-end 8h-18h.* Poste restante. Le service de colis internationaux est ouvert du lun. au vend. de 8h-18h (17h le w.-end). Nombreux autres bureaux en ville, dont : *125 Cong Quynh (près de Nguyen Cu Trinh).*

Pour les envois de colis ou de courriers urgents : **FedEx** – Hors plan - *6 Thang Long - ✆ (08) 3948 03 70 - tlj sf dim. - 7h30-18h (sam. 7h30-16h30).* **DHL** – Plan II B1 en direction - *4 Pham Thuc Duyen (près de l'aéroport) - ✆ (08) 3844 62 03 - lun.-vend. - 8h-21h, sam. 8h-18h, dim. et j. fériés 8h-16h.*

Téléphone

Vous pouvez effectuer vos appels internationaux de la plupart des postes ou des agences privées situées dans les quartiers touristiques. Pour les appels locaux, le tarif normal est de 1 000 à 1 500 VND/mn.

Internet

Les cybercafés du quartier de **Pham Ngu Lao** (Plan zoom) proposent des connexions autour de 10 000 VND/h.

Hôpitaux

Hôpital Cho Ray – Plan III - *201B Nguyen Chi Thanh, Cholon - ✆ (08) 3855 41 37.* Cet établissement vietnamien possède un service d'urgences ainsi qu'un service pour les étrangers aux tarifs raisonnables.

Institut du cœur ou **International Medical Center** – Plan II C4 - *520 Nguyen Tri Phuong - ✆ (08) 3865 40 25/26.* Cet institut propose des consultations à des prix abordables, remboursées par la Sécurité sociale. Plusieurs médecins français y travaillent (cardiologie, pédiatrie, allergies, gynécologie, maladies tropicales).

Columbia Asia – Plan I C3 - *8 r. Alexandre de Rhodes - ☏ (08) 3823 88 88* - Une clinique internationale très chère.

Oscat-AEA – Plan I C2-3 - *65 Nguyen Du - ☏ (08) 3829 85 20*. Cette clinique internationale tenue par d'anciens membres du Samu français dispense des consultations sur place 24h/24 ou à domicile, effectue des soins dentaires et organise des rapatriements. Les prix sont très élevés.

Représentations diplomatiques

Voir « Sur place de A à Z », p. 24.

Police de l'immigration - Phong Quan Ly Nguoi Nuoc Ngoai – Plan II D3 - *254-258 Nguyen Trai (à l'angle de Nguyen Cu Trinh) - ☏ (08) 3839 22 21 - lun.-vend. - 8h-11h, 13h30-16h30*. Comptez de 5 à 7 j. pour prolonger votre visa, mais en pratique vous avez tout intérêt à vous adresser à une agence de voyages.

Centres culturels

Idecaf – Plan I D3 - *31 Thai Van Lung - ☏ (08) 3829 54 51 - www.idecaf.gov.vn - mar.-jeu. 13h-18h, ven.-sam. 9h30-17h*. L'Institut d'échanges culturels avec la France possède une bibliothèque et organise des cours de langue, des activités culturelles (concerts, théâtre, expositions), ainsi que des projections de films français.

Amicale des francophones au Vietnam (AFV) – *secretariat@afvsaigon.org - www.amicaledesfrancophonesauvietnam.org*. L'AFV se retrouve chez Fanny, illustre glacier de Saigon (*voir « Petite pause », p. 427*). L'association tient une centrale de petites annonces, un journal d'information de la communauté francophone et une bibliothèque de près de mille références (ouverte chez Fanny les lun. et jeu. 10h-12h).

Agences de voyages

Vous pouvez opter pour un tour clés en main ou louer une voiture avec chauffeur pour un programme à la carte ; dans ce cas, négociez les prix et faites-vous préciser en détail le trajet et les prestations (hébergement et repas du chauffeur, entrées des sites inclus ou non, type de voiture et climatisation).

La plupart des agences sont en cheville avec des guides francophones et proposent les mêmes circuits (delta du Mékong, Cu Chi et Tay Ninh, etc.) et prestations (prolongation de visa, location de voitures ou de motos, réservation de bus ou d'avion, etc.). Certaines organisent en outre des circuits Open Tour. Comparez les prix, mais gardez à l'esprit qu'une agence à la réputation éprouvée garantit a priori la qualité du service.

Sur Pham Ngu Lao et De Tham, où la concurrence est vive, les tarifs sont bon marché :

Lac Hong – Plan I zoom - *285 Pham Ngu Lao - ☏ (08) 3920 74 59 - stc@lachongtours.com*. Parmi la ribambelle des agences de la rue, celle-ci assure un service personnalisé de qualité et propose des tarifs raisonnables.

Café Kim Tourist – Plan I zoom - *270 De Tham - ☏ (08) 3836 54 89 - www.thekimtourist.com*. Cette agence bon marché, l'une des plus anciennes du quartier, a une réputation bien établie. Circuits sur le Mékong, marchés flottants, pêche et snorkeling.

The Sinh Tourist – Plan I zoom - *246-248 De Tham -*

☏ (08) 3838 95 97 - www. thesinhtourist.vn. La plus célèbre adresse du quartier dispose d'une équipe rodée, parfois plus efficace que sympathique. Ses multiples filiales dans tout le pays lui permettent d'offrir des prestations originales et variées. Elle propose une liaison en minibus jusqu'à Moc Bai, puis en bus ou en bateau jusqu'à Phnom Penh et vend les tickets pour l'Open Tour Bus. Autre bureau au 24/26 Pho Duc Chinh (Plan I C4).

SinhBalo Adventures – Plan I B4 - *283/20 Pham Ngu Lao - ☏ (08) 3837 67 66 - www.sinhbalo.com - tlj sf sam. apr.-midi et dim.* Une officine créée par le fondateur de l'agence The Sinh Tourist et qui met sur pied des circuits dans le delta du Mékong et les Hauts Plateaux à des prix abordables.

ARRIVER / PARTIR

En avion

Aéroport Tan Son Nhat – Plan II B1 en direction - *Au bout de l'avenue Truong Son, à 7 km au nord-ouest du centre - ☏ (08) 3848 53 83.* Vols réguliers pour les grandes cités européennes et asiatiques, ainsi que pour les principales villes du pays. Pour la procédure de *Visa on arrival*, voir p. 16. Bureaux de change après la douane, distibuteur ATM au terminal domestique (à 100 m).

Pour rejoindre le centre-ville – Le plus simple est de prendre un taxi des compagnies Vinasun ou Mailinh *(20mn de trajet, env. 200 000 VND)* ou la navette d'une agence de voyages *(10 $)*.

Air France – Plan I C3 - *130 Dong Khoi - ☏ (08) 3829 09 81/82. - lun-vend. 8h-17h.*

British Airways – Plan I B3 - *170-172 Nam Ky Khoi Nghia - ☏ (08) 3930 07 77.*

Qantas – Plan I C4 - *186-188 Le Thanh Ton - ☏ (08) 3910 53 73.*

Vietnam Airlines – Plan I D4 - *115 Nguyen Hue - 16e étage - ☏ (08) 3832 03 20.*

En train

Gare Hoa Hung – Plan II C2 - *Au bout de Nguyen Thong, 3 km au nord-ouest du centre - ☏ (08) 3843 65 27/28 ou 3844 02 18 - billetterie 7h15-11h, 13h-15h.* Si vous disposez d'un temps limité, vous avez tout intérêt à passer par une agence de voyages pour effectuer votre réservation (plusieurs jours à l'avance pour une couchette climatisée) ou par **Saigon Railways Tourist Service Company** – Plan I B4 - *275C Pham Ngu Lao - ☏ (08) 3836 76 40 - lun.-sam. 7h30-19h.* La ligne dessert la côte jusqu'à Hanoi *(pour les horaires, voir p. 37)*.

En bus et minibus

Bon à savoir – Moyennant une commission modique, toutes les agences de voyages assureront la réservation de votre billet pour les **liaisons longue distance**, et votre bus passera vous prendre près de l'agence ou de votre hôtel. Les **bus express** sont des minibus de 12 à 24 places, parfois climatisés, généralement plus rapides, car ils sont censés ne pas prendre de passagers sur le trajet. Les bus partent du terminal de Mien Dong *(voir p. 418)*. Pour Vung Tau des minibus partent du bd Ham Nghi, près de l'hôtel Que Huong Liberty 3 *(env. 2h de trajet)*. Toutes les agences proposent un bus pour Phnom Penh (Cambodge), avec changement de véhicule au poste-frontière de Moc Bai.

Pour les **bus locaux** en revanche, il faut se rendre directement au terminal et acheter son billet au moment du départ. **Ben Xe Tay Ninh** *(Xe Khach Lien Tinh ou An Suong Station)* – Plan II A1 en direction - *À 8 km à l'ouest du centre-ville (du marché Ben Thanh, remontez Cach Mang Thang Tam jusqu'à Le Dai Hanh).* Départs fréquents, de 5h à 17h (ou 19h selon la saison) pour Cu Chi (1h30, prenez ensuite une moto-taxi pour effectuer les 25 km jusqu'aux tunnels) et Tay Ninh (3h).

Ben Xe Mien Tay – Plan II A4 en direction - *quartier de An Lac, district de Binh Chanh, 10 km à l'ouest du centre-ville - www.bxmt.com.vn (en vietnamien). Accès par bus urbain depuis la station Ben Thanh.* Situé au-delà de Cholon, ce terminal important est ouvert presque en permanence. Départs fréquents et nombreux minibus express (certains sont climatisés). Toutes les villes du delta du Mékong sont desservies avec un départ toutes les 30 à 60mn pour les principales agglomérations (My Tho, Ben Tre, Bac Lieu, Ca Mau, Rach Gia, Soc Trang, Tra Vinh, Vinh Long, Can Tho, Long Xuyen, Chau Doc, Cao Lanh).

Ben Xe Mien Dong – Plan II E1 en direction - *292 Dinh Bo Linh, district de Binh Thanh (à 7 km au nord du marché Ben Thanh) - 4h30-17h30 - www.benxemiendong.com.vn (en vietnamien).* Il dessert les Hauts Plateaux et la côte au nord de Ho Chi Minh-Ville ; un peu plus chers, les bus express vous feront gagner 1 à 3h sur le temps de trajet. Départ toutes les heures, de 8h à 17h, pour Dalat *(env. 7h)* ; départ toutes les h pour Buon Ma Thuot par la RN 14 *(env. 8h, ou 6h en express).* 1 bus/j. pour Plei Ku *(env 10h)* et Kon Tum *(12 à 15h).* Un bus climatisé toutes les h pour Vung Tau *(env 2h)* ; départ toutes les heures pour Phan Thiet *(env 4h, ou 3h30 en express)* et Nha Trang *(9h-10h ou 8h en express)* ; ttes les h pour Da Nang *(env 20h)* et Hué *(23h)* ; 2 ou 3 départs/j. pour Hanoi *(2 j. et 1 nuit).*

En Open Tour

The Sinh Tourist et Café **Kim Tourist** *(voir « Agences de voyages » p. 416)* vendent des billets Open Tour pour Dalat, Mui Ne, Nha Trang, Hoi An, Hué, Ninh Binh et Hanoi. Ces bus climatisés de 24 à 45 places viennent vous chercher à votre hôtel (sauf à Ho Chi Minh-Ville) et s'arrêtent dans les principaux sites touristiques. Une formule pratique mais qui présente l'inconvénient de vous faire voyager sans contact avec la population locale. Les services et les tarifs varient peu d'une agence à l'autre.

En voiture avec chauffeur

Voir « Agences de voyages » p. 416.

TRANSPORTS

À pied

Les distances réduites dans le centre historique et jusqu'à Pham Ngu Lao font de la marche le moyen idéal pour découvrir Ho Chi Minh-Ville, mais un certain apprentissage se révèle nécessaire pour traverser une avenue ou un carrefour dans le flot des deux-roues.

En bus

Bon à savoir – Lents et peu commodes en centre-ville, les bus urbains seront surtout utiles pour gagner un quartier éloigné ou rejoindre les gares routières situées à la périphérie.

La principale station se trouve sur la place devant le marché **Ben Thanh** : bus urbains pour Cholon *(p. 411)*, Tay Ninh *(p. 432)* et les gares routières interurbaines de Mien Dong *(voir ci-avant)* et de Mien Tay *(voir ci-avant).*

En taxi
Vous trouverez facilement des taxis devant les grands hôtels et à Pham Ngu Lao. Privilégiez les compagnies fonctionnant au compteur *(meter)* plutôt qu'au forfait. Parmi les plus fiables :
Vinasun Taxi – *(08) 3827 27 27.*
Mailinh Taxi – *(08) 3838 38 38.*
Saigon Tourist Taxi – *(08) 3845 88 88.*

À moto-taxi
Très pratiques, les *xe om*, ou « Honda », stationnent à presque tous les carrefours. Négociez la course auparavant. Pour vous donner une idée, un trajet depuis Pham Ngu Lao jusqu'à Mac Thi Buoi dans le centre coûte environ 20 000 VND.

En cyclo-pousse
Plus de 50 000 *xi lo dap* ou cyclo-pousse opérant à Ho Chi Minh-Ville, vous ne devriez pas rencontrer de problème pour en trouver un. Ce sont d'ailleurs plutôt eux qui viennent la plupart du temps vous trouver. La course se négocie à l'avance, mais sachez que certaines rues du centre-ville, interdites aux cyclos, obligent à des détours. Il est utile de posséder la carte de visite de l'endroit où l'on se rend.

À moto
Location de motos – C'est un moyen assez dangereux pour sillonner la ville, car la circulation est totalement anarchique. Nous ne saurions trop vous recommander de vérifier l'état du véhicule et surtout d'être vigilant. Le port du casque est obligatoire. Les loueurs sont légion, notamment à Pham Ngu Lao. Le prix varie selon la conduite, manuelle *(5 $/j.)* ou automatique *(7$/j.)*. Négociez une remise si vous louez plusieurs jours et vérifiez le montant de la franchise en cas de vol. Les véhicules ne sont pas assurés.

HÉBERGEMENT

Dans le centre-ville Plan I, p. 400-401

Bon à savoir – Les hébergements bon marché sont rares sur Dong Khoi et Le Loi, qui recèlent des palaces de légende auxquels sont venus s'ajouter des hôtels de luxe internationaux. Quelques hôtels moins chers dans la petite rue Mac Thi Buoi.

PREMIER PRIX

Lucky Hotel – D4 - *5 Ton That Thiep - (08) 3821 49 52 - - 20 ch - 25/30 $ - Wifi.* Un hôtel récent dans une rue commerçante du centre, à quelques minutes à pied du cœur historique. Les chambres les plus chères, assez spacieuses, offrent le meilleur rapport qualité-prix du quartier.

BUDGET MOYEN

Linh – D3 - *16 Mac Thi Buoi - (08) 3824 39 54 - www.linhhotelvn.com - - 21 ch. 25/40 $ - ascenseur, chaînes satellite - Wifi.* Cet hôtel en perpétuelle rénovation dispose de grandes chambres bien entretenues, dont certaines avec balcon. C'est l'un des meilleurs rapports qualité-prix dans le centre historique.

POUR SE FAIRE PLAISIR

Bong Sen 2 – D3 - *61-63 Hai Ba Trung - (08) 3823 58 18 - www.bongsenhotel2.com - bongsen2@hcm.vnn.vn - - 57 ch. 50/70 $ - chaînes satellite, ascenseur - Wifi.* Bien situé, il propose de petites chambres agréables et de bon goût (attention, certaines sans fenêtres). Le prix varie en fonction de la vue. Clientèle de groupes et d'individuels.

UNE FOLIE

Bong Sen – D3 - *117-123 Dong Khoi - ✆ (08) 3829 15 16 - www.bongsenhotel.com - ▤ ✕ CC - 129 ch. 102/127 $ ☕ - massages, chaînes satellite, ascenseur, bar avec vue - Wifi.* Cet hôtel, rénové en 2013, a moins de cachet que les palaces du quartier, bien sûr, mais il est aussi plus abordable. Chambres spacieuses et confortables (évitez les moins chères, sans fenêtres), les *Deluxe* disposant de balcons.

Palace Hotel – D3-4 - *56-66 Nguyen Hue - ✆ (08) 3829 28 60 - www.palacesaigon.com - ▤ ✕ ⛱ - 140 ch. 144/160 $ - Wifi.* Hôtel très bien situé avec piscine, bars et restaurant panoramique, sauna et massages, salle de gym. Les chambres, classiques, sont d'un bon rapport qualité-prix. Ne manquez pas de prendre un verre au Sky Bar au 15ᵉ étage.

Royal Hotel Saigon – C3 - *133 Nguyen Hue - ✆ (08) 3822 59 14 - www.royalhotelsaigon.com - ▤ ✕ - ⛱ - 136 ch. 130/175 $ ☕ - Wifi.* Un hôtel luxueux de Saigon Tourist aux chambres sobres et élégantes, dotées de tout le confort et bénéficiant d'une belle vue sur la ville. Les prix sont élevés, mais les promotions semblent de règle.

Continental – C3 - *132-134 Dong Khoi - ✆ (08) 3829 92 01 - www.continentalhotel.com.vn - ▤ ✕ - 80 ch. 170/190 $ ☕ - salle de sport, massages, chaînes satellite, bar.* La superbe façade de cet hôtel de légende (1880) est l'un des joyaux du centre et les chambres au luxe suranné évoquent le style colonial. Somptueuses boiseries d'époque dans les suites et élégant restaurant de cuisine française, Le Bourgeois.

Majestic – D4 - *1 Dong Khoi - ✆ (08) 3829 55 17 - www.majesticsaigon.com.vn - ▤ ✕ ⛱ - 122 ch. 175/215 $ ☕.* Ce joyau Art déco des années 1920 conserve toute sa splendeur et possède des chambres avec parquet de très grand luxe. Les premiers prix ne disposent malheureusement que d'une fenêtre sur le couloir. Le bar en terrasse sur le toit, avec vue sur la rivière, vaut à lui seul le détour.

Sofitel Plaza – C2 - *17 Le Duan - ✆ (08) 3824 15 55 - www.sofitel.com - ▤ ✕ ⛱ - 286 ch. 11 suites et villas 180/240 $ ☕ - chaînes satellite, boutique de souvenirs, bar, pâtisserie - Wifi.* Il est doté d'un hall somptueux et d'une remarquable piscine en terrasse (18ᵉ étage). Les chambres et le service sont irréprochables et le buffet est l'un des meilleurs de la ville (européen ou asiatique).

Rex – C3 - *141 Nguyen Hue - ✆ (08) 3829 21 85 - www.rexhotelvietnam.com - ▤ ⛱ ✕ - 227 ch. 184/500 $ ☕ - sauna, boutiques, 5 restaurants.* Cette autre institution du centre propose de jolies chambres, ainsi qu'une suite de style chinois particulièrement chargée. Sur le toit, terrasse sur 3 niveaux avec piscines et tennis.

Grand Hôtel – D4 - *8 Dong Khoi - ✆ (08) 39 15 55 55 - www.grandsaigonhotel.com - ▤ ✕ ⛱ - 107 ch. 287/345 $ ☕ - massages, sauna, chaînes satellite, boutique de souvenirs, bar - Wifi.* Ce superbe édifice des années 1930 a conservé au rez-de-chaussée et au 1ᵉʳ étage son architecture d'origine mais s'est agrandi d'une tour de 16 étages où se trouvent désormais les chambres, vastes et lumineuses. Il possède une ravissante piscine dans la cour intérieure, au 1ᵉʳ étage. Fréquentes promotions et réductions (30 % sur les suites) sur internet.

Caravelle – D3 - *19 Lam Son Square - ✆ (08) 3823 49 99 - www.*

caravellehotel.com - 335 ch. 330/380 $ - salle de gym, sauna, chaînes satellite, boutique. Le vieux Caravelle est flanqué d'une tour de verre qui abrite un hôtel de grand luxe décoré sans beaucoup de charme. Les non-résidents peuvent aussi venir pour le brunch du dim. *(450 000 VND)* ou prendre un verre au piano-bar du 3e étage ou au bar panoramique du 10e.

Autour de Pham Ngu Lao

Plan I, p. 400-401

Bon à savoir – Les hôtels bon marché pullulent dans le périmètre formé par les rues Pham Ngu Lao, Bui Vien et De Tham, qui concentre également tous les services (agences de voyages, banques, cybercafés, snacks-bars à l'occidentale, etc.).

PREMIER PRIX

Pension Giang – Plan zoom - *40/26 Bui Vien - (08) 3837 11 83 - pqgiang@yahoo.com - 12 ch. 10/20 $ - Internet à la réception, Wifi, réfrigérateur.* Petites ou grandes, avec ventilateur ou clim, des chambres simples, propres et d'un bon rapport qualité-prix. Celles qui donnent sur la ruelle sont un peu plus chères, mais plus grandes et dotées d'une baignoire.

Van Trang Hotel – Plan zoom - *80 Bui Vien - (08) 3836 89 69 - minathuy2002@yahoo.com - 14 ch. 10/25 $ - Wifi.* Un petit hôtel très simple et très propre. Le tarif des chambres, qui comprennent toutes un réfrigérateur, varie en fonction de leur taille. Bon accueil.

Thao Nhi Hotel – Plan zoom - *185/20 Pham Ngu Lao - (08) 3836 00 20 - thaonhihotel@hcm.vnn.vn - 14 ch. 12/20 $ - Wifi.* Des chambres propres et gaies, toutes avec grande fenêtre et réfrigérateur, certaines avec ventilateur, les autres avec clim. Demandez de préférence celles qui donnent sur la ruelle. Une très bonne adresse.

Pension Linh Thu – Plan zoom - *72 Bui Vien - (08) 3836 84 21 - linhthu_72bv@yahoo.com - 7 ch. 15/18 $ - Wifi.* Une bonne adresse à l'ambiance familiale, dont les chambres sont propres et agréables.

Guesthouse California – B5 - *171A Co Bac - (08) 3837 88 85 - guesthousecalifornia-saigon@yahoo.com - 17 ch. 15 $.* Une adresse familiale où l'on se déchausse avant d'entrer et qui, bonne réputation oblige, affiche souvent complet. Réparties dans deux bâtiments, les chambres, meublées sobrement, sont spacieuses. Leur coursive-balcon leur offre de plus une bonne luminosité. Possibilité d'utiliser la cuisine.

Hong Hoa – Plan zoom - *185/28 Pham Ngu Lao - (08) 3836 19 15 - www.honghoavn.com - 9 ch. 17/22 $ - accès Internet gratuit (wifi).* Petit hôtel propre et agréable. Les chambres sur rue sont plus grandes, plus lumineuses… et plus chères. Autre entrée par la petite épicerie au n° 250 De Tham.

Hôtel Madam Cuc 127 – B5 - *127 Cong Quynh - (08) 3836 87 61 - www.madamcuchotels.com - madamcuc@hcm.vnn.vn - 30 ch. 20/25 $ - chaînes satellite, Wifi.* Ses chambres sans fard mais impeccables en font une adresse appréciée des voyageurs. Deux autres bâtiments hébergent des chambres un peu moins chères *(autour de 16 $)* dans le même quartier. Formules demi-pension négociables.

BUDGET MOYEN

Lan Anh – Plan zoom - *252 De Tham - (08) 3836 51 97 -*

5

nhutxuan1002@yahoo.com - ▤ - 23 ch. 18/28 $ - ascenseur, chaînes satellite et Wifi. Ce sympathique hôtel offre le choix entre des chambres lumineuses et bruyantes sur rue, ou sombres et calmes à l'arrière.

Hôtel Le Le – Plan zoom - *171 Pham Ngu Lao - ✆ (08) 3836 86 86 - www.lelehotelsaigon.com - ▤ ✕ - 40 ch. 20/35 $ - chaînes satellite, ascenseur.* Rénové début 2013, il assure un service impeccable. Les prix s'avèrent pourtant surévalués pour les chambres les plus luxueuses.

Bi Saigon – Plan zoom - *185/26 Pham Ngu Lao - ✆ (08) 3836 06 78 - www.bisaigon.com - ▤ ✕ - 12 ch. 15/40 $ - chaînes satellite, Wifi.* Une valeur sûre du quartier, calme et confortable, avec un personnel compétent parlant anglais ou français. L'effort apporté à la décoration confère à cet hôtel un petit supplément d'âme qui manque souvent à ses voisins, même si l'ensemble, sans ascenseur, est vieillissant. Voir également le second établissement, le **Bee Saigon**, à côté.

Autour de Ho Hao Hon et de Co Bac Plan I, p. 400-401

Bon à savoir – Dans ces rues légèrement excentrées par rapport au quartier des routards, vous trouverez plusieurs pensions familiales à des prix défiant toute concurrence, certaines d'un charme exquis. N'hésitez pas à parcourir quelques centaines de mètres supplémentaires si vous aimez le calme.

PREMIER PRIX

Ngoc Son – B5 - *178/32 Co Giang - ✆ (08) 3836 47 17 - ngocsonguesthouse@yahoo.com - ▤ - 9 ch. 10/18 $.* Sur 5 étages (pas d'ascenseur), une petite pension bien tenue pour ceux qui souhaitent s'immerger dans une ambiance vietnamienne. Les chambres sont cependant spartiates et manquent d'espace. Wifi dans certaines chambres.

Ngoc Hue – B5 - *171/22 Co Bac - ✆ (08) 3836 00 89 - www.ngochuehotel.com - ▤ - 30 ch. 13/16 $ - chaînes satellite, accès Internet wifi gratuit, location de mobylettes.* Ne vous fiez pas à l'entrée, où sont entreposées bon nombre de mobylettes, car ce que réserve l'établissement est tout à fait surprenant. Au 3e étage l'architecture devient remarquable : jeu d'escaliers et de terrasses où la végétation abonde. Nombre de ses clients s'y sentent si bien qu'ils prolongent leur séjour à Saigon ! Réservation conseillée.

Miss Loi et Miss Loi 2 – B5 *-178/20 Co Giang - ✆ (08) 3837 95 89 - missloi@hcm.fpt.vn - ▤ - 30 ch. 15 $ - Wifi.* Accueil très chaleureux dans cette maison d'hôtes. Les chambres les plus chères possèdent une délicieuse terrasse fleurie. Le second Miss Loi est réservé aux séjours de longue durée. Réserver impérativement bien à l'avance.

Autour du palais de l'Unification Plan I, p. 400-401

UNE FOLIE

New World Hotel – B4 - *76 Le Lai - ✆ (08) 3822 88 88 - ▤ ✕ - www.saigon.newworldhotels.com - 533 ch. 150 $ - salle de gymnastique - Wifi payant.* Ce luxueux palace, qui a accueilli le président Clinton, possède un bar en terrasse avec une vue superbe sur la ville. Les chambres et le service sont évidemment irréprochables. Réductions importantes sur internet.

RESTAURATION

Bon à savoir – Véritable paradis culinaire, Ho Chi Minh-Ville satisfera tous les budgets et tous les goûts. La plupart des hôtels de luxe proposent de délicieux buffets, mais la ville est surtout le royaume des gargotes où l'on déguste une cuisine simple et délicieuse en regardant le spectacle de la rue. Parmi la multitude d'options qui s'offrent à vous, voici quelques quartiers spécialisés : **Nguyen Du** pour le *pho ga* (soupe de nouilles au poulet) ; **Pasteur** pour le *pho bo* (soupe de nouilles au bœuf) ; **Pham Van Hai** pour le *bun cha* (bol de riz vermicelle avec du porc grillé, de la salade, des herbes et des condiments) ; **Vo Van Tan** pour le *hu tieu* (sorte de *pho* mais avec du porc) ; **Dinh Tien Hoang** pour le *banh cuon* (rouleau de riz avec du porc et des champignons noirs). Vous trouverez aussi à vous sustenter dans la plupart des marchés, comme ceux de **Ben Thanh** *(voir ci-dessous)* et **Cho Cu** *(voir « Achats », p. 428)*. Goûtez encore aux sandwichs au pain français garnis de fromage ou de pâté, de concombre et de sauce soja.

Dans le centre-ville Plan I, p. 400-401

PREMIER PRIX

Pho Hoa – B2 - *260C Pasteur - (08) 3829 79 43 - 55 000/120 000 VND -* . Ce restaurant très animé est réputé pour servir l'une des meilleures soupes de la ville. Il est surtout fréquenté par des Vietnamiens, une garantie de qualité !

BUDGET MOYEN

Marché Ben Thanh – C4 - *Dans la halle jusqu'à 15h30, à l'extérieur à partir de 18h - 100 000/150 000 VND -* . Pour le déjeuner, vous trouverez toutes sortes de soupes plus parfumées les unes que les autres. Dès 18h, quand le marché ferme ses portes, des terrasses s'installent sur la rue adjacente (côté est) pour servir grillades, poissons et fruits de mer. Très prisé des touristes occidentaux.

Quan Banh Xeo – B2 - *46A Dinh Cong Trang - (08) 3824 11 10 (la ruelle en face de l'église, sur Hai Ba Trung) - 10h-21h30 - 100 000/150 000 VND -* . Une gargote animée où l'on sert crêpes farcies, viandes grillées, soupes et rouleaux de printemps sur des tables en inox dans la rue.

Pho 24 – D3 - *5 Nguyen Thiep - www.pho24.com.vn - 8h-22h - (08) 3822 62 78 - 100 000/200 000 VND.* Une chaîne de restaurants proposant essentiellement des soupes *pho* et dont le nom vient des 24 ingrédients utilisés pour les préparer. Elle compte désormais une bonne trentaine d'adresses à Ho Chi Minh-Ville, et des antennes dans tout le pays (Da Nang, Hanoi, Nha Trang, Hué), tant le concept plaît aux Vietnamiens.

Restaurants flottants – D4 - *Ton Duc Thang.* Ils sont plusieurs, amarrés le long de la promenade. Le départ s'effectue vers 20h pour un dîner romantique d'1 à 2h sur la rivière. Préférez les bateaux les plus petits, à l'ambiance plus intime.

POUR SE FAIRE PLAISIR

Nha Hang Ngon – C3 - *160 Pasteur - (08) 3827 71 31 - 8h-21h30 - 150 000/250 000 VND.* Le cadre de cette demeure d'époque est très plaisant, avec son enfilade de patios et de petites salles. La dernière est agencée autour d'un bassin et est ornée de mobilier en bois massif. Les femmes préparent rouleaux de printemps, raviolis, salades et jus de fruit pressés devant les clients. Une vaste carte de cuisine vietnamienne.

3T Restaurant – C4 - *29-31 Ton That Thiep (2e étage)- ✆ (08) 3821 16 31 - 17h-23h - 250 000/350 000 VND.* Une adresse originale pour dîner en plein air, sur le toit d'un petit immeuble dominant une rue animée au-dessus du Temple Club. Fruits de mer et spécialités de grillades.

TIB - B2 - *187 Hai Ba Trung - ✆ (08) 3829 72 42 - 11h-14h, 17h-22h - 250 000/350 000 VND.* Spécialisé dans la cuisine impériale de Hué (riz aux graines de lotus, poulet dans une feuille de lotus), le restaurant de Trinh Cong Son, le Brassens vietnamien, dispose d'une salle climatisée et d'une petite cour au fond d'une impasse.

Quan An Ngon – C3 - *138 Nam Ky Khoi Nghia - ✆ (08) 3829 94 49 - 250 000/500 000 VND.* Un restaurant installé dans une maison de style colonial. Au rdc, des femmes tiennent des stands où elles cuisinent des spécialités vietnamiennes. On peut les déguster dans l'une des salles de l'étage.

Augustin – D3 - *10 Nguyen Thiep - ✆ (08) 3829 29 41.* L'établissement ressemble à s'y méprendre à un bouchon lyonnais. Autrefois considéré comme le meilleur restaurant français de la ville, il propose une carte alléchante (filet mignon sauce moutarde, magret de canard à l'orange), mais son heure de gloire est passée.

Temple Club – C4 - *29-31 Ton That Thiep (1er étage) - ✆ (08) 3829 92 44 - 11h30-22h30 - 350 000/500 000 VND.* Une des adresses réputées de la ville. Installé dans une ancienne pension pour les pèlerins visitant le temple hindou voisin, ce restaurant aux murs de brique patinés avec de superbes boiseries et des lumières tamisées propose une cuisine vietnamienne recherchée. Il sert aussi de *show-room* d'antiquités. Vous pouvez boire un verre sur le balcon qui donne sur la rue.

Hoang Yen – D4 - *7 Ngo Duc Ke - ✆ (08) 3823 11 01 - 10h-22h - 400 000/700 000 VND.* Moins connu et un peu plus cher que son voisin le Restaurant 13, le Hoang Yen sert pourtant une cuisine vietnamienne irrésistible (porc au jus de coco, poulet au gingembre). Menu en anglais, établissement climatisé. Une autre salle est située au 148 Hai Ba Trung (Plan I C2).

UNE FOLIE

Bibi@Alibi – D3 - *5A Nguyen Sieu- ✆ (01) 6635 332 13 - tlj sf dim. 12h-14h30, 18h-22h30 - 420 000/630 000 VND.* Une institution où l'on apprécie autant la qualité de la carte (gastronomie française) que le service, toujours attentif. Les plats sont accompagnés de giroles ou de cèpes et les portions sont généreuses. Bibi assure en personne le service et la conversation. Belle carte des vins et ambiance sympathique.

Lemon Grass – D3 - *4 Nguyen Thiep - ✆ (08) 3822 04 96 - www.lemongrass.com - 11h-22h30 - 500 000/1 100 000 VND.* Une institution à l'accueil hélas peu avenant. Dans une salle climatisée classique, on y sert une cuisine vietnamienne « adaptée » au goût occidental, que d'aucuns trouveront un brin aseptisée.

Cuc Gach Quan – B1 - *10 Dang Tat - ✆ (08) 3848 01 44 - www.cucgachquan.com.vn - 600 000/800 000 VND.* Sûrement l'un des plus beaux restaurants du Vietnam. Il est situé dans une maison ancienne très bien décorée. La cuisine vietnamienne est délicieuse et copieuse. Elle est servie dans de charmantes petites salles. Carte des vins et produits bio.

Wild Horse Saloon – D3 - *8A1/D1 Thai Van Lung - ✆ (08) 3825 19 01 - 10h-14h, 16h-23h30 - 800 000/1 200 000 VND.* Impossible de manquer sa façade et son tonneau géant. À l'intérieur, ambiance saloon avec très peu de lumière, repos agréable pour les yeux. Au menu, barbecue, steaks, *T-bone*, etc.

Au Manoir de Khai – B3 - *251 Dien Bien Phu - ✆ (08) 3930 33 94 - 18h-22h -1 100 000/1 650 000 VND.* Sobre et élégante, la décoration contemporaine se marie à merveille avec l'architecture de cette belle villa coloniale. L'adresse s'enorgueillit d'un excellent chef et propose une cuisine française soignée. Quelques tables sous les frangipaniers du jardin. Carte des vins. Réservation conseillée.

Mandarine – D3 - *11A Ngo Van Nam - ✆ (08) 3822 97 83 - www.orientalsaigon.com.vn/mandarine - 11h30-14h, 17h30-22h45 - env. 2 000 000 VND.* Nappes blanches et service stylé. Ce vaste restaurant accueille une clientèle d'expatriés, mais attention aux prix. Sur fond de piano et de violon, on y déguste raviolis de crevettes, canard au poivre, fruits de mer, mousse au chocolat… Musique mandarinale le mardi et le jeudi.

Autour de Pham Ngu Lao

Plan I, p. 400-401

Bon à savoir – La plupart des restaurants du quartier étant fréquentés presque exclusivement par des touristes, attendez-vous à une cuisine internationale sans génie plutôt qu'à de la vraie gastronomie vietnamienne.

PREMIER PRIX

Pho Quynh – Plan zoom - *323 Pham Ngu Lao (à l'angle de la rue Do Quang Dau) - ✆ (08) 3836 85 15 - 50 000/60 000 VND - 6h-22h.* L'exception qui confirme la règle du quartier ! Cette salle ouverte propose toutes sortes de soupes *(pho)* qui régalent autant les Saïgonnais que les touristes occidentaux.

Chi's Café – Plan zoom -*40/31 Bui Vien - ✆ (08) 3836 76 22 - - 7h-23h.* Ce petit bar-restaurant sert surtout des petits-déjeuners. Bon choix de snacks, de plats vietnamiens et italiens également. Accueil sympathique pour une clientèle touristique.

BUDGET MOYEN

Santa Café – Plan zoom - *17 Do Quang Dau - ✆ (08) 3837 33 66 - 7h-0h - - 100 000/140 000 VND.* Ce bar-restaurant spécialisé dans la cuisine italienne (lasagnes, pizzas, risotto) dispose d'une grande terrasse plantée sur un carrefour où se retrouvent les voyageurs. Cela en fait un excellent poste d'observation de l'agitation urbaine.

POUR SE FAIRE PLAISIR

Good Morning Vietnam – Plan zoom - *197 De Tham - ✆ (08) 3837 18 94 - 9h-23h - 180 000/320 000 VND - .* Des plats italiens, un choix de salades, sandwichs, pâtes, viandes et pizzas servis sous des arches en brique. Salle ventilée au rdc, climatisée à l'étage.

Café 333 – Plan zoom - *201 De Tham - ✆ (08) 2221 27 46 - 6h30-1h - 200 000/400 000 VND - .* Mi-restaurant, mi-bar, c'est l'une des bonnes adresses de la rue pour petit-déjeuner ou déjeuner (vietnamien ou occidental). La salade aux crevettes est délicieuse.

5

Thanh Binh – C4 - *140 Le Thanh Ton - ✆ (08) 3823 24 12 - 8h-23h - env. 250 000 VND -* ⊠. À deux pas du marché Ben Thanh, ce petit restaurant vietnamien sert d'excellentes soupes et préparations de fruits de mer. Il est surtout fréquenté par une clientèle locale.

Am Thuc 3 Lang – B4 - *24 Nguyen Thai Hoc - ✆ (08) 6290 78 88 - 9h-0h - 180 000/400 000 VND -* ⊠. Beaucoup de choix dans ce restaurant chinois : anguille, grenouille, œuf, *hotpot (*sorte de pot-au-feu)... Les employés du quartier viennent y chercher leur déjeuner à emporter : un gage de saveur et de fraîcheur. Service aux petits soins.

Dang Nhat An – B5 - *58 Ho Hao Hon - ✆ (08) 3920 91 58 - 6h-23h - 250 000/350 000 VND.* À 10mn à pied de Pham Ngu Lao, il a su conserver sa clientèle vietnamienne et demeurer une adresse vraiment locale. Une salle climatisée entièrement vitrée se dresse au centre d'un patio verdoyant : un cadre plaisant pour goûter aux spécialités de fruits de mer et de poissons préparés au barbecue.

UNE FOLIE

Song Ngu – B4 - *70 Suong Nguyet Anh - ✆ (08) 3832 50 17 - www.songngu.com - 10h-14h, 17h-22h - 500 000/900 000 VND.* Le cadre élégant de cette grande demeure, dont les salles se répartissent en 8 salons, en fait un lieu privilégié de la jet-set saigonnaise, qui vient y déguster des fruits de mer. L'établissement propose une dizaine de menus pour 2 pers. à partir de 750 000 VND. Concerts de musique traditionnelle tous les soirs.

À l'extérieur du centre-ville

POUR SE FAIRE PLAISIR

Ngoc Suong Marina – B3 - *172C Nguyen Dinh Chieu - ✆ (08) 3930 23 79 - 10h-22h - 150 000/350 000 VND.* Les Vietnamiens s'y retrouvent en famille et les clients montent volontiers sur scène pour reprendre les tubes locaux, français et américains, joués par un orchestre. Dans l'assiette : une bonne cuisine à base de fruits de mer. Une adresse populaire.

La Camargue – D3 - *74/7D Hai Ba Trung - ✆ (08) 3520 48 88 - 18h-23h - 350 000/800 000 VND - réserv. conseillée.* Bien à l'abri du bruit de l'avenue, dans une courette qu'il partage avec 5 ou 6 autres établissements (japonais, libanais, italiens), le restaurant est aménagé avec goût, dans les tons jaune paille, mauve et bordeaux. Cuisines française et internationale. Une très bonne table de la ville.

An Vien – B2 - *178A Hai Ba Trung - ✆ (08) 3824 38 77 - 9h-14h, 17h-22h - 450 000/600 000 VND.* Nichée dans une ruelle, cette belle demeure bourgeoise habillée de nombreux tableaux et d'antiquités offre un cadre et une cuisine vietnamienne raffinés. Le service aimerait être à la hauteur, mais se révèle plutôt froid et maladroit.

UNE FOLIE

Com Nieu Saigon – Plan II D2 - *6C Tu Xuong - ✆ (08) 3932 63 88 - 12h-14h30, 18h-22h - env. 1 000 000 VND.* Rendez-vous de la bourgeoisie saigonnaise, cet endroit animé comme une brasserie parisienne propose un succulent choix de plats vietnamiens ou thaïlandais et de fruits de mer. Ne manquez pas la spécialité maison, le riz cuit et moulé dans un pot en terre cuite, qui est cassé au marteau, puis envoyé au serveur à travers la salle.

Le Bordeaux – Plan II E1 en direction - *72 rue D2 - Van Thanh Bac - district Binh Thanh (au nord du centre-ville) - ✆ (08) 3899 98 31 - 11h30-13h30, 18h30-21h30 - env. 1 500 000 VND.* Installée dans une élégante maison de style classique, cette adresse un peu excentrée sert une bonne cuisine française. Service attentif et belle carte des vins.

À Cholon Plan III, p. 413

PREMIER PRIX

Marché Binh Tay – *Dans la halle couverte - 10h-16h - 35 000/50 000 VND -* (pas de cartes). Dépaysement garanti le temps d'une pause déjeuner dans le ventre de Cholon. Chaque stand cuisine sa spécialité et vous vous attablerez avec les commerçants du marché. Tous les ingrédients viennent des étals voisins... Impossible de trouver plus frais !

PETITE PAUSE

Plan I, p. 400-401.

Cafés / Pâtisseries / Glaciers

Kem Bach Dang – C3 - *26-28 Le Loi - ✆ (08) 3829 27 07* – D3 - *8h-23h.* Les meilleures glaces du Vietnam paraît-il, mais les pâtisseries ne sont pas à négliger. Installez-vous à l'étage pour en profiter au calme.

Highlands Coffee – D3 - *7 Cong Truong Lam Son - ✆ (08) 3822 50 17 - 7h-23h.* Une terrasse nichée derrière le théâtre municipal. Cette chaîne s'inspirant de Starbucks a ouvert une dizaine d'autres adresses dans la ville, dont une au 65 Le Loi.

Pat'a Chou – D3 - *74B Hai Ba Trung - ✆ (08) 3824 81 79 - 6h-22h.* Pains, croissants et pâtisseries à savourer sur place ou à emporter.

Paris Deli – C4 - *Pasteur, angle Le Loi - ✆ (08) 3821 61 27.* Ce café style bistrot parisien années 1990 sert pâtisseries, croissants et sandwichs.

Fanny – C4 - *29-31 Ton That Thiep - ✆ (08) 3821 16 33.* Siège de l'Amicale des francophones au Vietnam *(voir p. 416).* On y sert des glaces françaises.

Club 30/4 – B3 - *So 1 Huyen Tran Cong Chua - dans le parc, derrière le palais de l'Unification - 6h-20h.* Cocktails, jus de fruits et petite restauration en terrasse sous les arbres. Espace enfant sur la pelouse.

Yogurt Space – Plan zoom - *147 Tran Hung Dao - ✆ (08) 7301 76 76 - 10h-23h.* Toutes sortes de yogourts aux fruits exotiques (litchis, taros, passion, ananas, etc.) dans une salle vert acidulé.

Tous les jours – Plan zoom - *59 Tran Hung Dao, à l'angle de De Tham - ✆ (08) 3914 43 50 - 6h-23h.* Vaste choix de pâtisseries et de croissants. Salle à l'étage pour suivre les prouesses d'agilité des scooters sur l'avenue.

BOIRE UN VERRE

Plan I, p. 400-401.

Bon à savoir – Sachez que les *bia hoi* sont de petits débits de boissons où l'on vient boire de la bière bon marché.

Bars / Pubs

Les bars du quartier touristique de **Pham Ngu Lao** accueillent surtout les jeunes voyageurs occidentaux. Beaucoup restent ouverts jusqu'au départ des derniers clients. Musique anglo-saxonne et nombreux concerts.

Cyclo Bar 163 – B4 - *163 Pham Ngu Lao - 9h- 22h.* Une ambiance décontractée pour siroter une bière. Des groupes viennent s'y produire certains soirs.

5

Allez Boo – B4 - *195 Pham Ngu Lao - ☏ (08) 3836 95 75 - 6h-3h.* L'endroit le plus animé du quartier, idéal pour sympathiser avec d'autres voyageurs. Décoration en bambou et fraîcheur assurée par les brumisateurs.

Les bars du **centre-ville** attirent quant à eux une clientèle d'expatriés :

O'Brien's Factory – D3 - *74A2 Hai Ba Trung - ☏ (08) 3829 31 98 - tlj sf dim. midi.* Un très joli pub aux murs de brique patinés, tenu par un Français.

Pour une ambiance feutrée, optez pour les bars d'hôtel :

Rooftop Garden – *Au 5e étage du Rex (voir « Hébergement », p. 420).* La terrasse de l'hôtel Rex offre une vue imprenable sur le centre-ville, à condition de trouver une place !

Saigon Saigon – *Au 10e étage du Caravelle (voir « Hébergement », p. 420).* Chic et élégant, il jouit lui aussi d'une vue exceptionnelle et accueille chaque soir un groupe.

Breeze Sky – *Au 6e étage du Majestic (voir « Hébergement », p. 420) - 6h30-0h.* La terrasse panoramique sur trois niveaux est idéale pour boire un dernier verre.

Skydeck – D4 - *2 Hai Trieu (au 52e étage de la tour Bitexco) - ☏ (08) 3915 68 68 - dim.-jeu. 9h30-21h30, vend.-sam. 10h-22h - droit d'accès 200 000 VND (enfant 130 000 VND) - chewing-gum interdit.* Avec grandes baies vitrées, ce bar a de quoi donner le vertige ! Il offre une vue exceptionnelle sur la ville. Seul bémol, le niveau sonore de la musique qui empêche toute conversation.

ACHATS

Plan I, p. 400-401.

Marchés

Le centre-ville compte deux marchés : **Ben Thanh** (*en bas de Le Loi*) (C4) est un vaste édifice couvert où l'on trouve victuailles et vêtements, alors que **Cho Cu** (*Ton That Dam et Ton That Thiep*) (C4) se spécialise dans l'électronique, les victuailles et les produits divers. **Cau Ong Lanh** est l'un des marchés de produits frais les plus colorés de la ville (*Nguyen Thai Hoc, à l'angle des quais Ben Chuong Duong*) (C5). **Nguyen Thai Binh** (*ouest de Pham Ngu Lao*) (B5) regorge aussi de produits frais, tandis que **An Dong** (*intersection de Tran Phu et An Duong Vuong*) (Plan II C4) s'étire sur quatre étages. Mais le plus célèbre et le plus animé des marchés reste **Binh Tay**, à Cholon *(voir p. 414)*.

Antiquités / Artisanat

Bon à savoir – En matière d'artisanat et d'antiquités, sachez qu'à Ho Chi Minh-Ville le choix est plus réduit et les prix sont plus élevés qu'à Hanoi. **Le Cong Kieu**, la rue des antiquaires (C4), est bordée d'échoppes proposant céramiques, horloges, statues, laques, peintures, meubles, briquets Zippo… dans un joyeux capharnaüm. Le marchandage est de rigueur, mais la plupart des prétendues antiquités sont fausses. Même chose pour les timbres et pièces proposés par les vendeurs de rue. La poste centrale, en revanche, vend des timbres de belle qualité. Les boutiques de **Dong Khoi** (D3-4) proposent également des séries complètes de la période française, à des prix élevés. Celles de **Pham Ngu Lao** (B4) pratiquent des prix plus raisonnables pour ce qui est de l'artisanat.

Thanh Son – B4 - *40/1 Bui Vien - ☏ (08) 3836 40 02 - 8h-12h, 14h-20h.* Dans cette charmante boutique, les passionnés de calligraphie pourront admirer le travail de Thanh Son en savourant un des excellents thés également vendus ici.

Shop 26 - Thanh – C3 - *26B Le Loi*. Boussoles marines, montres, jumelles à infrarouge anciennes ou récentes à chiner au mileu d'un bric-à-brac de souvenirs.

Nguyen Frères – D2 - *2A Le Duan*. Excellent choix de mobilier et d'objets décoratifs (anciens et copies).

Vêtements

Le quartier de **Pham Ngu Lao** (B4) regorge de boutiques proposant tee-shirts imprimés, imperméables, sacs à dos et duvets de soie. Le marché **Ben Thanh** et les rues alentour (*Le Thanh Ton et Ly Tu Trong*) (C4) sont également de bonnes adresses pour le prêt-à-porter et les chaussures. Les boutiques autour de **Dong Khoi** (D3-4), beaucoup plus chères, proposent les produits des grandes marques occidentales.

Galeries d'art

Ho Chi Minh-Ville possède un bon choix de laques et de peintures sur soie, sur toile ou sur papier de riz. Pour la peinture, jetez d'abord un coup d'œil au musée des Beaux-Arts et dans ses galeries attenantes avant de vous décider. Dans un genre plus kitsch, vous trouverez nombre d'ateliers effectuant sur commande des reproductions de chefs-d'œuvres… ou votre portrait.

Apricot Gallery – D3 - *50-52 Mac Thi Buoi - ✆ (08) 3822 79 62 - www.apricotgallery.com.vn*. Une galerie élégante qui présente un bon choix de peintres actuels.

Hoang Hac – B3 - *9A Vo Van Tan - ✆ (08) 3824 31 60 - www.hoanghacgallery.8k.com*. L'une des galeries les plus chic de la ville.

Tu Do Gallery - D4 - *53 Ho Tung Mau - ✆ (08) 3821 09 66 - www.tudogallery.com*. Peintures à l'eau et sur soie, laques et canevas, sculptures sur bois.

Librairies

Librairie Nam Phong – D4 - *94 Ho Tung Mau - ✆ (08) 3914 78 58 - tlj sf dim. 9h-12h30, 14h-18h*. Romans, beaux livres en français, neufs ou d'occasion. Expositions.

EN SOIRÉE

Bon à savoir – Disponible à la réception de certains grands hôtels, le magazine *The Guide* constitue une bonne source d'informations pour les événements culturels. Le week-end, vous avez toutes les chances de tomber sur l'un de ces concerts de variétés qui attirent les foules le soir dans les parcs.

Club de jazz

Sax N'Art Club – Plan I C3 - *28 Le Loi - ✆ (08) 3822 84 72 - www.saxnart.com*. Concerts tous les soirs de 21h à 0h. Possibilité de manger sur place mais les prix sont prohibitifs. Contentez-vous d'un verre au son du jazz.

Karaokés

Tous les Vietnamiens sauront vous indiquer le meilleur karaoké de votre quartier ou le dernier endroit à la mode !

Dan Ca 1 – Plan I D3 - *31B Le Thanh Ton - ✆ (08) 3829 92 89*. Un classique du genre.

Nice Karaoke – Plan I B4 - *340 Nguyen Thi Minh Khai - près de Cach Mang Thang Tam ✆ (08) 3834 16 76*. Plébiscité par les jeunes Saïgonnais.

Cinéma

CLB Phim Tu Lieu – Plan I B1 *212 Ly Chinh Thang - ✆ (08) 3822 23 24*. Films en anglais sous-titrés en vietnamien.

Théâtre

Théâtre municipal – Plan I D3 - *7 place Lam Son (sur Dong Khoi) - ✆ (08) 3829 99 76*. Une programmation éclectique de théâtre traditionnel, de ballets et de variétés. Consultez *The Guide* pour l'agenda.

Nha Hat Hoa Binh – Plan II C3 - *14 r. 3 Thang 2 - ✆ (08) 3865 57 60*. Le « théâtre de la Paix » possède plusieurs salles où sont programmés des pièces traditionnelles, des spectacles de cirque, des concerts de variétés ou de pop occidentale.

Kich Sai Gon – Plan I C3 - *59 Pasteur - ✆ (08) 3823 80 67*. Un théâtre de quartier où l'on joue des comédies vietnamiennes.

Concerts

Nha Hat Ben Thanh – Plan I C2 - *6 Mac Dinh Chi - ✆ (08) 3823 16 52*. Concerts, défilés de mode.

Conservatoire de musique – Plan I B4 - *112 Nguyen Du - ✆ (08) 3822 58 41*. Musiques classique occidentale et traditionnelle vietnamienne.

ACTIVITÉS

Activités sportives

Bon à savoir – Consultez *The Guide* (disponible à la réception de certains hôtels) pour connaître les possibilités qu'offre Ho Chi Minh-Ville (bowling, golf, piscine, tennis). La plupart des grands hôtels ouvrent leur piscine aux non-résidents moyennant un droit d'entrée *(100 000 à 200 000 VND)*. Appréciés des expatriés, l'**International Club** – Plan II C4 - *285B Cach Mang Thang Tam ou 342 Tran Binh Trong - ✆ (08) 3835 80 28* (piscine - *30 000 VND*), et le **Lan Anh Country Club** – *291 Cach Mang Thang Tam - ✆ (08) 3862 71 44* (tennis), possèdent de bonnes infrastructures.

Club des travailleurs – Plan I B3 - *55B Nguyen Thi Minh Khai, parc Van Hoa*. L'ancien Cercle sportif a conservé ses infrastructures de l'époque coloniale, notamment les courts de tennis et la grande piscine en plein air.

Massages

Association municipale des aveugles – Plan I A4-B5 - *185 Cong Quynh - ✆ (08) 3839 66 97 - 8h30-20h*. Leur réputation n'est plus à faire et les gains de l'association vont à l'école pour aveugles qui se trouve à côté *(50 000 VND dans la salle ventilée, 70 000 VND avec air conditionné)*. Les grands hôtels possèdent en général un salon de massage.

Marionnettes sur l'eau

Golden Dragon Water Puppet Theater – Plan I BC3 - *55B Nguyen Thi Minh Khai - ✆ (08) 3930 07 58 à 17h, 18h30 et 19h45 - comptez 200 000 VND - durée 50mn.*

Musée d'Histoire du Vietnam – Plan I D2 - *2 Nguyen Binh Khiem - à 9h, 10h, 11h, 14h, 15h et 16h tlj sf lun. - comptez 50 000 VND - durée 30mn.*

Les environs de Ho Chi Minh-Ville

★★

Cu Chi - Tay Ninh

Provinces de Ho Chi Minh - Tay Ninh

NOS ADRESSES PAGES 432 ET 435

S'INFORMER

Saigon Tourist – Plan I p. 400-401 C3 - *49 Le Thanh Ton - Ho Chi Minh-Ville - ✆ (08) 3822 26 50 - www.saigontourist.net*. Propose des excursions organisées.

SE REPÉRER

Carte de microrégion C1 *(p. 396-397)*.

Voir « Arriver / Partir » dans « Nos adresses aux tunnels de Cu Chi » p. 432.

À NE PAS MANQUER

Les tunnels de Cu Chi ; le temple caodaïste de Tay Ninh.

ORGANISER SON TEMPS

Comptez une journée pour cet itinéraire de 115 km aller au départ de Ho Chi Minh-Ville ; visitez les deux sites dans la foulée, à moto ou avec une voiture de location ; commencez par visiter Cu Chi, pour pouvoir assister à la grand-messe de midi à Tay Ninh.

Située à la frontière du Cambodge, la province de Tay Ninh a été particulièrement meurtrie par les conflits. C'est sur la RN 22, à Trang Bang, que fut prise l'une des plus célèbres et des plus poignantes photos de la guerre, montrant une petite fille courant nue sur la route, le corps brûlé par le napalm, et hurlant de douleur. Émigrée plus tard au Canada où elle s'est mariée, Phan Thi Kim Phuc a été nommée ambassadrice de l'Unesco en 1997. Deux sites d'intérêt majeur peuvent se visiter dans la journée au départ de Ho Chi Minh-Ville. Symbole de la lutte des Viet-congs contre les Américains, le réseau de tunnels de Cu Chi plonge le visiteur dans l'enfer de la guerre du Vietnam. Quant à Tay Ninh, la capitale de cette petite province frontalière, elle est le siège de la plus étrange religion syncrétique vietnamienne : le caodaïsme.

5

Circuit conseillé Carte de microrégion

★★ LES TUNNELS DE CU CHI C1

Comptez 1h. À 45 km au nord-ouest de Ho Chi Minh-Ville. Empruntez la RN 22 jusqu'au village de Cu Chi (35 km), où il vous faut prendre la route qui part sur la droite. Continuez sur une dizaine de kilomètres jusqu'à Ben Dinh - 6h-18h - 90 000 VND. Visite guidée uniquement, parfois en français.

Haut lieu de la guerre du Vietnam, les tunnels de Cu Chi offrent un témoignage saisissant de l'ingéniosité et de l'acharnement mis en œuvre par les Vietnamiens face à l'extraordinaire puissance militaire déployée par les Américains dans ce périmètre. Aujourd'hui, les touristes de toutes nationalités sont nombreux à visiter la petite partie du réseau souterrain qui évoque le souvenir de la tragédie.

La visite des tunnels

Deux sites sont ouverts aux touristes. Celui de **Ben Dinh**, fort peu visité, comprend une section de souterrains, ainsi qu'une salle d'exposition qui présente des cartes du réseau. Quelques kilomètres plus loin, après le cimetière où reposent 10000 victimes de la guerre, le site principal, **Ben Duoc★★**, est en fait une reconstitution des tunnels… élargis pour permettre à des Occidentaux de passer. Descendre dans ces boyaux étroits et humides, le dos voûté, à la lumière d'une lampe de poche, n'en constitue pas moins une expérience unique. Claustrophobes s'abstenir ! La visite commence par la projection d'un film à la gloire des combattants viet-congs, composé d'images d'archives, puis vous pénétrez dans le sous-bois en compagnie d'un guide.

Revenez au village de Cu Chi et prenez la RN 22 en direction de Tay Ninh (64 km).

NOS ADRESSES AUX TUNNELS DE CU CHI

ARRIVER / PARTIR

En bus

À Ho Chi Minh-Ville, les bus pour Tay Ninh partent du terminal **Ben Xe Tay Ninh** toutes les 20mn de 5h à 18h (5h de trajet). Les express partent toutes les heures de 7h à 16h et rejoignent Tay Ninh en 3h. Pour vous rendre aux tunnels de Cu Chi, prenez le bus de Tay Ninh, descendez dans la ville de Cu Chi, puis effectuez les 15 derniers kilomètres à moto-taxi.

Excursions organisées

Voir p. 416.

En voiture

C'est le meilleur moyen de visiter les deux sites dans la journée.
Pour les locations, voir p. 416.

À moto

Option possible quoique fatigante.
Pour les locations, voir p. 416.

★★ TAY NINH C1

Comptez 1h.

Située aux confins du Vietnam, en bordure du Cambodge, cette province est le siège de l'une des plus étranges religions qui aient vu le jour au Vietnam, créée dans les années 1920 par un petit fonctionnaire de l'administration coloniale, **Ngo Van Chieu** *(voir « Religions », p. 84)*. Sous la coupe de son successeur, Pham Cong Tac, le **caodaïsme** devait s'engager sur le terrain politique et manifester tout au long de son histoire une singulière aptitude à choisir le camp des vaincus (japonais, français, américain). Taxé de nationalisme, le mouvement fut d'abord réprimé par les Français en 1937, et son chef contraint de s'exiler pendant six ans. Durant la Seconde Guerre mondiale, les caodaïstes levèrent une milice de 20000 hommes avec la bénédiction des Japonais, puis s'engagèrent aux côtés des Français contre le Viet-minh. Après la partition du Vietnam, ils affirmèrent leur contrôle sur la province de Tay Ninh, pratiquement érigée en État indépendant, et se heurtèrent au président Diem. Mais l'intervention des Américains les conduisit à mobiliser leurs forces contre

Le Saint-Siège caodaïste.
Rene Mattes / Mauritius / Photononstop

le Viet-cong. Après 1975, le passé anticommuniste du mouvement lui valut d'être interdit, ses chefs furent envoyés en camp de rééducation et ses biens confisqués. Autorisé à nouveau depuis 1985, le caodaïsme a récupéré ses lieux de culte et compte plus de deux millions de fidèles.

★★ Le Saint-Siège caodaïste C1

À Long Hoa, 5 km à l'ouest de Tay Ninh.

Bon à savoir – Pendant les cérémonies (6h, 12h, 18h et 0h), portez une tenue discrète. Le reste du temps, vous pouvez visiter l'église librement. Les photos sont autorisées, mais l'utilisation du flash est proscrite, et la politesse requiert de demander la permission avant de photographier quelqu'un.

Siège depuis 1927 de la religion caodaïste, le monastère comprend de nombreux édifices, tels que dortoirs, bâtiments administratifs, réfectoire, imprimerie et centrale électrique… Ils sont dispersés dans un parc de 1 km^2, au milieu duquel s'impose le **grand temple caodaïste**★★ *(Thanh That Cao Dai)*, construit à partir de 1933. Tout à la fois pagode, cathédrale et temple taoïste, son architecture kitsch et baroque offre un parfait reflet de la philosophie syncrétique de la religion caodaïste. Le style sino-vietnamien de ce vaste édifice de 107 m de haut a en effet de quoi déconcerter.

Deux **tours** flanquent la façade, ornée de statues des génies du Bien *(à droite)* et du Mal *(à gauche)*, et de bas-reliefs représentant à droite Le Van Trung (Ly Thai Bach), le premier pape caodaïste, et à gauche Lam Huong, la première cardinale femme. Sur les côtés, des sculptures végétales ajourées enserrent un triangle portant un œil divin.

Dans l'entrée, une vaste **fresque**★ représente les trois missionnaires divins envoyés comme guides spirituels de l'humanité pour réaliser la troisième alliance : Sun Yat-sen, le fondateur de la République chinoise, Nguyen Binh Khiem, le grand poète vietnamien, et, plus surprenant, Victor Hugo, la réincarnation de Nguyen Du. Dans la **nef**★★★, baignée de lumière, d'énormes dragons entortillés autour des colonnes semblent descendre d'un plafond céleste parsemé d'étoiles. La nef s'étire sur neuf paliers, le nombre d'étapes

Le « Triangle de fer »

UN RÉSEAU SOUTERRAIN

Les premiers tunnels de Cu Chi, longs de 40 km, furent creusés par le Viet-minh en 1948 dans une plantation d'hévéas pour dissimuler leurs armes, puis pour se cacher. À partir de 1960, le Viet-cong entreprit de réhabiliter et d'agrandir le réseau – qui atteignit 250 km –, dans le but de relier les foyers de résistance et de servir de base arrière aux actions d'éclat menées à Saigon. Cu Chi offrait en outre l'avantage d'être proche du débouché sud de la piste Ho Chi Minh, et de se trouver au-dessus du niveau du fleuve, ce qui évitait les risques d'inondation.

Difficile à creuser, le **sol d'argile** présentait néanmoins une qualité majeure, celle de résister au passage des tanks et aux bombardements. Le principal problème provenait en fait du déblaiement de la terre, généralement dispersée dans le fleuve à la faveur de la nuit. Avec la destruction systématique des forêts, le bois utilisé pour le soutènement des galeries devint une denrée rare et les combattants utilisèrent des matériaux volés dans les bases ennemies.

Larges d'environ 80 cm pour une hauteur identique, les boyaux se déployaient sur plusieurs niveaux, reliant les diverses **salles** (dortoirs, latrines, cuisines, salles de réunion, hôpitaux de campagne). De minuscules trappes ouvraient sur les tunnels, mais certains accès étaient dissimulés sous l'eau et les Viet-congs multiplièrent les fausses entrées. Pour tromper le flair des chiens, du poivre était parsemé autour des trappes et les Viet-congs allèrent jusqu'à porter des uniformes et à utiliser des savons volés aux Américains ! Enfin, un ingénieux système permettait d'évacuer la fumée dans des termitières ou des fourrés.

Promiscuité, chaleur étouffante, hygiène épouvantable, manque d'oxygène, pénombre permanente, odeurs, rats, serpents, scorpions… on imagine avec peine les conditions d'existence des Viet-congs. La destruction des rizières ayant tari l'approvisionnement en nourriture, les combattants devaient en outre se contenter la plupart du temps de tapioca, de feuilles et de racines.

UN FOYER DE RÉSISTANCE

Soucieux de contrôler cette **zone stratégique** proche de la capitale, les Américains mirent tout en œuvre pour anéantir le réseau. Au début de 1963, les villageois furent déplacés et relogés dans des « hameaux stratégiques » pour couper les combattants du soutien de la population, mais l'effet fut inverse et certains hameaux se trouvèrent même directement reliés aux souterrains. À partir de 1965, les Américains quadrillèrent la région de bases militaires… l'une d'elles étant même implantée, à leur insu, au-dessus des tunnels ! Puis la zone fut « nettoyée » au défoliant, au napalm, à l'essence et au bulldozer, et replantée d'une herbe très inflammable. Enfin, des unités spéciales chargées de pénétrer dans les souterrains furent mises sur pied, composées d'abord d'Américains, puis d'engagés mexicains, plus petits (!), et enfin de Sud-Vietnamiens. Ces « rats de tunnels » subirent d'énormes pertes, victimes des goulets et des pièges hérissés de piques ou remplis de serpents. Après l'offensive du Tet (1968, *voir « Histoire », p. 122*), les Américains noyèrent Cu Chi, qui avait servi de base arrière aux attaques sur Saigon, sous un « tapis de bombes », et infiltrèrent le réseau viet-cong (opération Phœnix). Mais le réseau souterrain avait déjà rempli sa mission… au prix de la mort de 12 000 combattants et d'innombrables civils.

pour accéder au paradis. Sur le septième se tient le **trône du Gia Tong** (pape), vide depuis la mort du fondateur, et ceux des conseillers et cardinaux. Sur le neuvième palier, caché derrière des rideaux, un énorme **globe bleu★★** constellé d'étoiles, au milieu duquel brûle une flamme perpétuelle, porte l'œil du Maître divin, symbole idéal de la religion universelle.

Le cérémonial

Les touristes sont chaque jour nombreux à assister à la grand-messe de midi *(30mn)*. Après être entrés dans l'église par une porte latérale, ils sont conduits vers les galeries qui dominent la nef. L'agitation ne semble guère troubler la méditation des fidèles vêtus de blanc, assis bien en ligne à même le sol, les femmes à gauche et les hommes à droite. Aux premiers rangs se tiennent les dignitaires vêtus en jaune (bouddhisme), en bleu (taoïsme) ou en rouge (christianisme). Selon un rite immuable, un petit groupe de musiciens installé dans la tribune au-dessus de l'entrée enveloppe les lieux d'une mélodie envoûtante, tandis que les fidèles ânonnent leur prière. La cérémonie ne comprend aucun sermon, mais des offrandes sont présentées à l'Être suprême. Près d'un million de fidèles se pressent à Tay Ninh lors des fêtes du 9 janvier et de la mi-août.

Prenez en direction du nord-est pour rejoindre Nui Ba Den (15 km de Tay Ninh).

★ LA MONTAGNE DE LA DAME NOIRE (NUI BA DEN) C1

Telle une anomalie géologique, Nui Ba Den surgit de nulle part au milieu de la plaine. Souvent envahie par la brume, la plus haute montagne du sud du pays (986 m) fut le théâtre de furieux combats durant la guerre. En 1962, les Américains y établirent une base avec piste d'atterrissage et antenne.

Les plus courageux peuvent se lancer à l'ascension du sommet *(entrée payante - comptez 6h AR)*, mais les autres se contenteront de rejoindre la **pagode Ba**, à pied *(1h30 AR)* ou en téléphérique *(payant)*. Une statue de la déesse de la Miséricorde précède l'entrée du sanctuaire (1995), tandis qu'à l'intérieur trônent les **statues** des 18 bandits repentis de la mythologie, ainsi que d'une déesse aux 18 bras.

Du sommet, un **panorama★★** exceptionnel s'étend sur les rizières. Vénérée depuis des temps immémoriaux par les Vietnamiens, les Chams et les Khmers, la montagne attire environ un million de pèlerins lors des fêtes de la mi-janvier

NOS ADRESSES À TAY NINH

HÉBERGEMENT

PREMIER PRIX

Anh Dao Hotel – *146 r. 30 Thang 4, ✆ (066) 382 73 06 - ▤ ✕ - 18 ch. 18/35 $*. Un hôtel kitsch et un peu vieillot, mais d'un confort acceptable. Le Hoa Binh offre toutefois un meilleur rapport qualité-prix.

BUDGET MOYEN

Hoa Binh Hotel – *210 r. 30 Thang 4 - ✆ (066) 382 13 15 - ▤ ✕ - 150 ch. 35/55 $* ☕. Installé dans un gros édifice de style soviétique, cet établissement confortable propose une gamme très variée de chambres.

RESTAURATION

PREMIER PRIX

Hoa Don – *30 Thang 4 (près de l'hôtel Anh Dao)*. Un petit restaurant simple et pas franchement excitant, mais il ne faut pas s'attendre à des miracles à Tay Ninh.

Vung Tau

★

254 114 habitants - capitale de la province de Ba Ria-Vung Tau

NOS ADRESSES PAGE 440

S'INFORMER

Vung Tau Tourist Corporation – Plan de la ville B4 - *207 Vo Thi Sau - ✆ (064) 3856 445 - vtautour@hcm.vnn.vn.* Pas beaucoup d'aide à attendre de ce bureau, en particulier hors saison.

SE REPÉRER

Carte de microrégion D2 *(p. 396-397)* - plan de la ville p. 438.
Voir « Arriver / Partir » dans « Nos adresses à Vung Tau » p. 440.

À NE PAS MANQUER

Le tour des corniches et la plage de Bai Sau; l'ascension du Christ géant; le village de Long Hai.

ORGANISER SON TEMPS

Évitez de venir à Vung Tau le week-end: les hôtels sont pris d'assaut et augmentent leurs tarifs.

Lieu de villégiature privilégié des Saigonnais, Vung Tau n'est plus depuis longtemps cette riviera élégante de l'époque française, où les riches colons se faisaient bâtir des villas en bord de mer. Dédiée au tourisme de masse, elle est désormais synonyme de vastes hôtels en béton, de bars-karaokés et de plages plus ou moins propres… pas de quoi a priori susciter l'enthousiasme. Pourtant, le cadre superbe, la perspective de quelques bains de mer et finalement la rencontre d'un Vietnam populaire et coloré, joyeux et bruyant, parfois un peu kitsch, justifient le déplacement. Outre les plages, la balade le long des corniches, l'ascension du Christ géant et les sorties nocturnes constituent les principales distractions de Vung Tau. La station de Long Hai, au nord-est, se révèle un choix idéal pour ceux qui recherchent un peu de tranquillité.

Se promener Plan de la ville p. 438

VUNG TAU, LE « DEAUVILLE VIETNAMIEN »

Comptez 2 jours.

Vung Tau occupe la pointe d'un éperon montagneux qui s'avance dans la mer de Chine méridionale. Sa partie urbaine s'étend entre deux collines, la plage de Bai Truoc et l'aéroport, tandis que la plupart des hôtels se sont implantés le long des rubans de sable qui ourlent la péninsule. Adossée au centre-ville, **Bai Truoc** (ou « plage des Cocotiers ») (B4) est la plage la moins engageante et la plus polluée de Vung Tau. Vous aurez néanmoins plaisir à y flâner le matin pour admirer les bateaux colorés rentrant de la pêche, ou à vous y attabler le soir, dans l'un des kiosques servant des fruits de mer alignés le long de Quang Trung, large boulevard planté de cocotiers.

Bateaux de pêche dans le port de Vung Tau.
Antony Giblin / Photononstop

★ La Petite Montagne (Nui Nho) B4-5

Au sud de la baie se dresse une colline massive de 197 m, aux pentes couvertes de forêts, et au pied de laquelle un large boulevard fait le tour de la **Petite Corniche** *(6 km)*, délivrant au passage quelques beaux panoramas. Depuis 1910, elle est coiffée d'un **phare** qui guide l'entrée des bateaux vers le port *(passé la poste, longez la corniche sur 200 m, prenez le sentier à gauche et tournez à droite à 500 m ; comptez 1h aller-retour)*. La **vue**★★ est absolument superbe, mais, pour d'obscures raisons de sécurité, il est interdit de prendre des photos du haut du phare.

À quelques centaines de mètres de la poste, une route mène à la **pagode Niet Ban Tinh Xa** *(7h-17h)*, un édifice moderne réputé pour sa **cloche en bronze** de 5 t et son **bouddha** allongé de 12 m. En contrebas s'étire **Bai Dua** (« plage des Ananas »), appelée « plage des Roches noires » à l'époque coloniale, en fait un mince ruban de sable auquel on accède par un sentier.

À mesure que vous vous approchez du cap, les restaurants, hôtels et pavillons se font plus rares. Surplombant la route, surgit soudain la gigantesque silhouette du **Christ géant**★ *(Thanh Giac)*, les bras ouverts vers la mer *(accessible par un sentier)*. Élevée en 1971, cette statue de 28 m de haut n'est pas sans rappeler celle de Rio de Janeiro. À l'intérieur, un escalier permet d'accéder au sommet, d'où la **vue**★★ est magnifique.

Au pied du **cap Nghinh Phong** s'étire une petite plage, « idéale pour les touristes amateurs de la pêche à la ligne et de l'aventure », selon la plaquette de l'office du tourisme du Vietnam. Si cela n'est pas votre cas, contentez-vous d'admirer la vue sur Bai Sau et la curieuse **pagode Hon Ba**★, juchée sur un petit rocher à 200 m du rivage, accessible à marée basse.

La route redescend ensuite vers **Bai Sau**★, immense ruban de sable long de 8 km, où les arbres ont depuis longtemps cédé la place à des hôtels et à des restaurants sans grâce. Plus encore qu'à un bain de mer, la plage invite à une véritable immersion sociologique. Nageuses en maillot fleuri couvrant tout le corps, fiers bâtisseurs de châteaux de sable, familles nombreuses, élégantes

VUNG TAU
0
1 km
N
A
B
C
1
2
3
4
5
Ben Da
Tran Phu
Grande Montagne (Nui Lon)
Grande Corniche
Pagode Hung Thang Tu
Statue de Quan Am
Statue de la Vierge Marie
Bai Dau
BE CHURA DAU
Ben Dinh
Ho Chi Minh-Ville
LAM SON STADIUM
Bach Dinh (Villa Blanche)
Bai Truoc
EMBARCADÈRE HYDROFOIL
Petite Montagne (Nui Nho)
197
Petite Corniche
Pagode Niet Ban Tinh Xa
Bai Dua
Christ géant
Pagode Hon Ba
Cap Nghinh Phong
Temple Lang Ca Ong
Pagode Linh Son Co Tu
Lac Bau Sen
Bai Sau
MER DE CHINE MÉRIDIONALE
PARADISE GOLF CLUB
LONG HAI
LONG HAI
HO CHI MINH-VILLE
Pham Hong Thai
Truong Cong Dinh
Le Hong Phong
Le Loi
Ly Thuong Kiet
Tran Hung Dao
Le Lai
Ba Cu
Quang Trung
Nam Ky Khoi Nghia
Vo Thi Sau
Thuy Van
Hoang Hoa Tham
Phan Chu Trinh
Nguyen Trai
SE LOGER
Doan 28 ... 1
Grand Hotel ... 2
My Le Hotel ... 3
Palace Hotel ... 5
Rex Hotel ... 6
Saigon Hotel ... 7
Tri Ky ... 9
SE RESTAURER
Café Kem ... 1
David ... 2
Ngoc Trai Xanh ... 3
Quan Tre ... 4
Thu Trang ... 5
69 Cay Bang ... 6

PÉTROLE ET PLAGES DORÉES…

Dès le 15e s., la péninsule aurait servi de mouillage aux marins portugais, qui lui attribuèrent le nom de leur patron, saint Jacques. Mais c'est à la fin du 19e s. que Vung Tau devint la station balnéaire préférée des colons français de Saigon, sous le nom de **Cap-Saint-Jacques**. Lors de la guerre du Vietnam, elle fit les délices des GI's en goguette puis, après 1975, des experts soviétiques travaillant sur les plates-formes pétrolières. À la fin des années 1970, Cap-Saint-Jacques fut aussi l'un des principaux points d'embarquement des *boat people* cherchant à fuir le pays *(voir « Histoire », p. 129)*.

La page est aujourd'hui tournée et les flots de Vietnamiens qui se déversent chaque week-end sur les plages ne sont plus en quête d'autres rivages. Quant à la vocation industrielle de Vung Tau, symbolisée par la société d'exploitation pétrolière offshore VietsovPetro, créée en collaboration avec l'Union soviétique, elle semble marquer le pas.

déambulant en chaussures à talons… l'ambiance est résolument bon enfant, malgré les scooters de mer conduits par des novices qui circulent sans état d'âme au milieu des baigneurs. Assis dans un transat à l'ombre d'un parasol *(à louer)*, laissez-vous convaincre par les vendeuses de crabes, souriantes et harcelantes, qui proposent de délicieux fruits de mer.

Dirigez-vous vers le centre-ville. Située un peu à l'écart, dans la rue Hoang Hoa Tham qui relie Bai Sau et Bai Truoc, la **pagode Linh Son Co Tu** est la plus ancienne de Vung Tau (19e s.). De l'autre côté de la rue, le **temple Lang Ca Ong** est dédié au culte de la baleine. Des squelettes y sont conservés et, chaque année, le 16e jour du 8e mois lunaire, une cérémonie s'y déroule en l'honneur du noble cétacé, ponctuée d'offrandes et de chants.

★ La Grande Montagne (Nui Lon) A1-2

Un autre circuit, au nord de Vung Tau, conduit le long de la **Grande Corniche** *(10 km)* qui fait le tour de la Grande Montagne (520 m).

À quelques centaines de mètres au nord de Bai Truoc, **Bach Dinh**★ (« Villa blanche ») (B3) *(entrée au 12 Tran Phu - 7h-17h - 6 000 VND)* émerge au milieu de la végétation. Le gouverneur général de l'Indochine, Paul Doumer, qui savait se soigner, choisit cet emplacement pour ses villégiatures (1898). L'empereur Thanh Thai y fut assigné à résidence en 1906, avant d'être déporté à la Réunion, puis l'empereur Bao Dai et le président Nguyen Van Thieu y séjournèrent fréquemment. Cet édifice d'une grande élégance arbore une jolie frise Art déco en façade. À l'intérieur, les vastes salles fraîches et hautes de plafond abritent du **mobilier** ayant appartenu à l'empereur (défenses d'éléphant, vases), ainsi que des **céramiques** provenant d'une épave du 17e s. découverte dans l'archipel Con Dao. De l'étage, la **vue**★★ est remarquable.

Les habitations se font de plus en plus éparses à mesure que vous vous éloignez de Bai Truoc, et la **vue**★★ est une fois de plus superbe, notamment au coucher du soleil. La route passe soudain de quatre à deux voies avant d'arriver à **Bai Dau** (« plage des Mûriers »). La plage n'a rien d'exceptionnel, mais une forme de tourisme paisible s'est développée ici, dans de petites pensions ou villas privées, loin du gigantisme un peu froid qui prévaut à Vung Tau. Une rangée de bars et de restaurants sur pilotis s'alignent côté mer et de nouveaux hôtels apparaissent peu à peu.

Non loin de là, une énorme **statue de la Vierge Marie** portant l'Enfant Jésus se dresse au pied de la colline, symbole d'un catholicisme triomphant qui entend faire la nique au bouddhisme. Juste à côté, adossée à la **pagode Hung Thang Tu**, se tient en effet une **statue de Quan Am**, beaucoup plus petite, mais qui semble sortie du même atelier. De là, vous pouvez revenir sur vos pas ou continuer par une route étroite et bosselée, qui passe par le village de pêcheurs de Ben Da avant de revenir à Vung Tau.

À proximité Carte de microrégion

LONG HAI D2

À 46 km au nord-ouest de Vung Tau. Possibilité de s'y rendre en bus via Ba Ria. Plage de sable fin, parasols, transats et vendeuses de crabes… Long Hai propose le même genre d'agréments que Vung Tau, à ceci près que le village est beaucoup plus petit et que l'on y dénombre seulement une poignée d'hôtels. Un enchantement de petites **embarcations** colorées, fanions battant au vent, vient rappeler que la principale activité des villageois demeure la pêche. L'endroit séduira donc ceux qui recherchent la tranquillité, mais attention, le week-end l'animation bat son plein.

NOS ADRESSES À VUNG TAU

Plan de la ville, p. 438.

INFORMATIONS UTILES

Banque / Change

Vietcombank – B4 - *27-29 Tran Hung Dao - lun.-vend. 7h30-11h30, 13h30-16h.*

Poste / Téléphone

Bureau de poste – B4 - *4 Ha Long - 6h30-20h.*

Internet

Certains hôtels proposent ce service *(voir « Hébergement »).*

Compagnie aérienne

Vietnam Airlines – B4 - *29 Tran Hung Dao (à côté de Vung Tau Tourist) - ✆ (064) 385 60 99 - lun.-sam. 7h30-12h, 14h-18h, dim. 8h-11h30.*

ARRIVER / PARTIR

En bus

Terminal – C3 - *192 Nam Ky Khoi Nghia, au nord de la ville.* Il dessert notamment Ho Chi Minh-Ville *(2h de trajet - 32 000 VND)* et Long Hai *(1h).* À Saigon, les bus partent du terminal Mien Dong. Préférez les express climatisés.

En minibus

De Ho Chi MInh-Ville, des minibus pour Vung Tau *(2h15)* partent de la rue Ham Nghi dès qu'ils sont pleins et débarquent les passagers sur Tran Hung Dao, près de la cathédrale. Au départ de Vung Tau, les minibus attendent près du Grand Hotel (Plan zoom). Jusqu'à 9h, la fréquence est élevée et vous négocierez facilement le prix de la course *(environ 50 000 VND)*, puis départs toutes les 30mn environ. Le voyage est fatigant.

En bateau

Bateau entre Ho Chi Minh-Ville et Vung Tau *(200 000/250 000 VND).* Départs en face de l'hôtel Majestic *(durée: 1h20 - www.vungtau-city.com).*

TRANSPORTS

Bon à savoir – La meilleure manière de circuler à Vung Tau reste les motos-taxis. On peut également envisager une location de voiture avec chauffeur ou une location de moto en s'adressant auprès de son hôtel.

En taxi

Gili Taxi – *247 Truong Cong Dinh - (064) 385 85 85.*
Petro Taxi – *(064) 385 18 51 ou 381 81 81.*

En cyclo-pousse

Le *xich lo dap* est pratique pour les petites distances.

À vélo

Un moyen de transport agréable, mais attention aux distances. Renseignez-vous auprès des hôtels et restaurants.

HÉBERGEMENT

Bai Truoc

BUDGET MOYEN

Rex Hotel – Plan zoom - *1 Le Quy Don - (064) 385 21 35 - rex.osc@hcm.vnn.vn - www.rexhotelvungtau.com - - 78 ch. 45/88 $ - location de vélos, chaînes satellite, accès Internet, karaoké, bar.* Bâti en 1972 pour les villégiatures des officiers américains, le Rex conserve un chic d'époque indiscutable en dépit des rénovations. Les chambres sont confortables, mais assez chères (leur prix varie du simple au double). Le personnel parle anglais.

UNE FOLIE

Palace Hotel – Plan zoom - *1 Nguyen Trai - (064) 385 64 11 - www.palacehotel.com.vn - - 110 ch. 100/120 $ - accès Internet.* Ce palace doté d'une piscine (payante pour les non-résidents) et d'un bar agréables loue des chambres confortables. Les prix augmentent de 10 % le week-end, mais essayez de négocier.
Grand Hotel – Plan zoom - *2 Nguyen Du - (064) 385 68 88 - www.grandhotel.com.vn - - 80 ch. 100/140 $- massages, karaoké.* Ce grand hôtel du centre-ville propose des chambres spacieuses et confortables, quoiqu'un peu vétustes. Certaines disposent de l'air conditionné, d'un balcon face à la mer et d'une télévision avec chaînes satellite. Service un peu indolent, mais le personnel parle anglais.

Bai Sau

PREMIER PRIX

Tri Ky – C4 - *180 Hoang Hoa Tham - (064) 385 91 98 - - 16 ch. 12 $.* Ce petit hôtel sans prétention, confortable et bien tenu, constitue un excellent rapport qualité-prix pour sa catégorie (les prix baissent de 20 % en semaine). Le personnel parle un peu anglais.
Saigon Hotel – C4 - *85 Thuy Van - (064) 385 23 17 - saigonhotel@tnt-vietnam.com - - 121 ch. 21 $ - location de motos.* Les chambres de l'ancien bâtiment sont vétustes (ventilateur), tandis que celles du nouveau bâtiment satisferont votre exigence de confort (chaînes satellite, eau chaude), mais la décoration est très kitsch. Attention tout de même aux suites à 40 $, surévaluées. L'ensemble est fréquenté par de nombreux groupes de touristes vietnamiens.

POUR SE FAIRE PLAISIR

My Le Hotel – C5 - *57-59 Thuy Van - (064) 385 21 77 - www.mylehotel.com.vn - - 85 ch. 89/119 $.* D'un confort irréprochable, ce vaste palace moderne est un peu glacial. Nombreuses prestations, telles que chaînes satellite, sauna, massages, discothèque, accès Internet, location de véhicules.

Sur la Grande Corniche et Bai Dau

PREMIER PRIX

Doan 28 – A2 - *106 Tran Phu (avant la statue de Marie) - ✆ (064) 383 32 59* - *58 ch. 16 $*. Une pension modeste, mais correcte, surplombant une plage plutôt sale. L'endroit est cependant agréable, surtout fréquenté par une clientèle vietnamienne. On peut prendre le petit-déj. dans le restaurant situé de l'autre côté de la route, près de la plage.

Long Hai

En arrivant dans le village, prenez à gauche la route qui mène à la plage et aux hôtels.

PREMIER PRIX

Doan an Duong 298 – Hors plan - *✆ (064) 386 83 16* - *32 ch.* Une adresse sympathique qui propose des chambres d'un confort sommaire, mais les prix sont modiques et le site, sur la plage à l'ombre des pins, se révèle très plaisant.

UNE FOLIE

Anoasis Beach Hotel – Hors plan - *✆ (064) 386 82 27 - www.anoasisresort.com.vn* - *18 ch.* Situé à 2 km au nord sur la côte, ce luxueux resort dispose de chambres joliment décorées, aménagées dans de spacieux bungalows dispersés dans un cadre superbe, au milieu des pins.

RESTAURATION

Bai Truoc

Bon à savoir – Vung Tau offre un vaste choix de restaurants, spécialistes notamment des fruits de mer, mais les prix sont élevés *(la plupart ferment à 21h)*. Une bonne solution consiste à manger dans les gargotes de Quang Trung, en face du Grand Hotel.

PREMIER PRIX

Café Kem – Plan zoom - *2 Biet Thu - ✆ (064) 381 03 67 - 8h-22h.* Un peu avant la Villa blanche, face à la mer, des terrasses en étages bienvenues pour siroter un café frappé en regardant le paysage. Plats simples et bon marché.

BUDGET MOYEN

David – Plan zoom - *130 Ha Long - ✆ (064) 385 66 12.* Une pizzeria toute simple et quelques plats vietnamiens dans une salle ouverte sur l'extérieur à proximité du port. Impeccable si vous attendez un bateau.

POUR SE FAIRE PLAISIR

Ngoc Trai Xanh – A3 - *10 Tran Phu - ✆ (064) 351 26 52.* Un bel endroit. Malheureusement, la bâtisse a été entièrement peinte en bleu pastel. Les fruits de mer frais, préparés de mille façons, sont néanmoins un régal.

Bai Sau

PREMIER PRIX

Thu Trang – C4 - *95 Thuy Van (en face de l'hôtel Saigon).* Un établissement modeste de bord de plage, où l'on propose poisson, crevettes et crabe. La salle est éclairée au néon, mais à l'étage, la terrasse avec vue sur la mer est idéale pour boire un verre.

Bai Dau

BUDGET MOYEN

69 Cay Bang – A2 - *69 Tran Phu - ✆ (064) 383 85 22 - 9h-21h.* Ce restaurant sur pilotis fréquenté par des Vietnamiens propose de délicieux fruits de mer, mais l'éclairage au néon et les murs carrelés évoquent une poissonnerie. La carte est en anglais.

Quan Tre – A3 - *7 Tran Phu - http://quantrevt.com - ✆ (064) 383 61 57 - 9h-21h.* Planté au bord de l'eau, bercé par le roulis des vagues, cet établissement propose un excellent choix de fruits de mer (vivier). Idéal pour un dîner romantique comme pour un verre en journée.

Long Hai

BUDGET MOYEN

Anoasis Beach Hotel – Hors plan - *(Voir « Hébergement », p. 442)*. Le restaurant du resort est idéalement situé, face à la mer. On y sert fruits de mer, cuisines vietnamienne et occidentale.

EN SOIRÉE

Bars / Discothèques

Les nuits sont chaudes le week-end à Vung Tau, notamment pour les amateurs de karaoké ou de techno. Pour une atmosphère plus romantique, tentez les bars en terrasse des corniches.

ACTIVITÉS

Excursions

Poulo Con Dao est en passe de devenir l'une des grandes destinations du Sud-Vietnam. Mais pour l'instant, cet archipel attire encore peu de touristes. Il est accessible de Vung Tau en hélicoptère (renseignements auprès de Vietnam Airlines) ou en bateau : **Con Dao Transportation** – *35 Truong Cong Dinh - ✆ (064) 385 90 89.*

Activités sportives

Paradise Golf Club – C3 - *1 Thuy Van - ✆ (062) 382 33 66*. Location de scooters de mer sur les plages de Bai Sau et Long Hai.

Courses de chiens

Lam Son Stadium – B3 - *15 Le Loi*. Une manière originale de passer son samedi soir (19h).

Le delta du Mékong

★★★

17,3 millions d'habitants

NOS ADRESSES (VOIR APRÈS CHAQUE VILLE)

S'INFORMER
Voir les différentes villes du delta.

SE REPÉRER
Carte de microrégion BC2-3 *(p. 396-397)* - Plans de My Tho p. 448, Can Tho p. 462, Ca Mau p. 470, Long Xuyen p. 472, Chau Doc p. 475, Ha Tien p. 480 et Rach Gia p. 485.
Voir « Arriver / Partir » dans les différents carnets d'adresses du chapitre.

À NE PAS MANQUER
Une balade dans les arroyos de My Tho, Vinh Long ou Can Tho; les réserves d'oiseaux de Cao Lanh et Long Xuyen; les pagodes khmères de Tra Vinh et de Soc Trang; les marchés flottants de Cai Rang ou de Ca Mau et les maisons flottantes de Chau Doc; l'escalade du mont Sam et les plages du golfe de Thaïlande.

ORGANISER SON TEMPS
Comptez de 3 à 5 jours minimum; évitez de visiter le delta au mois de septembre, période des inondations.

« Sur mon chemin, si je trouve des canards, je m'en empare; une personne charmante, je me marie avec elle; une pagode, je me fais moine. » (dicton du Sud-Vietnam). Ainsi s'écoule la vie dans le delta du Mékong, au rythme du travail des champs et du va-et-vient incessant des paysans, à pied, à vélo, à dos de buffle, en bus et surtout… en bateau. Car le delta est bien cet étonnant pays de terre et d'eau, un pays où la femme a pour symbole l'arec, cet élégant échassier qui passe son temps les pieds dans les rizières en quête de nourriture pour ses petits. Venant du Cambodge, le Mékong pénètre au Vietnam par deux bras, le Tien

Marché flottant dans le delta du Mékong.
S.Nicolas / Iconotec / Photononstop

Giang (fleuve Antérieur) et le Hau Giang (Bassac), qui se jettent dans la mer de Chine méridionale par neuf embouchures, les fameux Cuu Long (« Neuf Dragons ») de la mythologie. À perte de vue s'étend un sublime parterre de rizières sillonnées de milliers de canaux drainant une eau bienfaitrice, pourvoyeuse de limon et de poissons, mais aussi source d'inondations catastrophiques. Cette campagne verdoyante entretient depuis toujours une relation harmonieuse avec un maillage serré de villes qui concentrent les activités religieuses et commerçantes. Partir à la rencontre du Mékong, c'est errer en barque au fil des arroyos (canaux) ou vagabonder dans un verger, mais aussi se perdre dans un marché coloré et entrer dans l'un de ces innombrables temples, pagodes et églises, où se dévoile le mysticisme de ses habitants.

My Tho Carte de microrégion C2 et plan de la ville p. 448

Comptez une demi-journée.
Capitale de la province de Tien Giang. 128 937 hab.
Cité industrieuse et prospère, My Tho, la « belle jeune fille parfumée », conserve d'élégantes maisons coloniales alignées le long de la rive, ainsi qu'un joli quartier chinois. Mais elle est surtout le point de départ d'une très agréable excursion dans les îles aux vergers, première immersion dans le décor exubérant du delta, qui attire un nombre croissant de touristes.

VISITE DE MY THO

Tien Giang Tourist – *8 r. 30 Thang 4 (devant l'embarcadère) - ✆ (073) 387 31 84 - www.tiengiangtourist.com*. Le prix des circuits proposés étant élevé mais dégressif en fonction du nombre de personnes, vous avez intérêt à vous joindre à d'autres touristes. Ils comprennent le trajet en bateau dans une île *(30 $/pers.)* ou deux *(36 $)*, les commentaires d'un guide anglophone, une prestation musicale et une dégustation de fruits.

Passé le pont situé dans le prolongement de Thu Khoa Huan, prenez à droite dans Phan Thanh Gian. Le **quartier chinois** se limite à une petite rue animée, bordée d'échoppes installées dans les maisons traditionnelles d'un étage à toit de tuiles. Venus de Formose par la mer pour fonder la ville au 17e s., les Chinois manifestèrent une vocation pour le commerce qui ne s'est jamais démentie depuis. Les marchands de Ho Chi Minh-Ville y viennent en bateau pour acheter des fruits et les revendre dans la métropole.

Empruntez la rue Dinh Bo Linh pour rejoindre la pagode Vinh Trang, située à environ 1 km à l'est du centre, au 60A Nguyen Trung Truc.

Se rendre dans le delta du Mékong

QUAND VISITER LE DELTA ?

Durant la **saison des pluies**, de mai à octobre, il arrive que la navigation devienne difficile, en particulier lors des crues de septembre, parfois catastrophiques. Les averses torrentielles sont quasi quotidiennes, mais le reste du temps la luminosité est propice aux séances de photos et la température plus douce (26 °C en moyenne). La **saison sèche** dure de novembre à avril. La température moyenne s'élève alors à 28 °C, avec des pics à 38 °C en février et mars. Les mois de novembre et décembre constituent ainsi la période idéale pour profiter d'une météo clémente mais aussi pour découvrir les parcs ornithologiques. Attention, dans la plupart des villes, les hôtels affichent complet lors du Tet et des fêtes locales.

ARRIVER / PARTIR

L'état des routes est globalement satisfaisant dans le delta et, à de rares exceptions près (notamment entre Chau Doc et Ha Tien), les liaisons entre les grandes villes sont bien entretenues. Plusieurs ponts construits ces dernières années (à Vinh Long en 2000, à My Tho en 2008, à Can Tho en 2011) facilitent la circulation dans le delta par voie terrestre et contribuent encore à désengorger la région. En tant que voyageur, vous serez certainement tenté d'emprunter les voies navigables, parfois plus rapides, qui offrent toujours de somptueux paysages. Vital pour l'économie et la circulation des hommes du delta, le système de bacs est d'une efficacité impressionnante. Néanmoins, en haute saison, l'attente est parfois longue avant d'embarquer. Sachez que les bus express bénéficient d'une priorité.

En bus et minibus

Tout le delta est bien desservi par un réseau de bus locaux ou privés. L'état des routes s'étant considérablement amélioré, vous pouvez tabler sur une moyenne de 60 km/h.

Le terminal **Mien Tay** *(à 10 km à l'ouest de Ho Chi Minh-Ville - 3h-0h)* dessert tout le delta. Choisissez de préférence la compagnie **Mailinh**, généralement plus fiable que ses concurrentes. À Ho Chi Minh-Ville, elle se trouve au 400A Le Hong Phong (Plan II C3) ou 201 Pham Ngu Lao (Plan I Zoom). Ses mini-bus privés offrent davantage de confort que les bus locaux (comme la climatisation) et ne sont pas beaucoup plus chers. Comptez entre 100 000 VND pour gagner Can Tho.

En bateau

Certaines agences de Ho Chi Minh-Ville *(voir p. 416)* organisent des croisières de plusieurs jours sur des sampans spécialement équipés.

En voiture

Le meilleur moyen de visiter le delta, si votre budget vous le permet ou si vous êtes plusieurs, est de louer une voiture avec chauffeur. Comptez au moins 100 $/j. *(voir « Agences de voyages », p. 416).*

TRANSPORTS

La taille des villes du delta étant assez réduite, la marche reste le meilleur moyen pour les découvrir. Sinon, vous aurez toujours le choix entre le cyclo-pousse *(xich lo dap)*, la moto-taxi *(xe om)*, voire le vélo-taxi *(xe dap tho)*, et même la carriole tractée par une moto *(xe om* ou *xe loi)*, comme à Chau Doc. On trouve plus rarement des taxis *(xe tac xi)*, par exemple à Can Tho.

Distances routières entre les principales villes du Mékong

	HCM-VILLE	MY THO	BEN TRE	VINH LONG	TRA VINH	SA DEC	CAO LANH	CAN THO	SOC TRANG	LONG XUYEN	CHAU DOC	HA TIEN	RACH GIA
HCM-VILLE		79	110	136	133	147	148	170	231	196	254	325	252
MY THO	79		14	58	59	84	96	93	156	131	191	261	190
BEN TRE	110	14		77	63	104	128	113	130	151	212	283	210
VINH LONG	136	58	77		66	27	52	37	99	74	132	206	133
TRA VINH	133	59	63	66		92	116	79	73	135	193	264	191
SA DEC	147	84	104	27	92		28	51	113	46	104	179	105
CAO LANH	148	96	128	52	116	28		83	147	37	95	167	103
CAN THO	170	93	113	37	79	51	83		66	63	122	193	106
SOC TRANG	231	156	130	99	73	113	147	66		134	192	227	138
LONG XUYEN	196	131	151	74	135	46	37	63	134		61	132	78
CHAU DOC	254	191	212	132	193	104	95	122	192	61		113	107
HA TIEN	325	261	283	206	264	179	167	193	227	132	113		88
RACH GIA	252	190	210	133	191	105	103	106	138	78	107	88	

Plantée au milieu des cocotiers, la **pagode Vinh Trang** (1849) est consacrée au bouddhisme du Grand Véhicule. Elle présente une curieuse accumulation de styles, de céramiques et de bas-reliefs chinois se mêlant aux lotus vietnamiens et aux couleurs ocre d'inspiration khmère. Dans la partie la plus sombre du sanctuaire, baignée par les effluves d'encens, les boiseries dorées très travaillées jettent un éclat atténué. Le silence des lieux est à peine troublé par le passage des novices, exception faite des temps de prière, quand le tambour vient rythmer l'oraison des bonzes.

LES ÎLES DU FLEUVE

Une promenade de quelques heures en bateau au fil du fleuve et des arroyos, incluant un arrêt dans l'une des deux îles principales, suffira probablement à rassasier votre curiosité *(adressez-vous à l'agence près de l'embarcadère. Voir « Nos Adresses », p. 449)*.

Située à quelques encablures des quais, de l'autre côté d'un petit chenal, la luxuriante **île du Dragon** *(Con Tan Long)* n'est accessible qu'en bac *(comptez 5min)*, contrairement aux autres, qu'un pont relie à la terre ferme.

Profond par endroits de 15 m, le fleuve est barré par des filets de pêche où viennent se prendre tanches, poissons-chats, carpes, *tai tuong* (« poisson aux oreilles d'éléphant »), anguilles et serpents d'eau douce. Peu avant d'aborder l'**île de la Licorne**★ *(Con Thoi Son) (30min de trajet)*, le bateau traverse un **marché flottant** qui fonctionne uniquement à marée haute. La nature s'est montrée généreuse avec l'homme, qui utilise le feuillage des palmiers d'eau pour réaliser des toitures et les racines des palétuviers pour faire des bouchons. Mais le travail continu du fleuve oblige les paysans à consolider les rives à l'aide de pierres et de bois. Vous accosterez probablement près d'un restaurant lové au milieu d'un **verger** *(voir « Restauration »)*. La visite de l'île, en compagnie d'un guide, se révèle enchanteresse si vous ne tombez pas un jour d'affluence touristique. Elle comprend une dégustation de fruits exotiques, une démonstration de musique traditionnelle et un passage en barque au fil d'un **arroyo** noyé sous la végétation. Dépaysement garanti !

L'**île du Phénix** *(Con Phung)*, appelée également « île du Bonze aux noix de coco » *(Ong Dao Dua)*, doit son surnom à Nguyen Thanh Nam (1909-1991), un illuminé qui se targuait d'avoir médité pendant trois ans en se nourrissant uniquement de noix de coco. Après cela, il fonda la secte Dao, curieux mélange de christianisme et de bouddhisme, qui compta jusqu'à 2 000 disciples. Arrêté à plusieurs reprises, sous le régime de Diem puis par les communistes, il mourut finalement en prison et ses fidèles se dispersèrent. Le sanctuaire, avec ses installations qui évoquent plus une foire du Trône tropicale qu'un lieu de méditation, attire toujours une foule de Vietnamiens. L'île compte quelques **vergers**, mais elle est dépourvue d'arroyos. Durant la guerre, certains grands reporters occidentaux venaient y trouver un peu de repos après la furie des combats.

LA FERME AUX SERPENTS DE DONG TAM

Comptez 40mn.
À 10 km de My Tho, sur la route de Vinh Long - 6h-18h - entrée payante.
Si vous êtes amateur de reptiles, ne manquez pas de visiter cette ferme où certains pythons dépassent les 70 kg ! Le venin du cobra royal provoque quant à lui une mort en deux minutes… juste le temps d'aller se procurer l'antivenin produit sur place. L'endroit compte également quelques crocodiles, varans, chats sauvages, loutres, singes, oiseaux, et un curieux animal aquatique jaune ressemblant à une tortue, mais appartenant à la famille des rats. Ne partez pas sans goûter aux serpents servis au restaurant.

NOS ADRESSES À MY THO

Plan de la ville, p. 448.

INFORMATIONS UTILES

Banque / Change

V Bard Tien Giang Bank – *À l'angle des rues Thu Khoa Huan et Le Loi - lun.-vend. 7h30-11h, 13h30-16h.*
Autre bureau de change – *5 Le Van Duyet - lun.-vend. 7h15-11h15, 13h30-16h30.*

Poste / Téléphone

30 Thang 4 (en face de l'embarcadère pour les îles) - 6h-21h.

Agences de voyages

Song Tien Tourist – *73 r. 30 Thang 4 - ✆ (073) 388 31 33 ;*
Viet Nam Festival Travel *(Tien Giang Branch) - 9A Rach Gam - ✆ (073) 387 93 38 - www.vnfestivaltour.com.vn.*
Ben Tre Tourist Compagny *(My Tho Branche Office) - 4/1 Le Thi Hong Gam (prolongement de la rue 30 Thang 4) – ✆ (073) 387 91 03 - mekongtourbentre@hcm.vnn.vn.*

ARRIVER / PARTIR

En bus

Outre Ho Chi Minh-Ville, le terminal de My Tho, à l'entrée nord de la ville, dessert Vinh Long *(2h)* et Can Tho *(4h)*. Pour Chau Doc *(6h)*, il vous faut changer de bus après le pont de Vinh Long.

Location de voiture
Adressez-vous aux hôtels, notamment au Cong Doan.

HÉBERGEMENT

PREMIER PRIX

Rang Dong – *25 r. 30/4 - (073) 387 44 00 - - 22 ch. 10/15 $.* Chambres correctes. Les plus chères ressemblent vaguement à de petites suites avec un minisalon à l'entrée, mais comme dans la plupart des hôtels en ville, les murs ont souffert de l'humidité. Accueil sympathique. Si votre séjour se prolonge à My Tho, le Rang Dong possède une seconde adresse très agréable, en bord de rivière, avec des chambres donnant sur le Mékong, toutes confortablement équipées.

Cong Doan – *61 r. 30/4 - (073) 387 43 24 - - 23 ch. 12-15 $.* Installé dans un édifice massif en face du Chuong Duong, cet hôtel d'État loue de vastes chambres carrelées au confort austère, mais l'accueil est agréable et le personnel parle anglais. Évitez absolument les chambres dans l'annexe, derrière le bâtiment principal. Elles sont moins chères car dotées de ventilateurs, mais vraiment trop vieilles et très bruyantes.

Huong Duong – *33 Trung Trac - (073) 387 20 11 - - 12 ch. 15 $.* L'un des hôtels les moins chers de la ville pour ses chambres équipées de ventilateurs. Celles avec climatisation et vue sur le fleuve présentent également un bon rapport qualité-prix.

BUDGET MOYEN

Song Tien Hotel – *101 Trung Trac - (073) 387 20 09 - - 16 ch. 25/30 $.* Cet hôtel offre un excellent rapport qualité-prix. Préférez les chambres des derniers étages (moins bruyantes) avec vue sur le Mékong. Wifi dans le lobby.

Chuong Duong – *10 r. 30 4 - (073) 387 08 75 - - 27 ch. 30/35 $.* Un hôtel de luxe au confort irréprochable et équipé de télévisions câblées. Toutes les chambres ont un balcon, avec vue sur la rivière. L'hôtel possède sa propre agence de voyages et propose différents circuits dans le delta du Mékong (*(073) 397 03 22*).

Complexe touristique de Thoi Son – *Île de Thoi Son - (073) 387 73 71 - - 6 ch.* Une option très agréable, au milieu des vergers, pour ceux qui ont le temps et cherchent le calme (l'île s'anime avec l'arrivée des touristes le matin). Logement dans des bungalows au confort convenable.

RESTAURATION

Bon à savoir – Pour une cuisine populaire et savoureuse, essayez les restaurants alignés le long des quais, rue Trung Trac. Si vous êtes motorisé, vous trouverez plusieurs cafés-restaurants le long de la route qui part en face du restaurant Trung Luong. Ces lieux sont souvent reposants, petits jardins au milieu de la végétation.

BUDGET MOYEN

Chuong Duong – *Près de l'hôtel du même nom (voir « Hébergement »).* Une agréable terrasse couverte située au bord du fleuve, où vous dégusterez grenouilles, soupes, fruits de mer et la spécialité : le *spade fish* ou « poisson aux oreilles d'éléphant ».

Ngoc Gia Trang – *196A Ap Bac - (073) 387 27 42.* Un restaurant situé à l'entrée de la ville, après la gare routière, en retrait de la route. Le jardin avec sa terrasse couverte en bordure d'un petit canal est apaisant. La carte est variée et de qualité : fruits de mer, grillades, soupes, fruits, « poisson aux oreilles d'éléphant ». Formule menu comprenant poisson, crevettes, viande et dessert.

Trung Luong – Nga Ba Trung Luong s/n - ✆ *(073) 85 54 41.* Au carrefour Trung Luong, à l'entrée de la ville, près de la gare routière. Ce restaurant d'État accueille surtout des groupes. L'ambiance en pâtit un peu, mais la cuisine reste de qualité et le cadre, un jardin arboré parcouru de petits canaux, se révèle très agréable. Minuscule zoo à l'entrée.

Complexe touristique de Thoi Son – *Île de Thoi Son (voir « Hébergement »).* Halte incontournable d'un circuit dans les îles, ce restaurant installé dans une vaste demeure traditionnelle en bois propose une délicieuse sélection de fruits du verger.

ACHATS

Marché

Le marché et le quartier commerçant se trouvent rue Nguyen Hue et dans les alentours.

Ben Tre Carte de microrégion C2

Comptez une demi-journée.

Une statuaire allégorique dédiée aux héros de l'insurrection accueille le visiteur à l'entrée de Ben Tre (capitale de la province du même nom). Pourtant, ce bourg rural et son petit étang Truc Giang ne manquent pas de charme.

VISITE DE BEN TRE, LE « COIN DES BAMBOUS »

Ben Tre Tourist – *65 Dong Khoi - ✆ (075) 382 96 18 - www.bentretour.com - 7h30-11h, 13h30-17h.* Cette agence officielle organise un tour en *speed boat* à la réserve d'oiseaux. Vous pouvez y acheter cartes et brochures.

À deux pas du fleuve, le **musée de l'Insurrection** *(rue Cach Mang Thang Tam - lun.-vend. 7h-11h - 13h30-17h - gratuit)* occupe l'ancienne préfecture française, une **bâtisse coloniale★** du 19e s. entourée d'un jardin. Il vaut d'ailleurs plus pour son architecture que pour ses collections : photos, armes rudimentaires et maquette d'un tunnel viet-cong.

L'élégante **pagode Vien Minh** *(rue Nguyen Dinh Chieu, face au marché, 7h30-11h30 - 13h30-21h)*, ou « pagode de la Civilisation », est précédée d'une grande statue de la déesse de la Miséricorde et coiffée d'un toit carré à deux niveaux.

5

★ LA RÉSERVE ORNITHOLOGIQUE DE VAM HO (SAN CHIM VAM HO)

Comptez 45mn.

À env. 40 km au sud-est de Ben Tre. Si vous n'êtes pas motorisé, prenez le bus jusqu'à Ba Tri et continuez à moto-taxi (un seul bus par jour). Attention, les derniers kilomètres de piste sont impraticables après la pluie. Des bateaux font également la navette entre la réserve et Ben Tre (comptez 4h AR). Vous pouvez aussi faire appel à l'agence officielle (2h AR en hydrofoil). Entrée payante.

De Ba Tri, une route qui se transforme rapidement en piste mène à cette réserve située au bord du fleuve. Une colonie de butors, de hérons et d'arecs a élu domicile ici, au beau milieu d'une petite jungle de bambous et de hautes futaies. L'idéal est de venir au lever du soleil ou vers 17h, quand les oiseaux regagnent leur nid. La meilleure saison d'observation s'étend d'octobre à avril.

NOS ADRESSES À BEN TRE

INFORMATIONS UTILES

Poste / Téléphone
3 Cach Mang Thang 8 (près de la place principale).

HÉBERGEMENT

Bon à savoir – La ville possède un bon choix d'hôtels, mais ne vous attendez pas au grand luxe.

PREMIER PRIX

Phuong Hoang – *28 Hai Ba Trung - (075) 382 13 85 - 7 ch. 8 $.* Hôtel aux couleurs guimauve. Deux chambres donnent sur le lac dont les alentours s'animent le soir. Petite terrasse commune. Les chambres doubles sont une affaire.

BUDGET MOYEN

Dong Khoi – *16 Hai Ba Trung - (075) 382 25 01 - - 25 ch. 25/35 $.* Situé sur la place principale, face à l'étang. Les chambres sont d'un confort et d'une propreté corrects, mais sans excès. Essayez de négocier les prix, et visitez plusieurs chambres, car elles sont de niveau très inégal.

Ben Tre Hotel – *8/2 Tran Quoc Tuan - (075) 382 22 23 - - 14 ch.* Cet établissement situé sur la grande place à l'entrée de la ville propose des chambres simples, mais correctes et bien tenues. Celles qui donnent sur la rue sont un peu bruyantes, celles à proximité des salons de karaoké, à proscrire. Petit-déj. sommaire.

Hung Vuong – *148-166 Hung Vuong - (075) 382 24 08 - - 36 ch. 40/50 $ - .* Cet établissement à deux étages se dresse face à la rivière Ben Tre. Les chambres, qui prétendent à un certain standing, sont bien tenues, mais sans charme particulier.

RESTAURATION

Bon à savoir – Rien de bien exceptionnel à Ben Tre : vous aurez le choix entre les gargotes du marché ou quelques restaurants chers et sans relief.

PREMIER PRIX

Dong Khoi – *Voir « Hébergement ».* Le restaurant de l'hôtel possède une vaste salle ouverte sur l'extérieur, mais la nourriture est sans saveur et le personnel parle à peine l'anglais. Goûtez les cuisses de grenouille.

Nha Hang Noi Ben Tre – *60 Hung Vuong - (075) 382 24 92.* Ce restaurant flottant à quai près de la passerelle du centre-ville reste ouvert tard *(22h)* et offre une belle vue sur la rivière. La carte est la même qu'au Dong Khoi, et la nourriture assez fade. Vous pouvez vous contenter d'y boire un verre.

EN SOIRÉE

Vous trouverez une dizaine de cafés aux environs du **lac Truc Giang**, en particulier à l'ouest de l'hôtel Phuong Hoang, ainsi qu'une salle de billard **rue Nguyen Trung Truc**. D'autres cafés, restaurants-cantines et salles de billard vous attendent près du lac, dans le prolongement de la **rue Le Quy Don**. Ces lieux sont particulièrement tranquilles la journée.

Église catholique près de Vinh Long.
Joachim Hiltmann / imagebroker / age fotostock

Vinh Long Carte de microrégion C2

Comptez une journée.

Vinh Long (147 000 habitants) est une ville animée, mais qui ne mérite guère que l'on s'y attarde. De fait, la plupart des visiteurs se contentent d'effectuer un circuit en bateau dans les arroyos de Binh Hoa Phuoc. Depuis 2000, un **pont à haubans★** long de 1,5 km enjambe le Mékong, offrant une **vue★★★** sans égale sur le delta.

VISITE DE VINH LONG

Cuu Long Tourist – *1 Thang 5 - (070) 382 36 16 - http://cuulongtourist.com.* L'agence gouvernementale de Vinh Long, efficace, organise des circuits en bateau dans les arroyos et propose des tours de 2 jours/1 nuit dans le delta.

Bâti près du fleuve, le **temple Van Thanh Mieu** *(rue Tran Phu, à 1 km au sud sur la route de Tra Vinh)* est le seul temple de la Littérature et l'un des rares sanctuaires confucéens du Sud-Vietnam. À gauche, dans la cour, se dresse un superbe petit bâtiment carré coiffé d'un double toit de tuiles. Avec un peu de chance, le gardien vous fera monter à l'étage dans l'**ancienne bibliothèque** où des chefs révolutionnaires se cachèrent à l'époque coloniale. Au bout de l'allée, le **sanctuaire** abrite un portrait de Confucius flanqué d'un cheval en bois bizarrement dépossédé de ses oreilles, et de grues juchées sur le dos de tortues.

★ L'ÎLE BINH HOA PHUOC

Bon à savoir – L'agence **Cuu Long Tourist** *(voir ci-dessus)* propose diverses formules, de 3h à 5h, mais sachez que les arroyos sont parfois impraticables à la saison sèche.

Peu après un petit **marché flottant**, le bateau aborde l'île, traversée par un large **chenal** creusé à main d'homme au début du 20e s. pour raccourcir le trajet entre Vinh Long et Cai Be. À toute heure du jour, des nuées de coques ventrues ou effilées se croisent dans le vacarme des moteurs. L'atmosphère est bon enfant, on se salue d'une embarcation à l'autre et les touristes se voient parfois offrir quelques fruits. À hauteur d'une église, le bateau tourne à gauche dans un petit chenal qui traverse une **mangrove**. Ce biotope typique du delta, riche en poissons, présente de multiples avantages, car il protège les jardins de l'érosion et des tempêtes. De luxuriants vergers, de plus en plus fréquemment plantés en lieu et place des rizières, font vivre les paysans. Plusieurs étapes jalonnent le circuit, à commencer par la **maison de Nguyen Thanh Giao★** *(30mn de trajet)*, précédée d'un ravissant **jardin de bonsaïs**. Dans la pièce principale, sur l'autel dédié aux ancêtres, trônent des assiettes-souvenirs de la tour Eiffel et de Notre-Dame de Paris, pieux trophées ramenés de France par le maître des lieux.

Plus loin se dresse une **bâtisse coloniale** de 1860 qui abritait autrefois une garnison française. Ironie de l'histoire, c'est dans l'annexe réservée aux soldats vietnamiens que sont aujourd'hui accueillis les touristes pour une dégustation de thé et une démonstration de musique traditionnelle. M. Hai Hoang, le propriétaire francophone, exploite par ailleurs un **verger**.

Le bateau longe ensuite une rangée de **maisons sur pilotis** jusqu'au **verger de M. Pham Van Lan**, lui aussi francophone *(possibilité d'hébergement)*. Parvenu au bout du chenal, le bateau débouche sur le Mékong, large de 1 200 m et profond de 20 m à cet endroit. Sur l'autre rive se tient le **marché flottant de Cai Be**, parcouru de bateaux gorgés de longanes, d'ananas, de patates douces, de riz, de carottes… tandis qu'à l'arrière-plan se dresse la flèche incongrue d'une **église catholique** (1931). Les yeux sont repus d'images, les oreilles saturées par le bruit du moteur… il est temps de rentrer.

NOS ADRESSES À VINH LONG

INFORMATIONS UTILES

Poste / Téléphone – *Hoang Thai Hieu - 7h-11h, 13h30-17h.*

ARRIVER / PARTIR

En bus

Terminal – *R. 3 Thang 2 (près de la poste).* De Ho Chi Minh-Ville *(3h)* et My Tho *(1h30).*

En voiture

Location de voiture – *Voir ci-après l'hôtel Cuu Long.*

HÉBERGEMENT

Vinh Long

PREMIER PRIX

Van Tram – *4 Thang 5 - (070) 382 38 20 - - 5 ch. 17/20 $.* Cet hôtel offre le meilleur rapport qualité-prix de la ville.

BUDGET MOYEN

Cuu Long – *Hung Vuong (en face de l'embarcadère) - (070) 382 24 94 - - 34 ch. 15/40 $ - court de tennis, Wifi.* Un hôtel de luxe qui propose des chambres au confort irréprochable (eau chaude, chaînes satellite). Le personnel, en livrée, parle anglais et peut vous louer une voiture.

Sur l'île de Binh Hoa Phuoc

PREMIER PRIX

Une dizaine de maisons d'hôtes sur l'île Binh Hoa Phuoc proposent des lits, généralement dans des dortoirs. Certaines ont une très belle architecture dont :

Cai Cuong – *17 lits*. Entourée d'un verger.

Propriété de Pham Van Lan – *(070) 385 99 92 - 15 lits dans 2 dortoirs - - 15 $/pers. en demi-pension*. Un accueil chaleureux, des chambres rustiques mais aérées, et un verger luxuriant... Que demander de plus ? La demi-pension est incluse dans le prix. Réservation souhaitée.

RESTAURATION

Bon à savoir – Les amateurs de cuisine locale pourront se régaler à l'une des innombrables tables du marché, le long de la rue Bach Dang.

Vinh Long

PREMIER PRIX

Café Hoa Nang – *1 Thang 5 - (070) 382 67 47 - 7h-21h*. Juste à gauche de l'hôtel Cuu Long, cet agréable café dispose d'une terrasse sur le Mékong, idéale pour un repas petit budget ou juste pour savourer une boisson aux algues.

BUDGET MOYEN

Phuong Thuy Restaurant – *1 Thang 5 (près de l'embarcadère) - (070) 382 27 86 - 6h-21h*. Associé aux hôtels Cuu Long, le meilleur restaurant de la ville occupe un bel emplacement, sur un ponton couvert qui servait de piste d'atterrissage aux hélicoptères américains pendant la guerre. Cuisines occidentale et vietnamienne.

Vinh Sang – *Restaurant flottant à droite du Phuong Thuy - (070) 395 01 38 - 8h-22h - visaco_tourfarm@hcm.vnn.vn*. Ce bateau-restaurant-karaoké largue les amarres de 20h à 22h *(entrée payante)*. La nourriture n'a rien d'exceptionnel, mais l'embarcation est bien entretenue, chose rare pour ce type de formule.

Tra Vinh Carte de microrégion C2

Comptez une demi-journée.

Grosse bourgade assoupie au bord d'un bras secondaire du Mékong, Tra Vinh dégage un charme mélancolique, qui s'explique sans doute par la présence d'une importante communauté khmère *(voir encadré page suivante)*. Les 140 pagodes qui parsèment la région constituent une passionnante introduction à ce peuple et à sa culture.

5

VISITE DE TRA VINH

Tra Vinh Tourist – *64-66 Le Loi - (074) 385 85 56*. Cette agence officielle organise une visite des pagodes khmères, ainsi qu'un circuit en bateau au village de pêcheurs de My Long et sur l'île aux huîtres de Con Ngheu. Excursions possibles vers la plage de Bien Dong.

La **pagode Ong Met** *(rue Ngo Quyen, derrière la poste)* conserve son surnom de « pagode des Chauves-Souris », bien que les volatiles aient déserté les lieux depuis les bombardements américains de 1968. L'édifice fut quant à lui miraculeusement épargné, de même que l'enfilade de têtes sculptées à quatre faces qui l'entoure. À l'intérieur, un bouddha assis trône entre les statues de deux disciples qui, chose rare, lui font face. Le sol joliment marqueté de céramiques, les fresques et les piliers travaillés donnent à l'ensemble un éclat certain.

LES KHMERS DU DELTA

Le delta ayant appartenu au Cambodge jusqu'au 18e s., il n'est guère étonnant que près de 900 000 Khmers continuent à vivre le long de la frontière, mais aussi à Tra Vinh et à Soc Trang. De plus en plus intégrés au reste de la population, ils n'en conservent pas moins certaines caractéristiques, notamment leurs maisons sur pilotis bâties au bord des cours d'eau ou sur de petits talus. Paysans émérites, ils cultivent près de 140 variétés de riz, la pêche ne constituant qu'un complément de nourriture. Mais le principal trait distinctif de la communauté est son adhésion au bouddhisme du Petit Véhicule (Theravada), pratiqué dans des monastères où l'on enseigne la langue khmère. Les bonzes vivent grâce aux offrandes des croyants, une pratique longtemps proscrite par les autorités vietnamiennes. La Fête des eaux est l'occasion de grands rassemblements autour de régates et de courses de buffles.

★ L'ÉTANG SACRÉ

À 7 km au nord de Tra Vinh, sur la route de Vinh Long. Prenez le chemin à gauche et continuez sur 1 km.
Charmant carré d'eau bordé de majestueux manguiers, l'**étang Ba Om★** est un haut lieu de spiritualité, mais aussi un rendez-vous apprécié des amoureux. Au sud du lac, au milieu d'un écrin de palmiers, se dresse la magnifique **pagode Vat Angkor Icha Borei★** *(Chua Samrong Ek)*, dont l'origine remonterait au 10e s. À l'intérieur, des **fresques★** colorées racontant la vie de Bouddha ornent les murs, tandis que la charpente et les piliers sont peints d'élégants motifs dorés. Si vous avez le temps, visitez le **musée de la Culture khmère** *(merc.-dim., 7h-11h, 13h-17h - gratuit)* dont l'intérêt est toutefois limité.

★ LES PAGODES KHMÈRES

Excursion en voiture ou à moto-taxi. Un bus effectue également le trajet.
Une ravissante **route★★** jalonnée de maisons en bambou, de flamboyants, d'eucalyptus, de palmiers et de cocotiers traverse un paysage bucolique de rizières et de canaux. Des bosquets masquent les pagodes, car, dans la tradition bouddhiste du Petit Véhicule, chaque croyant se doit de planter au cours de sa vie un ou plusieurs arbres, qui seront coupés à sa mort et serviront à sa crémation.
Un curieux portique désaxé annonce la **pagode Hang★** (« pagode de la Cave ») *(à 5 km au sud de Tra Vinh)*, un bel édifice blanc élancé, entouré de cocotiers et de manguiers séculaires, à l'ombre desquels les novices logent dans des cellules sur pilotis. Le sanctuaire fut totalement détruit par les bombardements américains en 1968, et seule subsista la **statue du Bouddha**. Ces événements tragiques, dont témoignent des photos, semblent désormais bien loin et une douce quiétude préside aujourd'hui au monastère.
Quelque 45 km plus loin, sur la gauche, une élégante allée d'eucalyptus mène à la **pagode Co★★** (« pagode des Cigognes »), baptisée ainsi en raison des nuées d'arecs, d'ibis, de cigognes et de hérons qui colonisent la mare toute proche *(les volatiles rentrent au nid vers 17h)*. Au centre du monastère, cette **pagode** du 19e s. est coiffée d'un toit de tuiles à plusieurs niveaux, aux extrémités en forme d'oiseau. Des **fresques★** naïves relatant l'enfer, le panthéon bouddhiste et divers sujets naturalistes ornent les murs, sous le regard d'un énorme **Bouddha** assis dans la position des rois khmers.

NOS ADRESSES À TRA VINH

INFORMATIONS UTILES

Banque / Change
Ngan Hang – *Pham Thai Buong (près de la poste) - lun.-vend. 7h-11h, 13h-17h.*

Poste / Téléphone
Au bout de Pham Thai Buong - lun.-vend. 7h-21h.

ARRIVER / PARTIR

En bus – La gare routière se trouve à l'entrée de la ville.

HÉBERGEMENT

PREMIER PRIX

Cuu Long Hotel – *999 Nguyen Thi Minh Khai - ✆ (074) 386 26 15 - ▤ ✕ CC - 52 ch. 17/37 $.* Cet hôtel moderne se trouve aux abords du centre-ville en venant de Vinh Long. Les chambres les plus chères sont de véritables petites suites, avec balcon. Toutefois l'ensemble est sans caractère.

BUDGET MOYEN

Thanh Tra Hotel – *1 Pham Thai Buong (face à la poste) - ✆ (074) 385 36 26 - ▤ ✕ - 39 ch.* Le « grand hôtel » du centre-ville propose des chambres modestes et d'un entretien juste correct. Le prix varie du simple au triple entre les moins chères et les plus luxueuses. L'établissement étant situé au cœur de la ville, fuyez les chambres donnant côté rue.

Tra Vinh Palace – *3 Le Thanh Ton - ✆ (074) 386 49 99 - www. travinh.lofteight.com - ▤ ✕ - 10 ch. 25/35 $.* Dans le quartier résidentiel, face aux tennis et à 5mn à pied du centre. Moins étoilé que le Cuu Long, cet hôtel est cependant le plus charmant que vous puissiez trouver à Tra Vinh. Les chambres sont simples mais aménagées avec goût.

RESTAURATION

PREMIER PRIX

Tuy Huong – *8 Dien Bien Phu - ✆ (074) 386 23 12.* Un restaurant bon marché, sur la place, où l'on sert une excellente cuisine vietnamienne ou chinoise.

Viet Hoa – *80 Tran Phu - ✆ (074) 386 30 46 - 7h-21h.* Ce restaurant familial installé dans le garage d'une maison compense largement son décor un peu triste par la qualité de ses cuisines chinoise et vietnamienne.

Restaurant du Tra Vinh Palace – *(Voir « Hébergement »).* Pas de carte mais des plats du jour dans cet hôtel-restaurant familial. Réservation conseillée.

POUR SE FAIRE PLAISIR

Uyen Uong – *59 Ly Thuong Kiet - ✆ 09 8837 87 48 - www. nhahanguyenuong.net - 6h-23h.* Une grande salle avec balcon autour d'une scène et son écran géant de karaoké. Ensemble très kitsch et une expérience certaine si vous n'avez pas les oreilles trop sensibles. La carte n'est qu'en vietnamien, et le personnel ne parle pas, ou peu, l'anglais. Plats vietnamiens et chinois.

EN SOIRÉE, BOIRE UN VERRE

La vie nocturne est inexistante à Tra Vinh, mais vous pouvez vous arrêter en terrasse dans la rue Pham Thai Buong (jusqu'à 22h).

AGENDA

Le **nouvel an khmer** (avril) donne lieu à de nombreuses cérémonies et festivités.

Dua Ghe Ngo – *En nov.* Course de pirogues haute en couleur.

Sa Dec Carte de microrégion B2

Comptez une demi-journée.

Rendue célèbre par *L'Amant* de **Marguerite Duras**, Sa Dec, situé dans la province de Dong Thap, connaît un succès non démenti auprès des admirateurs de la romancière, qui vécut ici pendant son enfance. Les autres passeront outre cette bourgade commerçante, surtout connue pour ses fleurs.

SUR LES TRACES DE « L'AMANT »

Arrivant de Vinh Long, après avoir traversé la rivière Sa Dec, tournez à droite dans la rue Tran Hung Dao.

Avec ses murs à pignons, son toit de tuiles aux extrémités relevées et ses nombreuses fioritures, impossible de manquer la **pagode confucéenne Kien An Cung★** *(Chua Ong Quach) (rue Phan Choi Boi, au sud du chenal)*, l'ancienne maison du mandarin Quach. Des **boiseries** dorées très travaillées et des **fresques** délicates flanquent l'autel. Il fait face à une **cour** à ciel ouvert, le « puits céleste », où brûle l'encens qui permet d'entrer en contact avec les divinités.

Passé le chenal, sur Tran Hung Dao, à deux pas de l'embarcadère *(rue Nguyen Hue)*, se tient une haute bâtisse coiffée d'une flèche dont l'architecture évoque celle d'une église. Il s'agit en réalité du vieux **marché couvert★**, où les marchandes coiffées du chapeau conique traditionnel trônent sur des étals carrelés au milieu des poules, des poissons et des épices.

Blottie au milieu des quais *(rue Nguyen Hue)*, la **maison du mandarin Huynh Thuan**, ou « Maison bleue », est l'ancienne demeure de l'« Amant » *(demandez au gardien pour la visiter)*. Ancien cœur du quartier chinois, les quais accueillaient jadis le grand marché, aujourd'hui déplacé dans un imposant bâtiment moderne à quelques rues de là. Une enfilade colorée de boutiques où l'on vend toutes sortes de victuailles et d'ustensiles y maintient une animation permanente. De l'autre côté de la petite rivière, des **maisons coloniales** surgissent au milieu d'une végétation luxuriante, derniers vestiges du **quartier français**.

Remontez Tran Hung Dao jusqu'à Tran Phu et tournez à gauche.

Là se tient l'**école primaire Trung Vuong**, aux murs jaune délavé, où Marguerite Duras fut élève. Demandez à voir le cahier retraçant l'histoire de l'établissement depuis son ouverture en 1902. Il comporte notamment des photos de la romancière et de sa mère, Mme Donnadieu, directrice de 1918 à 1930.

Maisons sur pilotis dans le delta du Mékong.
Ch. Boisvieux / age fotostock

Comme souvent dans les villes du delta, la présence de sanctuaires taoïste, catholique, protestant ou dédié aux ancêtres témoigne de l'éclectisme religieux des Vietnamiens. La **pagode Buu Quang** *(à l'angle des rues Hung Vuong et Tran Phu)* ne présente guère d'intérêt, mais elle jouxte la **pagode Tu Hung**, une ancienne maison communale bâtie par l'« Amant ». Sa photo trône d'ailleurs parmi d'autres sur l'autel dédié aux ancêtres.

NOS ADRESSES À SA DEC

INFORMATIONS UTILES

Poste / Téléphone – *À l'angle des rues Quoc Lo et Hung Vuong.*

ARRIVER / PARTIR

En bus – *Liaisons avec Vinh Long.* Le terminal se trouve à 300 m au sud-est du centre.

HÉBERGEMENT

PREMIER PRIX

Sa Dec Hotel – *108/5A Hung Vuong - (067) 386 14 30 ou 386 23 38 - - 40 ch. 25 $* . Ce bâtiment moderne sur deux étages propose un confort modeste mais correct, où le kitsch s'incarne dans de jolis dessus-de-lit satinés. L'accueil est plutôt sympathique et le restaurant sert des spécialités locales pour un prix raisonnable. Évitez les salles privatives climatisées, sinistres et décrépies, et profitez plutôt de la terrasse si le temps le permet.

RESTAURATION

Nous vous recommandons les cantines du marché en centre-ville ou les petits restaurants qui bordent la place.

5

Cao Lanh Carte de microrégion B2

Comptez une journée.

Un pompeux monument aux morts édifié dans le goût du réalisme socialiste accueille les visiteurs à l'entrée de cette cité moderne et endormie des confins nord du delta, capitale de la province de Dong Thap. Point de départ de belles excursions à l'ancienne base viet-cong de la forêt de Rung Tram et dans les réserves ornithologiques de la région, la ville reçoit pourtant peu de touristes étrangers.

VISITE DE CAO LANH

Dong Thap Tourist – *2 Doc Binh Kieu - ✆ (067) 385 56 37 - http://dongthap-tourist.com - 7h-11h30, 13h30-17h*. Organise quelques excursions, en particulier vers le marché de Sa Dec.

Empruntez la rue Pham Huu Lau qui s'inscrit dans le prolongement de Nguyen Hue, en direction de Chau Doc, et prenez à gauche juste après le deuxième pont. Sis au milieu d'un agréable parc arboré de frangipaniers, le **mausolée Nguyen Sinh Sac** *(7h30-11h, 13h30-17h)* rend hommage au père de Ho Chi Minh (1862-1929) et présente une reproduction de la maison natale du héros de l'indépendance.

★★ LA RÉSERVE DE THAP MUOI

À 36 km au nord-est de Cao Lanh. En voiture, il est recommandé de s'assurer l'aide d'un guide, car le trajet est compliqué. Prenez la route de Cai Be. 13 km plus loin, empruntez à gauche une petite route goudronnée, puis continuez jusqu'à Thap Muoi (21 km). Au carrefour, tournez à gauche vers le village de My An, où vous prendrez une barque pour traverser la rivière. Vous pouvez aussi rejoindre Thap Muoi en bus et finir à moto-taxi, ou opter pour le tour en bateau organisé par l'office du tourisme de Cao Lanh (voir ci-dessus). Gratuit.

Une ravissante route bordée de palmiers et d'eucalyptus chemine au milieu des rizières et des canaux jusqu'à la réserve de Thap Muoi. À la lisière d'un hameau de maisons en bois et de huttes en bambou, une petite mare aux beaux reflets verts sert de point de ralliement à des nuées d'oiseaux. Le ballet des arecs, des cigognes et des hérons à tête rouge volant au-dessus des futaies de bambou offre un spectacle magnifique.

★★ LA FORÊT DE RUNG TRAM

À 26 km au sud-est de Cao Lanh. Prenez la route de Cai Be et, 20 km plus loin, une piste en terre battue à gauche de la route. La forêt est à 6 km. Vous pouvez également vous y rendre en bateau de Cao Lanh (1h30 de trajet). Rens. à l'office de tourisme (voir ci-dessus).

Nichée au cœur de la forêt de Rung Tram, l'ancienne **base viet-cong de Xeo Quit** *(7h30-16h - entrée payante ; prévoyez des chaussures hautes contre les fourmis, voire un produit antimoustiques)* offre un témoignage à la fois fascinant et émouvant de l'âpreté des combats durant la guerre du Vietnam. Initialement marécageuse, la zone accueillit la principale base viet-cong de la province entre 1960 et 1975. Aidés des paysans, les combattants creusèrent un réseau de galeries souterraines et plantèrent des arbres afin de rendre la forêt impénétrable. Pas moins de dix camps ennemis entouraient la base, le plus proche n'étant qu'à 1 km ! Pourtant, jamais les Américains ne parvinrent à l'anéantir, malgré des attaques et des bombardements répétés.

Aujourd'hui que le fracas des armes s'est tu, la forêt n'est plus qu'un inextricable massif d'eucalyptus parcouru de ruisseaux où émergent par endroits d'élégants bosquets de roseaux. Elle regorge cependant d'indices trahissant la violence des combats, comme ces multiples impacts de bombes qui forment autant de petites mares. Pour attaquer la base, les Américains devaient slalomer dans un champ de mines sous le feu nourri des Viet-congs enfouis à la lisière de la forêt. Quand l'ennemi s'approchait, ceux-ci se cachaient sous l'eau ou dans des trappes minuscules, ne respirant qu'à l'aide de minces tiges de bambou. Du poivre était répandu afin de déjouer le flair des limiers utilisés par les GI's pour les dénicher. Contraints de s'adapter à ce milieu hostile, les

Vietnamiens dormaient le jour dans des tentes ou des hamacs et veillaient la nuit au milieu des serpents et des moustiques. Vous serez invité à pénétrer dans les **refuges souterrains** et les **baraquements** (luxe suprême !) bâtis après les accords de Paris en 1973.

LA RÉSERVE ORNITHOLOGIQUE DE TAM NONG (TRAM CHIM TAM NONG)

À 45 km au nord de Cao Lanh. Accès compliqué, renseignez-vous auprès de Dong Thap Tourist. La meilleure période de visite est le printemps, de 4h à 5h du matin et de 16h à 17h.

Cette réserve abrite plus de 200 espèces d'oiseaux, notamment des **cigognes** et de rares **hérons à tête rouge**. Un incendie a malheureusement ravagé la forêt et il faudra attendre plusieurs années pour que le biotope se reconstitue.

NOS ADRESSES À CAO LANH

INFORMATIONS UTILES

Poste / Téléphone

Sur la place principale, à l'angle des rues Nguyen Hue et Ly Thuong Kiet.

ARRIVER / PARTIR

En bus – La gare routière se trouve rue Thap Muoi, près du marché. Bus directs pour Vinh Long *(1h30)*, Chau Doc *via* Hong Ngu *(5-6h)* et Ho Chi Minh-Ville *(3h30)*.

HÉBERGEMENT

PREMIER PRIX

Binh Minh – *157 Hung Vuong - (067) 385 34 23 - - 9 ch. 6/8 $*. Une bonne adresse du centre-ville pour les routards moins regardants sur le confort (sommaire) et la taille des chambres (exiguës) que sur le prix. Le patron parle anglais.

Xuan Mai – *33-35 Le Quy Don - (067) 385 28 52 - - 25 ch.* . Un établissement privé qui propose des chambres confortables, mais à un tarif assez élevé par rapport aux hôtels d'État. L'ensemble est un peu vieillissant mais les plus grandes chambres conservent un bon rapport qualité-prix.

Hoa Binh – *RN 30, à l'entrée de la ville, juste avant le pont - (067) 385 14 69 - - 34 ch.* . Hôtel d'État moderne au confort impeccable (chaînes satellite, ascenseur, eau chaude dans les chambres de luxe), mais l'entretien laisse à désirer et l'établissement est un peu excentré.

BUDGET MOYEN

Song Tra – *178 Nguyen Hue - (067) 385 26 24 - songtrahotel_2006@yahoo.com - - 47 ch. 30/50 $ - Wifi.* Autre « paquebot » gouvernemental, cet édifice de trois étages propose des chambres bien entretenues, au confort irréprochable. Les prix restent élevés.

RESTAURATION

PREMIER PRIX

A Chau – *42 Ly Thuong Kiet - (067) 385 22 02 - 6h-21h - menu en anglais.* Des recettes toutes simples à base de riz ou de nouilles sautées, et quelques plats garnis qui se révèlent très appétissants. Le tout dans le cadre sympathique d'une terrasse couverte et ventilée.

★ Can Tho Carte de microrégion B2 et plan de la ville ci-dessous

Comptez une journée.

« Can Tho, riz blanc et eau limpide. Une fois arrivé vous ne voudrez plus repartir. » (chant populaire). Principal centre administratif et universitaire de la région, capitale de la province du même nom, Can Tho assure sa prospérité grâce à un port rythmé en permanence par le ballet des cargos en provenance de Hongkong qui déversent toutes sortes de produits manufacturés et repartent les cales gorgées de riz, de fruits et de crevettes. Ville carrefour, Can Tho fait figure d'étape incontournable. Si son architecture moderne ne présente guère d'intérêt, ses ruelles, ses avenues et la promenade le long du fleuve en font une halte très agréable. Passé les portes de la cité, l'incroyable lacis de canaux qui parcourt la campagne dévoile une facette pittoresque du delta.

VISITE DE CAN THO

Can Tho Tourist – *50 Hai Ba Trung - ✆ (071) 382 18 52 - www.canthotourist.vn.* Cette agence organise divers circuits dans les environs, avec des guides parlant français ou anglais, et vend les tickets de bus ou de bateau pour rejoindre les différentes villes du delta. Vous pouvez aussi y louer voiture, minibus, vélos ou motos.

Après avoir contemplé le coucher de soleil depuis le **jardin arboré** aménagé au bord du Mékong, le long de la rue Hai Ba Trung, engouffrez-vous dans le **marché couvert**, véritable caverne d'Ali Baba. Laissés-pour-compte de la croissance économique, des gamins arpentent jusqu'à la nuit les rues des environs en quête de charité.

Semblable à une pâtisserie multicolore chargée de confiseries, la **pagode khmère Munirangsyaram★** *(36 Hoa Binh)* surgit au milieu du paysage urbain.

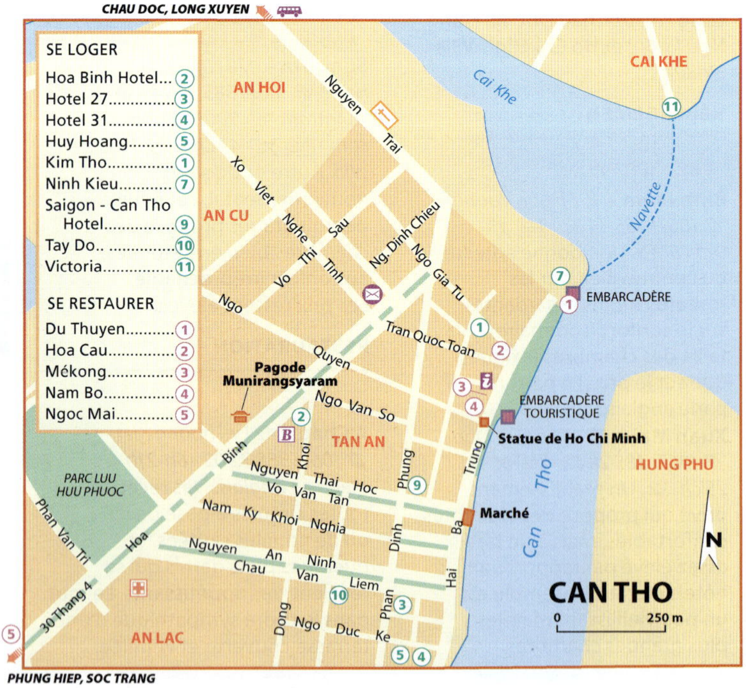

Pagode khmère Munirangsyaram.
John Warburton-Lee / Photononstop

Même si elle ne présente pas un grand intérêt architectural, ses lignes ont une indéniable élégance. Le complexe comprend divers bâtiments, dont un sanctuaire situé à l'étage.

★★ LES VERGERS ET MARCHÉS FLOTTANTS

Bon à savoir – Il existe plusieurs options pour la balade sur le Mékong supérieur et la visite des marchés flottants. La plus économique consiste à affréter une embarcation, de préférence couverte, à l'embarcadère populaire *(voir « Arriver ou partir »)*. Le prix, négociable, est d'environ 15 $ pour l'embarcation (jusqu'à 3 pers.). Les agences de voyages organisent aussi des circuits avec guide, mais les prix sont plus élevés. Dans tous les cas, partez aux aurores pour être au marché entre 6h et 8h.

Cette balade en barque, l'une des plus exotiques du delta, mêle paysages urbains, marchés flottants, vergers et arroyos. Juchées sur des pilotis, les bicoques de fortune de **Xom Chai**, le village en face de Can Tho, offrent un habitat précaire qui contraste avec les énormes panneaux publicitaires vantant les marques internationales. Plus loin, à hauteur du port de Can Tho, vous passez sous le pont (2011) qui permet le développement industriel de l'autre rive. On contemple les rives verdoyantes et dépourvues de constructions qui seront peut-être bientôt envahies par des entrepôts et des tours.

Déplacé à quelques centaines de mètres en amont pour faciliter la circulation des bateaux, le **marché flottant de Cai Rang**★★ *(accessible aussi par la route)* est le plus grand du delta. Spectacle prenant que cette myriade de barques qui chaque matin se pressent autour de coques débordant de bananes, de riz, de mangues, d'ananas, de pommes de terre, proposés à des prix imbattables...

Pour revenir à Can Tho, empruntez le bras secondaire du fleuve, le long duquel vous pourrez faire une halte au **verger de My Khanh Orchard** ou à celui de **Muoi Day**, histoire de déguster une sélection de succulents fruits. Si le niveau de l'eau le permet, la balade s'achève par la remontée d'étroits **arroyos**★★ aux rives mangées par des cocotiers d'eau.

NOS ADRESSES À CAN THO

Plan de la ville p. 462.

INFORMATIONS UTILES

Banque / Change

Nombreuses banques où changer vos devises et retirer de l'argent avec une carte de crédit. **Vietincombank** – *7 Hoa Binh (en face de la pagode Munirangsyaram) - lun.-vend. 7h30-10h45, 13h-16h30.*

Poste / Téléphone

2 Hoa Binh - 6h-20h.

Agences de voyages

Sacatours – *55 Phan Dinh Phung (dans l'hôtel Saigon - Can Tho) - ✆ (071) 381 24 19 - http://canthosacatours.com*. Cette joint-venture entre Saigon Tourist et Can Tho Tourist propose des circuits sur le Mékong, dans le delta et le reste du Vietnam. L'équipe, professionnelle, parle anglais et propose des locations de voitures et de bateaux.

Victoria – *(Voir « Hébergement »)*. L'hôtel propose une excursion en bateau au marché flottant de Cai Rang et des croisières sur le fleuve. Les prix sont assez élevés.

ARRIVER / PARTIR

Bon à savoir – Depuis 2011, un pont relie les deux rives du fleuve.

En bus

Gare routière – *Au bout de Nguyen Trai, à 1 km du centre-ville.* Can Tho est reliée à la plupart des villes du delta : Vinh Long, Chau Doc, Rach Gia *(3h - 120 000 VND)*, Long Xuyen, Soc Trang, etc. Les bus circulent entre 5h et 15h pour Ho Chi Minh-Ville *(4h de trajet)*.

En bateau

Embarcadère populaire – *Sur Hai Ba Trung, moins de 100 m au nord du marché, et celui pour les touristes un peu plus haut, en face de l'hôtel Lodge*. Pour la balade sur le Mékong supérieur et la visite des marchés flottants. L'avenir de ces embarcadères est néanmoins compromis par l'ouverture du pont.

TRANSPORTS

En taxi

Mailinh – *1B Nguyen Trai - ✆ (071) 82 82 82.*

HÉBERGEMENT

Bon à savoir – Can Tho offre le meilleur choix d'hôtels du delta.

PREMIER PRIX

Hotel 31 – *31 Ngo Duc Ke - ✆ (071) 382 52 87 - - 22 ch. 10 $ (sans air conditionné) et 12/15 $ pour les autres*. Un hôtel propre et d'un confort très correct pour sa catégorie. Les deux chambres sur rue sont un peu plus bruyantes. Petit plus : l'établissement organise de belles excursions sur le Mékong.

Hotel 27 – *27B-C Chau Van Liem - ✆ (071) 382 83 35 - - 15 ch. à partir de 15 $*. Les chambres équipées de l'air conditionné sont parmi les moins chères de Can Tho. L'immeuble est propre et agréable mais sans charme particulier.

BUDGET MOYEN

Huy Hoang – *35 Ngo Duc Ke - ✆ (071) 382 58 33 - - 33 ch. 17/40 $ - Wifi*. L'adresse de prédilection des routards anglo-saxons dans une petite rue qui regroupe plusieurs hôtels du même genre.

Tay Do – *61 Chau Van Liem - ✆ (071) 382 70 09 - www.taydohotel.com.vn - - 38 ch. 35/44 $*. Un confort et une propreté indéniables, mais l'ensemble est un peu tristounet et offre un rapport qualité-prix moyen. Les chambres les moins chères n'ont pas de fenêtre. N'hésitez pas à négocier.

Hoa Binh Hotel – *5 Hoa Binh - ☎ (071) 382 05 36 - ▤ ✕ CC - 43 ch.* ☕. Un autre établissement de standing qui possède de belles chambres, avec moquette, dont le prix varie uniquement en fonction de la taille. Bizarrement, les plus chères n'ont qu'une fenêtre sur cour.

Ninh Kieu – *2 Hai Ba Trung (à l'extrémité nord du quai) - ☎ (071) 382 11 71 - www.ninhkieuhotel.vn - ▤ ✕ - 57 ch. 41/46 $ - chaînes satellite.* Dans un quartier calme, à deux pas du centre-ville, cet hôtel confortable se compose de plusieurs bâtiments plus ou moins récents, de confort assez disparate. Préférez le Ninh Kieu 4, plus récent et plus confortable. Devant se trouve une immense terrasse, idéale pour prendre un verre face à la rivière Cai Khe. Le prix des chambres varie en fonction de leur taille et de leur vue, sur le Mékong ou sur la rue. Deux restaurants avec vue imprenable sur le fleuve.

POUR SE FAIRE PLAISIR

Saigon - Can Tho Hotel – *55 Phan Dinh Phung - ☎ (071) 382 58 31 - www.saigoncantho.com.vn - ▤ ✕ - 42 ch. 60/85 $ ☕ - sauna, accès Internet, agence de voyages.* Tout près du marché, cet hôtel de luxe propose un service professionnel. Les chambres sont agréables, mais un peu chères pour leur standing, notamment celles sans fenêtre. Le bar du 4e étage jouit d'une jolie vue sur la ville.

Kim Tho – *1A Ngo Gia Tu - ☎ (071) 381 75 17 - www.kimtho.com - ▤ ✕ - 51 ch. 50/100 $* ☕. Très bien situé, cette tour de 12 étages offre tout le confort d'un établissement de standing international. Les chambres standard sont très calmes mais sans fenêtre. Préférez les supérieures, avec baie vitrée et vue panoramique sur le delta. Bar au 10e étage.

UNE FOLIE

Victoria – *Cai Khe Ward (au nord du centre-ville) - ☎ (071) 381 01 11 - www.victoriahotels-asia.com - ▤ ✕ 🏊 - 92 ch. 150/180 $ ☕ - boutique, accès Internet.* Posé au bord du Mékong, dans un cadre enchanteur, cet élégant édifice néoclassique décoré dans le style colonial propose un service digne d'un palace. Le restaurant donnant sur le jardin possède une excellente carte des vins, mais vous pouvez vous contenter d'un verre au bord de la piscine.

RESTAURATION

PREMIER PRIX

Ngoc Mai – *131 rue 3 Thang 2 (route de Soc Trang, à 2 km au sud du centre-ville, 300 m à gauche après Rach Ranh).* Ce routier sert une excellente cuisine vietnamienne frite et à la vapeur (crevettes, poisson, anguille, poulpe, porc, bœuf). La carte est en anglais.

Mékong – *38 Hai Ba Trung - ☎ (071) 382 16 46 - 7h-2h.* Devenu un lieu prisé des routards, ce petit restaurant a revu ses tarifs un peu à la hausse, mais c'est de bonne guerre et la qualité reste au rendez-vous. Une adresse idéale pour les routards avides de retrouver une cuisine occidentale (à moins que vous ne tentiez le serpent haché au citron !) ou de déguster un petit-déj. L'ouverture sur la rue et le Mékong est un plus.

BUDGET MOYEN

Hoa Cau – *4 Hai Ba Trung - ✆ (071) 382 22 18 - 5h30-0h.* Tables en terrasse ombragée particulièrement appréciée des Vietnamiens. Cuisine de la mer en direct du congélateur pour la majorité des produits. L'occasion également de goûter à la spécialité locale : le rat des champs. Le menu en anglais est affiché à l'entrée.

Nam Bo – *50 Hai Ba Trung - ✆ (071) 382 39 08 - http://nambocantho.com - CC - 9h-22h.* Cet établissement propose des plats français et vietnamiens délicieux. L'accueil est agréable et le balcon à l'étage jouit d'une vue imprenable sur l'agitation de la rue et sur le Mékong. Bar au rdc. Vins français et australiens. La carte inclut quelques plats végétariens.

Du Thuyen – *Restaurant flottant à quai, en face du Golf Hotel - CC.* Enfin un restaurant flottant qui ne risque pas de sombrer à la première vague. Sur trois niveaux, la vue sur le Mékong et le manège des bateaux sont délicieux. Allez au moins y prendre un verre.

PETITE PAUSE

Cafés

Quelques gargotes pour prendre un verre au niveau de l'embarcadère, dont un café sur pilotis.

ACHATS

Brûlerie

Hung Thanh – *31 Ngo Quyen - 7h-22h.* Très bon choix de cafés du Vietnam. Faites vos compositions pour un beau souvenir à ramener. Vend également du thé.

★ Soc Trang Carte de microrégion C2

Comptez une demi-journée.

Située à l'écart des routes touristiques, cette cité endormie sertie d'élégantes pagodes se visite dans la journée au départ de Can Tho. Elle abrite d'importantes communautés chinoise et khmère (un tiers des habitants) et vous serez probablement frappé par la sérénité et le mysticisme qui imprègnent les lieux. En tout cas, ne partez pas sans avoir goûté à la spécialité locale : la chauve-souris !

VISITE DE SOC TRANG, LE « VILLAGE DE L'OR »

Remontez Mau Than 68 qui prolonge Hai Ba Trung, jusqu'à l'angle de Nguyen Chi Thanh.

La **pagode Kh'leng★**, ou « pagode d'Or », est en réalité un vaste complexe en béton bâti en 1905 à l'emplacement de l'édifice originel en bambou qui datait de 1533. Blotti dans un écrin de palmiers, le **sanctuaire**, très coloré, est caractéristique de l'art khmer avec ses toits de tuiles aux bords relevés en forme d'oiseau. Les portes dorées évoquent quant à elles un lointain cousinage avec le style balinais.

Situé de l'autre côté de la rue Nguyen Chi Thanh, le **Musée khmer** *(lun.-vend. 7h-10h30, 13h-17h - gratuit ; spectacles traditionnels parfois organisés)* mérite un coup d'œil, même si ses collections de costumes, d'instruments de musique et de curieux masques traditionnels en papier mâché sont relativement pauvres.

Poursuivez votre chemin sur l'avenue Mau Than 68 jusqu'à la périphérie de la ville.

La pagode d'Argile.
Mickael David / Author's Image / Photononstop

À la différence des pagodes khmères, la **pagode d'Argile**★ *(Chua Dat Set)*, appelée aussi Buu Son Tu, ne présente pas d'intérêt architectural, mais il s'agit assurément d'une curiosité. Elle fut décorée par un dévot chinois qui passa sa vie à réaliser les centaines de **bouddhas et d'animaux en terre cuite**, de style naïf, qui décorent le sanctuaire. Deux énormes **cierges** brûlent depuis la mort de l'artiste, en 1970.

★★ LES PAGODES DES ENVIRONS

Sur la route de Ca Mau. À 2 km de Soc Trang, prenez à gauche à la fourche et continuez sur 1 km. La pagode Doi est difficile à trouver.

Myriades de **chauves-souris** suspendues dans les arbres, tombes de **cochons** sacrés à cinq orteils... une étrange atmosphère émane de la **pagode Doi**★★. Blottie en rase campagne, dans un cadre paisible, elle est renommée pour son élégante architecture. Les chauves-souris, dont les plus grandes atteignent 1,5 m d'envergure et pèsent de 1 à 2 kg, ont trouvé là un refuge à leur goût sans que l'on puisse expliquer pourquoi.

Venez en fin d'après-midi, lorsque, par centaines, elles prennent leur envol. À l'intérieur du sanctuaire, deux rangées de colonnes joliment sculptées de motifs floraux divisent l'espace suivant une disposition traditionnelle. La longue **pirogue** colorée (25 m) qui repose dans le jardin est utilisée lors de la Fête des eaux (Ok Om Bok) qui rassemble tous les Khmers de la région.

La **pagode Xa Long** *(à 8 km au sud-ouest de Soc Trang, sur la route de Ca Mau)*, dont l'origine remonte au 18e s., a été rebâtie en 1923 et agrandie plusieurs fois. Surnommée la « pagode des Céramiques », elle présente elle aussi un style khmer, même si l'influence vietnamienne y est perceptible, en particulier avec les **assiettes** incrustées dans les murs. Comme souvent, les génies du Bien et du Mal veillent à l'entrée du sanctuaire.

NOS ADRESSES À SOC TRANG

INFORMATIONS UTILES

Poste / Téléphone
À l'extrémité de Hai Ba Trung - 6h-21h.

TRANSPORTS

Gare routière – *Au nord, rue Nguyen Chi Thanh.* Bus pour Ho Chi Minh-Ville *(5-6h) via* Can Tho et My Tho.

HÉBERGEMENT

PREMIER PRIX

Khanh Hung – *15 Tran Hung Dao - ✆ (079) 382 10 26 - 55 ch. 7/21 $.* Installé dans un immeuble moderne, l'hôtel possède des chambres correctes, dont les prix varient selon le niveau de confort et d'équipement. Un restaurant propose des plats vietnamiens et chinois.

Phu Qui – *19-21 Phan Chu Trinh - ✆ (079) 361 18 11 - http://phuquihotel.com - - 20 ch. 20/25 $ - Wifi.* L'entrée ressemble à un garage et la réception est à l'étage. Au-delà, tout est propre et récent, servi par un accueil sympathique. Si l'établissement est complet, tentez votre chance au **Phu Qui 2** – *50 Hai Ba Trung.* Les 11 chambres de l'annexe sont d'un confort supérieur mais donnent sur la rue, bruyante.

BUDGET MOYEN

Ngoc Suong – *Km 2127, Quoc lo 1A (à 2 km du centre) - ✆ (079) 361 31 08 - - 124 ch. 38/65 $ - tennis, piscine, sauna et karaoké.* Ce grand complexe propose, dès les premiers prix, des chambres spacieuses et confortables.

RESTAURATION

PREMIER PRIX

Di Ky – *1 Dinh Tien Hoang - ✆ (079) 382 26 48.* Carte en vietnamien. Petit restaurant familial où vous mangerez très bien à des prix bon marché. Accueil sympathique.

Tan Phat – *98 Phan Chu Trinh - ✆ (079) 382 12 86 - 6h30-21h30.* Carte en vietnamien. Un univers kitsch à souhait, avec fontaine, bassin et vases hauts en couleur. Service rapide.

Hang Ky – *67 Yet Kieu, Hung Vuong - ✆ (079) 361 20 34 - 9h-21h - comptez environ 50 000 VND par plat.* Un grand bâtiment bleu face à la gare routière. Le restaurant le plus fréquenté de la ville avec des salles sur trois étages.

AGENDA

Le **nouvel an khmer** en avril et Ok Om Bok, au 15e jour du 10e mois du calendrier lunaire, est parfois appelé **Bon Sam Peak Preah**, « fête de l'oblation à la lune ». On y célèbre également le riz gluant et les récoltes à venir. Les pagodes de la région s'affrontent lors de spectaculaires courses de pirogues où prennent place des dizaines de rameurs.

★ Bac Lieu Carte de microrégion B3

Comptez une demi-journée.

Bac Lieu est difficilement plus qu'une étape entre Soc Trang et Ca Mau. Mais si vous y échouez pour une nuit ou quelques heures, prenez le temps d'arpenter les rives du canal pour admirer les belles bâtisses coloniales, ou évadez-vous vers les réserves ornithologiques moins fréquentées de la région.

VISITE DE BAC LIEU

Bac Lieu Tourist Company - *2 Hoang Van Thu - ✆ (0781) 382 42 72 - mar.-vend. 7h-11h - 13h-17h.* Possibilité d'excursions dans les pagodes aux alentours de Bac Lieu ainsi qu'à la réserve ornithologique avec guide et chauffeur.

La partie la plus intéressante du centre-ville se trouve au nord de la rivière. Elle consiste en une jolie promenade à faire le long de la rue Dien Bien Phu. Le marché se trouve autour de l'intersection entre Hai Ba Trung et Ha Huy.

La **réserve ornithologique** de Bac Lieu se trouve à 5 km au sud de la ville par la rue Cao Van Lau, à mi-chemin de la route menant aux plages. Un guide local vous sera précieux pour vous y reconnaître parmi les 40 espèces d'oiseaux qui nichent dans cette réserve, dont une bonne part d'échassiers. L'accès à la réserve est gratuit *(7h-18h)* mais les pourboires sont bienvenus.

NOS ADRESSES À BAC LIEU

TRANSPORTS

En bus

Gare routière – *À 1,5 km au nord de la ville.* Bus réguliers pour Ho Chi Minh-Ville. Pour les autres villes du delta, mieux vaut vous y rendre en matinée.

En taxi

Bac Lieu Taxis – *✆ (0781) 392 29 22.*

HÉBERGEMENT, RESTAURATION

PREMIER PRIX

Cong Tu – *13 Dien Bien Phu - ✆ (0781) 395 33 04 - ▤ ✕ - 10 ch.* Cette vieille demeure coloniale, construite en 1919, a conservé un beau cachet. Elle est dotée de chambres bénéficiant d'une grande hauteur sous plafond et, pour deux d'entre elles (la 205 et la 208), d'une vue sur la rivière. Les tarifs varient de 18 à 30 $ selon l'état et l'équipement des chambres.

BUDGET MOYEN

Bac Lieu Hotel – *4-6 Hoang Van Thu - ✆ (0781) 382 45 01 ou 382 24 37 - ▤ ✕ - 36 ch. 30/40 $.* Cet établissement un peu cher reste propre et très commode, bien situé en centre-ville, juste à côté de l'office de tourisme. Évitez le restaurant, au décor morne et à la carte inintéressante.

★★ Ca Mau Carte de microrégion B3 et plan de la ville p. 470

Comptez une journée.

Capitale de la province la plus méridionale du Mékong, Ca Mau est encerclée de marais et de réserves ornithologiques, et conserve un marché coloré qui s'étend le long d'un bras de rivière.

VISITE DE CA MAU Plan de la ville

Minh Hai Tourist – Plan de la ville, A1 - *80 Phan Ngoc Hien - ✆ (0780) 383 18 28 - lun.-vend. 7h-11h, 13h-17h, w.-end 7h-11h.*

L'attraction de la ville est sans doute son **marché** (A1), qui s'étend le long du canal Phung Hiep autour des ponts Ca Mau et Phung Hiep. Surtout actif le matin, vous y trouverez des légumes mais surtout toutes sortes d'animaux prêts à consommer tels que rats, serpents ou chauves-souris. Demandez à ce qu'on vous les cuisine dans les échoppes à la mode locale ! Négociez avec les propriétaires de barque pour un tour sur le canal et une vue du marché depuis la rivière.

Pour aller voir le **marché flottant★★** (B2 en direction), levez-vous tôt et empruntez une moto jusqu'à l'embarcadère se trouvant au sud de la ville, au bout de Nguyen Cong Tru. De là, affrétez un bateau pour une à deux heures de visite. Le marché flottant se tient tous les jours de 6h à 9h, mais l'essentiel de l'activité est déjà terminée à 7h.

Le **temple Cao Dai** (A1), construit en 1968, se trouve de l'autre côté du canal par rapport au marché. Il est souvent fermé mais le conservateur, que vous trouverez dans la partie arrière de l'édifice, consentira certainement à vous ouvrir. Son entrée, rehaussée des couleurs jaune, ocre et rouge des deux tours principales, contraste avec les tons pastel des décorations qui donnent à l'ensemble un aspect pâtissier. Des offices ont lieu dans l'enceinte du temple quatre fois par jour, à 6h, 12h, 18h et 0h. Les prières durent 1h environ.

NOS ADRESSES À CA MAU

Plan de la ville, ci-dessus.

INFORMATIONS UTILES

Banque / Change

Incombank – *94 Ly Thuong Kiet - lun.-vend. 7h-11h - 13h-17h*. ATM, change de chèques de voyage.

ARRIVER / PARTIR

En bus

Gare routière – B2 en direction - *À 2 km à l'est de la ville par la rue Ly Thuong Kiet*. Bus pour Ho Chi Minh-Ville, Long Xuyen et Can

Tho. Pour Rach Gia, le terminal est à 1 km au nord du centre-ville.

En bateau

Relier Rach Gia en bateau permet d'admirer de très jolis paysages. 3 départs par jour de l'embarcadère situé sous le pont Ganh Hao (A2) *(3h de trajet, 120 000 VND).*

TRANSPORTS

Mail Linh Taxis – *(0780) 378 78 78.*

HÉBERGEMENT

PREMIER PRIX

Song Hung – A1 - *28 Phan Ngoc Hien - (0780) 382 28 22 - - 32 ch.* Les chambres les moins chères n'ont pas de fenêtre. Les autres offrent un bon rapport qualité-prix, pour un établissement bien situé.

Ca Mau Hotel – A1 - *20 Phan Ngoc Hien - (0780) 383 11 65 - - 43 ch.* Dans la même gamme que le Song Hung, on trouvera ici quelques chambres non rénovées un peu moins chères.

Phuong Nam – A1 - *93 Phan Dinh Phung - (0780) 383 17 52 - - 30 ch. 15/25 $.* Surtout intéressant pour ses chambres haut de gamme, qui offrent espace et luminosité, l'hôtel possède également quelques chambres autour de 15 $.

BUDGET MOYEN

Anh Nguyet – B2 - *207 Phan Ngoc Hien - (0780) 356 76 66 - http://anhnguyethotel.com - - 50 ch. 35/45 $ - Wifi.* De très belles chambres bien tenues et parfaitement équipées. Même les catégories standard ont parfois droit à de jolies baies vitrées avec vue sur la ville ! Le restaurant propose une séduisante carte de plats vietnamiens et européens, et quelques vins français.

RESTAURATION

Bon à savoir – Certaines des cantines du marché restent ouvertes jusqu'à 22h. À l'autre bout de la gamme, le restaurant de l'hôtel Anh Nguyet *(voir « Hébergement »)* est le meilleur choix de la ville pour un budget raisonnable *(11h-14h, 18h-22h - env. 150 000 VND).*

PREMIER PRIX

Trieu Phat – A1 - *26 Phan Ngoc Hien - (0780) 383 27 66 - 7h-21h30.* Voisin de l'hôtel Song Hung, ce petit restaurant sert des plats simples et bon marché mais toujours copieux. Attention, le menu est en vietnamien.

Ca Mau – *Voir « Hébergement », ci-avant - (0780) 383 13 43.* Le restaurant de l'hôtel Ca Mau propose des recettes chinoises et vietnamiennes. Évitez la partie couverte, plutôt impersonnelle, et préférez le calme de la terrasse.

Van Thuy – B1 - *1 Thang 5 - (0780) 383 09 69 - 8h-22h.* Agréablement situé sur le lac au nord-est du centre-ville, ce restaurant ouvert sur l'extérieur est un lieu de rendez-vous idéal pour un verre en fin de journée. Rien de particulier côté cuisine : la carte en vietnamien propose quelques spécialités locales et des snacks pour des tarifs modiques.

EN SOIRÉE, BOIRE UN VERRE

Vous n'aurez aucun mal à trouver des endroits pour rencontrer des Vietnamiens à Ca Mau. Dirigez-vous vers la partie sud-est de la rue Phan Ngoc Hien, entre les rues Hung Vuong et Nguyen Ngoc Sanh (B1-2). Ici, plusieurs bars qui possèdent tous, ou presque, des billards. Certains restent ouverts 24h/24. Des salles de billard plus grandes et des karaokés sont également concentrés rue Nguyen Ngoc Sanh, en direction du lac.

Long Xuyen Carte de microrégion B2 et plan de la ville ci-dessous

Comptez une demi-journée.

Plaque tournante de la contrebande entre le sud du Vietnam et les pays voisins, Long Xuyen, capitale de la province de An Giang, affiche une prospérité sans complexe. Cette ville proprette et commerçante, qui compte d'importantes minorités chinoise et khmère, prétend avoir tourné le dos au trafic et à la prostitution, sans pour autant proclamer d'ambition touristique. Ses bonnes infrastructures en font une étape idéale sur la route de Chau Doc.

VISITE DE LONG XUYEN

An Giang Tourism - Travel Service Center – A1 - *17 Nguyen Van Cung - (076) 384 10 36 ou 394 21 76 - 7h-11h, 13h-17h.* Une agence plutôt efficace : excursions locales, visites des canaux et réserves ornithologiques de la région.
En remontant la rue Hung Vuong, vous tomberez nez à nez avec la haute silhouette (50 m) en béton de l'**église Ste-Thérèse**★ (A2), non dépourvue de grâce. Construite dans les années 1960, elle comporte une nef unique, baignée de lumière, où 1 000 fidèles peuvent prendre place.

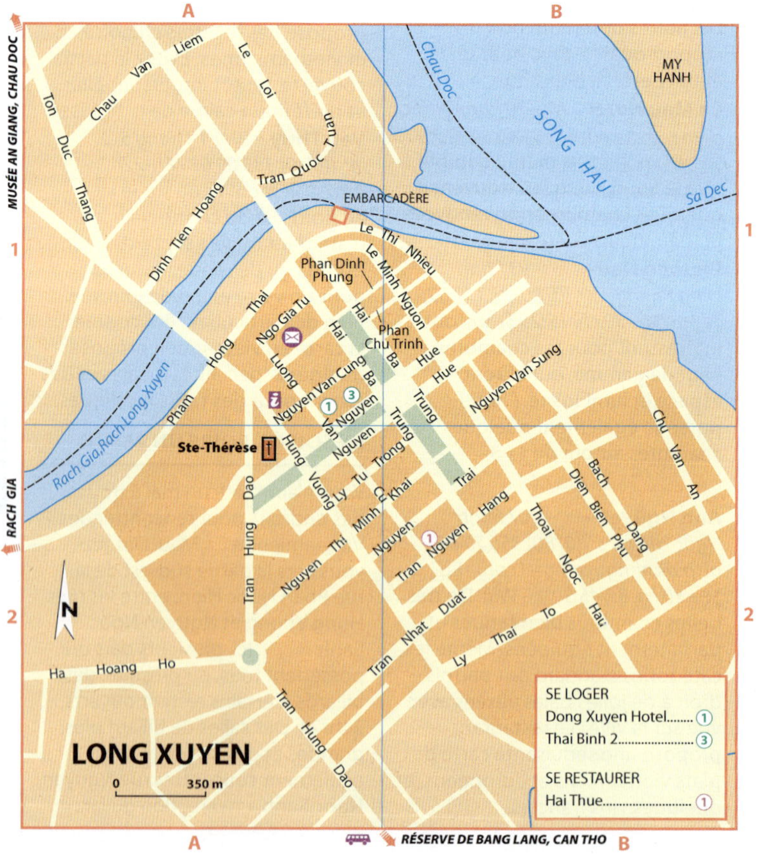

Marché flottant de Long Xuyen.
Renato Bordoni / imagebroker / age fotostock

Le **musée An Giang**★ (A1 en direction) *(Le Minh Nguon - 77 Thoai Ngoc Hau - tlj sf lun. 7h-11h, 13h30-17h - 15 000 VND)* comprend quatre salles consacrées à la guerre, au développement de la région depuis 1975, aux cultures vietnamienne, chinoise, khmère et chame de la région (artisanat, vêtements), ainsi qu'au royaume indianisé du Funan. Il expose notamment diverses trouvailles des 5e et 6e s. provenant de la cité antique de Oc Eo *(voir p. 485)*, en particulier des lingas, des *yoni*, des poteries, des statuettes, et une superbe **statue en bois de Bouddha**★★, néanmoins très abîmée.
Hai Ba Trung et Doan Van Phoi, les deux larges avenues élégantes du centre-ville, sont les seuls endroits un peu animés le soir, avec la rue Nguyen Trai.

★★★ LA RÉSERVE ORNITHOLOGIQUE DE BANG LANG

Comptez 1h.
Rejoignez Thot Not, à 12 km de Long Xuyen sur la route de Can Tho, d'où vous pouvez prendre une barque (30mn). Vous pouvez aussi louer une moto-taxi à Long Xuyen. Entrée payante (6 000 VND).

5

Cette réserve est à n'en pas douter l'une des plus spectaculaires du delta. Du village de Thot Not, le trajet en barque sur le canal à travers les villages, les rizières et les haies de bambou constitue un merveilleux préambule. À l'arrivée, un ponton haut de 6 m offre une vue d'ensemble du site (13 000 m^2), où des milliers de hérons, d'ibis sacrés, de butors, de grues cendrées et de cormorans viennent nicher. Les échassiers du delta, menacés par les bouleversements de leur milieu, ont trouvé là un havre de paix, aménagé pour leur bien-être. Des oies, dont les excréments sont censés éloigner les serpents, principal prédateur des volatiles, ont même été introduites. Les mâles, qui forment 80 % de la colonie, partent chercher de la nourriture pendant la journée et reviennent en fin d'après-midi. Le meilleur moment pour visiter la réserve est entre septembre et décembre, quand les cigognes sont aussi de la fête et que le propriétaire des lieux réserve une surprise aux visiteurs, à 17h tapantes !

NOS ADRESSES À LONG XUYEN

Plan de la ville, p. 472.

INFORMATIONS UTILES

Bureau de poste – A1 - *42 Ngo Gia Tu - 6h-22h.*
Internet – Thanh Dat – B2 - *241/1 Luong Van Cu - 7h-22h.*

TRANSPORTS

En bus

Gare routière – A2 en direction - *Rue Tran Hung Dao, au sud de la ville.* Des bus se rendent à Ho Chi Minh-Ville, Can Tho, Chau Doc *(1h)*, Ha Tien et Rach Gia *(4h)*. Pour Cao Lanh et Sa Dec, prenez un bus à l'embarcadère An Hoa, rue Ly Thai To au sud-est de la ville.

HÉBERGEMENT

PREMIER PRIX

Thai Binh 2 – A1 - *4-6-8 Nguyen Hue - ✆ (076) 384 18 59 ou 384 70 78 - ▤ - 24 ch.* Un hôtel de quatre étages sans ascenseur, précédé d'un vaste hall carrelé. Les chambres sont sans charme, mais bien tenues et d'un bon rapport qualité-prix. Quelques-unes avec ventilateur et sans eau chaude.

BUDGET MOYEN

Dong Xuyen Hotel – A1 - *9A Luong Van Cu - ✆ (076) 394 22 60 - ▤ ✕ - 60 ch. 40/60 $ - Wifi.* L'hôtel officiel de Long Xuyen propose de très belles chambres et de nombreux services (salon de massage, Jacuzzi, agence de voyages, etc.). Le restaurant sur les toits est agréable mais la vue n'a rien d'exceptionnel.

RESTAURATION

PREMIER PRIX

Hai Thue – B1 - *245/3 Luong Van Cu - ✆ (076) 384 55 73 - 8h-22h.* Une petite cantine traditionnelle où l'on peut manger toute la journée pour moins de 2 $.

PETITE PAUSE

Sao Cafe – A2 - *317/1 Tran Hung Dao - ✆ (076) 394 39 40 - 6h-22h.* Un agréable salon de thé climatisé avec son décor un peu kitsch. Idéal pour un rafraîchissement ou une glace en journée et parfait pour un cocktail le soir.

★★ Chau Doc Carte de microrégion B1 et plan de la ville p. 475

▷ *Comptez 2 jours.*
Adossée à la frontière cambodgienne, Chau Doc la populaire contraste nettement avec Long Xuyen la prospère. Dans un désordre apparent de maisons hétéroclites cohabitent Chams, Vietnamiens, Chinois, Khmers… et toutes les religions semblent s'y être donné rendez-vous. Bref, le Vietnam comme on l'aime, inattendu et authentique.

VISITE DE CHAU DOC Plan de la ville p. 475

Autour du **marché central**, les ruelles commerçantes s'étirent jusqu'à la lisière du fleuve, envahie par un enchevêtrement de **maisons sur pilotis** dans une stabilité précaire. La **vue★★★** sur le Hau Giang (Bassac), au confluent de plusieurs bras d'eau où glissent des coques de bois de toutes tailles, campe une image du Mékong éternel.

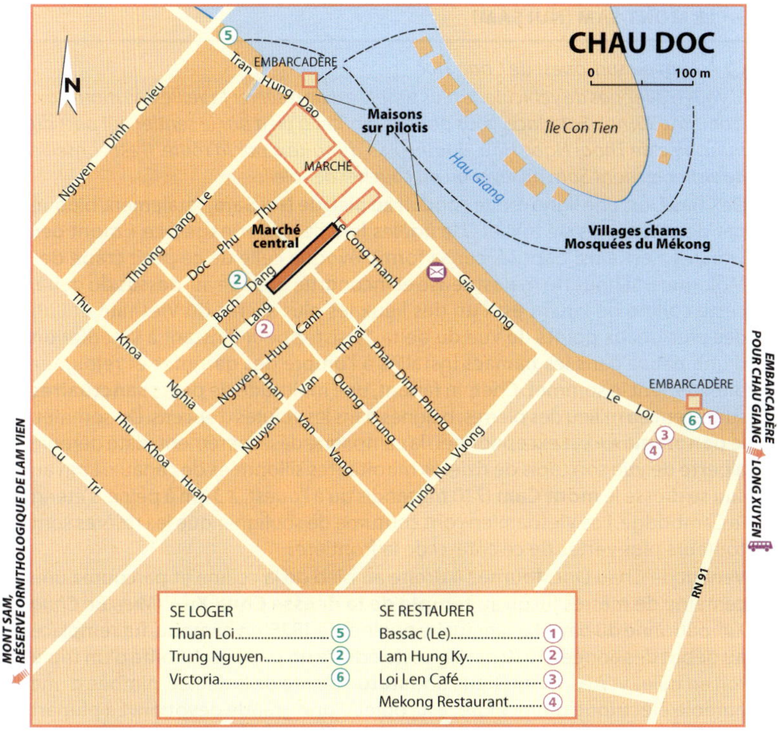

LES MOSQUÉES DU MÉKONG

Comptez 2h.

Bon à savoir – Il est conseillé d'être accompagné d'un guide pour cette passionnante excursion dans les villages chams *(voir « Activités », p. 479)*. Vous pouvez également affréter une barque à l'embarcadère populaire. Visitez de préférence les mosquées le vendredi en fin de matinée, mais attendez la fin de l'office à l'extérieur pour ne pas déranger les fidèles.

Remontant le fleuve, on longe d'abord un étonnant **village flottant★★**. Ses lourdes maisons de bois aux balcons fleuris disposent de tout le confort (notamment de la télévision), et chacune possède sa propre réserve de poissons, qui servent à la consommation familiale, mais sont aussi vendus dans tout le pays. Il suffit d'ouvrir une trappe pour se servir !

Le bateau aborde ensuite un petit **village cham★** aux **maisons sur pilotis** caractéristiques. D'une blancheur immaculée, la **mosquée Ehsan** *(vous pouvez aussi vous y rendre avec le bac)* est de construction récente.

Plantée au bord d'un bras secondaire de l'autre côté du fleuve, à Chau Phong, la **mosquée Jamiul Azhar★** présente une architecture néocoloniale gracieuse, avec son minaret coiffé d'une coupole argentée *(vous pouvez aussi y aller directement de Chau Doc ; prenez alors le bac pour Chau Giang à l'embarcadère situé au sud de l'hôtel Victoria, puis une moto-taxi, ou marchez 15mn vers la gauche)*. Jetez un coup d'œil au **cimetière** planté de stèles modestes, dans la plus parfaite tradition musulmane. Dans le même district, la **mosquée Moubarak** *(1 km)* abrite quant à elle une école coranique.

★★ LE MONT SAM (NUI SAM)

À 7 km au sud-ouest de Chau Doc.
Si vous n'avez pas de véhicule, le plus simple est de réserver la veille une moto-taxi (comptez 20mn). Sur place, vous pouvez monter à pied par le sentier qui part du mausolée de Thoai Ngoc Hau (40mn) ou à moto-taxi par la route. Il est conseillé de visiter le mont Sam au lever ou au coucher de soleil.

De Chau Doc, une ligne droite conduit au pied de **Nui Sam**, totalement bloqué par des centaines de milliers de fidèles lors des pèlerinages. Le « mont des Limules » est ainsi baptisé, car sa forme évoque celle de ce petit crabe des Moluques. Silhouette majestueuse et incongrue dressée au-dessus du delta, cette colline de 230 m est l'un des lieux les plus sacrés du Vietnam et l'un des plus beaux points de vue du delta. Résistez pour l'instant à la tentation d'une pause dans les hamacs installés à l'ombre des gargotes et rejoignez directement le sommet. Chemin faisant, une multitude de petits **sanctuaires** surgissent au milieu des pierres, baignés dans les volutes d'encens. Du sommet, le **panorama★★** est exceptionnel : la campagne désespérément plate déroule à perte de vue son tapis de rizières miroitantes sillonnées de canaux. Loin au sud se dresse le **mont Cam** (710 m), tandis qu'à l'ouest, à 3 km à peine, s'étend le Cambodge. Les Vietnamiens ont coutume de souligner que les rizières sont toujours plus vertes de ce côté-ci de la frontière !

Venant de Chau Doc, tournez à droite au pied de la colline et parcourez une centaine de mètres jusqu'au **temple de la déesse Chua Xu★** *(Mieu Ba Chua Xu)*, patronne du pays. Le sanctuaire originel de 1825, en bambou, fut remplacé au début des années 1970 par un vaste édifice un peu kitsch coiffé d'un triple toit en tuiles vertes. À l'intérieur, une **statue** peinte de la déesse, nimbée d'une auréole électrique multicolore, est l'objet d'une grande dévotion. La plupart du temps, un cochon rôti avec un couteau planté gît à ses pieds en guise d'offrande. Juste à côté, dans une vitrine, sa lourde tunique richement ornée de broderies est changée tous les jours, comme le veut la tradition. L'espace que vous apercevez au fond du temple a été aménagé pour que les pèlerins puissent se reposer durant les agapes. Les **bâtiments annexes** comprennent un dortoir, ainsi que le dressing personnel de la déesse, qui renferme plusieurs centaines de tuniques offertes par des dévots !

De l'autre côté de la route, deux éléphants noir et blanc veillent sur la **pagode Tay An**. L'un d'eux est doté de six défenses, car on rapporte qu'avant de mettre au monde Siddharta, sa mère vit apparaître en songe un éléphant ainsi pourvu. Bâti au 19e s. et reconstruit en 1958, le sanctuaire, très coloré, mêle allégrement styles hindou, musulman et vietnamien. Des tigres et des dragons hérissent le toit, tandis qu'à l'intérieur trônent des centaines de **statues** peintes de Bouddha et de Lo Han – les 18 protecteurs de la loi bouddhique. Les **tombes** multicolores dispersées autour du bâtiment sont celles de bonzes.

Un peu plus à l'ouest se dresse le **mausolée de Thoai Ngoc Hau**, preux chevalier de la dynastie Nguyen (1761-1829) qui consacra sa vie à défendre la province contre les ennemis. On lui doit également la construction du grand canal Vinh Te qui marque la frontière avec le Cambodge et permit de développer les cultures. À l'intérieur, sa tombe est flanquée de celles de ses deux épouses et couronnée de son **buste en cuivre**.

Poursuivez sur 2 km le chemin qui contourne la colline par l'ouest pour rejoindre la **pagode de la Caverne** *(Chua Phuoc Dien)*, également appelée *Chua Hang*. Une longue volée d'escaliers mène au sanctuaire qui renferme des **statues de Bouddha**. Derrière s'ouvre une grotte naturelle où la bonzesse Le

Dans la pagode Tay An, mont Sam.
Mickael David / Author's Image / Photononstop

Thi Tho fut un jour interrompue dans sa méditation par deux serpents, l'un blanc et l'autre vert. On raconte que les deux reptiles ne la quittèrent plus et disparurent peu après sa mort. Un autel dédié à Quan Am, bodhisattva de la Compassion, a été aménagé dans la grotte.

★★ LA RÉSERVE ORNITHOLOGIQUE DE LAM VIEN

À 17 km au sud de Chau Doc, entre les monts Sam et Cam. Prenez la piste sur la gauche et continuez sur 5 km. À découvrir de préférence à la tombée de la nuit. Renseignements à l'hôtel Victoria, *voir p. 478.*

La réserve de Lam Vien occupe le site enchanteur d'une mangrove sauvage. La balade s'effectue à bord d'une barque à l'équilibre précaire, seul moyen de sillonner les étroits canaux en ayant quelque chance d'observer les échassiers. Le meilleur point de vue se trouve toutefois au sommet d'une tour en bois aménagée au milieu de la mangrove.

★ LE LONG DE LA FRONTIÈRE CAMBODGIENNE

Sous des airs assoupis, la piste de Chau Doc à Ha Tien *(95 km, boueuse en saison des pluies)*, peu fréquentée par les touristes, est un axe traditionnel de la contrebande avec le Cambodge. La région garde surtout le souvenir traumatisant des raids sanglants menés par les Khmers rouges alors au pouvoir à Phnom Penh, en particulier dans le village de **Ba Chuc** *(à 40 km de Chau Doc)*. Ces attaques furent l'une des principales raisons invoquées par le Vietnam pour justifier l'invasion du Cambodge et le renversement de Pol Pot en 1979. Morbide et émouvant à la fois, le **mausolée des Crânes** est une sorte de kiosque où les ossements de 1 500 victimes des Khmers rouges sont exposés derrière une vitrine. Il s'élève à l'emplacement d'une pagode détruite durant l'attaque d'avril 1978, qui fit près de 4 000 morts. Des photos du massacre, d'une barbarie insoutenable, sont présentées dans un bâtiment attenant.

NOS ADRESSES À CHAU DOC

TRANSPORTS

En bus

Terminal – *À environ 2 km au sud-est de la ville, sur la route de Long Xuyen*. Des bus se rendent à Ho Chi Minh-Ville, Can Tho, Vinh Long, Rach Gia… Ils sont pris d'assaut durant les fêtes.

En bateau

Pour l'île Con Tien – Le bac part près du marché et de l'hôtel Thuan Loi, à l'extrémité de la rue Thuong Dang Le.

Pour Chau Giang – L'embarcadère se trouve au bout de la rue Le Loi, au sud de la ville.

En moto

Avec ce moyen de locomotion, vous pouvez rejoindre directement Ha Tien par une piste qui longe la frontière cambodgienne *(95 km)*.

HÉBERGEMENT

Bon à savoir – Durant les fêtes, il est indispensable de réserver.

PREMIER PRIX

Trung Nguyen – *86, Bach Dang - (076) 351 15 61 - www.trungnguyenhotel.com.vn - - 15 ch. 15/24 $ - Wifi*. Un hôtel impeccablement tenu, idéalement situé en plein centre tout près du marché (donc un peu bruyant). Chambres de bon confort, très lumineuses et avec balcon sur rue. Réservation recommandée.

Thuan Loi – *18 Tran Hung Dao - (076) 386 61 34 - - 25 ch. 18/25 $*. Confort minimum pour ce mini-hôtel sur pilotis qui jouit en revanche d'une vue remarquable sur le Mékong (demandez les chambres à l'étage).

UNE FOLIE

Victoria – *33 Le Loi - (076) 386 50 10 - www.victoriahotels-asia.com - - 92 ch. 150/180 $ - sauna, boutique et agence pour excursions locales - Wifi*. Ce palace inattendu dans un lieu aussi reculé occupe un emplacement exceptionnel, au confluent de deux cours d'eau, avec une vue imprenable. L'architecture néoclassique raffinée est à la hauteur des prestations. La chambre familiale est une option intéressante. Le tarif comprend un copieux petit-déj. et la mise à disposition gracieuse de bicyclettes pour les clients.

RESTAURATION

PREMIER PRIX

Mékong Restaurant – *41 Le Loi - (076) 386 73 81 - 7h-21h - *. Une petite cantine de plein air pour goûter aux spécialités locales. La cuisine est un peu grasse mais les plats à base de riz complet sont très bons.

Lam Hung Ky – *71 Chi Lang - (076) 386 67 45 - 9h-21h*. Cuisines chinoise et vietnamienne, ainsi que d'excellents fruits de mer. Carte en français.

Loi Len Café – *53 Le Loi (face à l'hôtel Victoria) - 7h-0h*. Pour ceux qui voudraient s'offrir la vue sur le Mékong sans passer par le restaurant de l'hôtel de luxe, on bénéficie de la terrasse du Loi Len d'un joli panorama. La carte, restreinte, propose quelques plats locaux et snacks.

POUR SE FAIRE PLAISIR

Le Bassac – *Voir « Hébergement »*. Le restaurant de l'hôtel Victoria propose un choix raffiné de cuisines occidentale et vietnamienne, ainsi qu'une bonne carte des vins. Cadre somptueux (réservez sur la terrasse le long du fleuve) et prix abordables *(env. 30 $/pers.)*.

PETITE PAUSE

Le bar et la piscine *(payante)* du Victoria *(voir « Hébergement »)*, avec vue sur le fleuve, sont un havre de paix.

ACTIVITÉS

Excursions

L'hôtel Thuan Loi – *Voir « Hébergement »*. Organise des sorties en bateau couvert pour visiter les villages chams et les maisons flottantes.

Delta Adventure – *153 Bis Le Loi - ✆ (076) 356 38 10 - www.deltaadventure.info- 7h-17h.* Excursions vers le mont Sam et dans le Mékong, visite des maisons flottantes et nombreuses autres sorties dans les environs de Chau Doc. Réservations de billets de train, bus et avion.

AGENDA

La grande **fête de la patronne du pays**, Chua Xu, se déroule au mont Sam du 23e au 25e jour du 4e mois du calendrier lunaire, après la fête du Tet, en mai.
Chez les Khmers, le **Chol-Chhnam-Thmay**, nouvel an bouddhique Theravada, est célébré les 13, 14 et 15 avril, tandis que des courses de buffles sont organisées lors de **Dol-ta**, le 29e jour du 8e mois lunaire.
Les Chams musulmans célèbrent le **Romadol**, durant tout le mois de mai, et le **Hazi**, les deux premiers jours du 6e mois lunaire.

★★ Ha Tien Carte de microrégion A2 et plan de la ville p. 480

▶ *Comptez une journée.*
Province de An Giang. 40 000 hab.

Située dans un cul-de-sac à la pointe sud-ouest du Vietnam, à 8 km du Cambodge, Ha Tien est une grosse bourgade paisible où les rues bitumées se font rares. Lovée au bord du golfe de Thaïlande, au pied d'un chapelet de collines qui ponctuent l'entrée d'un lac d'eau de mer, la ville jouit d'un cadre enchanteur. Outre les temples, les plages des environs constituent son principal attrait. Elle connut toutefois des jours moins paisibles à la fin des années 1970, lorsque les incursions des Khmers rouges contraignirent tous les habitants à s'enfuir. Aujourd'hui, la population vit de la culture du poivre, de la saumure et de la pêche, en particulier celle des crevettes qui sèchent devant les maisons, exhalant ainsi un délicat fumet !

VISITE DE HA TIEN Plan de la ville p. 480

Le **pont flottant**, qui enjambe le bras de mer **Dong Ho** (« lac de l'Est »), permet de rejoindre le centre de Ha Tien ; il est réservé aux piétons. À sa gauche, autour du **marché**, se trouve le quartier le plus animé de la ville.

Remontez la rue Phuong Thanh jusqu'à l'angle de la rue Mac Thien Tich.

Une grande **statue** de la déesse de la Miséricorde précède la **pagode Sac Tu Tam Bao Tu** *(7h-19h)*, dédiée au bouddhisme Mahayana. Fondée par Mac Cuu au 18e s., elle renferme une autre **statue de Quan Am** pourvue de mille bras et mille yeux symbolisant sa puissance ubiquitaire. Ce bodhisattva de la Compassion, capable de prendre toutes les formes pour sauver les humains, est, comme souvent, représenté sous des traits féminins. Un petit **jardin de**

UNE TERRE ÂPREMENT DISPUTÉE

Au début du 18e s., Ha Tien est une possession cambodgienne gouvernée par Mac Cuu, un Cantonais ayant fui la Chine avec sa suite en 1644, lors de l'éviction des Ming par les Mandchous. Pour défendre la ville contre les raids du Siam, il fit appel en 1708 aux Vietnamiens, mais ceux-ci ne purent empêcher la prise de la ville. Cette victoire s'avéra néanmoins éphémère, car Mac Cuu et ses alliés vietnamiens, les seigneurs Nguyen, ne tardèrent pas à chasser les Siamois. Son fils Mac Thien Tich lui succéda en 1736, mais lui-même dut faire face aux razzias des Siamois et à la révolte des Tay Son. Avec l'aide des Nguyen, il sortit finalement vainqueur de la confrontation. Le rattachement définitif de Ha Tien au Vietnam, en 1798, devait parachever la formation territoriale du pays. Une annexion jamais vraiment acceptée par les Cambodgiens !

bonsaïs, certains taillés en forme d'animaux, a été aménagé derrière la pagode. De l'autre côté de la rue se dresse la haute silhouette immaculée d'une **église catholique**. Remontez la rue Phuong Thanh et prenez à gauche jusqu'à la **colline Binh Son**. La **pagode Phu Dung** (« pagode de l'Hibiscus rose ») porte le nom de l'épouse de Mac Thien Tich. Le gouverneur de la province la fit bâtir au 18e s. pour sa bien-aimée qui avait fait le vœu de passer le reste de sa vie dans la contemplation et la méditation. Une **statue de Phu Dung** trône à l'intérieur, accompagnée de deux Phénix, symbole de béatitude.

Pêche aux coquillages à Ha Tien.
Stu Smucker / Photononstop

Un peu plus au sud, au pied de la colline, se tient le **sanctuaire des Mac Cuu**, une coquette bâtisse à toit de tuiles (1902). Les **tombes** de la famille, richement décorées d'animaux mythologiques multicolores, sont dispersées sur la butte Nui Lang (« la montagne tombeau »). Celle de Mac Cuu, très proche, fait l'objet d'une vénération toute particulière. Montez jusqu'au sommet de la colline pour jouir du **panorama★★** sur la ville et la côte est. Un pur moment de contemplation !

À L'OUEST DE HA TIEN

À 3,5 km de la ville sur la route de Mui Nai. Vous pouvez louer les services d'une moto-taxi.

La **pagode Thach Dong★★** (« pagode de la Grotte ») est une étonnante bâtisse colorée nichée au fond de la cavité d'une falaise calcaire. Elle abrite une **statue de Ngoc Hoang**, l'Empereur de Jade de la religion taoïste, ainsi qu'une **statue de Quan Am**. Un doux vent rafraîchissant traverse les lieux, créant une musique enchanteresse. À l'entrée, une petite **stèle** commémore le massacre de 130 civils par les Khmers rouges le 14 mars 1978.

Lovée au fond d'une petite crique au pied de collines boisées tombant dans la mer, à 5 km du Cambodge, la **plage de Mui Nai★** est le haut lieu du tourisme local *(accès payant)*. Des légions de familles viennent y faire trempette ou déguster des coquillages à l'ombre des pins. On aperçoit à droite un **phare** perdu au milieu des arbres et, au large, de petits îlots rocheux. Par temps clair, le regard porte jusqu'à Phu Quoc. Oubliez toute idée de camping sauvage, car l'endroit est, paraît-il, parfois fréquenté la nuit par des contrebandiers.

Entre Ha Tien et la presqu'île de Hon Chong, la route traverse une belle campagne de **collines calcaires** qui semblent surgir des profondeurs de la terre. Dommage que d'énormes cimenteries rongent peu à peu, pour leurs besoins, ces rares reliefs du delta…

NOS ADRESSES À HA TIEN

INFORMATIONS UTILES

Banque / Change
Vietcombank – *4 Phuong Thanh - ✆ (077) 395 10 65 - 7h-11h, 13h-16h.* Change et distributeur ATM.

Poste / Téléphone
5 To Chau - ✆ (077) 385 21 90 - 6h30-21h. Accès Internet.

TRANSPORTS

En bus
Bon à savoir – L'ancien pont flottant est entièrement réservé aux piétons depuis la mise en service du nouveau pont, à l'ouest de la ville.
Terminal de bus – *Au sud du pont.* Départs réguliers pour Rach Gia *(4 à 5h de trajet)*, Ho Chi Minh-Ville *(9h)* et Can Tho.

En bateau
Il est possible de se rendre à **Phu Quoc** en bateau *(liaisons régulières - env. 200 000 VND)* depuis Ha Tien. Attention, si vous négociez directement avec le propriétaire d'un bateau, vous risquez de vous faire déposer à plusieurs kilomètres du point d'arrivée prévu.

HÉBERGEMENT

PREMIER PRIX

Hai Van – *55 Lam Son - ✆ (077) 385 28 72 - 60 ch. 7,5/15 $.* Trois catégories de chambres dont les équipements et le confort varient. Les moins chères n'ont pas d'eau chaude (mais c'est la règle du jeu) et présentent un bon rapport qualité-prix bien que les lits occupent la plus grande partie de la pièce. Les plus chères, avec salon et petit balcon, sont dans des états très variables. Aussi visitez-en plusieurs et n'hésitez pas à négocier.

Hai Yen – *15 To Chau - ✆ (077) 385 15 80 - - 85 ch. 16/20 $.* Un établissement confortable et bien tenu, mais sans caractère, qui occupe un immeuble moderne de six étages avec ascenseur. Les chambres ont l'eau chaude.

BUDGET MOYEN

Ha Tien Hotel – *36 Tran Hau - ✆ (077) 385 15 63 - - 32 ch. 40/60 $.* Cet établissement présente de très belles chambres, spacieuses et confortables, au cœur de la ville. Le restaurant couvert est particulièrement agréable et propose une cuisine vietnamienne avec prédilection pour les fruits de mer *(6h-22h30, env. 100 000 VND/pers.).*

RESTAURATION

Bon à savoir – Ha Tien offre un excellent choix en matière culinaire, que vous soyez amateur de fruits de mer ou de cuisine vietnamienne… à déguster dans les gargotes près du marché.

PREMIER PRIX

Xuan Thanh – *20 Ben Tran Hau (face au marché couvert) - ✆ (077) 385 21 97.* Bon choix de fruits de mer et cuisine vietnamienne. Carte en anglais.

La presqu'île de Hon Chong.
Ch. Boisvieux / hemis.fr

★★ La presqu'île de Hon Chong Carte de microrégion A2

Ravissant ruban de sable s'étirant à l'ombre des cocotiers, la **plage de Hon Chong★** possède quelques gargotes en bambou où l'on sert de succulents poissons frais. L'endroit, plein de charme, risque cependant de laisser de marbre les habitués des plages de Thaïlande et d'Indonésie. On aperçoit au loin l'**île de Nghe** qui cache, paraît-il, de superbes plages *(possibilité de chartériser un bateau auprès de l'une des gargotes de la plage ; comptez 1h de trajet aller).*

Au bout de la route, à 2 km de Hon Chong, la **pagode Hai Son Tu** *(entrée payante)* est adossée à une colline. Elle masque l'accès à une vaste cavité baignée par les senteurs mêlées d'encens et d'excréments de chauves-souris, qui sert d'écrin à la **pagode Hang★★**, un étonnant sanctuaire blotti dans la pénombre où se dresse une statue de Quan Am.

À l'extrémité de ce dédale surgit la **plage de Duong★★**, nichée dans le creux d'une petite crique aux eaux limpides où émergent deux îlots rocheux, **Hon Phu Tu** (« Père et Fils ») *(possibilité d'en faire le tour en bateau).* Ils servent de refuge à des colonies de salanganes, dont les nids constituent un mets très recherché. Des dizaines de gargotes et d'étals où se presse une foule de Vietnamiens ont pris place le long de la plage. L'ambiance est joyeuse, mais la propreté de la plage paie un lourd tribut à ces agapes. À la tombée de la nuit, quand tout le monde est parti, un superbe coucher de soleil irradie parfois sur la baie.

Pour quitter Hon Chong, rendez-vous à Ba Hon (17 km) à moto-taxi et arrêtez l'un des bus qui font la liaison entre Ha Tien (20 km) et Rach Gia (64 km).

NOS ADRESSES À HON CHONG

HÉBERGEMENT, RESTAURATION

PREMIER PRIX

My Lan – *Binh An* - *(077) 375 90 44* - *18 ch. 15 $*. Un hôtel privé, tout proche de la plage, d'une propreté et d'un confort irréprochables (eau chaude, chaînes satellite). Les chambres sont identiques, mais le prix augmente si vous utilisez la climatisation. Anglais parlé.

Rach Gia Carte de microrégion B2 et plan de la ville p. 485

Comptez une journée.

Capitale de la province de Kien Giang. 290 000 hab.

Cité dynamique et prospère mais sans atours, Rach Gia est avant tout une étape pour les touristes en route vers Phu Quoc. Traditionnellement tournée vers la pêche et l'agriculture, voire la contrebande, la ville ambitionne de disputer à Can Tho la place de pôle économique du delta, comme en témoignent les projets gouvernementaux d'extension du port. Sa situation, au bord du golfe de Thaïlande et sur l'estuaire du canal menant à Long Xuyen, constitue d'ailleurs l'un de ses principaux atouts. Rach Gia abrite des minorités chinoise et khmère et brasse presque toutes les religions représentées par autant de sanctuaires.

CENTRE-VILLE Plan de la ville p. 485

On se repère facilement dans Rach Gia, parcourue du nord au sud par la rue Nguyen Trung Truc. Elle traverse le centre-ville, concentré sur le petit îlot au milieu du canal. Commencez par visiter le **port** *(rue Nguyen Cong Tru)* pour continuer, de l'autre côté du canal, par les vieilles et élégantes **maisons chinoises** à pignons, qui conservent leur vocation commerçante.

À quelques centaines de mètres de l'embarcadère se dresse le **temple Nguyen Trung Truc**, dédié au héros local de la lutte contre l'occupant français dans les années 1860. On peut y voir une parfaite illustration de la tradition qu'ont les Vietnamiens de créer un culte sur des personnages historiques et de l'associer à une religion, ici le confucianisme. Le **portrait** de Nguyen Trung Truc trône au-dessus de l'autel, tandis que dans la pièce principale deux **bas-reliefs** colorés narrent ses deux principaux faits d'armes : l'incendie du palais du gouverneur et celui du navire l'*Espérance*. Après des années de clandestinité, il fut contraint de se rendre aux Français qui avaient pris sa femme en otage, et il fut exécuté…

Faites ensuite une halte désaltérante dans le petit **parc d'attractions** voisin, où se retrouvent la jeunesse locale et les amateurs de café glacé.

Plusieurs sanctuaires jalonnent la rue Quang Trung, au nord de la ville. Dans la **pagode confucéenne Ong Bin** *(Chua Ong Bin)*, qui arbore une façade très colorée, la traditionnelle cour intérieure est dotée d'un puits destiné à recevoir la « lumière céleste ». Notez sur le mur le bas-relief naïf et coloré représentant un tigre.

Rejoignez directement la **pagode Phat Lon** (18e s.), plantée au milieu d'un bosquet d'arbres. Il s'agit de la plus grande pagode khmère Theravada du delta, immédiatement reconnaissable à son style. Dans le sanctuaire, richement décoré de fresques, trône une statue du bouddha assis devant un cercle

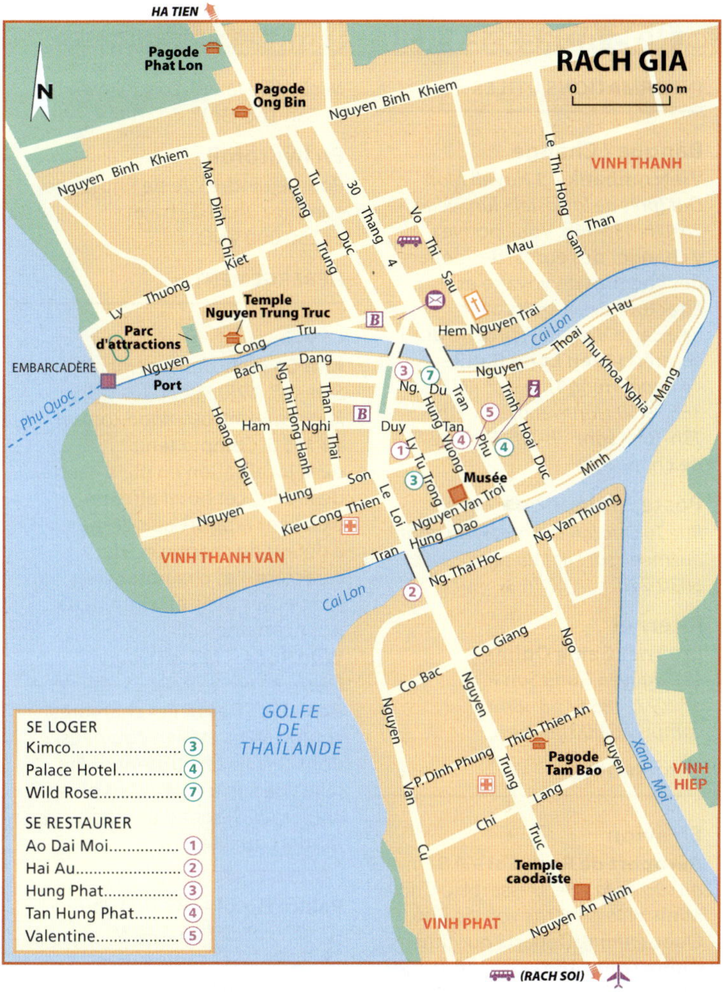

de lumière clignotant. Derrière la pagode, jetez un œil au **cimetière** hérissé de stupas.

Redescendez vers le centre-ville.

Outre l'inévitable section consacrée à la guerre du Vietnam, le **musée de Rach Gia★** *(21 Nguyen Van Troi - 7h30-11h, 13h30-17h - entrée payante ; comptez 20mn)* conserve une intéressante collection d'objets hindouistes provenant du site de Oc Eo (1er-6e s.), en particulier des poteries, des lingas, des *yoni* et des bijoux.

S'il vous reste du temps, complétez la visite de la ville par la **pagode Tam Bao** *(descendez Nguyen Trung Truc et tournez à gauche dans la rue Thich Thien An)*, qui possède un joli jardin décoré d'arbres taillés en forme d'animaux. Plus au sud, à l'angle des rues Nguyen Trung Truc et Nguyen An Minh, se dresse également un **temple caodaïste**.

La visite de la **cité antique de Oc Eo** *(à 1 km de Rach Gia, informations auprès du Kien Giang Tourist)* n'intéressera que les spécialistes.

NOS ADRESSES À RACH GIA

INFORMATIONS UTILES

Banque / Change

Vietcombank – *1 Huynh Man Dat (près de la poste) - lun.-vend. - 7h-11h, 13h-16h.* Vous pouvez y changer des euros, des dollars, des chèques de voyage et effectuer des retraits avec une carte Visa. Plus proche du centre, la **Kien Long Bank** – *44 Pham Hong Thai - ✆ (077) 386 99 50 - lun.-vend. - 7h-11h, 13h-16h - sam. 7h-11h.* Service de change.

Poste / Téléphone

Rue Tu Duc (au débouché du pont qui mène sur l'îlot du centre-ville) - 6h30-22h.

Internet

Internet Game Online – *135 Nguyen Hung Son - ✆ (077) 386 67 08 - 8h-0h - comptez 5 000 VND/h.*

TRANSPORTS

En avion

Aéroport de Rach Soi – *À 8 km au sud de la ville.* Dessert Ho Chi Minh-Ville *(2h40 de vol) via* Phu Quoc *(40mn).* Départs quotidiens.

Compagnie aérienne - Vietnam Airlines – *16 Nguyen Trung Truc - ✆ (077) 392 43 20 - lun.-vend. 7h30-11h30, 13h30-17h, w.-end 8h-11h, 14h-18h.*

En bus

Ben Xe Rach Gia – *30 Thang 4 (près de la poste).* Dessert Ha Tien *(4 à 5h de trajet),* et des minibus partent le soir pour Ho Chi Minh-Ville *(5-6h).*

L'autre terminal, **Ben Xe Rach Soi** – *Dans le prolongement de la rue Nguyen Trung Truc, à 8 km, près de l'aéroport,* propose des bus réguliers pour Ho Chi Minh-Ville *(6-7h),* Long Xuyen et Can Tho *(3h).*

En hydrofoil

Pour rejoindre l'île de Phu Quoc, comptez 2h30 de trajet et 250 000 VND.

HÉBERGEMENT

PREMIER PRIX

Kim Co – *141 Nguyen Hung Son - ✆ (077) 387 96 10 - - khachsankimco@yahoo.com.vn - 15/17,5 $.* Compte tenu de la localisation en plein centre de la ville, cet hôtel offre un excellent rapport qualité-prix, à défaut de charme ou de caractère. Les chambres sont spacieuses mais peu lumineuses pour certaines.

Wild Rose – *19 Tran Quang Dieu - ✆ (077) 392 03 25 - - 9 ch - 15 $.* Très belles chambres, confortables et bien équipées, dont certaines jouissent d'une jolie vue sur la rivière. Les plus chères *(20 $)* sont d'un bon rapport qualité-prix.

BUDGET MOYEN

Palace Hotel – *243 Tran Phu - ✆ (077) 386 61 46 - - 18 ch. 35 $.* Les tarifs varient du simple au double dans cet établissement sans prétention. Les chambres les moins chères offrent de bonnes opportunités et restent correctement équipées.

RESTAURATION

PREMIER PRIX

Ao Dai Moi – *26 Ly Tu Trong - ✆ (077) 368 62 95 - 5h-13h.* Un excellent petit restaurant vietnamien, tenu par un Chinois, où il est également possible de petit-déjeuner.

Hung Phat – *7 Nguyen Du - ✆ (077) 387 07 46 - 8h-21h.* Ce restaurant sert une cuisine vietnamienne élégante et raffinée (cuisses de grenouille, poisson, oiseau-mouche). Un autre établissement est ouvert au 357 Lam Quang Ky. Menu en anglais et tarifs attractifs.

Tan Hung Phat – *118 Nguyen Hung Son - ✆ (077) 386 75 99 - 6h-22h.* L'accueil manque franchement de chaleur, mais pour un coût modeste l'établissement propose un bon choix de fruits de mer.

BUDGET MOYEN

Valentine – *35-37-39 Hung Vuong - ✆ (077) 392 08 52 - 6h-23h - comptez de 15 000 à 20 000 VND pour les formules de petits-déj.* Les tarifs sont plus élevés qu'ailleurs mais ce café-restaurant-karaoké est le seul endroit de la ville qui possède un semblant de cachet. Menu en anglais et accueil très sympathique.

Hai Au – *2 Nguyen Trung Truc - ✆ (077) 386 37 40 - 6h-22h.* Situé en bord de rivière, après le pont, ce restaurant jouit d'une vue très agréable sur les bateaux amarrés. La carte, en anglais, comporte un choix de délicieux fruits de mer et quelques plats de viande.

Phu Quoc

★★

84 000 habitants - Province de Kien Giang

NOS ADRESSES PAGE 492

SE REPÉRER
Carte de microrégion A2 *(p. 396-397)* - plan de l'île p. 491.
Voir « Arriver / Partir » dans « Nos adresses à Phu Quoc » p. 492.

À NE PAS MANQUER
Les plages de Bai Truong et de Bai Khem ; les forêts du nord de l'île.

ORGANISER SON TEMPS
En haute saison touristique, de novembre à avril, pensez à réserver votre hôtel.

AVEC LES ENFANTS
Se balader dans la réserve forestière et profiter des belles plages de sable blond.

Amarrée à quelques encablures des côtes cambodgiennes, dans le golfe de Thaïlande, la plus grande île du Vietnam (585 km^2) fait figure de petit éden miraculeusement préservé, malheureusement plus pour longtemps. Longue de 45 km du nord au sud, Phu Quoc est hérissée d'un chapelet de collines boisées culminant à 603 m. L'atout majeur pour le tourisme que représentent ses plages somptueuses et ses forêts inviolées commence à être exploité, grâce, notamment, à l'ouverture d'un aéroport international fin 2012 et à la construction de nombreux hôtels. Le gouvernement a en effet lancé le projet de faire de l'île un des grands pôles touristiques d'Asie du Sud-Est. Un conseil : dépêchez-vous de vous y rendre avant qu'elle ne devienne un Phuket vietnamien. Pour l'instant, la pêche, le nuoc-mam et le poivre fournissent l'essentiel des revenus d'une population qui vit parfois dans une grande pauvreté, notamment dans les villages perdus du nord de l'île.

Se promener Plan de l'île p. 491

Comptez 2 jours.
Autant se l'avouer tout de suite, ce n'est pas son patrimoine historique qui vous a conduit à Phu Quoc, mais l'envie de sable chaud et le bercement du rouleau des vagues à l'ombre des cocotiers.

★★ LA CÔTE OUEST

Véritable petit bijou de sable fin, bordée de cocotiers, **Bai Truong★★★** est la plus grande et la plus belle plage de l'île, s'étirant sur 30 km

À SAVOIR
Il est interdit de prendre des photos sur les plages du nord, près de la frontière cambodgienne. Renseignez-vous auprès des hôtels pour savoir quelles plages nécessitent une autorisation d'accès.

La plage de Bai Sao Beach et son sable blanc immaculé.
Andreas Rose/imagebroker / age fotostock

de An Thoi à Duong Dong. C'est l'un des rares endroits du Vietnam où vous pourrez admirer un coucher de soleil sur la mer. Une poignée d'hôtels s'y sont implantés, tous regroupés dans la partie nord, à proximité de Duong Dong. Gageons qu'une telle anomalie ne résistera pas éternellement à l'appétit des promoteurs, qui sauront bien un jour trouver les arguments pour convaincre les pêcheurs de se loger ailleurs…

Duong Dong est un gros bourg endormi sillonné de ruelles en terre battue. Il occupe un site charmant, à cheval sur l'estuaire d'une petite rivière formant une anse barrée par un banc de sable blanc. Au soleil couchant, la flottille de bateaux de pêche multicolores se détachant sur fond de cocotiers et de baraques en bambou a quelque chose de féerique.

Si vous venez du sud, tournez à gauche dans la rue Bach Dang, où se tient le **temple Thien Hau** dédié à la déesse de la Mer (sans grand intérêt), et continuez jusqu'au bout de la rue. Dressé sur un éperon rocheux, le petit **phare** flanqué d'un temple jouit d'une **vue★** dégagée sur le port. Continuez l'exploration

UN REFUGE ET UNE PRISON

Possession khmère jusqu'au 18e s., sous le nom de Kho Tral, Phu Quoc se trouve à 15 km à peine du Cambodge, qui n'a jamais accepté son annexion par le Vietnam. Sa position isolée lui valut de jouer à plusieurs reprises un rôle éminent dans l'histoire du Vietnam. C'est ici en effet que le prince Nguyen Anh, fuyant la révolte des Tay Son, trouva refuge dans les années 1770. Sa rencontre avec le Français Pigneau de Béhaine devait s'avérer cruciale, car l'archevêque lui apporta un soutien décisif dans la reconquête de son trône et permit à la France de prendre pied au Vietnam *(voir « Histoire », p. 114)*. Dans les années 1860, Phu Quoc servit de refuge au rebelle Nguyen Trung Truc *(voir « Rach Gia », p. 484)*, puis les Américains y internèrent de nombreux prisonniers viet-congs lors de la guerre du Vietnam.

NUOC-MAM, LE SEL DE LA VIE

L'usage des sauces de poisson (nuoc-mam) et de crevettes (mam tom) pour assaisonner les plats est une tradition répandue dans la péninsule sud-est asiatique. Cocktail de phosphore et d'azote, le nuoc-mam est issu d'un long processus de fermentation. Des couches alternées de poisson et de sel sont mises à macérer dans des citernes en béton, munies d'un robinet à la base. Au bout de trois mois de fermentation, on en tire un premier liquide, la saumure, qui est laissée à reposer encore trois mois. Les connaisseurs briguent la première pression, la plus riche en saveurs, et savent que plus longtemps on la conserve, meilleure elle est. Les meilleurs crus sont préparés à Phan Thiet et à Phu Quoc. Dans le Nord, on consomme le nuoc-mam pur, tandis qu'au Sud il est dilué d'un filet de citron vert et additionné d'ail, de piment et d'un peu de sucre (nuoc cham).

de la ville par le **marché** *(tournez à gauche après le pont qui enjambe la rivière)*. Nez sensibles s'abstenir, les **fabriques de nuoc-mam** *(voir encadré ci-dessus)* constituent l'autre attraction de Duong Dong et la plus importante, Hung Thanh, se trouve à proximité.

★ LE NORD DE L'ÎLE

Bon à savoir – Une autorisation est théoriquement nécessaire pour accéder à ces plages. Renseignez-vous auprès de votre hôtel.

Enfourchez votre mobylette et prenez la route du nord qui devient rapidement une piste et s'enfonce dans une magnifique **forêt primaire★** de hautes futaies, où retentit de toute part le gazouillement des oiseaux. La route s'achève à **Ganh Dau★** *(40 km)*, un petit port de pêche lové à la pointe nord-ouest de l'île, au fond d'une **baie★** ravissante où mouillent une kyrielle de coques colorées. Au large, presque à portée de main, s'étire un chapelet d'îlots pourtant hors d'atteinte : le Cambodge *(interdiction formelle de prendre des photos)*. Désaltérez-vous d'une noix de coco fraîche dans la buvette au bout de la piste, au bord d'une **plage★★** de sable blanc. La pauvreté manifeste des villageois des environs jette malheureusement une ombre sur ce tableau idyllique.

La piste qui mène à **Bai Thom**, au nord de l'île, traverse quant à elle la superbe **réserve forestière Khu Rung Nguyen Sinh★**.

À L'EST...

En arrivant à Duong Dong par le sud, tournez dans la première rue à droite. 1 km plus loin, prenez la piste à droite dans le virage avant le pont, puis continuez sur 10 km.

Nichée au beau milieu de la forêt, la **source de Chanh** est un charmant torrent ombragé où les jeunes et les amoureux viennent se baigner *(buvette et parking payant, n'oubliez pas votre antimoustiques)*. La piste continue jusqu'à la plage de **Ham Ninh**, dépourvue de constructions mais sans grand charme. Suivez plutôt la route qui file vers le sud. Plusieurs chemins donnent accès aux plages de la côte est, notamment celle de **Vong**, tranquille, très tranquille. Plus au sud, peu avant An Thoi, la plage de **Bai Khem★★**, au sable d'une blancheur immaculée, est ouverte aux visiteurs bien qu'elle fasse partie d'une base militaire.

PHU QUOC
0
10 km
400 m
300
200
100
0
CAMBODGE
Cap Qua La
382
Mt. Chao
Mt. Ham Rong
368
Bai Thom
Mt Chua
603
★Ganh Dau
★Réserve forestière
Khu Rung Nguyen Sinh
Cua Can
Cap
Mong Tay
Cua Can
Duong
Dang
Duong Dong
Source de
Chanh
Ham Ninh
Rach Gia
Golfe de
Thaïlande
Vong
★★★ BAI TRUONG
Cap Bai Sao
Bai Khem ★★
An Thoi
Cap Ong Doi
Dua
Dam
Roi
Thom
Vang
Vong
Xuong
SE LOGER
Beach Club............ 8
Huong Bien............ 1
Kim Hoa................ 2
Kim Linh................ 3
Phu Quoc Resort.... 4
Saigon -
Phu Quoc Resort... 6
Sea Star Resort....... 7

5

NOS ADRESSES À PHU QUOC

INFORMATIONS UTILES

Banque / Change

Vous pouvez changer votre argent à la banque de Duong Dong et à l'hôtel Tropicana,
mais il est conseillé d'arriver avec ses dongs, car les taux sont moins favorables que sur le continent.

Poste / Téléphone

Buu Dien Duong Dong – *Rue 30 Thang 4 (près de la banque, à gauche au carrefour en arrivant de Bai Truong).*

ARRIVER / PARTIR

En avion

Aéroport – *Dans les faubourgs nord de Duong Dong - ✆ (077) 384 60 86 - www.phuquocinternationalairport.com.* L'aéroport est devenu international en décembre 2012. Vietnam Airlines assure 9 liaisons/j. de Ho Chi Minh-Ville à Phu Quoc. Également des vols à destination de Rach Gia *(1 départ/j.)*. Réservez votre place le plus tôt possible.

En hydrofoil

Liaison entre Rach Gia et Vong, à l'est de l'île *(3h de traversée)*. Le bateau part à 8h et 13h de l'embarcadère situé au bout de la rue Nguyen Cong Tru. Achetez votre billet dans n'importe quelle agence de voyages *(250 000 VND)*, de préférence quelques jours avant, et présentez-vous 30mn avant le départ. La traversée peut être assez éprouvante si la mer est houleuse. À l'arrivée, toute la ville semble s'être donné rendez-vous sur le quai pour accueillir les passagers. Dans l'autre sens, le bateau part aux mêmes heures.

TRANSPORTS

En minibus

Des minibus privés effectuent la liaison entre Vong et Duong Dong. Comptez 70 000 VND et demandez au chauffeur de vous arrêter à l'hôtel de votre choix.

À moto

Un moyen idéal pour visiter l'île. La piste jusqu'à Duong Dong et Bai Truong *(25mn)* avec un sac à dos risque de vous achever si le trajet en bateau n'y est pas parvenu, mais quel paysage ! Vous trouverez aisément des motos à louer auprès des hôtels. Prévoyez 9 $ par jour pour un scooter automatique.

HÉBERGEMENT, RESTAURATION

PREMIER PRIX

Phu Quoc Resort – *Thang Loi (à 6 km au nord de Duong Dong par la route côtière) - ✗ - 20 ch.* Très agréables bungalows en bambou sur la plage.

Kim Linh – *7 km au sud de Duong Dong - ✆ (077) 384 66 11 - ▤ ✗ - 20 ch.* L'ancêtre des hôtels de Bai Truong aurait bien besoin d'un vrai rafraîchissement. Il reste néanmoins une bonne adresse pour les petits budgets.

BUDGET MOYEN

Beach Club – *Ap Cua Lap, Xa Duong To - ✆ (077) 398 09 98 - www.beachclubvietnam.com - ✗ - 6 ch. et 4 bung. : 30/40 $.* L'hôtel est situé dans un endroit calme, sur une plage moins touristique que les établissements précédents. Le personnel est agréable et serviable et les chambres sont bien tenues.

Kim Hoa – *Bai Truong (7 km au sud de Duong Dong) - www.kimhoaresort.com -*

(077) 384 70 39 - *72 ch. 36 $*. Niché au bord de la plage, cet hôtel propose des chambres et des bungalows sans caractère, mais le confort et le rapport qualité-prix sont corrects. L'accueil est un peu empressé, mais n'hésitez pas à négocier une remise en basse saison. Anglais parlé.

Sea Star Resort – *Ba Keo, 7 ward, Tran Hung Dao - (077) 3982 161 - www.seastarresort.com - - 48 ch. 45/70 $ selon la saison*. Cet hôtel propose un ensemble de bungalows avec vue sur la mer ou sur un jardin au choix. Situé dans un cadre idyllique, au cœur des cocotiers et palmiers. Le service est excellent et le personnel serviable.

POUR SE FAIRE PLAISIR

Huong Bien – *1 Vo Thi Sau - (077) 384 61 13 - www.huongbienhotel.com.vn - - 43 ch. 64 $*. Ce vaste hôtel d'État accueille une clientèle vietnamienne, dans une ambiance assez bruyante, et la plage n'a pas le charme de Bai Truong. Le prix des chambres varie du simple au double, des plus basiques (dans l'annexe) aux plus agréables, avec climatisation, eau chaude et chaînes satellite.

UNE FOLIE

Saigon - Phu Quoc Resort – *62 Tran Hung Dao - Bai Truong (6 km au sud de Duong Dong) - (077) 384 69 99 - www.sgphuquoc resort.com.vn - - 100 ch. 164/285 $*. Cet hôtel loue des bungalows impeccables (eau chaude, chaînes satellite) mais sans âme. Leur prix varie sensiblement en fonction de la vue. De nombreux services sont proposés par un personnel parlant anglais (circuits dans l'île, sorties en mer, location de voiture, de mobylettes et de masques avec tuba). Le restaurant sert d'excellents fruits de mer.

ACHATS

Perles

Phu Quoc Pearls – *Bai Truong (à mi-chemin entre Duong Dong et An Thoi)*. Cette joint-venture australo-vietnamienne vend des perles d'élevage à des prix intéressants.

ACTIVITÉS

Excursions

Si vous souhaitez faire une excursion dans le petit archipel An Thoi, la solution la plus économique consiste à chartériser un bateau à l'embarcadère. Vous pouvez également passer par l'hôtel Sea Star Resort ou le Saigon - Phu Quoc Resort, qui organisent des sorties de pêche ou de plongée en surface. Une solution plus simple, mais plus chère.

VOUS CONNAISSEZ LE GUIDE VERT, DÉCOUVREZ LE GROUPE MICHELIN

MICHELIN

Une meilleure façon d'avancer

L'Aventure Michelin

Tout commence avec des balles en caoutchouc ! C'est ce que produit, vers 1880, la petite entreprise clermontoise dont héritent André et Édouard Michelin. Les deux frères saisissent vite le potentiel des nouveaux moyens de transport.

L'invention du pneumatique démontable pour la bicyclette est leur première réussite. Mais c'est avec l'automobile qu'ils donnent la pleine mesure de leur créativité. Tout au long du 20e s., Michelin n'a cessé d'innover pour créer des pneumatiques plus fiables et plus performants, du poids lourd à la F 1, en passant par le métro et l'avion.

Très tôt, Michelin propose à ses clients des outils et des services destinés à faciliter leurs déplacements, à les rendre plus agréables… et plus fréquents. Dès 1900, le Guide Michelin fournit aux chauffeurs tous les renseignements utiles pour entretenir leur automobile, trouver où se loger et se restaurer. Il deviendra la référence en matière de gastronomie. Parallèlement, le Bureau des itinéraires offre aux voyageurs conseils et itinéraires personnalisés.

En 1910, la première collection de cartes routières remporte un succès immédiat ! En 1926, un premier guide régional invite à découvrir les plus beaux sites de Bretagne. Bientôt, chaque région de France a son Guide Vert. La collection s'ouvre ensuite à des destinations plus lointaines de New York en 1968… à Taïwan en 2011.

Au 21e s., avec l'essor du numérique, le défi se poursuit pour les cartes et guides Michelin qui continuent d'accompagner le pneumatique. Aujourd'hui comme hier, la mission de Michelin reste l'aide à la mobilité, au service des voyageurs.

MICHELIN AUJOURD'HUI

N°1 MONDIAL DES PNEUMATIQUES

- 69 sites de production dans 18 pays
- 115 000 employés de toutes cultures, sur tous les continents
- 6 000 personnes dans les centres de Recherche & Développement

Avancer
monde où la

Mieux avancer, c'est d'abord innover pour mettre au point des pneus qui freinent plus court et offrent une meilleure adhérence, quel que soit l'état de la route.

LA JUSTE PRESSION

BONNE PRESSION

- Sécurité
- Longévité
- Consommation de carburant optimale

-0,5 bar

- Durée de vie des pneus réduite de 20% (- 8 000 km)

-1 bar

- Risque d'éclatement
- Hausse de la consommation de carburant
- Distance de freinage augmentée sur sol mouillé

ensemble vers un mobilité est plus sûre

C'est aussi aider les automobilistes à prendre soin de leur sécurité et de leurs pneus. Pour cela, Michelin organise partout dans le monde des opérations **"Faites le plein d'air"** pour rappeler à tous que la juste pression est vitale.

L'USURE

COMMENT DETECTER L'USURE ?

Vos pneus MICHELIN sont munis d'indicateurs d'usure : ce sont de petits pains de gomme moulés au fond des sculptures et d'une hauteur de 1,6mm.
Lorsque la profondeur des sculptures est au même niveau que les indicateurs, les pneus sont usés et doivent être remplacés.

Les pneus constituent le seul point de contact entre le véhicule et la route, un pneu usé peut être dangereux sur chaussée mouillée.

PNEU NEUF

PNEU USÉ
(1,6 mm de sculpture)

Ci-contre, la zone de contact réelle photographiée sur chaussée mouillée.

Mieux avancer, c'est développer une mobilité durable.

INNOVATION ET ENVIRONNEMENT

Chaque jour, Michelin innove pour réduire la quantité de matières premières utilisée dans la fabrication des pneumatiques, et développe dans ses usines les énergies renouvelables. La conception des pneus MICHELIN permet déjà d'économiser des milliards de litres de carburant, et donc des milliards de tonnes de CO2.

De même, Michelin choisit d'imprimer ses cartes et guides sur des « papiers issus de forêts gérées durablement ». L'obtention de la certification ISO14001 atteste de son plein engagement dans une éco-conception au quotidien.

Un engagement que Michelin confirme en diversifiant ses supports de publication et en proposant des solutions numériques pour trouver plus facilement son chemin, dépenser moins de carburant.... et profiter de ses voyages !

Comme vous, Michelin s'engage dans la préservation de notre planète.

Chattez avec Bibendum

Rendez-vous sur:
www.michelin.com/corporate/fr
Découvrez l'actualité et
l'histoire de Michelin.

QUIZZ

Michelin développe des pneumatiques pour tous les types de véhicules. Amusez-vous à identifier le bon pneu...

Résultat : A-6 / B-4 / C-2 / D-1 / E-3 / F-7 / G-5

Notes

Notes

Notes

INDEX GÉNÉRAL

Hanoi : villes, curiosités et régions touristiques.
Duras, Marguerite : noms historiques ou termes faisant l'objet d'une explication.
Les sites isolés (châteaux, abbayes, grottes...) sont répertoriés à leur propre nom.

A

B

C

INDEX GÉNÉRAL

I/J

K

L

O/P

Q/R

S

T

U/V/W

X/Y/Z

Prononcer le vietnamien

La majorité des lettres de l'alphabet romanisé vietnamien se prononce comme en français. Cependant, le vietnamien est une langue tonale composée de six tons, représentés par cinq signes diacritiques (le premier ton est neutre) qui donnent un sens différent à chaque mot. Ces tons, s'ils sont mal prononcés, constituent un véritable obstacle pour se faire comprendre, mais restent utiles pour décrypter les noms des rues, des magasins et des bâtiments publics.

c	se prononce « k »
-c	en fin de mot (thích = *j'aime*), se prononce comme un « k » esquissé
Ç (barré)	se prononce « d »
d (non barré)	se prononce « z » dans le Nord, « y » dans le Sud
gi-	en début de mot (giờ = h*eure*), se prononce « z » dans le Nord, « y » dans le Sud
kh-	en début de mot (không = *non*), se prononce comme un « k » très aspiré, plus accentué que celui de « key » en anglais
ng-	en début de mot (ngày = *jour*), se prononce comme dans « magnum »
-ng	en fin de mot (thượng = *aimer*), comme dans « thing » en anglais
nh-	en début de mot (nhà = *maison*), se prononce comme le « gn » de « campagne »
-nh	en fin de mot (anh = *monsieur*), comme « n » suivi du « ng » de « thing » en anglais
ph-	se prononce « f » en début de mot (cà phê = *café*)
r	se prononce « z » dans le Nord, et comme un « r » anglais accentué (« run ») dans le Sud
s	se prononce « s » dans le Nord, et « ch » dans le Sud
th-	en début de mot (thích = *j'aime*), se prononce comme un « t » anglais très aspiré (« thanks »)
tr-	en début de mot (tra = *thé*) se prononce « tch » dans le Nord et comme un « tr » roulé dans le Sud
x	se prononce « s »
â	se prononce « eung »
e	se prononce comme le « er » de « mer », sans insister sur le « r »
ê	se prononce « é »
o	entre le « a » et le « o », ou comme le « o » anglais de « or »
ô	se prononce « o »
Ö	se prononce « eu »
u	se prononce « ou »
Ü	se prononce entre le « eu » et le « u » à peine esquissé

Voir aussi le lexique sur le rabat de couverture.

CARTES ET PLANS

CARTE GÉNÉRALE

CARTES DES RÉGIONS

PLANS DE VILLE

PLANS DE SITES

CARTE DES CIRCUITS

LÉGENDE DES CARTES ET PLANS

Curiosités et repères

- Itinéraire décrit, départ de la visite
- Église
- Mosquée
- Synagogue
- Monastère - Phare
- Fontaine
- Point de vue
- Château - Ruine ou site archéologique
- Barrage - Grotte
- Monument mégalithique
- Tour génoise - Moulin
- Temple - Vestiges gréco - romains
- Temple : bouddhique - hindou
- Autre lieu d'intérêt, sommet
- Distillerie
- Palais, villa, habitation
- Cimetière : chrétien - musulman - israélite
- Oliveraie - Orangeraie
- Mangrove
- Auberge de jeunesse
- Gravure rupestre
- Pierre runique
- Église en bois
- Église en bois debout
- Parc ou réserve national
- Bastide

Sports et loisirs

- Piscine : de plein air - couverte
- Plage - Stade
- Port de plaisance - Voile
- Plongée - Surf
- Refuge - Promenade à pied
- Randonnée équestre
- Golf - Base de loisirs
- Parc d'attractions
- Parc animalier, zoo
- Parc floral, arboretum
- Parc ornithologique, réserve d'oiseaux
- Planche à voile, kitesurf
- Pêche en mer ou sportive
- Canyoning, rafting
- Aire de camping - Auberge
- Arènes
- Base de loisirs, base nautique ou canoë-kayak
- Canoë-kayak
- Promenade en bateau

Informations pratiques

- Information touristique
- Parking - Parking - relais
- Gare : ferroviaire - routière
- Voie ferrée
- 1 Ligne de tramway
- Départ de fiacre
- Métro - RER
- Station de métro (Calgary, ...) (Montréal)
- Téléphérique, télécabine
- Funiculaire, voie à crémaillère
- Chemin de fer touristique
- Transport de voitures et passagers
- Transport de passagers
- File d'attente
- Observatoire
- Station service - Magasin
- Poste - Téléphone
- Internet
- H Hôtel de ville - Banque, bureau de change
- J POL Palais de justice - Police
- GNR Gendarmerie
- T U M Théâtre - Université - Musée
- Musée de plein air
- Hôpital
- Marché couvert
- Aéroport
- Parador, Pousada (Établissement hôtelier géré par l'État)
- A Chambre d'agriculture
- D Conseil provincial
- G Gouvernement du district, Délégation du Gouvernement Police cantonale
- L Gouvernement provincial (Landhaus)
- P Chef lieu de province
- Station thermale
- Source thermale

Axes routiers, voirie

- Autoroute ou assimilée
- Échangeur : complet - partiel
- Route
- Rue piétonne
- Escalier - Sentier, piste

Topographie, limites

- Volcan actif - Récif corallien
- Marais - Désert
- Frontière - Parc naturel

Comprendre les symboles utilisés dans le guide

LES ÉTOILES

★★★ **Vaut le voyage** ★★ **Mérite un détour** ★ **Intéressant**

HÔTELS ET RESTAURANTS

9 ch.	Nombre de chambres
7,5 €	Prix du petit-déjeuner en sus
50 €	Prix de la chambre double, petit-déjeuner compris
bc	Menu boisson comprise
	Air conditionné dans les chambres
	Restaurant dans l'hôtel
	Établissement servant de l'alcool (à l'étranger)
	Piscine
CC	Paiement par cartes de crédit
	Carte de crédit non acceptée
P	Parking réservé à la clientèle
Tram	Station de tramway la plus proche
M	Station de métro la plus proche

SYMBOLES DANS LE TEXTE

	À faire en famille
	Pour aller au-delà
	Promenade à pied
	Randonnée à vélo
	Facilité d'accès pour les handicapés
A2 B	Repère sur le plan

Note au lecteur

Michelin a apporté le plus grand soin à la rédaction de ce guide et à sa vérification. Toutefois, les informations pratiques (formalités administratives, prix, adresses, numéros de téléphone, adresses Internet, etc.) doivent être considérées comme des indications du fait de l'évolution constante de ces données.

Il n'est pas totalement exclu que certaines d'entre elles ne soient plus, à la date de parution du guide, tout à fait exactes ou exhaustives. N'hésitez pas à nous signaler toute omission ou inexactitude que vous pourriez constater, ainsi qu'à nous faire part de vos avis et suggestions sur les adresses contenues dans ce guide.

Avant d'entamer toute démarche, formalités administratives ou douanières notamment, vous êtes invité à vous renseigner auprès des organismes officiels. Ces informations ne sauraient, de ce fait, engager notre responsabilité.

Collection Le Guide Vert sous la responsabilité d'Anne Teffo

Édition
Florence Dyan, Archipel studio

Rédaction
Catherine Bourzat, Hervé Deguine, Sandrine Favre, Gilles Guérard, Thi Thu Tra Ha, Hervé Kerros, Hervé Lisandre, Ngoc Loan Lam, Lucie Moulin, Philippe Longin, Marie Perchat, Christophe Perrin

Cartographie
Stéphane Anton, Michèle Cana, Nicolas Robert, Dominique Defranchi, Claire Levasseur, Michel Mazoyer, Krystyna Mazoyer-Dzieniszewska

Relecture
Hélène Nguyen

Remerciements
Didier Broussard, Jean Cousso (Association des Amis du Vieux Hué), Pascal Tisserand

Conception graphique
Christelle Le Déan

Régie publicitaire et partenariats
business-solutions@tp.michelin.com
Le contenu des pages de publicité insérées dans ce guide n'engage que la responsabilité des annonceurs.

Contacts
Michelin
Guides Touristiques
27 cours de l'Ile-Seguin, 92100 Boulogne-Billancourt
Service consommateurs : tourisme@tp.michelin.com
Boutique en ligne : www.michelin-boutique.com

Parution 2014

Michelin Travel Partner
Société par actions simplifiées au capital de 11 629 590 EUR
27 Cours de l'Ile Seguin - 92100 Boulogne Billancourt (France)
R.C.S. Nanterre 433 677 721

Dépôt légal : août 2013 – ISSN 0293-9436
Imprimeur : Deux-Ponts, Bresson
Imprimé en France : août 2013

Usine certifiée 14001
Sur du papier issu de forêts gérées durablement (100 % PEFC)